कबीर और ईसाई चिन्तन

कबीर और ईसाई चिन्तन

ईश्वर-परिकल्पना का सामाजिक सन्दर्भ

डॉ. एम. डी. थॉमस

राधाकृष्ण प्रकाशन

ISBN : 978-81-7119-871-9

कबीर और ईसाई चिन्तन

पहला संस्करण : 2003
पहली आवृत्ति : 2022

मूल्य : ₹995

प्रकाशक
राधाकृष्ण प्रकाशन प्राइवेट लिमिटेड
जी-17, जगतपुरी, दिल्ली-110 051

शाखाएँ : अशोक राजपथ, साइंस कॉलेज के सामने, पटना-800 006
पहली मंजिल, दरबारी बिल्डिंग, महात्मा गांधी मार्ग, प्रयागराज-211 001

वेबसाइट : www.radhakrishnaprakashan.com
ई-मेल : info@radhakrishnaprakashan.com

मुद्रक
बी.के. ऑफसेट
नवीन शाहदरा, दिल्ली-110 032

KABIR AUR EISAAI CHINTAN
by Dr. M.D. Thomas

ईश्वर सदा हमसे बढ़कर है, सदा भविष्य है, सदा आगे की ओर गतिमान है। वह हमें अस्थायी प्रवृत्तियों तथा वर्तमान युग से अभिभूत होने से रोकता है।

(केनेथ लीच, ट्रू गॉड, पृ. 126)

नाँ कुछ किया न करि सक्या, ना करणे जोग सरीर।
जे कुछ किया सु हरि किया, ताथै भया कबीर ॥

(कबीर ग्रन्थावली, साखी 38.1, पृ. 45)

मेरा मुझमें कुछ नहीं, जो कुछ है सो तेरा।
तेरा तुझकौं सौंपता, क्या लागै है मेरा ॥

(कबीर ग्रन्थावली, साखी 11.3, पृ. 14)

तुमने मेरे इन भाइयों में से किसी एक के लिए, चाहे वह कितना ही छोटा क्यों न हो, जो कुछ किया, वह तुमने मेरे लिए ही किया।

(पवित्र बाइबिल, नया विधान, मत्ती 25.40, पृ. 46)

पुरोवाक्

'कबीर और ईसाई चिन्तन (ईश्वर-परिकल्पना का सामाजिक सन्दर्भ)' शीर्षक यह ग्रन्थ प्रायः एक अछूते से विषय पर लिखित एक बड़े ही प्रासंगिक तथा अनूठे प्रयास का उदाहरण है। इसमें सन्त कबीर एवं ईसाई चिन्तन (विशेषतः ईश्वर चिन्तन एवं सामाजिक सन्दर्भ की दृष्टि से) से सम्बन्धित अनेक निर्विवाद तथ्यों एवं रहस्यों का उद्‌घाटन समाहित है। लेखक ने अपने सप्रमाण तर्कों एवं उपयुक्त उद्‌धरणों के माध्यम से इस धारणा का निर्मूलन किया है कि ईसाई धर्मग्रन्थों द्वारा सम्पोषित, प्रतिपादित एवं प्रचारित ईश्वर-सम्बन्धी धारणाओं का तद्‌विषयक भारतीय चिन्तन-परम्पराओं से कहीं कोई टकराव है या मूलतः कोई वैषम्य है। वस्तुतः इन दोनों का, विशेषतः कबीर के सन्दर्भ में, तत्सम्बन्धी चिन्तन एवं सामाजिक दृष्टिकोण परम्परा, व्यवहार और चिन्तन-सिद्धान्तों के स्तर पर अतिशय साम्य से युक्त है। आवश्यकता मात्र इतनी ही है कि साम्य के विविध बिन्दुओं को रेखांकित किया जाए और तुलनात्मक दृष्टि से उन्हें परखा जाए। इस आवश्यकता के परिपालन की दिशा में डॉ. एम. डी. थॉमस ने कबीर समीक्षा तथा ईसाई चिन्तन दोनों क्षेत्रों में तुलनात्मक परिप्रेक्ष्य को विकसित करने की विशिष्ट पहल ही नहीं की, उस सम्बन्ध में कतिपय नूतन उपलब्धियों को भी प्रस्तुत किया है, जो कि वास्तव में श्लाघनीय है। समन्वयात्मक समीक्षा के तौर पर लेखक ने इस तथ्य को सर्वमान्य स्तर पर स्थापित किया है कि ईसाई ईश्वर-परिकल्पना और सामाजिक दृष्टि तथा सन्त कबीर की तत्सम्बन्धी दृष्टि मूलतः सम्प्रदायनिरपेक्ष, सार्वभौम और सर्वकालिक है। मानवता की श्रेष्ठता ही ईसाई दर्शन का मूल बिन्दु है और यही कबीर के चिन्तन का भी मुख्य स्वर है। डॉ. थॉमस का यह कथन 'मानव रहस्य में ईश्वर रहस्य ही अभिव्यक्त हुआ है। अतः ईश्वर-चिन्तन का तात्पर्य हुआ मनुष्य चिन्तन करना'–विवेच्य विषय की सर्वोत्तम व्याख्या है।

प्रकारान्तर से कहा जा सकता है कि मध्यकालीन भारतीय साधनामूलक आचार-विचार सम्बन्धी मान्यताएँ तत्सम्बन्धी ईसाई चिन्तन से कुछ देश-काल से प्रभावित अन्तर को छोड़कर प्रायः एक-जैसी दिखाई देती हैं। जहाँ तक कबीर का सम्बन्ध है, उनके आध्यात्मिक एवं सामाजिक सन्दर्भों से जुड़े विचारों और कथनों में बाह्यतः विरोधाभासी और खंडनात्मक शैली को देखते हुए उनके समीक्षक उन पर इस्लामी प्रभाव, पौराणिक प्रभाव, नाथसिद्धपन्थी प्रभाव, वैष्णव प्रभाव और सूफी प्रभाव में से किसी एक के प्राधान्य का आरोप लगाते दिखाई देते हैं और उसी दृष्टि से उनको मूल्यांकित करके अपने आपको अधकचरे ज्ञान या एकांगी ज्ञान के पक्षधर के रूप में स्थापित करते हैं। ऐसे लोग प्रायः उनके प्रदेय की

उपेक्षा करते हुए केवल उनके जन्म, पालनकर्ता, शिक्षा-अशिक्षा, ज्ञान-अज्ञान, जाति-कुल-धर्म, गृहस्थ जीवन, व्यवसाय, गुरु, सन्तान, चमत्कार और इसी प्रकार के अन्यान्य तथ्यों पर आधारित विविध किंवदन्तियों तथा लोकमान्यताओं के जंजाल में उलझकर रह जाते हैं। फलतः कबीर के सम्बन्ध में वे निर्विवाद, सांगोपांग एवं यथातथ्य विवेचन, अनुसन्धान और निष्कर्ष तक पहुँचने से वंचित रह जाते हैं। सम्भवतः ऐसे ही लोगों के लिए सन्त कबीर को कहना पड़ा था–

"जाति न पुछो साधु की, पूछ लीजिए ज्ञान।
मोल करो तलवार की, पड़ा रहन दो म्यान ॥"

अतः स्पष्ट है कि कबीर को किसी विशेष धर्म या सम्प्रदाय के अनुयायी अथवा किसी विशिष्ट मतवाद के प्रवर्त्तक या पोषक के रूप में देखने-परखने का प्रयास एकांगी है। इसी प्रकार उन्हें ज्ञानी, योगी, भक्त, समाज सुधारक, दार्शनिक, कवि, हिन्दू, तुर्क, सूफी, वैष्णव, निर्गुणोपासक, सगुणविरोधी, मूर्तिभंजक, गृहस्थ, विरक्त, अक्खड़, फक्खड़ और रहस्यवादी, परम्परा या रूढ़िविरोधी और इस प्रकार के अनेक वांछित-अवांछित विशेषणों से विभूषित करनेवाले अपने बहुरंगी चश्मे से देखकर उनके विषय में तथ्यमूलक एवं निर्णायक निष्कर्ष नहीं प्रस्तुत कर सकते। प्रस्तुत ग्रन्थ ऐसे एकांगी मतवादों की परिधियों से ऊपर उठकर असाम्प्रदायिक, सामंजस्यपूर्ण तथा व्यापक निष्कर्षों द्वारा मानवता की मूलभूत एकता को स्थापित करता है, जो अपने आप में अप्रतिम है। यथार्थतः सन्त कबीर न केवल समसामयिक समाज के समष्टिगत आचार-विचार के स्वरूप को पूर्णतः प्रतिबिम्बित करनेवाले कवि व्यक्तित्व हैं, बल्कि भारतीय सनातन साधनागत एवं व्यावहारिक आचार-विचार परम्परा के साथ इस्लामी मान्यताओं का तालमेल बैठाने में समग्रता के साथ तल्लीन दिखाई देते हैं। इस लक्ष्य की पूर्ति में उन्हें कितने विघ्नों से लोहा लेना पड़ा था, वह सर्वज्ञात है। स्वयं ईसा मसीह की जीवनयात्रा भी ऐसी ही स्थितियों से होकर ईशत्व की ऊँचाई तक पहुँची है, यह भी सर्वविदित तथ्य है।

अपनी दैशिक एवं कालिक सुदीर्घ तथा सर्वसंगत परम्पराओं के साथ-साथ ईसाई तत्व-दर्शन सतत विकासशील सुधारात्मक, समन्वयी एवं गतिशील बना रहा। फलतः एक समय ऐसा भी आया जब उसका क्षेत्र-विस्तार इतना व्यापक हुआ कि कहा जाने लगा कि इसके राज्य में सूर्यास्त कभी नहीं होता। अपने इस विश्वव्यापी क्षेत्र-विस्तार के क्रम में इसे अनेकानेक जातियों, धर्मों, विश्वासों, मान्यताओं, भाषिक तथा भौगोलिक जटिलताओं, जीवनशैलियों, युद्धों-संघर्षों, उतार-चढ़ावों और जय-पराजयों का सामना करना पड़ा। परन्तु अन्ततः वह अजेय, अप्रतिहत और अग्रसर बना रहा। यह उसकी आश्चर्यजनक जीवनशक्ति, समन्वयात्मकता और पाचनशक्ति का जीवन्त प्रमाण है।

जब हम ईश्वर-चिन्तन की बात करते हैं तो आत्मचिन्तन और समाज-चिन्तन स्वयं ही संपृक्त हो जाते हैं। इस तथ्य का समर्थन कबीर की निम्न पंक्तियों द्वारा देखा जा सकता है।

तुम सब माहिं, सकल तुम माहीं।
तुम बिन कहूँ, दूसरा नाहीं॥

तात्पर्य यह कि जब जगत और समाज में एक ही तत्त्व प्रधान है, तो आपस में भेद-भाव कैसा ? इस उदात्त चिन्तन के आलोक में सर्वधर्म समभाव, सर्वव्यक्ति समभाव और सर्वतः अविरोध का सिद्धान्त प्रतिपादित होता दिखाई देता है। वस्तुतः ईश्वर-चिन्तन के सिद्धान्त-प्रतिपादन की ओर उन्मुख प्रायः सभी महापुरुषों और धर्म अथवा सम्प्रदाय-प्रवर्तकों एवं उनके प्रबुद्ध अनुयायियों द्वारा एक-जैसी ही बातें कही गई हैं। सभी के आचार-विचार सम्बन्धी उपदेश मनुष्य के उत्थान को लक्ष्य में रखकर प्रस्तुत किए गए हैं, फिर भी केवल कुछ बाह्य भेदक स्वरूपों को लेकर उन में आपसी टकराव की स्थिति का प्रादुर्भाव होते रहना आश्चर्यजनक है। अनेक बार तो भीषण धर्मयुद्ध या साम्प्रदायिक संघर्ष तक हुए हैं, और अब भी होते रहते हैं। सभी धर्म-प्रवर्त्तकों ने आपसी भाईचारे का, तथा 'मानव-मानव एक समान' का उपदेश दिया है, फिर भी उनके उद्देश्यों की सर्वतो भावेन पूर्ति नहीं हो सकी है। सत्य, अहिंसा, परस्पर सौमनस्य, निस्वार्थ जन-सेवा आदि अधिकांश धर्मों एवं सम्प्रदायों के मूल सिद्धान्त हैं। परन्तु सामान्य-से वैचारिक अन्तर और कुछ व्यक्तियों की अहंकारतुष्टि के लिए मनुष्य द्वारा मनुष्य का रक्तपात क्यों निरन्तर होता रहा, यह बहुत बड़ा अनुत्तरित प्रश्न है।

निष्कर्षतः यह कहा जाता है कि ईश्वर चिन्तन ही ईसाई दर्शन और कबीर के तत्त्वचिन्तन के बीच एक संयोजक बिन्दु है। इन दोनों के चिन्तन की सीमा-रेखाओं में इतनी व्यापकता, गहनता और आदान-प्रदान क्षमता है कि विगतकालीन एवं समकालीन सभी मत-मतान्तरों के बीच वर्तमान सार्वभौम एवं समन्वयात्मक तत्त्वों का स्वाभाविक सन्निवेश करने की प्रवृत्ति विद्यमान है। यद्यपि कबीर की ईश्वर-परिकल्पना स्वानुभूति पर आधारित है, तथापि वह 15वीं शती तक के समस्त वैचारिक और साम्प्रदायिक आचरण से सम्बन्धित मान्यताओं के समन्वित स्वरूप को अपनी विशिष्ट खंडन-मंडनात्मक शैली में अभिव्यक्त करने में सक्षम है। यही निष्कर्ष ईसाई ईश्वर-चिन्तन एवं सामाजिक सन्दर्भ-चिन्तन पर भी लागू होता है। क्योंकि ईसा मसीह और अन्य ईसाई धर्म-गुरुओं का आत्मचिन्तन एकांगी न होकर तत्कालीन सभी प्रकार के सम्प्रदायों के द्वारा विश्वस्तर पर समर्थित चिन्तन का साररूप है।

ईसाई ईश्वर-दृष्टि मूलतः ईसा मसीह की ईश्वर पुत्रानुभूति पर आश्रित मानी जाती है। ईश्वर के पारलौकिक पितृत्व को समस्त मानवजाति के अस्तित्व के आश्रय रूप में मान्यता दी गई है। तात्पर्य यह कि उसका पितृत्व किसी सम्प्रदाय विशेष तक ही सीमित न होकर सार्वभौम है। स्वयं कबीर ने भी अपनी बानियों (पदों) में अनेक बार अपने को भगवान का पुत्र घोषित किया है। इस प्रकार वे अपने आराध्य देवता को सर्वपितृत्व का अभिधान प्रदान करते हैं। फलतः जितने भी जीव जगत में वर्तमान हैं, वे सभी एक ही पिता की सन्तान सिद्ध होते हैं। फिर ऊँच-नीच, छोटे-बड़े, गौर-श्याम आदि का भेद कैसा ? इसी

प्रकार ईश्वर के स्वरूप की भिन्न-भिन्न मान्यताएँ, उपासना के अनेकानेक भेद-प्रभेद, अपने को और अपनी उपासना-पद्धति को सर्वश्रेष्ठ मानने का दम्भ आदि कितने अनर्थमूलक हैं, यह स्वतः स्पष्ट है।

अस्तु, अधिक विस्तार में न जाकर यही कहना यथेष्ट है कि सुधी प्रबन्ध-लेखक डॉ. एम.डी. थॉमस का यह उत्कृष्ट ग्रन्थ सार्वभौम रूप से सम्मानित होगा। इनका यह प्रयत्न साहित्य क्षेत्र के लिए तो श्लाघ्य है ही, साथ ही सामाजिक समरसता और धार्मिक सहिष्णुता की दृष्टि से भी एक अत्यन्त महत्त्वपूर्ण देन है। इनसे इसी प्रकार के समन्वयात्मक प्रयास में आगे भी सतत लगे रहने की अपेक्षा है। अस्तु,

डॉ. श्यामसुन्दर शुक्ल, (डी.लिट्)
पूर्व प्राचार्य, हिन्दी विभाग

काशी हिन्दू विश्वविद्यालय
वाराणसी—221005
18-07-2001

प्रस्तावना

मेरी मातृभाषा मलयालम है। फिर भी, राष्ट्रीय पहचान की भाषा होने के कारण हिन्दी साहित्य के प्रति मैं अधिक आकृष्ट हुआ। सन्त कबीर की साखियों से लगा कि सन्त कबीर विचार और चिन्ता के कवि हैं। धीरे-धीरे उनकी जीवन-दृष्टि के अध्ययन का उत्साह बढ़ता गया। अनुसन्धान करने का जब अवसर मिला तब कबीर-दर्शन को ही मैंने गवेषणा का विषय बनाया। यह जानकर मैं बहुत प्रोत्साहित हुआ कि आम जनता के बीच कबीर की वाणियाँ बहुत लोकप्रिय हैं। ईसाई जीवन-दृष्टि में दीक्षित होने के कारण मैंने बाइबिल-दर्शन का विशेष अध्ययन भी किया था। अतः कबीर के आध्यात्मिक काव्य तथा बाइबिल के दर्शन का अनुसन्धान करना मुझे सार्थक प्रतीत हुआ। कबीर और ईसाई जीवन-दृष्टि में सेतु-सन्धान का कार्य मुझे चुनौतीपूर्ण लगा। इस सन्दर्भ में मुझे यह भी लगा कि दोनों में सन्निहित ईश्वर-दृष्टि ही तद्विषयक दर्शन को समझने की कुंजी है। कारण यह है कि ईश्वर-दृष्टि ईश्वर-चिन्तन है, जो समग्र जीवन को एक सूत्र में गूँथती है। अतः कबीर और ईसाई दर्शन के ईश्वर-चिन्तन का तुलनात्मक अनुसन्धान मेरा अध्ययन-विषय बना। साथ ही, मैंने दोनों ज्ञान-धाराओं में अभिव्यक्त ईश्वर-परिकल्पना के सामाजिक आशय पर प्रकाश डालना विशेष आवश्यक समझा। काशी हिन्दू विश्वविद्यालय, वाराणसी, में 1993 में पी-एच.डी. की उपाधि हेतु स्वीकृत प्रस्तुत शोध-प्रबन्ध का, किंचित् संशोधन के साथ, यह ग्रन्थ रूप है–'कबीर और ईसाई चिन्तन (ईश्वर-परिकल्पना का सामाजिक सन्दर्भ)'।

यद्यपि शोध-शीर्षक 'ईसाई दर्शन के आलोक में कबीर के ईश्वर-विषयक चिन्तन का अनुशीलन' है, तथापि शोध-प्रक्रिया तुलनात्मक है। ईसाई दर्शन की विश्वव्यापी विशालता तथा बीस शताब्दियों में प्राप्त गहनता को दृष्टि में रखते हुए लगभग छः शताब्दियों से प्रचलित कबीर-दर्शन का ऐसा अध्ययन तर्कसंगत प्रतीत होता है। ईसाई दर्शन के अध्ययन के आधार के रूप में सनातन ईसाई परम्परा (कैथॅलिक) द्वारा मान्यता प्राप्त 'पवित्र बाइबिल' के आधुनिकतम हिन्दी संस्करण को स्वीकृत किया गया है। कबीर-चिन्तन के आधार के रूप में नागरी प्रचारिणी सभा, वाराणसी, द्वारा प्रकाशित 'कबीर ग्रन्थावली' को मुख्य रूप से अंगीकृत किया गया है। अध्ययन को पाठ-केन्द्रित और उद्धरण-पुष्ट करने के लिए ही ऐसा किया गया है।

आलोच्य विषय में ईसाई दर्शन और कबीर के मध्य ईश्वर-चिन्तन संयोजक बिन्दु है। कबीर की ईश्वर-दृष्टि का वैशिष्ट्य यह है कि वह तद्युगीन समाज के सभी धर्मों तथा सम्प्रदायों में प्रचलित ईश्वर-सम्बन्धी अभिधानों को स्वयं में समाविष्ट करती है। वह आत्म-चिन्तन पर अवलम्बित होकर व्यापक धरातल पर प्रतिष्ठित है। वह ईश्वर-दृष्टि किसी भी धर्म की नहीं है, बल्कि उसमें सभी धर्मों की दृष्टि होने का गुण सन्निहित है। ईसाई दर्शन की ईश्वर-दृष्टि मूलतः ईसा मसीह की ईश्वर-पुत्रानुभूति पर आश्रित है। ईश्वर के पारलौकिक पितृत्व को मानव-जाति

के अस्तित्व का आधार मानते हुए ईसा मसीह ने ईश्वर की एक स्वानुभूतिमूलक नूतन दृष्टि प्रतिपादित की है। वह भी किसी सम्प्रदाय-विशेष की न होकर मानवमात्र की है। ईसाई दर्शन और कबीर-चिन्तन दोनों में कतिपय बिन्दुओं पर स्वरूपगत तथा मात्रागत वैषम्य होने पर भी दोनों के ईश्वर-चिन्तनों में विद्यमान साम्यमूलक विशिष्टताओं की अतिशयता विशेष ध्यातव्य है। इस तुलनात्मक दिशा में तत्त्वान्वेषण की अनुमानित उपलब्धियाँ तथा उनकी नूतनता इस शोधा-विषय को प्रासंगिक बनाती हैं।

इस क्षेत्र में अब तक कोई मौलिक कार्य नहीं हुआ है। परन्तु दो शोध-प्रबन्धों का उल्लेख किया जा सकता है—पहला, डॉ. फिलेमोन क्लेमेंट सालवे द्वारा सागर विश्वविद्यालय में प्रस्तुत शोध-प्रबन्ध है। यह 'ईसाई आध्यात्मिक साधना के परिप्रेक्ष्य में हिन्दी भक्ति-काव्य का अनुशीलन' शीर्षक से अभिज्ञात है। यह कार्य सन् 1982 में सम्पन्न हुआ था। दूसरा शोध-प्रबन्ध डॉ. एम.पी. राजू द्वारा विक्रम विश्वविद्यालय, उज्जैन, में सन् 1987 में प्रस्तुत हुआ। इसका शीर्षक है—'मध्यकालीन भक्ति-साहित्य पर ईसाइयत का प्रभाव : वास्तविकता का आकलन'। दोनों शोधा-कार्यों को हिन्दी साहित्य और बाइबिल साहित्य पर आधारित तुलनात्मक शोध का प्रथम और द्वितीय प्रयास कहा जा सकता है। परन्तु इन दोनों शोध-प्रबन्धों में हिन्दी के सम्पूर्ण भक्ति-साहित्य के ग्रहण तथा सम्पूर्ण ईसाइयत या ईसाई साधना की तुलना होने के कारण विषय की बहुत अधिक व्यापकता स्वाभाविक है। मैंने अपने अध्ययन में वस्तुनिष्ठ तत्त्वान्वेषण की आवश्यकता को ध्यान में रखते हुए विषयवस्तु को कबीर काव्य तथा ईश्वर चिन्तन तक सीमित किया है। कबीर और ईसा की ईश्वरानुभूति में भेदाभेद का स्वरूपगत विवेचन तथा कबीर और ईसाई सन्तों के रहस्यवाद का तुलनात्मक अन्वेषण इस शोधकार्य की परिधि में सम्मिलित नहीं है। इस शोधकार्य द्वारा की गई नूतन पहल के विभिन्न आयामों के रूप में ऐसे कतिपय विषय आगे के शोधकार्य की कुछ सार्थक दिशाएँ हो सकती हैं।

प्रस्तुत शोध-कार्य के सन्दर्भ में, कबीर के अध्ययन की वर्तमान स्थिति भी अवलोकनीय है। कबीर का इतिहास लगभग 550 वर्ष पुराना होने पर भी कबीर-दर्शन पर शोधपरक कार्य मुख्यतः इस शताब्दी की उपलब्धि है। विशेषतः बीसवीं शताब्दी के उत्तरार्द्ध में कबीर के अनुशीलन में अतीव आस्था तथा रुचि दृष्टिगोचर होना उनकी जीवन-दृष्टि की महानता के साथ-साथ वर्तमान युग के लिए उसकी प्रासंगिकता का परिचायक है। उनकी जीवन-दृष्टि के अनेक नूतन आयाम तथ्यान्वेषी तथा सुधी अनुसन्धानकर्ताओं द्वारा उद्घाटित होते जा रहे हैं।

परन्तु खेद का विषय यह है कि उनमें कुछ ही विद्वानों को छोड़कर अधिकांश अनुशीलनकर्ताओं की दृष्टि कबीर को किसी-न-किसी धर्म या सम्प्रदाय के सदस्य अथवा किसी मतवाद के अनुयायी घोषित करने में अधिक रही। किसी ने उन्हें हिन्दू कहा तो किसी ने मुसलमान। किसी ने उनको वेदान्ती माना तो किसी ने वैष्णव। उन पर नाथ-पन्थ, योग, अद्वैत, द्वैत आदि की मुहर भी लगाई गई। उनके दर्शन का मिश्रित स्वरूप देखकर उन्हें विलक्षण तथा अन्तर्विरोधी भी कहने से कुछ विद्वान् नहीं चूके। स्वयं कबीर को अवतारी धारणाओं से परिवेष्टित करके परलोक में स्थापित करने के कबीर-पन्थी प्रयासों ने कबीर-दर्शन के सही ज्ञान को और भी जटिल बनाया। परिणामस्वरूप, कबीर की जीवन-दृष्टि के सम्प्रदायातीत तथा व्यावहारिक स्वरूप का अनुसन्धान और प्रत्यभिज्ञान कम हो पाया। इससे उनके दर्शन का सांगोपांग विवेचन तथा यथातथ्य चित्रण बहुत कुछ कुंठित हो गया। कबीर-दर्शन के विषय में उपर्युक्त पूर्वाग्रह के कारण उनकी मौलिक दृष्टि के विश्लेषण और उपयुक्त शोध पर काफी असर पड़ा। कबीर की ईश्वर-दृष्टि उनकी

सम्पूर्ण जीवन-दृष्टि की कुंजी है, इस तथ्य को दृष्टि में रखते हुए उनके ईश्वर-चिन्तन पर अध्ययन करना उचित उपाय प्रतीत हुआ। क्योंकि इससे ही उनके जीवन-दर्शन को मतवादों की परिधि से मुक्त किया जा सकता था।

ईसाई दर्शन से कबीर-दर्शन की तुलना का यह प्रथम प्रयास है। इस पहल द्वारा हिन्दी साहित्य के भक्ति-काव्य या सन्त-काव्य के अनुशीलन में एक नई दिशा प्रत्यक्ष होती है। साथ ही, यह भी ध्यान देने योग्य है कि ईसाई दर्शन में विश्वव्यापक स्तर पर प्रतिष्ठित तथा कबीर-दर्शन में प्रखरता के साथ विद्यमान मुख्य तत्त्व 'मानवता की श्रेष्ठता' तुलनात्मक अध्ययन का प्रमुख बिन्दु है। यह इन दोनों के ईश्वर-चिन्तन का अनिवार्य अंग भी है। ईश्वर-चिन्तन की प्रयोजनीयता मानवता का हित करने में निहित है। ईश्वर-चिन्तन तभी चरितार्थ होता है जब वह ईश्वर-परिकल्पना को सामाजिक सन्दर्भ की कसौटी पर घटित करे। अर्थात्, सम्पूर्ण जीवन-चिन्तन की झलक जिसमें मिले, वही असल में ईश्वर-चिन्तन है। ईश्वर-चिन्तन की सर्वाधिक सार्थक परिभाषा इस प्रक्रिया में अभिव्यक्त होती है।

कबीर के चिन्तन का प्रधान आश्रय भारतीय परम्परा है। वह इस्लामी दृष्टि से भी प्रभावित माना जाता है। इस संगम पर स्थापित कबीर-दर्शन का साक्षात्कार ईसाई दर्शन से कराए जाने से मानवता की ऐक्य-भावना का मार्ग अधिक प्रशस्त होना सुनिश्चित है। भारतीय परम्परा की सहिष्णुता-विश्वबन्धुत्व की भावना, इस्लामी परम्परा के समभाव-भाईचारे तथा ईसाई परम्परा के प्रेम-सेवा आदि सार्वभौम मूल्यों के आपसी संवाद से मानवता की समन्वित धारणा के विकास में एक नई दिशा मिल जाए, यही लेखक का शोध-संकल्प है।

ईसाई दर्शन तथा कबीर की ईश्वर-दृष्टि मूलतः सम्प्रदाय-निरपेक्ष और व्यापक है। इस तुलनात्मक परिप्रेक्ष्य में दोनों की ईश्वर-दृष्टियों का अधिक विस्तृत, समग्र और समृद्ध होना अवश्यम्भावी है। ईसाई दर्शन के आलोक में अनुशीलन करने पर ईसाइयत का एक भारतीय स्वरूप भी उभरता है। साथ ही, कबीर के ईश्वर-चिन्तन पर ऐसे निष्कर्ष उपलब्ध हो सकते हैं, जो अब तक चर्चित नहीं हैं और जिससे कबीर की गरिमा में वृद्धि होगी। क्योंकि ईसाई दर्शन की शुद्ध अध्यात्म-दृष्टि और कबीर की काव्याभिसिंचित अध्यात्म-दृष्टि के समन्वित अध्ययन से साहित्य, धर्म, दर्शन आदि के मध्य एक सक्रिय सम्बन्ध स्थापित हो सकता है। भारतीय तथा अभारतीय जीवन-दर्शनों के संयुक्त चिन्तन से चिन्तन की एक नूतन तथा अधिक सन्तुलित सरणी भी खुलेगी।

यह अनुशीलन ईसाई दर्शन की ईश्वर-चेतना विषयक ईसाई कलीसिया (समाज) तथा कबीर के तद्विषयक कबीर-पन्थ के मध्य भी एक क्रियात्मक संवाद के लिए मार्ग प्रशस्त करता है। साथ ही, यहूदी धर्म तथा यूनानी दर्शन की पूर्व-परम्पराओं से विकसित ईसाई चिन्तन एवं भारतीय तथा इस्लामी परम्पराओं से उद्भूत कबीर-चिन्तन में सन्निहित साम्यमूलक तत्त्व इस शाश्वत तथ्य की ओर संकेत करते हैं कि मनुष्य की मूलभूत चिन्तन-धाराएँ तथा साधनाएँ स्थान, समय तथा संस्कृति में भेद होने पर भी मूलतः एक ही है।

भारतीय संस्कृति का प्राणभूत सन्देश है–'विविधता में एकता'। हिन्दी भारत की राष्ट्रभाषा है। इसलिए यह आवश्यक है कि हिन्दी साहित्य में विश्व-भर के और विशेषतः भारत की संस्कृति, जाति, धर्म, धर्म-ग्रन्थ, गौरव-ग्रन्थ, विचारधारा आदि में निहित जीवन-दृष्टियों का विवेचन हो। हिन्दी साहित्य भारत के विशालतम क्षेत्रफल का साहित्य भी है। विश्व के सबसे बड़े जीवन-दर्शनों में ईसाई दर्शन का एक महत्त्वपूर्ण स्थान है। वह लगभग सम्पूर्ण भारत में भी व्याप्त है। उसे

भी स्वयं में समाहित करना हिन्दी साहित्य के लिए गौरव का विषय होगा। ऐसे विषयों और चिन्तनों का हिन्दी में प्रवाह होने पर यह भाषा अन्तर्राष्ट्रीय स्तर पर अधिक उपयोगी और महत्त्वपूर्ण होती जाएगी। अतः कबीर के चिन्तन से भरपूर समानता रखनेवाले ईसाई चिन्तन की ओर हिन्दी साहित्य का द्वार खोलने का तात्पर्य होगा हिन्दी साहित्य को अधिक व्यापक, समृद्ध तथा प्रतिष्ठायुक्त बनाना। यह शोध-प्रबन्ध इस दिशा में विनम्र प्रयास है।

यह शोधानुशीलन अनेक कठिनाइयों के मध्य सम्पन्न हुआ है। ईसाई ईश्वर-चिन्तन के आलोक में कबीर पर अनुसन्धान सम्बन्धी कठिनाइयाँ स्वतः स्पष्ट हैं। कबीर की मूल रचनाओं तथा उनके प्रामाणिक पाठ के निर्धारण की समस्याएँ, उनकी रचनाओं के विभिन्न संग्रह, उनकी रचनाओं में परस्पर विपरीत लगनेवाली उक्तियाँ, उनकी आलोचना की विभिन्न धाराएँ आदि इन कठिनाइयों के कुछ प्रमुख बिन्दु हैं। ईसाई दर्शन साहित्य संसार में कदाचित् विपुलतम है। उसका अधिकांश भाग अंग्रेजी में ही उपलब्ध है। डॉ. योहन फाइस द्वारा लिखित 'ईसाई दर्शन : इतिहास और सिद्धान्त' में गहन एवं विस्तृत तत्त्व-चिन्तन का अभाव है। उनके 'ईश-दर्शन' में दार्शनिक चिन्तन अधिक मिलता है और बाइबिल-साहित्य पर अवलम्बित ईसाई दर्शन कम। उनके इन मौलिक तथा श्लाघ्य प्रयासों के अतिरिक्त ईसाई दर्शन की कोई शोधपरक सामग्री हिन्दी में उपलब्ध नहीं है। डॉ. रघुवंश द्वारा लिखित 'मानव पुत्र ईसा' ईसा मसीह की जीवन विषयक घटनाओं का समाहार मात्र है। इसलिए बाइबिलीय दर्शन की हिन्दी शब्दावली का निर्माण बहुत कष्टसाध्य कार्य था। साथ ही, ईसाई दर्शन असंख्य शाखाओं-उपशाखाओं में विभाजित होकर वैविध्यपूर्ण, विशाल, गहन तथा जटिल हो गया है। उसके सम्पूर्ण ईश्वर-चिन्तन को इस शोध ा-प्रबन्ध के दायरे में समेटना भी एक भगीरथ-प्रयत्न-सा था। ईसाई दर्शन तथा कबीर-चिन्तन पर तुलनात्मक समीक्षा परस्पर की संस्कृति, परम्परा, विस्तार, समय-स्थानादि के वैभिन्न्य के कारण भी कष्टकर थी। फिर भी, इस प्रारम्भिक उद्यम से यथायोग्य न्याय करने का प्रयास किया गया है।

प्रस्तुत ग्रन्थ काशी हिन्दू विश्वविद्यालय, वाराणसी, के हिन्दी विभाग में 1993 में पी-एच.डी. की उपाधि हेतु स्वीकृत शोध-प्रबन्ध का संशोधित रूप है। इस ग्रन्थ में ईसाई ईश्वर-चिन्तन के परिप्रेक्ष्य में कबीर के ईश्वर-चिन्तन की विशिष्टताओं का सम्यक् विवेचन करने का लक्ष्य दृष्टि में रखा गया है। इस अनुशीलन के द्वारा इस निष्कर्ष पर पहुँचने का प्रयत्न किया गया है कि कबीर का ईश्वर-चिन्तन पूर्णतः सम्प्रदाय-निरपेक्ष, समाज-सापेक्ष, समग्र तथा मानवतावादी है। उनकी ईश्वर-धारणा सर्वथा प्रासंगिक तथा मौलिक है साथ ही, वह सामाजिक आशय पर पूरी तरह से खरी उतरती भी है।

इस ग्रन्थ के **प्रथम अध्याय** में ईसाई ईश्वर-चिन्तन की पृष्ठभूमि पर प्रकाश डाला गया है। ईसाई दर्शन के आधार-साहित्य 'बाइबिल' का संक्षिप्त परिचय देने के उपरान्त बाइबिल के 'पुराना विधान' की या यहूदी ईश्वर-चिन्तन-विषयक संस्कृति की विकासयात्रा की खोज की गई है। तदनन्तर 'पुराना विधान' के ईश्वर के अभिलक्षणों तथा सांस्कृतिक वातावरण के विभिन्न पहलुओं की विस्तृत विवेचना की गई है। इससे वे सैद्धान्तिक तथा व्यावहारिक तत्त्व प्रकाशित हुए हैं, जो ईसाई ईश्वर-दृष्टि के स्वरूप-निर्धारण में सहायक रहे हैं।

द्वितीय अध्याय में, कबीर के ईश्वर-चिन्तन की पृष्ठभूमि का विवेचन किया गया है। कबीर-साहित्य के संक्षिप्त परिचय के साथ-साथ उनके व्यक्तित्व की विशिष्टताओं को उनकी विशिष्ट ईश्वर-दृष्टि का आधार सिद्ध किया गया है। उनके पूर्व की विचारगत तथा सम्प्रदायगत

परम्पराओं के विश्लेषण से उनकी वैचारिक विरासत के स्वरूप को दर्शाया गया है। साथ ही, उनके युग के वैविध्यपूर्ण सांस्कृतिक परिवेश के साथ उनके चिन्तन की समीपस्थ पीठिका को भी स्पष्ट करने का प्रयत्न किया गया है। फलतः यह कबीर के ईश्वर-चिन्तन में अभिव्यक्त विधेयात्मक तथा निषेधात्मक स्वरूप को समझने में उपयोगी सिद्ध हुआ है।

तृतीय अध्याय में, 'नया विधान' पर अवलम्बित ईसाई ईश्वर-परिकल्पना तथा ईसा मसीह के व्यक्तित्व की विशद् विवेचना द्वारा उनमें अन्तर्निहित ईश्वर-तत्त्वों को प्रकाश में लाया गया है। 'पुराना विधान' के साथ 'नया विधान' की तुलनात्मक विवेचना के द्वारा ईसाई ईश्वर-धारणा की नूतनता स्पष्ट हो गई है। इसी क्रम में ईसा मसीह की सम्पूर्ण जीवन-घटनाओं में अभिव्यक्त ईश्वर-धारणा के प्राणभूत तत्त्वों को भी उद्घाटित किया गया है। अन्त में, 'नया विधान' की ईश्वर-परिकल्पना का विस्तारपूर्वक विवेचन किया गया है। इससे ईसाई ईश्वर-दृष्टि की विशालता के प्राकट्य के साथ कबीर-चिन्तन से उसके साम्य की कई सम्भावनाएँ भी प्रकट हुई हैं।

चतुर्थ अध्याय में, कबीर की ईश्वर-परिकल्पना का वैविध्यपूर्ण स्वरूपोद्घाटन हुआ है। 'ईश्वर की धारणा में वे किन-किन तत्त्वों का और क्यों निषेध करते हैं और उनके द्वारा प्रस्तुत विकल्प क्या है' आदि बातों के द्वारा प्रारम्भ में उनके निषेधात्मक ईश्वर-चिन्तन को स्पष्ट किया गया है। आगे, कबीर की ईश्वर-परिकल्पना का सम्यक् परीक्षण करते हुए उसकी विविध विशिष्टताओं का विश्लेषण किया गया है। इससे कबीर साहब की ईश्वर-दृष्टि की तुलनात्मक सम्भावनाएँ प्रकाशित हो जाती हैं।

पंचम अध्याय में, ईसाई ईश्वर-चिन्तन के सामाजिक आशय का चित्रण है। यह ईश्वर के वैचारिक स्वरूप का व्यावहारिक पक्ष है। जिस प्रकार ईश्वर अपनी सृष्टि, मुक्ति आदि कार्यों द्वारा मनुष्य और विश्व से मूलतः सम्बन्धित है तथा किस प्रकार मनुष्य-रूपी मन्दिर में वह अवस्थित है, इसका विवेचन ईसाई ईश्वर-चिन्तन के मानवीय आशय को अभिव्यक्त करता है। मानव-समाज को ईश्वर-राज्य बनाने में ईश्वर का सामाजिक स्वरूप पूर्णतः उद्घाटित होता है। इस स्वरूप को ईश्वर-चिन्तन का चरम उत्कर्ष भी सिद्ध किया गया है।

षष्ठ अध्याय में, कबीर के ईश्वर-चिन्तन का सामाजिक आशय विवेचित है। कबीर के सृष्टिवाद तथा मुक्तिवाद में मनुष्य से ईश्वर के सम्बन्ध का स्वरूप स्पष्ट किया गया है। कबीर द्वारा परिकल्पित आध्यात्मिक समाज में मानव-प्रेम, सह-मानवता, सामाजिक चेतना आदि का विशेष महत्त्व है। इनके माध्यम से ही ईश्वर के सामाजिक स्वरूप का निरूपण होता है। इसी परम्परा में कबीर की ईश्वर-परिकल्पना का चरम उत्कर्ष स्थापित किया गया है।

सप्तम अध्याय पूर्णतः तुलनात्मक है। इसमें ईसाई दर्शन तथा कबीर के ईश्वर-चिन्तन की पृष्ठभूमि, ईश्वर-परिकल्पना तथा सामाजिक आशय विषयक समस्त बिन्दुओं की पारस्परिक तुलना को सम्यक् रूप में प्रस्तुत किया गया है। इसमें प्रथम से लेकर षष्ठ तक के सभी अध्यायों के सारांश के साथ दोनों के साम्य-वैषम्यमूलक बिन्दुओं पर निष्कर्ष प्रस्तुत किए गए हैं।

'कबीर और ईसाई चिन्तन की ईश्वर-परिकल्पना का सामाजिक सन्दर्भ' विषयक इस शोधपरक प्रबन्ध-ग्रन्थ में प्रस्तुत समस्त विश्लेषण तथा उपलब्धियाँ मेरे उन गुरुजनों तथा विद्वज्जनों का प्रसाद है, जिनसे मैंने ईश्वर के सामाजिक आशय के मर्म ग्रहण किए हैं। भक्ति-साहित्य के मर्मज्ञ श्रद्धेय गुरुवर **आचार्य श्यामसुन्दर शुक्लजी** के निपुण निर्देशन में कार्य

करने का सौभाग्य मुझे प्राप्त हुआ। प्रस्तुत विषय का स्वरूप भी उन्हीं के द्वारा प्रस्तावित किया गया था। बहु-आयामी तथा अत्यन्त व्यस्त जीवन के बावजूद वे अपने बहुमूल्य निर्देशों द्वारा सहायक होकर मेरे तथा मेरे शोध-कार्य के प्रति सदैव उत्सुक रहे। सम्पूर्ण प्रबन्ध की प्रत्येक पंक्ति पढ़ने तथा आवश्यक संशोधन करने के कष्टसाध्य और समयसाध्य कार्य द्वारा उन्होंने मुझ पर कृपा की। इस शोध-कार्य की सम्पूर्ण अवधि में उन्होंने मेरे प्रति सज्जनता, उदारता तथा अभिरुचि का परिचय दिया। उनके महान् उपकार की गुरुता वास्तव में कृतज्ञता के परे प्रतिष्ठित है। मैं उनका चिर-आभारी रहूँगा।

सन्त-साहित्य के निष्णात् विद्वान् आदरणीय गुरुवर **आचार्य नागेन्द्रनाथ उपाध्यायजी** के आशीर्वाद से तथा अपनी अपार विद्वता से मुझे लाभान्वित करने की सन्नद्धता से मैं प्रभूत प्रोत्साहित हुआ हूँ। उनकी सहृदयता तथा उनके अमूल्य योगदान के लिए कृतज्ञता व्यक्त करना धृष्टता होगी। वे मेरे लिए चिरस्मरणीय रहेंगे।

कबीर-चिन्तन के शीर्षस्थ विद्वान् आदरणीय गुरुवर **आचार्य शुकदेव सिंहजी** से प्राप्त मार्गदर्शन मेरे लिए सौभाग्य का विषय है। बीज-रूप विषय को अंकुरित करने से लेकर पुष्पित-फलित होने तक उन्होंने अपना बहुमूल्य समय देकर मेरे मार्ग को प्रशस्त करने में रुचि ली। कबीर-विषयक समीक्षा की अनेक गुत्थियों को सुलझाने के कार्य से वे कभी नहीं चूके। अपने उदात्त स्वभाव तथा वस्तुनिष्ठ चिन्तन से उन्होंने मुझ पर जो कृपा की है, उसके लिए मैं उनका हृदय से आभारी रहूँगा।

संस्कृत साहित्य तथा वेदशास्त्र के मर्मज्ञ **आचार्य कमलेशदत्त त्रिपाठीजी** (वाराणसी), साहित्यद्रष्टा **आचार्य दिनेश्वर प्रसादजी** (राँची), भक्तिकाव्य के अग्रणी सामाजिक विचारक **आचार्य प्रेमशंकरजी** (सागर) तथा साहित्यमनीषी **आचार्य राममूर्ति त्रिपाठीजी** (उज्जैन) ने भी मुझे लाभान्वित किया। उनके महत्त्वपूर्ण सुझाव मेरे लिए अपने शोध-विषय को गहराई से समझने में बहुत सहायक सिद्ध हुए। साथ ही, ईसाई दर्शन के शीर्षस्थ विद्वान **डॉ. टी.के. जॉन** (दिल्ली), **डॉ. सोआरेस-प्रभु** (पुणे), **डॉ. विक्टर पियोवेसान** (मंगलूर) तथा **डॉ. इग्नेशियस पुतियडम** (वाराणसी) से भी मैं लाभान्वित हुआ हूँ। ईसाई ईश्वर-चिन्तन की सूक्ष्मताओं से मुझे परिचित कराने में इन महानुभावों ने महत्त्वपूर्ण भूमिका निभाई। उनके प्रोत्साहन तथा प्रेरणादायक सुझाव मेरे शोध-कार्य के सम्बल रहे। उन सबके प्रति मैं आभार व्यक्त करता हूँ।

इस प्रबन्ध के लेखन में मुझे कई संस्थाओं तथा ग्रन्थालयों की सहायता मिली है। इनमें से काशी हिन्दू विश्वविद्यालय (वाराणसी), नागरी प्रचारिणी सभा (वाराणसी), कारमाइकिल पुस्तकालय (वाराणसी), हिन्दी साहित्य सम्मेलन (इलाहाबाद), डॉ. कामिल बुलके शोध-संस्थान (राँची), विद्याज्योति (दिल्ली), ज्ञानदीप विद्यापीठ (पुणे), सन्त पीटर संस्थान (बंगलूर) तथा सन्त जॉसफ संस्थान (इलाहाबाद) के नाम विशेष उल्लेखनीय हैं। मैं इन संस्थाओं के प्रति भी कृतज्ञता ज्ञापित करना अपना कर्त्तव्य समझता हूँ।

इसके अतिरिक्त मैं जिन-जिन गुरुजनों तथा विद्वानों की सम्मतियों एवं लेखकों की रचनाओं से प्रत्यक्ष या अप्रत्यक्ष रूप से लाभान्वित हुआ हूँ, उनका भी साभार स्मरण करता हूँ।

मैं मिसियो, आहन, जर्मनी, का विशेष आभारी हूँ, क्योंकि आपने इस शोध-ग्रन्थ और पी-एच.डी. की मेरी उपाधि को सम्भव बनाने हेतु पर्याप्त आर्थिक सहयोग प्रदान कर मुझे उपकृत किया है।

राजकमल प्रकाशन, दिल्ली, ने इस पुस्तक के प्रकाशन में बड़ी तत्परता दिखाई तथा अपनी

व्यवस्थित मुद्रण व प्रकाशन-कला से मुझे उपकृत किया। इसके लिए मैं उनका कृतज्ञ हूँ।

साहित्य, धर्म, दर्शन आदि विधाओं तथा भारतीय और अभारतीय चिन्तनों में समन्वय-चेतना से ओतप्रोत इस विनम्र प्रयास को सुधी पाठकों तथा सुविज्ञ समालोचकों के करकमलों में सहर्ष समर्पित किया जा रहा है।

1 जून, 2002 **एम.डी. थॉमस**

विषय-सूची

प्रथम अध्याय

ईसाई ईश्वर-चिन्तन की पृष्ठभूमि : पुराना विधान

विशुद्ध अर्थ में, 'ईसाई दर्शन' अपने धर्मग्रन्थ 'बाइबिल' के उत्तर भाग 'नया विधान' पर अवलम्बित है। परन्तु, जिस प्रकार 'नया विधान' के अभाव में 'पुराना विधान' मात्र यहूदी धर्मग्रन्थ रह जाता है, ठीक उसी प्रकार 'पुराना विधान' के अभाव में 'नया विधान' भी निराधार होगा। अन्य शब्दों में, बाइबिल के 'पुराना विधान' और 'नया विधान' एक समग्र इकाई के रूप में परस्पर पूरक हैं। अर्थात्, बाइबिल का पूर्वभाग 'पुराना विधान' 'नया विधान' के लिए एक पृष्ठभूमि सिद्ध होती है, क्योंकि इसी पर आश्रित होकर 'नया विधान' का चिन्तन निर्मित हुआ है। अतः 'पुराना विधान' में अभिव्यक्त ईश्वर-दृष्टि ही ईसाई ईश्वर-चिन्तन की पृष्ठभूमि है।

1. बाइबिल : एक परिचय

'बाइबिल' लगभग एक-तिहाई मानव जाति द्वारा पवित्र माना जानेवाला ग्रन्थ है। यह विश्व के सबसे अधिक व्यापक धर्म-समाज (ईसाइयों) का सर्वमान्य धर्मग्रन्थ है। इसे विश्व के गौरव-ग्रन्थों में अनुपम स्थान की प्रतिष्ठा प्राप्त है। अपने मूलार्थ में तथा व्यापक अर्थों में यह शब्द किसी भी धर्म के पवित्र ग्रन्थ तथा किसी भी विषय की प्रामाणिक रचना के लिए प्रयुक्त है। यह उन रचनाओं का संग्रह है जिन्हें कलीसिया[1] (ईसाइयों की धर्म-मंडली) ने धर्मवैधानिक प्रामाणिकता प्रदान की है।[2] आश्चर्य है, 'बाइबिल' शब्द इस पवित्र ग्रन्थ (बाइबिल) में नहीं मिलता है। वस्तुतः यह शब्द कलीसिया द्वारा प्रयोग में लाया गया है।[3]

'बाइबिल' शब्द का उद्भव, अर्थ और प्रचलन

अंग्रेजी शब्द 'बाइबिल' लातीनी शब्द 'बीब्लिया' से व्युत्पन्न है। यूनानी 'बीब्लिया' 'बीब्लियोन' का बहुवचन है, जोकि 'बीब्लोस' शब्द से व्युत्पन्न है। 'बीब्लोस' का अर्थ 'कोई भी लिखित दस्तावेज या प्रलेख' है, लेकिन मूल रूप से वह जो 'पपीरूस', अर्थात् श्रीपत्र के डंठलों से बने कागज, पर लिखा हुआ था। यह 'पपीरूस' फिनीशिया के 'बीब्लूस' नामक शहर से आयात किया

1. 'कलीसिया' शब्द के भाषावैज्ञानिक विश्लेषण के लिए द्रष्टव्य : प्रस्तुत पुस्तक, अध्याय 5, पृ. 237-40
2. एफ. डब्ल्यू, बीर, 'बाइबिल', दि इंटरप्रेटर्स डिक्शनरी ऑफ दि बाइबिल, भाग-1, पृ. 407
3. हेनरी स्नैडर गहमैन, 'बाइबिल', दि न्यू वेस्टमिंस्टर डिक्शनरी ऑफ दि बाइबिल, पृ. 116

जाता था, जिसके कारण यह शब्द पुस्तक के लिए प्रचलित हो गया।[1] अंग्रेजी के समानान्तर ही हिन्दी में भी 'बाइबिल' शब्द का प्रयोग होता है। ध्यातव्य है कि विश्व के लगभग सभी भाषाओं में बाइबिल शब्द ज्यों-का-त्यों प्रयुक्त किया जाता है। 'बाइबिल' शब्द ईसाइयत के प्रारम्भिक शताब्दियों में बहुवचन में 'पुस्तकों' के अर्थ में प्रयुक्त था। इसलिए जेरोम[2] 'बाइबिल' के लिए 'ईश्वरीय पुस्तकालय' पद का प्रयोग करते थे। धीरे-धीरे 'बाइबिल' शब्द 'पुस्तक' के लिए एकवचन में प्रयुक्त होने लगा।

ईसाई क्षेत्र में 'बाइबिल' शब्द के प्रचलन के सन्दर्भ में प्रसिद्ध शोध-कर्ता हेनरी स्नेडर गहमैन का मानना है कि दूसरी ईस्वी शताब्दी में क्लेमेंट[3] के दूसरे पत्र में 'बीब्लिया' शब्द 'पुराना विधान', अर्थात् बाइबिल का पूर्वभाग, जो कि ईसा और उनके शिष्यों की बाइबिल थी, पर लागू किया हुआ मालूम पड़ता है। पाँचवीं शती तक 'बाइबिल' शब्द ईसाई पवित्र ग्रन्थों के सम्पूर्ण संकलन के लिए प्रयुक्त होने लगा।[4] 'यहूदी बाइबिल' के लिए 'संहिता', 'संहिता और नबी', 'संहिता, नबी और भजन', 'पवित्र ग्रन्थ', 'धर्मग्रन्थ' आदि अभिधानों के प्रयोग भी मिलते हैं।[5]

बाइबिल की रचनाएँ और उनका विभाजन

बाइबिल एक पुस्तक नहीं, वरन् अनेक पुस्तकों का संकलन है। ये पुस्तकें कई लेखकों की रचनाएँ हैं।[6] प्रसिद्ध बाइबिल-विश्लेषक जॉन एल. मक्कंसी के शब्दों में, बाइबिल एक एकल साहित्यिक रचना नहीं है, बल्कि एक पुस्तकालय है।[7] इसके रचनाकाल का विस्तार दस शताब्दियों से भी अधिक है। इसकी साहित्यिक शैली में भी भिन्नता पाई जाती है। इसमें कहीं ऐतिहासिक वृत्तान्त है, कहीं काव्य है, कहीं नियमावली, कहीं उपदेश, कहीं पत्र और कहीं जीवन-चरित।[8]

बाइबिल के दो भाग हैं—पूर्व भाग और उत्तर भाग। पूर्व भाग को 'पुराना विधान' अथवा 'तौरेत'[9] और उत्तर भाग को 'नया विधान' अथवा 'इंजील' कहा जाता है।[10] बाइबिल के ये दो भाग दो विधानों के प्रतीक हैं[11]—पहला, मूसा-केन्द्रित और दूसरा, कलवारी पर्वत का मुक्ति विधान-केन्द्रित। पुराना विधान और नया विधान का नामकरण भी कलीसिया द्वारा ईस्वी सन्

---

1. जे.डी. डूग्लस, 'बाइबिल', न्यू बाइबिल डिक्शनरी, पृ. 137
2. ई. सन् प्रथम पाँच शताब्दियों के ईसाई ग्रन्थकारों में से एक। उन ग्रन्थकारों ने बाइबिल और ईसाई दर्शन-सम्बन्धी मूल मान्यताओं को व्यवस्थित और स्थिर किया था।
3. प्रथम पाँच शताब्दियों के ईसाई ग्रन्थकारों में से एक।
4. हेनरी स्नैडर गहमैन, 'बाइबिल', दि न्यू वेस्टमिंस्टर डिक्शनरी, ऑफ दि बाइबिल, पृ. 114
5. अधिक जानकारी के लिए द्रष्टव्य : रॉलंड के. हैरिसन, 'बाइबिल', दि इंटरनेशनल स्टैंडर्ड बाइबिल एनसाइक्लोपीडिया, भाग-1, पृ. 482-83
6. पवित्र बाइबिल, वाल्द-बुल्के (अनु.) प्राक्कथन, पृ. IX
7. जॉन एल. मक्कंसी, 'बाइबिल', डिक्शनरी ऑफ दि बाइबिल, पृ. 96
8. पवित्र बाइबिल, वही।
9. इब्रानी 'तोरा' से व्युत्पन्न होकर 'ईश्वर की प्रकट इच्छा' या 'मूसा के आदेश' के अर्थ को द्योतित करता है।
10. 'इंजील' यूनानी 'एवुंजेलियोन' से व्युत्पन्न होकर 'सुसमाचार' के अर्थ को संकेतित करता है।
11. हेनरी स्नैडर, गहमैन, 'बाइबिल', दि न्यू वेस्टमिंस्टर डिक्शनरी ऑफ दि बाइबिल, पृ. 117

दूसरी शती में हुआ है और यथाक्रम दोनों विधानों के स्वरूप को संकेतित करता है। इस नामकरण की प्रासंगिकता बाइबिल द्वारा समर्थित है। पुराने विधान की स्थापना प्रतिज्ञा और उसकी पूर्ति के सम्बन्ध पर आधारित है।[1] 'पुराना विधान' यहूदियों की बाइबिल है और विशिष्ट अर्थ में 'नया विधान' ईसाइयों का। वर्तमान ईसाई बाइबिल में इन दोनों भागों का सम्मिलन इस बात को साबित करता है कि पूर्व भाग उत्तर भाग की पीठिका है और उत्तर भाग पूर्व भाग से विकसित होता है।

वर्तमान बाइबिल में 73 पुस्तकें सम्मिलित हैं–46 'पुराना विधान' में और 27 'नया विधान' में।[2] बाइबिल की रचनाओं की संख्या के सन्दर्भ में बाइबिल को धर्मग्रन्थ माननेवालों में आम सहमति नहीं है। यहूदी बाइबिल में केवल 39 पुस्तकें सम्मिलित हैं, जबकि ईसाई 'पुराना विधान' में पुस्तकों की संख्या उससे अधिक है। विभिन्न ईसाई समाजों में, अर्थात् कैथॅलिक एवं प्रोटेस्टंट विभागों में, स्वीकृत पुस्तकों की संख्या में भी भिन्नता है।[3] रोमी (और यूनानी) कैथॅलिक ईसाई समाज में प्रामाणिकता के साथ अधिकृत पुस्तकों को ही प्रायः अन्तिम माना जाता है।

अपने मूल रूप में बाइबिल की रचनाएँ अध्यायों में विभाजित नहीं थीं। बाइबिल को अध्यायों में बाँटने का श्रेय स्टीफन लैंग्टन को (जो कि कैंटरबरी का महाधर्माचार्य था) देना आज अधिक उचित माना जाता है। 'पुराना विधान' को अनुभागों में विभाजित करने का कार्य यहूदी मासोरेटस ने किया। 'नया विधान' को रॉबर्ट स्टेफानूस ने वाक्यों में विभक्त किया। सन् 1951 में नया विधान लातीनी और यूनानी भाषाओं में और सन् 1557 में आंग्ल भाषा में छपकर उपलब्ध हुआ। सम्पूर्ण बाइबिल अपने वर्तमान अध्यायों तथा अनुभागों सहित सन् 1555 में 'वुलगाते' नामक लातीनी स्टीफंस संस्करण तैयार हुआ।[4]

बाइबिल की भाषा और उसका अनुवाद

बाइबिल की कोई एक मूल भाषा नहीं है। 'पुराना विधान' की मूल भाषा इब्रानी है। इसके कुछ अंश अरामी और यूनानी में भी पाए जाते हैं। जबकि 'नया विधान' की मूल भाषा यूनानी है।

बाइबिल सम्पूर्ण अथवा आंशिक रूप में अब तक लगभग 1000 भाषाओं और उपभाषाओं में अनूदित हुआ है। विश्व का कोई भी साहित्य इतनी भाषाओं में और इतने भिन्न-भिन्न संस्करणों में उपलब्ध नहीं है। केवल बाइबिल को ही इतना विश्वव्यापी प्रचार प्राप्त हुआ है।[5]

---

1. प.बा., पु.वि., निर्गमन 4.8, पृ. 105 ; यिरमियाह 31.31-34, पृ. 1219-20 ; नया विधान, इब्रानी 8.13, पृ. 345
2. प.बा., वही, विषय-सूची, पृ. XV-XVI
3. 'कैथलिक' मूल ईसाई मत है, जो सार्वभौमिक तौर पर संगठित है और जिसका प्रशासनिक केन्द्र रोम है। 'प्रोटेस्टंट' उन सम्प्रदायों का समूह है, जो 15वीं ई. शती में मार्टिन लूथर के नेतृत्व में कुछ बातों पर मतभेद के कारण मूल परम्परा से अलग होकर धीरे-धीरे कई सम्प्रदायों में खंडित हो गया।
4. हेनरी स्नैडर गहमैन, 'बाइबिल', दि न्यू वेस्टमिंस्टर डिक्शनरी ऑफ दि बाइबिल, पृ. 117
5. वही।

बाइबिल के प्राचीन अनुवादों में सेप्तजिन्त[1], बुलगाते[2], पेशीता[3] आदि प्रमुख हैं। बाइबिल का प्रथम मुद्रण लातीनी भाषा में सन् 1450 में गुटनबर्ग में हुआ। बाइबिल के अनुवाद और प्रचार-प्रसार कार्यक्रम ने दुनिया के अधिकांश भाषाओं में मूल लिपि का आविष्कार और उसमें प्रथम मुद्रण तक दुनिया को ठोस भाषागत योगदान के साथ साहित्यिक उन्नति का मार्ग भी प्रशस्त किया। जीवन-दृष्टि-विषयक मार्ग-दर्शन के साथ दुनिया के भाषिक तथा साहित्यिक निर्माण में बाइबिल का यह अमर योगदान कभी भी भुलाया नहीं जा सकता। मध्यकाल में मुद्रण कला के आविष्कार के पूर्व ही लगभग सभी यूरोपीय भाषाओं में बाइबिल का अनुवाद उपलब्ध हुआ। वर्तमान समय में बाइबिल समितियों के द्वारा बाइबिल का प्रचार-प्रसार सर्वाधिक है।

पुराना विधान

बाइबिल का यह पूर्वभाग ईसा मसीह की बाइबिल थी। इस पूर्व विधान पर अवलम्बित होकर ही ईसाइयत के प्रारम्भिक काल में ईसा के शिष्य भी अपने गुरु को मसीह और प्रभु घोषित करते थे। यह पूर्वार्द्ध-बाइबिल ईसा के बहुत समय पहले से प्रचलित था और यहूदी धर्म-ग्रन्थ के रूप में उसे मान्यता प्राप्त थी। लेकिन यहूदी बाइबिल और ईसाई 'पुराना विधान' में कुछ अन्तर है। जोसेफूस नामक यहूदी बाइबिल के विद्वान के अनुसार यहूदी बाइबिल में यहूदी वर्णमाला के ही अनुसार केवल 22 ग्रन्थ हैं, जो पुराने निष्कर्ष के अनुसार ईसाई 'पुराना विधान' के 39 ग्रन्थों के समकक्ष हैं। ईसाई 'पुराना विधान' में सम्मिलित सन्दिग्ध कृति (दानिएल का ग्रन्थ, पृ. 1345-72) यहूदी बाइबिल के साथ वैषम्य का एक मुख्य बिन्दु है।[4]

'पुराना विधान' की 46 रचनाओं को तीन भागों में विभाजित किया जा सकता है : तौरेत या संहिता, नॅबीइम या नबी और कॅतूबिम या रचनाएँ।[5] 'पुराना विधान' के प्रथम पाँच ग्रन्थों को बाइबिल के इब्रानी संस्करणों में 'तौरत' कहा जाता है, जिसका अर्थ है संहिता।...इन पाँचों ग्रन्थों में यहूदियों के विधि-निषेध दिए गए हैं। यह विभिन्न अवसरों पर प्रदत्त उन विधि-निषेधों का संकलन है, जिन्हें ईशवाणी, शिक्षा, आज्ञा, आदेश, उपदेश आदि विभिन्न अर्थों में ग्रहण किया जाता है। ईसाई लोग इन पाँचों ग्रन्थों को मूसा के पाँच ग्रन्थ कहते हैं और ये सम्मिलित रूप

1. बाइबिल के 'पुराना विधान' के प्राचीनतम यूनानी संस्करण, जो कि ईसा पूर्व द्वितीय से प्रथम शताब्दी तक प्रचलित हो गया था। इसके नामकरण का आधार यह घटना है कि सत्तर नेता मूसा के साथ सीनई पर्वत पर चढ़े, जहाँ उन्हें ईश्वर के दर्शन मिले और ईश्वर के नियम भी। द्रष्टव्य : प.बा., पु.वि., निर्गमन 24.9.10, पृ. 105 और जे. डब्ल्यू. बीवर्स, सेप्तजिंत, दि इंटरप्रेटर्स डिक्शनरी ऑफ दि बाइबिल, भाग-4, पृ. 273
2. बहुत प्रचार-प्रचलन और लोकप्रियता-प्राप्त लातीनी अनुवाद, जो कि प्रारम्भिक ईसाई मर्मज्ञ जेरोम द्वारा तैयार किया गया था। द्रष्टव्य : बी.एम. मेट्सूगर, 'वुलगाते', दि इंटप्रेटर्स डिक्शनरी ऑफ दि बाइबिल, भाग-4, पृ. 293-94
3. बाइबिल का सिरीयनी भाषा का संस्करण।
4. यहूदी बाइबिल के विस्तृत अध्ययन के लिए द्रष्टव्य : रॉलंड के. हैरिसन, 'बाइबिल', दि इंटरनेशनल स्टैंडर्ड बाइबिल एनसाइक्लोपीडिया, भाग-1, पृ. 483-84
5. कैथॅरीन मौरी लॅकुण्णा, 'बाइबिल', इनसाइक्लोपीडिया ऑफ रिलीजन, भाग-15, पृ. 54 ; प.बा., न.वि. लूकस 24.44, पृ. 141

मे 'पंचग्रन्थ' के नाम से जाने जाते हैं।[1] मूसा के नाम पर प्रचलित ये पाँच ग्रन्थ उनकी मृत्यु तक की मानव जाति की लगभग तीन हजार वर्षों के नियमों और परम्पराओं को अन्तर्निहित करते हैं।[2]

'नॅबीइम' या नबी 'नबियों के ग्रन्थ' को द्योतित करता है। ये ग्रन्थ दो भागों में प्राप्त हैं– 'पूर्ववर्ती नबियों के ग्रन्थ' और 'उत्तरवर्ती नबियों के ग्रन्थ'। पूर्ववर्ती नबियों के ग्रन्थों में, जो संख्या में छः हैं, नबी अथवा भविष्य-द्रष्टाओं की शिक्षाओं के आलोक में इसराएली प्रजा के इतिहास की चर्चा मिलती है और उत्तरवर्ती नबियों के ग्रन्थों या नबियों के ग्रन्थों में तीन प्रमुख और 12 गौण साहित्यिक नबियों के ग्रन्थ सम्मिलित हैं।[3] 'कॅतूविम' अथवा रचनाएँ कई साहित्यिक शैलियों में उपदेशात्मक काव्यों का संग्रह है। इन ग्रन्थों में धार्मिक काव्य, प्रेम-काव्य, चिन्तनशील काव्य आदि सम्मिलित हैं। धर्म और काव्यात्मकता की दृष्टि से उच्च स्थान रखते हुए इनमें से कुछ ग्रन्थ विश्व-साहित्य की बहुमूल्य निधि माने जाते हैं।[4] इस प्रकार, 'पुराना विधान' की रचनाओं की चार श्रेणियाँ सामने आ जाती हैं–संहितापरक, ऐतिहासिक, उपदेश-काव्यात्मक और भविष्यकथनात्मक।

इब्रानी बाइबिल में पुस्तकों के क्रमीकरण के प्रारम्भ को खोज निकालना असम्भव है। सेप्तजिन्त में विषय-वस्तु की समानता के आधार पर रचनाओं को क्रमबद्ध किया गया है। वर्तमान 'पुराना विधान' की रचनाओं के सन्दर्भ में भी यही कहा जाना उचित होगा कि लगभग विषय की समानता के आधार पर ही ये क्रमीकृत हैं। जो भी हो, 'पुराना विधान' की रचनाओं का लेखन-काल लगभग 1000 वर्षों की कालावधि में व्याप्त है।

'पुराना विधान' की मूल विषय-वस्तु अपने महान कार्यों द्वारा ईश्वर के आत्मप्रकाश और मन्त्रद्रष्टा नबियों की व्याख्यात्मक वाणी का मिश्रित स्वरूप है। मूसा-केन्द्रित निर्गमन घटना से लेकर सम्पूर्ण इसराएली इतिहास में प्रभु-प्रकाश का आलोक व्याप्त है और नबियों ने इसकी व्याख्या भविष्य को सामने रखकर की। सम्पूर्ण 'पुराना विधान' इस विषय से ओत-प्रोत है।

'पुराना विधान' अपने स्वरूप में प्रस्तावनात्मक है। 'पुराना विधान' में जो नबियों द्वारा हुआ था, वही 'नया विधान' में निर्णायक तौर पर सम्पन्न हुआ।[5] इसलिए सिद्ध होता है कि पुराना विधान केवल पूर्व-पीठिका है, जिसे ईसा-केन्द्रित 'नया विधान' से नाम, अधिकार और अर्थ मिले।

नया विधान

जिस विधानपरक भाव-भेद के आधार पर 'पुराना विधान' का नामकरण हुआ, ठीक उसी प्रकार 'नया विधान' का भी हुआ।[6] नाम के अनुसार ही, प्राचीन विधान के स्थान पर एक नवीन विधान

1. पवित्र बाइबिल, वही, पुराना विधान, ग्रन्थ परिचय, पृ. 11
2. रॉलंड के. हैरिसन, 'बाइबिल', दि इंटरनेशनल स्टैंडर्ड बाइबिल एनसाइक्लोपीडिया, भाग-1, पृ. 483
3. नबी और उनके ग्रन्थों के विषय में अधिक जानकारी के लिए द्रष्टव्य : पवित्र बाइबिल, पुराना विधान, नबियों के ग्रन्थों का परिचय, पृ. 1085
4. अधिक जानकारी के लिए द्रष्टव्य : कैथॅरीन मौरी लॅकुण्णा, 'बाइबिल', एनसाइक्लोपीडिया ऑफ रिलीज़न, भाग 15, पृ. 54
5. प.बा., न.वि., इब्रानी। 1.1-2, पृ. 338
6. प.बा, पु.वि., यिरमियाह 31.31-34, पृ. 1219-20 ; न. वि., 2 कुरिन्थी 3.7-11, पृ. 276

की स्थापना हुई और प्राचीन विधान की प्रतिज्ञाएँ तथा भविष्यवाणियाँ 'नया विधान' में समाविष्ट हुईं।

'नया विधान' के अन्तर्गत 27 रचनाएँ हैं। इन सभी रचनाओं की मूल भाषा यूनानी है। लेखन-शैली के आधार पर इन रचनाओं को तीन वर्गों में विभाजित किया जा सकता है : 5 ऐतिहासिक ग्रन्थ, 21 पत्र और एक भविष्यकथनात्मक ग्रन्थ।[1] लेकिन, विषय-सामग्री के आधार पर इन्हें चार वर्गों में विभाजित किया गया है। ''इसके प्रथम चार ग्रन्थ सुसमाचार (अर्थात् खुशखबरी अथवा इंजील) कहलाते हैं, क्योंकि उनमें ईसा द्वारा घोषित मानव जाति की मुक्ति का सन्देश मिलता है। चारों में ईसा की जीवनी तथा उनकी शिक्षा का वर्णन किया गया है और उनका मूल विषय भी एक है। वह यह कि नाजरेथ के ईसा यहूदी धर्मग्रन्थ के प्रतिज्ञात मसीह हैं।''[2] सुसमाचारों का मूल विषय एक होने पर भी चारों में ईसा मसीह के व्यक्तित्व के विभिन्न पक्षों को लेकर उद्‌देश्य और दृष्टिकोण में परस्पर अन्तर द्रष्टव्य है। इनमें चौथा ग्रन्थ है, जो कि योहन द्वारा लिखित है, धर्म-दर्शन तथा भाष्य की दृष्टि से विशेष महत्त्व का है। अन्य सुसमाचारों की तुलना में यह एक पूरक सुसमाचार है, और यह 'आध्यात्मिक सुसमाचार'[3] के रूप में जाना जाता है। ये चार सुसमाचार 'नया विधान' के सर्वाधिक महत्त्वपूर्ण ग्रन्थ हैं। ये ही सम्पूर्ण बाइबिल का सार-तत्त्व भी हैं।

'नया विधान' के प्रथम वर्ग के इन ग्रन्थों के पश्चात् उसका द्वितीय वर्ग 'नया विधान' के पंचम ग्रन्थ 'प्रेरित चरित' से निर्मित हुआ है। इसमें ईसाई धर्म का प्रारम्भिक प्रसार, अर्थात् ईसा की मृत्यु के बाद शिष्यों द्वारा सुसमाचार के प्रचार-सम्बन्धी कार्य-कलाप का विवरण प्रस्तुत किया गया है। तृतीय वर्ग के ग्रन्थों में कुल 21 पत्र हैं और ये विभिन्न शिष्यों द्वारा भिन्न-भिन्न ईसाई समुदायों को दी गई प्रेमपूर्ण शिक्षा से सम्बन्धित हैं। इन पत्रों के लेखकों में सन्त पौलुस मुख्य हैं। ''प्रभु ईसा मसीह के बाद सन्त पौलुस 'नया विधान' के सबसे महत्त्वपूर्ण व्यक्तित्व हैं।''[4] प्रारम्भ में वे ईसाइयों पर अत्याचार करते थे, लेकिन मानसिक परिवर्तन के पश्चात् ईसाई धर्म के अनुयायी हो गए। प्रभु ईसा के प्रति भक्ति, धर्मोत्साह और मौलिक चिन्तन पौलुस के व्यक्तित्व की प्रमुख विशेषताएँ हैं। सन्त योहन और सन्त पौलुस की रचनाएँ ईसाई धर्म-विज्ञान की नींव है।[5] 'नया विधान' के अन्तिम वर्ग में 'प्रकाशना-ग्रन्थ' है, जिसमें कुछ प्रतीकात्मक दृश्यों तथा रहस्यमूलक तत्त्वों का वर्णन है। ''इसे 'पुराना विधान' के 'दानिएल का ग्रन्थ' का अन्तर्ज्ञात भविष्यकथनविषयक प्रतिरूप माना जा सकता है।''[6]

'नया विधान' की रचनाओं का क्रम तार्किक है। ये लेखन की दृष्टि से कालक्रमिक नहीं हैं, बल्कि विषय-वस्तु की दृष्टि से विन्यस्त हैं। 'नया विधान' की प्रारंभिक रचनाएँ पौलुस के प्रारम्भिक पत्र हैं। पौलुस के पत्र भी कालक्रमानुसार नहीं हैं, बल्कि लम्बाई के आधार पर अबरोही क्रम में हैं। साथ-साथ जो पत्र कलीसियाओं के नाम पर हैं वे पहले और जो व्यक्तिगत नाम पर हैं, वे बाद में आए हैं। पौलुस के पत्रों का रचना-काल सन् 51 से 67 ईस्वी तक माना

---

1. रॉलंड के. हैरिसन, 'बाइबिल', दि इंटरनेशनल स्टैंडर्ड बाइबिल एनसाइक्लोपीडिया, भाग-1, पृ. 488
2. प.बा., न.वि., भूमिका, पृ. IV
3. रॉलंड, के. हैरिसन, 'बाइबिल', दि इंटरनेशनल स्टैंडर्ड बाइबिल एनसाइक्लोपीडिया, भाग-1, पृ. 489
4. प.बा., न.वि., भूमिका, पृ. VI
5. वही, पृ. VII
6. रॉलंड के. हैरिसन, 'बाइबिल', दि इंटरनेशनल स्टैंडर्ड बाइबिल एनसाइक्लोपीडिया, भाग-1, पृ. 490

जाता है। सुसमाचार और 'नया विधान' की अन्य सभी रचनाएँ भी सन् 60 से 100 ईस्वी मध्य तक प्रस्तुत की जा चुकी थीं। 'नया विधान' का सम्पूर्ण लेखन-काल एक शताब्दी के अन्दर सीमित है। दूसरी से चौथी शताब्दी तक 'नया विधान' की सभी रचनाएँ कलीसिया द्वारा प्रामाणिक सूची में स्वीकृत की गईं। नव-दीक्षित ईसाई समुदाय के लिए विभिन्न भाषाओं में बाइबिल की आवश्यकता पड़ी। इसलिए 'नया विधान' का अनुवाद सन् 200 ईस्वी तक लातीनी और सीरियन भाषाओं में तैयार किया गया।

नवीन विधान की श्रेष्ठता इसमें है कि प्राचीन विधान में ईश्वर के मुक्ति-विषयक कार्य नवीन विधान की ईसा-घटना में पराकाष्ठा पर पहुँच जाते हैं। पूर्वार्द्ध में अभिव्यक्त नबियों की भविष्यवाणियाँ उत्तरार्द्ध में ईसा मसीह के रूप में पूरी हो जाती हैं। इतना ही नहीं, पुरातन विधान की अव्यक्त-सी ईश्वर-वाणी नव-विधान में शरीरयुक्त शब्द के रूप में व्यक्त हुई।[1]

बाइबिल पर ईश्वर-प्रेरणा

अब प्रश्न यह उठता है कि 'ईश्वर की वाणी' के रूप में मान्यता प्राप्त बाइबिल का रचयिता कौन है—ईश्वर स्वयं या मनुष्य ? इस प्रश्न के जवाब में 'बाइबिल पर ईश्वर की प्रेरणा' का सिद्धान्त प्रस्तुत किया जाता है।

बाइबिल को धार्मिक ग्रन्थ इसलिए माना जाता है कि उसकी रचनाएँ 'पवित्र' हैं। यह पवित्रता उसे ईश्वरीय प्रेरणा में रचित होने से प्राप्त है। तभी वह ईश्वर की वाणी बन सकी।

सामान्यतया 'प्रेरणा' बाइबिल की ईश्वरीय उत्पत्ति को संकेतित करती है[2], अर्थात् पूरा धर्म-ग्रन्थ ईश्वर की प्रेरणा से लिखा गया है।[3] बाइबिल के सम्बन्ध में ईश्वर की प्रेरणा से तात्पर्य है कि ईश्वर ने प्राचीन तथा नवीन विधानों के रचयिताओं को विशिष्ट रूप से प्रभावित किया, जिससे वे ईश्वरीय प्रबोधन तथा संचालन से अनुप्रेरित होकर ऐसी रचना प्रस्तुत करें, जो 'ईश्वर की वाणी' कहलाने योग्य हो।[4] प्रेरणा बाइबिल के ईश्वरीय उद्‌भव और स्वभाव की विशिष्टता को व्यक्त करती है।[5] इससे सिद्ध होता है कि बाइबिल का कर्तृत्व द्विविध है : मनुष्य गौण कर्ता और ईश्वर प्रधान कर्ता। बाइबिल केवल मनुष्य के शब्द नहीं हैं, वरन् ईश्वर के शब्द भी हैं। मानवीय होंठों से उच्चरित और मानवीय कलम से लिखित होकर भी बाइबिल पूर्ण रूप से ईश्वर के शब्द हैं। एल.एफ. हार्टमैन के शब्दों में, "कतिपय मानव रचयिताओं के बावजूद बाइबिल एक इकाई मानी जाती है, क्योंकि ईश्वर ही उसका मुख्य रचयिता है।"[6] बाइबिल का महत्त्व भी इस बात पर निर्भर है कि ईश्वर ही उसका रचयिता है। बाइबिल 'आत्मा द्वारा प्रदत्त शब्द है'।[7] यदि ऐसा न होता तो यह इतने व्यापक और गहन विश्वास का आश्रय न बनता।

ईश्वर को बाइबिल का रचयिता मानने का अर्थ यह नहीं हुआ कि उसके प्रस्तुतीकरण में मनुष्य का कोई योगदान नहीं रहा। बाइबिल न कोई यन्त्रवत् श्रुतलेखन रहा, न कोई स्वचालित

1. अधिक जानकारी के लिए द्रष्टव्यः प.बा., न.वि., भूमिका, पृ. III-VIII
2. जॉन एल., मक्कंसी, 'इंस्पिरेशन', डिक्शनरी ऑफ दि बाइबिल, पृ. 389-90
3. प.बा., न.वि., 2 तिमथी 3.16, पृ. 331
4. जे.टी. फोरस्टेल, 'इंस्पिरेशन', न्यू कैथॅलिक इनसाइक्लोपीडिया, भाग-2, पृ. 381
5. जे.आई. पैकर, 'इंस्पिरेशन', न्यू बाइबिल डिक्शनरी, पृ. 516
6. जे.टी. फोरस्टेल, वही, पृ. 381
7. प.बा., न.वि., 1 कुरिन्थी 2.13, पृ. 254

लेखन। मानवीय रचयिता का व्यक्तित्व, दृष्टिकोण, शैली, साहित्यिक क्षमता, सांस्कृतिक परिस्थितियाँ और परिश्रम का योग अपने स्थान पर महत्त्वपूर्ण हैं ही। भौतिक या मनोवैज्ञानिक बल-प्रयोग नहीं करते हुए ईश्वर ने मानवीय स्वतन्त्रता, सहजता और रचनात्मकता को सशक्त किया। मूल तथ्य यही है कि बाइबिल के मानवीय रचयिता ईश्वर से अनुप्राणित थे। वे पवित्र आत्मा के केवल उपकरण मात्र रहे। ईश्वर की प्रेरणा इस बात में निहित थी कि ईश्वर ने मानवीय लेखकों को निर्वाचित किया और उन्हें इस प्रकार प्रभावित किया कि वे ईश्वर की प्रजा या सम्पूर्ण मानव जाति के लिए ईश्वर का सन्देश लिख सकें। "ईश्वरीय प्रेरणा तो अदृश्य कृपा है और वह पूर्णतः रहस्यमय है। उसकी सहायता से पवित्र लेखकों ने अपनी स्वतन्त्र प्रतिभा और अपनी व्यक्तिगत शैली अक्षुण्ण रखते हुए तथा देश-काल की सीमाओं में आबद्ध रहकर वही लिखा, जो ईश्वर चाहता था।"[1] बाइबिल का रचयिता पूर्ण रूप से ईश्वर है और पूर्ण रूप से मनुष्य भी। यह एक दिव्य रहस्य है। इसकी तुलना इस बात से की जा सकती है कि ईसा मसीह पूर्ण रूप से ईश्वर है और पूर्ण रूप से मनुष्य भी।

बाइबिल पर ईश्वर की प्रेरणा को ईश्वर के आत्मप्रकाशन से जोड़े बिना नहीं समझा जा सकता। ईश्वर का मुक्तिविधान ईश्वर के सिवा कौन जान सकता है ? बाइबिल में वही अंकित है। अर्थात् यह कहना समीचीन होगा कि बाइबिल पर ईश्वर की प्रेरणा ईश्वर के आत्मप्रकाशन का ही अनिवार्य अंग थी। इसलिए ईश्वरीय रहस्य की मानवीय अभिव्यक्ति के रूप में बाइबिल पर ईश्वर की प्रेरणा का होना एक अनिवार्य लेकिन सहज परिणाम के रूप में सिद्ध हो जाता है। बाइबिल कुछ धार्मिक पुस्तकों का संग्रह मात्र नहीं है, बल्कि मनुष्य के लिए ईश्वर के प्रगतिशील आत्मप्रकाशन की लिपिबद्ध कहानी है।[2] स्वयं ईसा और उनके शिष्यों ने भी अपने धर्मग्रन्थ 'पुराना विधान' को ईश्वर-प्रेरणा से युक्त माना था। सन्त पौलुस आत्म-परिष्कार के माध्यम से प्राप्त जीवनोपयोगिता को बाइबिल की ईश्वर-प्रेरणा से युक्त होने का प्रमाण मानते हैं।[3]

बाइबिल का केन्द्रीय सन्देश

मानव सभ्यता के इतिहास में बाइबिल ने उल्लेखनीय भूमिका निभाई और यह आज भी प्रभावशाली ढंग से जारी है। कई भाषाओं, लिपियों और साहित्यों को विकसित करने में बाइबिल का श्लाघ्य योगदान रहा। इस सभ्यता-मिशन का बाइबिल के केन्द्रीय सन्देश से अभिन्न सम्बन्ध है।

बाइबिल ईश्वर की वाणी है। प्राक्कथन के अनुसार, बाइबिल की रचनाएँ अद्वितीय और अनन्य रूप से ईश्वर की वाणी हैं—ऐसा विश्वास कलीसिया का है। यह मनुष्य जाति के लिए ईश्वर का सन्देश है। यह दस शताब्दियों के स्त्री-पुरुषों, उनके विश्वासों और उनके संशयों, वीरता और कायरता, सफलता और विफलता, धर्म और अधर्म का वृत्तान्त है। बाइबिल की प्रामाणिकता की व्याप्ति ईश्वर और मनुष्यों के बीच के धार्मिक सम्बन्ध तक है।

---

1. प.बा., प्राक्कथन, पृ. X
2. प.बा.,न.वि., एफीसी 1. 8-10, पृ. 295 ; 3.5-9, पृ. 297
3. प.बा.न.वि., 2 तिमथी 3.15-16, पृ. 331

बाइबिल प्रेम की कथा है। प्राचीन विधान में इसराएली प्रजा ने ईश्वर के प्रेमपूर्ण निर्वाचन और आत्मप्रकाशन को अपने तक सीमित रखा। लेकिन 'नया विधान' में ईसा ने ईश्वरीय प्रेम, निर्वाचन और आत्म-प्रकाशन को सम्पूर्ण मानव जाति तक विस्तृत कर दिया। प्राक्कथन के अनुसार, इसराएल के साथ ईश्वर के प्रेम की कथा मूसा के द्वारा 'पुराना विधान' की स्थापना पर आधारित है। बाइबिल का यह खंड 'पुराना विधान' कहलाता है। इसराएली वंश में उत्पन्न ईसा मसीह ने किस प्रकार समस्त मानव जाति के साथ प्रेम के विधान की स्थापना की–यह इसके उत्तरार्द्ध में पाया जाता है। बाइबिल न कोई ईश्वर-विषयक सिद्धान्त है, न विश्व-साहित्य की एक मूल्यवान मंजूषा मात्र। यह एक ऐसा ग्रन्थ है, जिसमें ईश्वर मनुष्य को सम्बोधित करता है। इस पर अवलम्बित होकर सुखी एवं शान्त जीवन को प्राप्त किया जाए, यही उसका उद्देश्य है।[1] बाइबिल ईश्वर के इस प्रेमपूर्ण सम्बोधन के उत्तर के रूप में मनुष्य के समर्पित प्रेम-भाव के लिए एक आग्रहपूर्ण आमन्त्रण है।

बाइबिल मुक्ति की कथा है। यह मुक्ति-कथा बाइबिल में तीन श्रेणियों पर अभिव्यक्त होती है : मुक्तिदाता, मुक्ति-ढंग और मुक्ति-ग्राहक अथवा विधान का मध्यस्थ, विधान का आधार और विधान-बद्ध-प्रजा।[2] मुक्तिदाता ईश्वर-पुत्र ईसा मसीह है, मुक्ति-ढंग ईश्वर की कृपा और मुक्ति का ग्राहक इसराएली प्रजा (पुराना विधान) या कलीसिया (नया विधान) है।

बाइबिल का सन्देश मनुष्य के लिए ईश्वर का सन्देश है, जो विभिन्न प्रकारों में प्रकट हुआ है, और अन्त में ईसा मसीह में मूर्त रूप से व्यक्त हुआ है। बाइबिल एक सम्पूर्ण ग्रन्थ है। प्रारंभिक पृष्ठों में उल्लिखित आनन्द-वाटिका की पुनर्स्थापना की भविष्यवाणी अन्तिम पृष्ठों में दी गई है। इसमें जहाँ-जहाँ मनुष्य के पाप का वर्णन है, वहाँ-वहाँ ईश्वर की असीम कृपा का भी वर्णन प्राप्त होता है। प्राचीन विधान की प्रतिज्ञाएँ नवीन विधान में परिपूर्ण हो जाती हैं। सम्पूर्ण बाइबिल मनुष्य के साथ ईश्वर के प्रभावशाली सान्निध्य की निरन्तरता का वर्णन करती है। फलतः ईश्वर-प्रकाश के साथ मनुष्य की मुक्ति-योजना भी उद्घाटित हो जाती है। मनुष्य की मुक्ति ईसा मसीह में कार्यान्वित होकर एक शाश्वत 'सुसमाचार' बन जाता है। यह 'सुसमाचार' ही सम्पूर्ण बाइबिल-मंजूषा में प्रतिष्ठित अन्तर्तत्त्व को खोलने की कुंजी है।[3]

संक्षेप में यही कहा जा सकता है कि ईश्वर की वाणी के रूप में बाइबिल मानवीय जीवन का शाश्वत प्रेरणा-स्रोत है। ईश्वर तथा मनुष्य के आपसी सम्बन्ध के प्रतीक और मनुष्यों के पारस्परिक सम्बन्ध के आधार के रूप में बाइबिल विश्वेतिहास में स्वयं एक जीवन्त इतिहास रहा है। बाइबिल का जितना अध्ययन विश्वभर में हुआ है, उतना किसी भी ग्रन्थ का नहीं। बाइबिल के आधार पर जितनी पुस्तकें लिखी गई हैं, उतनी किसी भी विषय पर नहीं। बाइबिल ने सारी दुनिया में जितनी यात्रा की, उतनी किसी पुस्तक ने नहीं; सम्भवतः कोई पुस्तक नहीं कर सकेगी। मानवीय समाज की मानवीकरण और आध्यात्मीकरण की प्रक्रिया में बाइबिल ने जितना योगदान दिया उतना किसी ग्रन्थ ने नहीं। यह इसलिए है कि बाइबिल स्वयं एक विश्व-कोश है। यह मानव जाति के साथ ईश्वर के मुक्तिविषयक सम्बन्ध का अधिकृत दस्तावेज

---

1. प.बा.,पु.वि., विधि-विवरण 32.47, पृ. 267 और न.वि., योहन 20.31, पृ. 180
2. एफ.एफ. बूस्ट, 'बाइबिल', न्यू बाइबिल डिक्शनरी, पृ. 139
3. विस्तृत विचार-विमर्श के लिए द्रष्टव्य : रॉलंड के. हैरिसन, 'बाइबिल', वही, पृ. 491

है,[1] जो कि ईसाई विश्वास द्वारा प्रस्तुत है। हैरिसन के शब्दों में, "बाइबिल के आध्यात्मिक प्रभाव का अनुमान नहीं किया जा सकता है। बाइबिल दुनिया के लिए जो कुछ रहा और उसने जो कुछ किया यह बतलाने का अर्थ होगा आधुनिक सभ्यता के इतिहास का एक बड़ा भाग फिर से लिखना।"[2] बाइबिल सार्थक मानव-जीवन का आधार-स्तम्भ ही है।

2. 'पुराना विधान' में ईश्वर-चिन्तन की विकास-यात्रा

'पुराना विधान' में कोई समग्र-संचित ईश्वर-परिकल्पना उपलब्ध नहीं है। ईश्वर का जो स्वरूप 'पुराना विधान' के पृष्ठों पर आलेखित मिलता है, वह कोई पूर्व-निष्पन्न धारणा भी नहीं है। यह तथ्य सामान्य अवलोकन मात्र से स्पष्ट हो जाता है। 'पुराना विधान' का दस शताब्दियों से अधिक व्याप्त रचना-काल, उसमें अनेक रचनाओं का संकलन, उसमें ईसा पूर्व के लगभग 15-16 शताब्दियों के यहूदी इतिहास का अंकन, इसराएली इतिहास के आलोक में सृष्टि तक का अनुमानित वर्णन आदि बातों के परीक्षण से यह संकेत मिलता है कि ईश्वर के विषय में किसी निश्चित धारणा तक पहुँचने में प्राचीन विधान को विकास की एक विलम्बित यात्रा तय करनी पड़ी। प्रथम प्रकरण के इस प्रथम भाग में प्राचीन विधान में ईश्वर-चिन्तन की विकास-यात्रा का अन्वेषण किया जाएगा।

(पुराना विधान) का ऐतिहासिक परिवेश

धार्मिक इतिहास : इसराएल की संस्कृति एक इतिहास-प्रधान संस्कृति है। इसका अस्तित्व भी इतिहास केन्द्रित है। लेकिन, प्रारम्भ से ऐसा नहीं था। यहूदी जाति कोई उल्लेखनीय जाति तक नहीं थी। ईश्वर की विशेष कृपा-दृष्टि के फलस्वरूप मिस्र की दासता से मूसा के मार्ग-दर्शन में निर्गमन-घटना द्वारा यहूदी जाति को इसराएली प्रजा के रूप में अस्तित्व प्राप्त हुआ। इसराएल के प्रभु यहोवा ने इस निर्वाचित जनता के अस्तित्व के परिचालन के लिए एक विधान भी प्रदान किया। तब से लेकर इसराएल का अपना एक इतिहास रहा। इस ईश्वर-प्रदत्त इतिहास से अनुप्रेरित होकर यहूदी इतिहासकार मानते थे कि इतिहास लिखने का अर्थ मनुष्यों का वृत्तान्त लिखना नहीं, वरन् ईश्वर के कार्यों को घोषित करना है। इसलिए इसराएल का इतिहास विधानमूलक इतिहास है। यह इसराएल की तीर्थयात्रा की कथा है। अतः प्राचीन विधान का ईश-दर्शन भी ऐतिहासिक ईश-दर्शन है, क्योंकि वह एक ऐतिहासिक प्रजा का ईश्वर-चिन्तन है। इसलिए स्पष्ट है कि बाइबिल से प्राप्त यहूदी जाति का इतिहास शुद्ध इतिहास न होकर ईश्वर-चिन्तन से संवलित धार्मिक इतिहास है। यहूदी जाति की उत्पत्ति और धार्मिक महत्ता, उसके चुनाव द्वारा मानव-मुक्ति की योजना, उसके विधानमूलक अस्तित्व और इतिहास, इसी जाति में भविष्य में मुक्तिदाता के जन्म की योजना आदि विषयों पर इसराएली इतिहास का सुगठित स्वरूप 'पंचग्रन्थ' में देखा जा सकता है।

प्राथमिक अवस्था : प्रथम ग्रन्थ के प्रथम ग्यारह अध्याय बाइबिल की भूमिका के साथ इसराएली इतिहास के प्राथमिक तथ्यों को प्रस्तुत करते हैं। इन अध्यायों में इन बातों पर बल दिया गया है कि ईश्वर एक है, वह विश्व का स्रष्टा है, ईश्वर की विशेष सक्रिय मध्यस्थता के

---

1. कैथ॑रीन मौरी लॅकुण्णा, 'बाइबिल', एनसाइक्लोपीडिया ऑफ, रिलीजन, भाग-15, पृ. 54
2. रॉलंड के. हैरिसन, 'बाइबिल', दि इंटरनेशनल स्टैंडर्ड बाइबिल एनसाइक्लोपीडिया, भाग-1, पृ. 492

कारण आदि स्त्री-पुरुष अस्तित्व में आए और सम्पूर्ण मानव जाति उन्हीं की सन्तति है। लेकिन, मनुष्य ने ईश्वर से विमुख होकर ईश्वर और मनुष्य के बीच स्थापित सद्भाव को भंग कर मृत्यु का मार्ग पकड़ लिया। इस प्रकार मानव जाति की दो विपरीत दिशाएँ–अच्छाई और बुराई–बन गईं। बुराई प्रबल होती गई और मूर्तिपूजा तथा दुष्टता का विस्तार होता गया। ईश्वर ने जलप्रलय द्वारा उसके विनाश और सद्धर्मी नूह के द्वारा एक नई और पवित्र पीढ़ी के निर्माण करने का निर्णय किया।[1]

निर्गमन और विधान : उत्पत्ति-ग्रन्थ के दूसरे भाग में यह वर्णन मिलता है कि यहूदी जाति के मूल पिता के रूप में आज्ञाकारी और निष्ठावान इब्राहीम मूर्तिपूजकों के बीच से चुना गया और उनके तथा उनके वंशजों–पुत्र इसहाक तथा पौत्र याकूब (इसराएल)–के बारह कुलों के लिए कनान देश देने का वचन दिया गया। मिस्र में कई वर्ष निवास करने के अनन्तर वहाँ के अत्याचारी राजाओं के हाथों इसराएलियों को पीड़ित होना पड़ा। मूसा नामक उद्धारक ने यहूदियों को मिस्र की इस दारुण दासता से छुड़ाकर उनके लिए बहिर्गमन का मार्ग प्रशस्त किया। मरुभूमि से होकर लम्बी यात्रा तय करने के बाद वे सीनई पर्वत पहुँचे, जहाँ ईश्वर ने इसराएलियों के लिए एक विधान की रचना की। विधान के रूप में उनको दो पाटियाँ प्राप्त हुईं, जिन पर धार्मिक और नैतिक नियमों का सार, जिसे 'दशशील' अथवा 'दस नियम' कहते हैं, अंकित था। इन नियमों में मुक्ति के बाद यहूदियों से यहोवा की अपेक्षाएँ प्रतिफलित हैं। निर्गमन और विधान की यह घटना प्राचीन विधान की अत्यन्त महत्त्वपूर्ण और निर्णायक घटना थी, जिस पर आधारित होकर इसराएल का वास्तविक इतिहास प्रारम्भ हुआ। निर्गमन का यह समय ईसा पूर्व 15-16वीं शताब्दी बताया जाता है।[2] परन्तु इसराएली प्रजा ने फिर मूर्तिपूजा में लिप्त होकर विधान को भंग किया और दयालु ईश्वर ने उसके साथ विधान का पुनःस्थापन किया। साथ-साथ, भंग किए गए विधान के शाश्वत पुनःस्थापन के लिए मुक्तिदाता मसीह को भेजने की पूर्व-प्रतिज्ञा दुहराई गई। आशान्वित होकर इसराएली प्रजा प्राचीन विधान को सम्पूर्णता प्रदान करनेवाले मसीह के नवीन विधान के आगमन की बाट जोहती रही। उन्होंने मसीह के चिर-स्थायी उद्धार-कार्यों का पूर्व-संकेत नियमों, उपासना-विधियों और पूजा-पद्धतियों में प्राप्त भी किया।[3]

प्रतिज्ञात देश में प्रवेश : इसराएल के इतिहास के द्वितीय सोपान कनान देश में प्रवेश है। इससे संयुक्त होकर न्यायकर्ताओं के शासन के लगभग 12वीं और 11वीं सदी ईसा पूर्व का इसराएली इतिहास योशुआ, न्यायकर्ताओं और रूत के ग्रन्थों में मिलता है। योशुआ (जोकि मूसा के सेवक और बाद में उत्तराधिकारी हुए) के नेतृत्व में इसराएलियों ने यर्दन नदी पार कर प्रतिज्ञात कनान देश में प्रवेश किया, जहाँ दूध और मधु की नदियाँ बहती थीं। फिर बारह इसराएली वंशों में कनान का विभाजन भी हुआ। इसराएलियों द्वारा कनान देश पर अधिकार प्रभु-ईश्वर की विशेष सहायता से प्राप्त हुआ। ईश्वरीय प्रभाव चमत्कारिक घटनाओं में परिलक्षित है।

कनान देश में इसराएलियों की स्थिति सुदृढ़ नहीं रही। उनके विद्वेषी और मूर्तिपूजक पड़ोसी जातियाँ, जो कि शक्तिशाली और संगठित थीं, इसराएलियों पर आक्रमण करती रहती

---

1. प.बा., तौरेत अथवा पंचग्रन्थ का परिचय, पृ. 2
2. प.ब., पु.वि., तैरेत अथवा पंचग्रन्थ का परिचय, पृ. 3
3. इसराएली इतिहास की प्रारम्भिक अवस्था के विस्तृत अवलोकन के लिए द्रष्टव्य : प.बा., पु.वि., पृ. 4-270

थीं। ऐसी परिस्थिति में ईश्वर के प्रति ऐकान्तिक निष्ठा कठिन थी। फलतः इसराएल की धार्मिक और राजनीतिक व्यवस्था नष्ट हो गई। इसराएलियों को लगा कि ईश्वर की सच्ची पूजा छोड़ देने पर उनको पास-पड़ोस के राष्ट्रों का अत्याचार सहना पड़ता था। इसलिए वे पश्चात्ताप द्वारा ईश्वर की ओर फिर अभिमुख हो गए। ईश्वर पड़ोसी राष्ट्रों द्वारा इसराएलियों पर किए जा रहे अत्याचार से क्रुद्ध हुआ और इसराएल के धार्मिक पतन पर तरस खाकर अपने पूर्व-वचन के अनुसार उसके नेतृत्व के लिए न्यायकर्ताओं को भेजा। इससे इसराएलियों को यह शिक्षा मिली कि 'लोग तभी सुख-शान्ति से रह सकते हैं, जब वे ईश्वर के भक्त बने रहते हैं।'[1]

राजाओं का युग : 'न्यायकर्ताओं के काल में इसराएलियों का कोई स्थायी नेता नहीं था, अतः धर्म तथा नैतिकता की बड़ी हानि हुई थी।[2] समूएल के जन्म से लेकर राजा दाऊद की मृत्यु तक–लगभग 1040 से 970 ई.पू. तक–इसराएलियों का इतिहास इस बात का साक्षी है कि 'इसराएलियों का शासक वास्तव में प्रभु-ईश्वर हैं। प्रत्येक राजा और शासक ईश्वर द्वारा नियुक्त प्रतिनिधि मात्र है। राजा का कर्त्तव्य था कि वह ईश्वर के नाम पर शासन करे, ईश्वर की आज्ञाओं का पालन करे और अपनी प्रजा से भी उनका पालन कराए।'[3] समस्त राजाओं के आदर्श-रूप में ईश-भक्त दाऊद ने इसराएल में एक आदर्श धर्मराज्य स्थापित करने का प्रयास किया। लेकिन उनके उत्तराधिकारियों के कुकृत्यों के कारण यह आदर्श राज्य लुप्त हो गया। इसराएली साम्राज्य विभाजित होकर अधिकृत प्रदेश से वंचित हो गया।

दाऊद के पुत्र सुलेमान वैभव और विवेकशीलता में अग्रगण्य रहे, लेकिन प्रभु के प्रति पूर्णतः निष्ठावान नहीं रहे। येरूसालेम के विशाल मन्दिर-निर्माण के बावजूद अनेक विदेशी उप-पत्नियों के प्रभाव में आकर मूर्तिपूजा के जाल में फँस गए। इसराएली राज्य यूदा और इसराएल में विभाजित हो गया। आपसी फूट, अयोग्य राजाओं और धार्मिक पतन के कारण ये दोनों राज्य विनाशोन्मुख हो गए। मिस्री और अरामी जातियों के विरोध के साथ-साथ असीरियों द्वारा भी उन पर आक्रमण हुआ। अन्त में बाबुल के राजा नबूकदनेजर ने 597 ई.पू. में येरूसालेम को जीतकर वहाँ के मन्दिर को पूर्णतः विध्वस्त कर दिया और निर्वासितों को बन्दी बनाकर वह बाबुल ले गया।[4]

निर्वासन-काल : बाबुल-निर्वासन के सम्बन्ध में यह भी जानने को मिलता है कि निर्वासन-काल में उत्पीड़न के बजाय यहूदियों को सुविधापूर्वक जीवन-यापन करने की स्वतन्त्रता थी। साथ ही साथ, फारसी राजाओं द्वारा विभिन्न सुविधाएँ और प्रोत्साहन प्राप्त होने पर उनमें से कई बाबुल में ही रहना पसन्द करते थे। नबियों की शिक्षाओं के प्रभाव-स्वरूप वे मूर्तिपूजा से विरत रहे और विधि-निषेधों का पालन निष्ठापूर्वक करते रहे।

प्रवासी यहूदियों की बस्तियाँ बाबुल के अतिरिक्त सीरिया, एशिया माइनर, यूनान, इटली, मिस्र आदि नगरों में भी बस गईं, जहाँ वे धर्म-कर्म से समन्वित सुविधापूर्ण जीवन बिताते थे। 'मसीह के जन्म के समय फिलिस्तीन में यहूदियों की संख्या लगभग दस लाख थी, जबकि समस्त

---

1. प.बा., पु.वि. योशुआ, न्यायकर्ताओं और रूत के ग्रन्थों का परिचय, पृ. 272; विस्तृत अध्ययन के लिए द्रष्टव्य : वही, पृ. 271-345
2. प.बा., पु.वि., समूएल और राजाओं के ग्रन्थों का परिचय, पृ. 346
3. वही।
4. विस्तृत अध्ययन के लिए द्रष्टव्य : प.बा., पु.वि. समूएल और राजाओं के ग्रन्थ, पृ. 499-516

रोमन साम्राज्य में उनकी संख्या सत्तर लाख थी।'[1]

बाबुल-निर्वासन के पश्चात् : फारस के राजा सीरूस ने यहूदियों के निर्वासन के पचास साल बाद बाबुल को अपने अधिकार में लिया। उसने यहूदियों को स्वदेश लौटने तथा ध्वस्त येरूसालेम और उसके मन्दिर के पुनर्निर्माण की अनुमति प्रदान की।[2] पवित्र नगर येरूसालेम लौटकर यहूदियों ने आन्तरिक और बाह्य कठिनाइयों के मध्य पुनरुद्धार का भगीरथ-कार्य आरम्भ करने के साथ-साथ ईश्वर के विधान और संहिता के पालन की पुनर्प्रतिज्ञा की। इन यहूदियों के धार्मिक एवं सामाजिक पुनर्गठन के फरमान के प्राप्त होते ही इस कठिन कार्य में एज़्रा प्राणप्रण से लग गए। यहूदियों को ऐसा लगा जैसे नव जीवन का उषा-काल आ गया हो। उनका यह विश्वास दृढ़ हुआ कि ईश्वर अपने वचन पर कितना निष्ठावान है।

बाबुल-निर्वासन से वापस आने के बाद से इसराएली प्रजा के इतिहास का एक नया अध्याय आरम्भ होता है। बाबुल-निर्वासन से लौटनेवाले यहूदी ही वह मूल हैं, जिनसे एक नया अंकुर फूटेगा, जिसके विषय में ईश्वर ने उनके पूर्वजों को वचन दिया था।[3] अब से इसराएल स्वतन्त्र नहीं है, बल्कि फारस के साम्राज्य का एक प्रान्त बन जाता है।

निर्वासन से यहूदियों की ईश्वर-दृष्टि में विस्तार भी हुआ। निर्वासन के समय अन्य जातियों के साथ यहूदियों का सम्पर्क हुआ। इसके दो परिणाम हुए। अन्य जातियों को सच्चे ईश्वर, उसके विधान, भावी मुक्तिदाता, धरती पर ईश्वर-राज्य की स्थापना का आरम्भ, ईश्वरी राज्य की व्यापकता तथा सर्वसुगमता आदि विषयों पर अनुभवगत ज्ञान मिला। साथ ही, यहूदियों की ईश्वर-दृष्टि में विस्तार भी हुआ। उनका संकेत मिला कि ईश्वर का वचन केवल उन्हीं के लिए न होकर अन्य जातियों के लिए भी है।

यहूदीवाद को सुगठित करने में तीन संस्थाओं का प्रबल प्रभाव रहा। पहली संस्था थी 'शास्त्री' नामक बौद्धिक वर्ग, जो धर्मग्रन्थ और संहिता के ज्ञाता लोगों का समवाय था। लोगों के सामने धर्मग्रन्थ और संहिता का पाठ और उसकी व्याख्या करना तथा उपदेश देना उनका कार्य था। दूसरी संस्था 'यहूदियों की परिषद्' या 'महासभा' थी। याजकों, शास्त्रियों तथा नेताओं के इकहत्तर सदस्यों की इस परिषद् के अधिकार-क्षेत्र में धार्मिक बातों के अतिरिक्त न्यायालय की कुछ बातें भी थीं। 'सभागृह' नामक तीसरी संस्था एक भवन थी, जो विश्राम-दिवसों और पर्व के दिनों में एकत्रित होकर धर्मग्रन्थ का पाठ, सामूहिक प्रार्थना, भजन आदि करने के उद्देश्य के लिए छोटी बस्तियों में भी स्थापित की जाती थी।[4]

यहूदी इतिहास की अन्तिम अवस्था : ईसा पूर्व चौथी शताब्दी में सिकन्दर महान् के आकस्मिक उत्थान के कारण यह पूर्वी साम्राज्य नष्ट हो गया। उनके बाद उनका साम्राज्य उत्तराधिकारियों में बँट गया। यहूदियों का देश सिकन्दर के उस उत्तराधिकारी के हिस्से में आया, जिसको मिस्र आदि देश मिले थे। 197 ई.पू. तक यहूदिया प्रान्त उन्हीं शासकों के अधीन रहा। इस अवधि में उन्हें धार्मिक स्वतन्त्रता थी। प्रधानयाजक राजा के प्रतिनिधि के रूप में शासन करते थे। मिस्री साम्राज्य के राजधानी सिकन्दरिया यहूदी प्रवासियों का एक

1. प.बा., पु.वि., मक्काबियों के ग्रन्थों का परिचय, पृ. 694
2. प.बा., पु.वि., इतिहास-ग्रन्थों तथा एज़्रा और नेहेम्या के ग्रन्थों का परिचय, पृ. 518
3. वही।
4. विस्तृत अवलोकन के लिए द्रष्टव्य : प.बा.,पु.वि., इतिहास-ग्रन्थ, एज़्रा का ग्रन्थ और नेहेम्या का ग्रन्थ, पृ. 520-638

बहुत बड़ा केन्द्र बन गई थी। इस समय यूनानी भाषा और संस्कृति को अपनाकर इब्रानी धर्मग्रन्थ का यूनानी अनुवाद (सप्तति अनुवाद) तैयार किया गया। सिकन्दरिया का यूनानी प्रभाव यहूदिया के यहूदियों पर और यहूदी प्रभाव यूनानियों पर भी पड़ा। इससे इनके दो सम्प्रदाय–1. समन्वयवादी तथा 2. असमन्वयवादी–विकसित हुए। पहले का नाम 'सदूकी' था और दूसरे का नाम 'हसीदी', जो बाद में 'फरीसी' कहा जाने लगा।[1]

सीरिया के राजा अन्तियोख महान् ने ई.पू. 197 में मिस्र के राजा को पराजित कर यहूदियों के देश को अपने अधीन कर लिया। उनके समय की धार्मिक स्वतन्त्रता के बाद अन्तियोख चतुर्थ (ई.पू. 175-168) के शासन-काल में यहूदियों को घोर अत्याचार सहना पड़ा। यह राजा अपने पूरे साम्राज्य में धार्मिक तथा सांस्कृतिक एकरूपता स्थापित करना चाहता था। इसलिए उसने यहूदियों को विवश किया कि वे अपना धर्म और अपनी संस्कृति छोड़कर यूनानियों का धर्म और उनकी संस्कृति अपनाएँ।[2] अधिकांश लोग तैयार हो गए, जबकि मत्तथ्या ने धर्मनिष्ठ अल्पसंख्यक यहूदियों का नेतृत्व किया। उसने अपने प्राणों की बाजी लगाकर उक्त राजा का विरोध किया। उनके तृतीय पुत्र यूदाह ने यहूदियों को मुक्त किया और उनके बाद योनातान प्रधानयाजक और शासक बने।

लेकिन यहूदिया के निवासियों की स्वाधीनता दीर्घजीवी नहीं हो सकी। स्वाधीनता के अस्सी वर्ष बाद 63 ई.पू. में रोमन सेनापति पोम्पेय ने येरूसालेम को अधिकार में कर यहूदिया प्रान्त को रोमन साम्राज्य में मिला लिया।[3] फिर भी यहूदियों को अपनी धर्मनिष्ठा के आदर्श पर विश्वास था। एक घोर संघर्ष के फलस्वरूप अन्त में एक धार्मिक राजवंश का उदय हुआ है। ईश्वर की अलौकिक सहायता में यहूदियों की आस्था अपने कर्मों के अनुसार फल-प्राप्ति और धर्मियों के पुनरुत्थान को संकेतित करती है।[4]

इसराएली इतिहास में नबियों का स्थान : 'नबी' शब्द इब्रानी शब्द 'नाबा' से निकला है। 'नाबा' का अर्थ है–किसी के नाम पर घोषणा करना। प्राचीन विधान के नबी ईश्वर के प्रवक्ता हैं। वे लोगों के बीच ईश्वरीय सन्देश की घोषणा करते हैं। अन्तःप्रेरणा या दर्शन आदि द्वारा ईश्वर उन्हें जो कुछ बताता है, वे उसे अन्य लोगों को बताते हैं।[5] वे ईश्वरीय प्रेरणा से पूर्ण रहकर लोगों को ईश्वरीय मार्ग पर चलने की प्रेरणा देते थे। वे भविष्यवाणी भी करते थे। इसलिए नबियों को 'भविष्यद्रष्टा' अथवा 'भविष्यवक्ता' भी कहा गया है। अपने कर्त्तव्यपालन की पूर्णता और प्रामाणिकता के लिए उन्हें चमत्कारिक शक्तियाँ भी प्रदत्त थीं।

इसराएलियों के इतिहास के प्रारम्भ में ईश्वर ने उनके यहाँ नबियों को भेजने का वचन दिया था।[6] नबी बनने के लिए उन्हें विशिष्ट ईश्वरीय बुलावे की आवश्यकता थी। इसराएली प्रजा गैर-यहूदियों के बीच रहकर जिन अशोभनीय प्रभावों से ग्रस्त हो गई, उनसे उन्हें मुक्त करना नबियों का कार्य था। गैर-यहूदियों से घिरे रहकर सीनई पर्वत पर निर्धारित ईश्वर के विधान का भंग होने का भय रहता था। इसराएलियों की निष्ठा ईश्वर के प्रति अटूट रहे, नबियों का उत्तरदायित्व यही

---

1. प.बा., पु.वि., मक्काबियों के ग्रन्थ का परिचय, पृ. 695
2. वही।
3. वही।
4. विस्तृत जानकारी के लिए द्रष्टव्य : प.बा., पु.वि, मक्काबियों का पहला और दूसरा ग्रन्थ, पृ. 697-772
5. प.बा., पु.वि., नबियों के ग्रन्थों का परिचय, पृ. 1085
6. प.बा., पु.वि., विधि-विवरण 18.15, पृ. 246

रहा। वे प्रभु को 'वर' और इसराएल को 'वधू' के रूप में चित्रित कर, निजी जीवन के साक्ष्य पर भी, यह प्रमाणित करते थे कि ईश्वर से पृथक् होना इसराएल के लिए व्यभिचार है।[1] इसराएली प्रजा की ईश्वर के प्रति निष्ठा की भविष्योन्मुखता को उजागर करते हुए नबियों ने आगामी मुक्तिदाता मसीह के प्रति लोगों की आस्था और आशा को कायम रखा।

इसराएली प्रजा के इतिहास में हमें भलाई-बुराई, धर्म-अधर्म, स्नेह-दाह, ईमानदारी-बेईमानी आदि के विभिन्न चित्र देखने को मिलते हैं। यही मानव जाति का इतिहास है, मानवता की रंगशाला है, जिसके बीच ईश्वर अपना अलौकिक साम्राज्य स्थापित करता है। इसीलिए धर्मग्रन्थ के लेखक सर्वत्र ईश्वर को सूत्रधार के रूप में चित्रित करते हैं। उनकी मान्यता थी कि ईश्वर समय-समय पर चेतावनी, दंड, पुरस्कार आदि द्वारा सारी व्यवस्था को नियन्त्रित करता रहता है। वही विधाता तथा सर्वेश्वर है। वही मनुष्यों को उनकी दुष्टता तथा कमियों के बावजूद मंजिल तक पहुँचाता है।[2] इसराएल के इस धार्मिक इतिहास को ईश्वर की ऐतिहासक स्वरूप कहना पर्यायवाची प्रतीत होता है।

'पुराना विधान' की ईश्वर-धारणा : एक विहंगम दृष्टि

मानव जाति के धार्मिक विचार और अनुभव जितने वैविध्यपूर्ण हैं ठीक उतने ही निरूपण ईश्वर के विषय में भी मिलेंगे। सिद्धान्ततः इन निरूपणों को दो श्रेणियों में विभाजित किया जा सकता है—एक, जो मानवीय ग्राह्यता पर आधारित हैं और दूसरा, ईश्वर के आत्म-प्रकाशन से उत्पन्न।[3] इन दो श्रेणियों की आपसी विभाजन-रेखा निर्धारित करना लगभग असम्भव है। बाइबिल की ईश्वर-धारणा शुद्ध दार्शनिक निरूपणों से स्पष्ट रूप से भिन्न, सांस्कृतिक तत्त्वों से पूर्ण रूप से सिंचित धर्म-दर्शन पर आधारित तथा व्यवहारपरक है।

ईश्वर कोई परिकल्पना नहीं है : 'पुराना विधान' में ईश्वर की कोई स्पष्ट परिकल्पना उपलब्ध नहीं है। ईश्वर कोई सिद्धान्त नहीं है। दर्शन की काल्पनिक उपज के रूप में ईश्वर की कोई धारणा नहीं हो सकती है। पुराना विधान ईश्वर के स्वरूप का चिन्तन नहीं करता, बल्कि ईश्वर के कार्य का बखान करता है। वहाँ ईश्वर का कोई दृश्य चित्रण या निरूपण नहीं है, प्रतिबिम्ब-स्वरूप कोई प्रतिमा भी नहीं है। 'पुराना विधान' में ईश्वर का कोई सुव्यवस्थित सिद्धान्त नहीं है, क्योंकि ईश्वर एक विचार नहीं है, जिसे किसी तार्किक प्रणाली या आत्मिक धारणाओं की दुनिया में सम्मिलित किया जा सकता है।[4] 'पुराना विधान' का ईश्वर मनुष्य के चिन्तन का विषय भी नहीं है। वह कर्ता और स्वयं मानवीय चिन्तन का प्रभु है। 'पुराना विधान' की दृष्टि के अनुसार ईश्वर को दार्शनिक या सैद्धान्तिक दुनिया में खोजना निरर्थक और निष्फल है। जिस प्रकार गद्य में अनूदित होने से पद्य की काव्यशक्ति नष्ट होती है, ठीक उसी प्रकार ईश्वर के कार्य और मनुष्य के उत्तर की नाटकीय कहानी को अमूर्तीकृत किया गया तो इसराएली विश्वास की प्राण-शक्ति नष्ट हो जाएगी।[5]

---

1. देखें : प.बा., पु.वि., 2 होशेआ, पृ. 1375 ; यिरमियाह 2.2-2, पृ. 1173, 3.6-8, पृ. 1176 ; एजेकिएल 16, पृ. 1293-96 ; 23, पृ. 1306-08
2. प.बा., पु.वि., समूएल और राजाओं के ग्रन्थों का परिचय, पृ. 348
3. जी. डब्ल्यू. ब्रोमिली, 'गॉड', दि इंटरनेशनल स्टैंडर्ड बाइबिल एनसाइक्लोपीडिया, भाग-2, पृ. 493
4. बी.डब्ल्यू. ऐंडर्सन, 'ओल्ड टेस्टामेंट व्यू ऑफ गॉड', दि इंटर्प्रेटर्स डिक्शनूरी ऑफ दि बाइबिल, भाग 2, पृ. 418
5. वही।

ईश्वर के स्वरूप में प्राकृतिक शक्तियों का निषेध : पुरातन समय में लोग प्रकृति में क्रियाशील ईश्वरीय शक्तियों से अवगत थे। इन शक्तियों पर अपनी अस्तित्वमूलक निर्भरता–कृषि, गर्भाशय और पशुकुल की फलवत्ता, दीर्घायु और कल्याण–में उनका विश्वास था। प्रकृति की शक्तियों को स्त्री और पुरुष के रूप में व्यक्त कर देवी-देवताओं के एक कुल को उनकी पूजा का आश्रय बनाया गया था। प्रकृति के ऋतुविषयक काल-चक्र को प्राकृतिक नियमों से न जोड़कर प्राकृतिक देवी-देवताओं की क्रियाशीलता के रूप में व्याख्यायित करना और इस तालानुगति में सम्मिलित रहने में अपनी सुरक्षा, समन्वय और मुक्ति पाना उनके लिए श्रेयस्कर प्रतीत हुआ।

अपने समस्त पड़ोसी संस्कृतियों से असहमति व्यक्त करते हुए इसराएल ने निश्चयात्मक तौर पर घोषणा करने का साहस किया कि ईश्वर सम्बन्धी यथार्थता का साक्षात्कार प्रकृति के क्षेत्र में नहीं बल्कि ऐतिहासिक अनुभवों के क्षेत्र में होता है।[1] इसराएलियों को इस बात पर कोई सन्देह नहीं था कि प्रभु-ईश्वर सृष्टिकर्त्ता और सम्पूर्ण सृष्टि तथा प्रकृति का प्रभु है। लेकिन प्राकृतिक शक्तियों को ईश्वर समझना उनकी दृष्टि में पूर्णरूपेण निन्दनीय था। इसलिए इसराएली धर्म-संस्कृति ने ईश्वर के स्वरूप-निर्धारण में प्राकृतिक शक्तियों का निषेध किया।

इतिहास-केन्द्रित अवधारणा : 'पुराना विधान' का ईश्वर-दर्शन एक ऐसे ईश्वर के सम्बन्ध में चिन्तन है, जिसने इतिहास की घटनाओं द्वारा स्वयं को उद्घाटित किया और मानवीय समाज से सम्बन्ध स्थापित किया। पुराना विधान इसराएल के ऐतिहासिक अनुभवों का एक वैविध्यपूर्ण साहित्यिक संचयन है।[2] इसलिए 'पुराना विधान' में ईश्वर का अन्वेषण करने का अर्थ है–मानव के ऐतिहासिक अनुभवों या घटनाओं की गतिशील दुनिया में प्रवेश करना। जिस प्रकार मनुष्य अपने आपसी सम्बन्ध के सन्दर्भ में ही जाना जा सकता है, ठीक उसी प्रकार ईश्वर का स्वभाव भी अपने लोगों के साथ स्थापित ऐतिहासिक सम्बन्धों में ही उद्घाटित है। यह इतिहास-संवलित ईश्वर वही ईश्वर है जो समूची मानव जाति को अपनी लक्ष्य-सिद्धि की ओर ले जाने के लिए सतत क्रियाशील है।

इतिहास-केन्द्रित ईश्वर-धारणा की सार्थकता इस साक्ष्य पर अवलम्बित है कि ईश्वर का आत्म-प्रकाशन इतिहास का रूप लेता है। ऐतिहासिक घटनाओं में यहोवा की इच्छा का प्रकाशन भी होता है। इसलिए इसराएली इतिहास लौकिक इतिहास नहीं है, बल्कि ईश्वर का इतिहास है। अतः इसराएल के लिए इतिहास का स्मरण, लेखन तथा पाठ और उसके अनुसार जीवन अपने विश्वास की घोषणा से भिन्न नहीं है, क्योंकि इसराएल का इतिहास अपने मूल स्वभाव में ईश-दर्शनमूलक है। यह ईश्वर के आत्म-प्रकाशन का माध्यम है।[3] यह इतिहास-केन्द्रित ईश्वर-दृष्टि पूर्व-विधान के ऐतिहासिक विश्लेषण के साथ तर्कसंगत भी मालूम पड़ता है।

इसराएल का ईश्वर : ईश्वर की इतिहास-केन्द्रित धारणा का सन्दर्भ-स्थल इसराएल है। इस प्रकार यहूदी लोग प्रभु-ईश्वर के अधिमानात्मक प्रेम के कारण इसराएल अथवा ईश्वर की प्रजा बन गए। यहूदी प्रजा के लिए ईश्वर का अधिमान्य प्रेम निर्गमन-घटना और एतद्सम्बन्धी विधान में व्यक्त हुआ। इसलिए 'पुराना विधान' का ईश्वर 'विधान का ईश्वर' बन गया, क्योंकि

1. बी.डब्ल्यू. ऐंडेर्सन, 'ओल्ड टेस्टामेंट व्यू ऑफ गॉड', दि इंटरप्रेटर्स डिक्शनरी ऑफ दि बाइबिल, भाग-2, पृ. 418
2. वही।
3. वही, पृ. 419

इसराएल के ऐतिहासिक परिवेश में विधान सम्पन्न हुआ। इसराएल का ईश्वर पूर्वजों का ईश्वर ही है। इब्राहीम, इसहाक और याकूब के ईश्वर ने ऐतिहासिक घटनाओं द्वारा उनके लिए जो कुछ किया है, उनकी सन्तान के लिए जो कुछ कर रहा है और करेगा—वही उसके वास्तविक स्वरूप का उचित दर्पण है। मिस्र देश की गुलामी से रक्षा करना, मरुभूमि से होकर प्रतिज्ञात देश में लाना, दाऊद को आदर्श राजा और नबियों को प्रतिनिधि तथा वक्ता के रूप में देना, अन्तर्राष्ट्रीय संकटों में क्रियाशील रहना आदि बातें यहोवा का 'इसराएल का ईश्वर' होने का अकाट्य प्रमाण हैं। विधान के ईश्वर की सत्यप्रतिज्ञता के कारण 'पुराना विधान' में विधान अत्यन्त उल्लेखनीय बात है। इसलिए 'इसराएल का ईश्वर' यहूदी धर्म में ईश्वर का सर्वाधिक प्रचलित नाम है।

ईश्वर का असली निरूपण मानव जाति के साथ उसके वैयक्तिक सम्बन्धों के सन्दर्भ में ही किया जा सकता है। ईश्वर केवल काव्यगत विशेषणों का समाहार नहीं है। उसका स्वरूप मनुष्य के साथ उसके व्यवहार पर आधारित है। वह मनुष्य द्वारा उत्पन्न की गई काल्पनिक धारणा नहीं है। इसराएल पर उद्घाटित ईश्वर-स्वरूप से यह बात सिद्ध हो जाती है। यह शाश्वत मुक्तिदाता ईश्वर है। निरन्तर चलनेवाली भ्रान्त धारणाओं, अन्धविश्वासपूर्ण अनुष्ठानों और कोलाहलपूर्ण मूर्तिपूजाओं के बावजूद ईश्वर सतत स्वयं को साक्ष्य देता है, जिससे ईश्वर का सच्चा ज्ञान बना रहे।[1] इसराएली प्रजा की अनाज्ञाकारिता, कृतघ्नता और बदचलन के बावजूद प्रभु-ईश्वर उसके साथ विधान की प्रतिज्ञा के अनुसार पश्चात्ताप के संकेतमात्र से क्षमाशीलता, सहायता और पुनःस्थापना की कार्यशैली को अपनाता हुआ सदा विश्वसनीय और सत्यप्रतिज्ञ रहा। इस तथ्य में ईश्वरीय गुणों का उद्घाटन सर्वाधिक मात्रा में हुआ। यहोवा की ईश्वरता का प्रमाण यही है।

भविष्योन्मुखता और सोद्देश्यता : 'पुराना विधान' का दृष्टिकोण तथा सम्पूर्ण बाइबिल का मर्म भी इस बात में निहित है कि मानवीय कार्य-कलापों का दिशा-निर्देश अन्त तक करते हुए ईश्वर स्वयं उसके ऐतिहासिक संघर्ष में मौजूद है। मानवजाति के सन्दर्भ में ईश्वर की सोद्देश्यता इससे स्पष्ट हो जाती है कि इसराएल का समस्त ऐतिहासिक संघर्ष अन्तिम समाधान की ओर अग्रसर है। इसराएल का विकास पूर्णावस्था की ओर निर्देशित भी है। आदि पूर्वज इब्राहीम से की गई प्रतिज्ञा[2] बार-बार दुहराई गई थी। ईश्वर की प्रतिज्ञा से चिह्नित तीर्थयात्रा के रूप में शाश्वत पूर्ति की ओर अग्रसर हो रहे इसराएली इतिहास को देखकर इस बात का निषेध करना असम्भव लगता है कि इस 'भविष्योन्मुखता में यहोवा के स्वभाव का पूर्ण उद्घाटन होता है।'

'पुराना विधान' में ईश्वर की सोद्देश्यता को स्पष्ट करनेवाली बात यह भी है कि ईश्वर की मुक्ति-योजना केवल इसराएलियों के लिए नहीं है, बल्कि सम्पूर्ण मानव जाति के लिए है। यह विश्वव्यापी दृष्टिकोण 'पुराना विधान' की ही नहीं, सम्पूर्ण बाइबिल की विशिष्टता है। 'पुराना विधान' की ईश्वर-धारणा की भविष्योन्मुख सोद्देश्यता का सबसे प्रमुख पक्ष यह है कि जिस प्रकार ईश्वर और इसराएली प्रजा के बीच पारस्परिक सहभागिता का सम्बन्ध स्थापित हुआ ठीक उसी प्रकार सम्पूर्ण मानवजाति में भी उत्तरदायित्वपूर्ण पारस्परिक सामुदायिकता स्थापित हुई।

---

1. जी. डब्ल्यू., ब्रोमिली, 'गॉड', वही, पृ. 498
2. प.बा.,पु.वि., उत्पत्ति 12.1-4, पृ. 15-16

'पुराना विधान' की ईश्वर-धारणा के दृष्टिपथ को स्पष्ट करते हुए इस विहंगम दृष्टि का समाहार बी.डब्ल्यू. ऐंडेर्सन के शब्दों में इस प्रकार प्रस्तुत किया जा सकता है, ''प्राचीन विधान का आशय 'ईश्वर स्वयं में क्या है' इसकी जानकारी देना नहीं है। इसका केन्द्रीभूत विषय 'विधान' है, अर्थात् मनुष्य से ईश्वर का सम्बन्ध और ईश्वर से मनुष्य का सम्बन्ध।''[1] 'पुराना विधान' की यह ईश्वर-दृष्टि सम्पूर्ण बाइबिल की ईश्वर-दृष्टि की कुंजी है। ''बाइबिल मनुष्य का ईश-विज्ञान नहीं है, बल्कि ईश्वर का मनुष्य-विज्ञान है।[2] 'पुराना विधान' की ईश्वर-धारणा की शाश्वत प्रासंगिकता इस विचार से सिद्ध हो जाती है।

एकेश्वरवाद का आरम्भ और विकास

यहूदी धर्मग्रन्थ के अनुसार 'इसराएल का ईश्वर' ईश्वर की एक महत्त्वपूर्ण उपाधि है। इस उपाधि में ही एकेश्वरवाद ध्वनित है। यहोवा का यहूदी जाति के साथ 'मेरी प्रजा' का विशेष सम्बन्ध है, जो कि इसराएल के लिए एक अन्यापवर्जी निष्ठा का द्योतक है। इसलिए 'पुराना विधान' में एकमात्र प्रभु-ईश्वर की उपासना का आदेश बार-बार दुहराया गया मिलता है। इसराएल का विश्वास एक ईश्वर की आराधना पर आधारित है, जो कि प्राकृतिक शक्ति नहीं है, बल्कि जिनकी सर्वसत्ताधारी इच्छा-शक्ति ऐतिहासिक तौर पर 'निर्गमन-घटना' में विशिष्ट रूप से उद्घाटित है।[3] 'पुराना विधान' का एकेश्वरवाद असन्दिग्ध है। अपने वर्तमान स्वरूप में यहूदी धर्मग्रन्थ इस विश्वास से रंजित है कि आदिकाल से यहोवा ही इसराएली उपासना का एकमात्र आस्पद था।[4]

एकेश्वरवाद-सम्बन्धी मान्यताएँ : एफ. आलब्राइट और वाई. कौफमैन का दावा है कि एकेश्वरवाद इसराएल के औपचारिक धर्म के रूप में मूसा के समय से संस्थापित था। मूसा द्वारा सूत्रबद्ध एकेश्वरवाद के आन्दोलन ने बहुदेववाद को पूर्ण रूप से इसराएल से उन्मूलित कर दिया था। इसराएली जनता की आदिकालीन नगण्य अवस्था, विषम परिस्थितियाँ, निर्गमन-घटना तथा विधान के बाद भी यहोवा से बार-बार विमुखता आदि बातों को दृष्टिगत करते हुए उनके एकेश्वरवाद को परिपक्व स्वीकार करना लगभग असम्भव है।

जर्मन विद्वान् जूलियस वेलहाउसन का मानना है कि इसराएल का आदि धर्म बहुदेववादी था। पड़ोसी देशों की ईश्वर-धारणा से इसराएली धारणा कोई अधिक तर्कसंगत नहीं थी। 'पुराना विधान' से यह बात सरलता से प्रमाणित भी हो जाती है कि इसराएली जनता अन्य देवताओं की उपासना भी करती थी। ईसा पूर्व 8वीं शती में नबी-काल तक इससे किसी को आपत्ति भी नहीं दिखाई देती है।

नबियों ने इसराएलियों के अनैतिक व्यवहार के लिए विदेशियों द्वारा आक्रमण के दंड की भविष्यवाणी की थी। यूदा के अधःपतन (ई.पू. 587/6) से इसराएली जनता को उक्त भविष्यवाणी में विश्वास हुआ और वह पश्चात्ताप से युक्त हृदय से यहोवा को सार्वभौम ईश्वर, और अन्ततः

---

1. बी.डब्ल्यू. ऐंडेर्सन, 'ओल्ड टेस्टामेंट व्यू ऑफ', दि इंटरप्रेटर्स डिक्शनरी ऑफ दि बाइबिल, भाग 2, पृ. 242
2. वही।
3. वही, पृ. 427
4. एस. डेविड स्पेरलिंग, 'गॉड इन हीब्रू स्क्रिपचर्स' एनसाइक्लोपीडिया ऑफ रिलीजन, भाग 6, पृ. 1

एकमात्र ईश्वर के रूप में मानने लगी। निर्वासनकालीन नबी, द्वितीय इसायाह, इस पक्के एकेश्वरवाद के सर्वाधिक सशक्त प्रतिनिधि रहे। उनकी और अन्य शिक्षाओं के प्रभाव से पंचग्रन्थ का अधिकांश भाग रचित हुआ और पूर्व-नबी-विषयक तथा इतिहास-ग्रन्थों का पुनर्व्यवस्थापन भी हुआ। आज 'पुराना विधान' में जो कुछ प्राप्त है, उसमें आदिकालीन यहूदी धर्म पर निर्वासन तथा निर्वासन-पश्चात् कालीन एकेश्वरवादी विश्वास का प्रचुरता के साथ परवर्ती प्रक्षेप दिखाई देता है। अतः यह कहना अधिक संगत है कि यहूदी धर्म बाबुल-निर्वासन के अन्त तक, अर्थात् ईसा पूर्व 539 तक, एकेश्वरवादी धर्म बन गया था।[1]

एकेश्वरवाद की प्रगति-कथा : इसराएली प्रजा द्वारा यहोवा की अन्यापवर्जी एकदेवपूजा का आरम्भ मिस्र से ऐतिहासिक निर्गमन की घटना पर आधारित है।[2] पंचग्रन्थ के अनुसार सीनई पर्वत पर ईश्वर और इसराएल के मध्य मूसा की मध्यस्थता में एक विधान का सृजन हुआ। इस विधान के अनुबन्ध की बाध्यता ने इसराएल को यहोवा की उपासना में स्थिर किया। विधान के ये अनुबन्ध इसराएलियों की संहिता बने।[3] मोआब पर मूसा द्वारा इस विधान का स्मरण और सिरवेम में योशुआ द्वारा इसके नवीनीकरण ने इस विधानमूलक प्रतिबद्धता को अधिक समृद्ध किया।[4] इन विधान-परम्पराओं की मान्यता यह नहीं है कि यहोवा ही एकमात्र ईश्वर है, बल्कि इसराएल केवल यहोवा की उपासना करने को बाध्य है। आमोस और इसायाह—जैसे प्रमुख नबियों द्वारा यहोवा की एकमात्र उपासना करने के आदेश का स्मरण दिलाया गया था। लेकिन, लोग अन्य देवों की ओर उन्मुख हुए।[5] विधान का अनुसरण करने में हुई विफलता ने यूदा और समारिया को पतन के दिन दिखाए। यहाँ यह स्मरणीय है कि विधान एक राजनीतिक सत्ता के रूप में इसराएलियों की पहचान के लिए अत्यन्त आवश्यक था।[6]

यहोवा के साथ इसराएलियों का विधान कनानियों और अन्यदेशीय लोगों के बीच प्रचलित इहलौकिक सम्बन्ध की धर्मशास्त्रीय अभिव्यक्ति है। हित्ती राजा अपनी प्रजा से सम्पूर्ण राजनिष्ठा चाहते थे। यहूदी धारणा के अनुसार सम्पूर्ण भूमि यहोवा की है। हित्ती-सन्धि की शैली और यहोवा-विषयक धारणा, दोनों ने मिलकर इसराएली विधान का स्वरूप निर्धारित किया। कनान देश के अभिग्रहण को इसराएली प्रजा ने इस विधानमूलक दृष्टि से समझा। यहोवा की राजनीतिक या ऐतिहासिक विजय को उसकी विश्वीय या सृष्टि-सम्बन्धी विजय से अधिक मान्यता प्राप्त हुई। इब्रानी बाइबिल का दावा है कि इसराएली संस्थाओं और वैयक्तिक सम्बन्धों को शासित करनेवाले समस्त नियम यहोवा के पवित्र पर्वत पर मूसा को अलौकिक तौर पर उद्घाटित हुए थे।[7] इस दृष्टि से, सम्पूर्ण पूर्व भूमध्यदेश के परिरक्षित साहित्य में बाइबिल एक अद्वितीय ग्रन्थ है, जिसमें मानवीय इतिहास में ईश्वर की विद्यमानता सर्वाधिक अभिव्यक्त है।[8]

---

1. विस्तृत चर्चा के लिए द्रष्टव्य : एस. डेविड स्पेरलिंग, 'गॉड इन हीब्रू स्क्रिपचर्स', एनसाइक्लोपीडिया ऑफ रिलीजन, भाग 6, पृ.3
2. प.बा., पु.वि., निर्गमन 20.2-3, पृ. 99
3. प.बा. पु.वि, निर्गमन 19-24, पृ. 98-105; 34, पृ. 118-19; विधि-विवरण 5, पृ. 228-30
4. प.बा., पु.वि., क्रमशः विधि-विवरण 29-30, पृ. 261-63; योशुआ 24, पृ. 303-05
5. प.बा., पु.वि., 2 राजा 17.7-23, पृ. 501; यिरमियाह 25.3-11, पृ. 1209
6. एस. डेविड स्पेरिलिंग, 'गॉड इन हीब्रू स्क्रिपचर्स', एनसाइक्लोपीडिया ऑफ रिलीजन, पृ. 4
7. वही।
8. वही।

बहुदेववादी प्रवृत्ति जारी : लगभग ई.पू. 5वीं शती तक इसराएल की एकेश्वरवादी यहोवोपासना के साथ बहुदेववाद प्रबल रूप से प्रचलित रहा। इसके कई कारण हैं। प्रथमतः जो जनता इसराएली प्रजा के रूप में संगठित हुई उसकी उत्पत्ति में विविधता रही और वे अपने-अपने पुश्तैनी देवी-देवताओं को त्याग नहीं सकी। द्वितीय, एकदेवपूजा तत्त्वतः अन्य देवों के अस्तित्व का निषेध नहीं करती है। इसलिए अन्य देवों का प्रभाव उन पर पड़ना स्वाभाविक था। तृतीय, राजतन्त्र तथा वाणिज्य जैसे अन्तर्राष्ट्रीय मुद्दों के कारण अन्य देवों के प्रति सहनशीलता आवश्यक हो गई थी। चतुर्थ, अकारण कष्टों के कारण कई इसराएलियों ने एकेश्वरवाद का विरोध भी किया। इसलिए ई.पू. के प्रथम सहस्राब्दी में मात्र थोड़े से ही इसराएली यहोवा की अनन्य पूजा में अविचलित रहे। लेकिन शनैः-शनैः एकेश्वरवादियों ने अनुवांशिक देवों के परित्याग और यहोवा की स्वीकृति पर बल दिया। आमोस, इसायाह, यिरमियाह आदि नबियों ने यहोवा को एकमात्र ईश्वर के रूप में चित्रित किया और उन्होंने उसके प्रति ऐकान्तिक उपासना इसराएली प्रजा का कर्त्तव्य और उसके लिए गौरव की बात घोषित की, क्योंकि उनकी मान्यता के अनुसार यहोवा एकमात्र सजीव ईश्वर था।[1]

एकेश्वरवाद में दाम्पत्य-भाव : यहूदी बाइबिल यहोवा को पुरुष के रूप में चित्रित करती है। यह सम्भवतः इसराएल की शासन-प्रणाली का प्रतिफलन ही है। यहोवा इसराएल के राजनीतिक और सामाजिक जीवन तथा संस्थाओं में इतना अवस्थापित था कि वधू रूप में इसराएल के भाग्य-परिवर्तन ने यहोवा के स्वभाव के विभिन्न पहलुओं को उकसाया-उभारा। नबियों के जीवन तथा प्रवचनों द्वारा एकेश्वरवाद को प्रोत्साहन मिलता था। हालाँकि इसराएली प्रजा को यहोवा के प्रति पतिव्रता के समान होना चाहिए था, फिर भी वह अन्य देवता-गमन और मूर्तिपूजन द्वारा आध्यात्मिक 'वेश्यावृत्ति' में फँस गई। इसलिए नबियों ने उसे डाँटा-फटकारा।[2] नबियों ने इसराएली प्रजा को निर्वाचन की इस विधानमूलक पटरी पर लाने का ही निरन्तर प्रयास किया ताकि एकदेवपूजा ही नहीं, एकेश्वरवाद का शाश्वत सत्य भी अक्षुण्ण रहे।

निष्कर्ष के रूप में यही कहा जा सकता है कि एकेश्वरवाद और यहोवा की अन्यापवर्जी उपासना इसराएल के अस्तित्व के लिए उत्तरदायी राजनीतिक और सामाजिक घटकों की धार्मिक अभिव्यक्ति है। इसकी प्रारम्भिक अवस्था स्थूल रूप से यहूदी जनता के पूर्वजों के बुलावे में अन्तर्निविष्ट है। इसका निर्णायक आरम्भ मूसा-केन्द्रित निर्वाचन, निर्गमन और विधान की घटनाओं में सूक्ष्म रूप से द्रष्टव्य है। यहोवा की ऐकान्तिक सेवा का आदेश कनानी उपनिवेश से अभिन्न रूप से संयुक्त था। आगे चलकर इसराएल की ऐतिहासिक परिस्थितियों का उतार-चढ़ाव बाबुल-निर्वासन में विशेष तौर पर घटित हुआ। इन सभी परिस्थितियों का स्वाभाविक और अन्तिम निष्कर्ष था इसराएली एकेश्वरवाद, जिसने निर्वासन-कालीन नबियों की शिक्षा से परिपक्व होकर पूर्णावस्था प्राप्त की और निर्वासन-पश्चात् ई.पू. 5वीं शताब्दी में, पुनर्गठित इसराएली समुदाय की भविष्योन्मुख दृष्टि की उपज होकर अभिव्यक्ति पाई।

यहोवावाद : नाम और स्वरूप

'पुराना विधान' की ईश्वर-धारणा की विकास-यात्रा की अन्तिम कड़ी के रूप में यहोवावाद का

1. प.बा., पु.वि., इसायाह 43.10-12, पृ. 1140; 44.6-8, पृ. 1141; 45.5-7, 18-22, पृ. 1143, 1144; 46.9, पृ. 1145
2. प.बा., पु.वि. होशेआ 3.1, 11, पृ. 1376; यिरमियाह 32.40, पृ. 1222; 2.20-37, पृ. 1174-75

विश्लेषण किया जा रहा है। अब तक के अवलोकन से 'यहोवा'-विषयक कई तथ्य स्वतः खुलकर सामने आए हैं। फिर भी यहोवावाद की समीक्षा से ही 'पुराना विधान' के ईश्वर-चिन्तन का पूरा रूप प्रस्तुत होगा।

नाम और ईश्वर : 'क्या ईश्वर का अस्तित्व है ?–यह प्रश्न बाइबिलीय सन्दर्भ में शुद्ध काल्पनिक है। 'हमारा ईश्वर कौन है ?'–यह प्रश्न ही सार्थक है। यह दूसरा प्रश्न ईश्वर के नाम को इंगित करता है। ईश्वर का नाम उसके साथ मनुष्य के व्यक्तिगत सम्बन्ध का माध्यम है। ईश्वर का नाम जाने बिना उससे सम्बन्ध स्थापित करना और उसकी उपासना करना असम्भव है। नाम के माध्यम से ईश्वर को 'तू' के रूप में सम्बोधित किया जा सकता है। अतः ईश्वर का नाम ईश्वर और अपनी जनता के मध्य सम्बन्ध को द्योतित करता है। यही बाइबिलीय विश्वास की विशेषता है। ईश्वर का यह वैयक्तिक नाम यहोवा है।[1] नाम ईश्वर का प्रतिनिधित्व करता है। इसलिए ईश्वर को नाम से पुकारना उससे व्यक्तिगत सम्बन्ध स्थापित करने का माध्यम था।[2]

ईश्वर का वैयक्तिक नाम ही अपने आत्मोद्घाटन की कुंजी है। ईश्वर-नाम का प्रकाशन बाइबिलीय दृष्टि में ईश्वर-प्रकाशन के केन्द्र में है। दूसरे शब्दों में, जब ईश्वर का नाम प्रकट होता है, स्वयं ईश्वर ही अभिज्ञात हो जाता है। ईश्वर-नाम का ज्ञान एक ईश्वरीय कृपा ही है। इस कृपा के माध्यम से मनुष्य ईश्वर के साथ विश्वास और भरोसे का सम्बन्ध स्थापित करता है। ईश्वर नाम का प्रकाशन उसका एक कृपापरक कार्य था, जिससे जिस पर यह नाम प्रकट किया जाता है उसके द्वारा ईश्वर के साथ विधान के आधार पर व्यक्तिगत सम्बन्ध स्थापित हो सके। अर्थात्, ईश्वर का नाम विधान से अभिन्न रूप से सम्बन्धित था। ईश्वर के व्यक्तित्व, सान्निध्य और स्वभाव अपने नाम में केन्द्रीभूत हैं। ईश्वर का नाम मानवीय धारणा-शक्ति के परे होकर रहस्यमय है।

'पुराना विधान' में ईश्वर का नाम : प्राचीन विधान की ईश्वर-दृष्टि किसी अस्पष्ट ईश्वर-चेतना या तत्त्व-मीमांसा-विषयक विचारणा में नहीं है, वरन् ईश्वर के वैयक्तिक आत्म-प्रकाशन में निहित है।[3] जो प्रभु का नाम जानता है[4], उसे प्रभु की पहचान और उसके वैयक्तिक स्वभाव का अभिज्ञान प्राप्त होता है, क्योंकि नाम ही व्यक्ति है।[5] ईश्वर के नाम का प्रकाशन 'पुराना विधान' के कई स्थानों पर अंकित मिलता है।[6] ईश्वर के नाम के साथ अधिकार भी जुड़ा हुआ है। नबी ईश्वर के नाम पर अधिकार के साथ बोलते थे।[7] ईश्वर के नाम के स्वार्थपरक प्रयोग पर लगा निषेध उसकी शक्ति का सूचक है।[8] इस प्रकार सादृश्यात्मक तौर पर ईश्वर के नाम में अपनी सत्ता, अधिकार, शक्ति और पवित्रता–अपना सम्पूर्ण व्यक्तित्व या स्वभाव अभिव्यक्त

1. बी. डब्ल्यू. ऐंडेर्सन, 'गॉड, नेम्स ऑफ', दि इंटरप्रेटर्स डिक्शनरी ऑफ दि बाइबिल, भाग-2, पृ. 407
2. आर.जे. डब्ल्यू., 'गॉड नेम्स ऑफ,' दि इंटरनेशनल स्टैंडर्ड बाइबिल एनसाइक्लोपीडिया, भाग-2, पृ. 504
3. बी.डब्ल्यू. ऐंडेर्सन, 'गॉड, नेम्स ऑफ', दि इंटरप्रेटर्स डिक्शनरी ऑफ दि बाइबिल भाग-2, पृ. 408
4. प.बा., पु.वि., स्तोत्र 9.10-11, पृ. 825
5. प.बा., पु.वि., 1 समूएल 25.25, पृ. 385 की सकारात्मक व्याख्या की जाए।
6. प.बा., पु.वि., उत्पत्ति 17.1, पृ. 20; निर्गमन 3.13-15, पृ. 76; इसायाह 42.18, पृ. 1138; 44.5, पृ. 1141; निर्गमन 34.5, पृ. 118
7. प.बा., पु.वि., विधि-विवरण 18.18-19, पृ. 246,-47; द्रष्टव्यः न.वि., मत्ती, 7.29, पृ. 11
8. प.बा., पु.वि., निर्गमन 20.7, पृ. 99

है। इसलिए ईश्वर के नाम के प्रति अगाध श्रद्धा यहूदी विश्वास की विशिष्ट पहचान के रूप में उल्लिखित है।[1]

पुराना विधान के ईश्वर-प्रकाशन में ईश्वर के कई नाम हैं। इन्हें तीन विभागों में बाँटा जा सकता है : सामान्य, विशेष और वैयक्तिक। सामान्य नामों में मुख्य 'एलोहीम' है। लेकिन, 'एलोहीम' अन्ततः यहोवा के विशेष सन्दर्भ में परिभाषित किया जा सकता है। विशेष नाम इसलिए प्रयुक्त था कि ईश्वर का विशिष्ट स्वभाव अभिव्यक्त हो। 'एल' के साथ कई विशेषण लगाकर 'सर्वशक्तिमान!', 'सर्वोच्च', 'द्रष्टा' आदि और चट्टान, राजा, बलवान्, प्रभु आदि विवरणात्मक नाम इस श्रेणी के अन्तर्गत सम्मिलित हैं। ईश्वर के लिए 'पुराना विधान' का सर्वश्रेष्ठ नाम वैयक्तिक नाम है। ईश्वर एक निजी नाम से विभूषित किया जाता है। इससे उसका आत्मोद्घाटन और पुनर्मिलन का जीवन्त स्वभाव भी व्यक्त हो जाता है। यह नाम 'यहोवा' है।[2]

'यहोवा' नाम : इब्रानी शब्द 'यहोवा' प्राचीन विधान में ईश्वर के लिए सबसे अधिक प्रयुक्त शब्द है, जो 'प्रभु' के रूप में हिन्दी में भाषान्तरित है। यह शब्द 'य-ह-व-ह' व्यंजनों से निर्मित है। इस शब्द का अर्थ सम्भवतः 'होना' या 'अस्तित्व रखना' है। इस अर्थ का प्रारम्भ मानव समाज के आरम्भ से ही जोड़ा जा सकता है। यहोवा पूर्वजों का ईश्वर है। यहोवा उसका व्यक्तिगत नाम है। यह नाम ईश्वर को एक व्यक्ति के रूप में चित्रित करता है और मानवीय व्यक्तियों से सम्बन्ध स्थापित कराता है। यह शब्द ईश्वर को मनुष्य के समीप लाकर मनुष्य से मित्रवत् व्यवहार के लायक बनाता है।[3] यहोवा का नाम अपने 'स्व' से सम्पुष्ट होकर शक्तिसम्पन्न और क्रियाशील है और यह अपनी प्रजा के बीच विद्यमानता का चिह्न है। इससे उसकी सर्वसत्तात्मकता प्रमाणित होती है।[4] 'पुराना विधान' में 'यहोवा' के नाम के प्रति इसराएलियों द्वारा अतीव श्रद्धा उसकी दिव्यता और रहस्यमयता का परिणाम ही है।[5]

यहोवावाद : 'यहोवा' नाम को मूसा की व्याख्या से एक नया अर्थ प्राप्त हुआ। तब से 'यहोवा' नाम 'यहोवावाद' में विकसित हुआ। इस नाम की औत्पत्तिक चर्चा के अन्तर्गत कतिपय तर्क-वितर्क उपलब्ध है। लेकिन इसके भाषागत मूल्य से अधिक ऐतिहासिक तात्पर्य है। 'यहोवा' नाम का खास वैशिष्ट्य यह है कि यह निर्गमन-घटना से लेकर सम्पूर्ण यहूदी इतिहास को आप्लावित करता है।[6] जलती झाड़ी के ईश्वर-दर्शन के अवसर पर 'यहोवा' शब्द एक विशिष्ट अभिप्राय से युक्त हो जाता है।[7]

यहोवा विधान का ईश्वर है। निर्गमन की घटना में यहूदियों के लिए ईश्वर का नाम उद्घाटित हुआ था। 'यहोवा' उनके लिए मिस्र की दासता से मुक्ति में एक स्वानुभूत सत्य बन

---

1. बी.डब्ल्यू. ऐंडेर्सन, वही, पृ. 408; प.बा.,पु.वि. विधि-विवरण 18.19, पृ. 246-47; न.वि., मत्ती 5.9, पृ. 8
2. विस्तृत विवरण के लिए द्रष्टव्य : जी-डब्ल्यू. ब्रोमिली, 'गॉड', दि इंटरनेशनल स्टैंडर्ड बाइबिल एनसाइक्लोपीडिया, भाग-2, पृ. 497; प.बा., पु.वि, निर्गमन 3.13-15, पृ. 76
3. जी.टी.एम. एंड एफ.एफ.बी., 'गॉड, नेइम्स ऑफ', न्यू बाइबिल डिक्शनरी, पृ. 430
4. प.बा., पु.वि., यिरमियाह 10.6-7, पृ. 1189; स्तोत्र 8.1, पृ. 824
5. प.बा., पु.वि., निर्गमन 20.7, पृ. 99
6. बी.डब्ल्यू. ऐंडेर्सन, 'गॉड, नेइम्स ऑफ', दि इंटरप्रेटर्स डिक्शनरी ऑफ दि बाइबिल, भाग-2, पृ. 410-11
7. प.बा., पु.वि., निर्गमन 3.1-12, पृ. 75-76

गया। तदनन्तर यहूदी विश्वास इस ईश्वरीय वास्तविकता के प्रति एक नया प्रत्युत्तर बना। इस विश्वास की अभिव्यक्ति एक विशिष्ट उपासना-पद्धति, ऐतिहासिक समझ और नैतिक दायित्व-बोध से युक्त होकर एक अनुपम विधानमूलक समुदाय में प्रतिबिम्बित हुई। इस प्रकार 'यहोवा' नाम का उद्घाटन ईश्वर के नए आत्म-प्रकाशन से चिह्नित होकर 'यहोवावाद' में परिणत हुआ।

यहूदी 'यहोवावाद' का सार-संक्षेप जी-डब्ल्यू. ब्रोमिली के शब्दों में इस प्रकार है, ''सम्पूर्ण 'पुराना विधान' का ईश्वरोद्घाटन–'नया विधान' का भी इन चार सरल अक्षरों में सन्निहित है।. ..यहोवा कहने का अर्थ है, ईश्वर कहना; ईश्वर कहने का अर्थ है, यहोवा कहना।''[1]

'पुराना विधान' के ईश्वर-चिन्तन की विकास-यात्रा को निष्कर्ष में बाँधते हुए यह कहना उचित होगा कि मूसा-निर्देशित निर्गमन तथा विधान की घटना से लेकर पूर्व विधान के ईश्वर-चिन्तन ने 15-16 शताब्दियों की यात्रा तय की। लेकिन, यह तीर्थयात्रा पूर्वजों से प्रारम्भ होकर लगभग 20 सदियों में व्याप्त है। ईश्वर का आत्म-प्रकाशन ऐतिहासिक घटनाओं से परिवेष्टित था। इसलिए इसराएलियों के लिए ईश्वर-स्वरूप की पहचान की यात्रा कठिन भी रही। परन्तु, इस विकास यात्रा में अनुभूत 'यहोवा'–ईश्वर की ऐतिहासिकता, व्यावहारिकता, मनुष्योन्मुखता एवं भविष्योन्मुखता आदि विशेषताओं से युक्त व्यक्तित्व ने इसराएली प्रजा को सार्थक ईश्वर-दृष्टि की कतिपय उपलब्धियों से विभूषित किया।

3. 'पुराना विधान' में ईश्वर के अभिलक्षण

प्राचीन विधान का ईश्वर बौद्धिक ऊहापोह का विषय नहीं है। इसलिए उसके अभिलक्षणों का पृथक् वर्णन एक कष्टसाध्य कार्य है। फिर भी, यहूदियों के ऐतिहासिक-सांस्कृतिक परिवेश के विश्लेषण से प्राप्त मुख्य संकेतों पर आश्रित होकर ईश्वर के कुछ लक्षणों का निरूपण करना प्राचीन विधान के ईश्वर के स्वरूप-निर्धारण में आवश्यक ही नहीं, नवीन विधान की ईश्वर-धारणा को समझने में सहायक भी होगा।

विश्वातीतत्त्व और अन्तर्यामित्व

'पुराना विधान' की ईश्वर-कल्पना में असन्दिग्ध रूप से स्वीकृत दो प्रमुख लक्षण हैं–उसका विश्वातीतत्त्व और अन्तर्यामित्व। परस्पर विरोधी प्रतीत होती हुई भी ये विशेषताएँ एक-दूसरे के अस्तित्व के लिए अनिवार्य हैं।

विश्वातीतत्त्व : 'विश्वातीतत्त्व' का अर्थ है–सीमा से परे होना, सीमातीत होना, विशिष्ट होना, सर्वोत्कृष्ट होना आदि। ईश्वर का वास्तविक अस्तित्व ससीम और भौतिक विश्व से पृथक् है। यह प्रत्यय ईश्वर के अप्रतिम प्रकर्ष, उत्तमता और प्रतिष्ठा का प्रमाण देते हुए उसके आभ्यन्तर स्वभाव को द्योतित करता है। ईश्वर उपासना के योग्य इसलिए है कि वह संसारातीत और शाश्वत है।

ईसाई शास्त्रज्ञ इस विश्वातीतता की चर्चा दो प्रकार से करते हैं–निषेधात्मक शब्दावली द्वारा ईश्वर में गुणों अथवा विशेषणों का निषेध किया जाता है, जबकि विधेयात्मक शब्दावली द्वारा ईश्वर में साम्यानुमानिक प्रत्ययों का प्रतिपादन।[2]

---

1. जी.डब्ल्यू. ब्रोमिली, 'गॉड', दि इंटरनेशनल स्टैंडर्ड बाइबिल एनसाइक्लोपीडिया, भाग-2, पृ. 497-98
2. एच.पी. ओवेन, 'गॉड, कांसेप्स् ऑफ, एनसाइक्लोपीडिया ऑफ फिलोसफी, भाग 3-4, पृ. 344

'पुराना विधान' में लोकातीतत्त्व के प्रमाण : आकाश के विस्तार, सागर के जल, पृथ्वी की मिट्टी और पर्वत से उपमा देते हुए इसायाह नबी ईश्वर को अथाह, अनुपम और अपरिमेय घोषित करते हैं।[1] ईश्वर की सूक्ष्म-दृष्टि, सर्वज्ञता, सर्वव्यापकता, दुर्बोध्यता, रहस्यमयता, सर्वग्राह्यता और सर्वशक्तिमत्ता प्राचीन विधान में भजन का भी विषय है।[2] प्राचीन विधान के अनुसार ईश्वर का मुख देखा नहीं जा सकता। यदि कोई मनुष्य ईश्वर को देखे तो वह जीवित नहीं रह सकता। ईश्वर को आमने-सामने देखने से मृत्यु अनिवार्य है। पीछे से ही ईश्वर को देखा जा सकता है।[3] मूसा को दिए गए ईश्वर-दर्शन में बादल का गरजना, बिजली का चमकना, तुरही का निनाद, पर्वत, सभी लोगों का काँपना, लोगों का पर्वत के नीचे खड़े होना, पर्वत का धुएँ से ढका जाना, ईश्वर का अग्नि के रूप में उतरना, पहाड़ का ज़ोर से काँपना, ईश्वर का मेघगर्जन द्वारा बोलना, अपवित्र मनुष्य का पवित्र ईश्वर से दूर रखा जाना आदि बातें 'पुराना विधान' के ईश्वर के लोकोत्तर स्वरूप को ही व्यक्त करती हैं।[4] इसायाह नबी को मन्दिर में प्राप्त दर्शन में प्रभु का ऊँचे सिंहासन पर बैठा हुआ होना, प्रभु के वस्त्र के पल्ले से मन्दिर का फर्श ढका जाना, सेराफिमरूपी स्वर्गदूत की मध्यवर्तिता, चेहरा, पैर आदि ढका जाना, प्रभु की जयकार से मन्दिर की नींव हिलना, इसायाह को प्रभु के दर्शन से स्वयं नष्ट होने का अनुभव होना आदि विश्वमंडल के प्रभु (जिसकी महिमा समस्त पृथ्वी में व्याप्त है) के पवित्रतम लोकातीतत्त्व को ही प्रमाणित करते हैं।[5]

मूसा को प्राप्त एक अन्य दर्शन में एक रहस्यमय झाड़ी का वर्णन है, जो जलती हुई भी भस्म नहीं हो रही थी। मूसा द्वारा इस अनोखी बात को निकट से देखने की इच्छा की जाने पर पास नहीं आने और जहाँ वे खड़े थे उस पवित्र भूमि से पैरों के जूते हटाए जाने का आदेश[6] आदि ईश्वरीय सत्ता की रहस्यमयता, भयंकरता और सांसारिक तत्त्वों से पृथकता ही पुनः स्थापित करते हैं। मूसा पर उद्घाटित ईश्वर-नाम 'सत्' की व्याख्या करते हुए वाल्द महोदय का कहना है कि "इन शब्दों में प्रभु ने अपने शाश्वत रूप पर तथा इस बात पर बल दिया है कि ईश्वर स्वयंभू है। मूल भाषा इब्रानी में यह 'य-ह-व-ह' के रूप में आता है। ई.पू. से ही यहूदी लोग इस नाम का उच्चारण भय और ईश्वर में अटूट आस्था के कारण कभी नहीं करते। इन वर्णित अक्षरों को लिखते तो हैं, किन्तु इसका उच्चारण करते समय 'अदोनय' शब्द का प्रयोग करते हैं, जिसका अर्थ 'प्रभु' है।[7]

ईश्वर की विश्वातीतता का तात्पर्य : विश्वातीतता की इस धारणा से कई बातें विवक्षित हैं। यहूदी प्रजा का ईश्वर कोई नकली देव नहीं है, बल्कि एकमात्र यथार्थ परमेश्वर है[8], जो सृष्ट तत्त्वों से पृथक और मनुष्य की समझ से परे होकर अबोधगम्य है। 'ऊपरवाले' का प्रत्यय ईश्वर की ऊँचाई को संकेतित करता है। ईश्वर सृष्ट तत्त्वों की सम्पूर्णता के अतिरिक्त अन्य प्रकार

1. प.बा., पु.वि., इसायाह 40.12-12-26, पृ. 1135
2. प.बा., पु.वि., स्तोत्र 139, पृ. 917
3. प.बा., पु.वि., निर्गमन 33.20-23, पृ. 1180; 19.21, पृ. 99; उत्पत्ति 32.31, पृ. 45
4. वही, 19.16-25, पृ. 98-99
5. प.बा., पु.वि., इसायाह 6.1-5, पृ. 1097
6. प.बा., पु.वि., निर्गमन, 3.1-5, पृ. 75
7. वही, 3.14, पाद-टिप्पणी, पृ. 76
8. प.बा., पु.वि., निर्गमन 20.2-3, पृ. 99

का परम तत्त्व है। विश्वातीत ईश्वर की धारणा आकाश में, दुनिया के 'ऊपर' रहनेवाले ईश्वर का दार्शनिक प्रतिबिम्ब ही है।[1] ईश्वर सिर्फ वही नहीं है जो सृष्ट तत्त्वों में विद्यमान हों। इसलिए विश्व-कारण का विश्वातीत होना अनिवार्य है।

ईश्वर निरपेक्ष है। अज-अनादि परम तत्त्व की यथार्थता किसी दृष्टि से भी सृष्टि पर निर्भर नहीं है। सृष्टि के अभाव में भी ईश्वर को सम्पूर्ण यथार्थता प्राप्त है; अर्थात् ईश्वर पूर्ण रूप से आत्मनिर्भर है। विश्व-मंडल के प्रभु की यथार्थता किसी दूसरे तत्त्व की उपस्थिति द्वारा सीमित नहीं है।[2] असीम और शाश्वत होकर वह कालातीत भी सिद्ध हो जाता है।[3] देश-कालातीत होने के कारण ईश्वर अपरिवर्तनीय भी है। लेकिन, ईश्वर की स्थिरता नकारात्मक न होकर स्वीकारात्मक है। स्वीकारात्मक शब्दावली में ईश्वर की अपरिवर्तनीयता का तात्पर्य उसकी अनतिक्रमणीयता या अद्वितीयता होनी चाहिए।

लोकोत्तरता का अर्थ लैंगिक द्विरूपता से परे होना भी है। लिंगमूलकता एक ऐसा प्रतिभास है जो सम्पूर्ण भौमिक जीवन में परिव्याप्त है और जो जीवन के स्रोत को अन्तर्निविष्ट करता है। लेकिन, जीवन और जीवन का स्रोत एक लिंगातीत रहस्य है। ईश्वर के स्वरूप को समझने की सुविधा के लिए यहोवा पर मानवता और पति-प्रत्यय का आरोप किया जाता है। लेकिन, ईश्वर के अस्तित्व को पौरुषेय नियम के अधीन मानना स्वयं 'ईश्वर'-प्रत्यय का भी अपमान होगा। यह प्राचीन विधान में विवक्षित भी नहीं है।

लोकोत्तरता से इंगित तत्त्व यहोवा की आभ्यन्तर पवित्रता और विशिष्टता भी है। यहोवा की उपस्थिति को पवित्र भूमि, श्रद्धाजनक स्थान, पर्वत आदि से व्यक्त करना, मूर्तिपूजन के निषेध से उसका समर्थन करना, पवित्रता की शपथ लेना, उसकी नैतिक उपासना और उसके प्रति व्यक्तिगत प्रतिबद्धता पर बल देना आदि यहोवा की पवित्रता के प्रमाण हैं।[4] यह मूल रूप से एक रहस्यमय और अलौकिक शक्ति है, जो दुनिया की समस्त बोधगम्य चीजों से परे है। इसराएल के अनुभव में यह यहोवा की गत्यात्मक इच्छाशक्ति है, जो अपनी प्रजा को प्रभावित करती है।

'पुराना विधान' में ईश्वर की लोकोत्तरता अपनी सर्वकर्तृत्व में भी प्रकट होती है। समस्त दृश्य वस्तुओं पर यहोवा की लोकातीतता उसकी परम सृजनात्मकता पर दृढ़ रूप से आधारित है, जो सम्पूर्ण जीवन-प्रक्रिया से सम्बन्ध रखता है।[5] महिमामय प्रभु का सृष्टिकर्तृत्व अपनी इच्छाशक्ति के बल पर अभिव्यक्ति पाकर शब्द द्वारा मूर्त रूप लेती है।[6]

दार्शनिक दृष्टि से लोकातीतत्त्व की धारणा में दो विशेषताएँ निहित हैं—विश्व से पृथकता और विश्व की अपेक्षा प्रथमता। पृथकता का अर्थ यह नहीं है कि परमेश्वर आकाश के ऊपर किसी स्वर्ग में निवास करता है। लोकातीतत्त्व में किसी ऊँचाई की कल्पना समाविष्ट नहीं है। विश्वकारण की

1. योहन फाइस, ईश-दर्शन, पृ. 139
2. वही, पृ. 155
3. प.बा., पु.वि., स्तोत्र 90.4, पृ. 883; इसायाह 44.6, पृ. 1141
4. प.बा., पु.वि., क्रमशः निर्गमन 3.5, पृ. 75; उत्पत्ति 28.17, पृ. 38; निर्गमन 34.4, पृ. 118; 20.5, पृ. 99; होशेआ 3.4;4.10-14, पृ. 1376; आमोस 4.2, पृ. 1935: 5.14, 21-23, पृ. 1396-97; निर्गमन, 24. 7, पृ. 105
5. अलफोन्स डेइसलर, 'गॉड', एनसाइक्लोपीडिया ऑफ बीब्लिकल डिक्शनरी, पृ. 305
6. प.बा., पु.वि., स्तोत्र 8.2,10, पृ. 824; 33.6,9, पृ. 839-40; 148.5-6, पृ. 922; इसायाह 42.5, पृ. 1138; 45. 18, पृ. 1144

सर्वोच्चता या महिमा 'परमतत्त्व' होने में है। योहन फाइस के शब्दों में, "विश्वातीत सृष्टिकर्ता की प्रथमता अस्तित्व की दृष्टि से उसके मूल कारणत्व की प्रधानता है।"[1]

अन्तर्यामित्व : अन्तर्यामित्व ईश्वर के लोकातीतत्त्व का दूसरा पक्ष है। इसका अर्थ है–सर्वत्र होना, सर्वविद्यमानता, संसार से ईश्वर का सान्निध्य आदि। इस सन्दर्भ में बेरडैव की मान्यता है कि "सबसे संगत प्रश्न यह नहीं है कि 'क्या ईश्वर संसार में है' ? बल्कि 'क्या संसार ईश्वर में है' ?"[2] जो भी हो, मन और शरीर का सम्बन्ध ईश्वर और भौतिक जगत् के सम्बन्ध को अन्तर्यामिता के रूप में समझने के लिए उदाहरणस्वरूप उपयुक्त है।

अन्तर्यामी ईश्वर ही विश्व का मूलाधार है। वह तत्त्वों की सम्पूर्णता में विद्यमान है। वह मानव-व्यवहार में सह-सम्बन्ध के आदर्शस्वरूप प्रेम में अभिव्यक्त है। उसके लोकातीतत्त्व और अन्तर्यामित्व में अन्तर्विरोध के बावजूद ईश्वर की गहराई या गम्भीरता के रूप में यह एक भावात्मक विशेषता सिद्ध होता है। दूसरे शब्दों में, ईश्वर सभी तत्त्वों में समाहित और सभी घटनाओं में क्रियाशील है।

'पुराना विधान' में अन्तर्यामित्व के प्रमाण : ईश्वर की अन्तर्यामित्व के लिए सम्पूर्ण पुराना विधान प्रमाणों का एक विशाल संग्रह जान पड़ता है। सृष्टिकार्य से लेकर ईश्वर अपनी रचना में रुचि रखता था। उसने पूर्वजों को बुलाया तथा वह उसका मार्गदर्शन करता रहा। मानवेतिहास में सक्रिय बना रहना ईश्वर का स्वभाव ही साबित होता है। निर्गमन की घटना में यहोवा ने यहूदी प्रजा को मिस्र की दासता से मुक्त किया और एक विधानमूलक निर्वाचन के माध्यम से उन्हें इसराएली प्रजा के रूप में संगठित किया। उन्होंने फिर उन्हें एक ऐसे समृद्ध और विशाल देश में ले जाने की प्रतिज्ञा की, जहाँ दूध तथा मधु की नदियाँ बहती हैं।[3] मूसा, दाऊद, सुलेमान, नबियों आदि के द्वारा ईश्वर इसराएली प्रजा के इतिहास का नियामक बना रहा। इसके लिए सम्पूर्ण पुराना विधान प्रमाण है। ईश्वर का यह इतिहास-नियामकत्व उसकी अन्तर्यामिता को ही समर्थित करता है। 'पुराना विधान' के अवलोकनमात्र से यह पता चलता है कि विश्वातीत ईश्वर अदृश्य रूप में यहूदियों के इतिहास में प्रबल रूप से वर्तमान है।[4] यहोवा ने इसराएल के इतिहास के भविष्य को भी निर्धारित किया और उसके द्वारा दुनिया के इतिहास को भी। इसके अतिरिक्त, अपनी प्रजा के साथ ईश्वर के स्थायी निवास के रूप में विधान की मंजूषा स्थापित की गई।[5] यह यहूदी समाज में प्रतीकात्मक तौर पर उपस्थित होकर अपने इतिहास-नियामक स्वरूप को द्योतित करनेवाले ईश्वर का प्रमाण है। इसराएल के साथ यहोवा की समीपता और दयालुता भी अन्तर्यामिता के प्रमाण हैं। 'यहोवा हमारे साथ है'–इस बात का अनुभव उसके प्रतीकात्मक सान्निध्य, महिमा-दर्शन, उसकी अविरत् क्रियाशीलता और मार्गदर्शन से इसराएल को मिलता था।[6] यहोवा की अन्तर्यामी आत्मा एक उद्धारक-शक्ति के रूप में इसराएल के इतिहास में

1. योहन फाइस, ईश-दर्शन, पृ. 147
2. चार्ल्स हार्टशार्न, टेन्सेन्डन्स् एंड इम्मनेन्स,' एनसाइक्लोपीडिया ऑफ रिलीजन, भाग 15, पृ. 17 में उद्धृत।
3. प.बा., पु.वि., निर्गमन 3.8, पृ. 76
4. प.बा., पु.वि., होशेआ 11.9, पृ. 1382; आमोस 5.14, पृ. 1936
5. चन्दन-जैसी बहुमूल्य लकड़ी का सन्दूक, जिसमें दशशील अथवा विधान के घोषणा-पत्र के दो पट्ट सुरक्षित थे। द्रष्टव्य : प.बा., पु.वि., निर्गमन 40.3, पृ. 126
6. प.बा., पु.वि., क्रमशः निर्गमन 40.34-35, पृ. 127; 29.43, पृ. 112; 16.7,10, पृ. 94; आमोस 5.14, पृ. 1396; होशेआ 11.9, पृ. 1382; इसायाह 7.14, पृ. 1098

विद्यमान होकर उसे 'नारी सृष्टि, नया युग' के लक्ष्य में और प्रवृत्त करती है।[1]

अन्तर्यामिता का तात्पर्य : अन्तर्यामिता ईश्वर के प्रेम का एक समग्रचिन्तन है, जिसमें ईश्वर आत्मा के स्तर पर 'चेतना की चेतना', बुद्धि के स्तर पर 'विचार का विचार' और हृदय के स्तर पर 'भाव का भाव' होकर कार्यशील है। मनुष्य को अपने निर्णयों तथा कार्यों में स्वाभाविक स्वाधीनता प्राप्त है। आत्मचिन्तन करने के फलस्वरूप वह अपनी आन्तरिकता में उतरता है और उसे अन्तःप्रज्ञा प्राप्त होती है। मनुष्य की आन्तरिकता या स्वाधीनता के मूलाधार के रूप में सृष्टिकर्ता ईश्वर अन्तर्यामी है।

अन्तर्यामित्व की समीचीन परिभाषा के प्रयास में योहन फाइस 'उपस्थिति' और 'व्यक्ति' प्रत्ययों के संयोग से 'प्रेमी' और 'प्रेमिका' की प्रेम-प्रक्रिया का विश्लेषण करते हैं। पृथकता, आन्तरिकता और पारस्परिकता के तीन निहितार्थ प्रस्तुत करते हुए वे कहते हैं कि अन्तर्यामित्व ''पृथक् व्यक्तियों की पारस्परिक उपस्थिति है, जो उनकी आन्तरिकता पर आधारित है।''[2] इस प्रकार आन्तरिकता से आत्म-चेतना और आत्म-चेतना से मूल कारण की उपस्थिति की अनुभूति होती है। यही है अन्तर्यामिता। प्राचीन विधान में ईश्वर की इस आन्तरिक स्वभाव की दार्शनिक समझ नहीं थी, लेकिन इसराएलियों की अनुभूति में ईश्वर की प्रक्रिया अन्तर्यामित्व का ही पर्याय थी, वह चाहे व्यक्ति में हो या समुदाय में।

ईश्वर में विश्वातीतत्त्व और अन्तर्यामित्व का समन्वय : यहूदी ईश्वर-दृष्टि के अन्तर्गत ईश्वर का मूल गुण है—पवित्रता। यह उसका स्वलक्षण है। यह ईश्वर की दो सम्पूरक विशेषताओं का बोध कराती है। ये हैं—ऐश्वर्य और सान्निध्य। दार्शनिक शब्दावली में इन्हीं विशेषताओं का नाम है—अन्तर्यामित्व और विश्वातीतत्त्व।

'विश्वातीतता' और 'अन्तर्यामिता' के दार्शनिक शब्द पुराना विधान में नहीं हैं। लेकिन इसराएल का केन्द्रीभूत विश्वास है कि शाश्वत और अलौकिक ईश्वर मानवीय अस्तित्व के लौकिक क्षेत्र में प्रवेश करते और कार्य करता है।[3] विश्वातीतता और अन्तर्यामिता में अनिवार्य सामंजस्य स्थापित है। ईश्वर के लिए तत्त्वों की सम्पूर्णता से भिन्न और उनके परे रहना आवश्यक है। धार्मिक अनुभव की कसौटी पर इसमें विरोध का आभास होना स्वाभाविक है। लेकिन इनमें परस्पर कोई विरोध नहीं है। पृथकता दोनों परिभाषा का अंगभूत अवयव है। अगस्तीन के शब्दों में, ''ईश्वर मेरे अन्तरतम से भी अधिक आन्तरिक है तथा मेरे उच्चतम से उच्चतर भी है।''[4]

इसका अर्थ है कि ईश्वर का स्वभाव द्विविध है। वह मनुष्य से परे भी है, उसके समीप भी। वह सृष्टि से दूरवर्ती भी है उसके निकटवर्ती भी। वह सृष्टि के बाहर भी है, अन्दर भी। गूढ़ रहस्य के रूप में वह पूर्णतया अबोधगम्य भी है, मुक्तिदाता के रूप में पूर्णतया गम्य भी। वह भयंकर होते हुए भी आकर्षक है। परमेश्वर तो स्वर्ग में विराजमान होते हुए भी हम मनुष्यों

---

1. प.बा., पु.वि., इसायाह 63.11, पृ. 1164; 44.3, पृ. 1141; एजेकिएल 36.26.27, पृ. 1326; जोएल 2.27, पृ. 1388
2. योहन फाइस, ईश-दर्शन, पृ. 144
3. बी.डब्ल्यू. ऐंडेर्सन, 'दि ओल्ड टेस्टामेंट व्यू ऑफ गॉड', दि इंटरप्रेटर्स डिक्शनरी ऑफ दि बाइबिल, भाग-2, पृ. 423
4. योहन फाइस, ईश-दर्शन, पृ. 148 में उद्धृत।

के बीच ही विद्यमान है।[1]

यदि लोकातीतत्त्व पृथकता से अभिन्न है, तो अन्तर्यामित्व तादात्म्य का समानार्थी भी है। जहाँ अस्तित्व की दृष्टि से दो पृथक् तत्त्व नहीं हैं, वहाँ दोनों का तादात्म्य अनिवार्य है।[2] ईश्वर नैतिक मूल्य के रूप में अपरिवर्तनीय है, लेकिन सौन्दर्यशास्त्रीय मूल्य के रूप में परिवर्तनीय भी है। इसराएली मान्यता की ये दोनों अनुभूतियाँ (अर्थात् ईश्वर की दूरता और निकटता) परस्पर विरोधी नहीं हैं, बल्कि दोनों मनुष्य के ईश्वर-ज्ञान में अनुभूतिपूरक तत्त्व के रूप में स्वीकृत हैं।[3]

निष्कर्ष के रूप में यह कहना उचित है कि यहूदी धर्म-संस्कृति में मान्य ईश्वर के ये दो द्विविध रूप (विश्वातीतत्त्व और अन्तर्यामित्व) परस्पर पूरक हैं। लोकातीत विश्वकारण के साथ अन्तर्यामी सृष्टि मिलकर पूर्ण हो जाती है। लोकातीतत्त्व का प्राण 'प्रथमता' है और अन्तर्यामित्व का प्राण 'आन्तरिकता' है। दोनों की पारस्परिक उपस्थिति ईश्वर के लिए एक सार्थक अस्तित्व की रूप रेखा बनाती है। ईश्वर की इन मूलभूत विशेषताओं का चरमोत्कर्ष 'नया विधान' में सम्यक् और समन्वित रूप से प्रमाणित भी दिखाई देता है। 'नया विधान' के ईश्वर-प्रकाश की पराकाष्ठा ही 'पुराना विधान' में पूर्वाभास के रूप में झलकती है।

मानवतारोप और व्यक्तित्व-सम्पन्नता

प्राचीन विधान के ईश्वर की अन्तर्यामित्व-विषयक चर्चा में उसके व्यक्तित्व की कतिपय मानवता-सम्बन्धी विशेषताएँ संकेतित हो चुकी हैं। इस अंश में उन उल्लेखों का व्यवस्थित विश्लेषण ही अपेक्षित है।

मानवता और व्यक्तित्व : सृष्टि के समस्त तत्त्वों में सर्वोच्च श्रेणी का प्रत्यय है 'व्यक्तित्व', जो मात्र 'मनुष्य' के सन्दर्भ में अर्थ रखता है। हालाँकि इन शब्दों का स्थानापन्न प्रयोग अशुद्ध होगा, यह बात तर्कातीत है कि एक-दूसरे के अभाव में इन शब्दों की चर्चा असंगत ही है। अर्थात् मानवता और व्यक्तित्व की धारणाएँ अभिन्न रूप से परस्पर सम्बद्ध हैं।

लेकिन यह बात आवश्यक नहीं है कि मानवतारोप और व्यक्तित्व अनिवार्य रूप से आपस में संयुक्त हों। 'व्यक्ति' प्रत्यय की उत्पत्ति के इतिहास से यह बात स्पष्ट हो जाती है कि इसका प्रयोग सर्वप्रथम परमेश्वर की चर्चा के सन्दर्भ में 'नया विधान' के पश्चात् ही हुआ था। अतः यह सही है कि परमेश्वर के लिए 'व्यक्ति' प्रत्यय का प्रयोग उस पर मानवतारोप नहीं है, बल्कि मनुष्य के लिए 'व्यक्ति' शब्द का प्रयोग मनुष्य पर 'देवतारोप' है। लेकिन, ऐतिहासिक दृष्टि से 'व्यक्ति' प्रत्यय का प्रयोग ईश्वर-मनुष्य के क्रम में भले ही रहा हो, तार्किक दृष्टि से सृष्टि से सृष्टिकर्ता का अनुमान किया जाता है। परमेश्वर का स्वभाव उसकी सर्वश्रेष्ठ रचना अर्थात् मनुष्य के आधार पर अनुमानित होना तर्कसंगत ही है। मानव से सम्बन्ध रखने से ही परमेश्वर पर 'व्यक्तित्व' का आरोप किया जा सकता है। जिस सृष्टिकर्ता से मनुष्य को व्यक्तित्व प्राप्त हुआ, उसका स्वयं व्यक्ति होना अनिवार्य है। अतः स्पष्ट है कि मानवता और व्यक्तित्व की अन्योन्याश्रिता मनुष्य के स्तर पर ही नहीं, ईश्वर के स्तर पर भी संगत है।

---

1. योहन फाइस, ईश-दर्शन, पृ. 134
2. वही, पृ. 142
3. बी.डब्ल्यू. ऐंडेर्सन, 'दि ओल्ड टेस्टामेंट व्यू ऑफ गॉड', दि इंटरप्रेटर्स डिक्शनरी ऑफ दि बाइबिल, भाग-2, पृ. 421

'पुराना विधान' में ईश्वर पर मानवता और व्यक्तित्व का आरोप : 'पुराना विधान' की सम्पूर्ण परम्परा में किसी-न-किसी सीमा तक ईश्वर पर मानवता का आरोप दृष्टिगत होता है। यहोवा एक व्यक्तित्व-सम्पन्न ईश्वर है और व्यक्तित्व के प्राकृत गुणों से युक्त होकर एक स्वतन्त्र व्यक्ति के रूप में चित्रित है। यहूदी चिन्तन में ईश्वर कोई प्राकृतिक शक्ति नहीं है, अवैयक्तिक जीव अथवा वस्तु भी नहीं है, बल्कि ऐतिहासिक कार्यों और सम्बन्धों में अभिव्यक्त होनेवाला व्यक्ति है। इसराएल में प्रतिमा-पूजन का निषेध इस सन्दर्भ में विशेष प्रासंगिक है। सृष्टि-जगत् की छायावाली कोई उत्कीर्ण प्रतिमा यहोवा का प्रतिनिधित्व नहीं कर सकती। ऐतिहासिक परिस्थितियों के कारण दुर्बलता-वश जब-जब यहूदी प्रजा यहोवा से विमुख होकर अन्य देवी-देवताओं की प्रतिमाओं की पूजा की ओर उन्मुख हुई, तब-तब नबियों द्वारा इस प्रवृत्ति को आचरण-भ्रष्टता और वेश्या-गमन कहकर भर्त्सना की गई। अतः यह इस बात का प्रमाण है कि मानवीय व्यक्तित्व के अतिरिक्त ईश्वर का और कोई प्रतिरूप नहीं हो सकता।

मानवतारोप और सादृश्यात्मक शब्दावली : 'पुराना विधान' में यहोवा पर आरोपित इन दो प्रत्ययों में दूसरा पहले पर आश्रित है। इस बात के समर्थन में निम्नलिखित कथन उपयुक्त प्रतीत होता है। "ईश्वर की व्यक्तित्व-सम्पन्नता की धारणा की उत्पत्ति मानवीय व्यक्ति से ईश्वरीय स्वभाव के सादृश्यमूलक चिन्तन से है।"[1] मिस्र आदि देशों की धार्मिक भावना में ईश्वर का सादृश्य मानवीकृत रूपों के अलावा पशुगत बिम्बों में भी मिलता है। स्पष्ट है कि इसीलिए वे लोग मूर्तिपूजा में फँस गए। इसराएल की धर्मदृष्टि ने ईश्वर की सादृश्यमूलक शब्दावली को केवल मानवीय सन्दर्भों के लिए ही सुरक्षित रखा है।

प्राचीन विधान में पुरातन लोक परम्पराओं से वंशानुगत तौर पर कुछ भोले-भाले मनुष्यत्वारोप भी प्राप्त होते हैं। उदाहरण के लिए, यहोवा का बगीचे में टहलना, यहोवा द्वारा नूह की बलि को सूँघना आदि।[2] सृष्टि का वर्णन, विधान आदि में चित्रात्मक भाषा का प्रयोग भी मिलता है।[3] स्वप्न में दर्शन, स्वर्गदूत आदि के माध्यम से परोक्ष भाषा भी प्रयुक्त दिखाई देती है।[4] कई सन्दर्भों में यह मानवीकरण केवल लाक्षणिक अर्थ में हैं, उदाहरण के लिए, ईश्वर के हाथ, कान, मुँह, आँख, अँगुली, पैर आदि।

सादृश्यात्मक शब्दावली का एक दूसरा आयाम है यहोवा के अस्तित्व से सम्बन्धित भाषिक प्रयोग। ईश्वरीय अस्तित्व के वर्णन के लिए सत्तावाची सर्वनाम 'मैं', 'तू' और मनुष्यवाचिक 'वह' प्रयुक्त है।[5] ईश्वर द्वारा सम्पन्न कार्यों की प्रक्रिया में 'बोलना', 'पूरा करना', 'चलना', 'सँभालना' आदि क्रियारूप मिलते हैं।[6] प्रभु के लिए गुणवाचक शब्दों का प्रयोग ज्ञान, प्रेम, क्रोध, प्रज्ञा, ईर्ष्या, निर्णय, न्याय, कृपा आदि में दर्शाया जा सकता है। इनके अलावा सत्यप्रतिज्ञता, दयालुता, उदारता प्रभृति भाववाचक संज्ञाओं में भी ईश्वर के लिए मानवता से सादृश्यमूलक शब्दावली प्राप्त होती है। मनुष्य के हृदय, बुद्धि, आत्मा, मुख, पैर, हाथ आदि विभिन्न अंगों का आरोप भी ईश्वर-वर्णन के लिए रूढ़ शैली है। सबसे प्रभावशाली सादृश्यपरक उदाहरण ईश्वर और मनुष्य

---

1. एच.पी. ओवेन, 'गॉड, कांसेप्स् ऑफ एनसाइक्लोपीडिया ऑफ फिलासफी, भाग-3, पृ. 347
2. प.बा., पु.वि., उत्पत्ति 3.8, पृ. 73; 8.21, पृ. 12
3. वही, 2-3, पृ. 5-7; निर्गमन 20.1-3, पृ. 99
4. वही, 15.1, पृ. 18; 20.3,6, पृ. 24, 25; 21.17, पृ.26
5. प.बा., पु.वि., निर्गमन 3.7-14, पृ. 76; उत्पत्ति 3.12, पृ. 7; 1.27, पृ. 5
6. प.बा., पु.वि., इसायाह 46.10.4, पृ. 1145

के बीच 'मैं-तू' के रूप में अंकित संवाद है, जिसका अनगिनत उदाहरण प्राचीन विधान में सुरक्षित है।[1] ईश्वर के मानवीकरण का इससे अधिक प्रमाण क्यों ?

यहोवा का व्यक्तित्व और सम्बन्धमूलक शब्दावली : जिस प्रकार व्यष्टि की सार्थकता समष्टि की कसौटी पर सिद्ध होती है, उसी प्रकार व्यक्ति की धारणा समाज के परिवेश में स्पष्ट हो जाती है। सह-व्यक्तियों से स्थापित सम्बन्ध में ही व्यक्ति का व्यक्तित्व निरूपित हो सकता है। मनुष्य का सार-संक्षेप ही है 'व्यक्तित्व', जो कि सम्बन्धमूलक है। ईश्वर के सादृश्य में ईश्वर के स्वरूप को समझना एक स्वाभाविक प्रक्रिया है। अतः मानवीय व्यक्तित्व की सम्बन्धमूलकता ईश्वरीय व्यक्तित्व का सार-तत्त्व भी है, यह कहना तर्कसंगत मालूम पड़ता है। यह सम्बन्धमूलक शब्दावली ईश्वरीय स्वभाव के विश्लेषण में अत्यन्त उपयोगी है।

ईश्वर की आन्तरिक सम्बन्धमूलकता 'नया विधान' की ईश्वर-धारणा की चरम सीमा है। प्राचीन विधान में इसके पूर्वाभास के रूप में इसराएल के इतिहास में निरन्तर अपनी प्रजा के लिए कार्यशील मनुष्योन्मुख और जीवन्त यहोवा का अनुभव है। यहोवा अपनी प्रजा के साथ सम्बन्ध स्थापित करता है। इस सम्बन्ध-स्थापन में उसका अपना व्यक्तीकृत रूप अभिव्यक्त हो जाता है, जो कि बाइबिलीय ईश्वर-दृष्टि के प्राण हैं। ईश्वर को अव्यक्तीकृत करने का कोई भी प्रयास बाइबिल के सन्देश का उल्लंघन होगा, क्योंकि बाइबिल नाना प्रकार के कथनों से निश्चयपूर्वक कहता है कि वह ईश्वरीय 'तू' के साथ सहभागिता स्थापित करता है और ऐतिहासिक मामलों में व्यक्तिगत रूप से उससे व्यवहार करता है।[2]

यहोवा के सम्बन्धमूलक व्यक्तित्व की अभिव्यक्ति अपने विधानमूलक समुदाय इसराएली प्रजा के साथ व्यक्तिनिष्ठ, आत्मीय और गतिशील व्यवहारों में द्रष्टव्य है। यहोवा के लिए प्रयुक्त पर्यायवाची शब्दों में प्रभु, राजा, चरवाहा, पिता, माता, पति, सृष्टिकर्ता, न्यायकर्ता आदि इसराएल के साथ उसके आधारभूत सम्बन्ध के द्योतक हैं। यहोवा की न्यायनिष्ठा और क्रोध के सम्बन्ध में बी.डब्ल्यू. ऐंडेर्सन की बात उपयुक्त है। ''न्यायनिष्ठा उसकी विशेषता है जो किसी मनुष्य को अपने समुदाय के अन्तर्गत न्यायसम्मत स्थान पर पुनर्स्थापित करता है या समुदाय का पक्ष-समर्थन तब करता है जब वह बाह्य शक्तियों से संकटग्रस्त है।...जिस प्रकार एक पिता अपने स्वेच्छाचारी पुत्र के साथ और एक पति अपनी निष्ठाहीन पत्नी के साथ व्यवहार करता है, यहोवा का क्रोध गहन और पवित्र प्रेम की अभिव्यक्ति है, जो सुधारने, अनुशासित करने और अन्ततः एक नया सम्बन्ध स्थापित करने हेतु सोत्साह प्रयास करता है।''[3]

यहोवा पर आरोपित व्यक्तित्व-सम्पन्नता के लिए सर्वाधिक प्रभावशाली उदाहरण 'पति' और 'पिता' के रूपक हैं। इसकी चर्चा आगे की जाएगी।

ईश्वर की सृष्टि का सर्वोत्तम स्वरूप मनुष्य है, जिसमें उसकी कलाकारिता पूर्ण रूप से अभिव्यक्त है। जब ईश्वर स्वयं को उद्घाटित करना चाहता है तो उसके लिए मनुष्य से अच्छा क्या माध्यम हो सकता है ? मनुष्य-रूपी चेतन-कलावस्तु अपने अनोखे कलाकार की कल्पना करना चाहे तो अपने सादृश्य पर सोचने के अतिरिक्त और क्या उपाय है ? 'पुराना विधान'

---

1. प.बा., पु.वि., निर्गमन 33.19, पृ. 118; इसायाह 46.10, पृ. 1145
2. बी.डब्ल्यू. ऐंडेर्सन, 'दि ओल्ड टेस्टामेंट व्यू ऑफ गॉड' दि इंटरप्रेटर्स डिक्शनरी ऑफ दि बाइबिल, भाग-2, पृ. 424
3. बी.डब्ल्यू. ऐंडेर्सन, वही, पृ. 426

ईश्वर के मानवीकरण और सम्बन्धपरक व्यक्तित्व-सम्पन्नता को विशिष्ट ढंग से प्रस्तुत कर 'नया विधान' का मार्ग प्रशस्त करता है।

आत्मप्रकाशन और इतिहास-नियामकता

बाइबिल की ईश्वर-दृष्टि का अतिविशिष्ट और आधारभूत पक्ष है—ईश्वर का आत्मप्रकाशन। यहूदी धर्म-संस्कृति में जिस ढंग से यह रहस्योद्घाटन किया गया है, वह तत्कालीन विश्वेतिहास में अनोखा है।

मानव-केन्द्रित ईश्वर-ज्ञान : मानवीय बुद्धि के आधार पर स्वाभाविक ईश्वर-विज्ञान यह मानता है कि मनुष्य अपने स्वयं के बल पर ईश्वर को जान सकता है। नैतिकता-बोध, सार्वभौमिक विश्वास, संसार की सोद्देश्यता, निमित्त कारण आदि इस प्रकल्पना के परिणाम माने जा सकते हैं। प्रकृति में ईश्वर के मूलभूत आत्मप्रकाशन का यह सर्वविदित तथ्य बाइबिल में स्वीकृत है।[1] लेकिन यह ईश्वर-ज्ञान मानव-केन्द्रित है। मनुष्य से ईश्वर की ओर की गति इसकी प्रक्रिया है। इसकी आधार-सामग्री वैयक्तिक और परिवर्तनशील होने के कारण अनिश्चित है। ईश्वर के विषय में मानवीय धारणाएँ सच्चा ज्ञान नहीं दे सकती हैं, क्योंकि ये मनुष्य द्वारा ईश्वर के अध्ययन के निष्कर्ष मात्र हैं। मनुष्य के इस मानव-केन्द्रित ईश्वर-ज्ञान के विरोध में बाइबिल अपनी ईश्वर-सम्बन्धी धारणा प्रस्तुत करती है।

बाइबिल की मान्यता है कि पाप के कारण ईश्वर-प्रकाश के प्रति मानव जाति के नेत्र, मन और हृदय दृष्टिहीन हो गए और फलतः वह उसके प्रति सम्यक् ज्ञान से वंचित हो गए। इसलिए अनुभव किया गया कि इस ईश्वर-ज्ञान के पुनः स्थापन के लिए एक नए ईश्वर-प्रकाशन की योजना की आवश्यकता है। मानव जाति को ईश्वर के ज्ञान और सहभागिता में पुनर्स्थापित करने में ईश्वर के आत्मप्रकाशन की इस योजना की प्रासंगिता है।[2] यह ईश्वर-प्रकाशन अपने आप में एक ईश्वरीय उपक्रम है। ईश्वर ही इस प्रक्रिया को संचालित करता है। इसका विषय भी वही है। जैसे-जैसे वह अपने शब्द और कार्य के माध्यम से स्वयं को अनाच्छादित करता जाता है, वैसे-वैसे उसका ईश्वरत्व स्पष्ट होता जाता है। बाइबिल की ईश्वर-दृष्टि के अनुसार प्रकृति और मनुष्य से ईश्वर का ज्ञान प्राप्त नहीं किया जा सकता है। यह तो तभी सम्भव है जब ईश्वर कृपापूर्वक अपना स्वरूप स्वयं उद्घाटित करे। अतः यह कथन सर्वथा उपयुक्त है, "ईश्वर स्वयं ईश्वर-ज्ञान का ज्ञाता और ज्ञातव्य या विषय-वस्तु है।"[3] ईश्वर-ज्ञान ईश्वर-केन्द्रित है और इसकी सच्चाई ईश्वर के रहस्योद्घाटन की सामग्री पर आधारित है।

ईश्वर का अन्वेषण भी मनुष्य का उपक्रम नहीं हो सकता। यह ईश्वर द्वारा आकर्षित किए जाने का परिणाम है। तर्काश्रित ज्ञान शुष्क है और यह ईश्वर-ज्ञान का बाह्य-पक्ष मात्र है। वास्तविक ज्ञान के लिए आन्तरिक पक्ष भी अनिवार्य है। यह आभ्यन्तर पक्ष विश्वास है, जो हृदय की अनुभूति पर आश्रित है। ज्ञान के इस व्यावहारिक पक्ष से वियुक्त होकर कोरा सिद्धान्त विध्वंस की ओर ही प्रवृत्त होता है। बाइबिल मानवीय बुद्धि पर आश्रित मर्कट-मार्ग की अपेक्षा ईश्वरीय कृपा और विश्वास पर अवलम्बित मार्जार-मार्ग को सच्चे ज्ञान की उपलब्धि के लिए अधिक समीचीन मानती प्रतीत होती है।

---

1. प.बा., पु.वि., इब्रानी 1.1, पृ. 338; रोमी 1.20, पृ. 232
2. जी.डब्ल्यू. ब्रोमिली, 'गॉड', दि इंटरनेशनल स्टैंडर्ड बाइबिल एनसाइक्लोपीडिया, भाग-2, पृ. 496
3. वही, पृ. 495

ईश्वर का आत्मोद्घाटन : ईश्वर-तत्त्व में प्रचंड मनुष्यतारोप के बावजूद प्राचीन विधान इस तथ्य से सावधान है कि ईश्वर के ईश्वरत्व और मनुष्य के मनुष्यत्व में जो वैषम्य है वह स्पष्ट रूप से समझा जाना चाहिए। ईश्वर मानव-जगत् का प्रतिभास नहीं है। वह सम्पूर्ण विश्व और मनुष्य की दुनिया से परे है। धार्मिक बिम्ब-विधान के अनुसार स्वर्ग में उसका निवास-स्थान है, अर्थात् ईश्वर मनुष्य के लिए अदृश्य है। इस रहस्योद्घाटन की पूर्व-धारणा यह है कि ईश्वर मनुष्य की दृष्टि से आच्छादित है। रहस्योद्घाटन का अभिप्राय स्वयं ईश्वर का तथा उनके उद्देश्यों का अनाच्छादन है।[1] लेकिन, ध्यातव्य है कि अनाच्छादन में भी ईश्वर आंशिक रूप से आच्छादित है, क्योंकि उसकी प्रच्छन्नता में लोकातीतत्त्व की गुह्यता निहित है।

ईश्वर का आत्मप्रकाशन उसका सरल ज्ञान नहीं है। यह एक ऐसी विचार-प्रणाली नहीं है जो ईश्वरीय सत्ता के रहस्यों को खोलती है। ईश्वर-प्रकाश मनुष्य के जीवन तथा मृत्यु और उससे अपने सम्बन्ध के प्रति ईश्वर का उत्तर है। यह ईश्वर की वह रचना शक्ति है जो अपनी रचनाशीलता और रचना के बीच सामंजस्य स्थापित करती है। साहित्य की शब्दावली में, यह मनुष्य के साथ ईश्वर के 'सहित होने का भाव' और मनुष्य के लिए उसके 'हित का भाव' की सहज अभिव्यक्ति है। 20वीं शती के मूर्धन्य ईसाई विद्वान कॉल राह्नर के शब्दों में आत्मोद्घाटन का अर्थ है : "ईश्वर ही संसार की गतिशीलता का जीवन्त, विश्वातीत और शाश्वत आधार है।. ..संसार के अस्तित्व और स्थिति में ईश्वर और उसका कार्य ही सर्वोच्च वास्तविकता है।"[2] ईश्वर का आत्मोद्घाटन कोई काल्पनिक वस्तु नहीं है। यह एक व्यक्तिगत साक्षात्कार है। व्यक्ति-साक्षात्कार में ईश्वर-प्रकाशन सम्पन्न हो जाता है।[3] ईश्वर मनुष्य से बोलता है, संवाद करता है। इससे मनुष्य को ईश्वर का ज्ञान प्राप्त होता है। तब लगता है कि हमारा ईश्वर-ज्ञान मनुष्य के ज्ञान से अधिक आत्मीय, प्राथमिक और अनिवार्य है।[4]

मानवेतिहास : ईश्वर-प्रकाशन का सन्दर्भ-स्थल : ईश्वर के आत्मोद्घाटन का ग्राहक यदि मनुष्य है तो उसका सन्दर्भ-स्थल इतिहास है। प्राचीन विधान की ऐतिहासिक चर्चा के अन्तर्गत यह दर्शाया जा चुका है कि यहूदी इतिहास प्रभु के साथ एक सम्मिलित इतिहास है। आत्मोद्घाटन को ईश्वर और मनुष्य के बीच संवादमूलक साक्षात्कार समझा जाए तो इस व्यक्ति-मिलन का सन्दर्भ-स्थल मनुष्य का इतिहास होना अपरिहार्य सिद्ध होता है।

ईश्वर का आत्मोद्घाटन इतिहास में घटित होता है और मनुष्य के साथ ईश्वर का इतिहास इस आत्मोद्घाटन का विषय और माध्यम बन जाता है।[5] यह इतिहास में ईश्वर का हस्तक्षेप है। ईश्वर इतिहास में अपनी मध्यस्थता द्वारा अपना आत्म-सम्प्रेषण सिद्ध करता है। ईश्वर का आत्म-सम्प्रेषण इतिहास में ईश्वर की इच्छा का प्रकाशन है और ईश्वर की इच्छा का प्रकाशन इतिहास को मुक्ति-विषयक इतिहास में परिवर्तित करता है। ईश्वर इतिहास में कार्यशील होकर स्वयं को उद्घाटित करता है।[6] इस प्रकार इतिहास मनुष्य के प्रति-निर्णय का परिवेश बन जाता

---

1. बी.डब्ल्यू. ऐंडेर्सन, 'दि ओल्ड टेटामेंट व्यू ऑफ गॉड', दि इंटरप्रेटर्स डिक्शनरी ऑफ दि बाइबिल, भाग-2, पृ. 419
2. कॉल राह्नर, 'रेवेलेइशन', साक्रामकेन्तुममुन्ती, भाग-6, पृ. 348
3. जेयिम्स हैरी कॉटन, क्रिश्चियन नालिड्ज ऑफ गॉड, पृ. 113
4. वही, पृ. 111
5. कॉल राह्नर, 'रेवेलेइशन', वही, पृ. 343
6. वही, पृ. 344

है। अतः मनुष्य को ईश्वर की सोद्‌देश्यता को स्वीकार करना है तथा उसकी मुक्ति-योजना में सहभागी रहना है।

ईश्वर के रहस्योद्‌घाटन का विषय मनुष्य-सम्बन्धी मुक्ति-योजना है। ईश्वर मानव-इतिहास में प्रवेश करता है और अपनी मुक्ति-सम्बन्धी योजना को कार्यान्वित करता है। इब्राहीम से ईसा तक और ईसा से ईसा के शिष्यों तक बाइबिल-वृत्तान्त ईश्वर की इस ऐतिहासिक मध्यस्थता का अभिलेख ही है।

प्राचीन विधान में ईश्वर-प्रकाशन : ईश्वर-प्रकाशन सभी धर्मों का मर्म है। यहूदी धर्म के बाहर उसका निषेध करना भ्रमयुक्त अतिवाद ही नहीं तर्कहीन भी होगा। फिर भी, ईश्वर-प्रकाश प्राचीन विधान का एक विशेष दावा है, जो अपनी जगह तर्कसंगत ही है। इसराएली विश्वास की बुनियाद यहोवा द्वारा निर्वाचित और अपनाए जाने का अनुभव है। निर्गमन-घटना के रहस्योद्‌घाटन पर आधारित सम्बन्ध 'मेरी प्रजा, तेरा ईश्वर'—सूत्र में अभिव्यक्त है।[1] प्राचीन विधान के अनुसार ईश्वर स्वयं को इसराएली इतिहास में इसराएली प्रजा के लिए ही नहीं, सम्पूर्ण मानव जाति के लिए, एक प्रतिज्ञा के रूप में उद्‌घाटित करता है।[2] इतिहास के अन्तर्गत ईश्वर की प्रतिज्ञा की भविष्योन्मुख पूर्ति की ओर पुराना विधान बार-बार इंगित करता है।[3]

'पुराना विधान' में ईश्वर-प्रकाशन को द्योतित करनेवाले कतिपय शब्दों में कुछ इस प्रकार हैं—ईश्वर को आमने-सामने देखना, ईश्वर की वाणी, ईश्वर की महिमा, यहोवा/ईश्वर का दूत तथा ईश्वर का नाम।[4] जलती झाड़ी के माध्यम से मूसा को दिए गए ईश्वर-दर्शन और रहस्योद्‌घाटन बाइबिलीय इतिहास की सर्वाधिक प्रभावशाली और विश्वसनीय घटनाओं में से एक है।[5] वास्तविक जीवन ईश्वर-प्रकाश के बिना असम्भव है। ईश्वर ने स्वयं को इसराएल पर प्रकट किया और इससे इसराएल उसे जान गया।[6] इसराएल ने यहोवा का क्रियात्मक प्रकाशन उसके नाम, कार्य और शक्ति के माध्यम से देखा।[7] इसराएली प्रजा के बीच में यहोवा का यह इतिहास-केन्द्रित आत्म-प्रकाशन कई रूपों में प्रतिबिम्बित हुआ। आँधी, मेघ, अग्नि के खम्भे, वृक्ष की खरखराहट, हवा की फुसफुसाहट, सृष्टि आदि संकेत इस आत्मप्रकाशन के भाष्य बनकर उनका ध्यान आकर्षित करते थे।[8] इस आत्म-प्रकाशन के धरोहर के रूप में मंजूषा या तिजोरी, तम्बू, मन्दिर, बलि आदि यहूदियों के विश्वास में जीवित व्यवहार रहे। इसराएली प्रजा जानती थी कि विश्वास ज्ञान प्राप्ति के लिए अनिवार्य है।...

---

1. प.बा., पु.वि., होशेआ 2.23, पृ. 1375; एजेकिएल 37.27, पृ. 1328; यिरमियाह 31.33, पृ. 1220; इसायाह 40.1, पृ. 1134; निर्गमन 6.7, पृ. 80
2. कॉल राह्नर, 'रेवेलेइशन', साक्रामेन्तुममुन्ती, भाग-5, पृ. 344
3. प.बा., पु.वि., यिरमियाह 11.5, पृ. 1190; 33, पृ. 12-24; निर्गमन 33.13, पृ. 115-16
4. प.बा., पु.वि., क्रमशः उत्पत्ति 32.31, पृ. 45; निर्गमन 29.43, पृ. 112; उत्पत्ति 16.7-14, पृ. 19-20; निर्गमन 6.3, पृ. 79
5. जी.टी.एम. और एफ.एफ.बी., 'गॉड, नेइम्स ऑफ,' न्यू बाइबिल डिक्शनरी, पृ. 430; प.बा. ,पु.वि., निर्गमन 3.1-6, पृ. 75
6. प.बा., पु.वि., स्तोत्र 119, पृ. 904-910; 147.19-20, पृ. 922; विधि-विवरण 4.32-34, पृ. 227-28
7. प.बा., पु.वि., क्रमशः इसायाह 64.1, पृ. 1165; हाबक्कूक 3.2, पृ. 1424; यिरमियाह 16.2, पृ. 1198
8. प.बा., पु.वि., निर्गमन 14.24, पृ. 92; 2 समूएल 5.24, पृ. 400; 1 राजा 19.12, पृ. 466; अय्यूब 38, पृ. 813-14; स्तोत्र 19.2, पृ. 831

आन्तरिक अर्थ का सर्वोच्च रूप विश्वास है और विश्वास के बिना ज्ञान असम्भव है। वे अविभाज्य भी हैं।[1]

ईश्वर का आत्मप्रकाशन इसराएली प्रजा में व्यक्तियों द्वारा सम्पन्न होता है। कुलपिता, राजा, पुरोहित, नबी–सब इसके माध्यम रहे। अन्त में ईश्वर ने अपने पुत्र ईसा मसीह द्वारा निर्णायक शैली में सम्पूर्णता के साथ स्वयं को मानव इतिहास में प्रकट किया।[2] इसराएली आत्मप्रकाशन उसका पूर्वाभास मात्र रहा। यह ईश्वर-प्रकाशन ईश्वर की आत्मा द्वारा सम्पन्न हुआ है। निर्वाचित उपकरणों के पथ-प्रदर्शन द्वारा इसराएली इतिहास को एक नवीन विधान की ओर उन्मुख करना आत्मा का ही कार्य है। इस प्रकार इसराएली इतिहास में ईश्वर का आत्मोद्घाटन स्पष्टता के साथ सम्पन्न हुआ है।

प्राचीन विधान में ईश्वर-प्रकाशन और इतिहास-नियामकता : ईश्वर स्वयं को इतिहास में मात्र उद्घाटित ही नहीं करता, बल्कि मानवेतिहास को ईश्वरेतिहास में परिवर्तित कर उसका नियमन भी करता है। मानव-इतिहास को ईश्वर-प्रकाशन से अर्थ और दिशा मिलती है। ईश्वर एक साझेदार के रूप में इसराएल के साथ इतिहास बनाता है ताकि इसराएल जान जाए कि वही प्रभु है।[3] यहोवा का आत्मोद्घाटन इतिहास में उसकी विद्यमानता है। इसका तात्पर्य यह हुआ कि यहोवा का आत्मोद्घाटन भविष्योन्मुख है। एक युगान्तविषयक परिपूर्ति की आशा की ओर इंगित करते हुए यहोवा इसराएल के इतिहास को दिशा प्रदान करता है। इसायाह नबी कहते हैं कि ईश्वर की वाणी फल उत्पन्न किए बिना नहीं लौटती।[4] इसी प्रकार यहोवा का आत्मसम्प्रेषण भी प्रतिज्ञास्वरूप अपनी परिपूर्ति की ओर इसराएली इतिहास को अभिमुख कर जीवन्त बनाए रखता है।

तात्पर्य यह है कि ईश्वर का 'आत्मोद्घाटन' ईश्वर-दृष्टि की आधारशिला है। समसामयिक विश्वेतिहास का यह अनोखा इसराएली अनुभव ईश्वर को इतिहास में प्रविष्ट ही नहीं, प्रतिष्ठित भी करता है तथा मानव-इतिहास को ईश्वर का इतिहास बनाता है। इस प्रकार यहूदी धार्मिक इतिहास ईश्वर-ज्ञान के विश्व-ग्रन्थ में एक नूतन अध्याय जोड़ता है।

सर्वकर्ता प्रभुत्व

प्राचीन विधान का ईश्वर 'इसराएल का ईश्वर' है। वह सम्पूर्ण इसराएली इतिहास का नियामक है। वह स्वयं को शब्दों और कार्यों द्वारा उद्घाटित कर इसराएली इतिहास को अपना इतिहास बनाता है। ऐसी स्थिति में यहोवा को सर्वकर्ता के रूप में देखना ही उचित है। यहोवा का प्रभुत्व पत्नी-स्वरूप इसराएल के पतित्व, पुत्र-स्वरूप इसराएल के पितृत्व और प्रजा इसराएल के राजत्व में निहित है। मात्र इन तीन विचार-बिन्दुओं के विश्लेषण से सृष्टि से लेकर अनन्त काल तक यहोवा के 'सर्वकर्ता प्रभु' होने की चर्चा की जा रही है।

ईश्वर का पितृत्व : 'पुराना विधान' में ईश्वर के पितृत्व की धारणा अत्यन्त क्षीण है। कहीं-कहीं ईश्वर के पितृवत् स्वरूप का उल्लेख मिलता है। फिर भी, यह कहना अधिक समीचीन

---

1. जेयिम्स हैरी कॉटन, क्रिश्चियन नालिड्ज ऑफ गॉड, पृ. 32
2. प.बा., पु.वि., इब्रानी 1.2, पृ. 338; कलोसी 2.9, पृ. 310
3. प.बा., पु.वि., यिरमियाह 31.34, पृ. 1220; एजेकिएल 36.38, पृ. 1327; 37.28, पृ. 1328; इसायाह 43.10, पृ. 1140
4. प.बा., पु.वि., इसायाह 55.10, पृ. 2255

होगा कि ईश्वर का पिता-रूप यहूदी धर्मग्रन्थ में व्यक्त नहीं है। लेकिन इतना अवश्य कहा जा सकता है कि शाब्दिक कथनों के स्थान पर ईश्वर के कार्य और स्वभाव का ध्यानपूर्ण विश्लेषण किया जाए तो 'पुराना विधान' के ईश्वर के पितृवत् स्वरूप के लिए पर्याप्त संकेत मिल सकते हैं, जो 'नया विधान' की ईश्वर-धारणा की नींव साबित होते हैं।

धारणा का उद्भव : इसराएल को अपने पड़ोसियों से प्राप्त विरासत में उनकी ईश्वर-धारणा (ईश्वर देवताओं का पिता है) भी सम्मिलित थी। यहूदियों ने इसके मूल भाव से विरोध प्रकट न करते हुए ईश्वर के प्रति अपनी ऋणी-भावना को व्यक्त करने के लिए ईश्वर पर 'सृष्टि' प्रत्यय का प्रयोग किया। फिर भी, अपने पड़ोसियों की विचार-शैली का प्रतिफल पुराना विधान में द्रष्टव्य है।[1] इस अवस्था को प्राचीन विधान में ही नहीं, सम्पूर्ण ईसाई दर्शन के अन्तर्गत ईश्वर के पितृत्व की अवधारणा का प्राकृत रूप माना जा सकता है। कुछ सन्दर्भों को छोड़कर 'पुराना विधान' में ईश्वर का 'पिता' के रूप में उल्लेख मनुष्य के साथ उसके सम्बन्ध को द्योतित करता है।[2] यहोवा को पिता के रूप में चित्रित करनेवाले कतिपय उद्धरण 'पुराना विधान' में उपलब्ध हैं। इसका एक विहंगावलोकन उपयुक्त होगा।

पितृत्व-सम्बन्धी उल्लेख : पूर्व-विवेचन से स्पष्टतया सिद्ध है कि यहोवा इसराएल के पिता माने जाते हैं। वे पितृ-सदृश अपने भक्त-पुत्रों पर दया करते और अपनी प्रजा को अनुशासित करते हैं।[3] मिस्र देश की दासता से मुक्त कर प्रभु ने यहूदी प्रजा को एक नया अस्तित्व प्रदान किया और अपने पुत्र-समान इसराएल के लिए पिता-समान कार्य किया।[4] इसराएल प्रभु का पहलौठा बेटा है और प्रभु ने ही उसे उत्पन्न किया।[5] इसराएली प्रजा की तरफ से पुत्र-सुलभ व्यवहार न मिलने पर प्रभु विलाप भी करता है, क्योंकि प्रभु इसराएल के लिए पिता-जैसा है।[6] जिस प्रकार कुम्हार अपनी स्वतन्त्र इच्छा से सृष्टि-कार्य सम्पन्न करता है ठीक उसी प्रकार प्रभु के हाथ में इसराएली प्रजा के मिट्टी-सदृश्य होने का सुन्दर चित्रण भी प्राप्त होते हैं।[7] यहूदी धर्मग्रन्थ में यह पिता-पुत्र सम्बन्ध राजत्व को प्राप्त पुत्रवत् स्वीकृति का परिचायक भी है। ईश्वर-प्रदत्त दत्तक-ग्रहण और अंगीकार राजा को प्राप्त अधिकार और शक्ति का प्रमाण है।[8] इसराएली प्रजा के लिए समष्टिगत तौर पर प्रयुक्त 'ईश्वर की सन्तान' का प्रयोग अधिक प्रबल और विश्वसनीय माना जाता है।[9]

पितृत्व का तात्पर्य : इन उद्धरणों के बावजूद 'पुराना विधान' में ईश्वर का पितृत्व कोई मुख्य सिद्धान्त नहीं है। पितृत्व इसराएल के साथ ईश्वर के सम्बन्ध को सम्प्रेषित करने के लिए 'पुराना विधान' द्वारा प्रयुक्त कई उपमाओं में एक है।[10] ईश्वर के लिए 'पुराना विधान' में 'पिता'

---

1. जे.डी.डब्ल्यू. वाट्स, 'गॉड दि फादर', दि इंटरनेशनल स्टैंडर्ड बाइबिल एनसाइक्लोपीडिया, भाग-2, पृ. 509
2. वही।
3. प.बा., पु.वि., क्रमशः स्तोत्र 103.13, पृ. 891, विधि-विवरण, 8.5, पृ. 233
4. प.बा., पु.वि., होशेआ 11.1, पृ. 1381
5. प.बा., पु.वि., क्रमशः निर्गमन 4.22, पृ. 78; विधि-विवरण 32.6, पृ. 265
6. प.बा., पु.वि., यिरमियाह 3.19, पृ. 1177; मलआकी 1.6, पृ. 1445; यिरमियाह 31.9, पृ. 1218
7. प.बा., पु.वि., इसायाह 45.9-11, पृ. 1143; 64.7, पृ. 1165; यिरमियाह 18.1-6, पृ. 1200; सृष्टिकर्ता रूप के लिए, मलआकी 2.10, पृ. 1446
8. प.बा., पु.वि., क्रमशः स्तोत्र 2.7, पृ. 921; 80.26-30, पृ. 882; इतिहास 28.6, पृ. 554
9. प.बा., पु.वि., विधि-विवरण 14.1, पृ. 241; होशेआ 1.10, पृ. 1374
10. जे.डी. डब्ल्यू. वाट्स, 'गॉड दि फादर', वही, पृ. 509

शब्द का प्रयोग बहुत संयत होने पर भी ईश्वर का अपनी प्रजा पर अधिकार होने और राजा या मसीहा द्वारा उसको प्रयुक्त किए जाने का संकेत देता है। 'पिता-पुत्र' की उपमा द्वारा इस अधिकार-प्रयोग में प्रेम और मृदुलता का आभास दिया गया है। साथ-साथ, 'पिता' का प्रत्यय सृष्टिकर्ता से संयुक्त किए जाने से ईश्वर के पितृत्व की एक सार्वजनिक अवधारणा भी दृढ़ हो गई है।[1]

निष्कर्ष के रूप में यह कहा जा सकता है कि 'पुराना विधान' की 'ईश्वर के पितृत्व' की अवधारणा क्षीण और अविकसित है।...फिर भी 'नया विधान' के तद्सम्बन्धी सिद्धान्त की नींव 'पुराना विधान' ही है।[2]

ईश्वर का पतित्व : प्राचीन विधान के ईश्वर की अन्तर्यामिता को व्यक्तित्व-सम्पन्न मानवीकरण के रूप में व्याख्यायित करने के बाद यहोवा को पारिवारिक सम्बन्ध के मूल तत्त्व के रूप में समझना तनिक भी अस्वाभाविक नहीं है। इसराएली इतिहास में ईश्वर का पतित्व अनुभव से व्युत्पन्न धारणा है। हालाँकि विचार के रूप में 'ईश्वर का पतित्व' कम उल्लिखित पाया जाता है, फिर भी भाव के रूप में वह इसराएल के ऐतिहासिक परिवार-गठन के मूल में प्रतिष्ठित है। ईश्वर-पतित्व के अर्थ-निर्वचनात्मक उल्लेख केवल नबियों के ग्रन्थों में पाए जाते हैं।

यहोवा का पति-भाव : निर्गमन की घटना में यहूदी लोग इसराएली प्रजा बनकर एक नया व्यक्तित्व धारण करते हैं। यहोवा द्वारा निर्वाचन की इस घटना में यहोवा के साथ इसराएली प्रजा का परिणय सम्पन्न हुआ। सीनई पर्वत पर इसराएल को विधान का परिणय-सूत्र पहनाया गया। तब से यहोवा और इसराएल 'तेरे प्रभु, मेरी प्रजा' के रूप में परस्पर बँध गए। पूर्वजों से की गई मँगनी-स्वरूप प्रतिज्ञा ने परिणय के रूप में आपसी सम्बन्ध की पक्की नींव स्थापित की। लेकिन, इसराएली प्रजा अपनी चंचलता के कारण देवी-देवताओं की मूर्ति-पूजा में फँस गई। नबियों ने इस वेश्या-समान मानसिकता के लिए उसे डाँट-फटकार सुनाई। प्रभु के पति-सुलभ विश्वासयोग्यता से प्रेरित होकर और पश्चात्ताप-भावना से द्रवीभूत होकर प्रभु के पास लौट आने का आदेश नबियों द्वारा बुलन्द किया जाता रहा। लगभग सम्पूर्ण प्राचीन विधान में किसी-न-किसी प्रकार से यह वैवाहिक प्रतीक यहोवा के पतिरूप-प्रेम के प्राधान्य को रेखांकित करता है।

यहोवा के पतित्व के उल्लेख और उसकी व्याख्या : होशेआ नबी को अपने गार्हस्थ्य जीवन में अपनी पत्नी के विश्वासघात का सामना करना पड़ा। फिर भी, वे अपनी अविश्वसनीय पत्नी से प्रेम करते हैं। यह व्यक्तिगत अनुभव इसराएली प्रजा द्वारा ईश्वर को छोड़कर विजातियों की देवमूर्तियों की पूजा और उसकी निष्ठाहीनता के होते हुए भी ईश्वर के अपरिवर्तित पतिवत् प्रेम का प्रतीक है।[3] यिरमियाह नबी इसराएल के इस विश्वासघात का विस्तारपूर्ण वर्णन करते हुए कहते हैं कि इसराएली प्रजा ने अपने पतिगृह (जहाँ दूध और मधु की नदियों की-सी समृद्धि है) से विचलित होकर व्यभिचारिणी के समान अपने सुहाग को तहस-नहस कर दिया और अपने ऐश्वर्यमय ईश्वर-पति के परित्याग से स्वयं को निकृष्ट बना दिया।[4] प्रभु-कृपा से प्राप्त अनुपम सौन्दर्य का असंख्य कामुकों के साथ व्यभिचार में सत्यानाश करनेवाली इसराएली प्रजा की

1. जे.डी. डब्ल्यू वाट्स, 'गॉड दि फादर', वही, पृ. 510
2. वही।
3. प.बा., पु.वि., होशेआ 2-3, पृ. 1375-76
4. प.बा., पु.वि., यिरमियाह 2-3, पृ. 1173-77

निर्लज्जता की तुलना विवाह की आदर्श पवित्रता से करते हुए एजेकिएल नबी उसके दुष्कर्म को धिक्कारते हैं। लेकिन उसकी जवानी पर की गई प्रतिज्ञा की प्रतिबद्धता को अक्षुण्ण रखते हुए इसराएल के महापराध को क्षमा कर तथा विधान-रूपी परिणय-सूत्र को निखारकर, पुनः अपने स्थान पर स्थापित करनेवाले पति-यहोवा की अनुपम प्रेम और उदारता-पूर्ण उदात्तता की शत्-शत् जयकार इस दाम्पत्य-भाव का प्रभुत्व और अतिशय पक्ष है। पड़ोसी देशों के मोहक नव-युवकों पर मोहित होकर अपनी तरुणाई के व्यभिचार से इसराएली प्रजा किस प्रकार अपने प्रभु-प्रदत्त सौन्दर्य और बहुमूल्य आभूषणों से लुट गई और अपनी दुश्चरित्रता का दंड भोगा—नबियों ने इसका भी वर्णन विस्तार से किया है।[1] नबियों का यही सन्देश है, प्रभु वर है और इसराएल उसकी वधू...अतः ईश्वर से पृथक् होना इसराएल के लिए व्यभिचार है।[2]

'सुलेमान का सर्वश्रेष्ठ गीत' इस सन्दर्भ में एक अनोखी रचना है। इस रूपक-काव्य में ईश्वर को वर और इसराएली जाति को वधू के रूप में चित्रित्र कर मूल कथा-वस्तु को आदर्श-स्वरूप स्थापित किया गया है। 'सुलेमान का सर्वश्रेष्ठ गीत' की वधू वर के प्रति निरन्तर निष्ठावान रहती जबकि इसराएली प्रजा बार-बार ईश्वर से विमुख होकर व्यभिचारिणी साबित हुई। प्रभु-ईश्वर के प्रति निष्ठावान रहकर इसराएली प्रजा को पतिव्रता बनी रहनी चाहिए। इस दाम्पत्य-रूपक में पथ-भ्रष्ट इसराएली प्रजा का आह्वान किया जाता है कि वह ईश्वर पर श्रद्धायुक्त होकर पुनः सुहागिन बन जाए।[3]

इस प्रकार सिद्ध हो जाता है कि 'पुराना विधान' की दाम्पत्य-भाव-युक्त रचनाएँ, परिमाण में सीमित होने के बावजूद इसराएली प्रजा के पति के रूप में यहोवा को अकाट्य तौर पर स्थापित करती हैं। ऐसा कहने में कोई अतिशयोक्ति नहीं दिखाई देती है कि, इन रचनाओं के बाहर स्पष्ट उल्लेखों के अभाव में भी 'पुराना विधान' की ईश्वर-भावना का मूल-भाव ईश्वर की पति-रूपता से पूर्ण रूप से अनुकूल है।

यहोवा का राजत्व : मानवीकृत यहोवा के पारिवारिक रूपकों का पूरक है उसका ऐतिहासिक या सामाजिक रूपक, जो राजत्व में अभिव्यक्त होता है। यहोवा के राजत्व में उसका शासकत्व भी सम्मिलित है। 'इतिहास के प्रभु' के रूप में मान्यता प्राप्त यहोवा का राजत्व स्वतः सिद्ध तथ्य है।

इसराएल के पड़ोसी देशों के व्रात्य देवता भी 'राजा' के रूप में जाने जाते थे। अतः उन्हीं के अनुरूप यहोवा भी अपनी प्रजा के सन्दर्भ में राजा माना जाने लगा। समस्त पृथ्वी का महान राजा माने जाने के कारण यहोवा सर्वोच्च और आराध्य के रूप में स्वीकृत हुआ।[4] शासक के रूप में यहोवा न्याय और समानता का पालन करता है। वह संसार पर शासन करते हुए उसका नियमन भी करता है। वह प्रजा का नियन्त्रण करने के अलावा विधवाओं, अनाथों आदि निराश्रितों के अधिकारों का रक्षक भी है।

इसराएल के इतिहास में न्यायकर्ताओं के काल में कोई स्थायी नेता नहीं था। इसलिए नैतिकता की बड़ी हानि हुई। इस परिस्थिति से उबरने के लिए इसराएल ने आसपास की जातियों

---

1. प.बा., पु.वि., एजेकिएल क्रमशः 16, पृ. 1293-96; 23, पृ. 1306-08
2. प.बा., पु.वि., नबियों के ग्रन्थों का परिचय, पृ. 1086
3. प.बा., पु.वि., सुलेमान का सर्वश्रेष्ठ गीत 1.8, पृ. 978-85
4. प.बा., पु.वि., स्तोत्र 47.3, पृ. 850

की तरह एक राजा चाहा और अपने देशवासियों में से एक को राजा बनाया भी। प्रत्येक राजा या शासक ईश्वर द्वारा नियुक्त प्रतिनिधि मात्र माना गया। राजा का कर्तव्य था, वह ईश्वर के नाम पर शासन करे, ईश्वर की आज्ञाओं का पालन करे और अपनी प्रजा से भी उनका पालन कराए।

लेकिन, जैसे समूएल के ग्रन्थ में प्रतिपादित किया गया है, इसराएलियों का राजा वास्तव में ईश्वर ही है। वह समय-समय पर चेतावनी, दंड, पुरस्कार आदि द्वारा सारी व्यवस्था को नियन्त्रित करता है। जहाँ-जहाँ इसराएल के लिए 'प्रजा' शब्द का उल्लेख है वहाँ-वहाँ यहोवा का राजत्व दृढ़ से दृढ़तर होता प्रतीत होता है। निर्गमन-घटना से लेकर, अपने मध्यस्थ पूर्वजों, पुरोहितों, राजाओं और नबियों द्वारा ही सही, अपने विधानमूलक इसराएली प्रजा को राजनिष्ठा में उन्नत करने का प्रयास किया गया है। राजा के रूप में यहोवा की न्यायनिष्ठा, सत्यप्रतिज्ञता, समभाव, विश्वसनीयता, उदारता, प्रेम आदि यहोवा के व्यक्तित्व के अन्य पहलू हैं।

दाऊद के आदर्श राजत्व में ईश्वर का एक भविष्योन्मुख और सम्पूर्ण राजत्व प्रतिफलित होता है। दाऊद के राजत्व की मान-मर्यादा और उसका आध्यात्मिक वैभव उसके आदर्श धर्मराजत्व में झलकती है।[1] यह मसीह के आध्यात्मिक और आदर्श राजत्व की ओर लक्ष्य भी करता है। इस अर्थ में दाऊद मसीह का पूर्वरूप है। इस प्रकार स्पष्ट होता है कि यहोवा इसराएली प्रजा का अनुपम राजा है, जो अपनी प्रजा के प्रति निरन्तर विश्वसनीय होकर अपनी प्रारम्भिक प्रतिज्ञाओं को भावी परिपूर्ति की ओर अग्रसर कराता है।

'पुराना विधान' का मानवीकृत ईश्वर तीन क्षेत्रों पर अपना आधिपत्य रखता है। इन तीन क्षेत्रों में सम्पूर्ण इसराएली इतिहास ईश्वर के अधीन हो जाता है। पारिवारिक जीवन के दाम्पत्यभाव तथा वात्सल्य-भाव और सामाजिक जीवन के व्यवस्थापन-भाव—तीनों मिलकर यहोवा को पति, पिता और राजा के रूप में अवस्थित कर देते हैं। इन तीनों भूमिकाओं में यहोवा इसराएली प्रजा के लिए सर्वकर्ता प्रभु स्थापित हो जाता है।

'पुराना विधान' की धारणा में लोकातीत ईश्वर अन्तर्यामी है। वह मानवतारोप से व्यक्तित्व-सम्पन्न होकर इतिहास में स्वयं को उद्घाटित करता है। पतित्व, पितृत्व और राजत्व के तीन स्तरों से यहोवा (ईश्वर) इसराएली इतिहास को अपने वश में कर लेता है और सर्वकर्ता, प्रभु के रूप में इसराएली प्रजा के अन्तरतम में शाश्वत रूप से प्रतिष्ठित हो जाता है। स्पष्ट है, 'पुराना विधान' की ईश्वर-दृष्टि में कतिपय बातें मौलिक हैं। फिर भी, ये सब प्रतिज्ञा-स्वरूप भविष्योन्मुख हैं, जिनकी परिपूर्ति 'नया विधान' ही कर सकता है।

4. 'नया विधान' की सांस्कृतिक पीठिका

यहूदी धर्मग्रन्थ का नामकरण 'पुराना विधान' इसलिए हुआ कि इसके पश्चात् एक ईसा-केन्द्रित नया विधान आविष्कृत हुआ। 'नया विधान' की सांस्कृतिक पीठिका से तात्पर्य मानवीय जीवन से जुड़ी उन समस्त परिस्थितियों से है, जिनके कारण 'नया विधान' का आविर्भाव हुआ। ईसा मसीह के समय का फिलिस्तीन लगभग कबीर-कालीन भारत की तरह—बहुविध नाटकीय संकटों से ग्रस्त था।

---

1. द्रष्टव्य : प.बा., पु.वि., समूएल का दूसरा ग्रन्थ, पृ. 393-429

राजनीतिक परिस्थितियाँ

'पुराना विधान' के ऐतिहासिक विश्लेषण से यह बात स्पष्ट हो चुकी है कि इसराएल का इतिहास पराधीनता और स्वाधीनता के बीच एक प्रकार की आँखमिचौनी थी। इसराएल का अस्तित्व ही मिस्र की दासता से मुक्ति के साथ प्रारम्भ होता है। कनान देश के स्वाधीन जीवन के अनन्तर इसराएल को बाबुल-निर्वासन में पराधीनता के दिन भी देखने पड़े। इस प्रकार सीरियाई गुलामी से मुक्त होने के बाद स्वाधीनता के अस्सी वर्ष बाद 63 ई.पू. में रोमन सेनापति पोम्पेय ने येरूसालेम को अधिकार में कर यहूदिया प्रान्त को रोमन साम्राज्य में मिला लिया।[1]

ईसा के समसामयिक फिलिस्तीन एक रोमी उपनिवेश था। इस औपनिवेश अवस्था का परिणाम आर्थिक शोषण के साथ-साथ सांस्कृतिक आरोपण भी था, जो कि स्वयं ईश्वर द्वारा निर्वाचित और जनता होने का विश्वास रखनेवालों के लिए विशेष रूप से अप्रतिष्ठाजनक था।[2] इस रोमी राज का सीधा परिणाम यह रहा कि फिलिस्तीनी दो सामाजिक खंडों में विभाजित हो गए—1. महापुरोहित आदि, जो साम्राज्यिक शासन-पद्धति का समर्थन करनेवाले थे और 2. कुमरान के सम्प्रदायवादी तथा कट्टरवादी धर्मोन्मत्त समाज के लोग। इन दो सामाजिक खंडों से समाज के विभिन्न क्षेत्रों का परिचय भले ही मिलता हो, फिर भी एक तरफ शासन के समर्थन और दूसरी तरफ इसके विरोध से राजनीतिक ध्रुवता तथा तत्सम्बन्धी उथल-पुथल का स्पष्ट चित्र मिलता है।

आर्थिक परिस्थितियाँ

राजनीतिक परिस्थितियों का सीधा प्रभाव अर्थ-व्यवस्था पर पड़ना स्वाभाविक है। रोम के राजनीतिक आधिपत्य के कारण फिलिस्तीन को कठोर दारिद्र्य का शिकार होना पड़ा। रोमी शासक फिलिस्तीन से लगभग छः दशलक्ष देनारी, जो कि आज के लगभग सौ दशलक्ष रुपए के बराबर हैं, कर के रूप में वसूल करते थे। कतिपय पथकर और सीमाकर इसके अलावा भी थे जो कि नाकेदारों द्वारा न्यायान्याय पर विचार किए बिना वसूल किए जाते थे।[3] फसल का दशमांश, पालतू पशु-पक्षियों का प्रथम फल, धार्मिक अनुष्ठानों का उत्तरीय शुल्क, मन्दिर के निर्माण तथा रख-रखाव के लिए वार्षिक शुल्क और कुछ अन्य प्रकार के शुल्क थे जिसके बोझ से साधारण जनता दबी जा रही थी।[4] धार्मिक कर भी भयजनक ही था। जोआकीम जेरेमियास (जो कि ईसाकालीन फिलिस्तीन के विषय में मूर्धन्य विद्वान् हैं) का शोध-निष्कर्ष है 'ईसाकालीन येरूसालेम मन्दिर की सेवा में लगभग 20,000 पुरोहित सेवारत थे और मन्दिर की पूजन-विधि में 2,50,000 से कुछ अधिक मेमनों की बलि चढ़ाई जाती थी। इस बात को उद्धृत करते हुए सोआरेस-प्रभु कहते हैं कि आर्थिक रूप से अनुत्पादक भीमकाय पुरोहित-वर्ग और मन्दिर की

---

1. प.बा., पु.वि., मक्काबियों के ग्रन्थों का परिचय, पृ. 695
2. जॉर्ज एम. सोआरेस्-प्रभु, 'दि स्पिरिच्वालिटी ऑफ जीसस ऐस ए स्पिरिच्वालिटी ऑफ सॉलिडारिटी ऐंड स्ट्रगिल', लिबरेटिव स्ट्रगिल्स इन ए वायलंट सोसाइटी, जॉन वट्टामट्टम आदि (सम्पा.), पृ. 4
3. जॉर्ज एम. सोआरेस-प्रभु, वही, पृ. 142; प.बा.,न.वि., लूकस 19.2, पृ. 128
4. द्रष्टव्य : प.बा., न.वि., लूसक 2.24, पृ. 91; मत्ती 7.24-27, पृ. 30
5. जॉर्ज एम. सोआरेस-प्रभु 'जीसस ऐंड दि पुवर', जे. मुरिकन (सम्पा.), पॉवरटी इन इंडिया चैलिंजस ऐंड रिसपॉनसस्, पृ. 263

बहुव्यय-सापेक्ष पूजन-विधि आम जनता पर एक कठोर भार साबित हुआ।[5]

इसके अतिरिक्त, अभिजात वर्ग के आर्थिक संधारण का स्रोत भी मन्दिर-कोषागार था। महापुरोहितों के अलावा उन पर आश्रित व्यापारी भी मन्दिर-व्यवसाय से सम्बद्ध थे। सराफे मन्दिर के उपयोग के लिए अनुज्ञात, अप्रचलित और चित्रहीन यहूदी सिक्कों को उपलब्ध कराने के लिए यूनान और रोम के प्रचलित सिक्कों का मुद्रा-विनिमय करते थे। साथ-साथ मन्दिर के लिए आवश्यक निष्कलंक यज्ञ-पशुओं को, निस्सन्देह रूप से स्फीत भाव पर बेचनेवाले व्यापारी भी थे।[1] महापुरोहित इन सराफों और व्यापारियों के सहारे भी पलते थे।

नागरिक और धार्मिक कर-पद्धति के कारण आम जनता को दारिद्र्य के कठोर शिकंजे में दबकर ऋणग्रस्त होना पड़ा। अपनी सीमित भूमि का स्वामित्व भी उन्हें धनी भूमिधरों को बेचना पड़ा, जो तिबेरियुस या येरूसालेम—जैसे शहरों में सभी सुख-सुविधाओं के साथ जिन्दगी बिताते हुए अपनी भूमि पर कारिन्दों के निरीक्षण में मजदूरों से काम करवाते थे। कई कृषकों को भूमिहीन मजदूर बनना पड़ा। परिणामस्वरूप कुछ लोगों ने शहरों में भिक्षावृत्ति को अपनाया और कुछ ने डकैती को। कुछ लोग रोमी आधिपत्य के विरुद्ध वैप्लविक संगठनों में सम्मिलित हुए।[2] इस प्रकार, आर्थिक अराजकता और दुर्व्यवस्था शोषण और स्वार्थ से कलुषित एक समाज का भयावह चित्र खींचती रहती थी। ईसा का जन्म इसी समाज में हुआ था।

सामाजिक परिस्थितियाँ

राजनीतिक और आर्थिक वातावरण के चित्रण से समाज की झलक मिल जाती है। लेकिन, सामाजिक व्यवस्था का विश्लेषण भी उपयुक्त है। ईसा-कालीन समाज एक ध्रुवीकृत समाज था। एक तरफ एक अभिजात वर्ग था, जिसके दो विभाग थे। लौकिक अभिजात वर्ग, जो येरूसालेम के महाजन, विशाल भूमिधरों तथा राजसभा के उच्च अधिकारियों से बना था, जबकि धार्मिक अभिजात वर्ग मुख्य रूप से पुरोहित वर्ग से चयनित लोगों का मंडल था। दूसरी तरफ समाज के वे लोग थे जो इस अभिजात वर्ग द्वारा पतित और निम्न माने जाते थे। सामाजिक रूप से तिरस्कृत लोगों की यह तालिका लम्बी थी। नाकेदार, चरवाहे, चर्मकार, ऊँट चालक, घृणित व्यवसाय करनेवाले, शरीर को विरूपित करनेवाले रोगों से आक्रान्त आदि कर्मकांड के लिए अशुद्ध माने जाते थे। इसी प्रकार मानसिक विशृंखलताओं के शिकार, अशिक्षित और निरक्षर (जो संहिता के पाठ के लिए असमर्थ होने के कारण 'तुच्छ' घोषित थे), नैतिक या कर्मकांड-सम्बन्धी नियमों के कुख्यात उल्लंघक (जो 'पापी' शब्द से नामकृत थे) आदि इस सामाजिक तिरस्कृतों की इस सूची में सम्मिलित थे।[3]

इस सामाजिक ध्रुवता के आधार पर एक शुद्धता-विधान लागू हो गया, जिसके अनुसार समाज की दो श्रेणियाँ थीं—एक शुद्ध और दूसरी अशुद्ध। पुरोहित, लेवी और पूर्वज-परम्परा के इसराएली, जो शुद्धता-नियम का खयाल किया करते और संहिता के ज्ञानी थे, 'शुद्ध इसराएली' कहलाते थे।[4] अशुद्ध कहलानेवाले दूसरे वर्ग में थे गैर-यहूदी, समारी और तिरस्कार के पात्र बनी

1. प.बा., न.वि., मारकुस 11.15-17, पृ. 74
2. प.बा., न.वि., क्रमशः लूकस 16.1-8, पृ. 123; मत्ती 20.1-16, पृ. 34; लूकस 10.30, पृ. 111; मारकुस 15. 7, पृ. 83
3. द्रष्टव्य : जॉर्ज एम. सोआरेस-प्रभु 'जीसस ऐंड दि पुवर', वही, पृ. 265
4. जोआकीम जेरेमियास, येरूसालेम इन दि टाइम ऑफ जीसस, पृ. 275

'धरती की जनता'।[1] संहिता-विषयक अज्ञान की छाप अशुद्ध वर्ग की सामान्य पहचान थी।[2] इस प्रकार बुरी तरह से विश्रृंखलित और दूषित था ईसा-कालीन समाज।

धार्मिक परिस्थितियाँ

सामाजिक जगत् का श्रेणीकरण धार्मिक अतिसूक्ष्मदर्शिता और नियम-निष्ठा का ही अनिवार्य परिणाम था। ईसा-कालीन समाज के चित्रण के अन्तर्गत महापुरोहितों से संरचित धार्मिक अभिजात वर्ग का उल्लेख हो चुका है। मुख्य पुरोहित वर्गों से चयनित बनाए जाने से[3] इन महापुरोहितों का श्रेष्ठता-ग्रन्थि से आक्रान्त होना स्वाभाविक था। यह श्रेष्ठता-ग्रन्थि सहज रूप से तानाशाही में परिणत हुई तो भी कोई आश्चर्य नहीं है। साथ-साथ, यहूदियों में 'फरीसी' नामक एक विशिष्ट वर्ग था जो धार्मिक अनुष्ठानों में सख्त मानसिकतावाला था। फरीसी और महापुरोहित के इस तथाकथित अतिविशिष्ट वर्ग ने एक 'शुद्धता-विधान' की रचना की। निर्वासन-पश्चात् का यहूदी धर्म इस शुद्धता-विधान के अनुसार अनुशासित था। इस प्रणाली के अनुसार समस्त जनता, स्थान और वस्तु पवित्र और अपवित्र की दो श्रेणियों में बँट जाते थे।[4] उपासना-विधान के अन्तर्गत प्रविष्ट होने या न होने का अधिकार इस श्रेणी-विभाजन से निर्धारित था। इस 'शुद्धता-योजना' के अनुसार कुछ वस्तु, स्थान और लोग पूजन-विधि के योग्य और कुछ अयोग्य ठहराए गए। जो लोग अयोग्य घोषित हो गए, वे निष्कासित और अस्पृश्य भी माने गए।

इस संकटपूर्ण स्थिति की जो प्रतिक्रियाएँ हुईं उनके आधार पर यहूदी धर्म कई सम्प्रदायों में विभाजित हो गया। पहला सम्प्रदाय सदूकियों का था, जो अति-विशिष्ट महापुरोहितों का समुदाय था। उनका रवैया आत्मसमर्पण या उत्सर्ग का था। ये लिखित तोरा (नियम) को ही मानते थे, मौखिक व्याख्याओं को नहीं। उन्होंने इस धर्मशास्त्रीय मूल सिद्धान्तवाद को एक राजनीतिक रूढ़िवादी से संयुक्त करके रोमी साम्राज्य के साथ परस्पर लाभदायक सहयोग-व्यवस्था को स्थापित किया। दूसरा सम्प्रदाय था कट्टर-पन्थियों का, जिन्होंने रोम के साथ धार्मिक मामले में प्रचंड मुकाबले का रुख अपनाया। उनकी मान्यता थी कि निर्वाचित जनता का यहोवा को छोड़ और कोई राजा नहीं हो सकता।

इन दोनों चरम सीमाओं के मध्य तत्कालीन आर्थिक, सामाजिक और राजनीतिक संकट के प्रति पलायन की नीति अपनाए हुए दो अन्य सम्प्रदाय भी थे–1. कुमरान और 2. फरीसी। यह पलायन कुमरानियों के लिए सम्पूर्ण था, जबकि फरीसियों के लिए आंशिक। समस्त आनुष्ठानिक नियमों-उपनियमों के साथ तोरा या संहिता का पालन कुमरानी समुदाय के लिए अपवित्र और गैर यहूदी यूनानी समाज से सम्पर्क असम्भव बना दिया। इसलिए संसार द्वारा अदूषित धार्मिक जीवन बिताने के उद्देश्य को लेकर कुमरान सम्प्रदाय ने मृतसागर के तट पर एक पृथक्कृत आश्रमिक समुदाय के रूप में जीना प्रारम्भ कर दिया। फरीसियों की प्रतिक्रिया इतनी उग्र नहीं थी। वे गैर-यहूदी बस्तियों में रहे, लेकिन उन्होंने अपने जटिल धार्मिक अनुष्ठानों की शुद्धता को अदूषित बनाए रखने के लिए पर्याप्त इन्तजाम किया। कुमरान और फरीसी दोनों

---

1. जॉर्ज एम. सोआरेस-प्रभु 'दि स्पिरिच्वालिटी ऑफ जीसस...', वही, पृ. 143
2. प.बा., न.वि., योहन 7.49, पृ. 157
3. जॉर्ज एम. सोआरेस-प्रभु 'दि स्पिरिच्वालिटी ऑफ जीसस...', वही, पृ. 142
4. वही, पृ. 143

उग्रवादी थे। लेकिन, कुमरान ने संहिता की शाब्दिक और मूल सिद्धान्तवादी धारणा को ही कायम रखी, जबकि फरीसियों ने उसकी सामयिक व्याख्या करने का कुछ प्रयास किया।[1]

ऊपरचर्चित विभिन्न सांस्कृतिक परिस्थितियों से यह बात ज्ञात हो जाती है कि ईसा-कालीन समाज में एक शोषित वर्ग था, जिसकी स्थिति अत्यन्त दयनीय थी। यह वर्ग बाइबिल की शब्दावली में 'अनाविम' या निर्धन कहलाता था।[2] यह एक सर्वहारा वर्ग था जो सम्पूर्ण मानवीय जीवन को जीने के लिए आवश्यक साधनों, क्षमता और प्रतिष्ठा से वंचित था। आर्थिक अपंगता इस विपन्न अवस्था का मुख्य अंग थी, लेकिन यह सामाजिक और धार्मिक दीनावस्था भी थी। यह वर्ग आर्थिक साधनहीनता, सामाजिक च्युति, अशिक्षा, बहिष्कार, कर्मकांड-विषयक विकार, शारीरिक विकलांगता, मानसिक रोग आदि से पीड़ित था। यहोवा पर विश्वास और भरोसा के अलावा उसके समक्ष कोई उपाय नहीं था। इस शक्तिहीन और शोषित मानवता के प्रति अधिमानित 'प्रेम का नया नियम' बनकर ही ईसा अवतरित हुए थे। लेकिन, इस राजनीतिक, आर्थिक, सामाजिक और धार्मिक वातावरण की अव्यवस्था और अमानवीयता के लिए उत्तरदायी होकर अन्याय, अत्याचार, स्वार्थ, अराजकता, शोषण तथा खोखलापन को संस्थागत रूप देनेवाले अमानुषों को विमोचन की अधिक आवश्यकता थी। उनके लिए ईसा की शिक्षा बहुत प्रभावशाली सिद्ध हुई है। सत्ता, धन-सम्पत्ति, सामाजिक प्रतिष्ठा और कर्मकांड में ईसा ने ईश्वर का पूर्ण अभाव देखा और उसके विरुद्ध बोले। ईसा का 'नया विधान' शासन, धन-वैभव, सम्मान और बलिदान के स्थान पर सेवा, निर्धनता, विनम्रता और दया की शाश्वत प्रतिष्ठा है। इस प्रकार पुराने विधान तथा नए विधान के सन्धि-काल के ईसा-कालीन सांस्कृतिक वातावरण एक नए विधान की निकट पीठिका साबित हो जाती है।

बाइबिल के पूर्वभाग 'पुराना विधान' के ईश्वर-चिन्तन के सम्यक् अवलोकन के उपरान्त यह निःसन्देह कहा जा सकता है कि पुराना विधान ईसाई ईश्वर-चिन्तन की पृष्ठभूमि है। यहूदी धर्म-संस्कृति के ऐतिहासिक उपन्यास माने जानेवाले 'पुराना विधान' को ईसाई धर्मग्रन्थ में इसलिए मान्यता दी गई है कि 'नया विधान' की दृष्टि का मूल 'पुराना विधान' में विद्यमान है। यह बात बाइबिल के परिचय से स्पष्ट हो जाती है। ईश्वर का आत्म-प्रकाश स्रष्टा, मुक्तिदाता, पति, पिता, शासक आदि के रूप में व्यक्तित्व-सम्पन्नता, इतिहास नियामकता, ऐश्वर्य और सान्निध्य का समन्वय, प्रतिज्ञा और भविष्योन्मुखता आदि 'पुराना विधान' की ईश्वर-दृष्टि की कुछ मौलिक विशेषताएँ मानी जा सकती हैं। तत्कालीन समाज के सांस्कृतिक वातावरण ने ईश्वर-चिन्तन की इस विचार-परम्परा को 'नया विधान' की ओर अग्रसर किया।

---

1. विस्तृत अध्ययन के लिए द्रष्टव्य : जॉर्ज एम. सोआरेस-प्रभु 'दि स्पिरिच्वालिटी ऑफ जीसस...,' वही, पृ. 144-45।
2. जॉर्ज एम. सोआरेस-प्रभु 'जीसस ऐंड दि पुवर, वही, पृ. 268

द्वितीय अध्याय

कबीर के ईश्वर-चिन्तन की पृष्ठभूमि

ईश्वर-दृष्टि ईश-चिन्तन की उपज है और ईश-चिन्तन जीवन की। कोरी कल्पना शुष्क ही नहीं, जीवन में कृतकार्य भी नहीं होती। अर्थात् चिन्तन का परिवेश-सम्मत होना अनिवार्य है। शुद्ध वैयक्तिक चिन्तन असम्भव है क्योंकि मनुष्य मूलतः सामाजिक प्राणी है। समाज की परिस्थितियों से ही व्यक्ति में चिन्तन का उदय होता है। सामाजिक-ऐतिहासिक वातावरण ही चिन्तन की पृष्ठभूमि है। हालाँकि ईश्वर पूर्णतः अदृश्य है, ईश्वर-चिन्तन ऐहिक तत्त्वों पर अवलम्बित होकर ही सम्पन्न होता है। ईश्वर-दृष्टि कोई आसमानी परिकल्पना न होकर अपनी सामाजिक-ऐतिहासिक पृष्ठभूमि पर किए हुए चिन्तन से उत्पन्न है। इस ऐतिहासिक पृष्ठभूमि को समझे बिना कबीर के ईश्वर-चिन्तन को जानना असम्भव है। वैचारिक विरासत तथा तद्‌युगीन सांस्कृतिक वातावरण के मिलन-बिन्दु पर स्थापित था—कबीर का प्रतिभायुक्त व्यक्तित्व। ये तीनों तत्त्व सम्मिलित रूप से कबीर के ईश्वर-चिन्तन की पृष्ठभूमि बन जाते हैं।

1. कबीर-साहित्य : एक परिचय

व्यापक अर्थ में, कबीर को उल्लिखित करनेवाले और कबीर की रचनाओं की समीक्षा करनेवाले ग्रन्थ 'कबीर-साहित्य' के नाम से अभिहित किए जाते हैं। परन्तु अपने सीमित अर्थ में, जैसे शीर्षक से द्योतित है, 'कबीर-साहित्य' महात्मा कबीर द्वारा विरचित रचनाओं से ही अभिप्राय रखता है। 'कबीर-साहित्य' हिन्दी साहित्य की अमूल्य निधि है। कबीर-साहित्य जब से आविर्भूत हुआ था तब से उसका प्रचलन, महत्त्व और प्रासंगिकता निरन्तर प्रगति पर है। इससे उसकी कालजयी प्रकृति और अन्तर्निहित विशिष्टता समान रूप से प्रमाणित हो जाती है। कबीरदास की ईश्वर-दृष्टि के अनुसन्धान के आधार के रूप में कबीर-साहित्य का एक संक्षिप्त परिचय नितान्त आवश्यक प्रतीत होता है।

कबीर साहित्य और पूर्व-परम्पराएँ

साहित्य समाज का प्रतिफलन ही नहीं, समाज से ही उत्पन्न भी होता है। रचनाकार समाज द्वारा निर्मित है। वह समाज की परम्पराओं को विरासत के रूप में प्राप्त भी करता है। इस दृष्टि से, कोई भी रचना स्वयं में स्वतन्त्र नहीं है, बल्कि समाज की पूर्व-परम्पराओं की धारा में एक नूतन कड़ी मात्र है। कबीर की रचनाएँ मौलिक होने के साथ-साथ अपनी पूर्व-परम्पराओं की उपज भी हैं।

कबीर के समय पर काव्य की दो परम्पराएँ प्रचलित थीं। काव्यशास्त्रीय नियमों का पालन

करनेवाली पहली परम्परा शिष्ट समाज में समादृत थी। उस वर्ग के कवियों का मुख्य उद्देश्य यशोलिप्सा एवं अर्थ-प्राप्ति था। नवीन कला-कौशल का प्रदर्शन तथा काव्य-सम्बन्धी नियमों का नित्यशः विस्तार उनका कार्य था। कबीर के पूर्ववर्ती विद्यापति इस परम्परा के अग्रगण्य कवि थे, जो भाषा-सौन्दर्य तथा काव्यगत सरसता की सृष्टि करते थे। दूसरी परम्परा के कवि काव्य को स्वानुभूत परमतत्त्व का दिग्दर्शन तथा आत्म-निवेदन की अभिव्यक्ति का साधन मानते थे। इन कवियों को काव्यशास्त्रीय नियमों की चिन्ता नहीं थी। मन-सागर में पड़े दुःखी प्राणियों का त्राण करना तथा आप ही विचार कर आनन्द प्राप्त करना उनकी अभिलाषा थी। यह दूसरी काव्य-परम्परा बने बनाए मार्ग से होकर प्रवाहित होनेवाले नहर के पानी के समान नहीं, बल्कि एक स्वतः प्रसूत निर्झर के समान है। बौद्ध, सिद्ध और नाथों की कथन-शैली इस परम्परा से सम्बद्ध थी। कबीर भी इसी परम्परा के अनुयायी थे। सुरेन्द्रनाथ श्रीवास्तव के शब्दों में, "कबीर-वाणी का अटूट सम्बन्ध सिद्धों, नाथों तथा जैन मुनियों की वाणी से रहा है। कबीर की अभिव्यंजना-शैली पर इनका प्रत्यक्ष प्रभाव परिलक्षित होता है। कबीर की साखियों और सिद्धों के दोहा-कोश तथा जैन मुनि रामसिंह के 'पण्हुड-दोहे' में पर्याप्त समानता मिलती है। अभिव्यक्ति-पक्ष में ही नहीं, अनुभूति-पक्ष में भी समानता विद्यमान है।"[1]

कबीर के काव्य में अभिव्यक्त सामाजिक-सांस्कृतिक चेतना में कृत्रिमता का लवलेश भी नहीं है। उनकी उक्तियाँ भावों का सहज वाहन हैं। उनकी वाणी सरल और सुबोध है। कबीर-साहित्य की ये स्वाभाविक प्रवृत्तियाँ सन्तकाव्य की मुक्त-परम्परा की देन हैं, जो कि जनसाधारण की मानसिकता की सहज अभिव्यक्ति थी। सन्त-काव्य की परम्परा तत्त्वतः उस काव्य-रचना की पद्धति की ओर संकेत करती है जो स्वतः ही प्रस्फुटित होकर विकसित होती गई है। स्वाभाविक प्रवृत्तियों को प्रतिबिम्बित करने के कारण यह मौखिक रूप में जनसाधारण में लोकप्रिय बनकर जीवित रही। लिखित रूप में उसका केवल वही अंश पहले संचित किया जा सका जिसमें या तो ज्ञान-विज्ञान की गम्भीरता थी अथवा जिसमें जन-साधारण को उपदेश दिया गया था। सन्तों की वाणी का यह रूप निरपेक्ष रहते हुए भी अर्थ की अभिव्यक्ति में समर्थ और गुम्फन में रमणीय मुक्तक काव्य के अन्तर्गत स्वीकार किया जाता है। कबीर का साहित्य पूर्व-सज्जित काव्यशास्त्र की कल्पित उपज नहीं है, बल्कि समसामयिक समाज की परिस्थितियों की प्राकृतिक मिट्टी की सहज देन है। "कबीर-साहित्य उन रंग-बिरंगे पुष्पों में नहीं जो सजे-सजाए उद्यानों की क्यारियों में किसी क्रम-विशेष के अनुसार उगाए गए रहते हैं और जिनकी छटा और सौन्दर्य का अधिकांश योग्य मालियों के कला-नैपुण्य पर भी आश्रित रहा करता है। यह एक वन्यकुसुम है जो अपने स्थल पर अपने आप उगा है और जिसका विकास केवल प्राकृतिक नियमों पर ही निर्भर रहा है। इसका अपना निजी माधुर्य और निजी सौन्दर्य है।"[2] इस प्रकार पूर्व-प्रचलित परम्पराओं में काव्यशास्त्रीय धारा को त्यागकर सन्तों की स्वाभाविक धारा को अपनाते हुए भी स्वानुभूतिमूलक काव्य-प्रयोग की एक स्वतन्त्र और निजी निर्झरिणी को प्रवाहित करने में महात्मा कबीर सक्षम हुए।

---

1. सुरेन्द्रनाथ श्रीवास्तव, कबीर और गंगादास के काव्य का तुलनात्मक अध्ययन, पृ. 300-01
2. परशुराम चतुर्वेदी, कबीर-साहित्य की परख, प्रस्तावना, पृ. 4

कबीर-साहित्य की मुक्तक शैली

प्रबन्ध-काव्य के विपरीत मुक्तक काव्य में कोई कथा या प्रसंग दूर तक नहीं चलता। यह एक प्रकार से फुटकर कविता है। यह पूर्ण पद्य है और अभिव्यक्ति के लिए सक्षम ही नहीं, रसास्वादन कराने में समर्थ भी है। आचार्य रामचन्द्र शुक्ल इसकी तुलना एक सुन्दर गुलदस्ते से करते हैं जो रस की छीटें बरसाकर हृदय-कलिका को थोड़ी देर के लिए खिला देता है। मुक्तक काव्य की सबसे बड़ी विशेषता उसकी पूर्वापर प्रसंग-निरपेक्षता है। मुक्तक अपने में स्वतः पूर्ण होता है। उसे अपनी अर्थ-प्राप्ति अथवा प्रभाव समष्टि के लिए अन्य पद की अपेक्षा नहीं होती।

कबीर के समय में गद्य का नितान्त अभाव था। इसीलिए उनकी वाणी पद्य में ही आविर्भूत हुई। कबीर के पूर्व प्रबन्ध-काव्य का प्रचलन था ही। लेकिन अपभ्रंश साहित्य की ही शैली पर कबीर ने मुक्तक काव्य-रीति को अपनाया। यह कबीर के उपदेशक और सुधारक व्यक्तित्व के लिए उपयुक्त शैली थी। स्वानुभूत सत्य के उद्‌घाटन द्वारा पथभ्रष्ट समाज का मार्गदर्शन उनका लक्ष्य था। मुक्तक काव्य की भावुक और संक्षिप्त शैली जनसाधारण की स्मृति के लिए अत्यधिक उचित थी। कबीर की वाणी में भावों का उफान है। इस संक्षिप्त और अर्थपूर्ण भावाभिव्यक्ति ने कबीर के साहित्य को अत्यन्त प्रभावशाली बनाया। इस प्रभाव का पूरा श्रेय उनकी मुक्तक शैली को है।

कबीर की रचनाओं की विधाएँ

कबीर की रचनाओं के सम्बन्ध में विद्वानों में मतभेद है। फिर भी कबीर की वाणी को मुख्य रूप से रमैनी, सबद और साखी के रूपों में विभाजित करने का प्रचलन है। प्रायः यह माना जाता है कि रमैनी में जगत्, साखी में जीव और सबद में ब्रह्म सम्बन्धी विचार हैं।[1]

रमैनी : 'रमैनी' शब्द के अर्थ के सम्बन्ध में भी विद्वानों में मतभेद है। कबीर-साहित्य में 'रमैनी' शब्द का प्रयोग तीन अर्थों में हुआ है–1. वह जिसमें संसार में जीवों के रमण का विवेचन हुआ है, 2. एक छन्द-विशेष जिसके चरण में सोलह मात्राएँ होती हैं, और 3. वेदशास्त्रों के विचारों में रमण करनेवाली।[2] आचार्य परशुराम चतुर्वेदी ने 'रामायण', 'रामायणी' से 'रमयनी' और 'रमयनी' से 'रमैनी' के रूप में शब्दोत्पत्ति को स्पष्ट करते हुए इसे रामायण के अल्पत्व तथा अनवतारी राम के महत्त्व का बोधक बताया है।[3] जिस प्रकार रंजन करने से 'रमणी' ऐन्द्रिक आह्लादना का स्रोत है, ठीक उसी प्रकार 'रमणी' का अपभ्रष्ट रूप 'रमैनी' सांसारिक बन्धन से मुक्ति देने के कारण आध्यात्मिक आह्लाद का स्रोत मानी जाती है।[4] 'रमैनी' की विषय-वस्तु के सम्बन्ध में यह कहा जा सकता है कि रमैनी में मुख्य रूप से सृष्टि और जीव तथा जगत् की स्थिति पर विचार किया गया है। इसमें मुख्य रूप से चौपाई-दोहा छन्द का प्रयोग हुआ है।. ..शब्द ही माया है।...माया में जीव की प्रीति उपजी और उसने माया में रमण करने का निश्चय किया।

---

1. जयदेव सिंह तथा वासुदेव सिंह, कबीर वांगमय, खंड 1, रमैनी, उपोद्‌घात, पृ. 12
2. वासुदेव सिंह, कबीर काव्य कोश, पृ. 280
3. परशुराम चतुर्वेदी, कबीर साहित्य की परख, पृ. 193
4. सरनाम सिंह शर्मा, कबीर : व्यक्तित्व, कृतित्व एवं सिद्धान्त, पृ. 600

साखी : 'साखी' कबीर की काव्य-विधा का दूसरा रूप है। 'साखी' शब्द दो अर्थों में प्रयुक्त है। प्रथम अर्थ में 'साखी' शब्द संस्कृत की 'साक्षी' का तद्भव है, जिसका अर्थ है 'गवाह।' जिसने स्वयं अपनी आँखों से तथ्य देखा हो, वही साक्षी है। द्वितीय अर्थ में, 'साखी', 'साक्ष्य' है, जो आँख से देखे हुए तत्त्व का विवरण है। सांसारिक, नैतिक और आध्यात्मिक उलझनों में गुरुजन स्वयं साक्षी हैं और बाद में उनके आप्त वचन साक्षी बन जाते हैं। कबीर सिद्ध पुरुष थे। उन्होंने पूर्ववर्ती साधकों की अनुभूतियों को ही स्वानुभूति की खराद पर चढ़ाकर जनता के समक्ष कविता के रूप में रखा। कबीर स्वयं 'साखी' हैं और उनकी उक्ति या वाणी जिसमें उन्होंने अपना साक्ष्य (प्रमाण, गवाही, अनुभव) प्रस्तुत किया है, वह भी 'साखी' है। इस प्रकार कबीर की साखियों में 'साक्षी' और 'साक्ष्य' दोनों अर्थ सन्निहित हैं।[1] कबीर की साखियों में वर्णित तथ्यों का साक्षात्कार कबीर ने स्वयं किया है। साखियों में स्वयंसंवेद्य, स्वानुभूत, आध्यात्मिक तथ्यों अथवा ज्ञान का वर्णन मिलता है। साखियों की रचना प्रायः 'दोहा' नामक छन्द में की गई है। यह सोरठा, चौपाई, उल्लाला, गीतासार, श्याम, हरिपद आदि लयों में भी पाई जाती है। साखी 'श्लोक' के नाम से भी जानी जाती है।

सबद : कबीर की रचनाओं में तीसरा मुख्य रूप है 'सबद' या 'शब्द या 'पद'। 'सबद' का प्रयोग कबीर-साहित्य में चार अर्थों में किया गया है। प्रथम 'शब्द' का साधारण अर्थ—वह ध्वनि है, जिसे कानों से सुना जा सकता है। क्रिया, गति या स्पन्द को 'शब्द' कहा गया है। शब्द ब्रह्म का गुण है जिसके द्वारा सभी प्रकार का स्पन्दन होता है। आगमों के अनुसार शब्द परोवाक् है जो कि अविभेदित, निर्विशेष, आद्याशक्ति है। इस शक्ति के द्वारा सृष्टि की सारी प्रक्रिया होती है। यही शब्द-तत्त्व अक्षर 'ब्रह्म' है, अर्थ या विषय का मूल भी। यही शब्दब्रह्म की शक्ति है। यही शब्द या स्पन्दन पंचेन्द्रिय की अनुभूति और मानसिक विचार का आधार है। कबीर ने इसे 'सार-शब्द' या 'ब्रह्म' कहा है। कबीर का 'सुरति-शब्द-योग' 'शब्द' करनेवाले परमात्मा के स्वरूप का साक्षात्कार करता है। 'सबद' की साधना इसी लक्ष्य प्राप्ति की साधना है। 'सबद' का द्वितीय अर्थ है 'प्रमाण'। शब्द-प्रमाण आप्त वचन है, जो कि सत्य के अनुभवान्तर ऋषि-मुनि या सन्त द्वारा कथन या वर्णन है। 'सबद' का तीसरा अर्थ है दीक्षा के अवसर पर गुरु द्वारा शिष्य को दिया जानेवाला मन्त्र। यह मन्त्र-शब्द एक चैतन्य-शक्ति स्वयं में समाविष्ट करता है, जो शिष्य के भीतर क्रिया करने लगता है। कबीर का 'शब्द-बाण' इस अर्थ में एक 'देवी शक्ति-स्फुरण' के रूप में 'सहज' से परचा (परिचय, साक्षात्कार) करा देता है। यह शब्द शिष्य के हृदय के अन्तरतम-तल में प्रविष्ट होकर उसके चित्त के आन्तरिक अनाहत नाद में लय हो जाता है। 'सबद' का चतुर्थ अर्थ 'पद' के रूप में प्राप्त होता है। कबीर की रचना में इन चारों अर्थों में 'शब्द' का प्रयोग मिलता है।[2]

आदि-ग्रन्थ में कबीर के पदों को 'वाणी' या 'बानी' भी कहा गया है, जो कि गुरु के आप्तवाक्य या उपदेशपूर्ण वचन को द्योतित करती है। 'पद' शब्द से 'गेयता' का आभास मिलता है, जबकि 'वाणी' शब्द से 'शुद्धता' या 'पवित्रता' का। पदों की रचना आदि काल से होती आ रही है। हिन्दी साहित्य में 'पद-रचना' का उद्गम बौद्धों तथा सिद्धों की चर्चागीतों में खोजा जा सकता है, जो कि रागों में आबद्ध होकर गेय हैं। पद-परम्परा नाथों की वाणी में भी पाई जाती है। कबीर के पदों पर समन्वय-दृष्टि को लागू करते हुए सुरेन्द्रनाथ श्रीवास्तव का कहना है,

---

1. सुरेन्द्रनाथ श्रीवास्तव, कबीर और गंगादास के काव्य का तुलनात्मक अध्ययन, पृ. 226-27
2. द्रष्टव्य : जयदेव सिंह तथा वासुदेव सिंह, कबीर वांगमय, खंड-2, सबद, उपोद्घात, पृ. 16-17

''कबीर ने अपने पदों में बौद्धों के धर्मपदों की नैतिकता, सिद्धों की प्रतीकात्मकता, नाथों की आध्यात्मिकता एवं प्रखरता, विद्यापति, चंडीदास आदि की सरलता, लोकगीतों की सरलता, सहजता एवं मोहकता का समावेश कर पद-साहित्य को नवीन दिशा प्रदान की। कबीर के पदों में स्वानुभूति की व्यंजना भी है और आध्यात्मिक विचारों की प्रौढ़ता भी। कबीर के पद उनकी साधना-सिद्धि के परिचायक हैं।''[1] कबीर के पदों का वर्गीकरण गेयता-तत्त्व से प्रभावित होकर रागों के आधार पर हुआ है, विषय के आधार पर नहीं। कुल मिलाकर 17 रागों का उल्लेख मिलता है।[2]

'रमैनी', 'साखी' और 'सबद' के अतिरिक्त कबीर के नाम से कहरा, बसन्त, बेलि, बिरहुली, चाचरि, हिंडोला, चौंतीसा या चौंतीसी, विप्रमतीसी आदि अन्य काव्य-रूपों में लिखा साहित्य भी पाया जाता है।[3] प्रायः सभी शोधकों और पाठालोचकों में मतैक्य है कि कबीर साहित्य की सीमा बाँधी नहीं जा सकती है। कबीर की रचनाएँ निश्चित कवि-संकल्प की उपज न होकर साधु के आप्तवचन हैं। यद्यपि 'कबीर-बीजक' के सभी काव्य-रूप कबीरपन्थियों की मान्यतानुसार प्रामाणिकता में असन्दिग्ध हैं, फिर भी अधिकतर विद्वानों के अनुसार केवल रमैनी, पद और साखी, कबीर की प्रामाणिक रचनाएँ मानी जा सकती हैं।

कबीर की रचनाओं के संग्रह

कबीर की रचनाओं की संख्या अभी तक अन्तिम रूप से निर्धारित नहीं की जा सकी है। हालाँकि कबीर-पन्थ की साम्प्रदायिक धारणा के अनुसार कबीर की रचनाओं की संख्या की तुलना संसार के वृक्षों के पत्तों, वनस्पतियों और गंगा के बालू के कणों से की जाती है, परन्तु कबीर-साहित्य के वैज्ञानिक समीक्षक के समक्ष यह कोई तर्क-संगत मान्यता प्रतीत नहीं होती। कबीर की रचनाओं की वास्तविक संख्या को निर्धारित करने का प्रयास देश-विदेश के कतिपय विद्वानों द्वारा किए जाने के बावजूद कई बाधाओं के कारण इस कार्य में पूर्ण सफलता नहीं मिल पाई है। विभिन्न विद्वानों द्वारा निर्धारित कबीर-रचनाओं की संख्या भी भिन्न-भिन्न है। कबीर की रचनाओं के विषय में उपलब्ध सामग्रियों का सम्यक् परीक्षण अभी भी शेष है। अब तक 'कबीर-ग्रन्थावली', 'बीजक' और 'गुरुग्रन्थ साहब' में कबीर के नाम पाई जानेवाली रचनाओं को ही कबीरकृत मानने की परम्परा चली आ रही है।

कबीर ग्रन्थावली : कबीर की वाणियों के इस संग्रह का सम्पादन श्यामसुन्दर दास द्वारा संवत् 1985 में किया गया था। इस संग्रह का आधार नागरी प्रचारिणी सभा में रक्षित सन् 1504 और सन् 1824 की दो हस्तलिखित प्रतियाँ हैं। इन दोनों प्रतियों के लिपिकाल में 320 वर्षों का अन्तर है। फिर भी दोनों में पाठभेद बहुत कम है। सन् 1504 वाली प्रति की अपेक्षा सन् 1824 की प्रति में 131 दोहे और 5 पद अधिक हैं जो इस संग्रह की पाद-टिप्पणी में दिए गए हैं। दोनों हस्तलिखित प्रतियों और सन् 1624 में संकलित गुरुग्रन्थ साहब में 48 दोहे और 5 पद ऐसे हैं जो दोनों में समान हैं। इनको छोड़कर गुरुग्रन्थ साहब में जो दोहे या पद अधिक मिले हैं वे परिशिष्ट में दिए गए हैं। इसमें 182 दोहे और 222 पद हैं।[4]

---

1. सुरेन्द्रनाथ श्रीवास्तव, कबीर और गंगादास के काव्य का तुलनात्मक अध्ययन, पृ. 228
2. रामकुमार वर्मा, सन्त कबीर, पृ. 1-246
3. शुकदेव सिंह, कबीर-बीजक, पृ. 177-198
4. श्यामसुन्दर दास, कबीर-ग्रन्थावली, प्रथम संस्करण की भूमिका, पृ. 1-3

कबीर-ग्रन्थावली की प्रामाणिकता के विषय में विद्वानों ने कई प्रश्न उठाए हैं। प्रथम प्रश्न 1504 वाली प्रति की अन्तिम डेढ़ पंक्तियों की प्राचीनता को लेकर है। कबीर-ग्रन्थावली में मुद्रित मूल प्रति के तद्विषयक अंश से जान पड़ता है कि उक्त पंक्तियाँ किसी दूसरे व्यक्ति के हाथ से लिखी हुई हैं। स्याही भी अपेक्षाकृत गाढ़ी है और लेखनी भी मोटी हो गई है। लिखने के ढंग में भी पर्याप्त अन्तर दीख पड़ता है।[1] इसके अतिरिक्त, काशी में लिखी जाने के कारण अधिक पूरबीपन की सम्भावना रहते हुए भी इस प्रति में पंजाबीपन मिलता है और इसमें प्राप्त अनेक रचनाएँ कुछ भिन्नता के साथ अन्य सन्त कवियों के नाम भी मिलते हैं। 'कबीर-ग्रन्थावली' में अलटवाँसियों की अधिकता भी सन्देह की स्थिति उत्पन्न करती है। इतना होते हुए भी 'कबीर-ग्रन्थावली' में कबीरकृत रचनाओं की प्रचुरता है। जितनी स्वाभाविकता की झलक इसमें मिलती है, उतनी किसी अन्य संग्रह-ग्रन्थ में नहीं है। 'कबीर-ग्रन्थावली' का पाठ भी अन्य पुरानी प्रतियों के मेल में है। अतः जब तक इसमें अधिक प्रामाणिक कोई अन्य प्रति नहीं प्राप्त हो जाती, तब तक कबीर की साधना और सिद्धान्त विषयक ज्ञान प्राप्त करने के लिए इस ग्रन्थ को आधार रूप में स्वीकार किया जा सकता है।[2] अतः सिद्ध है कि श्यामसुन्दर दास की 'कबीर-ग्रन्थावली' सबसे पहला साहित्यिक प्रयास रहा है और अधिकतर विद्वानों में इसकी ही सर्वाधिक मान्यता अभी तक सुरक्षित है।

गुरु ग्रन्थ साहब : कबीर की रचनाओं के संग्रह का दूसरा प्रामाणिक स्रोत 'गुरु ग्रन्थ साहब' है। डॉ. रामकुमार वर्मा का कथन है, "मेरे सामने अधिक-से-अधिक विश्वसनीय पाठ 'श्री आदि गुरु ग्रन्थ साहब' का ज्ञात होता है।"[3] " 'गुरु ग्रन्थ साहब' सिख धर्म का सबसे प्रामाणिक और सम्मानित ग्रन्थ है। इसका संग्रह गुरु अर्जुनदेव ने सन् 1604 में किया था। इसमें प्रधानतः गुरुनानक, गुरु अंगद, गुरु अमरनाथ, गुरु रामदास, गुरु अर्जुन देव और गुरु तेजबहादुर की रचनाएँ संगृहीत हैं। इन सिख गुरुजनों के अतिरिक्त नामदेव, रैदास और कबीर आदि अन्य सन्तों की रचनाएँ भी संगृहीत हैं।"[4] इसके द्वितीय भाग में कबीर के 225 पद और 224 साखियाँ उपलब्ध हैं। कहा जाता है कि जब से 'गुरु ग्रन्थ साहब' का संग्रह हुआ, तब से आज तक वह अपने मूल रूप में ही चला आ रहा है। सम्भव है कि संग्रह-काल के पश्चात् इसमें परिवर्तन न हुआ हो, किन्तु प्रश्न यह है कि इसमें संगृहीत रचनाओं को ही कैसे प्रामाणिक मान लिया जाए ? इस संग्रह-ग्रन्थ में संगृहीत रचनाएँ लिखित और मौखिक दोनों रूपों में से किसी एक अथवा दोनों से प्राप्त हुई होंगी। कबीर साहब के निधन के बहुत अनन्तर इसका संग्रह हुआ; अतः 'गुरु ग्रन्थ साहब' के संग्रह-काल तक कबीर की वाणियों के मूल रूप में कुछ परिवर्तन हो जाना असम्भव नहीं माना जा सकता। अतः मौखिक रचनाओं की प्रामाणिकता पर असन्दिग्ध विश्वास असम्भव है। साथ-साथ किसी कबीरपन्थी महात्मा द्वारा लिखित प्रति पर श्रद्धावश कबीर का नाम लगा दिया हो, यह भी सम्भव है। अतः लिखित रचनाओं पर भी संशय की सम्भावना बनी रहती है। इसके अतिरिक्त, कबीर के मूल वचन की प्रति में अन्य सन्तों की रचनाएँ भी घुल-मिल गई हों, यह भी सम्भव है। यह भी निश्चित रूप से नहीं कहा जा सकता कि 'गुरु ग्रन्थ साहब' में कबीर की सभी रचनाएँ संगृहीत ही हैं। बहुत सम्भव है कि गुरु अर्जुनदेव ने

---

1. केदारनाथ द्विवेदी, कबीर और कबीर-पन्थ, पृ. 89
2. वही, पृ. 90
3. डॉ. रामकुमार वर्मा, सन्त कबीर, पृ. 25
4. डॉ. केदारनाथ द्विवेदी, कबीर और कबीर-पन्थ, पृ. 90-91

कुछ श्रेष्ठ रचनाओं को ही संकलित किया हो। यह इसलिए है कि 'गुरु ग्रन्थ साहब' की विशिष्ट दृष्टि गुरुओं तथा सन्तों की वाणियों के चयनित संकलन से ही निर्मित हो सकती है। साथ-साथ, कबीर की रचनाओं का एक समग्र संग्रह तैयार करना उनका उद्‌देश्य भी नहीं था। बात यह भी है कि इसमें संगृहीत रचनाओं में शृंगारमूलक भक्ति की अपेक्षा सेवक-सेव्य भाव की प्रधानता है, जिससे संग्रहकर्ता की रुचि के अनुसार सूफी प्रभाव की अपेक्षा वैष्णव धर्म का प्रभाव परिलक्षित होता है। जो भी हो, आदि ग्रन्थ में कबीर के नाम पाई जानेवाली रचनाओं की भाषा में समरूपता होने के साथ-साथ संग्रह के अनन्तर वह अपने मूल रूप में सुरक्षित भी है। कबीर साहित्य के अनुसन्धान में 'आदि-ग्रन्थ' या 'गुरु ग्रन्थ साहब'[1] भी आंशिक रूप से आधार हो सकता है।

बीजक : कबीर की रचनाओं का तीसरा प्रामाणिक माना जानेवाला संग्रह है—'बीजक'। 'बीजक' कबीर की एक प्रामाणिक कृति समझी जाती है। कबीर-पन्थ में इसका वही महत्त्व है, जो महत्त्व सिखों के यहाँ 'गुरु ग्रन्थ साहब' को प्राप्त है। 'बीजक' की अनेक टीकाएँ भी उपलब्ध हैं, जिसमें रीवा नरेश, विश्वनाथ सिंह, प्रेमचन्द, पूरन साहब, अहमदशाह, काशीदास, विचारदास, राघवदास और हनुमानदास की टीकाओं की विशेष चर्चा की जाती है।[2] लेकिन 'बीजक' की टीकाओं में उसके संग्रह-काल के सम्बन्ध में कोई निश्चित जानकारी प्राप्त नहीं है। रे. वेस्टकाट और डॉ. बड़थ्वाल के निष्कर्ष के अनुसार 'बीजक' की साखी, शब्द, रमैनी आदि का संग्रह कबीर के निधन के बहुत अनन्तर हुआ होगा, अतः इसमें अन्य कवियों की रचनाएँ भी संगृहीत कर ली गई होंगी। वर्तमान समय में 'बीजक' की जितनी भी टीकाएँ उपलब्ध हैं, उन टीकाओं में दिए गए मूल ग्रन्थ की भिन्नता इस बात का प्रमाण है कि 'बीजक' में समय-समय पर परिवर्तन-परिवर्द्धन भी होते रहे हैं। रमैनी, सबद, चौंतीसी, विप्रमतीसी, ककहरा, बसन्त, चाचर, बैली, बिरहुली, हिंडोला और साखी-बीजक की प्रत्येक टीकावाली प्रति में हैं; किन्तु क्रम संख्या और भाषा की दृष्टि से उनमें कुछ अन्तर हो गया है। ऐसा लगता है कि कबीर के मौखिक पद, उनके निधन के अनन्तर लिपिबद्ध हुए होंगे, अन्यथा इस प्रकार का अन्तर न होता।[3]

बीजक में पाई जानेवाली रमैनियों की प्रामाणिकता सन्देहास्पद है। 'कबीर ग्रन्थावली' और 'गुरु ग्रन्थ साहब' की रचनाओं में कबीर की सृष्टि सम्बन्धी मान्यता अद्वैत-वेदान्त के अधिक निकट की है, जबकि 'बीजक' की रमैनियों में सृष्टिक्रम का पौराणिक रूप झलकता है। 'बीजक' की अधिक रमैनियाँ नई जोड़ी हुई ज्ञात होती हैं। 'बीजक' के पदों में सूफियों के प्रति सहिष्णुता भी नहीं दीख पड़ती और कूटवाणी की संख्या में भी आशातीत वृद्धि है। स्पष्टतः 'बीजक' को कबीर की असन्दिग्ध रचना मानना कठिन है। 'बीजक' की अनेक पंक्तियाँ अन्य कवियों के नाम से भी प्रचलित हैं। 'बीजक' के सम्बन्ध में अनेक जनश्रुतियाँ भी प्रचलित हैं। एक मान्यता यह है कि 'बीजक' को भगवान गुसाईं चुराकर भाग गए थे। जागूदास और भागूदास नामक दो भाइयों में 'बीजक' को प्राप्त करने के सम्बन्ध में संघर्ष हुआ। भगवान गुसाईं 'बीजक' को लेकर धनौती ले गए और वहाँ से हिमालय की किसी गुफा में। "इन जनश्रुतियों से यह अवश्य ध्वनित होता है कि 'बीजक' की मूल प्रति यही धनौतीवाली प्रति रही होगी और मूल 'बीजक'

1. केदारनाथ द्विवेदी, कबीर और कबीर-पन्थ, पृ. 91-92
2. शुकदेव सिंह, कबीर-बीजक, पृ. 61
3. केदारनाथ द्विवेदी, कबीर और कबीर-पन्थ, पृ. 93

अपने सही रूप में आज भी उपलब्ध नहीं है।''[1]

'बीजक' को अन्यतम कबीर-साहित्य के रूप में प्रस्थापित करते हुए कबीर के शीर्षस्थ विद्वान् डॉ. शुकदेव सिंह अपने 'कबीर-बीजक' नामक ग्रन्थ में कई मान्यताएँ प्रस्तुत करते हैं। बीजक की ग्रंथन-शैली स्वतन्त्र और भिन्न प्रकार की है। बीजक में आंशिक प्रक्षेप पाया जाता है। उसमें पूर्वी रूप की बहुलता है और भाषा में नवीनता है। 'बीजक' को मूलतः एक दर्शन-ग्रन्थ मानते हुए उनका कहना है, ''कबीरदास के सिद्धान्त और काव्य का जितना सुन्दर समाहार इस ग्रन्थ में उपलब्ध है, उनके माने जानेवाले अन्य किसी ग्रन्थ में (ग्रन्थ तो दूसरा है ही नहीं) नहीं। इसलिए गीता की तरह इसकी टीकाएँ होती रहती हैं।''[2] 'बीजक' की टीकाओं में पूरनदास की 'त्रिज्या' टीका, महाराज विश्वनाथ सिंह की 'पाखंड-खंडिनी' टीका, श्री विचारदास शास्त्री की 'प्रबोधिनी' टीका, हनुमानदास शास्त्री की 'शिशुप्रबोधिनी', 'स्वानुभूति' तथा 'हिन्दी व्याख्या' नामक टीकाएँ अधिक विख्यात हैं। उनके अनुसार रमैनियों में कवित्व की अपेक्षा विचारों की प्रधानता है और कबीर-पन्थियों के सिद्धान्त-निरूपण में ये प्रमुख स्थान रखती हैं। इनका प्रक्षेप वैचारिक सुसम्बद्धता का ध्यान रखकर लिपिकारों द्वारा किया गया है। ''इस प्रकार कबीर 'बीजक' कबीर-साहित्य की उस व्यापक भूमिका की सृष्टि करता हुआ दीख पड़ता है, जिसके निर्माण में कबीर का व्यक्तित्व धीरे-धीरे घुलकर व्यक्तिनाम से मिशन बन गया और प्रायः साढ़े चार सौ वर्षों तक उनके अनुयायियों का अर्थग्रन्थ बनकर कबीर-पन्थी आचार्यों की टीका-टिप्पणी, विश्लेषण तथा सम्प्रदाय-निर्माण का हेतु रहा है।''[3] इस दृष्टि से 'बीजक' को अन्यतम कबीर-साहित्य की प्रतिष्ठा मिलनी चाहिए। जो भी हो, कबीर-साहित्य का सहायक आधार-ग्रन्थ अवश्य है 'बीजक'।

कबीर की रचनाओं के सम्बन्ध में पूर्ण निश्चितता के अभाव के सम्बन्ध में डॉ. केदारनाथ द्विवेदी का निम्नलिखित मापदंड तर्कसंगत है। ''किसी भी रचना की प्रामाणिकता सिद्ध करने के लिए यह आवश्यक है कि उस ग्रन्थ के लेखक की स्वरचित रचना हमें उपलब्ध हो अथवा ग्रन्थकर्ता के समय में ही किसी दूसरे व्यक्ति द्वारा लिखी गई प्रति प्राप्य हो अथवा उसकी कोई प्रति ग्रन्थकार के निधन के बहुत ही कम अनन्तर की लिपिबद्ध की गई है। कबीर-साहित्य के मूल रूप का पता लगाने के लिए इन तीनों साधनों में से कोई साधन उपलब्ध नहीं है।''[4] इसलिए कबीर-साहित्य का अनुशीलन इन तीन संग्रहों पर अवलम्बित होना ही श्रेयस्कर ज्ञात होता है।

कबीर-सम्बन्धी साहित्य

कबीर-सम्बन्धी साहित्य का अवलोकन मुख्य रूप से दो शीर्षकों के अन्तर्गत किया जा सकता है। आधार-साहित्य और आलोचनात्मक साहित्य। आधार-साहित्य कबीर सम्बन्धी रचनाओं के विभिन्न संग्रहों के रूप में उपलब्ध है, जबकि आलोचनात्मक साहित्य चार प्रकार का है : प्राचीन ग्रन्थ, इतिहास ग्रन्थ, भारतीय धर्म-साधना के ग्रन्थ और कबीर की विवेचना के ग्रन्थ। कबीर-सम्बन्ध

1. केदारनाथ द्विवेदी, कबीर और कबीर-पन्थ, पृ. 94
2. शुकदेव सिंह, कबीर-बीजक, पृ. 61
3. वही, पृ. 64
4. केदारनाथ द्विवेदी, कबीर और कबीर-पन्थ, पृ. 94

ा साहित्य का वर्गीकरण कबीर-पन्थी साहित्य और गैर-कबीर-पन्थी साहित्य के रूप में भी किया जा सकता है। लेकिन, उपर्युक्त प्रथम वर्गीकरण की सामग्री यथास्थान समाविष्ट की गई है।

आधार साहित्य : उपर्युक्त तीन संग्रहों के अतिरिक्त वेलवेडियर प्रेस का 'सन्त कबीर संग्रह' (कबीर साहब की शब्दावली) अब उपलब्ध नहीं है। वेलवेडियर प्रेस की पुस्तकों पर आधारित पं. अयोध्या सिंह उपाध्याय हरिऔध की 'कबीर रचनावली' भी सन्दिग्ध मानी जाती है। 'सद्गुरु कबीर साहब का साखी ग्रन्थ' और श्री युगलानन्द का 'सत्य कबीर की साखी' भी अप्रामाणिक होने के बावजूद आधारभूत ग्रन्थ के रूप में उल्लिखित किए जा सकते हैं। पारसनाथ तिवारी की 'कबीर ग्रन्थावली' के विषय में यह मान्यता है कि इसमें वैज्ञानिक-विधि से पाठालोचन-प्रक्रिया द्वारा पाठ का चयन किया गया है। पारसनाथ तिवारी का 'कबीर-वाणी संग्रह', माताप्रसाद गुप्त की 'कबीर ग्रन्थावली', भगवद्स्वरूप मिश्र की 'कबीर-ग्रन्थावली', पुष्पलाल सिंह की 'कबीर-ग्रन्थावली', भगीरथ मिश्र की 'कबीर वाणी', सीताराम चतुर्वेदी का 'कबीर-संग्रह', विचारदास शास्त्री का 'कबीर-बीजक', शुकदेव सिंह का 'कबीर-बीजक', आचार्य क्षितिमोहन सेन की 'कबीर-ग्रन्थावली', वेलवेडियर प्रेस की 'कबीर-ग्रन्थावली' आदि विद्वानों की न्यूनाधिक स्वीकृति के साथ प्रचलित हैं।

आलोचनात्मक साहित्य : कबीर के आलोचनात्मक साहित्य के अन्तर्गत प्रथमतः वे प्राचीन ग्रन्थ हैं, जिनमें कबीर के सम्बन्ध में दो-एक अवतरण और उल्लेख मात्र मिलते हैं। द्वितीय भाग में इतिहास के ग्रन्थ हैं, जिनमें कबीर के सम्बन्ध में संक्षिप्त रूप से उल्लेख किया गया है और इनमें प्रायः समालोचना न होकर एकपक्षीय मत मिलते हैं। तीसरे वर्ग के ग्रन्थ वे हैं जिनमें भारतीय धर्म-साधना की चर्चा के बीच में कबीर पर संक्षिप्त विचार किया गया है। इन ग्रन्थों में डॉ. भंडारकर का वैष्णविज्म ऐंड अदर रिलीजस सिस्टम्स', मैकमिलन का 'इंडियन थीइज्म' विल्सन का 'रिलिजस सेक्ट्स ऑफ हिन्दूज' फर्कुहर का 'आउट-लाइंस ऑफ रिलीजस लिटरेचर ऑफ इंडिया', आचार्य क्षितिमोहन सेन का 'मेडिवल मिस्टिसिज्म', नरसेन कम्पनी का 'रामानन्द टु रामतीर्थ', राजगोपालाचारी का 'वैष्णव रिफॉरमर्स ऑफ इंडिया, डॉ. ताराचन्द का 'इन्फ्लुऐंस ऑफ इस्लाम ऑन इंडियन कल्चर', मैकालिफ का 'सिख रिलीजन' और इलियट का 'बुद्धिज्म ऐंड हिन्दूइज्म' सम्मिलित हैं।

चतुर्थ वर्ग के ग्रन्थ वे हैं, जिनमें कबीर के व्यक्तित्व, विचारों एवं भावों की विशद् विवेचना की गई है। इनमें दो प्रकार हैं—जिनमें कबीर की आलोचना भूमिका के रूप में और स्वतन्त्र ग्रन्थ के रूप में। कबीर की आलोचना भूमिका के रूप में प्रस्तुत करनेवाले ग्रन्थों में डॉ. श्यामसुन्दर दास की 'कबीर ग्रन्थावली', अयोध्या सिंह उपाध्याय हरिऔध की 'कबीर-वचनावली', रामकुमार वर्मा का 'सन्त कबीर' तथा 'कबीर पदावली', मुँगेर पेइंटर का 'कबीर मंसूर' (जो कि कबीर पर सबसे पहली पुस्तक है) आदि मुख्य हैं। सुखदेव प्रसाद का 'कबीर ज्ञान', बाबू लहना सिंह की 'कबीर कसौटी', 'कबीर साहब का जीवन-चरित्र' तथा 'कबीर चरित्र बोध ग्रन्थ' आदि ग्रन्थ साम्प्रदायिक दृष्टि के कारण आलोचनात्मक नहीं बन पाए हैं।

कबीर-सम्बन्धी उर्दू आलोचनात्मक ग्रन्थों में प्रोफेसर वी.वी. राय का 'सम्प्रदाय', जुतशी साहब का 'कबीर साहब' और शिवव्रतलाल का 'कबीर-पन्थ' प्रसिद्ध हैं। कुछ अंग्रेजी आलोचनात्मक ग्रन्थों के नाम हैं—कवीन्द्र रविन्द्र का 'हंड्रेड पोयम्स ऑफ कबीर', मनमथनाथ गुप्त का 'प्रोफेट्स ऑफ इंडिया', रेवरेंड जी.जी.एच. वेस्टकाट का 'कबीर ऐंड कबीर-पन्थ', रेवरेंड की 'कबीर ऐंड हिस फॉलोवर्स', पीताम्बरदत्त बड़थ्वाल का 'निर्गुण स्कूल ऑफ हिन्दी पोयट्री' और मोहन सिंह

का 'कबीर ऐंड हिज बायोग्राफी' और 'कबीर ऐंड दि भक्ति मूवमेंट'। अन्यान्य भाषाओं में उपलब्ध फुटकर ग्रन्थों में संस्कृत और फारसी, डेनमार्क देश के बिशप मुंटर द्वारा लिखित इटालियन भाषा का 'रिलीजस सेक्ट्स ऑफ दि हिन्दूज' और गुजराती भाषा में किशन सिंह द्वारा लिखित 'कबीर सम्प्रदाय' महत्त्वपूर्ण हैं।

हिन्दी भाषा में कबीर पर लिखे गए सैकड़ों आलोचनात्मक ग्रन्थों में आचार्य हजारीप्रसाद द्विवेदी का 'कबीर', पंडित पारसनाथ तिवारी की 'कबीर की विचारधारा', आचार्य परशुराम चतुर्वेदी की 'कबीर साहित्य की परख', 'उत्तर भारत की सन्त-परम्परा' तथा 'कबीर साहित्य चिन्तन', डॉ. पीताम्बरदत्त बड़थ्वाल का 'हिन्दी काव्य में निर्गुण सम्प्रदाय', डॉ. गोविन्द त्रिगुणायत के 'कबीर की विचारधारा' तथा 'कबीर और जायसी का रहस्यवाद', डॉ. केदारनाथ द्विवेदी का 'कबीर और कबीर-पन्थ', डॉ. शुकदेव सिंह का 'कबीर-बीजक', डॉ. रामकुमार वर्मा का 'हिन्दी साहित्य का आलोचनात्मक इतिहास' तथा 'कबीर का रहस्यवाद', डॉ. सरनामसिंह शर्मा के 'कबीर : एक विवेचन' तथा 'कबीर : व्यक्तित्व, कृतित्व और सिद्धान्त', आचार्य रामचन्द्र शुक्ल का 'हिन्दी साहित्य का इतिहास', डॉ. विलियम द्वायर का 'कबीर की भक्तिभावना', डॉ. शुकदेव सिंह तथा गंगाशरण शास्त्री द्वारा सम्पादित 'कबीर साहब', डॉ. रामधारी सिंह दिनकर का 'संस्कृति के चार अध्याय' आदि कबीर के व्यक्तित्व और दर्शन के विश्लेषण के लिए मील के पत्थर के रूप में विशेष उल्लेखनीय हैं।[1] कबीर के व्यक्तित्व, कृतित्व और सिद्धान्त का ज्ञान प्रारम्भ से लेकर अब तक हुए अनुसन्धानपरक कार्यों तथा कबीर के नाम पर मिलनेवाले साहित्य[2] के अवलोकन से प्राप्त हो सकता है। इससे कबीर के प्रभाव का अनुमान लगाया जा सकता है। कबीर-पन्थियों द्वारा रचित पुस्तकें[3] समीक्षात्मक नहीं होने पर भी महत्त्वपूर्ण हैं।

कबीर-साहित्य की विशिष्टता

कबीर की काव्य-सम्पत्ति बहुत विशाल है—कलेवर में ही नहीं, गुणात्मकता में भी। यह गुणात्मकता कबीर-साहित्य की पहली विशिष्टता है। कथन-भंगिमा से कहीं अधिक महत्त्वपूर्ण है उनकी कथ्य वस्तु। अभिव्यक्ति शैली के प्रभाव से जीवन-दृष्टि अधिक प्रभावशाली हो गई। श्रोताओं तथा पाठकों के हृदयों पर आघात पहुँचानेवाला शब्द-बाण के साथ-साथ उन्हें झंकृत करनेवाली मार्मिक स्पर्श-व्यंजनाएँ भी उनकी कविताओं में हैं। उनके मनमारण और साधना में गम्भीरता है तो प्रेम-विरह में सरसता और सूक्ष्म अनुभूति भी है। कबीर के साहित्य में समाज, आचरण, धर्म, नैतिकता, व्यवहार आदि अनेक विषयों पर चर्चा मिलती है। उनका शृंगार रागात्मक वृत्तियों को झंकृत करते हुए भी वासना से अछूता है। इस प्रकार आन्तरिक और बाह्य पक्ष के सन्तुलित समन्वय से और विषय-वस्तु की व्यापकता और समग्रता से कबीर का साहित्य विशिष्ट हो गया है।

कबीर साहित्य की एक दूसरी विशिष्टता है, उसकी स्वाभाविकता। सन्त-काव्य की जो परम्परा कबीर-साहब के समय से चल निकली थी, वह स्वतः प्रसूत निर्झर के समान आगे बढ़ी जो किसी मूलस्रोत से आप से आप निकलकर सदा अग्रसर होता चला जाता है। उसका मार्ग

1. कबीर सम्बन्धी साहित्य के वर्गीकरण तथा विस्तृत विवेचन के लिए द्रष्टव्य : गोविन्द त्रिगुणायत, कबीर की विचारधारा, पृ. 55-73
2. शुकदेव सिंह, कबीर-बीजक, पृ. 13-29
3. केदारनाथ द्विवेदी, कबीर और कबीर-पन्थ, पृ. 55-58

किसी नहर-सा बना-बनाया नहीं रहा करता, न उसके दाहिने-बाएँ कोई कृत्रिम करारों की बाधाएँ ही खड़ी रहती हैं।[1] "कबीर का साहित्य कवि के हृदय की वह सहज भावना और कल्पना है कि जिसमें बनावट के लिए कोई स्थान है ही नहीं।...यह खान से निकला हुआ वह स्वर्ण है जिसे तपाया तो गया है, परन्तु कुशल स्वर्णकार द्वारा उस पर डैमल नहीं काटा गया। कबीर ने इस स्वर्ण को स्वाभाविकता द्वारा ही सौन्दर्य की अनुभूति प्रदान की है।"[2] इसलिए शुद्ध भाव-प्रधान काव्य होकर भी वह कबीर के आत्मप्रकाशन का वाहन बन गया। कबीर की गहरी अनुभूति सहज भाव बनकर, लेकिन अपने भाव-गाम्भीर्य को खोए बिना काव्य में प्रवाहित हो उठी है। इस प्रकार स्वानुभूति का निदर्शन आत्माभिव्यंजन में परिणत हुआ। इसलिए यह कहना सच है कि अन्य प्रमुख कवियों ने पढ़-पढ़ाकर जो कहा, कबीर ने स्वभावतः वही कहा, जो अपने आप में अतुलनीय है।

कबीर-साहित्य की तीसरी विशिष्टता भक्ति और काव्य का सेतु-बन्धन है। कबीर की जीवन-दृष्टि के अनुसार भक्ति के बिना जीवन व्यर्थ है। भगवान् के भजन के बिना कहीं भी सुख प्राप्त नहीं हो सकता। हरिभक्ति बिना जीना ही धिक्कार है, क्योंकि जीवन की सार-वस्तु बस वही है। भक्ति की अभिव्यक्ति में ही उसकी सार्थकता है। भक्ति की स्वाभाविक अभिव्यक्ति काव्य है। "साधनारत हृदय की स्वाभाविक भाषा है—काव्य। भक्ति की प्रत्येक अभिव्यक्ति काव्य में प्रतिफलित होती है। भक्ति के द्वारा सत्य का प्रकाश होता है। सत्य के प्रकाश का साधन बनकर, जिसकी प्रगाढ़ अनुभूति उनको हुई थी, कविता स्वयमेव उनकी जिह्वा पर आ बैठी है।"[3] भक्ति में अलौकिक सिद्धि की प्राप्ति के लिए उन्होंने योग का सहारा लिया था। लेकिन "उनकी दृष्टि में हृदय-कमल में परमात्मा-तत्त्व का साक्षात्कार करने में ही योग की सफलता थी।"[4] उनका काव्य परमात्मा के इस अनुभूतिमय साक्षात्कार का सहज निदर्शन है। अपने प्रियतम के प्रति अतीव आस्था और निष्ठा के कारण कहीं-कहीं काव्य में भी अतिरंजित भावाभिव्यक्ति आई है। उदाहरण के लिए अपने शरीर को जलाकर स्याही बनाकर हड्डियों के लेखनी से प्रियतम राम का नाम लिखने का प्रसंग लिया जा सकता है। भक्ति की यह आध्यात्मिक स्वानुभूति सबके प्रति सामाजिक कल्याण-भावना में काव्य बन गई। उनकी भक्ति मूल से अभिन्न रूप से जुड़ी हुई थी। इसलिए उनका काव्य भी मौलिक बन गया। इस प्रकार उनकी भक्ति और कविता ने परस्पर हार्दिक उमंग की लपेट में भावापन्न होकर मधुर संगम कर लिया।

इससे स्पष्ट होता है कि कबीर का साहित्य दर्पण-जैसा समाज का प्रतिफलक और 'कबीर-जैसी' चिरस्थायी प्रभविष्णुता से युक्त है। कबीर-साहित्य का सार-संक्षेप बस यही हो सकता है कि "कबीर का जीवन संसार से ऊपर उठा था, वैसा ही उनका काव्य भी साधारण कोटि से ऊँचा था।"[5] अन्य शब्दों में, कबीर की वाणी "भारतीय संस्कृति सागर के गहन मन्थन से प्राप्त दिव्य नवनीत है।"[6]

---

1. परशुराम चतुर्वेदी, कबीर साहित्य की परख, पृ. 18
2. यज्ञदत्त शर्मा, कबीर साहित्य और सिद्धान्त, पृ. 115
3. श्यामसुन्दर दास, कबीर ग्रन्थावली, भूमिका, पृ. 46
4. पुरुषोत्तम श्रीवास्तव, कबीर साहित्य का अध्ययन, पृ. 135
5. श्यामसुन्दर दास, कबीर-ग्रन्थावली, भूमिका, पृ. 46
6. रामचन्द्र तिवारी, कबीर मीमांसा, आमुख, पृ. 7

2. कबीर का व्यक्तित्व

कबीरदास उस अद्वितीय व्यक्ति का अभिधात्मक नाम है जिनके आविर्भाव से मध्यकाल से लेकर आधुनिक काल तक ही नहीं, हमेशा के लिए, मानवता की एक नई व्यंजनाशक्ति उद्घाटित हो गई है। कबीर एक अलौकिक प्रतिभा है, जिन्होंने मानवीय जीवन के सार-संक्षेप की गम्भीरतम विषय-वस्तु को लेकर श्रेष्ठ और कवित्वपूर्ण वांगमय का सृजन किया तथा सार्थक कवि-कर्म का एक नया आयाम केवल हिन्दी साहित्य के लिए ही नहीं वरन् सम्पूर्ण भारतीय साहित्य के लिए प्रस्तुत किया। इस प्रकार विश्व-साहित्य की रचना-दृष्टि में उन्होंने एक नूतन अध्याय जोड़ने का श्रेय प्राप्त किया। कबीर परम्परा-प्रर्वतक महामानव थे, जिन्होंने स्वयं में साधुता और सामाजिकता का समन्वय करके आध्यात्मिक अनुभूति और सामाजिक सांस्कृतिक चेतना में सन्तुलन स्थापित किया। कबीर का व्यक्तित्व सूक्ष्म दृष्टि, स्वतन्त्र विचार तथा स्वानुभूति, अपार आत्मविश्वास तथा साहस, सशक्त अभिव्यंजना-क्षमता आदि विशिष्ट गुणों से विभूषित होकर प्रभावशाली और कालजयी हो गया। उनकी ईश्वर-साधना और मानव-भावना इतनी प्रबल थी कि उनके नाम पर एक विशाल पन्थ स्थापित होकर भारतीय समाज को अलंकृत और समृद्ध करता है। कबीर का व्यक्तित्व अनुपम प्रेरणादायकता और सर्वकालिक प्रासंगिकता से अनुप्राणित है। इसीलिए आज सर्वाधिक संख्या में अनुसन्धानकर्ता उनकी ओर आकर्षित हैं।

'कबीर' नाम

'कबीर' अरबी या फारसी शब्द है–जिसका अर्थ है, श्रेष्ठ, बड़ा, महान् आदि।[1] कबीरदास के लिए 'कबीर' नाम का औत्पत्तिक विश्लेषण करते हुए डॉ. माताप्रसाद गुप्त का मानना है कि ''कबीर का उनके माता-पिता का दिया हुआ नाम क्या था, यह ज्ञात नहीं है। यद्यपि यह असम्भव नहीं है कि वे मुसलमानी कुल में उत्पन्न थे, इसलिए 'कबीर' उनके नाम का सर्वप्रमुख अंश रहा हो, किन्तु जब तक कोई स्पष्ट प्रमाण इस सम्बन्ध में न मिल जाए, यह विचार कल्पना की कोटि का ही माना जाएगा।''[2] डॉ. माताप्रसाद गुप्त अपने ग्रन्थ में कबीर शब्द के कुछ अन्य प्रयोगों की भी चर्चा करते हैं। 'कबीरा' 'कवि'/कब्बि/काव्य + डा = हल्के ढंग का काव्य। होली के अवसर पर जो 'कबीर' गाया जाता है, वह मूलतः कदाचित् इसी अर्थ का बोधक है। फरीद के 'पदितनामा' में काव्य कबीरी का एक प्रयोग मिलता है, जिसका अर्थ है 'उपदेश, नसीहत या उपदेश-सन्देश।' 'कबीर' उनके ब्रह्मवाद का नाम भी है। कबीर अपने ही को ब्रह्मरूप में सर्वत्र व्याप्त करते हैं। इसके अनुसार 'कबीर' के अर्थ श्रेष्ठ, महान्, ब्रह्म आदि हैं। कबीर की रचनाओं में यह प्रयोग द्रष्टव्य है। ''ना कुछ किया न करि सक्या, ना करणे जोग सरीर। जो कुछ किया सुहरि किया, ताथै भया कबीर ॥'' और ''कबीर मन मृतक गया, दुर्बल भया सरीर। तब पैडे लागा हरि फिरै, कहत कबीर-कबीर।''[3] कबीर के नाम के सम्बन्ध में उन्हीं का निष्कर्ष तर्कसंगत है–''फलतः भले ही यह निश्चित न हो कि 'कबीर' नाम उसके माता-पिता के दिए हुए नाम

---

1. वासुदेव सिंह, कबीर काव्य कोश, पृ. 42
2. माताप्रसाद गुप्त, कबीर ग्रन्थावली, पृ. 8
3. श्यामसुन्दर दास, कबीर ग्रन्थावली, साखी, क्रमशः 38.1, पृ. 48; 41.2, पृ. 50

का कोई अंश था या नहीं, वह उनकी विनम्रता के सम्बन्ध में 'कवि + डा' का बोधक और उनके ब्रह्मवाद के सन्दर्भ में 'श्रेष्ठ', 'महान' और इसलिए 'ब्रह्म' का बोधक अवश्य था।''[1]

कबीर-सम्बन्धी बहिर्साक्ष्य तथा अन्तःसाक्ष्य

बहिर्साक्ष्य : कबीर का जीवन-परिचय प्राप्त करने के लिए पहले बहिर्साक्ष्य का आश्रय लिया जाना चाहिए। कबीर-विषयक बहिर्साक्ष्य की जानकारी तीन स्रोतों से उपलब्ध होती है–प्राचीन ग्रन्थ, कबीर से सम्बन्धित स्थान और वस्तुएँ तथा कबीर के सम्बन्ध में जनश्रुतियाँ।

डॉ. गोविन्द त्रिगुणायत अपने ग्रन्थ 'कबीर की विचारधारा' में कबीर-विषयक बहिर्साक्ष्य की सामग्री की परीक्षा करते हैं। प्राचीन ग्रन्थों में नाभादासकृत 'भक्तमाल', प्रियादासकृत 'भक्तमाल की टीका', 'रैदासजी की वाणी', 'गरीबदासजी की वाणी', 'धर्मदासजी का निर्भयज्ञान', 'गुरुग्रन्थसाहब', आनन्ददासजी की 'श्री कबीर साहब की परिचई', 'सन्त तुकाराम', 'सन्त पीपा की वाणी', 'प्रसंग परिजात', 'सरब गुटिका' के अन्तर्गत 'भक्तमाल' तथा 'रामरसिकावली', कबीरपन्थी ग्रन्थों के अन्तर्गत 'भवतारण', 'अमरसिंह बोध', 'गोरख कबीर गुष्टि', 'कबीर चरित्र बोध' आदि, उर्दू तथा फारसी ग्रन्थों के अन्तर्गत 'खजीन अन्तुल असफिया', 'दविस्ताने मजाहिब', 'नजकीरूल फुकरा', 'आईन-ए-अकबरी' आदि कबीर के जीवन के विभिन्न पक्षों पर छोटे-बड़े उल्लेखों द्वारा प्रकाश डालते हैं।

कबीर के जीवन का परिचय देनेवाला दूसरा क्षेत्र कबीर से सम्बन्धित स्थान व वस्तुएँ हैं। तीन स्थान कबीर से सम्बन्धित हैं : मगहर, काशी और मानिकपुर। कबीर की मृत्यु, निवास और तथाकथित मुरीद शेख तकी की कब्र इन स्थानों से कबीर को जोड़ते हैं। इन स्थानों के अलावा, जगन्नाथपुरी, रतनपुर, बगदाद, समरकन्द, गुजरात, पंढरपुर, नर्मदा तट आदि स्थान भी कबीर द्वारा की गई यात्राओं के कारण उनसे सम्बन्धित बताए जाते हैं। कबीर के विविध चित्र भी कबीर के विषय में कई विवरण देने में सक्षम हैं। इनमें प्रमुख हैं : कबीरचौरा–काशी का चित्र, 'रामानन्द टु रामतीर्थ' नामक ग्रन्थ में दिया हुआ चित्र, ब्रिटिश म्यूजियमवाला चित्र, कलकत्ता म्यूजियमवाला चित्र, गुरु अर्जुनदेव के लाहौरवाले गुरुद्वारे में फ्रेस्को के रूप में वर्तमान चित्र युगलानन्द द्वारा प्रदत्त चित्र और पूना की चित्रमालावाला चित्र। बहिर्साक्ष्य द्वारा कबीर के जीवन को परिचित करानेवाला तीसरा बिन्दु है–कबीर-विषयक जनश्रुतियाँ। विधवा ब्राह्मणी का पुत्र होकर स्वामी रामानन्द के आशीर्वाद से उत्पन्न होना तथा लहरतालाब में एक विचित्र ज्योति के रूप में अवतरित होना कबीर-सम्बन्धी किंवदन्तियों के उदाहरण हैं।[2] ध्यातव्य है कि बहिर्साक्ष्य की इन सामग्रियों से कबीर के जीवन के सम्बन्ध में कतिपय बातें उजागर हो जाती हैं।

अन्तःसाक्ष्य : अन्तःसाक्ष्य से कबीर के सम्बन्ध में अधिक विश्वसनीय जानकारी मिलती है। कबीर की प्रामाणिक रचनाओं में से उनके समय, माता-पिता, गुरु जाति तथा जीविका, निवास-स्थान, बाल्यकाल, स्त्री, पुत्र-पुत्री, अध्ययन, पर्यटन, विरोध का स्वर, वैराग्य तथा योग, मगहर आदि बिन्दुओं पर कतिपय उल्लेख मिलते हैं।[3]

---

1. माताप्रसाद गुप्त, कबीर ग्रन्थावली, पृ. 10
2. गोविन्द त्रिगुणायत, कबीर की विचारधारा, पृ. 5-21
3. वही, पृ. 21-26

कबीर का जीवन-वृत्त

कबीर के जीवन-परिचय के विषय में पंडित परशुराम चतुर्वेदी का कथन है कि "सन्त कबीर साहब की कोई प्रामाणिक जीवनी अभी तक उपलब्ध नहीं है। न ऐसे ऐतिहासिक प्रसंग ही इतनी संख्या में मिलते हैं, जो उनके जीवन की घटनाओं को किसी सुव्यवस्थित रूप में लाते समय पर्याप्त सिद्ध हो सकें। उनके विषय में जो कुछ मिलता है, उसका अधिकांश पौराणिक गाथाओं से अधिक महत्त्व नहीं रखता और शेष भी निरे उल्लेख व प्रसंग के ही रूप में हैं। उनकी सारी प्रामाणिक रचनाओं का भी कोई संग्रह अभी तक प्रकाशित नहीं, जिसके आधार पर किसी अनुमान की पुष्टि हो। उनके पदों-साखियों में जो कुछ संकेत बिखरे हुए से दीख पड़ते हैं वे ही इस समय उनके परिचय के साधन बन सकते हैं।"[1] कबीर की जीवनी-सम्बन्धी स्थिति की गम्भीरता इससे स्पष्ट होती है कि "कबीर साहब के मत-सम्बन्धी वास्तविक सिद्धान्तों की ही भाँति उनके समय, जाति, जन्म-स्थान तथा जीवन की घटनाएँ भी आजकल विवाद का कारण हो रही हैं। स्वयं कबीर साहब ने अपने सम्बन्ध में प्रायः कुछ भी नहीं कहा है। उनके समकालीन समझे जानेवाले भी उनकी ओर केवल संकेत करके रह गए हैं।"[2] इसलिए कबीर के जीवन-वृत्त के किसी भी पक्ष पर पूर्ण निश्चितता के साथ कुछ भी कहा नहीं जा सकता है।

कबीर के आविर्भाव-काल के प्रमाण में कई जन्म तिथियाँ प्रस्तुत हैं। सन्दिग्ध होने के बावजूद परम्परागत रूप से यह तिथि 1398 ई. मानी जाती है। कबीर मैथिल कवि विद्यापति के समसामयिक भी माने जाते हैं। कबीर के निधन काल से तीन सम्बन्धित मतों के अनुसार सन् 1518, 1448, 1485 की तिथियाँ दी जाती हैं। लेकिन एक चौथा मत इन आनुमानिक घटनाओं को ऐतिहासिक बनाने की चेष्टा समझकर तिथि-निर्धारण के स्थान पर 16वीं शताब्दी के प्रथम चरण को प्रस्तावित करना समीचीन समझता है। कबीर के जन्म-स्थान के रूप में मगहर, काशी और बेलहरा गाँव की चर्चा होती है। लेकिन अनिर्णीत होने पर भी काशी को उनका आविर्भाव-स्थल मानने का प्रचलन अधिक है। 'काशी का जुलाहा' होने का उल्लेख उनकी रचनाओं से भी प्राप्त है। काशी में उनका निवास लगभग असन्दिग्ध रूप में मान्य है। 'सकल जन्म सिवपुरी गँवाया' आदि बातों से काशी से पूर्ण रूप से परिचित होने का संकेत मिलता है।

कबीर की जाति के विषय में दो मत हैं। 'कहैं कबीरा कोरी' के आधार पर 'कोरी' माने जाते हैं और 'जाति जुलाहा' के आधार पर 'जुलाहा'। 'कोरी' हिन्दू जाति है और 'जुलाहा' मुसलमान जाति। विधवा ब्राह्मणी से उत्पन्न होने तथा मुसलमान दम्पति नीरू-नीमा द्वारा भरण-पोषण की भी जनश्रुतियाँ मिलती हैं यह भी कहा जाता है कि 'कोरी' जाति का मुसलमानी संस्करण है 'जुलाहा' अथवा 'जुलाहे' का हिन्दी रूपान्तर है 'कोरी'। लेकिन कबीर ने अपने बारे में 'न हिन्दू, न मुसलमान' भी कहा है। 'कोरी' और 'जुलाहा' शब्दों की व्याख्या करते हुए डॉ. गोविन्द त्रिगुणायत का कहना है कि "मेरी समझ में उनके द्वारा प्रयुक्त 'कोरी' शब्द जाति का सूचक न होकर केवल व्यवसाय का ही सूचक है।" और 'उन्होंने 'जोलाहा' शब्द का प्रयोग अपने कुल की हीनता द्योतित करने के लिए ही किया है।[3] कबीर के माता-पिता के सम्बन्ध में

1. परशुराम चतुर्वेदी, कबीर साहित्य-चिन्तन, पृ. 171-72
2. परशुराम चतुर्वेदी, कबीर साहित्य की परख, पृ. 249
3. गोविन्द त्रिगुणायत, कबीर की विचारधारा, पृ. क्रमशः 41 और 38

बहुप्रचलित मान्यता है कि ये नीरू-नीमा के पोष्य या औरस पुत्र थे। इस बात से विधवा ब्राह्मणी का पुत्र होने तथा लहरतारा तालाब में प्रकट होने की जनश्रुति भी प्रायः जोड़ी जाती है।

कबीर के गुरु के सम्बन्ध में कई तर्क हैं। विद्वानों का एक पक्ष कबीर के कोई गुरु होने का तर्क देता है, जबकि दूसरा पक्ष कबीर का कोई मानवगुरु होने की मान्यता को अस्वीकार करता है। जो विद्वान कबीर का कोई गुरु होने के पक्ष में हैं, उनमें कुछ स्वामी रामानन्द को, कुछ मुसलमान पीर शेखतकी को कबीर का गुरु मानते हैं। कबीर का स्वामी रामानन्द द्वारा दीक्षित शिष्य होना पूर्ण रूप से अप्रमाणित है। कबीर की रचनाओं में स्वामी रामानन्द का उल्लेख तक नहीं मिलता है, हालाँकि जनश्रुतियों पर आधारित तर्क उपलब्ध है। पंडित परशुराम चतुर्वेदी का यह निष्कर्ष अधिक तर्क-संगत प्रतीत होता है, ''वास्तव में बिना किसी पुष्टि के हम किसी को भी उनका गुरु अथवा पीर मानने के लिए सहसा तैयार नहीं हो सकते।...कबीर साहब सम्भवतः आरम्भ से ही एक स्वतन्त्र प्रकृति के व्यक्ति थे। यद्यपि उन्होंने अनेक श्रेणी के सन्तों, साधुओं, सूफियों तथा पीरों से सत्संग किया होगा, फिर भी अपने निराले स्वभाव के कारण किसी साम्प्रदायिक परिधि के भीतर आ नहीं सकते थे और विविध सत्संगों के भिन्न-भिन्न प्रभाव भी उन्हें ऐसा करने में बाधा पहुँचाते रहे होंगे।''[1] यदि ऐसा कोई दीक्षा-गुरु उनका होता, तो जहाँ गोरख, भरथरी, गोपीचन्द, नामदेव और जयदेव का उन्होंने स्मरण किया है, उसको भी ये स्मरण करते।

कबीर की शिक्षा-दीक्षा किस रूप में प्राप्त हुई थी, इसके सम्बन्ध में कोई साक्ष्य प्राप्त नहीं है। लेकिन इसकी यथेष्ट सम्भावना है कि उनको कोई शास्त्रीय शिक्षा-दीक्षा नहीं मिली होगी। कबीर के युग में शास्त्रीय शिक्षा-दीक्षा द्विजातियों तक, मुख्यतः ब्राह्मणों तक ही सीमित थी। शिल्पी जाति (चाहे वह हिन्दू हो या मुसलमान) में इसका प्रचलन नहीं था। डॉ. माताप्रसाद गुप्त कबीर को निरक्षर मानने के पक्ष में नहीं हैं। ''प्रायः यह समझा जाता है, और कहा भी जाता है कि कबीर निरक्षर थे, लिखने-पढ़ने से उन्हें कोई वास्ता नहीं था, सुन-सुनाकर ही उन्होंने ज्ञानार्जन किया था। किन्तु इससे बढ़कर निराधार कथन कोई नहीं हो सकता है। यह कबीर की विचार और अभिव्यक्ति शैली का अध्ययन करने से पूर्णतः स्पष्ट हो जाता है।''[2] कबीर की भाषा-शैली और विचारधारा पर पूर्ववर्ती सन्तों और योगियों का प्रभाव परिलक्षित होने का अर्थ यही हो सकता है कि कबीर ने मौखिक रूप से या संकलन-ग्रन्थों के माध्यम से पूर्ववर्ती महात्माओं की वाणियों का अध्ययन-अभ्यास किया होगा और कोई उपाधि नहीं रहने पर भी वे काफी हद तक शिक्षित-दीक्षित रहे होंगे। इस दृष्टि से कबीर को निरक्षर या अशिक्षित मानना अन्यायपूर्ण ही नहीं, असत्य भी होगा। 'मसि कागद छुयो नहिं...' वाले कथन को उनकी सन्त-महात्मा-सुलभ विनम्रता का परिचायक मानना ही कुछ सीमा तक तर्कसंगत प्रतीत होता है।

कबीर के पारिवारिक जीवन के विषय में स्पष्ट जानकारी प्राप्त नहीं है। उनकी रचनाओं में दो नाम उल्लिखित हैं : 'लोई' और 'धनिया'। लेकिन 'लोई' शब्द के प्रयोग से अधिकतर विद्वान 'लोक' का अर्थ लेने के पक्ष में हैं। 'मेरी बहुरिया कौ धनीया नाउ। लै राखिओ राम जनीआ नाउ ॥' इस पंक्ति से स्पष्ट है कि धनिया-धन्या स्त्री है और 'राम जनीआ' रामदासी

---

1. पंडित परशुराम चतुर्वेदी, कबीर साहित्य की परख, पृ. 253
2. माताप्रसाद गुप्त, कबीर ग्रन्थावली, पृ. 4

है। ''यदि इस अर्धाली से संकेतार्थ यह लिया जाए कि पहले उनकी स्त्री एक सामान्य स्त्री मात्र थी, जिसे अंगीकार कर उन्होंने रामभक्ति में दीक्षित कर लिया था, तो कदाचित् अधिक बुद्धि-संगत होगा।''[1] उनके कमाल नाम से एक पुत्र और कमाली नाम से एक पुत्री होने का संकेत भी मिलता है। उनका परिवार छोटा था। कुल मिलाकर उनका पारिवारिक जीवन सुखमय नहीं रहा। आध्यात्मिक विचारों के कारण घर पर साधु-सन्तों की मंडलियों का निरन्तर आगमन होता था। उनके स्वागत-सत्कार में वे सहर्ष कष्ट उठाते थे। कबीर का पारिवारिक जीवन एक साधारण गृहस्थ का था। उनका उद्‌देश्य अपने शरीर को स्वस्थ रखते हुए आध्यात्मिक जीवन के आनन्द का निरन्तर अनुभव करना था और वे दूसरों को भी इसी ओर प्रवृत्त करते थे।[2] कबीर का व्यवसाय उन्हें पैतृक विरासत में ही मिला था। वे वयनजीवी थे। वे कुटुम्ब के भरण-पोषण अर्थात् जीविकोपार्जन के लिए ही काम करते थे।

कबीर का धर्म क्या था, यह प्रश्न भी प्रायः पूछा जाता है। उन्होंने कहा था, 'न हिन्दू, न मुसलमान'। उस समय सर्वाधिक प्रचलित दोनों धर्मों का दुर्बल पक्ष वे भली-भाँति जानते थे। दोनों की खूबियों को आत्मसात् करने के अनन्तर भी दोनों उनकी सदस्यता के योग्य नहीं साबित हुए। उन्होंने दोनों धर्मों के बाह्याडम्बरों तथा भेदभाव पर कर्कश प्रहार किए हैं। इस खंडन-प्रियता के कारण उन्हें दोनों धर्मों के धर्माधिकारियों का कोपभाजन बनना पड़ा। फिर भी, कबीर दोनों धर्मों से बढ़कर रहे, एक अलौकिक धर्म के सदस्य बनकर। यह उनकी महान् विशेषता है। कबीर के देशभ्रमण की प्रवृत्ति प्रसिद्ध है। वे फक्कड़ और घुमक्कड़ आदमी थे। सत्य की खोज में वे पर्यटन करते थे। साधु-सन्तों के सत्संग के लिए विभिन्न स्थानों का उन्होंने देशाटन किया। उनके देश-भ्रमण के विषय में कोई सन्देह है सदा सत्संग के इच्छुक रहनेवाले व्यक्तियों को अपने उद्‌देश्य की पूर्ति के लिए दूर-दूर तक भटकना पड़ता है।[3]

कबीर के निधन-स्थान के रूप में मगहर को मानने की परम्परा ही चली आ रही है। इस विषय में भी पूर्ण निश्चितता असम्भव है। काशी कबीर को बहुत प्रिय थी। फिर भी अन्त-समय में वह काशी को त्यागकर मगहर चले गए थे। इसके लगभग निश्चित प्रमाण दादू-पन्थी और कबीर-पन्थी परम्पराओं में मिलते हैं। उस समय यह अन्धविश्वास प्रचलित था कि काशी में निधन स्वर्ग का द्वार खोलता है जबकि मगहर की मृत्यु नरक प्राप्ति का कारण। ''काशी का त्याग उन्होंने अपने इस दृढ़ विश्वास को प्रमाणित करने के लिए किया था कि काशी-नाम से मुक्ति नहीं होती है, वह केवल हरिभक्ति से होती है। वे अपने इस विश्वास की दृढ़ता में नरक तक स्वीकार करने के लिए उद्यत थे, किन्तु अपने मुक्ति-लाभ का श्रेय काशी-वास को नहीं देना चाहते थे। इस प्रकार की संकल्प-दृढ़ता बिरलों में ही देखी जाती है, और यह कबीर के अति-साधारण व्यक्तित्व का प्रमाण है।''[4] 'चरन-बिरद काफी कौन देहूँ, कहै कबीर मल नरकहिं जैहूँ।' यह पंक्ति कबीर के तद्‌विषयक दृढ़ निश्चय को प्रमाणित करती है।

कबीर के स्वतन्त्र विचारों के कारण उन पर किए गए अत्याचारों की जनश्रुतियाँ मिलती हैं। यह 'कबीर-ग्रन्थावली' से समर्थित भी हैं। कबीर को जलमग्न किए जाने तथा हाथी से

---

1. माताप्रसाद गुप्त, कबीर ग्रन्थावली, पृ. 5
2. परशुराम चतुर्वेदी, कबीर साहित्य की परख, पृ. 225-26
3. वही, पृ. 254
4. माताप्रसाद गुप्त, कबीर ग्रन्थावली, पृ. 7

कुचलवाए जाने के असफल प्रयासों का उल्लेख सन्दिग्ध होने पर भी यह असम्भव नहीं है कि मुस्लिम शासन में किसी काजी को इस्लाम के बाह्याचार की खुली निन्दा सहन न हुई और उसने उपर्युक्त प्रकार से कबीर को प्राणदंड दिए जाने के आदेश दिए हों, जिससे किसी प्रकार से कबीर बच गए हों।[1] इससे कबीर के मगहर-गमन के सम्बन्ध में यह अनुमान भी लगाया जा सकता है कि सिकन्दर लोदी के अत्याचारों से पीड़ित होकर कबीर को काशी छोड़नी पड़ी। मगहर एक सुरक्षित स्थान था, जहाँ कबीर ने शरण ली हो और वहीं उनकी मृत्यु हुई।[2] जनश्रुतियों के अलावा, बस्ती जिलान्तर्गत आई नदी के तट पर कबीर का स्मारक, दो मठ, कब्र समाधि आदि कबीर का मगहर से अटूट सम्बन्ध को घोषित करते हैं।

कबीर के जीवन-वृत्त के इस संक्षिप्त अवलोकन के पश्चात् यह स्पष्ट हो जाता है कि "कबीर भी उन महापुरुषों की परम्परा में हैं, जो अपने सम्बन्ध में कोई परिचय नहीं देना चाहते। फिर भी, कवि की अभिव्यक्ति अपने व्यक्तित्व से अछूती नहीं रह सकती। उनकी रचनाओं में जहाँ-तहाँ कुछ-न-कुछ निजी बातें झलक ही जाती हैं। कबीर की रचनाओं में भी हमें अपने जीवन के सम्बन्ध में आरक्षित सामग्री के रूप में कुछ-न-कुछ सामग्री मिल ही जाती है।"[3] परन्तु, कबीर के जीवन-वृत्त के विषय में बहिर्साक्ष्य और अन्तर्साक्ष्य दोनों से उपलब्ध अधिकांश सामग्री पर असन्दिग्धता की मुहर नहीं लगाई जा सकती। क्योंकि वह उनके प्रति अति-श्रद्धालुता, ऐतिहासिक प्रमाणों का अभाव, साम्प्रदायिक दृष्टि, अतिरंजित वर्णन, जनश्रुतियों आदि से प्रभूत मात्रा में प्रभावित है। कबीर का जितना भी परिचय इस अवलोकन से प्राप्त हुआ है, उस पर अवलम्बित होकर उनके व्यक्तित्व के विषय में इतना निश्चित कहा जा सकता है कि ऐसी विषम परिस्थितियों में भी सत्य का वह अनन्य उपासक रंचमात्र भी विचलित न हुआ। यही दृढ़ता कबीर के जीवन की प्रमुख शक्ति है। आज तक वे इसलिए यशःकाया में बने रह सके हैं।[4]

कबीर का कवित्व

कबीर के कवि-व्यक्तित्व पर कुछ विद्वानों ने प्रश्न-चिह्न लगाया है। यह इसलिए है कि उन विद्वानों ने पूर्वाग्रहयुक्त और संकुचित काव्य-दृष्टि से कबीर के काव्य का मूल्यांकन किया है। मानवीय जीवन जितना विविध और विशाल है ठीक उतनी ही विविधता से युक्त परिभाषा को लेकर कबीर के काव्य का अनुशीलन किया जाए तो ज्ञात होगा कबीर-साहित्य में जो उपलब्ध है उसका अधिकांश भाग उत्कृष्टतम काव्य से कम नहीं है।

डॉ. श्यामसुन्दर दास कबीर के काव्य में विद्यमान कुछ खटकनेवाली बातों की ओर संकेत करते हैं। उनके विचार से कबीर ने एक ही बात का कई बार आवर्तन किया है। इससे कहीं-कहीं रोचकता पर बुरा प्रभाव पड़ा है। उनके ज्ञानीपन की शुष्कता भाषा के अक्खड़पन पर प्रतिबिम्बित हुआ है। उनकी आधी से अधिक रचना कविता न होकर दार्शनिक पद्य मात्र है। उनकी कविता में साहित्यिकता का सर्वथा अभाव है। उनकी भाषा परिमार्जित नहीं है और उनके ग्रन्थ

---

1. माताप्रसाद गुप्त, कबीर ग्रन्थावली, पृ. 7
2. सत्येन्द्र, 'जीवन-परिचय', कबीर : एक विश्लेषण, पृ. 14
3. वही।
4. गोविन्द त्रिगुणायत, कबीर की विचारधारा, पृ. 5

पिंगलशास्त्र के नियमों के अनुकूल भी नहीं हैं।[1] ये बातें अतिरंजनापूर्ण प्रतीत होने पर भी शुद्ध काव्यशास्त्रीय दृष्टि से सत्य ही हैं। लेकिन, कबीर की मूल दृष्टि के दिग्दर्शन मात्र से इस खरेपन में मिठास का आगमन होगा। "कबीर में प्रतिभा थी, मौलिकता थी, उन्हें कुछ सन्देश देना था और उनके लिए शब्द की मात्रा गिनने की आवश्यकता न थी, उन्हें तो इस ढंग से अपनी बातें कहने की आवश्यकता थी, जो सुननेवालों के हृदय में पैठकर बैठ जाएँ।"[2] इससे स्पष्ट होता है कि कबीर की काव्य-दृष्टि और जीवन-दृष्टि में कोई अन्तर नहीं है। उनकी विचारधारा ही उनका काव्य है। कविता के लिए उन्होंने कविता नहीं की है। उनकी विचारधारा सत्य की खोज में बही है, उसी को प्रकाश करना उनका ध्येय है। उनकी विचारधारा का प्रवाह जीवनधारा के प्रवाह से भिन्न नहीं है। उसमें उनका हृदय घुला-मिला है, उनकी प्रतिभा हृदय-समन्वित है। सत्य के प्रकाश का साधन बनकर, जिसकी प्रगाढ़ अनुभूति उनको हुई थी, कविता स्वयंमेव उनकी जिह्वा पर बैठी है। कबीर का जीवन संसार से ऊपर उठा था, वैसे ही उनका काव्य भी साधारण कोटि से ऊँचा था।[3] इतना ही नहीं, कबीर को मध्यकाल के आदिकवि होने की प्रतिष्ठा प्राप्त है। "कबीरदास के पूर्व के किसी भक्त की वाणी नहीं मिलती। हिन्दी साहित्य के इतिहास में वीरगाथा काल की समाप्ति पर मध्यकाल का आरम्भ कबीरदासजी से होता है। अतएव इस काल के वे आदिकवि हैं।"[4]

कबीर के काव्य में विषय-वस्तु प्रधान है। तत्त्वदर्शन और सिद्धान्त-निरूपण प्रभूत मात्रा में उसमें उपलब्ध हैं। उनकी अनुभूति गहन थी। वे प्रत्युत्पन्नमति थे। उनमें तत्त्व को शीघ्र ही समझने की पैनी दृष्टि थी। तत्त्व में डुबकी लगाकर अन्तर्जगत के रहस्यों को उद्घाटित करने की क्षमता मानो उनका सहज स्वभाव ही था। वे स्पष्ट वक्ता होकर समाज की कलई खोलकर रख देते थे। "कबीर की रचनाएँ सबसे अधिक उनके तत्त्व दर्शन के कारण महत्त्वपूर्ण हैं, किन्तु उनका काव्य-तत्त्व भी उपेक्षणीय नहीं है। वस्तुतः उनका समस्त दर्शन काव्य बन गया है और इसलिए बन गया है कि वह उनके सुख-दुःख, अनुराग-विराग और हर्ष-विषाद का विषय हो गया है। उसमें मधुर भक्ति की विभिन्न भावनाओं की वह सरस अभिव्यक्ति भी है, जो उनकी रचनाओं का अवगाहन करनेवालों को प्रभावित किए बिना नहीं रह सकती है।"[5] कबीर अनुभूति के आगार थे। उनमें भाव-प्रकाशन की असीम क्षमता थी। डॉ. पुरुषोत्तम चन्द्र वाजपेयी के शब्दों में, "स्वाभाविकता, स्पष्टवादिता और भावाभिव्यक्ति के दर्शन जिस मजे हुए ढंग से कबीर की रचनाओं में होते हैं, वे बरबस पिंगल-ज्ञाताओं तथा सीखकर बननेवाले रसविज्ञों को भी यह कहने के लिए बाध्य करते हैं कि कबीर कवि थे और उस कोटि के थे जहाँ केवल दो-एक को छोड़कर अभी तक हिन्दी साहित्य में कोई भी नहीं पहुँच पाया है।"[6]

कविता के दो स्रोत हैं—सृष्टि और सौन्दर्य। बुद्धि-तत्त्व और भाव-तत्त्व के सामंजस्य से भी वह एक साथ समेट नहीं पाती। इसलिए कल्पना-तत्त्व और शैली का भी आश्रय लेकर भावाभिव्यक्ति का प्रयास कवि की प्रवृत्ति है। शब्द, रूप, रस, गन्ध और स्पर्श को रुचिकर

---

1. श्यामसुन्दर दास, कबीर ग्रन्थावली, पृ. 47
2. वही, पृ. 48
3. वही, पृ. 46
4. वही, प्रथम संस्करण की भूमिका, पृ. 4
5. माताप्रसाद गुप्त, कबीर ग्रन्थावली, पृ. 68
6. पुरुषोत्तम चन्द्र वाजपेयी, कबीर और जायसी का मूल्यांकन, पृ. 24

लगनेवाली पार्थिव वस्तुओं से जो आनन्दानुभव होता है, उसे वे खरी वाणी के माध्यम से दूसरों के लिए सम्प्रेषित करने का प्रयास भी कवि की प्रवृत्ति है।[1] कबीर ने अपनी रचनाओं में बुद्धितत्त्व, भावतत्त्व और आनन्दानुभव तथा भावाभिव्यक्ति का सफल समन्वय कर काव्य-सौन्दर्य की पुनर्सृष्टि की है और इस प्रकार उन्होंने अपने कवि-व्यक्तित्व को चरितार्थ किया है, जिसका प्रमाण उनका काव्य स्वयं है। इसलिए डॉ. माताप्रसाद गुप्त कहते हैं, "उनकी काव्य की इस सरसता का सबसे उत्कृष्ट रूप हमें उनके उद्‌गारों में मिलता है जो उपास्य के विरह में व्यक्त किए गए हैं। प्रिय से विरह की जैसी अभिव्यक्ति कबीर में हुई है, लौकिक विरह-काव्यों तक में भी कम है।...जिस विरह की अभिव्यक्ति के लिए दाऊद को मैना-मांजरि, कुतबन को रूपमती, जायसी को नागमती और मंझन को मधुमालती की कल्पना करनी पड़ी है, उसको कबीर ने अव्यक्त उपास्य की विरहिणी बनकर उन्हीं के समान सफलता-पूर्वक व्यक्त किया है। कबीर की यह भारी विशेषता है।"[2] इसके अतिरिक्त, प्रेम के लिए जीवनोत्सर्ग की जो भावना कबीर द्वारा व्यक्त की गई है, उसमें काव्य की सरसता सर्वथा प्रभावशील भी है।

समसामयिक सामाजिक-सांस्कृतिक वातावरण के अनुकूल अनुभूति की अभिव्यंजना से संयुक्त होकर कबीर का काव्य काव्यशास्त्रीय कसौटी पर पूर्ण रूप से खरी उतरती है इसमें कोई सन्देह नहीं। "यदि कविता विचारों और भावनाओं की प्रभावपूर्ण और सरस अभिव्यक्ति मात्र है, तो कबीर में 'कविता' की कमी नहीं है, और निःसन्देह अपनी इस विशेषता में किसी से कम नहीं है। अन्य सन्त कवियों से तो वह निःसन्देह इस विषय में बहुत आगे हैं।"[3] अतः कबीर के कवि-व्यक्तित्व की प्रखरता एक अकाट्य वास्तविकता है।

कबीर के कवित्व का सन्तत्व से समन्वय

कबीर ने काव्यशास्त्रीय दृष्टि से कविता नहीं की है। उत्कृष्ट काव्यत्व के नैसर्गिक धनी होने पर भी उन्होंने काव्य को सामाजिक और धार्मिक जीवन की पक्षपातरहित विवेचना करना श्रेयस्कर समझा। उनकी कविता में काव्य-शक्ति के साथ-साथ समय की अन्ध-परम्पराओं को छिन्नमूल करने की अपूर्व शक्ति भी है, जिससे जीवन में जागरण उत्पन्न हो सके। "कबीर सन्त पहले थे, कवि बाद में। उन्होंने कविता का चमत्कार प्रदर्शित करने के लिए कंठ मुखरित नहीं किया, उन्होंने धर्म के व्यापक रूप को सुबोध बनाने के लिए काव्य नियोजित किया। अतः कबीर में धार्मिक दृष्टिकोण प्रधान है, काव्यगत दृष्टिकोण गौण।...जीवन में 'गहरी पैठ' होने के कारण उनकी कविता में जीवन की क्रान्ति सहस्रमुखी हो उठी।...सन्त कबीर कवि कबीर हो गए।"[4] कबीर ने सामाजिक और धार्मिक जीवन को काव्य से संयुक्त किया। उनके सन्त-दृष्टि और काव्य-दृष्टि का समन्वय एक मधुर संगम साबित हुआ। सन्तत्व और काव्यत्व के मंगल-परिणय से 'सन्तकाव्य'—परम्परा की स्रोतस्विनी प्रवाहित होने लगी, जिसका मूल कबीर का सर्वसमावेशक व्यक्तित्व था। कबीर ने तद्‌युगीन प्रमुख धर्मों की कलई खोलकर उनकी 'अधार्मिकता' पर कुठाराघात किया। उन्होंने परम्परागत हिन्दू धर्म के प्राणहीन कर्मकांड और उग्रवादी इस्लाम की साम्प्रदायिक कट्टरवाद दोनों को असामाजिक और अमानवीय घोषित कर अदम्य साहस का

---

1. पुरुषोत्तम चन्द्र वाजपेयी, कबीर और जायसी का मूल्यांकन, पृ. 20
2. माताप्रसाद गुप्त, कबीर ग्रन्थावली, पृ. 69
3. वही, पृ. 70
4. रामकुमार वर्मा, सन्त कबीर, पृ. 9

परिचय दिया। सन्तकाव्य या सन्तमत इसका ही प्रभावशाली वाहन था। इसने शास्त्रीय जटिलताओं से सुलझाकर धर्म और काव्य दोनों को सरल और जीवनमय बना दिया, जिससे साधारण जनता भी उससे अन्तःप्रेरणाएँ ले सके। कबीर ने अपने काव्य में साधारण जीवन के रूपकों तथा अनुभूतिपूर्ण सरस चित्रों के सहारे ही आत्मा, परमात्मा और संसार से सम्बन्धित समस्याओं की उलझी हुई गुत्थियों को सुलझाया।

जहाँ सन्त तत्त्व-दर्शन के अन्वेषक हैं वहाँ कवि सौन्दर्य-दर्शन के पिपासु हैं। दोनों की सम्मिलित जीवनयात्रा से ही सूक्ष्म का साक्षात्कार होगा। तभी मानवहृदय की जिज्ञासा और संवेदनशीलता की स्थायी परिपुष्टि हासिल होगी। डॉ. पुरुषोत्तमचन्द वाजपेयी के शब्दों में, "मनुष्य का हृदय साधारणतया जिज्ञासु और संवेदनशील रूप में ही परिलक्षित होता है। जीवन के विविध अंगों के निरीक्षणोपरान्त उसने अनन्त सत्ता को समझने के लिए दो मार्ग काव्य और धर्म अथवा सौन्दर्य और सत्य निर्धारित किए। सन्त और कवि का कर्म एक-सा ही हुआ करता है। सन्त तत्त्वान्वेषी और कवि सौन्दर्यान्वेषी होते हैं। सौन्दर्य और सत्य के सामंजस्य से ही जन-कल्याणकारी भावना का प्रस्फुटन हुआ करता है। सन्त और कवि दोनों ही के कर्म महान् हैं। वे हमें भावना-सोपानों के द्वारा स्थूल से सूक्ष्म की ओर ले जाते हैं। किसी भी वस्तु के साक्षात्कार के पश्चात् उसकी अभिव्यक्ति जब सन्त और कवि द्वारा हुआ करती है, तब हम प्रेम और साहित्य की धारा को विकसित हुआ पाते हैं।...जिस युग में सन्तों की अनुभूति और अभिव्यक्ति जितनी गहराई के साथ प्रतिलक्षित हुई है, उस युग का साहित्य उतना ही सजीव और स्फूर्तिदायक बन पड़ा है।"[1] ये बातें कबीर के व्यक्तित्व पर पूर्णतः सत्य हैं। कबीर की जीवन-दृष्टि खंडित नहीं है। उनका जीवनान्वेषण समग्र जीवन को अपने में समाविष्ट किए हुए हैं। वास्तव में, कबीर के व्यक्तित्व में सन्तत्व और कवित्व एक ही शाश्वत और सूक्ष्म तत्त्व के साक्षात्कार के दो अविभाज्य पहलू ही हैं। स्वयं के व्यक्तित्व में जीवन और काव्य का घोल तैयार कर कबीर ने जीवन और काव्य को ही नहीं, स्वयं मानवता को भी एक नई परिभाषा से विभूषित किया।

कबीर की भाषा

कबीर की भाषा के सम्बन्ध में डॉ. श्यामसुन्दर दास का मानना है कि "कबीर की भाषा का निर्णय करना टेढ़ी खीर है, क्योंकि वह खिचड़ी है।...भाषा के आधार क्रियापद संयोजक शब्द तथा कारक चिह्न हैं, जो वाक्यविन्यास की विशेषताओं के लिए उत्तरदायी होते हैं। कबीर में केवल शब्द ही नहीं, क्रियापद, कारक चिह्नादि भी कई भाषाओं के मिलते हैं।"[2] हालाँकि कबीर ने अपनी भाषा को 'मेरी बोली पूरबी' कहा है, तथापि खड़ी, ब्रज, पंजाबी, राजस्थानी, अरबी, फारसी आदि अनेक भाषाओं का पुट उनकी उक्तियों में पाया जाता है। आचार्य रामचन्द्र शुक्ल ने इस सम्मिश्रित भाषा को 'सधुक्कड़ी' कहा है, क्योंकि साधुओं की मिली-जुली भाषा में न कोई भाषा का प्रतिबन्ध है, न प्रदेश-विशेष का। विभिन्न स्थानों के साधु-महात्माओं के सत्संग के लिए कबीर ने कई प्रान्तों का भ्रमण किया था। इसलिए विभिन्न भाषाओं और बोलियों का प्रभाव उन पर पड़ने से उनकी भाषा एक प्रकार की खिचड़ी बन गई। कबीर की भाषा में विविध शब्दों के मुक्त प्रयोग का कारण उनकी स्वच्छन्द प्रकृति और फक्कड़पन

---

1. पुरुषोत्तमचन्द्र वाजपेयी, कबीर और जायसी का मूल्यांकन, पृ. 9-10
2. श्यामसुन्दर दास, कबीर ग्रन्थावली, पृ. 48

भी हो सकता है। अपने विचारों और भावों को व्यक्त करने के लिए उपयुक्त शब्दों का अप्रतिबद्ध प्रयोग इस स्वच्छन्द मानसिकता की अभिव्यक्ति ही है। इसलिए डॉ. यज्ञदत्त शर्मा कबीर की भाषा को मिश्रित भाषा नहीं मानते हैं, क्योंकि उसमें न तो भाषा के साधारण नियमों का उल्लंघन है, न उसकी मूल-धारा के अविच्छिन्न प्रवाह में कोई अन्तर। यह भाषा आचार्यों की भाषा नहीं है, बल्कि जन-साधारण की बोलियों के अधिक निकट है। इस कारण इसे उस समय की साधारण भाषा के रूप में स्वीकारने में कोई कठिनाई नहीं दिखाई देती। जहाँ तक अन्य भाषाओं के पदों का सवाल है, भिन्न-भिन्न प्रान्तों के शिष्यों के कारण कवि ने उनकी भाषा के शब्दों को मिलाकर गान किया हो, यह भी सम्भव है।[1] भाषा विचारों की अभिव्यक्ति के रूप में व्यक्त भाषा है। यह नदी की धारा-सदृश परिस्थिति के अनुसार परिवर्तित हो सकती है। समाज-सापेक्ष होकर यह कथित भी हो सकती है लिखित भी। प्राचीन समय में लिखित भाषा प्रायः पंडित समाज के अनुकूल संस्कृत या संस्कृत-सम्मत थी। लोकभाषा में रचना करने का विरोध किया जाता था। कबीर संस्कृत से अनभिज्ञ थे। उन्हें भाषा के परिष्कार की कोई चिन्ता नहीं थी। उन्होंने लोकभाषाओं को ही अपना माध्यम बनाया। "अतः लिखित भाषा के दृष्टिकोण को ध्यान से हटाकर कबीर की भाषा का रसास्वादन करने पर जो आनन्द मिलता है वह अनुपमेय है।"[2]

कबीर धर्मगुरु थे, उपदेशक थे, शिष्यों के सम्मुख जब जिस भावना ने उभार मारा उसमें आन्तरिक अनुभूति का सम्मिश्रण कर उसे प्रस्तुत कर दिया। कबीर की भाषा बोलचाल की भाषा है। अपने समय की बोलचाल की भाषा पर जिस कोटि का अधिकार कबीर की साखी और भक्तजनों में प्रतिलक्षित होता है, वह अन्यत्र दुर्लभ है। भावों को भाषा के जिस रूप में व्यक्त करना चाहा है उसे उसी रूप में शिष्यों के सम्मुख रखने में वे समर्थ हुए हैं।[3] साथ-साथ "कबीर...कभी भी भाषा के पचड़े में नहीं पड़े होंगे और जो शब्द भी उनके मुख से आए होंगे उन्हें भावों और अर्थ की अनुकूलता को विचार कर ही उन्होंने प्रयोग कर दिया होगा। आचार्यत्व या पांडित्य के लिए उन्होंने भाषा का प्रयोग नहीं किया।"[4]

कबीर की काव्यभाषा, निजी संवेदना, सिद्धान्त तथा साधना, भक्ति, आस्था तथा विश्वास प्रतीक-विधान, विचार तथा धारणा के स्वरूप-निर्माण करते हुए कई विशिष्टताओं से समन्वित हो गई है। "कबीर की काव्य-भाषा के निर्माण के कई स्रोत हैं। कबीर की भाषा चौराहे की भाषा बन गई है। अद्वैत या एकेश्वर की अनुभूति, सिद्धों की जाति आदि की निस्सारता, नाथों की तान्त्रिक साधना, सूफियों-जैसी प्रेम की पीर, वैष्णवों की श्रद्धा-भक्ति, सामाजिक स्थितियों के प्रति स्वस्थ खुरदरी प्रतिक्रिया आदि अर्थ-सन्दर्भों को कबीर ने अपने अन्दर पचाकर काव्य-भाषा के विविध माध्यमों का प्रयोग किया है। कबीर के वाक्य-प्रयोग की कई विधियाँ हैं, पर सर्वत्र उनका व्यक्तित्व पहचान में आ जाता है। अतः कबीर की वाक्य-भाषा के स्वरूप की अवगति 'विविधता में एकता' का फलितार्थ करती दीखती है।"[5] कबीर को 'भाषा का बादशाह'

---

1. यज्ञदत्त शर्मा, कबीर साहित्य और सिद्धान्त, पृ. 40-41
2. पुरुषोत्तमचन्द्र वाजपेयी, कबीर और जायसी का मूल्यांकन, पृ. 21
3. वही।
4. यज्ञदत्त शर्मा, कबीर साहित्य और सिद्धान्त, पृ. 39
5. रामनारायण शुक्ल, भक्तिकाव्य : स्वरूप संवेदना, पृ. 195

कहकर आचार्य हजारीप्रसाद द्विवेदी ने उनकी भाषा को अद्वितीय घोषित किया है। उनका कथन है, "भाषा पर कबीर का जबर्दस्त अधिकार था। वे वाणी के डिक्टेटर थे। जिस बात को जिस रूप में प्रकट करना चाहा है उसे उसी रूप में भाषा से कहलवा लिया–बन गया है तो सीधे-सीधे, नहीं तो दरेरा देकर। भाषा कुछ कबीर के सामने लाचार-सी नजर आती है। उसमें मानों ऐसी हिम्मत ही नहीं है कि इस लापरवाह फक्कड़ की किसी फरमाइश को नाहीं कर सके और अकथ कहानी को रूप देकर मनोग्राही बना देने की तो जैसी ताकत कबीर की भाषा में है, वैसे बहुत कम लेखकों में पाई जाती है।"[1] वाणी के इस बादशाह को साहित्य-रसिक और काव्यानन्द का आस्वादन करनेवाला कहना अनुचित नहीं हो सकता।

इसके अतिरिक्त, कबीर की भाषा का एक अभिव्यक्ति पक्ष है, जो कि हृदयगत अनुभूति के सहज परिणाम के रूप में प्रभावशाली बन पड़ा है। कबीर की रचनाओं में भावों की अभिव्यक्ति जिस सुन्दर ढंग से बन पड़ी है, वह हिन्दी साहित्य के गौरव की वस्तु है। उनके भजन-उच्चारण के दृष्टिकोण से सर्वांग सुन्दर बन पड़े हैं।...कबीर की मौलिकता और आन्तरिक अनुभूति की गहराई से जो कुछ निकला वह बेलौस होने के कारण मन को प्रभावित करता है। उसमें हृदयतन्त्री के तारों को झंकृत करने का सामर्थ्य है। जो अन्तःकरण से प्रस्फुटित होता है, वही हृदय को भी प्रभावित करता है।[2] भाषा के माध्यम से ऐसी प्रभविष्णुता के कारण कबीर की अभिव्यंजना शैली में कबीर का व्यक्तित्व ही प्रतिफलित होता है। "कबीर-वाणी में जिस अभिव्यक्ति को अपनाया गया है, वह कबीर को विरासत में मिली है, किन्तु 'शैली ही व्यक्ति है' उक्ति के अनुरूप कबीर की शैली कबीर के व्यक्तित्व की परिचायक है। उनकी सपाट-बयानी ने उनकी वाणी को जो प्रभविष्णुता प्रदान की, वही उनकी अभिव्यंजना-शैली की विशेषता है।"[3] इस प्रकार कबीर के व्यक्तित्व की अद्वितीयता ही उनकी भाषा की विलक्षणता से प्रतिबिम्बित और अभिव्यक्त होती है।

कबीर की प्रतिभा

मुख्यतः 'मसि कागद छुयो नहीं' वाली पंक्ति के आधार पर अधिकतर विद्वान कबीर पर अशिक्षित या ग्रामीण होने की मुहर लगाते दिखाई देते हैं। उनकी रचनाओं में चर्चित विषय-वस्तु की विविधता, कहीं-कहीं बातों में परस्पर विरोध, भाषा का मिश्रित स्वरूप, अभिव्यंजना-शैली में कहीं-कहीं अक्खड़पन आदि तथ्य उपर्युक्त मान्यता को अनुमोदित करते भी प्रतीत होते हैं। परन्तु कबीर की रचनाओं का अध्ययन करने के पश्चात् यह निस्सन्देह कहा जा सकता है कि उन्होंने अलौकिक प्रतिभा प्राप्त की थी। इसका एक पुष्ट प्रमाण यह है कि उन्होंने 'मसि-कागद' से अपरिचित होते हुए भी जिस गम्भीरतम एवं कवित्वपूर्ण वांगमय को जन्म दिया है उसकी सर्जना अलौकिक प्रतिभा के बिना नहीं हो सकती। यह सही है कि उसकी बाह्य वेशभूषा सधुक्कड़ी ही है, किन्तु उसकी आत्मा जितनी विशाल, गम्भीर और प्रांजल है उतनी शायद ही किसी विश्व कवि के काव्य की हो। कहना न होगा कि उसकी इस विशालता के मूल में कवि की दिव्य प्रतिभा ही है। कबीर की इस दिव्य-प्रतिभा ने स्वतन्त्र विचारशीलता और कल्पना-शक्ति की सम्भूति पर अवलम्बित होकर अपने काव्य में अतिशय

1. हजारीप्रसाद द्विवेदी, कबीर, पृ. 184-85
2. पुरुषोत्तम चन्द्र वाजपेयी, कबीर और जायसी का मूल्यांकन, पृ. 22-23
3. सुरेन्द्रनाथ श्रीवास्तव, कबीर और गंगादास के काव्य का तुलनात्मक अध्ययन, पृ. 407

चित्रमयता को विन्यस्त किया है। कबीर की प्रतिभा की व्याख्या में डॉ. रामकुमार वर्मा का कथन है, "इसमें सन्देह है कि कबीर की कल्पना के सारे चित्रों को समझने की शक्ति किसी में आ सकेगी अथवा नहीं। जो हो, कबीर का बीजक पढ़ जाने के बाद यह स्पष्ट रूप से ज्ञात हो जाता है कि कबीर के पास कुछ ऐसे चित्रों का खजाना है जिसमें हृदय में उथल-पुथल मचा देने की भारी शक्ति है। हृदय आश्चर्यचकित हो कबीर की बातों को सोचते ही रह जाते हैं।"[1]

कबीर की प्रतिभा के चार अंग : कबीर की प्रतिभा का विश्लेषण करते हुए डॉ. गोविन्द त्रिगुणायत प्रतिभा के चार आधारभूत अंगों का निरूपण करते हैं और उन्हें कबीर के व्यक्तित्व में घटित बताते हैं। तत्त्वग्राहिणी शक्ति, तत्त्वधारणा शक्ति, उद्भावना शक्ति और अभिव्यंजना शक्ति के सम्मिलित स्वरूप का नाम है प्रतिभा। शास्त्रीय शिक्षा-प्रणाली से लाभान्वित होते हुए भी तत्त्व को ग्रहण करने की स्वभावसिद्ध क्षमता के धनी थे कबीर। "उनकी तत्त्व-ग्राहिणी शक्ति तो इतनी प्रखर थी कि वे दुरूह से दुरूह और जटिल से जटिल विषयों को सुनते-सुनते ही समझ जाते थे। तभी तो वे भारत के प्रत्येक दर्शन, प्रत्येक धर्म के सूक्ष्मातिसूक्ष्म तत्त्वों को आत्मसात् करने में समर्थ हुए थे।[2] वास्तव में आश्चर्य का विषय है कि कबीर को इतनी विविध विषय-वस्तुओं पर किस प्रकार अधिकार प्राप्त हो गया। तत्त्व की वास्तविक समझ का प्रमाण उसे धारण करने में है। तत्त्व-धारणा-शक्ति उनकी प्रतिभा का द्वितीय पहलू है। उनकी रचनाओं में वर्णित सूक्ष्मातिसूक्ष्म बातें स्वयं इसका प्रमाण हैं। "उनका मस्तिष्क वास्तव में वह अनन्त रत्नाकर है जिसके अन्तराल में विचित्रादिविचित्र अनुभव और अनन्त रत्नराशि बिखरी पड़ी थी। उनकी विचारधारा में वे रत्न स्पष्ट झलकते हुए दिखलाई पड़ते हैं।"[3] कबीर की प्रतिभा की मणिमाला की तीसरी रत्न-कणिका है उनकी उद्भावना-शक्ति, जिसे कल्पना या मौलिकता भी कह सकते हैं। उनके रूपक, उलटबाँसियाँ, विरह अन्योक्तियाँ, मिलन, अप्रस्तुत योजना आदि कबीर की मौलिक कल्पना-क्षमता के परिचायक हैं। डॉ. गोविन्द त्रिगुणायत के ही शब्दों में, "कबीर की कल्पना शक्ति भी प्रचंड थी।...वे दूसरे के सारभूत तत्त्वों को ग्रहण तो अवश्य करते थे, किन्तु उनकी अभिव्यक्ति वे उनकी प्रतिभा के साँचे में डालकर ही करते थे। अनुभूति की अग्नि में परिष्कृत किए हुए कबीर के विचार रूपी स्वर्णकण प्राचीन होते हुए अभिनव ही दिखलाई पड़ते हैं। यही उनकी विचारों की मौलिकता है।"[4] वास्तव में, कबीर की प्रतिभा का चौथा अंग है–अभिव्यंजना शक्ति। कबीर की अभिव्यंजना-क्षमता में उनके तत्त्व-ग्रहण, तत्त्व-धारण और कल्पना तीनों एक साथ अभिव्यक्त हो जाते हैं। कबीर की प्रतिभा के प्रथम तीन पहलू आन्तरिक और अन्तिम पहलू बाह्य है और साथ ही उनका आन्तरिक पक्ष बहिर्पक्ष में अभिव्यक्त होकर प्रमाणित करता है कि कबीर में अनुपम प्रतिभा है।

कबीर की वैयक्तिक विशेषताएँ

स्वानुभूतिमूलक स्वतन्त्र चिन्तन : कबीर के व्यक्तित्व की विशेषताओं में सर्वप्रथम उनका विचारक-स्वरूप। प्रायः विचारकों के तीन प्रकार होते हैं–'रूढ़िवादी', 'सामंजस्यवादी' और

---

1. रामकुमार वर्मा, कबीर का रहस्यवाद, संस्करण 1931, पृ. 6
2. गोविन्द त्रिगुणायत, कबीर की विचारधारा, पृ. 429
3. वही, पृ. 429-30
4. वही, पृ. 430

'स्वतन्त्र'। रूढ़िवादी शास्त्र के आचार्य होते हैं और श्रुति-प्रामाण्यवाद के कट्टर अनुयायी होकर शास्त्रीय विधि-विधानों में पूर्ण आस्था रखकर चलते हैं। ये सनातन के कट्टर पक्षपाती हैं और प्रत्येक नवीनता पर प्राचीनता को अधिमान देते हैं। सामंजस्यवादी मध्यवर्ती मार्ग को अपनाकर चलते हैं। प्राचीन और अर्वाचीन में सामंजस्य स्थापित करके समाज की मान्यताओं को लेकर आगे बढ़ते हैं। ये बहुत लचीले होते हैं और न प्राचीन के खंडन में, न नवीन के मंडन में इनका कोई दृढ़ स्वर होता है। स्वतन्त्र विचारक प्राचीनता के विरुद्ध ठोस कदम उठाते हैं। ये रूढ़ियों को रत्तीभर भी सहन नहीं करते हैं और नवीनता के पथ पर अग्रसर होना चाहते हैं। शास्त्रीय विधि-विधानों तथा प्रामाण्यवाद में अनास्था प्रकट करते हुए सर्वतोमुखी सुधार के तीव्र आकांक्षी हैं। प्राचीन रूढ़ियों के अत्यधिक प्रतिबन्धों के कारण स्वतन्त्र विचार प्रबल होते हैं। स्वतन्त्र विचारवाले अत्यन्त सरल और उदार होकर मानव-धर्म और मानव-कल्याण की भावना को लेकर चलते हैं। कबीर स्वतन्त्र विचारकों में अग्रगण्य रहे।

"विश्व के इतिहास में जितने भी विचारक हुए हैं उनकी जीवनियों का अध्ययन करने से पता चलता है कि उनकी विचारधारा ने अपने इर्द-गिर्द की समस्याओं से ही प्रभावित होकर विश्व के सम्मुख अपने विचारों की रूपरेखा प्रस्तुत की है। कबीर की विचारधारा पर भी कबीर-कालीन परिस्थितियों का स्पष्ट प्रभाव दिखलाई देता है।"[1] मध्ययुगीन विचारकों में कबीर का विशेष स्थान है। उनके स्वतन्त्र चिन्तन में निष्पक्षता, प्रखरता और निर्भीकता के साथ सतर्कता और प्रभविष्णुता भी है। उन्होंने अपने सहज धर्म के द्वारा जनता में स्वतन्त्र चिन्तन की भावना जागृत की। "धर्म को उदार और पुष्ट बनाने की दिशा में कबीर का प्रत्येक कदम दृढ़ एवं निश्चित था। वर्ग और समुदाय के बन्धनों को तोड़कर मानव को स्वतन्त्र वातावरण में श्वास लेने के लिए प्रेरित करके कबीर ने मानो बुद्ध के अधूरे काम को पूरा करने का प्रयत्न किया। कबीर की वाणी में नैतिकता की प्रेरणा, साधना की अनुशासना तथा सिद्धान्तों की प्रशासना का संश्लिष्ट वैभव देखने योग्य है।"[2] कबीर ने मध्यकाल की जनता में विचार-स्वतन्त्रता की प्रवृत्ति जागृत की, जिससे सहज-धर्म और भेदभावविहीन समाज के प्रति रुचि बढ़ी। कबीर की इस सात्विक विचारधारा से लोगों को नैतिक बल भी प्राप्त हुआ। यह निस्सन्देह कहा जा सकता है कि मध्यकाल में कबीर से भारत को जो उपकार मिला वह कदापि भुलाया नहीं जा सकता।

विचार बुद्धि से जनित है। बुद्धि के स्वरूप के अनुसार विचार का भी स्वरूप होता है। स्वतन्त्र चिन्तन के लिए प्रखर बुद्धिवादिता आवश्यक है। यह बुद्धिवादिता व्यक्तित्व की परिचायक भी है। "कबीर की सबसे बड़ी विशेषता उनकी बुद्धिवादिता थी। उनके समस्त धार्मिक विश्वास इसी बुद्धिवादिता पर टिके हुए हैं। उन्होंने किसी बात को सत्य इसलिए स्वीकार नहीं किया कि लोक और वेद में प्रतिष्ठा है।...कबीर की बुद्धिवादिता तर्क पर आधारित न होकर अनुभूति पर आधारित थी। यह उनकी अपनी विशेषता थी।"[3] वे कोई भी बात वैसी-की-वैसी ग्रहण नहीं करते थे, बल्कि अपनी स्वानुभूति से परखकर ही स्वीकार करते थे। कबीर स्वानुभूति पर आधारित ज्ञान को ही सर्वाधिक महत्त्व दिया करते थे और उसे सदा विवेकवाली कसौटी पर कसते हुए अपने जीवन के दैनिक व्यवहार में उतारने के

1. यज्ञदत्त शर्मा, कबीर साहित्य और सिद्धान्त, पृ. 112
2. सरनाम सिंह शर्मा, कबीर : व्यक्तित्व, कृतित्व और सिद्धान्त, प्रस्तावना, पृ. 6
3. गोविन्द त्रिगुणायत, कबीर की विचारधारा, पृ. 107

भी पक्षपाती रहे।[1] कबीर के स्वानुभूतिपरक स्वतन्त्र-चिन्तन के प्रमाण उनकी रचनाओं में 'कबीर सोचि विचारिया' 'आप विचारै सो ज्ञानी होय' आदि पंक्तियों से प्राप्त होता है। यह आत्मविचार और स्वानुभूति से संसिक्त स्वतन्त्र चिन्तन कबीर की प्रतिभा के अद्‌भुत विचार-रत्न हैं। दिव्य प्रतिभा से ही अलौकिक विचार-रत्नों की सम्भूति होती है। विचार गूढ़तम दार्शनिकता की आधारभूमि है। कबीर ने अपने जीवन में स्वतन्त्र चिन्तन और विचारात्मकता को अत्यधिक महत्त्व दिया था। इसी विचारात्मकता के फलस्वरूप उन्हें 'राम रतन' की प्राप्ति हुई थी। यही विचारात्मकता ही उनकी वाणी में प्राण रूप से परिव्याप्त है। उसी की साकार अभिव्यक्ति उनकी कविता है।[2]

सारग्राहिता और समन्वयात्मक दृष्टि : कबीर के व्यक्तित्व का एक विशिष्ट पक्ष है–उनका सारग्राही स्वभाव। उनकी रचनाओं के सामान्य अवलोकन मात्र से यह बात स्पष्ट हो जाती है। "अपने सारग्राही स्वभाव के कारण ही उन्होंने भारत की सभी आध्यात्मिक पद्धतियों के सारतत्त्व को अपना लिया है।"[3] कबीर की इस सर्वसारग्राहिता की भावना का कारण उनके देश-भ्रमण और सत्संग होने चाहिए। कबीर बहुश्रुत व्यक्ति थे। उन्होंने अनेक स्थानों का भ्रमण भी किया था। इसलिए उनके वचनों में विविध भारतीय परम्पराओं का रहना कोई आश्चर्यजनक बात नहीं है।[4] कबीर की इस सारग्राही बुद्धि ने उन्हें एक समन्वयवादी दृष्टि से विभूषित किया। सार-ग्रहण की प्रवृत्ति का समन्वयवाद से सीधा सम्बन्ध है। "कबीर ने एक समन्वयवादी के रूप में भिन्न-भिन्न मतों, परम्पराओं एवं विभिन्न आचार्यों तथा ग्रन्थों से सार तत्त्वों को ग्रहण किया।"[5] जीवन के जिन-जिन मुख्य क्षेत्रों में पृथक्करण था कबीर ने उनमें सामंजस्य स्थापित किया।

कबीर ने विचार और भाव, ज्ञान और प्रेम, ज्ञानमार्ग और भक्तिमार्ग, कथनी और करनी आदि क्षेत्रों में सामंजस्य स्थापित किया। समाज में समन्वय-स्थापन के प्रयास के पहले उन्होंने अपने व्यक्ति को समन्वययुक्त कर दिया। कबीर जितने विचारक थे, उतने भावुक भी थे। "कबीर को परखने में एक बड़ी भूल तब हो जाती है जब हम उनके 'विचारक' और 'भावुक' को पृथक् करके देखने लगते हैं। इसमें सन्देह नहीं कि कबीर विचारक हैं, किन्तु उनका 'भावुक' उनके 'विचारक' का सदैव साथ देता है।...कबीर का 'विचारक' उन्हें प्रेम की दिशा में ले जाता है और फिर वही प्रेम की शीतल छाया में आँखमिचौनी खेलता है।"[6] उनका विचारक और प्रेम दोनों पक्ष समान रूप से सुधारक, चिन्तक तथा भक्त थे। विचारक कबीर और भावुक कबीर दोनों समान रूप से किसी वर्ग-संकीर्णता से अपीड़ित न होकर उदार, सहिष्णु और दयालु थे। जहाँ ज्ञान-मार्ग के तत्त्व उन्होंने हिन्दू संन्यासियों से ग्रहण किए थे, वहाँ प्रेम के तत्त्व सूफियों से प्राप्त किए। भक्ति और ज्ञान में जो खाई प्रायः दिखाई पड़ती थी, कबीर ने उन दोनों के समन्वय से उसको पाटने का उपक्रम किया। इसी प्रकार करनी और कथनी की सम्बद्धता को आचरण की कसौटी मानते हुए कबीर ने उसे निजी जीवन में चरितार्थ कर दिया। "सन्त कबीर

---

1. परशुराम चतुर्वेदी, कबीर साहित्य चिन्तन, पृ. 3
2. गोविन्द त्रिगुणायत, कबीर की विचारधारा, पृ. 74
3. पीताम्बर दत्त बड़थ्वाल, हिन्दी काव्य में निर्गुण सम्प्रदाय, पृ. 8
4. याकूब मसीह, कबीर का धर्म-दर्शन, पृ. 1
5. शंकरराव कप्पीकेरी, कबीर और बसवेश्वर तुलनात्मक अध्ययन, पृ. 136
6. सरनाम सिंह शर्मा, कबीर : व्यक्तित्व, कृतित्व एवं सिद्धान्त, पृ. 6

के क्रान्तिकारीपन में अपनी परिस्थितियों को बदल डालने की अपेक्षा निजी दृष्टिकोण में ही आमूल परिवर्तन लाने पर कहीं अधिक बल दिया गया दीख पड़ता है।"[1] कबीर की रचनाओं में 'कथणीं कथी तो क्या भया, जे करणी नाँ ठहराई' और 'पोथी पढ़ि-पढ़ि जग मुआ, पंडित भया न कोइ।'[2] आदि पंक्तियाँ कथनी-करनी विषयक ताल-मेल के महत्त्व को ही सिद्ध करती हैं। इस प्रकार, कबीर ने अपनी सारग्राही बुद्धि के सहारे अपने इर्द-गिर्द की भीड़ में से अपनी वाणी की माला के लिए भास्वर मुक्तामणि का चयन किया है और इस पारखी दृष्टि के विचार, भाव, ज्ञान, प्रेम, भक्तिमार्ग, कर्ममार्ग, कथनी-करनी, काव्य-जीवन, सिद्धान्त और व्यवहार, कवि और साधुत्व आदि के सफल समन्वय से जीवन-शैली में चरितार्थ करके अपने व्यक्तित्व की असलियत और भास्वरता को सिद्ध किया है।

क्रान्तिभावना : कबीर के व्यक्तित्व की प्रबल विशेषता के रूप में उनकी क्रान्तिभावना मानी जाती है। कबीर आत्म-विचार और स्वानुभूति के धनी थे। अपने स्वतन्त्र चिन्तन की खराद पर कसकर ही कोई भी बात वे स्वीकारते थे। उन्होंने किसी वर्ग विशेष का पक्ष नहीं लिया। साम्प्रदायिकता से ऊपर उठकर उन्होंने विभिन्न सम्प्रदायों में आई त्रुटियों की ओर अंगुलि-निर्देश किया। किसी प्रथा या परम्परा विशेष से आँख मूँदकर चिपके रहना उनसे सहन नहीं होता था। यातनाओं के परिणाम की चिन्ता किए बिना उन्होंने ऐसे लोगों को डाँटा-फटकारा। "अपने समय की विभिन्न परिस्थितियों के निकट बने रहते हुए भी उन्होंने अपने विचार बड़े स्पष्ट शब्दों में एवं निर्भीकता के साथ प्रकट किए, जिस कारण उनके द्वारा एक महान् भावी आन्दोलन को गति मिली।"[3] कबीर की क्रान्ति राजनीतिक, सामाजिक या धार्मिक क्षेत्र में सक्रिय विप्लव या उपद्रव मचाने में नहीं थी। उनकी क्रान्ति एक आन्दोलन-भावना थी। अर्थात् स्वीकृत परम्परा या व्यवस्था की वस्तु-स्थिति की परख स्वानुभूति की कसौटी पर करना और मूल तात्पर्य से विचलित या आदर्श से भ्रष्ट झूठी परिस्थितियों की खाल उतारना उनका आन्दोलन था। सच्चे अर्थों में एक धार्मिक पुरुष होना और उसकी प्रभामंडल का विन्यास करना उनकी क्रान्ति थी। यह आभ्यन्तर क्रान्ति-भावना एकांगी न होकर सर्वांगीण थी। समाज के समस्त पक्षों से उसका सम्बन्ध था। परम्परा या धर्मग्रन्थ का अन्धानुसरण, प्राणहीन अनुष्ठानों का अनुपयुक्त प्रचलन आदि कबीर को खटकता था। यही क्रान्तिभावना उनकी धार्मिक और नैतिक क्रान्ति थी।

कबीर की क्रान्ति सत्यान्वेषण और तदनुकूल व्यवहार में थी। "सत्यानुभूति में उनकी अलौकिक प्रतिभा ने योग दिया, जिसके फलस्वरूप कबीर के दर्शन और उनके सिद्धान्तों का निर्माण हुआ। कबीर का जीवन हमें प्रयोगों और सत्यान्वेषणों की शृंखला के समान प्रतीत होता है। शाश्वत आत्मतत्त्व का कबीर की अलौकिक प्रतिभा द्वारा गुणगान नहीं किया गया, वरन् इतिहास लिखा गया है।"[4] कबीर की क्रान्ति का आन्तरिक पक्ष उनका अनुशीलन था। अनुशीलन ही उनकी परख की कसौटी थी। अनुशीलन के पश्चात् सत्य जँचनेवाली वस्तु का समर्थन और असत्य लगनेवाली वस्तु का खंडन करना वे अपना धर्म समझते थे। कबीर का अनुशीलन निष्पक्ष और पूर्ण रूप से बौद्धिक था। इससे स्पष्ट होता है कि कबीर की क्रान्ति भावना उतनी ही गहरी है जितना उनका व्यक्तित्व।

---

1. परशुराम चतुर्वेदी, कबीर साहित्य चिन्तन, पृ. 184
2. क.ग्र., साखी, क्रमशः 18.1, पृ. 29 और 19.4, पृ. 30
3. परशुराम चतुर्वेदी, कबीर साहित्य चिन्तन, पृ. 182
4. यज्ञदत्त शर्मा, कबीर साहित्य और सिद्धान्त, पृ. 139

"बाह्याडम्बर और असत्य के प्रति अद्भुत प्रतिक्रिया ही कबीर के हृदय की क्रान्ति-भावना थी।...उनके क्रान्तिपूर्ण व्यक्तित्व के प्रभाव से धर्म, समाज आदि क्षेत्रों में स्वच्छता आई।...कबीर की इस क्रान्ति-भावना ने कबीर को स्वभाव से ध्वंसात्मक बना दिया था। कबीर पूर्व-निश्चित किसी भी मान्यता को मानने के लिए तैयार न थे।...कबीर में क्रान्ति-भावना किसी कामना से प्रेरित नहीं हुई थी। वह उनकी स्वभावगत विशेषता थी। उनके हृदय की प्रधान प्रवृत्ति थी, जो सम्भवतः अनन्य सत्य-निष्ठा के कारण प्रादुर्भूत हुई थी।"[1] कबीर की विचारधारा का एक दृढ़ धरातल है; उसमें मौलिक जीवन-दर्शन तथा मौलिक आध्यात्मिक गवेषणा है। 'प्राचीन' की नवीन व्यवस्था में भी कबीर की मौलिकता देखी जा सकती है। प्राचीन का मार्जन कबीर की मौलिकता का विशिष्ट स्वरूप है। इस मौलिकता में उनकी अपनी निजी अनुभूति का परिणाम सन्निहित है। "कबीर ऐसे क्रान्तिदर्शी कवि हैं जो समस्त दर्शनों, सिद्धान्तों और विचारधाराओं को आत्मसात् कर सर्वथा निजी दर्शन, सिद्धान्त अथवा विचारधारा प्रस्तुत करते हैं।"[2] कबीर की क्रान्तिकारी मौलिकता का सर्वोत्तम पक्ष प्राचीन की काँट-छाँट और परम्परा-निर्माणकारी नई प्रस्थापनाएँ हैं। "कबीर ने विगलनकारी मान्यताओं को परास्त करने तथा युग-निर्माणकारी मान्यताओं को प्रोत्साहित करने का सतत् प्रयत्न किया। कबीर की विशेषता भव्य चिन्तनाओं में नहीं है, वरन् पुरातन की नव्य प्रस्थापनाओं में है। असाध्य रोग के लिए जो उपचार होना चाहिए वही उपचार सामाजिक विगलन के निवारण के लिए कबीर ने अपनी नव्य प्रस्थापनाओं के रूप में प्रस्तुत किया। जिस प्रकार कुशल माली वृक्ष के विकास के लिए अनावश्यक शाखा-प्रशाखाओं को छाँट देता है, उसी प्रकार कबीर ने सैद्धान्तिक आवश्यकताओं की उपेक्षा या बहिष्कृति से समाज के विकास के लिए उपयोगी सिद्धान्तों की योजना की, और वे थे वस्तुतः पुराने सिद्धान्त ही, किन्तु वे सार-सम्पन्न थे।"[3]

प्रगतिशीलता : कबीर की प्रगतिशीलता उनकी क्रान्ति-भावना और मौलिकता की अगली कड़ी है। अन्य शब्दों में, जब क्रान्ति-भावना एक प्रवृत्ति-परक प्रक्रिया होकर अग्रसर होती है, उसे प्रगतिशील कहा जाना चाहिए। प्रगति प्रेरणा या गति से सम्बन्ध रखता है। कबीर ने अपने युग को किसी मार्ग पर चलने का आग्रहपूर्ण संकेत किया। तद्युगीन धार्मिक कट्टरता, अन्धविश्वासों, रूढ़ियों, भेद-भाव आदि के विरुद्ध कबीर का निर्भीक युद्ध उनकी प्रगतिशीलता का ही परिचायक था। संकीर्णताओं का परित्याग करके उदार भावनाओं को आत्मसात् करने की प्रेरणा उनका प्रबल आग्रह था। "समाज का अंगभंगीकरण दूर होकर वह स्वस्थ बने, इसी के प्रति कबीर की कामना और चेष्टा थी और यही उनकी प्रगतिशीलता थी।"[4]

प्रगतिशीलता में अनुपयोगी और पथभ्रष्ट प्राचीन का विसर्जन और नवीनयुग की ओर गतिशीलता अलग-अलग दो छोर हैं। बुद्धि और भावना के मधुर संयोग से ही पूर्ण मानव की सिद्धि की ओर निर्झरिणी बहेगी। ईश्वर में मानव की एकता की कल्पना करके कबीर ने अपनी प्रगतिशीलता का पूर्ण साक्षात्कार कराया है। "उनकी प्रगतिशीलता पाने की सबसे बड़ी विशेषता

1. गोविन्द त्रिगुणायत, कबीर की विचारधारा, पृ. 102-03
2. जितेन्द्रनाथ मिश्र, 'कबीर साहित्य में देवी-देवताओं की परिकल्पना', कबीर साहब, विवेकदास (सम्पा.), पृ. 399
3. सरनाम सिंह शर्मा, कबीर : एक विवेचन, पृ. 328-29
4. वही, पृ. 344

इस बात में है कि उन्होंने ईश्वर की जो कल्पना की वह किसी भी धर्म में सम्मान पाने योग्य है।...कबीर ने सब धर्मों को एक धरातल पर लाने के लिए ही नहीं वरन् एक बनाने के लिए जो प्रयत्न किए थे उसका सम्बन्ध ईश्वर से है। इसीलिए मानव मात्र में एकता लाने के उपक्रम में भी उन्होंने ईश्वर को ही प्रतिष्ठित किया है।"[1] कबीर के व्यक्तित्व का चित्र इस प्रकार पूर्णरूप से उनकी प्रगतिशीलता में प्रतिबिम्बित होता है।

3. कबीर की वैचारिक विरासत

जब मनुष्य उत्पन्न होता है, वह जिस समाज का सदस्य है उस समाज की विचारधारा भी विरासत में लिये हुए अस्तित्व प्रारम्भ करता है। यह विचारधारा समाज की वह वैचारिक परम्परा है जो रीढ़ की हड्डी के समान समाज को स्थायित्व प्रदान करती है। यह वैचारिक परम्परा वैयक्तिक शिक्षा-दीक्षा में विश्लेषित होकर उस नव-व्यक्ति में घर कर लेती है और उसे समाज की धारा में प्रविष्ट करती है। अविच्छिन्न रूप से प्रवहमान निर्झरिणी में समान विरासत में प्राप्त विचार-परम्परा ही झील-सा एकत्रित होकर व्यक्ति में अनुभूति के नूतन स्रोत को जन्म देती है या जन्म देने की क्षमता रखती है। महापुरुषों में यह नूतन स्रोत मौलिक चिन्तन में परिणत होकर एक नई दिशा में तथा नए उन्मेष के साथ प्रवाहित होने लगता है। महात्मा कबीर के साथ ऐसा ही हुआ था। कबीर की विचारधारा अनेक दार्शनिक धाराओं से निर्मित हुई है।

यद्यपि निर्द्वन्द्वता से यह तो नहीं कहा जा सकता है कि कबीर के चिन्तन की भूमिका में कोई विशेष दार्शनिक पद्धति की परम्परा मिलती है, फिर भी उसमें अनेक दार्शनिक सरणियों के अवशेष दृष्टिगोचर होते हैं। इसका मूल कारण तो यह हो सकता है कि सन्त-समागम के समय वे अनेक दार्शनिक चर्चाओं अथवा अध्ययन-भूमिकाओं के सम्पर्क में आते रहे होंगे। इसके अतिरिक्त दूसरा कारण यह भी हो सकता है कि कबीर के गहन चिन्तन की परम्परा में दर्शन के अनेक व्यापक एवं पुष्ट सूत्र स्वतः ही समाविष्ट हो गए होंगे। किसी भी दर्शन प्रणाली या सम्प्रदाय से सम्बद्ध न रहते हुए भी अनेक दर्शनों या विचार-प्रणालियों का प्रभाव सार-रूप में कबीर के चिन्तन में परिलक्षित होता है। इन दर्शन-सरणियों का उपचारित स्वरूप है—कबीर की जीवन-दृष्टि। कबीर के ईश्वर-चिन्तन को समझने के लिए पृष्ठिभूमि के रूप में उन दर्शन-प्रणालियों तथा सम्प्रदायों का विश्लेषण अनिवार्य है, जिनके प्रभाव-स्वरूप कबीर की वैचारिक पृष्ठभूमि बनी है।

श्रोत-दर्शन

श्रुति वह पवित्र ज्ञान है जो सृष्टि के आदि में ब्रह्मा या कुछ महर्षियों द्वारा सुना गया और जिसे परम्परा से ऋषि सुनते आए। वेद पर आधारित दर्शन होकर श्रौत दर्शन भारतीय धर्म-व्यवस्था के प्राण हैं। ऐसा कहने में कोई अत्युक्ति नहीं होगी कि भारत की सभी धर्म-पद्धतियों पर श्रुति-ग्रन्थों का प्रभाव किसी-न-किसी अंश में पड़ा है। 'वेद कतेव कहहु मत झूठा, झूठा जो न विचारै' वाली उक्ति से इस वेद-सम्मत दर्शन का प्रभाव कबीर पर भी द्योतित है। वेदों के संहिता, ब्राह्मण, अरण्यक तथा उपनिषद् के चार भागों में क्रमशः वैदिक देवताओं की स्तुतियाँ, कर्मकांड का वर्णन, विविध उपासनाएँ तथा ज्ञान-कांड आदि का विवेचन मिलते हैं। इनमें उपनिषद्

1. सरनाम सिंह शर्मा, कबीर : एक विवेचन, पृ. 349

साहित्य[1] भारत में सर्वाधिक मान्य है। इसका मूल तथा व्यापक प्रभाव सभी दर्शनों तथा सम्प्रदायों पर देखना कठिन नहीं है।

औपनिषद दर्शन का प्रभाव कबीर पर प्रभूत मात्रा में पड़ा था। इस प्रभाव के मुख्य बिन्दु निम्नलिखित हैं—प्रथम बिन्दु है, विरोध-भावना। "उपनिषद् साहित्य की सृष्टि कर्मकांड-प्रधान ब्राह्मण-साहित्य की प्रतिक्रिया के रूप में हुई थी। इसमें स्थान-स्थान पर बहुदेववाद तथा कर्मकांड की विरोध-भावना पाई जाती है।...पाखंडपूर्ण ब्राह्मण और इस्लाम धर्म की प्रतिक्रिया के रूप में प्रवर्तित कबीर की विचारधारा पर उक्त औपनिषद विरोध-भावना की छाया पाई जाती है। उन्होंने स्थान-स्थान पर कर्मकांड, मूर्तिपूजा, बहुदेवोपासना आदि का खंडन किया है।"[2] कबीर पर औपनिषद दर्शन का द्वितीय क्षेत्र अध्यात्म-ज्ञान का है। उपनिषदों को वेदान्त, अर्थात् ज्ञान की चरम सीमा कहा जाता है। उनमें अध्यात्म-शास्त्र के गूढ़ातिगूढ़ सिद्धान्तों की प्रतिष्ठा मिलती है। कबीर के दार्शनिक सिद्धान्तों पर वेदानुकूल सिद्धान्तों का प्रभाव परिलक्षित है। कबीर-दर्शन में अभिव्यक्त अध्यात्मज्ञान का उद्भव और विकास उपनिषद् पर अवलम्बित दिखाई देते हैं।

तृतीय बिन्दु है—ब्रह्म-विषयक धारणा। कबीर की ब्रह्म-भावना श्रुति-सम्मत शृंखला की देन मालूम पड़ती है। इसे इस्लामी या वैष्णवी एकेश्वरवाद में बाँधने के बजाय वैदिक अद्वैत तथा एकत्व-भावना का प्रभाव कहना अधिक समीचीन है। कबीर में ध्वनित ब्रह्म की अनिर्वचनीयता, साकार प्रेमरूप, विराट् रूप, एकत्व और अद्वैतता की आधारभूमि वैदिक ही है। चतुर्थ बात है—कबीर की योगसाधना, भक्ति, निष्काम कर्मयोग, साधना-पद्धति, अध्यात्मयोग, राजयोग, मनोपासना, मनोयोग आदि पर भी उपनिषद् का प्रभाव स्पष्ट रूप से परिलक्षित है। सम्पूर्ण मध्यकाल के धार्मिक आन्दोलनों तथा दार्शनिक पद्धतियों के प्रवर्तन में उपनिषदों का स्पष्ट प्रभाव स्थापित करते हुए डॉ. पीताम्बरदत्त बड़थ्वाल का कहना है कि "निर्गुणी सन्तों के सिद्धान्तों का आधार भी उपनिषद् ही है।"[3] स्पष्ट है कि मूल स्रोत-रूपी उपनिषदों की आभ्यन्तर खोज ने ही आगे चलकर कबीर में विशेष अभिव्यक्ति पाई है।

श्रीमद्भगवद्गीता

श्रीमद्भगवद्गीता 'प्रस्थान-त्रय' का एक अंग है। 'प्रस्थान-त्रय' में उपनिषद्, ब्रह्मसूत्र तथा भगवद्गीता सम्मिलित है। ये तीनों अलग-अलग नहीं हैं, बल्कि उपनिषद् के भिन्न-भिन्न रूप मात्र हैं। जिस प्रकार वेदों में प्रारम्भ आध्यात्मिक ज्ञान का अन्वेषण उपनिषदों में पूर्णावस्था को प्राप्त करके अध्यात्म-विद्या का वेदान्त माना जाता है, ठीक उसी प्रकार "ब्रह्मसूत्र में उपनिषदों की उक्तियों का अनुक्रमपूर्वक तथा सूत्ररूप में संग्रह मात्र है और भगवद्गीता उपनिषदों का सारमात्र है। इसलिए भगवद्गीता उपनिषद् मानी जाती है।"[4]

भगवद्गीता की कई बातों का प्रभाव कबीर पर पड़ा है। ब्रह्म का सगुण-निर्गुण का द्विस्वरूप गीता में वर्णित है। कबीर की रचनाओं में ब्रह्म की निर्गुणता प्रधान होते हुए भी सगुणता भी विवेचित है। गीता में ब्रह्म को परम अक्षर तथा सच्चिदानन्द धन और आत्मा को अविनाशी,

---

1. आचार्य बलदेव उपाध्याय, भारतीय दर्शन, पृ. 41-44
2. गोविन्द त्रिगुणायत, कबीर की विचारधारा, पृ. 111
3. पीताम्बरदत्त बड़थ्वाल, हिन्दी काव्य में निर्गुण सम्प्रदाय, पृ. 194
4. वही, पृ. 193-94

सम्पूर्ण जगत्-व्यापी, अजर-अमर शाश्वत, अच्छेद्य, अभेद्य आदि कहा गया है। इसके अलावा गीता का ज्ञान, योग, निष्काम कर्म आदि बातें भी कबीर-साहित्य में मिलती हैं। गीता के स्थित-प्रज्ञ को कबीर ने सन्त कहा है, लेकिन भाव वही है। सुख-दुःख, जय-पराजय, लाभ-हानि आदि में सम-भाव, निरासक्त, निर्वैर, निस्पृह और निर्विषय साधक को गीता में भी सन्त-लक्षणों में गिना गया है और कबीर ने भी इन्हें स्वीकार किया है।[1]

अद्वैत-वेदान्त दर्शन

वेद-सागर के मन्थन से प्राप्त अमृत उपनिषद् है और वेदोपरान्त या अन्त में आने के कारण यह 'वेदान्त' माना जाता है। इस पर आधृत दर्शन 'वेदान्त-दर्शन' है। जिसकी विभिन्न आचार्यों द्वारा भिन्न-भिन्न व्याख्या के कारण मत-सम्बन्धी कई अवान्तरशाखाएँ उपलब्ध होती हैं। इनमें आचार्य शंकर द्वारा प्रतिपादित अद्वैत-दर्शन को छोड़कर शेष सब भक्ति तत्त्व से समन्वित होने से उनकी चर्चा वैष्णव दर्शन के अन्तर्गत आगे की जाएगी।

अद्वैत ज्ञान-धारा शुकदेव से प्रवर्तित होकर गौड़पाद, गोविन्द भगवद्पाद से होकर आचार्य शंकर तक पहुँची। लेकिन इस आचार्य-परम्परा में इसका मुख्य प्रतिपादक आचार्य शंकर ही हैं। आचार्य शंकर का अद्वैतवाद 'मायावाद' के नाम से भी ख्यात है। सातवीं सदी में केरल में आविर्भूत शंकर बड़े प्रतिभाशाली महापुरुष थे। अपार तर्क-शक्ति के बल पर उन्होंने मानव-जाति के लिए महान् दार्शनिक योगदान देने की प्रतिष्ठा प्राप्त की।

अद्वैतवाद का सिद्धान्त है—ब्रह्म सत्य, जगत् मिथ्या और ब्रह्म-जीव अभिन्न है (ब्रह्म सत्यं जगन्मिथ्या जीवो ब्रह्मैव नापरः)। मिथ्या संसार में अज्ञान या अविद्या के कारण सर्पवत् रज्जु की तरह वास्तविकता का भ्रम होता है। ज्ञान होते ही मिथ्यात्व नष्ट हो जाता है। इस तरह नानात्व की सृष्टि का कारण माया या अविद्या है। अद्वैतवाद के अनुसार ब्रह्म केवल निर्गुण, निरुपाधि, निरपेक्ष तथा निर्विकार सत्ता है। यह जगत् का कारण, ज्ञान-स्वरूप, अविभक्त तथा सत्-चित्-आनन्द रूप है। माया और अविद्या एक ही है। जगत् की उत्पत्ति के लिए इसकी कल्पना की गई है। माया भी अनिर्वचनीय है। माया आवरण तथा विक्षेप शक्तियों से युक्त है। आवरण-शक्ति से ब्रह्म ढक जाते हैं तथा विक्षेप-शक्ति से जगत् की उत्पत्ति होती है। ब्रह्म मकड़ी समान जगत् का उभय कारण है—निमित्त तथा उपादान। जीव अन्तर्मुखी और बहिर्मुखी वृत्तियोंवाला होता है। बहिर्मुखी वृत्तियाँ जीवन को संसारोन्मुख करती है और अन्तर्मुखी वृत्तियाँ इसे ईश्वरोन्मुख करती हैं। ज्ञान से माया का उच्छेद हो जाता है, जीव का अज्ञान-आवरण हट जाता है और तब ब्रह्म-जीव तादात्म्य हो जाता है।

कबीर की रचनाओं में अद्वैत-वेदान्त का प्रभाव परिलक्षित है। कबीर का ब्रह्म भी अजर, अमर, अलख, अकथ, अवर्ण, सर्वव्यापी, अनन्त, सर्वोपरि आदि है। माया की आवरण तथा विक्षेप-शक्ति कबीर को स्वीकार है। जीव और ब्रह्म का सम्बन्ध बूँद तथा समुद्र के रूपक से अभिव्यक्त है। 'बूँद समानी समुन्द में' आदि माया की आकर्षण-शक्ति, पाश तथा ज्ञान से उसका उच्छेद आदि भी कबीर-साहित्य में विवेचित है। 'कहत कबीर सुहाग सुन्दरी...।' इस प्रकार अद्वैतवाद के कई प्रभाव कबीर पर स्पष्ट रूप से दिखाई देते हैं।

---

1. क.ग्र., साखी 29.1, पृ. 39

वैष्णव-दर्शन

भारतीय परम्परा में जगन्मांगल्य के लिए ज्ञान और भक्ति की धाराओं का विधान है। वेदान्त-दर्शन इन दोनों धाराओं को अन्तर्धारित करता है। अद्वैत-दर्शन में शंकराचार्य आदि द्वारा ज्ञान-धारा का अनुपम विकास हुआ है तो वैष्णव धर्म के आचार्यों द्वारा भक्ति धारा की प्रभावशाली अभिव्यक्ति भी हुई है।

वैष्णव मत : वैष्णव मत ईश्वर के पालक रूप विष्णु को उपास्य मानता है। परमसत्ता के वाचक होकर विष्णु, राम, कृष्ण, गोपाल, बिट्ठल आदि अवतारों के रूप में ग्राह्य हैं। निर्गुण तथा सगुण रूपों से युक्त ब्रह्म-प्रतिरूप होकर यह सर्वांगीण और सर्वतोमुखी दिव्यलाभ से अभिषिक्त है। "उनमें अत्यन्त व्यापकत्व, अतुलनीय, पराक्रम, विश्व-धारण-सामर्थ्य, अमृतत्त्व, पोषणशक्ति, अवतार-धारण-शक्ति, आदि की प्रतिष्ठा है। कालान्तर में विष्णु के दिव्यगुणों में वृद्धि होती गई और वे शील, शक्ति एवं सौन्दर्य इन तीन विभूतियों से प्रतिष्ठित किए गए।"[1] वैष्णव मत का मूल स्वर भक्ति है। "वैदिक काल से आती हुई समयानुकूल नाना नामधारी भक्तिधाराओं का विकसित रूप वैष्णव सम्प्रदाय है।"[2] सात्वत धर्म, ऐकान्तिक धर्म, भागवत धर्म, नारायणी धर्म, पंचरात्रमत आदि पूर्वरूपों में वैष्णव दर्शन की अविच्छिन्न परम्परा चल रही थी। वैष्णव मत का प्रथम उत्थान-काल गुप्तकाल में पाँचरात्र मत में परिणत हुआ और द्वितीय उत्थानकाल आलवारों के भक्ति-आन्दोलन तथा वैष्णवाचार्यों के भक्ति-सम्प्रदायों का काल है। वैष्णव धर्म में महाभारत का नारायणीयोपाख्यान, गीता, भागवत, नारद-भक्ति सूत्र, शांडिल्य भक्ति सूत्र, विष्णु पुराण, पद्म-संहिता और लक्ष्मी तन्त्र आदि प्रसिद्ध ग्रन्थ मार्गदर्शक के रूप में स्वीकृत हैं। इनके अतिरिक्त, अनेक पंचरात्र आगम भी हैं।

वैष्णव मत के प्राणभूत तत्त्वों का प्रभाव कबीर पर प्रभूत मात्राओं में हुआ है। कबीर पर वैष्णव-दर्शन के सम्प्रदायों तथा आचार्यों के प्रभाव का विवेचन आगे किया जाएगा। इसके पूर्व उन पर सामान्य तौर पर वैष्णव-तत्त्वों के प्रभाव का अवलोकन करना उपयुक्त है। डॉ. गोविन्द त्रिगुणायत इस सन्दर्भ में पाँच तत्त्वों का विवेचन करते हैं। पहला तत्त्व उपास्य के विषय में है। वैष्णव धर्म के सभी ग्रन्थों में भगवान् के दोनों स्वरूपों का वर्णन मिलता है। भागवत में कई स्थानों पर निर्गुण ब्रह्म का महत्त्व प्रतिपादित किया गया है। इससे इसी को परमपद कहा गया है। कबीर की उपास्य-धारणा बहुत कुछ वैष्णव मत के अनुकूल है। उन्होंने भगवान् के सगुण रूप की उपासना को पूर्ण रूप से तिरस्कृत नहीं करते हुए ध्यानमूलक अन्तिम दृष्टि उसके निराकार स्वरूप पर ही लगाई है। उन्होंने रामानन्दी दशरथी राम को निर्गुण निराकार राम में परिवर्तित किया है : 'सगुण की करो सेवा, निरगुन का करो ध्यान' और 'निगुन राम निरगुन राम जपहु रे भाई'।[3]

दूसरा तत्त्व प्रेम-प्रधान भक्ति-तत्त्व है। "वैष्णव ग्रन्थों में भक्ति की अत्यधिक महिमा गाई गई है।...वैष्णव धर्म की इस भक्ति में प्रेम का विशेष महत्त्व है। वैष्णव धर्म का प्रेम-प्रधान भक्तितत्त्व कबीर को पूर्ण मान्य है। उन्होंने अपनी रचनाओं में स्थान-स्थान पर भक्ति की महिमा

---

1. दीनदयालु गुप्त, कबीर-दर्शन, पृ. 68
2. भगीरथ प्रसाद यादव, कबीर काव्य के स्रोत, पृ. 68
3. क.ग्र., क्रमशः पद, 4,9, पृ. 81

का वर्णन किया है।"[1] 'भगति नारदी मगन कबीरा', 'भगति नारदी हृदय न आई' आदि पंक्तियाँ नारदीय भक्ति के प्रभाव को प्रमाणित करती हैं। फिर भी, कबीर के प्रेम-तत्त्व पर अन्य प्रभाव भी स्वीकृत है। तीसरा तत्त्व सदाचार, वैष्णव मत में शील, क्षमा, उदारता, सन्तोष, धैर्य, दीनता, दया, सत्यता आदि के उपदेश में प्राप्त है। यह सदाचार-प्रियता तथा उसके अवान्तर-तत्त्व का विवेचन कबीर ने विस्तार से किया है।

वैष्णव-मत का चौथा तत्त्व 'प्रवृत्यात्मकता' है। सन्तों की प्रवृत्ति निवृत्यात्मक है। वैराग्य-भाव उनके जीवन का प्राण है। लेकिन, कबीर के सहज-मार्ग में प्रवृत्ति और निवृत्ति का सुन्दर सामंजस्य मिलता है। लोक-संग्रह को कबीर ने ईश्वर-प्रेरित कर्तव्य समझा। वैराग्य को उन्होंने ज्ञान और मन की शुद्धि के लिए परमावश्यक बताया है। कबीर ने साधुता तथा वैराग्य-भाव की कोरे आदर्शमूलक निवृत्यात्मकता से वैष्णव-दर्शन-प्रेरित प्रवृत्यात्मकता का मिश्रण करके उसे लोक संग्रह की प्रयोजनपरक प्राण से अभिषिक्त किया है।[2] कबीर पर प्रभाव जमानेवाला पाँचवाँ वैष्णव-तत्त्व वर्ण-व्यवस्था की उपेक्षा है। भक्ति की पहुँच सर्वसाधारण के लिए घोषित कर कबीर ने इस प्रभाव को मुद्रांकित किया है। इसके अलावा, विष्णु के विविध नामों का प्रयोग भी वैष्णव मत के अनुरूप है। 'मेरे संगी दोई जणां एक वैष्णव एक राम'—इस पंक्ति में कबीर द्वारा वैष्णवों की भूरि-भूरि प्रशंसा द्रष्टव्य है। इस प्रकार सिद्ध होता है कि वैष्णव मत के लगभग सभी सारभूत तत्त्व मात्रा-भेद के साथ कबीर में विद्यमान प्रतीत होते हैं।

आलवार भक्ति-दर्शन : दक्षिण भारत के तमिल प्रान्त को अपने भक्तिमय पद्यों तथा गायनों से आनन्दविभोर करनेवाले वैष्णव सन्तों का नाम 'आलवार' है। 'आलवार' शब्द तमिल भाषा का शब्द है, जिसका अर्थ 'अध्यात्मज्ञान रूपी समुद्र में गहरा गोता लगानेवाला पुरुष' होता है। ये सन्त भगवान् नारायण के सच्चे भक्त थे। इन्होंने अपनी मातृभाषा तमिल में भक्तिरस से आप्लावित सहस्रों पद्यों की रचना कर साधारण जनता में भगवद्भक्ति का प्रचुर प्रचार किया। इनका आविर्भाव-काल सप्तम शब्दावली से लेकर नवम् शताब्दी तक माना जाता है।[3] इनकी स्तुतियों का संग्रह भक्ति, ज्ञान, प्रेम, सौन्दर्य और आनन्द से ओतप्रोत अध्यात्मज्ञान का अनमोल खजाना है। इनके पद पवित्रता तथा आध्यात्मिकता से विभूषित हैं और इसलिए 'तमिल-वेद' के अभिधान से प्रसिद्ध हैं। आलवारों में भक्ति का विशिष्ट महत्त्व था। भावावेश में आकर ईश्वर को आत्म-समर्पण करने में उनकी भक्ति का चरमोत्कर्ष था। आलवारों के पद्यों का मुख्य संग्रह 'प्रबन्धम्' के नाम से जाना जाता है।

आलवार भक्त दो प्रकार के थे—वे जो मात्र भक्त थे और दूसरे वे जिन्हें शास्त्रीय प्रतिष्ठा प्राप्त थी। इस दूसरे वर्ग के माध्यम से वैष्णव दर्शन का प्रचार स्थापित हुआ। आलवारों का योगदान व्यापक तथा प्रभावशाली है। आलवारों और नायनारों ने दक्षिण भारत में जो प्रेम की धारा प्रवाहित की, वह अपनी सीमा में न समाकर बाहर छलक चली और उत्तर-भारत की अपेक्षाकृत सूखी साधना की क्यारी भी उनके जलदान से हरी-भरी होने लगी। यही भक्ति तत्त्व कबीर के हाथ में पहुँचकर अमृत-रस में परिणत हुआ। इसके अतिरिक्त, आलवारों ने वैष्णव आचारों के लिए अत्यन्त उर्वर भूमि तैयार कर दी थी।

---

1. गोविन्द त्रिगुणायत, कबीर की विचारधारा, पृ. 117-18
2. वही, पृ. 118-21
3. बलदेव उपाध्याय, भारतीय दर्शन, पृ. 386-87

विशिष्टाद्वैत दर्शन : वैष्णव मत के द्वितीय उत्थान का श्रेय शंकराचार्य के अद्वैतवाद को देना उचित है। अद्वैत सिद्धान्त के प्रतिपादन से भागवत धर्म की कई परम्पराएँ अवैदिक घोषित हो गईं। उनके ठोस प्रतिपादनों के खंडन करके वैष्णव मन को वैदिक परम्परा का शुद्ध सम्प्रदाय सिद्ध करने के लिए उभरे आचार्यों में प्रमुख थे–स्वामी रामानुज, जिनका आविर्भाव तमिलनाडु के पेरुम्बदूरम् में हुआ था। नाथ-मुनि तथा यमुनाचार्य के बाद रामानुजाचार्य ने वैष्णव भक्ति-परम्परा के नवोत्थान करते हुए विशिष्टताद्वैतवाद का प्रतिपादन किया। उनके नाम पर प्रचलित सम्प्रदाय 'श्री सम्प्रदाय' से ख्यात है। उन्होंने 'प्रस्थान-त्रयी' पर भाष्य लिखा था, जो 'श्रीभाष्य' के नाम से प्रसिद्ध है।

रामानुजाचार्य ने 'अद्वैत' के साथ 'विशिष्ट' शब्द लगाया–ब्रह्म निर्गुण नहीं, सगुण होता है; वह अनेक विशिष्टताओं या सद्गुणों का निकेतन है।[1] रामानुजाचार्य ने " 'अद्वैत-ब्रह्म' को ही परमतत्त्व कहा है।...विशिष्टाद्वैत दर्शन में चित्, अचित् और ईश्वर तीन पदार्थ माने गए हैं।.. .ईश्वर को सर्वतोमुखी विभु कहते हैं।...जीव तथा जगत् नित्य एवं स्वतन्त्र पदार्थ हैं; तथापि वे ईश्वर के अधीन हैं। अन्तर्यामी-रूप से ईश्वर दोनों के भीतर विराजमान है। ब्रह्म के दो प्रकार चित् तथा अचित् हैं। ब्रह्म और चित् तथा अचित् में अंगांगी सम्बन्ध है।...उपनिषद् का प्रतिपाद्य ब्रह्म सगुण ही है। ईश्वर सजातीय-विजातीय भेद से शून्य होने पर भी स्वगत भेद-सम्पन्न है। ईश्वर विशेष्य है और चिदचित् विशेषण है। इसलिए तो यह विशिष्टाद्वैत हुआ।"[2] माया ईश्वर की शक्ति होकर असत्य नहीं है। जगत् भी असत्य नहीं है। ईश्वर ही जगत् का अभिन्न निमित्तोपादान कारण है। मुक्ति प्राप्त करना परम लक्ष्य है और उसके लिए भक्ति और प्रपत्ति ही उपयुक्त साधन है। "रामानुज का दर्शन एक भक्तिदर्शन है, जिसमें ईश्वर की सगुण सत्ता का प्रतिपादन किया गया है। उसमें आत्मा और जगत् की स्वतन्त्र सत्ता भी स्वीकृत है। सर्वद्रष्टा, सर्वशक्तिमान् और सर्वगुणसम्पन्न ब्रह्म अनन्त प्रेम का भी 'आगार' है। सूक्ष्म रूप से वह आत्मा है और स्थूल रूप से जगत्। पुरुषोत्तम की कृपा से ही मुक्ति मिलती है। मुक्तात्माएँ सूक्ष्म रूप से सदैव ईश्वर का साक्षात्कार प्राप्त करती हैं। रामानुज ने भक्ति के क्षेत्र में वर्णभेद की शृंखला ढीली कर दी, जिससे भक्ति का मार्ग सबके लिए सुलभ हो गया।"[3] रामानुजीय भक्ति और प्रपत्ति की परम्परा ही विरासत के रूप में रामानन्द के माध्यम से सन्त कवियों को मिली। रामानुज के विशिष्टाद्वैतवाद के कई तत्त्वों ने कबीर को प्रभावित किया है। ये प्रभाव कबीर की ईश्वर, जीव, जगत् तथा भक्ति-सम्बन्धी मान्यताओं में परिलक्षित हैं। लेकिन जहाँ तक कबीर की भक्तिपद्धति के निरूपण करने का सवाल है, नारदीया भक्ति, पंचरात्र भक्ति तथा रामानन्द तक की रामानुजी भक्ति की परम्परा का विचार किया जाना चाहिए।[4]

द्वैत-दर्शन : द्वैतवाद के प्रवर्तक उडुप्पी (कर्नाटक) के मध्वाचार्य हैं। 'ब्रह्म-सम्प्रदाय' इनके नाम से चलता है, क्योंकि माना जाता है कि इस सम्प्रदाय के आदि आचार्य ब्रह्म थे। इन्होंने विशिष्टाद्वैतवाद तथा अद्वैतवाद का खंडन किया। इस मत को भेदवाद भी कहते हैं। "माध्वाचार्य के अनुसार ब्रह्म और जीव दोनों की पृथक् सत्ता है। इनके अनुसार ईश्वर केवल इस जड़-जगत्

---

1. भागीरथ प्रसाद यादव, कबीर काव्य के स्रोत, पृ. 38
2. दीनदयालु गुप्त, कबीर-दर्शन, पृ. 67
3. श्यामसुन्दर शुक्ल, हिन्दी काव्य की निर्गुण धारा में भक्ति, पृ. 111
4. नागेन्द्रनाथ उपाध्याय, नाथ और सन्त साहित्य, पृ. 120

का निमित्तकारण है, उपादानकारण नहीं।''[1] इनके अनुसार परमात्मा ही साक्षात् विष्णु हैं। जगत् सत्य है। ईश्वर जगत् और जीव से विलक्षण है। मुक्ति प्राप्त करना जीव का चरम लक्ष्य है। इसलिए अहैतुकी भक्ति की आवश्यकता है। कबीर पर द्वैतवाद का प्रभाव भक्ति-भावना के रूप में परिलक्षित होती है।

द्वैताद्वैत-दर्शन : द्वैताद्वैत या भेदाभेद दर्शन के प्रवर्तक आचार्य निम्बार्क थे तथा उन्होंने सनक सम्प्रदाय को संस्थापित किया था। यह सम्प्रदाय 'हंस-सम्प्रदाय' भी कहा जाता है। निम्बार्क का आविर्भाव आन्ध्र प्रदेश (तैलंगदेश) के निम्बापुर में हुआ था। उन्होंने ब्रह्म सूत्रों पर 'वेदान्त परिजात सौरभ' नामक भाष्य लिखा था। इन्होंने उपास्य के रूप में कृष्ण-राधा को प्रतिष्ठित किया। इनके अनुसार भगवान की कृपा-प्राप्ति के लिए भक्ति करना आवश्यक है, लेकिन भक्ति का स्वरूप युगलोपासना है। इनके अनुसार ब्रह्म द्वैत तथा अद्वैत दोनों है। इस दर्शन में केवल सगुण ईश्वर का प्रतिपादन किया गया है। ''मुक्ति का प्रमुख साधन प्रपत्तिमूलक भक्ति है। इसी भक्ति के द्वारा जीव भगवदनुग्रह प्राप्त करता है।''[2] इस सम्प्रदाय में शान्त, दास्य, वात्सल्य, सत्य और माधुर्य इन सभी प्रकार के भक्ति मार्गों का विधान है, पर माधुर्य भक्ति को ही 'उत्तमा भक्ति' माना गया है। निम्बार्क ने कबीर आदि की भाँति निर्गुण ब्रह्म की उपासना का भी विधान किया था और मधुर-साधना-सम्प्रदाय में जाति-पाँति, वर्ग तथा लिंगभेद के नियमों को शिथिल करने का यथासम्भव प्रयत्न किया था।[3] कबीर की भक्ति-भावना के दास्य, वात्सल्य और विशेष तौर पर माधुर्य-पक्ष में निम्बार्काचार्य से साम्य दृष्टिगत होता है।

रामावत सम्प्रदाय : रामावत सम्प्रदाय के संस्थापक स्वामी रामानन्दजी हैं। यह सम्प्रदाय 'रामानन्दी सम्प्रदाय' भी कहा जाता है। इनका देश-काल विवादास्पद है। लेकिन रामावत सम्प्रदाय में प्रचलित मान्यता के अनुसार ये प्रयाग में 14वीं शती में आविर्भूत हुए थे तथा इनके गुरु राघवानन्दजी थे, जो विशिष्टाद्वैती थे। इनकी साधना का केन्द्र काशी था। ब्रह्म-सूत्रों पर रचित 'आनन्द भाष्य' उनका प्रसिद्ध ग्रन्थ माना जाता है। 'वैष्णव मताब्ज भास्कर' तथा 'रामार्चन पद्धति' नामक दो ग्रन्थ इनके रचित बताए जाते हैं। अनुश्रुति के अनुसार, जाति-पाँति के अभेद को लेकर अपने गुरु से मतभेद होने से इन्होंने पृथक् सम्प्रदाय की स्थापना की। इनके उपास्य सीता और राम हैं। निम्न जातियों को भी भगवान् के द्वार पहुँचने का अधिकार देने के कारण इनका मूलस्वर जाति-विरोधी माना गया है। इनका मूल मन्त्र 'ॐ रामाय नमः' है। ''उन्होंने ब्रह्म को 'राम' नाम से अभिहित किया है और राम के सगुण और निर्गुण दोनों रूपों को माना है।...स्वामी रामानन्द ने धर्म को युगानुकूल सर्वगत और व्यापक बनाने में महत्त्वपूर्ण योग दिया है। उन्होंने अपने मत को लोकभाषा के माध्यम से प्रस्तुत कर उसे लोकग्राही बनाने का जो यत्न किया, वह बड़ा ही साहसपूर्ण कार्य कहा जा सकता है।''[4] इनका हिन्दी की सन्त-परम्परा पर सीधा प्रभाव है।

जहाँ तक कबीर पर रामानन्दजी के प्रभाव का प्रश्न है, कहा जाता है कि कबीर रामानन्दजी के शिष्य थे। लेकिन इसकी प्रामाणिकता पूर्ण सन्दिग्ध है। फिर भी कबीर की विचारधारा

---

1. भगीरथ प्रसाद यादव, कबीर काव्य के स्रोत, पृ. 38
2. दीनदयालु गुप्त, कबीर-दर्शन, पृ. 68
3. श्यामसुन्दर शुक्ल, हिन्दी काव्य की निर्गुण धारा में भक्ति, पृ. 113-14
4. वही, पृ. 114

रामानन्द की विचारधारा से बहुत मिलती-जुलती है। ''सम्भवतः उनके भक्तिक्षेत्र का सगुण राम और योग-क्षेत्र का निर्गुण रामज्ञान में आकर द्वैताद्वैत-विलक्षण हो गया था।''[1] कबीर का रामानन्दजी का शिष्य होना जिस प्रकार सन्दिग्ध है, ठीक उसी प्रकार उपर्युक्त बातों में कबीर द्वारा रामानन्दजी का पूर्ण अनुसरण भी सन्दिग्ध है। फिर भी रामानन्दजी का कबीर पर स्पष्ट प्रभाव है।

बौद्ध-दर्शन

कबीर पर बौद्ध दर्शन, धर्म तथा साहित्य का भी प्रभाव परिलक्षित होता है। यह प्रभाव महायानी तथा सहजयानी धाराओं का अधिक था। इस प्रभाव के मुख्य बिन्दु निम्नलिखित हैं–प्रथम बौद्ध दर्शन और धर्म की प्रमुख विशेषता है बुद्धिवादिता। ''उनका प्रत्येक शब्द प्रत्यक्ष अनुभव पर आधारित है। उनकी प्रत्येक धारणा तर्कसंगत है। लोक और वेद के अन्धानुसरण से उन्हें विशेष घृणा थी।...उनकी यह बुद्धिवादिता दृढ़ विश्वास पर टिकी हुई है। उनका यह दृढ़ विश्वास उनकी उक्तियों में आत्म-विश्वास के रूप में व्यक्त हुआ है।''[2] यहाँ पर विशेष उल्लेखनीय है कि आत्मविचार और स्वानुभूति पर अवलम्बित कबीर की क्रान्तिदर्शिता में यह बुद्धिवादिता का चरम उत्कर्ष प्रत्यक्ष है। द्वितीय, बौद्ध-दर्शन के चार मूल-तत्त्व के छिट-पुट प्रभाव को दर्शानेवाली कुछ रचनाएँ कबीर में मिल जाती हैं।

तृतीय तत्त्व शून्यवाद है। बौद्धों के अनुसार 'शून्य' पारमार्थिक सत्ता की अवर्णनीयता का प्रतीक है। इस विषय में डॉ. सरनाम सिंह शर्मा का कथन है, ''बौद्धों के शून्य ने अपने धर्म के भीतर ही अनेक चक्कर खाए, किन्तु कबीर तक आने में इसे नाथों के योग-दर्शन की घाटी भी पार करनी पड़ी।...नागार्जुन के बाद से ही शून्यता की कल्पना बौद्ध प्रभाव के कारण इतनी व्यापक हो गई कि बौद्धों के ही समानान्तर विकसित होनेवाले कई समुदायों में शून्य परमतत्त्व वाचक के रूप में स्वीकार कर लिया गया। हाँ, उसकी व्याख्या प्रत्येक सम्प्रदाय ने अपने-अपने ढंग से की। कबीर का शून्य 'ब्रह्मरन्ध्र' का भी अर्थ व्यक्त करता है तथा ब्रह्म एवं सत्य का बोध भी कराता है। शून्य एक है। वह स्थिति भी है और स्थान भी, स्वयं आधार भी है और निराधार भी।'[3]

चतुर्थ, बौद्धों ने परमतत्त्व को अनक्षर मानकर मौन-मार्ग का अनुसरण किया है, क्योंकि यह अनिर्वचनीय और अकथनीय है। कबीर भी परम तत्त्व को 'अकथ कहाणी' मानते हैं। पंचम तत्त्व मध्य-मार्ग का अनुसरण है। बौद्ध लोग दो अन्तों को छोड़कर मध्यमार्ग का अनुकरण करना श्रेयस्कर मानते हैं। उनका सिद्धान्त है कि आत्मा-परमात्मा आदि आध्यात्मिक प्रश्नों का उत्तर आदि-सत्तात्मक रूप में दिया जाए तो शाश्वतवाद होगा और यदि निषेधात्मक दिया जाए तो उच्छेदवाद होगा। बौद्ध उच्छेदवाद और शाश्वतवाद दोनों में आस्था नहीं रखते। अतएव इन दोनों के मध्य का मार्ग प्रशस्त करते हैं। उसे यह मध्या-प्रतिपदा के नाम से अभिहित करते हैं। ''बौद्धों के इस मध्यमार्ग का अनुसरण कबीर ने अपने ढंग पर किया है। वे यहाँ तक प्रभावित हुए थे कि उन्होंने अपनी बानी का एक अंग ही इसके आधार पर बना डाला है। 'मधि कौ अंग' जो

---

1. गोविन्द त्रिगुणायत, कबीर की विचारधारा, पृ. 126
2. वही, पृ. 132
3. सरनाम सिंह शर्मा, कबीर : व्यक्तित्व, कृतित्व और सिद्धान्त, पृ. 5

मध्यमार्ग की प्रणाली पर ही है। मध्य-मार्ग की पद्धति पर उन्होंने ईश्वर का निरूपण भी किया है।"[1]

षष्ठ बात यह है कि बौद्धों की वैराग्य-भावना को कबीर ने संन्यास से विच्छेद कर केवल निष्काम भाव या निर्लिप्तता से संयुक्त कर दिया है। कबीर ने वैराग्य भावना को विचारगत तथा भावगत उदात्तता प्रदान करके व्यावहारिक तथा मानवोचित बनाया है। सप्तम तत्त्व वर्णाश्रय धर्म की उपेक्षा तथा साम्यवाद की प्रतिष्ठा है। कबीर ने बौद्धों के इस तत्त्व से प्रभावित होकर मानव जाति को समान स्तर पर प्रतिष्ठित किया है। लेकिन इस कार्य में कबीर आस्तिकता को अनिवार्य मानते हैं, जबकि बौद्ध अनीश्वरवादी थे। कबीर पर बौद्ध-प्रभाव का अष्टम् तत्त्व विरोध-भावना है। बौद्ध धर्म के आविर्भाव की मूल प्रेरणा ब्राह्मण धर्म से प्रतिक्रिया की भावना थी। कबीर भी तत्कालीन धार्मिक तथा सामाजिक परिस्थितियों की अनियमितताओं के प्रति कटु विरोध की भावना का अवतार बनकर आविर्भूत हुए थे। कबीर में यह बात अधिक प्रभावशाली, अर्थपूर्ण और स्थायी बन पड़ी है। नवम् तत्त्व सहज साधना है। सहज साधना में कृत्रिमता और कठोरता से अछूता रहकर स्वाभाविक और सरल साधना से ईश्वर साधना को श्रेयस्कर माना गया है। कबीर के समय में बौद्ध-धर्म का पूर्ण ह्रास हो चुका था। बौद्ध भिक्षु ढूँढ़ने पर भी नहीं मिलते थे। ऐसी दशा में कबीर पर बौद्ध धर्म के सीधे प्रभाव का कोई प्रश्न ही नहीं उठता। बौद्ध धर्म की जो कुछ दो-चार बातें कबीर में दिखाई पड़ती हैं, उन्हें वे बातें नाथों के माध्यम से मिली थीं।

नाथ-सम्प्रदाय

शैव, शाक्त, वैष्णव आदि सम्प्रदायों में समाविष्ट न रहते हुए भी मध्य-युग में अथवा हिन्दी साहित्य के आदिकाल और मध्यकाल पर सर्वाधिक प्रभाव डालनेवाला सम्प्रदाय था—नाथ सम्प्रदाय। मध्यकालीन विचारधारा पर नाथ सम्प्रदाय का बड़ा प्रभाव दिखाई देता है। 'नाथ' शब्द मुक्ति देनेवाले स्वामी के लिए प्रयुक्त है।[2] नाथ सम्प्रदाय से तात्पर्य है 'नाथोक्त या नाथ द्वारा कथित।' नाथ सम्प्रदाय विभिन्न नामों से जाना जाता है। सिद्ध मत, योगमार्ग, योग सम्प्रदाय, अवधूत सम्प्रदाय, अवधूत मत, गोरखनाथ सम्प्रदाय, मत्स्येन्द्रनाथ सम्प्रदाय आदि। नाथ सम्प्रदाय के सम्बन्ध में कहा जाता है कि यह सहजयान तथा वज्रयान का परिमार्जित और परिष्कृत रूप है। भगवान शिव या शंकर को नाथ सम्प्रदाय का 'आदिनाथ' कहा जाता है। इसमें शैव-मत की प्रधानता है। इसके अनुयायी कनफटा, दर्शनी, योगी आदि नामों से जाने जाते हैं। कहा जाता है कि आदिनाथ (शिव) से मत्स्येन्द्रनाथ ने नाथ-सम्प्रदाय के सिद्धान्तों का श्रवण किया। इसलिए मत्स्येन्द्रनाथ इस सम्प्रदाय के मूल मानव-प्रवर्तक हैं। इस सम्प्रदाय का प्रारम्भ-काल ई. सन् की नौवीं शती माना जाता है। लेकिन आगे चलकर 11वीं शती में गोरखनाथ ने नाथ-सम्प्रदाय को पुनरुज्जीवित किया। ये ही उसके मुख्य आचार्य हैं और यह सम्प्रदाय उन्हीं से जुड़ा हुआ है। इस पन्थ का अपना दार्शनिक सिद्धान्त भी है, साधना भी है। "मध्ययुग में इसका पुनरुत्थान करने का श्रेय बाबा गोरखनाथ को ही है। उनका उदय सिद्धों की बीभत्स तामसिक साधना पद्धति की प्रतिक्रिया के रूप में हुआ था। इसलिए इस सम्प्रदाय में सदाचरण को विशेष महत्त्व

1. गोविन्द त्रिगुणायत, कबीर की विचारधारा, पृ. 136-37; क.ग्र., साखी 31.1-11, पृ. 42
2. नागेन्द्रनाथ उपाध्याय, नाथ और सन्त साहित्य, पृ. 2-8

दिया गया था। सिद्ध-साधना के प्रधान उपादान मद्य, मांस, मैथुनादि नाथ पन्थ में अत्यन्त हेय समझे जाते थे।"[1] ऐसा माना जाता है कि भक्ति आन्दोलन के पूर्व सर्वाधिक शक्तिशाली आन्दोलन गोरखनाथ के योगमार्ग का था।

स्वतन्त्र मत होकर भी यह सही है कि नाथपन्थियों ने जिन नवीन विचारों की प्रतिष्ठा की उनमें पूर्ववर्ती धाराओं का सम्मिश्रण ही नहीं, नकारात्मक प्रेरणा भी समाविष्ट है। साथ-साथ, इस्लाम धर्म के धर्मान्तरण-सम्बन्धी कट्टरवादिता के सन्दर्भ में नाथ-पन्थ एक ऐसा विकल्प था, जो सुखद वरदान सिद्ध हुआ।[2] जो भी हो, "इसमें कोई सन्देह नहीं कि नाथ-पन्थ को संगठित कर सुव्यवस्थित रूप प्रदान करने का श्रेय गोरखनाथ को ही है और यदि उन्हें नाथ सम्प्रदाय का प्रवर्तक भी कहा जाए तो कोई अत्युक्ति नहीं होगी। गोरखनाथ अपने युग के सर्वप्रधान नेता थे और आगे चलकर दक्षिण से जो वेदान्त भक्ति-आन्दोलन का तीव्र प्रवाह उत्तर की ओर प्रवाहित हुआ उसके पूर्व गोरखनाथ का योगमार्ग ही भारत में सर्वाधिक शक्तिशाली धार्मिक आन्दोलन था।"[3] गोरखनाथ ने गुरु-भक्ति, अनुशासन, सेवा-भाव, सरल, सात्विक तथा संयमशील जीवन के उपदेश दिए थे तथा उनके मत का प्रभाव भारत में ही नहीं बल्कि भारत के बाहर अफगानिस्तान, बलूचिस्तान, सीलोन तथा पेनांग तक क्रमशः फैलता चला गया था।"[4]

नाथ सम्प्रदाय में नौ प्रधान सिद्ध हुए हैं, जो 'नवनाथ' के नाम से जाने जाते हैं। इनमें मुख्य मत्स्येन्द्रनाथ तथा गोरखनाथ हैं। कुछ विद्वान इन दोनों के नाथ-मतों को नाथ-पन्थ के दो रूप मानते हैं। कारण यह है कि मत्स्येन्द्रनाथ ने कौल-साधना (वामाचार) को मान्यता दी थी, जबकि गोरखनाथ ने हठयोग, ब्रह्मचर्य, सात्विक जीवन, जातिहीनता, स्वानुभूति आदि पर बल दिया था। गोरखनाथ के असाधारण व्यक्तित्व के कारण ही नाथपन्थ अपने गरिमामय स्वरूप को प्राप्त कर सका। सम्पूर्ण भारत में नाथ-पन्थ का प्रचार-प्रसार हुआ। अन्य सम्प्रदायों के सम्पर्क से कई प्रवृत्तियों को अन्तर्भुक्त कर शनैः-शनैः यह अनेक शाखाओं में विभक्त हो गया। कुछ शाखाएँ शिव के नाम पर और कुछ गोरखनाथ के नाम पर जानी जाने लगीं। ब्रिग्स और हजारीप्रसाद द्विवेदी इन शाखाओं की संख्या और इनका विवरण भिन्न-भिन्न प्रकार से देते हैं।

नाथ-सम्प्रदाय के दार्शनिक सिद्धान्तों के अवलोकन से यह ज्ञात होगा कि कबीर नाथों से सर्वाधिक प्रभावित थे। गोरखनाथ ने ईश्वर की भावना शून्यवाद में मानी है। वस्तुतः शून्यवाद की यह भावना बौद्ध-धर्म से ही ली गई है और नाथ-पन्थियों द्वारा इसे ग्रहण किए जाने के उपरान्त तो आगे चलकर ज्ञानमार्गी सन्तों द्वारा भी इसे अपनाया गया। इस शून्यवाद का व्यापक प्रचार होने के फलस्वरूप ही गोरखनाथ योगचर्या को अत्यधिक महत्त्व दिया और यह योगसाधना ही नाथ पन्थ का आवश्यक अंग समझी गई। नाथ-पन्थियों की यह शून्य-भावना कबीर के चिन्तन में लगभग ज्यों-का-त्यों पाई जाती है। नाथ-पन्थी ब्रह्म-तत्त्व को द्वैताद्वैतविलक्षण मानते हैं। गोरखनाथ के अनुसार परमतत्त्व इन्द्रियगोचर न होकर अगम है। वह अस्ति-नास्ति दोनों से परे है। वह नामातीत है तथा उसका निवास-स्थान आकाश या ब्रह्मरन्ध्र में है। "परमात्मा 'केवल' है और वह भाव तथा अभाव दोनों के ही परे है तथा न तो उसे भाव (बस्ती) ही कह सकते

1. गोविन्द त्रिगुणायत, कबीर की विचारधारा, पृ. 151
2. भगीरथी प्रसाद यादव, कबीर काव्य के स्रोत, पृ. 128-29
3. दुर्गाशंकर मिश्र, भक्ति काव्य के मूल स्रोत, पृ. 68
4. वही, पृ. 70

हैं और न अभाव (शून्य)। अपितु उसका नामकरण तक नहीं किया जा सकता।''[1] कबीर का परमतत्त्व भी भावाभाव-विनिर्मुक्त, अनिर्वचनीय तथा द्वैताद्वैत-विलक्षण है। इसके अतिरिक्त, नाथ पन्थियों की ईश्वर-भावना को अध्यात्मयोग भी कहा जा सकता है। इस अध्यात्मयोग में जीवनात्मा तथा परमात्मा के सम्बन्ध को शक्ति तथा शिव के रूप में परिकल्पित कर परस्पर संवाद स्थापित करने का प्रयास है।[2] नाथ सिद्धों की मुक्ति के सम्बन्ध में यह दृढ़ धारणा है कि नाथ या शिव स्वरूप में लय होना ही मुक्ति है। ये अद्वैतावस्था से भी परे सदानन्द की अवस्था बताते हैं जो बाह्याचार के पालन से नहीं मिल सकती। इनका विश्वास है कि शक्ति सृष्टि करती है, शिव पालन करते हैं, काल संहारक है और नाथ मुक्ति के दाता हैं। नाथ मुक्तात्मा है, शेष सभी जीव हैं।

ये माया को भी मानते हैं। माया का एक रूप विद्या है जो मोक्षदायी है और दूसरा, विद्या जो बन्धनकारक है। अन्य शब्दों में, नाथ सम्प्रदाय में प्रधानतः 'नाथ' का अर्थ मुक्ति-दान करनेवाला माना गया है और मुक्तिदान भी वही कर सकता है जो स्वयं मुक्त हो। अतएव सांसारिक बन्धनों, अर्थात् शब्द, स्पर्श, रूप, रस, गन्ध से मुक्त होने पर ही वैराग्य-भावना सुदृढ़ हो सकती है और वैराग्य-भावना जब दृढ़ता के साथ स्थिर हो जाती है तब वह इन्द्रिय-निग्रह, प्राण-साधना और मन-साधना नामक तीन मार्ग ग्रहण करती है तथा क्रमशः इन तीनों के आसन, प्राणायाम और प्रत्याहार के सिद्ध हो जाने पर साधक में नाड़ी-साधन और कुंडलिनी-जागरण की शक्ति उत्पन्न हो जाती है। अर्थात् हठयोग की साधना हो जाती है।[3] केवलावस्था तक पहुँचना ही मोक्ष है। मुक्तिविषयक सूत्र है–'नाथो मुक्तिं ददाति'। कबीर की मुक्ति-सम्बन्धी धारणा नाथों के सूत्र वाक्य में अभिव्यक्त नहीं होने पर भी आन्तरिक भाव योग-साधना से सम्बद्ध होकर लगभग वही है।

गोरखनाथ के नाथ-सम्प्रदायों में हठयोग-साधना को ही प्रधानता दी है। इस साधना की सहायता से ब्रह्मरन्ध्र तक पहुँच जाने पर अनाहत नाद सुन पड़ता है जो समस्त सारतत्त्वों का भी सार है और गम्भीर से गम्भीर है, जिससे ब्रह्मानुभूति की स्थिति उपलब्ध होती है जो कि स्वसंवेद्य होने के कारण शब्दों द्वारा व्यक्त नहीं की जा सकती और तब ऐसा प्रतीत होने लगता है कि उस ब्रह्म-साक्षात्कार के अतिरिक्त समस्त विश्व असत्य-सा है। अतएव गोरखनाथ ने प्राणायाम को पूर्ण महत्त्व प्रदान किया है। उनकी दृष्टि में श्वासोच्छ्वास की इस क्रिया द्वारा ही योग-साधना में पूर्ण सफलता प्राप्त होती है। वे सर्वसाधारण को वे पंडितों के व्यर्थ वेदाध्ययन की अपेक्षा इस योग-साधना का परामर्श देते हैं, जिसके द्वारा परमात्मा आत्मा में उसी प्रकार दृष्टिगोचर होने लगता है, जिस प्रकार जल में चन्द्रमा का प्रतिबिम्ब और इस प्रकार शरीर भी शुद्ध होकर अमरत्व को प्राप्त करता है। साथ ही, गोरखनाथ ने मनोमारण और सन्त जीवन को भी अत्यावश्यक माना है। कबीर भी ईश्वरानुभूति को स्वसंवेद्य होना, ब्रह्म-साक्षात्कार की योग-साधना द्वारा ब्रह्मरन्ध्र में परिनिष्पत्ति, मन-मारण, साधुता, परमात्मा का आत्मा में प्रतिफलन आदि बातों के समर्थन के द्वारा इस योग-भावना को ही अभिव्यक्त करते हैं।

नाथ-पन्थियों का कबीर पर प्रभाव दर्शानेवाला सर्वाधिक प्रभावशाली तत्त्व है–समन्वयवाद। नाथ-सम्प्रदाय एक समन्वयवादी पन्थ था। वह समस्त योग-साधनाओं को किसी-न-किसी रूप

1. दुर्गाशंकर मिश्र, भक्तिकाव्य के मूल स्रोत, पृ. 87
2. नागेन्द्रनाथ उपाध्याय, नाथ और सन्त साहित्य, पृ. 332-36
3. दुर्गाशंकर मिश्र, भक्तिकाव्य के मूल स्रोत, पृ. 88

में ग्रहण करता है। जब तत्कालीन सम्प्रदायों के बीच स्वार्थ, संकीर्णता, भेदभाव, सम्प्रदायवाद आदि का बोलबाला था, तब नाथ-पन्थियों की यह समन्वय-भावना क्रान्तिकारी प्रतीत हुई। गोरखनाथ का "निर्गुणवाद कश्मीरी शैव मत के परमशिव अथवा शांकर अद्वैत के परब्रह्म से अनेक बातों में अधिक निकट है। सहिष्णुता सदाचार की भावना और उदारता उन्होंने जैनमत की ग्रहण की, उनकी कठोर आलोचना की प्रवृत्ति बौद्ध-सिद्धों की देन है और योग-साधना के प्रति कहीं कठोर और कहीं उदार आग्रह उनके पन्थ में अन्तर्भुक्त होनेवाले सम्भवतः अनेक तान्त्रिक उपसम्प्रदायों का प्रभाव हो सकता है। अपनी इसी समन्वयवादी प्रकृति के कारण नाथ-सम्प्रदाय उत्तर भारत का एक बड़ा ही प्रभावशाली सम्प्रदाय बन सका था।[1]

गोरखनाथ ने अजपाजाप को आत्मचिन्तन के लिए आवश्यक समझा है और अजपाजाप वह जाप है जो कि बिना जपे ही होता है, अर्थात् जिसमें जिह्वा की आवश्यकता नहीं पड़ती तथा शरीर के रोम-रोम में वह 'जाप' स्वाभाविक रूप से साँस के आवागमन के सदृश होता रहता है। नाथ पन्थियों को यह विश्वास-सा है कि रात-दिन मनुष्य के इक्कीस हजार छः सौ श्वास चलते हैं और इनमें से प्रत्येक श्वास में अद्वैत-भावना रखना ही अजपाजाप कहलाता है, अर्थात् अजपाजाप का अभिप्राय यह है कि बिना ब्रह्म-भावना में एक भी श्वास व्यर्थ न जाए। साधना की अन्य क्रियाओं में लीन रहते हुए भी इस अजपाजाप में साधक को कभी अन्तर और व्याघात नहीं प्रतीत होता तथा थोड़े से अभ्यासमात्र से ही बिना किसी विशेष प्रयत्न के गुप्त रूप से यह भावना–अजपाजाप–निरन्तर अपने आप हुआ करती है और ब्रह्म-भावना तक इसकी चेतना का स्वरूप हो जाता है।[2] कबीर ने अजपाजाप को सहज साधना के साथ ब्रह्म-साक्षात्कार के लिए प्रबल रूप से प्रतिपादित किया है। "सिद्धों की अपेक्षा गोरखनाथ की धर्म-साधना भारतीय मनोवृत्ति के अधिक अनुकूल पाई जाती है और उसमें धर्म को विकृत करनेवाली समस्त परम्परागत रूढ़ियों पर कुठाराघात करते हुए जीवन को अधिक-से-अधिक संयमित और सदाचार के अनुशासन में रख आध्यात्मिक अनुभूतियों के हेतु सहजमार्ग की व्यवस्था की गई है।"[3] कबीर ने भी भारतीय धार्मिक परम्परा के ही अनुसार समाज तथा धर्म को सहजावस्था और निर्मलता की ओर सुधारने हेतु प्रयास किया। इसके अतिरिक्त, गोरखनाथ के पदों ने सन्तकाव्य और कबीर को विशेष रूप से प्रभावित किया है। इसके प्रमाण में ज्ञाननिष्ठा, मिथ्याडम्बरों का निषेध, बाह्याचारों का अनादर, आन्तरिक शुद्धि, शारीरिक तथा मानसिक पवित्रता, ब्रह्मचर्य, वाक्संयम, इन्द्रियनिग्रह, प्राण-साधना, मनःसाधना आदि बातों पर कबीर की उक्तियाँ इस बात के सशक्त प्रमाण हैं।

इस्लाम और सूफी दर्शन

अभारतीय धर्म होने पर भी राजनीतिक और धार्मिक स्वार्थ से प्रेरित होकर तलवार की नोक पर बलपूर्वक भारतवर्ष में प्रविष्ट होने के कारण इस्लाम का प्रभाव भारतीय संस्कृति पर पड़ना स्वाभाविक ही था। मध्यकाल तक इस्लाम की जड़ें भारत में गहराई से जम चुकी थीं। कबीर पर भी इस्लाम का कुछ प्रभाव पड़ना कोई आश्चर्य की बात नहीं। कबीर एक सारग्राही सन्त थे। कट्टरपन्थी कठमुल्लाओं-सी संकीर्णता, अनुदारता तथा एक-पक्षीयता उनमें नहीं हो सकती

1. श्यामसुन्दर शुक्ल, हिन्दी काव्य की निर्गुण धारा में भक्ति, पृ. 111
2. दुर्गाशंकर मिश्र, भक्तिकाव्य के मूल स्रोत, पृ. 90
3. दुर्गाशंकर मिश्र, वही, पृ. 85

थी। शत्रु के भी सद्गुणों से सीखने की महापुरुषीय क्षमता उनमें थी। अतः कोई-न-कोई मुसलमानी तत्त्व कबीर-दर्शन में अवश्य हो सकता है।

हजरत मुहम्मद ने सातवीं शताब्दी में इस्लाम धर्म का प्रवर्तन किया। ईश्वर, स्वर्ग-नरक, पाप-पुण्य, राम-हलाल आदि के विषय में उन्होंने जो कुछ कहा वह 'कुरान' के रूप में मुसलमानी धर्म पुस्तक बन गया। इस्लामी दर्शन परमेश्वर को एक मानता है। 'लॉ इलाहे इल्लिल्लाह मुहम्मदुर्रसूलिल्लाह,' अर्थात् अल्लाह का कोई अल्लाह नहीं, वह एकमात्र परमेश्वर है और मुहम्मद उसका पैगम्बर है। अल्लाह सर्वोच्च ईश्वर होकर समूचे संसार पर निरंकुश शासन करता है और मनुष्य उसका सेवकमात्र है। अल्लाह एकाधिपति शाहंशाह है। वह पाप-पुण्य का लेखा-जोखा रखता है और कर्मानुसार फल भी देता है।[1] इस्लाम की अल्लाह-भावना में अन्तर्भुक्त 'ईश्वर का एकत्व' की मान्यता कबीर को स्वीकार है। परन्तु उसकी शाहंशाही कबीर को मान्य नहीं। कबीर का परमात्मा 'खालिक खलक खलक में खालिक, सब घट रह्यो समाई' है, अर्थात् वह विश्व के कण-कण में व्याप्त है। कबीर का एकेश्वरवाद मूलतः इस्लाम से साम्य रखते हुए भी अपने स्वरूप में उससे विषम है। कबीर की भक्ति-भावना में दास-भाव परिलक्षित होते हुए भी उसका दासत्व मनुष्य और ईश्वर के सम्बन्ध का अस्तित्वात्मक रूप नहीं है। उनके दास-भाव में विद्यमान समानता इस्लामी दासवत् सम्बन्ध का प्रभाव नहीं होकर भारतीय भक्ति-पद्धति की ही देन है। इस्लाम की पैगम्बरी, निधन के बाद तक भी मनुष्य की ईश्वर से पृथकता तथा शब्द मात्र से आदम की सृष्टि आदि की मान्यता भी कबीर को स्वीकार नहीं है। कबीर की पारमार्थिक दृष्टि में जीवात्मा और ब्रह्म में मुख्यतः एकत्व ही दिखाई देता है।

इस्लाम में आत्मशुद्धि के लिए इन पंच कर्तव्यों का विधान था। तौहीद (एक ईश्वर पर विश्वास) सलात् (प्रार्थना), रोजा (उपवास), जकात (दान) और हज (काबे की यात्रा)—ये इस्लाम के पंच स्तम्भ माने गए हैं। इनके करने से आत्मशुद्धि होती है और अल्लाह से तादात्म्य होता है। कबीर इस्लामी साधना को भेदभाव-युक्त, बाह्याडम्बरी तथा पाखंडी मानते हैं। कबीर पर इस्लामी दृष्टि के प्रभाव के विषय में डॉ. गोविन्द त्रिगुणायत की मान्यता है कि "खोज करने पर इस्लाम के उप-सम्प्रदाय सूफी मत की बातें चाहे मिल जाएँ, किन्तु असली इस्लाम के तत्त्वों को ढूँढ़ निकालना बड़ा कठिन है। अत्यधिक खोज करने पर केवल इस्लामी नियतिवाद, साम्यवाद, पैगम्बरवाद तथा नूरवाद आदि की चर्चा एकाध स्थलों पर अवश्य मिलती है, किन्तु इस्लाम धर्म के प्रमुख दो तत्त्व दीन और इस्लाम के अंगों का न तो कहीं विशेष वर्णन ही मिलता है और न उनके प्रति अपनी आस्था ही दिखाई पड़ती है। सूफी मत का भी उन पर इतना ऋण नहीं है, जितना कुछ विद्वानों ने दिखाने की चेष्टा की है।"[2] इस्लामी धर्म में विद्यमान ईश्वर के एकत्व-भाव के साथ-साथ प्रतिमा-पूजन का खंडन, मुसलमानों की एकता तथा व्यावहारिकता आदि ऐसे कुछ बिन्दु हैं, जिनसे कबीर पर मुसलमानी प्रभाव कुछ मात्रा में दर्शाया जा सकता है।

इस्लाम धर्मावलम्बियों में ऐसे भी कुछ लोग थे जो कट्टरता और हिंसा की जगह सरलता और उदारता में विश्वास करते थे। ऐसे लोगों का विचार ही विकसित होते-होते सम्प्रदाय के रूप में परिणत हो गया। ऐसे लोगों को सूफी कहा गया। "यद्यपि सूफी मत का उदय रूढ़िवादी

1. दीनदयालु गुप्त, कबीर-दर्शन, पृ. 93
2. गोविन्द त्रिगुणायत, कबीर की विचारधारा, पृ. 166

इस्लाम की प्रतिक्रिया-रूप में हुआ था, किन्तु इसका उद्‌गम-स्रोत इस्लाम के समान कुरान ही से है। ईसा की सातवीं शताब्दी में सूफीमत उस समय अंकुरित हो रहा था जब मुस्लिम जगत् में ईसाई प्रभाव से संन्यास-जीवन के लिए महान् क्रान्ति हो रही थी।...सूफी मत इस्लाम का एक धार्मिक तत्त्व-ज्ञान ही है। मुहम्मद साहब के घोरतम मूर्ति-विरोध ने ईश्वर को निर्गुण और ध्यान का विषय बना दिया। ईश्वर परम लावण्यमय है, इस विचार ने साक्षात्कार की भावना जागृत की और अल्लाह के आदर्श-पुरुष के प्रति प्रेम तथा सांसारिक रति ने दैवी रति-भाव की उत्तेजना दे ईश्वर को प्रियतम का रूप दे दिया। सूफी मत में ईश्वर को रम्यातिरम्य माना गया है।"[1] विद्वानों में यह भी मान्यता है कि सूफीमत के रहस्यवाद, प्रेमतत्त्व, उदारतावाद, एकेश्वर भावना आदि तत्त्व ईसाई दर्शन से अनुप्रेरित हैं।[2]

भारत में सर्वप्रथम 11वीं शती में शेख इस्माइल नामक सूफी आए। उनके बाद कई सूफी आते रहे। फलतः भारत में सूफी सम्प्रदायों की स्थापना की नींव पड़ी। धीरे-धीरे सूफीमत में अवान्तर धाराएँ भी बनीं तथा सूफी सम्प्रदाय उप-शाखाओं में विभक्त होकर भारत के विभिन्न हिस्सों में फैल गया। भारत में पाँच सम्प्रदाय अधिक ख्यात हुए। उन सम्प्रदायों का नाम है– चिश्ती, सुहरवर्दिया, नकशबन्दी, कादिरी तथा सत्तरी। भारतीय सूफी सम्प्रदायों को बा-शरा और बे-शरा नामक दो वर्गों में विभाजित किया जाता है और विभिन्न उपसम्प्रदाय इनके अन्तर्गत माने जाते हैं।

फारस में जन्म लेकर भी सूफी सम्प्रदाय भारतीय तत्त्व-चिन्तन में महत्त्वपूर्ण स्थान रखता है। सूफी "स्वभाव से सहनशील, उदार, एकान्तप्रिय और समन्वयवादी थे। ये सन्त बुतपरस्ती के विरोधी पर आत्म-ब्रह्म के उपासक, बाह्याचार के उन्मूलक और सदाचार के उपदेशक, भावना के उदार पर साधना के कट्टर, संकुचित धार्मिक उन्माद के निन्दक और समाज तथा धर्म के सुधारक, ऊपर से ज्ञानमार्गी पर हृदय से भक्त, ऊपर से प्रेम की पीर में मस्त पर भीतर से उद्‌बुद्ध, आचार से अनुरक्त पर विचार से विरक्त होने के कारण धर्मान्ध मुसलमानों की आँख में सदा खटकते रहे।"[3] अपने इन उदार प्रवृत्तियों के कारण सूफियों को हिंसक इस्लामी समाज की पीड़ा का भी शिकार होना पड़ा। उनका अन्य देशों के समान भारत-आगमन का एक कारण यह परिस्थितिवश पलायन भी हो सकता है। उनका भारत-प्रवेश 9वीं शताब्दी में इस्लाम के पहले ही होना बताया जाता है। भारत में उनका आदर-सम्मान हुआ। उनकी समन्वयवादी प्रवृत्ति बौद्ध, अफलातूनी, यहूदी, मसीही, वेदान्ती, योग और इस्लामी मान्यताओं के प्रति ग्रहणशील रही।

सूफियों की ईश्वर-भावना इस्लाम के एकेश्वरवाद तथा भारत के अद्वैतवाद का मिश्रण ज्ञात होती है। सूफियों का अल्लाह जलाल (उदार, क्षमाशील), जलाल (शक्ति-सम्पन्न) और कमाल (अलौकिक, शक्तियुक्त) है। वह सर्वव्यापी, सर्वद्रष्टा, सर्वशक्तिमान, निर्गुण, अनादि, अनन्त, कर्ता, भर्ता और संहारकर्ता है। वही जगत् का एकमात्र सत्य है। वह सर्वत्र और सर्वरूप है, अद्वितीय है, अनुत्पन्न है। कबीर के ईश्वरवाद के अनुसार ईश्वर घट-घट वासी है, अर्थात् ईश्वर विश्व में और विश्व ईश्वर में रमा हुआ है। कबीर की ईश्वर-भावना कई पहलुओं में सूफीमत से मिलती है। इस सन्दर्भ में सूफियों का प्रभाव कबीर पर हुआ होगा, लेकिन निश्चितता के साथ कुछ कहना कठिन है।

---

1. दीनदयालु गुप्त, कबीर-दर्शन, पृ. 96
2. रामपूजन तिवारी, सूफी मत साधना साहित्य, पृ. 19-23 तथा 402-03
3. श्यामसुन्दर शुक्ल, हिन्दी काव्य की निर्गुण धारा में भक्ति, पृ. 184

जीवात्मा के विषय में सूफी मत की मान्यता के अनुसार आत्मा और परमात्मा में कोई अन्तर नहीं है। वह बन्दा होकर भी खुदा का अंश है। उसकी रूह अल्लाह की प्राप्ति के लिए सदैव तड़पती रहती है। वह शून्य से परमात्मा का प्रतिरूप होकर बनाया गया है। साथ-साथ वह स्वयं ब्रह्म भी है। कबीर भी 'मैं-तू' के एकत्व पर सूफीमत से पूर्णरूप से सहमत दिखाई देते हैं।

सूफियों की प्रेमभावना प्रसिद्ध है। ''सूफीमत का सारा प्रासाद प्रेम पर ही खड़ा है। प्रेम का अन्तिम ध्येय प्रेम की वास्तविकता को जानना है और प्रेम की वास्तविकता ही ईश्वरी तत्त्व है।''[1] प्रेमी प्रेम से प्रेम को जगाता है और प्रियतमा को भी प्रेमी बनाकर एकरूपता ग्रहण करता है। प्रेम ने निर्गुण परमात्मा को सगुण बना दिया है और दयालुता, सौन्दर्य आदि गुणों से विभूषित किया है। सौन्दर्य-रूप ईश्वर को पतंग मानकर तथा प्रेम-रूप ईश्वर के प्रेमी बनकर मनुष्य ईश्वर-पिपासु बना रहता है। प्रेमरूपता के कारण ईश्वर में एक विशेष पौरुष्य तथा सौष्ठव है। इस अध्यात्म प्रेम (इश्क-हकीकी) का साधन लोक-प्रेम (इश्क मजाजी) है। सूफियों ने इन दोनों में समन्वय स्थापित किया है। प्रेम से ही आत्मा पवित्र होती है। ''सूफी साधना का मूलाधार प्रेम है। प्रेम ही उसका सम्बल है और प्रिय ही उसका प्राण है। प्रेम की तीव्रतम वेदना भी उतनी ही प्रिय है जितनी प्रिय की प्राप्ति। प्रिय जिस प्रकार प्रसन्न हो वही प्रेमी का कर्तव्य है। वह प्रिय के अस्तित्व में अपना अस्तित्व मिटा देना चाहता है।...परम प्रियतम (अल्लाह) ही सूफी की आत्मा-रूपी दुल्हन का एकमात्र पति है। समूची सृष्टि प्रिय के प्रेम में मस्त है। सूर्य, चन्द्र, तारे, आकाश आदि सभी प्रेम की दीप्ति है। प्रेम प्रेमी के हृदय की वह आग है जिसमें प्रिय के अतिरिक्त संसार की कोई वस्तु टिक नहीं सकती। प्रभु स्वयं प्रेममय है। संसार की प्रत्येक सुन्दर वस्तु उस परमात्मा के प्रेम का संकेत है।''[2]

मध्य-कालीन भारत प्रेम-वर्षा और प्रेम-सिक्त काव्य-संस्कृति का धनी था। अनेक भारतीय प्रेम-साधनाओं के बावजूद सूफी प्रेम-साधना की अपनी विशेषता रही। डॉ. श्यामसुन्दर शुक्ल ने भारतीय तथा सूफी प्रेम-साधनाओं का मनोवैज्ञानिक तथा तुलनात्मक विश्लेषण अतिशय सुन्दर तथा सटीक शब्दों में करते हुए कहा है–जहाँ भारतीय प्रेम साधना माधुर्य से ओत-प्रोत है, वहीं सूफी प्रेम बड़ा ही मादक है। दोनों ही प्रेमानुभूति में वही अन्तर है जो एक कणिका और कुलवधू की अनुभूति में हो सकता है। भारतीय प्रेम शान्त है और सूफी प्रेम अपेक्षाकृत अधिक मुखर है। एक में पूर्ण संयम और सन्तोष है, दूसरे में असंकोच और असन्तोष है। एक में सब कुछ पचा लेने की क्षमता है, दूसरे में सब कुछ कह डालने की ख्वाहिश है। एक परम प्रियतम के सान्निध्य या संयोग के लिए लालायित है, पर दूसरे को तो प्रेम की मधुर पीड़ा से तड़पने में ही आनन्द का अनुभव होता है। एक साक्षात्कार चाहता है, दूसरा केवल प्रेम के पीर के मज़ार पर ही दीया जलाते रहना चाहता है। एक संयोग की कामना करता है, दूसरा वियोग में ही मस्त है। एक प्रकृति के प्रांगण में प्रिय के दर्शन का आदि है, दूसरा नूरे बुताँ में नूरे खुदा के जलवे को देखता हुआ प्रियमिलन जैसे ही सुख का अनुभव किया करता है। एक सौन्दर्य से विरक्त है, दूसरा सौन्दर्य का पुजारी है। एक सांसारिक प्रेम को आध्यात्मिक प्रेम का बाधक समझता है, दूसरा साधक। एक के प्रेम में उन्मत्तता और पुरुषता है, दूसरे में दीनता और कोमलता है।

---

1. दीनदयालु गुप्त, कबीर दर्शन, पृ. 98
2. श्यामसुन्दर शुक्ल, हिन्दी काव्य की निर्गुण धारा में भक्ति, पृ. 188

एक जी-जी कर मरता है, दूसरा मर-मरकर जीता है। एक का प्रिय पुरुष है, दूसरे का नारी है। एक में तीव्रता साधक में होती है, दूसरे में साध्य या प्रियतम में। पर जहाँ-जहाँ खुदी को खुदा में पाने की लालसा का प्रश्न है, दोनों की लालसा एक समान है।[1]

सूफी प्रेमवाद का प्रभाव हिन्दी के मध्यकालीन सन्त-परम्परा तथा कबीर पर विशेष रूप से पड़ा था। सूफी साधना का सर्वाधिक प्रभाव हिन्दी सन्त परम्परा की अभिव्यक्ति-शैली पर दृष्टिगोचर होता है। सूफी कवियों की विरहानुभूति की अतिरंजित वर्णन-शैली का प्रभाव भक्ति और रीति साहित्य पर समान रूप से पड़ा है। मध्यकालीन प्रेममयी भक्ति-साधना इन सूफी सन्तों की बहुत ऋणी है। इस तथ्य को अस्वीकार नहीं किया जा सकता। "कबीर-दर्शन का मुख्य बिन्दु है—प्रेम-भगति। कबीर-काव्य एक प्रेम-गाथा ही है। सूफी साधना अनुभूति पर आश्रित है। अनुभूति प्रेम पर अवलम्बित रहती है। प्रेम की चरम परिणति दाम्पत्य प्रेम में है। अतः सूफियों की अभिव्यक्ति दाम्पत्य प्रतीकों से ही होती है। सूफी अभिव्यक्ति की यह विशेषता कबीर में पूरी तरह से पाई जाती है। उनके रहस्यवाद की अभिव्यक्ति अधिकतर दाम्पत्य-प्रतीकों के द्वारा ही हुई है।"[2]

कबीर की विचारगत विरासत का अवगाहन करने के उपरान्त डॉ. जितेन्द्रनाथ मिश्र के शब्दों में यह स्वीकारोक्ति अपरिहार्य प्रतीत होती है कि "समर्थ रचनाकारों का भावजगत् इतना विशाल, व्यापक और गहरा होता है कि उसकी ठीक-ठीक थाह पाना कठिन ही नहीं, असम्भव भी होता है। कोई भाव, कोई विचारधारा, चिन्तन-मनन का कोई ऐसा बिन्दु नहीं होता जो इन रचनाकारों के भावजगत् की परिधि के बाहर हो। ऐसी स्थिति में हम ऐसे रचनाकारों की किसी विशेष वाद, सिद्धान्त, दर्शन, विचारधारा अथवा सम्प्रदाय के अन्तर्गत सीमित करके उसकी रचनाकारों के सम्बन्ध में कोई निर्णयात्मक टिप्पणी करने का प्रयास करते हैं तो हमारा यह प्रयास अन्धे आदमी द्वारा हाथी के कान को सूप-जैसा घोषित करने की तरह हो जाता है।...कबीर को वाद के बन्धन में बाँधा नहीं जा सकता। किसी सिद्धान्त, दर्शन या सम्प्रदाय के चश्मे से उनकी रचनाओं की तह तक नहीं पहुँचा जा सकता।"[3] अनुपम प्रतिभा के धनी और साधुवत् सारग्राही होने के कारण कबीर किसी भी विचारधारा या सम्प्रदाय से निर्लिप्त रहकर भी लगभग सभी मुख्य दर्शनों और सम्प्रदायों से कुछ-न-कुछ तथा किसी-न-किसी मात्रा में लाभान्वित हुए। उपनिषद् की निर्गुण-प्रधान ईश्वर-धारणा, बौद्धों की सुधारवादी विरोध-भावना तथा शून्यवाद, जैनों के अहिंसा तथा सदाचरण के तत्त्व, वैष्णव की भक्तिभावना, सूफियों की प्रेम-साधना, नाथ-सिद्धों का सहज योग तथा मुक्ति-साधना आदि कबीर की वैचारिक विरासत में मुख्य तत्त्व हैं। इनमें अधिकांश तत्त्व प्रत्यक्ष रूप से नाथ-पन्थियों से और शेष कबीर के वैविध्यपूर्ण सत्संगों से प्राप्त हुए हैं। लेकिन कबीर ने इनका पिष्टपेषण नहीं किया है, बल्कि बुद्धि, हृदय तथा आत्मा में आलोड़ित करके ताजा नवनीत तैयार किया।

---

1. श्यामसुन्दर शुक्ल, हिन्दी काव्य की निर्गुण धारा में भक्ति, पृ. 188-89
2. गोविन्द त्रिगुणायत, कबीर की विचारधारा, पृ. 176
3. जितेन्द्रनाथ मिश्र, 'कबीर-साहित्य में देवी-देवताओं की परिकल्पना', कबीर-साहब, पृ. 399-400

4. कबीर युग का सांस्कृतिक परिदृश्य

राजनीतिक परिस्थितियाँ

भारत की भौतिक और आध्यात्मिक विभूति विदेशी आक्रामक शक्तियों के लिए एक बड़े आकर्षण की वस्तु रही है। लगभग ईसा पूर्व से प्रारम्भ विदेशियों का भारत-आगमन का उद्देश्य घुल-मिलकर रहन-सहन से लेकर भारत पर शासन करने तक रहा। हिन्दुओं में आपसी भेद-भाव, लड़ाई-झगड़े, अन्धविश्वास तथा धार्मिक रूढ़ियाँ बढ़ रही थीं। राजा विश्रृंखल, विलासप्रिय तथा अहम्मन्य तथा खोखले थे। बौद्ध-जैन दर्शनों के अहिंसावाद तथा निष्क्रियवाद के फलस्वरूप देश की दशा असंगठित और अरक्षित हो चली थी। विदेशी आक्रमणों के लिए ये सब अनुकूल वातावरण सिद्ध हुए। विदेशी आक्रमण और शासन का यह सिलसिला आगे चलकर इस्लाम के क्रूर हाथों में घोरतम-स्वरूप में परिणत हुआ और दुर्भाग्यवश भारत को शायद विश्वेतिहास के सर्वाधिक खूनी दिन देखने पड़े। कबीर के आविर्भाव-काल तक मुस्लिम-सत्ता भारत में लगभग गहराई से जड़ पकड़ चुकी थी।

अलाउद्दीन खिलजी (1352-1372) के समय धर्मान्धता और अत्याचार का नग्न-तांडव ही चला। घोड़ा रखना, अच्छा वस्त्र पहनना, विलास की वस्तुओं का इस्तेमाल करना आदि पर पाबन्दी ही नहीं, हिन्दुओं को जजिया कर भी देना पड़ता था। मुहम्मद तुगलक (1325-53) द्वारा दिल्ली से देवगिरी के लिए राजधानी-परिवर्तन तथा ताम्र-सिक्कों के प्रचलन से देश की अर्थ-व्यवस्था भी अस्त-व्यस्त हो गई। फिरोजशाह तुगलक (1351) धर्मान्ध और पक्षपाती थे। पी.डी. गुप्ता (मध्यकालीन भारत) तथा एस.आर., शर्मा (भारत में मुस्लिम शासन का इतिहास) के अनुसार इन्होंने असंख्य हिन्दुओं को तलवार के घाट उतारा, मन्दिरों को नष्ट-भ्रष्ट करके उनके स्थान पर मस्जिदों का निर्माण किया, मूर्तियों को तोड़-फोड़ की, जीवित हिन्दुओं की खाल उतरवाकर उनमें भूसा भरवाया तथा नृशंस मानव-हत्याएँ करवाईं।[1] तैमूरलंग (1398) का आक्रमण और हिन्दुओं पर अत्याचार इतना भयंकर था कि वह इतिहास के पन्नों पर काले अक्षरों में ही सदैव अंकित रहेगा। डॉ. ईश्वरी प्रसाद 'भारतीय मध्ययुग का इतिहास' में उनके आक्रमण के धार्मिक उद्देश्य को आत्मकथनात्मक शैली में चित्रित किया है।[2]

"तैमूर के आक्रमण से हिन्दू-धर्म और हिन्दू-जाति की नींव काँप उठी। हिन्दुओं की बची-खुची प्रतिष्ठा और शक्ति इस युद्ध की बर्बरता से परास्त हो गई। देश में दारिद्र्य, अशान्ति, क्लान्ति और निराशा के भयंकर दृश्य दिखाई पड़ने लगे। अनाचार और आचरण-भ्रष्टता अपनी पराकाष्ठा पर पहुँच गई।"[3] तैमूरलंग के भीषण आक्रमण से लेकर सिकन्दर लोदी के शासन तक कबीर का राजनीतिक युग अस्थिरता का परिचायक था। गुलाम, खिलजी, तुगलक, सैयद तथा लोदी वंशों के कतिपय शासकों ने दिल्ली के राज-सिंहासन को सँभाला। अफगानी और ईरानी शासकों के यहाँ राज्याधिकार की प्राप्ति के लिए उत्तराधिकार का कोई स्पष्ट और निश्चित नियम नहीं था। अधिकाधिक अमीर, सरदार और सैन्यशक्ति का संगठन करनेवाले के गले में जयमाला पहनाई जाती थी। सत्ता-प्राप्ति के लिए अधीनस्थ अधिकारी सुल्तान के दुर्बल होने पर

---

1. दीनदयालु गुप्त, कबीर दर्शन, पृ. 52-53
2. भगीरथ प्रसाद यादव, कबीर काव्य के स्रोत, पृ. 13
3. गोविद त्रिगुणायत, कबीर की विचारधारा, पृ. 77

विद्रोह, षड्यन्त्र, विश्वासघात आदि कुछ भी करने में गौरव का अनुभव करते थे। राज-परिवार के सदस्य गद्दी पर बैठने के लिए अपने सगे-सम्बन्धियों की हत्या करने-करवाने में लज्जा का अनुभव नहीं करते थे। इसके अलावा हिन्दुओं की मान-मर्यादा, सन्तान और धन-माल आक्रमणकारियों की लोलुपता का साधन माने गए। "अनाचार, आचरण-भ्रष्टता, अत्याचार, दारिद्र्य, अशान्ति, निराशा और क्लान्ति का देश के कोने-कोने में बोलबाला था।"[1] इस समय शासन लोदी वंश के हाथ में आया। बहलोल लोदी के अल्पकालिक उदार-उदात्त शासन के बाद सिकन्दर लोदी के हाथों में शासन-सत्ता की बागडोर आई। वे हिन्दुओं के प्रति असहिष्णु थे और मूर्तिपूजा को समाप्त करने के प्रयास में लगे। उन्होंने मथुरा के देवालयों को तुड़वाकर उनके स्थान पर मस्जिदें और सरायें बनवाईं। हिन्दुओं का यमुना-स्नान और नाइयों द्वारा उनका मुंडन का भी निषेध किया गया।[2] इस नृशंस सुल्तान द्वारा कबीर को भी दंडित करने के कई अफसल प्रयासों का विवरण मिलता है।

हिन्दू और मुसलमान शासक भी निरन्तर युद्धों में जूझते थे। अपना प्रभुत्व और अपने राज्य की सीमा का विस्तार ही उनकी एकमात्र चिन्ता थी। देश की शासन-व्यवस्था निरंकुश थी। स्वेच्छाचारी और स्वार्थी शासकों ने आज्ञापालन को ईश्वर से हटाकर अपने प्रति उन्मुख कर दिया। राजनीति पर धर्मान्धता का दुर्भाग्यपूर्ण आवरण चढ़ा हुआ था। शक्ति पर केन्द्रित यह राजनीति नैतिकता से पूर्णतः विहीन थी। साथ-साथ "तत्कालीन हिन्दू जनता अनाचार, अत्याचार, स्वेच्छाचार और धर्मान्धता के नंगे नाच से ऊब चुकी थी। वह निराशा, भय, चिन्ता तथा अशान्ति की शिकार बनी हुई थी। हिन्दू-संस्कृति एवं हिन्दू-धर्म की प्राचीरें हिल उठी थीं। हिन्दुओं के लिए अपना जीवन भार-स्वरूप हो गया था।"[3] राजनीतिक व्यवस्था का स्वरूप अति-दारुण था। मुसलमान शासकों की दंडव्यवस्था बड़ी ही कठोर थी। अमानवीय या पाशविक दंड-विधान के अतिरिक्त सुन्दर नारियों के सतीत्व के लिए खतरा, करों की वसूली की कठोरता, राजाओं, जागीरदारों तथा छोटे जमीन्दारों द्वारा सामान्य ग्राम्य-जनता पर अत्याचार आदि इस शासन व्यवस्था के अंग थे। राजनीति के ऐसे अति-भ्रष्ट स्वरूप के मध्य ही महात्मा कबीर का आविर्भाव हुआ था।

आर्थिक परिस्थितियाँ

मध्यकाल में देश की आर्थिक स्थिति अच्छी थी। देश में वस्तु की कोई कमी नहीं थी। लेकिन उसका वितरण उपयुक्त रीति से नहीं होता था। असमान वितरण-प्रणाली का सशक्त प्रमाण यह था कि शासक-वर्ग तथा व्यापारी-वर्ग का आर्थिक स्तर ऊँचा था और जनसाधारण का नीचा। अपने ग्रन्थ 'मेडीवल इंडियन कल्चर' में डॉ. आशीर्वादीलाल श्रीवास्तव लिखते हैं, "धन अल्पसंख्यकों के पास केन्द्रित था। सुल्तान उनके उच्च पदाधिकारी, हिन्दू राजा, उनके मुख्य पदाधिकारी, बड़े व्यवसायी और बैंकर्स के पास पर्याप्त सम्पत्ति थी। मध्यमवर्गीय नौकरी-पेशावाले, किरानी, व्यवसायी भी बहुत दूर तक ठीक थे। लेकिन सामान्य जनता जिनकी संख्या सर्वाधिक थी, गरीब थी और आवश्यकता-पूर्ति के पर्याप्त साधन उनके पास नहीं थे।"[4] मध्यकालीन अर्थ-व्यवस्था

---

1. यज्ञदत्त शर्मा, कबीर साहित्य और सिद्धान्त, पृ. 22
2. भगीरथ प्रसाद वर्मा, कबीर के स्रोत, पृ. 15
3. दीनदयालु गुप्त, कबीर दर्शन, पृ. 54
4. भगीरथ प्रसाद मिश्र, कबीर काव्य के स्रोत, पृ. 24 में उद्धृत।

भी शिथिल और जटिल थी। प्रजा कर्ज से लदी रहती थी। महाजन उन्हें 12 प्रतिशत से लेकर 60 प्रतिशत तक सूद पर ऋण दिया करते थे। ये कर्ज 6 पुश्त तक नहीं चुक पाते थे। कृषि और व्यापार, दोनों पर इतना कर लिया जाता था कि आमदनी का आधा भाग उत्पादकों के हाथ से निकल जाता था। बीच-बीच में कई बार घोर अवर्षण और महामारी के भी प्रकोप हुए, जिनमें असंख्य नर-नारी कालकवलित हुए।[1]

मुसलमानों की आर्थिक दशा हिन्दुओं से अच्छी थी। व्यवसाय, खेती आदि के लिए मुसलमानों पर कर भी कम था। मुसलमान जुलाहा और कृषक की आर्थिक स्थिति हिन्दू जुलाहा और कृषक से बेहतर थी। इस प्रकार आम जनता में भी भेदभाव का बोलबाला था। मुसलमान शासक हिन्दू को द्वितीय श्रेणी के नागरिक मानकर उन्हें दुर्बल बनाए रखना चाहते थे ताकि ये सिर न उठा सकें। सामान्य हिन्दू के पास जीवित मात्र रहने के लिए धन छोड़ा जाता था, जिससे कि वे मर न जाएँ। इनके मरने से अन्न, लकड़ी, सब्जी, कपड़ा, दूध आदि जुटानेवाला नहीं मिलता, जिसके अभाव में उच्चवर्ग का विलासितापूर्ण जीवन सम्भव नहीं होता। अतः उनके अस्तित्व के लिए इनका आर्थिक दृष्टि से पंगु रहना आवश्यक था। हिन्दू स्त्रियों को वेतन की आशा में मुसलमानों के घर काम करना पड़ता था। हिन्दू घरों में सोना, चाँदी आदि का नामोनिशान तक नहीं रहने दिया जाता था। बहुसंख्यक समाज के आर्थिक शोषण का एक दूसरा पक्ष यह था कि "हिन्दू शिल्पकार, श्रमजीवी तथा निम्नश्रेणी के लोगों की आर्थिक दशा सर्वाधिक चिन्तनीय थी। विविध भाँति के करों का भार इनके ही ऊपर था। जजिया कर, जो अधीन प्रजा से वसूल किया जाता था; अशैर अथवा उपज का दशांश, जो कृषकों को देना पड़ता था; व्यापारियों को व्यापार-कर देना पड़ता था तथा अधीन प्रजा द्वारा की गई उपज की वस्तुएँ, एक आनुपातिक दर से, राजकोष के लिए भेजनी पड़ती थी।"[2]

कुल मिलाकर, मध्य युग में आर्थिक शोषण, उत्पीड़न तथा विषमता, दारिद्र्य तथा दैन्य, तज्जन्य किंकर्तव्यविमूढ़ स्थिति के विभिन्न पक्षों के रूप में चोरी, ठगी, हत्या आदि का तांडव नृत्य चल रहा था। बेकार मस्तिष्क और खाली पेट के फलस्वरूप अनाचार तथा अत्याचार से परिपूर्ण समाज के काले दिन महापुरुष कबीर को स्वयं निर्धन परिवार का अंग होकर देखने पड़े।

धार्मिक परिस्थितियाँ

कबीर-कालीन युग की धार्मिक स्थिति अत्यन्त विचित्र और जटिल थी। यह जटिलता अन्तर्साम्प्रदायिक और अन्तः साम्प्रदायिक संघर्षों तथा अव्यवस्था में निहित थी। कबीर साहब के आविर्भाव के समय "भारत में अनेक मत-मतान्तर प्रचलित थे और विभिन्न सम्प्रदायों के जटिल विधानों तथा उनके अनुयायियों के परस्पर-विरोधी आचरणों की अन्धाधुन्ध में वास्तविक धर्म का रहस्य जानना कठिन था।...दम्भ, पाखंड और अहंकार का प्रायः सर्वत्र बोलबाला था। धर्म वस्तुतः व्यक्तिगत आध्यात्मिक कल्याण का एक प्रमुख साधन होने के स्थान पर पथ-भ्रष्टता तथा सामाजिक विशृंखलता का एक बहुत बड़ा कारण बन गया था।"[3] अन्य शब्दों में, कबीर के युग में भारतीय धर्म-व्यवस्था अत्यन्त ही जीर्ण दशा में थी। सभी ओर 'अपनी-अपनी डफली और अपना-अपना राग' वाली कहावत चरितार्थ हो रही थी।

---

1. श्यामसुन्दर शुक्ल, हिन्दी काव्य की निर्गुण धारा में भक्ति, पृ. 156-57
2. दीनदयालु गुप्त, कबीर दर्शन, पृ. 58
3. परशुराम चतुर्वेदी, कबीर साहित्य की परख, पृ. 42

हिन्दू धर्म : जीर्ण धर्म-व्यवस्था का चित्र सर्वप्रथम हिन्दू धर्म में देखा जाना चाहिए। हिन्दू धर्म जाति-व्यवस्था के आधार पर खड़ा था। इसके आधार पर द्विजों तथा शूद्रों में भेदभाव होता था। ब्राह्मण नियामक और व्याख्याता थे। शूद्र धार्मिक अधिकारों से वंचित थे। बाह्याचार तथा पाखंड ने धर्म के सत्य-स्वरूप को दबा दिया था। अनेक प्रकार के विधि-विधानों का प्रचलन था।[1] जीव-हिंसा, मद्य-सेवन, देवी-देवताओं के सामने बलि चढ़ाना, नग्न रहकर तप करना, उदासी बनकर घूमना, वेद के जंजाल में उलझे रहना, योग के कायाक्लेश उठाना, तीर्थ-यात्रा पर विश्वास रखना, तन्त्र-मन्त्र के पाश में उलझा रहना, पवन-शोधन में लगा रहना, धूनी रमाकर श्यामवर्ण हो जाना आदि इस विकराल धार्मिक जगत् की विभिन्न लीलाएँ थीं। साथ-साथ, हिन्दू धर्म में अनेक सम्प्रदाय तथा दार्शनिक मत चलते थे। "इन दार्शनिक मतवादों से जनता को अधिक लाभ नहीं मिल सका, क्योंकि ये सब मतवाद साधारण जनता की समझ के बाहर थे। जनता नहीं समझ पाती थी कि इसमें किसका अनुसरण श्रेयस्कर होगा। उसे निराश होकर पुरोहितों के निर्देशित मार्ग पर ही चलना पड़ता। पुरोहितों ने भी इस अवसर का अच्छा उपयोग किया। उन्होंने अपने पांडित्य-प्रदर्शन के लिए आडम्बर की खूब वृद्धि की। फलस्वरूप धर्म केवल बाह्याडम्बर मात्र रह गया।"[2]

बौद्ध धर्म ने हिन्दुओं के पैर उखाड़ दिए थे। लेकिन, हिन्दुओं ने उसे दुर्बल बनाकर अपना पुरुत्थान किया। "हिन्दू समाज में धार्मिक विद्रोह के बीज बोने का काम बौद्ध सिद्धों ने कबीर साहब के बहुत पहले से ही आरम्भ कर दिया था। इस बात में उनके साथ जैन-मुनियों तथा नाथ-पन्थियों ने भी अपना हाथ बँटाकर आगे का मार्ग प्रशस्त कर दिया था। परन्तु उन सुधारकों के यत्न अधिकतर अस्पष्ट और अनियन्त्रित थे अथवा वे विभिन्न चमत्कारों पर आश्रित भी जान पड़ते थे। तमिल प्रान्त के आलवारों से प्रेरणा प्राप्त कर अग्रसर होनेवाले आचार्यों का भक्ति-आन्दोलन वस्तुतः एकांगी ही था। क्योंकि वह भी किसी सामाजिक न्याय की व्यवस्था केवल वैष्णव धर्म के आधार पर ही दे सकता था तथा शास्त्रीय रूढ़ियों अथवा परम्पराओं के प्रति उसका मोह भी लगभग पूर्ववत् ही बना हुआ था।"[3]

मुस्लिम धर्म : मुस्लिम धर्म भी आडम्बरों से भरा हुआ था। उसमें रोजा रखना, पाँच समय नमाज पढ़ना, मस्जिद को सर नवाना आदि अनिवार्य था। मुल्लाओं का राज था; वे ही धर्माधीश थे। हलाल होने के दावे के साथ वे जीव-हिंसा भी करते थे। इस प्रकार मुस्लिम धर्म में भी बाह्योपचार तथा पाखंड का बोलबाला था। उदारवादी और सार्वभौम प्रेम की दुहाई देनेवाले सूफियों की आस्था इस्लाम के प्रति बराबर बनी रही। उनके द्वारा मानव समाज के मूल सिद्धान्तों की विशद् व्याख्या में भी अपने पूर्व संस्कारों की झलक मिलती थी। एक वाक्य में, इस्लाम धार्मिक अन्धापन, कट्टरता तथा संकीर्णता के लिए प्रसिद्ध था।

दूसरी तरफ, विरोधाभास के रूप में, हिन्दू अपनी जाति-व्यवस्था के नकारात्मक पक्ष के शिकार होकर परेशान हुए। "पद दलित शूद्रों की दृष्टि में उन्मेष हो गया। उन्होंने देखा कि मुसलमानों में द्विजों और शूद्रों का भेद नहीं है। सधर्मी होने के कारण वे सब एक हैं; उनके व्यवसाय ने उनमें कोई भेद नहीं डाला है; न उसमें कोई छोटा है और न कोई बड़ा। अतएव इन ठुकराए हुए शूद्रों में से भी कुछ ऐसे महात्मा निकले जिन्होंने मनुष्यों की एकता को उद्घोषित

1. दीनदयालु गुप्त, कबीर दर्शन, पृ. 60
2. परशुराम चतुर्वेदी, कबीर साहित्य की परख, प्रस्तावना, पृ. 3-4
3. वही।

करना चाहा। इस नवोत्थित भक्ति-तरंग में सम्मिलित होकर हिन्दू समाज में प्रचलित भेदभाव के विरुद्ध भी आवाज उठाई गई।''[1] यह इसलिए था कि मध्यकाल में धर्म को मनुष्य के समस्त कार्य-व्यवहारों का नियमन करना था। यह सामन्ती समाज का स्वीकृत विधान था। सर्व-साधारण के लिए बन्धनों को कठोर और दुरभिसाध्य बनाने के लिए विधि-विधान, तीर्थाटन, स्नान, वेदपाठ, व्रतोद्यापन, छुआछूत, अवतारोपासना, कर्मकांड आदि बाह्याचारों की श्रृंखला को और जटिल बनाया जाता था। इस सामन्ती गुलामी की जड़ों पर कुठाराघात करके इस चक्रव्यूह को भेदने का निराशोन्मत्त प्रयत्न चल रहा था। इस प्रकार कबीर-कालीन धार्मिक परिस्थितियाँ हिन्दू और इस्लाम धर्मों के आभ्यन्तर व्यवस्थाओं में ही नहीं, उनके पारस्परिक सम्बन्ध में भी, विकट प्रवृत्तियों का प्रचंच था।

सामाजिक परिस्थितियाँ

कबीर-कालीन समाज का विश्लेषण तीन भागों में किया जा सकता है–1. हिन्दू समाज, 2. मुस्लिम समाज, 3. सामन्ती समाज।

हिन्दू समाज : हिन्दू समाज की ठोस परम्परा के अन्तर्गत सर्वाधिक महत्त्वपूर्ण थी वर्ण-व्यवस्था, जिसके अनुसार ब्राह्मण, क्षत्रिय, वैश्य तथा शूद्र नामक चार जातियाँ प्रसिद्ध थीं। इनमें क्षत्रिय देश की रक्षा करनेवाली योद्धा जाति और वैश्य कृषि-वाणिज्य के द्वारा देश का भरण-पोषण करनेवाली जाति थी। ब्राह्मण और शूद्र जातियों में आकाश-पाताल का अन्तर था। ब्राह्मण भूमि-स्थित प्रत्यक्ष देवता माना जाता था, जिसका स्थान सर्वोपरि था। ऐसा माना जाता है कि वह ब्रह्मा के मुख से उत्पन्न हुआ है। ज्ञानोपार्जन तथा ज्ञानदान उसका मुख्य काम है। उपज के तीसवें अंश पर उसका अधिकार था। ऋण का ब्याजदर उसके लिए केवल दो प्रतिशत था, जबकि शूद्र के लिए पाँच प्रतिशत। ब्राह्मण मृत्यु दंड और कर से मुक्त थे।

चातुर्वर्ण्य की व्यवस्था का आविष्कार बहुत ही स्वच्छ दृष्टि से हुआ था। वर्गीकरण की नीयत में कोई खोट नहीं है। मानवीय प्रवृत्ति की मीमांसा में यह भारतीय चिन्तन की मौलिक देन कही जा सकती है। इससे ऋषि-मुनियों का आशय सामाजिक जीवन को गतिशील बनाना मात्र था। मानवीय जीवन की चार स्वाभाविक आवश्यकताओं की यह कर्मणा व्यवस्था धीरे-धीरे दूषित होकर जन्मना-जाति-व्यवस्था के रूप में मानी जाने लगी। ''हिन्दुओं में प्रचलित वर्ण-व्यवस्था के अनुसार ब्राह्मण, क्षत्रिय, वैश्य तथा शूद्र नामक चार ही जातियाँ प्रधान थीं। किन्तु कालान्तर में इनके भी कई उप-भेद उत्पन्न हो गए थे और प्रत्येक दूसरे को अपने से नितान्त भिन्न मानने लगा था। इतना ही नहीं, ऐसी जातियों तथा उपजातियों के अन्तर्गत भेदभाव की मात्रा यहाँ तक बढ़ गई थी कि एक-दूसरे से कुछ भी सम्पर्क नहीं रखना चाहता था और बहुत-सी उपजातियों को उनमें से कई ने स्पर्श करने तक से इनकार कर दिया था। जिस प्रकार धार्मिक विभिन्नता के नाम पर एक हिन्दू किसी विधर्मी के साथ संसर्ग रखना पाप समझता था, उसी प्रकार वह अपनी जातिगत मर्यादा के आधार पर ऐसी उपजातियों को अस्पृश्य व अछूत मानने लगा था।''[2] हिन्दू धर्म के इस घृणाव्यंजक विभेद की समीक्षा अन्य शब्दों में इस प्रकार है, ''जो नियम समाज में शान्ति, मर्यादा और व्यवस्था के लिए बनाए गए थे, वे इस प्रकार समाज में

---

1. श्यामसुन्दर दास, कबीर-ग्रन्थावली, पृ. 10
2. परशुराम चतुर्वेदी, कबीर साहित्य की परख, पृ. 116

वैषम्य और क्रूरता के विधायक बन गए। जीवन के कार्यक्रम के चुनाव में व्यक्तिगत प्रवृत्ति का प्रश्न ही नहीं रहा। जिस वर्ण में व्यक्ति-विशेष ने जन्म पा लिया, उस वर्ण के निश्चित कार्यक्रम को छोड़कर और सब मार्ग उसके लिए बन्द हो गए। उद्यम के विभाजन तथा कार्य-व्यापार में कौशल-प्राप्ति का उपाय न रहकर वर्ण-विभाग सामाजिक विभेद हो गया, जिसमें कोई उच्च और कोई नीच समझा जाने लगा। शूद्र, जो नीचतम वर्ण में थे, सभ्य-समाज के सब अधिकारों से वंचित रह गए। वेद और धर्मशास्त्रों के अध्ययन का उन्हें अधिकार न था। उनमें से भी अन्त्यजों के लिए तो देव-दर्शन के लिए मन्दिर प्रवेश भी निषिद्ध था। उनका स्पर्श तक अपवित्र समझा जाता था।''[1] इस जाति-व्यवस्था के अन्तर्गत सबसे निराशाजनक बात अन्त्यजों के प्रति अपनाई गई घृणास्पद मानसिकता में निहित थी। शूद्र का काम करते हुए भी ब्राह्मण का शूद्र तथा बहुशिक्षित ज्ञानवान होकर भी शूद्र का ब्राह्मण नहीं माना जाना, शूद्र जातियों की छाया को भी अछूत मानकर, कुलीनों द्वारा उसके स्पर्श को भी प्रायश्चित का कारण मानना, सवर्णों के मन्दिर में पूजा करना, कूप से जल निकालना, सड़क पर थूकना आदि का निषेध, राजपथ पर चलने पर झाड़ू से पदचिह्नों को मिटाते या 'हटो-बढ़ो' चिल्लाते चलना द्विजों के साथ विवाह, भोजन आदि का सख्त बन्धन आदि बातें उपर्युक्त उपेक्षा-भाव के निन्दनीय प्रमाण हैं।[2]

हिन्दू समाज में कुछ अन्य समस्याएँ भी थीं, जैसे—दास प्रथा, सती प्रथा आदि। दासों की ब्रिक्री हाट के गाय-बैलों की तरह होती थी। बाल-विवाह, पर्दा प्रथा, सती प्रचलन, विधवा विवाह का निषेध आदि तत्कालीन नारी के नगण्य स्थान के द्योतक हैं।

हिन्दू समाज की आभ्यन्तर जटिलताओं के अतिरिक्त ऐसी भी समस्याएँ थीं, जिनके चलते उसे मुस्लिम शासन के कारण शिकार होना पड़ा था। हिन्दुओं को अपने ही घर द्वितीय श्रेणी का नागरिक होकर अपमानित जिन्दगी व्यतीत करनी पड़ी थी। इस्लामी शासक वास्तविक शासक को ईश्वर और अपने शासन को तथाकथित ईश्वर-प्रदत्त कुरान शरीफ के नियम के अनुसार ईश्वर का आज्ञानुवर्तन मानकर गैर-इस्लामियों पर मनमानी अत्याचार करते थे। ''तत्कालीन भारतीय गैर-मुसलमानों के लिए तीन विकल्प थे—मुसलमान बनना, मृत्यु, जजिया टैक्स।''[3] मुसलमान हिन्दू को म्लेच्छ या अपवित्र भी मानते थे। आपस की घृणा-भावना बढ़कर छुआछूत में परिणत हो गई। हिन्दुओं ने उनसे परस्पर विवाह, खान-पान, उठना-बैठना आदि पर 'अशुद्ध की भावना' के कारण प्रतिबन्ध लगा दिया। ''तत्कालीन हिन्दू को राजनीति अधिकारच्युति के कारण जीवन के प्रत्येक क्षेत्र में परमुखापेक्षी होना पड़ता था। महत्त्वाकांक्षा का अंकुर बाहर निकलने के पूर्व ही गुप्तचरों की क्रोधाग्नि के ताप से सूख जाता था। इसका काम अपने शासकों के लिए साधन जुटाना मात्र था।''[4] यवन बादशाहों की क्रूरता स्वेच्छाचारिता तथा अत्याचार के कारण हिन्दुओं के स्वाभिमान और आत्म-प्रतिष्ठा को बड़ी ठेस पहुँची। इस्लाम का सामीप्य ही हिन्दुओं को कष्टकर लगा। डॉ. रामकुमार वर्मा का कथन है, ''भले ही इस्लाम अपने व्यावहारिक रूप में सरल हो, उसमें 'आचार की कष्ट-साध्य परम्पराएँ' न हों, उसे राज्य-संरक्षण प्राप्त हो और उसे अंगीकार करने पर पदाधिकार का ऐश्वर्य प्राप्त हो, फिर भी जिसकी शिराओं में

---

1. पीताम्बर बड़थ्वाल, हिन्दी काव्य में निर्गुण सम्प्रदाय, पृ. 64
2. श्यामसुन्दर शुक्ल, हिन्दी काव्य के निर्गुण धारा में भक्ति, पृ. 145-46
3. भगीरथ प्रसाद यादव, कबीर काव्य के स्रोत, पृ. 17
4. वही, पृ. 21

हिन्दू-दर्शन और शास्त्र का सूफियों ने रक्त बहाकर प्राण-संचार किया हो, उसे इस्लाम का सामीप्य शरीर पर उठे हुए व्रण की भाँति कष्टकर क्यों न होता।"[1] यवनों की दानवता तथा अमानुषिकता ने हिन्दुओं को दिल से प्रकम्पित ही नहीं किया, बल्कि उनके जीवन के उत्साह को भी नष्ट कर दिया। बढ़ते हुए हिन्दू-मुस्लिम वैमनस्य के कारण हिन्दू-वर्णव्यवस्था और दृढ़ हो गई। सामाजिक बहिष्कार के कारण समाज बार-बार विभाजित हो रहा था।

मुस्लिम समाज : मुसलमान समाज भी कई दुराचारों का शिकार था। "विजेता होने के कारण उसके जीवन में मानवता का तत्त्व नितान्त लुप्त हो चुका था। बड़े-बड़े सामन्त योद्धा पराक्रमी न रहकर केवल आचरण भ्रष्ट अमीर और ऐशपसन्द साधारण व्यक्ति मात्र रह गए थे।. ..देश का शासन अस्त-व्यस्त होता जा रहा था।"[2] सिद्धान्त में समानता को मानते हुए भी व्यवहारतः विदेशी मुसलमानों में अरबी, तुर्किस्तानी, फारसी, अफगानिस्तानी आदि के रूप में आपसी भेद-भाव था। उनमें शिया-सुन्नी का भेदभाव भी था। सत्ता की खातिर मुसलमान मुसलमान की हत्या करते थे। वर्जित होने पर भी उनके बीच सुरापान का प्रचलन था। एक से अधिक पत्नी रखने की प्रथा चलती थी तथा नारी समाज में पर्दा या बुर्का की रीति भी प्रचलित थी।

आम जनता और सामन्तशाही : सामान्य वर्ग किसान, कारीगर, मजदूर तथा छोटे-बड़े धन्धे में लगे सामान्य तबके के लोग थे। जी-तोड़ मेहनत करने के बावजूद ये दो जून की रोटी नहीं जुटा पाते थे। इन पर करों तथा लगान की अधिकता थी। उनकी अभावग्रस्त जिन्दगी में भूख से तड़पने के अलावा कर्ज चुकाने के लिए अपने लड़कों-बच्चों को बेचना भी पड़ता था। निर्धनता के कारण महाजन, साहूकार आदि के यहाँ उन्हें बँधुआ मजदूर बनना पड़ता था। सामन्त उनसे बेगार भी करवाते थे। अर्द्धनग्न अवस्था में लँगोटी पहनकर रहना, फूस या पत्तों की झोंपड़ियों में रहना, मिट्टी के बर्तनों का प्रयोग करना आदि उनकी गरीबी के प्रमाण हैं। नारियों की स्थिति भी दयनीय थी। तलाक की स्थिति, दहेज-प्रथा, पर्दा और बुर्का-प्रथा, बाल-विवाह, विधवा विवाह निषेध, सती-प्रथा, पराधीनता आदि इस बात के प्रमाण हैं। पति-पत्नी का सम्बन्ध भी बहुत कुछ शारीरिक-मात्र हो गया था। राजा की आज्ञाओं का पालन करना, उनकी विलासिता के लिए आवश्यक वस्तुओं का निर्माण करना और कर देना प्रजा का एकमात्र कर्तव्य था। इस प्रकार, मध्यकालीन समाज की सामन्त-व्यवस्था में सामान्य जनता बुरी तरह से शोषण, अन्याय तथा अत्याचार से ग्रस्त होकर दबी जा रही थी।

अतः स्पष्ट हो जाता है कि "जिस समय महात्मा कबीर का जन्म हुआ था उस समय समाज के प्रत्येक क्षेत्र में अन्धकार, अस्त-व्यस्तता और विश्रृंखलता फैली हुई थी।"[3] तत्कालीन हिन्दू, मुसलमान तथा ग्राम-समाज में अनैतिकता, विषमता, अत्याचार, कुप्रथाएँ, स्वार्थ, शोषण, भेदभाव आदि कुरीतियों का बीभत्स स्वरूप व्याप्त था।

साहित्यिक परिस्थितियाँ

काव्य-परम्परा : कबीर-युगीन साहित्यिक परिस्थितियाँ काव्य-परम्परा में प्रतिबिम्बित हैं। इसमें दो बातें विवेच्य हैं–भक्ति काव्य की परम्परा और कबीर के साहित्यिक अग्रज। मध्यकाल की निराशापूर्ण परिस्थितियों तथा पांडित्यपूर्ण साहित्य-प्रणाली से प्रतिक्रिया-स्वरूप काव्य परम्पराओं में

1. रामकुमार वर्मा, सन्त कबीर, पृ. 30
2. यज्ञदत्त शर्मा, कबीर साहित्य और सिद्धान्त, पृ. 29
3. वीरेन्द्र मोहन, भक्ति काव्य और मानव मूल्य, पृ. 50

एक नई दिशा खुलने लगी। "उस युग की मानव-चेतना भी तत्त्वतः धार्मिक बन चुकी थी।...तदनुसार उस समय की साहित्य-रचना की भी एक पृथक् परम्परा चल पड़ी थी।...उसके लिए शास्त्रों का अध्ययन अनिवार्य नहीं था, न किसी रूढ़िगत रचना-शैली के नियमों का समुचित पालन ही आवश्यक था। इसके कवि जन-जीवन के कवि हुआ करते थे। इसका प्रचार-क्षेत्र भी बहुधा जन-जीवन की परिधि तक ही सीमित रहता था। इस प्रकार का साहित्य जन-भाषा में निर्मित होता था, लोक गीतों जैसा मौखिक रहा करता था और बहुत कुछ उन्हीं की परम्पराओं का अनुसरण भी किया करता था। इसका जितना लगाव वर्ण्य-विषय से था उतना उसकी वर्णन-शैली से नहीं था। केवल गेयत्व का गुण इसमें कभी-कभी अवश्य आ जाया करता था।"[1] प्रायः यह माना जाता है कि भक्ति-साहित्य की यह परम्परा राजनीतिक कारणों से प्रेरित थी। अर्थात् यह मुसलमानों के आगमन से उत्पन्न घर्षण और हिन्दू जाति के सार्वभौम पतन से उत्पन्न निराशा के वातावरण की पलायनवादी प्रवृत्ति का द्योतक है। अधःपतन के वातावरण में यही एकमात्र विकल्प था। लेकिन डॉ. श्यामसुन्दर शुक्ल की मान्यता है कि "भारत का भक्ति-साहित्य समाज की निराशावादी प्रवृत्ति की आशावादी अभिव्यक्ति नहीं है, बल्कि आशावादी प्रवृत्ति की आशावादी अभिव्यक्ति है। यह विशाल भक्ति-साहित्य भारतीय भक्ति-आन्दोलनों की प्रतिध्वनि है, न कि धार्मिक, राजनीतिक और सामाजिक अधःपतन की प्रतिक्रिया और तज्जन्य अभिव्यक्ति।"[2] विभिन्न परिस्थितियों में लम्बी यात्रा तय करके चल रहे मृतप्राय भक्ति-आन्दोलन को एक निर्णायक प्रेरणा मध्यकालीन समाज की परिस्थितियों के नकारात्मक धक्के से प्राप्त हुई। परिणामस्वरूप भक्तिकाव्य के रूप में एक नए उन्मेष के साथ भक्ति-आन्दोलन का पुनरुत्थान हो गया। कबीर-कालीन इसी साहित्य-परम्परा की पृष्ठभूमि में कबीर का साहित्य अस्तित्व में आया।

कबीर के साहित्यिक अग्रज : कबीर ने अपने साहित्यिक-आध्यात्मिक अग्रजों की भक्ति-काव्य की परम्परा में उपलब्ध सामग्री का सदुपयोग अच्छे ढंग से किया है। कई स्थलों पर उन्होंने पूर्ववर्ती कवियों की उक्तियों में सुधार भी किया है। फिर भी वे इनके लिए उनके आभारी कहे जा सकते हैं। अपने पूर्ववर्ती कवियों की विभिन्न रचनाओं का ठीक-ठीक आशय ग्रहण करना तथा उनके आदर्श पर स्वयं अपनी भी रचनाएँ निर्मित करना विरले ही अशिक्षितों के लिए सम्भव कहा जा सकता है। कबीर साहब को हम इस विचार से एक असाधारण प्रतिभावाले व्यक्ति कह सकते हैं। कबीर साहब को देशाटन तथा सत्संग में बड़ी रुचि थी और वे एक विलक्षण सारग्राही पुरुष भी थे। इस कारण उनके लिए सुन्दर तथा महत्त्वपूर्ण पंक्तियों को मौखिक रूप में भी ग्रहण कर लेना कठिन नहीं था।[3] इस प्रकार कबीर की साहित्य-निधि तत्कालीन समाज के संघर्षपूर्ण साहित्यिक परिस्थितियों के परिणामस्वरूप तैयार हुई है।

कबीर-कालीन राजनीतिक, आर्थिक, सामाजिक, धार्मिक तथा साहित्यिक परिस्थितियों के विश्लेषण से यह निष्कर्ष निकलता है कि इन परिस्थितियों के ताने-बाने से निर्मित सांस्कृतिक वातावरण ने ही कबीर-दर्शन के विभिन्न आयामों को तैयार किया था। परिस्थितियों ने कबीर के सामने ऐसी चुनौती प्रस्तुत की, जिसका करारा जवाब देने के लिए एक असाधारण साहस से मुक्त मल्ल के रूप में कबीर मैदान में उतरे। कबीर की विचारधारा मुख्यतः इन विकृत

---

1. परशुराम चतुर्वेदी, कबीर-साहित्य की परख, प्रस्तावना, पृ. 4
2. श्यामसुन्दर शुक्ल, हिन्दी काव्य की निर्गुण धारा में भक्ति, पृ. 161
3. परशुराम चतुर्वेदी, कबीर साहित्य की परख, पृ. 41

परिस्थितियों की प्रतिक्रिया के स्वरूप में खड़ी हुई थी।

कबीर के ईश्वर-चिन्तन की पृष्ठभूमि की खोजबीन करने पर यह निष्कर्ष निकलता है कि कबीर का ईश्वर-चिन्तन हवाई कल्पनाओं की उड़ान न होकर पूर्णतः अपने ऐतिहासिक परिवेश की पृष्ठभूमि पर आश्रित है। कबीर के पूर्व जितनी भी विचारगत तथा सम्प्रदायगत परम्पराएँ-सरिताएँ थीं, उनमें से अधिकांश भिन्न-भिन्न नामारूपादि विभेदों के वशीभूत होकर अपनी-अपनी दिशा में समाज की भूमि पर प्रवाहित हो रही थीं, मानो परस्पर मिलकर एक होना उनकी प्रतिबद्धता के विपरीत है। इसलिए तत्कालीन समाज की विसंगतियों के निराकरण में वे चिन्तन-धाराएँ एकमुश्त होकर मानवीय समाज को लाभान्वित करने में अक्षम सिद्ध हुईं और स्वयं लक्ष्यहीन-सी हो गईं। समसामयिक समाज की अव्यवस्थित परिस्थितियों से उक्त समाधान की आशा नहीं की जा सकती थी। कबीर के प्रतिभामंडित तथा महापुरुषीय व्यक्तित्व ने उपनिषद् की निर्गुन-प्रधान ईश्वर-धारणा पर आधारित होकर बौद्धों की परिष्कारवादी विरोध-भावना, जैनों के सदाचरण, वैष्णवों की भक्ति भावना, सूफियों की प्रेम-साधना, नाथ-सिद्धों की सहज-साधना आदि के सार-संक्षेप को वैचारिक विरासत के रूप में स्वीकृत कर अपने समाज की कसौटी पर परखा। समकालीन समाज में उपलब्ध वैचारिक तथा सांस्कृतिक तत्त्वों से निषेधात्मक चुनौतियों तथा विधेयात्मक प्रेरणाएँ कबीर की अपनी दिव्य प्रतिभा की दृष्टि से मिलकर एक मौलिक और विशिष्ट ईश्वर-परिकल्पना-रूपी स्रोतस्विनी का स्रोत बन गईं। कबीर की इन व्यक्तिगत अन्तःप्रेरणाओं तथा समाजगत बहिर्प्रेरणाओं का समन्वित रूप उनके काव्य में प्रस्फुटित हुआ है और यही उनके ईश्वर-चिन्तन की पृष्ठभूमि भी है।

तृतीय अध्याय

ईसाई ईश्वर-परिकल्पना : नया विधान

हालाँकि ईसाई बाइबिल 'पुराना विधान' और 'नया विधान' का समष्टि-रूप है, फिर भी विशिष्ट अर्थ में 'नया विधान' ही शुद्ध ईसाई दृष्टि का आधार है। इस तथ्य का निषेध नहीं किया जा सकता है कि ऐतिहासिक तौर पर यहूदी धर्म-संस्कृति का यूनानी दर्शन से समन्वित विकास का सहज परिणाम है–ईसाई दृष्टि। लेकिन इस मधुर संगम का प्रेरणा-स्रोत और उस स्रोतस्विनी में अमृत की झड़ी प्रवाहित करनेवाला अमर व्यक्तित्व ईसा मसीह ही था। अन्यथा, न कोई नया विधान होता, न कोई ईसाई परिकल्पना। 'पुराना विधान' में ईश्वर-धारणा की कई उपलब्धियाँ गिनी जा सकती हैं, जो तत्कालीन विश्व-समाज के लिए अनसुनी थीं। परन्तु, उसकी संहिता-केन्द्रित, अल्प-स्थायी, कष्ट-साध्य, जराग्रस्त और शक्तिहीन स्वभाव ने एक नए विधान की आवश्यकता को अपरिहार्य बनाया, जो व्यक्ति-केन्द्रित, चिरस्थायी, सहज, अभेद्य और शक्तिसम्पन्न है। इस नवीन विधान में ईश्वर की धारणा मनुष्य के हृदय पर अंकित हो गई है। सम्पूर्ण मानवता को और सृष्टि को भी स्वयं में समाविष्ट करनेवाली यह ईश्वर-परिकल्पना ईसा मसीह में उद्घाटित ही नहीं, स्वयं ईसा मसीह है, ऐसा कहना अधिक संगत होगा। यह बात उनके व्यक्तित्व के विश्लेषण से स्पष्ट हो जाएगी। ईसाई ईश्वर-परिकल्पना स्वयं एक नया विधान है–इस तथ्य की भी पुष्टि होगी।

1. ईसा मसीह का व्यक्तित्व

'ईसा मसीह' उस व्यक्ति का नाम है जिनके आविर्भाव को केन्द्रित करके विश्व के सर्वाधिक प्रचलित और मान्य ईस्वी सन् और पंचांग आविष्कृत हुआ है। उनके आविर्भाव को मध्य-बिन्दु मानकर विश्वेतिहास की 'ईसा पूर्व' और 'ईसा पश्चात्' के रूप में परिगणना प्रारम्भ हुई। उन्हें मानवीय इतिहास का सर्वाधिक प्रभावशाली व्यक्ति कहना अनुचित या अतिशयोक्ति प्रतीत नहीं होता। ईसा मसीह वह व्यक्ति है, जिनके नाम पर विश्व का सबसे व्यापक धर्म 'ईसाई धर्म' अथवा 'मसीही धर्म'[1] संस्थापित हुआ है। साथ-साथ, यह भी कहना असंगत नहीं होगा कि ईसा मसीह ही वह व्यक्ति है, जिसकी ईश्वर-दृष्टि से आलोकित होकर सर्वाधिक संख्या में मनुष्य ने ईश्वर-साक्षात्कार और मुक्तिलाभ किए हैं और जिसकी जीवन शैली से प्रेरित होकर असंख्य अनुयायियों ने अपने निःस्वार्थ समर्पण से मानवता को समृद्ध किया है। उन्हीं ईसा मसीह ने ईश्वर-धारणा के अन्तर्गत काया-पलट की ही नहीं, उसके बल पर मानव जीवन में एक महान् क्रान्ति भी उत्पन्न कर दी है।

1. पवित्र बाइबिल, नया विधान, प्रेरित चरित, 11.26, पृ. 201

ईसा मसीह का नाम

हिन्दी में प्रचलित 'ईसा' या 'येशु' शब्द अंग्रेजी शब्द 'जीसस' का समानान्तर है। अंग्रेजी शब्द 'जीसस' की व्युत्पत्ति यूनानी और लातीनी शब्द 'इएसूस' से हुई है। मूल इब्रानी शब्द 'योशुआ' या 'यहोशुआ' का अर्थ है—'यहोवा मुक्ति है', 'यहोवा मुक्त करता है', 'यहोवा मुक्त करेगा' आदि।[1] बाइबिल के अन्तर्गत इस शब्द का विश्लेषण इस प्रकार है—इब्रानी भाषा के 'यहोशूआ' का अर्थ है 'प्रभु उद्धार है'। कालान्तर में इस शब्द ने 'यहोशूअ' और 'येशूअ' का रूप धारण किया और फिर यूनानी भाषा में यैसूस, लैटिन में येसूस और हिन्दी में येसु बना। उर्दू में इसका रूप ईसा है।[2] 'मसीह' शब्द अरामी 'मशीहा' या इब्रानी 'माशीया' से व्युत्पन्न है, जिसका अर्थ है 'अभिषिक्त'।[3] यूनानी या लातीनी 'क्रीस्तोस' से बना अंग्रेजी 'क्राइस्ट' या हिन्दी 'ख्रीस्त' भी वही अर्थ रखता है। 'ईसा' व्यक्तिगत नाम है और 'मसीह' या 'ख्रीस्त' उपाधि। ऐतिहासिक पहचान हेतु कुछ अन्य नामों से भी ईसा जाने जाते थे, जिसका उल्लेख सुसमाचारों में मिलता है। 'ईसा, दाऊद का पुत्र', 'गलीली', 'नाजरी', 'नबी', 'यूसुफ का बेटा', 'मरियम का बेटा', 'बढ़ई का बेटा' आदि इनमें प्रमुख हैं। ईसा का एक अन्य नाम विशेष उल्लेखनीय है, वह है 'एम्मानुएल' जिसका अर्थ है—ईश्वर हमारे साथ है।[4] यह नाम विशेष महत्त्व रखता है, क्योंकि यह ईसा के मानवीय अस्तित्व और व्यक्तित्व के तात्पर्य को द्योतित करता है।

ऐतिहासिक साक्ष्य

ईसा मसीह की ऐतिहासिकता को स्थापित करने के लिए हमें अन्तःसाक्ष्य और बहिर्साक्ष्य दोनों का अवलोकन करना होगा। स्पष्ट है, अन्तःसाक्ष्य बाइबिल है। मुख्य रूप से 'नया विधान' के चार सुसमाचार, गौण रूप से 'नया विधान' का शेष भाग और 'पुराना विधान' के ईसा-विषयक उल्लेख भी इस दृष्टि से महत्त्वपूर्ण हैं। 'पुराना विधान' के ईसा-विषयक उल्लेख भविष्यवाणी के रूप में प्राप्त होते हैं। इनकी विवेचना और सुसमाचार तथा 'नया विधान' के अन्य ग्रन्थों के आधार पर ईसा की जीवनी की चर्चा इसी प्रकरण में आगे की जाएगी।

ईसा मसीह की ऐतिहासिकता के समर्थन में उपलब्ध बहिर्साक्ष्य की सामग्री को दो भागों में विभाजित किया जा सकता है—1. ईसाई, और 2. गैर-ईसाई। ईसाई सामग्री के अन्तर्गत 'नया विधान' के कुछ अप्रामाणिक ग्रन्थ मिलते हैं। सुसमाचारों पर आधारित होकर भी इनमें से कुछ मात्र कल्पना-प्रसूत और चमत्कारपरक कथाएँ मात्र हैं। विशेष उल्लेखनीय है 'थॉमस का सुसमाचार', जो कि अपने स्वतन्त्र और प्रमाण सिद्ध परम्पराश्रितता और गम्भीर प्रतिपादन के कारण बहुत हद तक विश्वसनीय माना जाता है।[5] बहिर्साक्ष्य की गैर-ईसाई सामग्री बहुत कम मात्रा में उपलब्ध है। फिर भी, जितनी उपलब्ध है वह महत्त्वपूर्ण है। इसमें रोमी साक्ष्य और

---

1. एफ.सी. ग्रांट, 'जीसस क्राइस्ट', दि इंटरपेटर्स डिक्शनरी ऑफ दि बाइबिल, भाग-2, पृ. 869; प.बा., न.वि., मत्ती, 1.21, पृ. 2
2. प.बा., न.वि., योशुआ, न्यायकर्ताओं और रूत के ग्रन्थों का परिचय, पृ. 271
3. हेनरी स्नैडर गहमैन, 'मेसाया', दि न्यू वेस्टमिंस्टर डिक्शनरी ऑफ दि बाइबिल, पृ. 478
4. प.बा., न.वि., मत्ती 1.23, पृ. 2; पु.वि., इसायाह 7.14, पृ. 1078
5. आर.पी.एफ., 'जीसस क्राइस्ट, लाइफ ऐंड टीचिंग्स ऑफ', न्यू बाइबिल डिक्शनरी, पृ. 573

यहूदी साक्ष्य दोनों हैं। रोमी इतिहासकार टासिटस ने ईसा का सीधा उल्लेख करते हुए लिखा है कि तिबेरियूस के शासन में पोन्तियूस पिलातुस के आदेश पर ईसा को प्राणदंड दिया गया था। यहूदी इतिहासकार जोसेफूस एक चत्मकारकर्ता और गुरु का संकेत करते हैं, जिन्होंने एक बड़े शिष्य-समुदाय को आकर्षित किया था और पिलातुस द्वारा सूली पर चढ़ाया गया था।[1] कुल मिलाकर बहिर्साक्ष्य या "गैर ईसाई प्रमाणों से ईसा के अस्तित्व, लोकप्रिय अनुसरण, प्राणदंड और जीवन-काल की पुष्टि होती है।"[2]

अन्तःसाक्ष्य की ऐतिहासिकता

ईसा मसीह की जीवनी की सम्भाव्यता और प्रासंगिकता दोनों विवादित प्रश्न हैं। ईसा के जीवन-चरित के विषय में ईसाई विद्वानों में काफी विचार-विमर्श के बाद यह मतैक्य हुआ कि आवश्यक ऐतिहासिक सामग्री उपलब्ध नहीं होने से ईसा की जीवनी लिखी नहीं जा सकती। एम.जे. लेग्रांज की बात अधिक सार्थक और युक्तिसंगत है कि "ईसा की जीवनी लिखी नहीं जा सकती, क्योंकि यह सुसमाचारों में पहले से ही लिखी गई है।"[3] ईसा की जीवनी-सम्बन्धी एकमात्र प्रामाणिक ग्रन्थ चार सुसमाचार हैं। लेकिन समस्या यह खड़ी हो जाती है कि सुसमाचार कोई ऐतिहासिक ग्रन्थ नहीं हैं। सुसमाचारकर्ताओं ने इतिहास-पुरुष ईसा को प्रस्तुत किया है, लेकिन उनके द्वारा उनकी ऐतिहासिक जीवनी प्रस्तुत नहीं हो पाई है। उनका उद्‌देश्य ऐतिहासिक न होकर धार्मिक था। फिर भी, निश्चित तौर पर यह कहा जा सकता है कि ईसा का प्रभावशाली व्यक्तित्व वास्तविक और स्पष्ट रूप से सुसमाचारों से उभरता है। बात यह भी है कि "कोई भी गम्भीर चिन्तक ईसा के ऐतिहासिक अस्तित्व पर सन्देह नहीं करता है।"[4]

सुसमाचार-ग्रन्थों की ईसा-विषयक ऐतिहासिकता पर कुछ और चर्चा अनावश्यक नहीं होगी। आर.पी. मार्टिन के शब्दों में, "सुसमाचार ईश-सम्बन्धी दस्तावेज है। यह अपने में इतिहास को सम्मिलित करता है। लेकिन यह इतिहास व्याख्यागत इतिहास है, जो मसीहा और प्रभु ईसा में सम्पन्न किए हुए ईश्वर के मुक्ति-विषयक उद्‌देश्य और कार्य को प्रस्तुत करता है।"[5] योहनेस वेयिस के पारिभाषिक शब्दों में सुसमाचार 'विश्वास से विश्वास की ओर'[6] लिखित ईश-शास्त्रीय दस्तावेज है। सुसमाचारों में ईसा का ऐतिहासिक रेखाचित्र या एक निरन्तर विकासशील और कालक्रमिक जीवन-वृत्तान्त नहीं मिलता। सुसमाचार इस 'ईसा-घटना' को प्रमाणित करता है जिसके अनुसार ईसा नाजरी ने कभी देश-काल की सीमाओं में ईश्वर-शब्द को शरीर से युक्त किया था। 'वस्तुनिष्ठ ऐतिहासिकता' सुसमाचारों की दृष्टि नहीं है। जितना इतिहास सुसमाचारों में अंकित है, उसका उद्‌देश्य अपने पुत्र के द्वारा ईश्वर की मुक्ति-विषयक कृपा का वाहक बनना ही है।[7] प्रत्येक अंश का आशय 'ईश्वर किसके सदृश है,' इस बात की एक झलक दिखाना है।

सुसमाचारों में प्राप्त इतिहास धार्मिक इतिहास है और उसका अभिप्राय प्रथम शताब्दी में

---

1. आर.पी. मार्टिन, 'जीसस क्राइस्ट', दि इंटरनेशनल स्टैंडर्ड बाइबिल एनसाइक्लोपीडिया, भाग-2, पृ. 1034-35
2. आर.टी.एफ., 'जीसस क्राइस्ट' लाइफ ऐंड टीचिंग्स ऑफ, न्यू बाइबिल डिक्शनरी, पृ. 573
3. जॉन एल. मक्कंज़ी, 'जीस क्राइस्ट' डिक्शनूरी ऑफ दि बाइबिल, पृ. 432
4. इंग्रिड मैश ऐंड ऐंटन वोग्टल, 'जीसस क्राइस्ट', साक्रामेन्तुम मुन्ती, भाग-3, पृ. 174
5. आर.पी. मार्टिन, 'जीसस क्राइस्ट', वही, पृ. 1035-36
6. वही, पृ. 1036 में उद्‌धृत।
7. प.बा., न.वि., लूकस 1.68, पृ. 90

फिलिस्तीन के सांस्कृतिक और धार्मिक वातावरण से परिवेष्टित मानव ईसा में असन्दिग्ध रूप से ईश्वर विद्यमान है। सुसमाचारों में अंकित मुक्ति-विषयक इतिहास के अतिरिक्त भी ईसा की ऐतिहासिकता के लिए अन्तःसाक्ष्य प्राप्त होता है। ईसा के शिष्यों द्वारा सुसमाचारों का भाष्य लिखा गया है, जो कि 'नया विधान' के शेष ग्रन्थों में मिलता है। ईसा के शिष्यों द्वारा जीवनगत साक्ष्य की परम्परा, कलीसिया की जीवन-पद्धति तथा मानव-सेवापरक कार्य-कलाप, सह-मानवों पर नित्य-प्रतिफलित ईश्वर की पहचान आदि में भी ईसा मसीह की ऐतिहासिकता जीवन्त तौर पर चित्रित है।

इस विवेचन से यह तथ्य सामने आ जाता है कि व्यक्ति या ग्रन्थ की ऐतिहासिकता का निर्धारण केवल उसके अस्तित्व के देश-काल विषयक परीक्षण पर ही निर्भर नहीं, बल्कि उसके भविष्योन्मुख समग्र प्रभाव पर भी आश्रित है। इस निष्कर्ष के आधार पर ईसा मसीह की जीवनी-सम्बन्धी चर्चा को एक नई दिशा मिल सकती है।[1]

ईसा मसीह का जीवन-वृत्त

ईसा मसीह के जीवन-चक्र के विषय में काल-क्रमानुसार तिथि-निर्धारण असम्भव है। ये ईसा पूर्व 4 में हेरोद महान् के समय यहूदिया के बेथलेहम गाँव में आविर्भूत हुए थे।[2] राजनीतिक प्रतिकूलता के कारण कुछ समय के लिए उन्हें मिस्र में प्रवास करना पड़ा और तदनन्तर उन्होंने गलीली के नाजरेथ नगर में निवास किया। ईसा के लिए 'नाजरी' और 'गलीली' शब्दों का प्रयोग इससे स्पष्ट हो जाता है।[3] ईसा के जन्म और बाल-जीवन का विवरण मत्ती और लूकस के सुसमाचारों में मिलता है।[4] ईसा के अलौकिक उद्भव के सम्बन्ध में पूर्ण मतैक्य है। इसके अनुसार ईसा की माता मरियम पवित्र आत्मा से गर्भवती हुई थी और 'ईसा' नाम का प्रस्ताव भी स्वर्गदूत द्वारा ही हुआ था।[5] अपने पालक पिता यूसुफ की मृत्यु के बाद ईसा को पारिवारिक जिम्मेदारी का निर्वाह करना पड़ा होगा। हालाँकि उन्हें उच्च-शिक्षा का अवसर भले ही न मिला हो, एक साधारण यहूदी बालक के योग्य शिक्षा उन्होंने अवश्य पाई होगी। बारह बर्ष की अवस्था में यहूदी शास्त्रियों से विचार-विमर्श की घटना से सिद्ध होता है कि लड़कपन से ईसा तीक्ष्ण बुद्धिमत्ता और अन्तर्ज्ञान से विभूषित थे।[6]

प्रथम शताब्दी में फिलिस्तीन में अरामी, इब्रानी और यूनानी भाषाएँ बोली जाती थीं। सम्भवतः ईसा की अपनी भाषा अरामी रही होगी। फिर भी प्रयोग के स्तर पर इब्रानी और यूनानी भी जानते थे, यह बात निश्चित है। फिलिस्तीन को अपने कार्य-कलाप का केन्द्र बनाते हुए भी ईसा ने अपने कार्य-क्षेत्र को गलीली, येरूसालेम, फिनीशिया, डेकापोलीस, यर्दन घाटी आदि

---

1. सुसमाचारों की ईसा-विषयक ऐतिहासिकता के सन्दर्भ में विस्तृत विवेचन के लिए द्रष्टव्य : आर.पी. मार्टिन, 'जीसस क्राइस्ट', दि इंटरनेशनल स्टैंडर्ड बाइबिल एनसाइक्लोपीडिया, भाग-2, पृ. 1035-38
2. आर.टी.एफ., 'जीसस क्राइस्ट', लाइफ ऐंड टीचिंग्स ऑफ, न्यू बाइबिल डिक्शनरी, पृ. 573; प.बा., न.वि., मत्ती 2.1,13-15, पृ. 2-3
3. प.बा., न.वि., मत्ती 2.13-15, 19-23, पृ. 3
4. प.बा., न.वि., मत्ती, 1.18-25; 2.1-23, पृ. 2-3; लूकस 1.26-38; 2.1-40, पृ. 88-92
5. प.बा., न.वि., लूकस 1.26-39, पृ. 88-89; इस बात की धर्मशास्त्रीय चर्चा के लिए द्रष्टव्य : आर.पी. मार्टिन, 'जीसस क्राइस्ट', वही, पृ. 1038
6. प.बा., न.वि., लूकस 2.46-47, पृ. 92

स्थानों तक भी व्यापित किया था, जिसका उल्लेख सुसमाचारों में प्राप्त है। अनतिप्राचीन काल तक गलीली गैर-यहूदी प्रदेश था और यही ईसा का मूल स्थान भी था। रोमियो के सामने गलीली एक 'आन्दोलनकारी' के रूप में कुप्रसिद्ध था।

ईसा के सार्वजनिक कार्य-कलाप लगभग तीस वर्ष की अवस्था में प्रारम्भ होकर सम्भवतः तीन वर्ष चले और सम्भवतः 33 वर्ष की आयु में उनका क्रूसारोपण हुआ था। ईसा अपने अग्रदूत योहन बपतिस्ता से बपतिस्मा ग्रहण किया था।[1] बपतिस्मा के समय 'यह मेरा प्रिय पुत्र है' की स्वर्गिक वाणी के साथ ईश्वर की आत्मा ईसा पर आ बसी। पवित्र आत्मा से विभूषित होकर मसीहा-विषयक चेतना से वे भर गए। दरिद्रों को सुसमाचार सुनाने, दलितों को स्वतन्त्र कराने, बन्दियों को मुक्त कराने, अन्धों को दृष्टि देने और प्रभु का अनुग्रह-वर्ष घोषित करने के दायित्व को धारण कर ईसा ईश्वर-पिता के प्रति आज्ञाकारिता में बँध गए।[2] ईश्वरेच्छा के प्रति वचनबद्धता की परख प्रतीकात्मक तौर पर उनकी परीक्षाओं में हुई।[3] धार्मिक क्षेत्र में यहूदियों की विधि-मूलक कट्टरवादिता और सामान्य जन की तद्भव दासता और श्वास-स्थगन की स्थिति ईसा के सामने शत्रु-स्वरूप चुनौती दे रही थी। रूढ़िवादी यहूदी शास्त्री ईसा की नई व्याख्या न समझ सके, न बर्दाश्त कर सके।

ईश्वर का राज्य स्थापित करना उनका उद्देश्य था और उसके लिए उन्होंने अपनी जीवन-पद्धति में बारह शिष्यों को भी भागीदार बनाया।[4] ईसा अपनी अन्तर्दृष्टि के बल पर अपना भविष्य जानते थे। ईश्वर की मुक्तियोजना की अन्तिम कड़ी के रूप में प्रत्याशित दुःखभोग, मृत्यु और पुनरुत्थान की भविष्यवाणी ईसा स्वयं करते थे। ईसा में एक विशेष अधिकार था, जो उनकी शिक्षा और चमत्कारों में प्रतिफलित होता था। इससे ईसा के शत्रु भी आश्चर्यचकित हो जाते थे।[5]

अपने सार्वजनिक कार्य-कलापों के अन्तिम दिनों में ईसा ने येरूसालेम में प्रवेश किया। अपनी गतिविधियों के प्रति प्रतिकूल रुख अपनाए हुए अधिकारियों के समक्ष उपस्थित होना ईसा के लिए अनिवार्य था। ईसा ने दो प्रतीकात्मक कार्य किए।[6] अपने शिष्यों तथा अनुयायियों की जयकारों के मध्य ईसा एक बछेड़े पर सवार हुए। हालाँकि यह 'शान्ति का राजा' का प्रतीक मात्र था, अधिकारियों ने इसे एक युद्धप्रिय राष्ट्रवाद की व्याख्या दी। येरूसालेम मन्दिर में चल रहे क्रय-विक्रय और अपवित्रता पर आक्रोश व्यक्त करते हुए ईसा ने सबको बहिष्कृत किया। धार्मिक आशय के स्थान पर हिंसात्मक विरोध के रूप में इसकी दुर्व्याख्या की गई। क्रोधित अधिकारियों ने ईसा को मार डालने का षड्यन्त्र रचा। अपनी मृत्यु को निकट भविष्य की घटना जानकार ईसा ने अपने शिष्यों के साथ अन्तिम भोजन किया। अपने बारह शिष्यों में से एक के द्वारा ही पकड़वाए जाकर ईसा गिरफ्तार हुए, दुःखभोग और प्राणपीड़ा के अनन्तर क्रूस पर आरोपित हुए। अपने अत्याचारियों के लिए पिता-ईश्वर से क्षमायाचना करने के उपरान्त ईश्वरीय

---

1. प.बा., न.वि., मारकुस 1.1-8, पृ. 54; मत्ती 3.3, पृ. 3
2. प.बा., न.वि., मत्ती 3.16-7, पृ. 4; लूकस, 4.18-21, पृ. 95; योहन 4.34, पृ. 149
3. प.बा., न.वि., मत्ती, 4.1-11, पृ. 4-5
4. प.बा., न.वि., मत्ती 13.44-50, पृ. 23; 10.1-15, पृ. 15
5. प.बा., न.वि., मारकुस 1.22, 27, पृ. 55; मत्ती, 8.8, पृ. 12; 28.18, पृ. 53
6. प.बा., न.वि., मारकुस 11.1-11, पृ. 74; 11.15-16, पृ. 74-75

हाथों में अपनी आत्मा को सौंपकर उन्होंने प्राणों को त्याग दिया।[1] कड़ी सुरक्षा-प्रबन्ध के साथ ईसा दफनाए गए। लेकिन जिस प्रकार ईसा ने भविष्यवाणी की थी, तीसरे दिन वे जी उठे। ईसा का पुनरुत्थान कोई ऐतिहासिक घटना नहीं है। लेकिन, उनके कब्र को खाली पाना, शिष्यों को दर्शन मिलना, निराश शिष्यों में आशा बँध जाना आदि बातें ऐतिहासिक मानी जाती हैं। ईसा के पुनरुत्थान के आलोक में उसके पूर्व की घटनाओं को एक नया अर्थ मिलता है। इसी आधार पर ईसाई परम्परा टिकी हुई है। ईसा का पुनरुत्थान सम्पूर्ण मानव जाति के लिए विजय, मुक्ति और आशा का प्रतीक माना जाता है।[2]

ईसा मसीह की मानवता

ईसा मसीह की मानवता एक स्वतःसिद्ध तथ्य है। ईसा का मानवीय शरीर प्रकृतिगत प्रक्रियाओं से होकर विकसित हुआ और भूख, प्यास, दर्द, दुःखभोग, मृत्यु, दफन आदि सभी मानवीय अनुभवों के अधीन रहा।[3] उनमें मानवीय सहभागिता तथा समर्थन की इच्छा, दया, प्रेम, आनन्द आदि मानसिक भाव भी विद्यमान थे। साथ-साथ, प्रश्न करने, जानने और नहीं जानने में उनकी बुद्धिपक्ष से सम्बन्धित मानवता व्यक्त हो जाती थी।[4]

ईसा 'मानव पुत्र' के रूप में जाने जाते थे। 'मानवपुत्र' मसीह की एक उपाधि है, जो इंजील में 82 बार आई है। इसका पहला अर्थ 'मनुष्य' है। मसीह के सम्बन्ध में यहूदियों की भ्रान्त धारणाओं के कारण ईसा ने अपने को 'मानवपुत्र' कहा है। इसका तात्पर्य विशेष रूप से अपना दुःखभोग, पुनरागमन, निर्धनता, मानवीय दशा, दयालुता, विनम्रता, पाप-क्षमा करने का अधिकार और विश्राम-दिवस का स्वामी होना आदि है। ये सभी बातें सुसमाचारों से प्रमाणित हैं।[5] इसका तात्पर्य यह भी है कि ईसा मसीह मानव के रूप में "ईश्वर के प्रतिनिधि हैं, जिनके द्वारा मानवीय उद्धार के लिए ईश्वरीय योजना को प्रवर्तनशील बना दिया गया है।"[6]

ईसा की परीक्षा[7] उनकी मानवता का एक प्रबल प्रमाण मानी जाती है। उनकी परीक्षा किसी बाहरी स्रोत से नहीं हुई है, न किसी आन्तरिक अभाव से, बल्कि यह वास्तविक थी। परीक्षा पर विजय किसी भी मनुष्य के लिए अपनी इच्छा-शक्ति के प्रयोग पर आश्रित है। ईसा के लिए यह विजय इसलिए अनिवार्य थी कि वे निष्पाप थे और पूर्ण मनुष्यत्व का प्रयोग करने में सक्षम थे। ईसा-शास्त्र के प्रखर मर्मज्ञ आर.पी. मार्टिन के शब्दों में, "जिस मनुष्य ने किसी परीक्षा विशेष के आकर्षण की वश्यता स्वीकार की है, उसने अपनी पूरी शक्ति का अनुभव नहीं किया। उसने

---

1. प.बा., न.वि., मारकुस 14.13-16, 22-25, पृ. 80; 14.43-46, पृ. 81; 14.32-36, पृ. 81; लूकस 23.34, 46, पृ. 139
2. ईसा मसीह के विस्तृत जीवनवृत्त के लिए द्रष्टव्य : रघुवंश, मानव पुत्र ईसा : जीवन और दर्शन; एफ.सी. ग्रांट, 'जीसस क्राइस्ट', दि इंटरप्रेटर्स डिक्शनरी ऑफ दि बाइबिल, पृ. 869-96; पवित्र बाइबिल, नया विधान, चारों सुसमाचार, पृ. 1-182
3. प.बा.,न.वि., लूकस 2.40,46,51-52, पृ. 92; मत्ती 8.24, पृ. 12, योहन 4.6, पृ. 148; 11.35, पृ. 165; 19. 28,30, पृ. 178; 19.41-42, पृ. 179।
4. प.बा., न.वि., लूक्स 10.21, पृ. 110; मारकुस 10.2, पृ. 72; मत्ती 26.37-40, पृ. 48; 9.36, पृ. 15; लूकस 8.45, पृ. 106; मारकुस 13.32, पृ. 79; योहन 11.34, पृ. 165; मारकुस 6.35, पृ. 64
5. नया विधान, कामिल बुल्के, अनुक्रमणिका, पृ. 724-25
6. ई.सी. ब्लैकमान, 'इनकारनेइशन', दि इन्टरपेटर्स डिक्शनरी ऑफ दि बाइबिल, भाग-2, पृ. 696
7. प.बा., न.वि., मत्ती 4.1-11, पृ. 4-5

स्वयं को उस परीक्षा के हवाले कर दिया जब कुछ आकर्षण-शक्ति शेष रही। वही मनुष्य, जिसने परीक्षा के सामने आत्म-समर्पण नहीं किया हो, जानता है उस परीक्षा की पूर्ण प्रलोभन-शक्ति कितनी प्रबल है।''[1] कभी भी परीक्षा के पराभूत न होते हुए ईसा ने अपने पूर्ण पुरुषार्थ को सिद्ध कर दिया। परीक्षा ईसा की वास्तविक मानवता की एक विश्वसनीय कसौटी है।

ईसा मसीह की ईश्वरता

अब प्रश्न यह उठता है कि यह इतिहास-पुरुष ईसा मसीह क्या थे—ईश्वर या मनुष्य ? प्रश्न यह भी है कि 'नया विधान' में ईश्वर कौन है ? 'नया विधान' में ईश्वर के लिए प्रयुक्त समस्त अभिधान प्रभावशाली और महत्त्वपूर्ण होते हुए भी एकदम नए नहीं हैं। '' 'नया विधान' में नई बात यह है कि जो कुछ ईश्वर के बारे में कहा जा सकता है वह सब ईसा मसीह के बारे में भी कहा गया है।''[2]

'नया विधान' ईसा की ईश्वरता का साक्ष्य विपुल, विविध और प्रभावशाली रूप से करता है।[3] पहला प्रमाण उनके नाम के अर्थ से लिया जाना चाहिए। ईसा का नाम एम्मानुएल रखा था, जिसका अर्थ है 'ईश्वर हमारे साथ है।'[4] ईसा मसीह तत्त्वतः ईश्वरता से युक्त हैं। वे वास्तव में ईश्वर थे और ईश्वरीय तत्त्व की पूर्णता उनमें विद्यमान थी।[5] 'मैं हूँ' कथनों में 'पुराना विधान' का यहोवा ईसा में प्रतिबिम्बित होता है। पुनर्जीवित ईसा प्रभु हैं और ईश्वर के दाहिने विराजमान हैं।[6] 'पुराना विधान' की भविष्यवाणी के अनुसार ईसा राजा दाऊद का बेटा होने के बावजूद दाऊद के प्रभु भी हैं। मसीह को स्वर्ग और पृथ्वी पर पूरा अधिकार मिला है।[7] ईसा मसीह समयातीत हैं। मसीह ही 'आल्फा और ओमेगा, प्रथम और अन्तिम तथा आदि और अन्त' हैं।[8] ईश्वर के इन गुणों से युक्त होने के बावजूद ईसा मसीह द्वारा कतिपय अद्वितीय ईश्वरीय कार्य सम्पादित होते दिखाई देते हैं, जैसे—पाप-क्षमा, सृष्टि, मुक्ति, न्याय आदि।[9] ईश्वरता के इन अकाट्य लक्षणों से युक्त होने के कारण ईसा मसीह धार्मिक संस्कार, स्तुति, प्रार्थना, उपासना और ईश्वर-सुलभ सम्मान का केन्द्र हैं।[10]

---

1. आर.पी. मार्टिन, 'जीसस क्राइस्ट', वही, भाग 2, पृ. 1048
2. जी.डब्ल्यू. ब्रोमिली, 'गॉड', दि इंटरनेशनल स्टैंडर्ड बाइबिल एनसाइक्लोपीडिया, भाग-2, पृ. 502
3. सी. प्लांटिंगा, 'ट्रिनिटी', दि इंटरनेशनल स्टैंडर्ड बाइबिल एनसाइक्लोपीडिया, भाग-4, पृ. 915
4. प.बा., न.वि., मत्ती 1.23, पृ. 2
5. प.बा., न.वि., फिलिप्पी 2.6, पृ. 304; योहन 1.1, पृ. 143; 20.28, पृ. 180; कलोसी 2.9, पृ. 310, रोमी 9. 5, पृ. 242
6. प.बा., न.वि., योहन 8.58, पृ. 160, पु.वि. निर्गमन 3.14, पृ. 76; फिलिप्पी 2.10, पृ. 304; पु.वि. इसायाह 45.23, पृ. 1144; रोमी 10.9, पृ. 244, फिलिप्पी 2.11, पृ. 304; प्रकाशना 19.16, पृ. 400; प्रेरत-चरित 2. 32-33, पृ. 186; योहन 20.28, पृ. 180
7. प.बा., पु.वि., स्त्रोत 110.1, पृ. 899, न.वि., मत्ती 22.44, पृ. 40;28.18, पृ. 53
8. प.बा., न.वि., योहन 17.1, पृ. 174; इब्रानी 13.8, पृ. 352; प्रकाशना 22.13, पृ. 404
9. प.बा., न.वि., क्रमशः मारकुस 2.10, पृ. 56; इब्रानी 1.10, पृ. 338; 2 तिमथी 1.10, पृ. 329; प्रकाशना 22. 12, पृ. 404
10. प.बा., न.वि., क्रमशः मत्ती 28.19, पृ. 53; योहन 6.54, पृ. 154; 2 पेत्रुस 3.18, पृ. 369; प्रेरित-चरित 7.59, पृ. 194; इब्रानी 1.6, पृ. 338; योहन 14.1, पृ. 170

ईसा मसीह-ईश्वर का पुत्र : ईसा मसीह की ईश्वरता का समर्थन करनेवाले उपरिलिखित उद्धरणों से एक 'दूसरे ईश्वर' का आभास होता है और एकेश्वरवाद पर प्रश्न-चिह्न लगता प्रतीत होता है। इस प्रश्न के समाधान में यह कहा जा सकता है कि 'नया विधान' में 'ईश्वर' शब्द यूनानी के 'हो थेयोस' शब्दों से व्युत्पन्न और प्रायः पिता-ईश्वर के लिए ही रूढ़ है। साथ-साथ, 'नया विधान' ईसा मसीह को पिता ईश्वर से भिन्न व्यक्ति 'ईश्वर का पुत्र' के रूप में चित्रित करता है। यदि ईश्वर और ईश्वर-पुत्र भिन्न व्यक्ति नहीं होते तो उनका ऐक्य भी असम्भव सिद्ध होता है।[1] अपने शिष्य की स्वीकारोक्ति को अनुमोदित करते हुए ईसा स्वयं को ईश्वर-पुत्र के रूप में बताते हैं। महासभा के समक्ष पेश होकर ईसा प्रधानयाजक के प्रश्न के उत्तर में अपने विषय में ईश्वर का पुत्र होने का दावा करते हैं। पुनरुत्थान के द्वारा ईसा मसीह शक्ति से सम्पन्न होकर 'ईश्वर का पुत्र' के रूप में प्रतिष्ठित हुए और उन्होंने मनुष्यों का ईश्वर के साथ मेल कराया।[2]

'ईसा मसीह पिता ईश्वर के प्रतिरूप हैं और कार्य, इच्छा तथा प्रेम के स्वरूप में उनका प्रतिनिधित्व करते हैं।[3] तब प्रश्न यह उठता है कि यह मुक्ति-विषयक प्रतिरूपता प्राचीन विधान के प्रमुख धर्म-पुरुष इब्राहीम, मूसा आदि में भी दर्शाई जा सकती है, फिर ईसा में श्रेष्ठता क्या है ? " 'नया विधान' की मान्यता यह है कि ईसा मसीह मात्रा और गुण दोनों में ईश्वर के अन्य उद्घाटकों एवं मध्यस्थों से भिन्न हैं।"[4] इस प्रकार ईसा मसीह समस्त सृष्टि का आदि पुरुष है तथा एकमेव ईश्वर है। योहन ईसा को 'आज्ञाकारिता की उपाधि' के रूप में 'ईश्वर का पुत्र' मानते दिखाई देते हैं। तात्पर्य यह कि नया विधान ईसा मसीह के मूलभूत या आधारभूत स्वरूप की अपेक्षा उनके मुक्ति-विषयक कार्य-स्वरूप का वृतान्त प्रस्तुत करता है। ईसा की ईश्वर-तत्त्वरूपता और ईश्वर-पुत्रत्व का यही तात्पर्य है।

ईसा का मसीहापन

'मसीह' शब्द के अर्थ और उद्भव की चर्चा इस प्रकरण के आरम्भ में हो चुकी है। अब ईसा के मसीह-विषयक व्यक्तित्व और ईश्वरीय भूमिका का विश्लेषण करना ही आवश्यक है।

बाइबिल के पूर्वार्द्ध के अनुसार ईश्वर ने पाप के कारण मनुष्यों की दुर्गति देखकर पृथ्वी पर एक मसीह को भेजने की प्रतिज्ञा की। इसलिए मसीह 'आनेवाले' या 'प्रभु के नाम पर आनेवाले' कहलाते हैं और मनुष्यों को उनके पापों से मुक्त करेंगे, क्योंकि वे मुक्तिदाता हैं।[5] मसीह अनुग्रह तथा सत्य का दाता होकर दाऊद के वंश में उत्पन्न हुए और वे 'इसराएल के राजा', 'ईश्वर का पुत्र' तथा 'दाऊद का पुत्र' आदि भी कहलाते हैं।[6] यहूदी धर्मग्रन्थों के अनुसार

1. प.बा., न.वि., क्रमशः मारकुस 2.29, पृ. 77; योजन 20.31, पृ.180;! कुरिन्थी 8.6, पृ. 260; योहन 10.30, पृ. 163
2. प.बा., न.वि., क्रमशः मत्ती 16.17, पृ. 28; 26.63, पृ. 49; प्रेरित-चरित 5.31, पृ. 190; 2 कुरिन्थी 5.19, पृ. 278
3. सी. प्लांटिंगा, 'ट्रिनिटी', इंटरनेशनल स्टैंडर्ड बाइबिल एनसाइक्लोपीडिया, भाग-4, पृ. 915
4. सी. प्लांटिंगा, वही; प.बा., न.वि., कलोसी 1.18, पृ. 309; इब्रानी 3.5, पृ. 340
5. प.बा., न.वि., क्रमशः मत्ती 11.3, पृ. 17; 21.9, पृ. 36; लूकस 2.11, पृ. 91; 1.69, पृ. 90; योहन 3.16-17, पृ. 147; 1.29, पृ. 145
6. प.बा., न.वि., क्रमशः योहन 1.17, पृ. 144; मत्ती 1.1, 16-18, पृ. 1-2; 22.41-45, पृ. 39-40; 20.30, पृ. 35; मारकुस 1.1, पृ. 54; मत्ती 16.16, पृ. 28; योहन 11.27; पृ. 164।

ईश्वर ही इसराएल का राजा है और वह इसराएल में उत्पन्न होनेवाले मसीह के माध्यम से सारी पृथ्वी पर अपना राज्य स्थापित करेगा जो कि एक आध्यात्मिक राज्य है।[1]

ईसा के समय यहूदियों में मसीह के सम्बन्ध में बहुत सी भ्रान्त धारणाएँ प्रचलित थीं। यथा वे पृथ्वी पर इसराएल का साम्राज्य स्थापित करेंगे, अचानक किसी अज्ञात स्थान से प्रकट हो जाएँगे, बहुत से आश्चर्यजनक चमत्कार दिखाएँगे और सदा के लिए पृथ्वी पर राज्य करेंगे, आदि। कुछ अवसरों पर ईसा ने स्वीकार भी किया कि वे मसीह हैं।[2] अपने पुनरुत्थान के बाद उन्होंने मनुष्यों के पापों के प्रायश्चित के लिए अपने दुःखभोग को अनिवार्य बताकर मसीह के आध्यात्मिक कार्य पर बल दिया। उनका आध्यात्मिक कार्य ईश्वर का राज्य स्थापित करना था। लेकिन ईसा के इस आध्यात्मिक मसीहापन का यहूदियों की, ईसा के शिष्यों की भी, सांसारिक, भौतिकवादी और राजनीतिक मसीह-धारणा से मेल नहीं खाता था।[3]

समीक्षात्मक दृष्टि से कुछ बातें द्रष्टव्य हैं। प्रथम, मृतकों में से पुनरुत्थान के बाद ही ईसा वास्तव में मसीह बने। आदि कलीसिया का मूल विश्वास यही था।[4] द्वितीय, ईसा की मसीह-विषयक धारणा का विस्तार 'दाऊद का पुत्र' से 'मानव-पुत्र' और 'ईश्वर का पुत्र' तक दिखाई देता है। तृतीय, मसीहापन की अभिव्यक्ति शब्दों से अधिक कार्यों से हुई है। ईसा के चमत्कार इस विषय में संकेतात्मक महत्त्व रखते थे। चतुर्थ, ईसा के मसीहापन का तात्पर्य पूर्णरूप से धार्मिक था, राष्ट्रीय बिल्कुल नहीं। अपने मसीही अधिकार के प्रति अधीनता का आदेश ईसा के चरित्र के अनुकूल कदापि नहीं है। ईश्वर के प्रति अपनी इच्छा का समर्पण ही ईसा के मसीहापन का केन्द्र-बिन्दु था।[5] उनके इस आध्यात्मिक मसीहापन में ईश्वरीय राज्य की स्थापना निहित थी।[6]

ईसा मसीह : ईश्वर का प्रतिरूप

बाइबिल के प्रथम ग्रन्थ में मनुष्य की सृष्टि के विषय में कहा गया है कि मनुष्य ईश्वर का प्रतिरूप बनाया गया है।[7] लेकिन, " 'नया विधान' के आलोक में ही 'प्रतिरूप' को समझा जा सकता है।"[8]

'नया विधान' ईसा मसीह को ईश्वर के प्रतिरूप के रूप में प्रस्तुत करता है।[9] पुत्र ईसा मसीह पिता ईश्वर का उच्चरित शब्द है। फिलिप एड्गक्युम्बे ह्यूगेस के शब्दों में, "शब्द भाषा की ईकाई है और व्यक्तित्व का एक अनिवार्य तत्त्व है, जो अन्तर्वैयक्तिक सम्बन्धों में सम्प्रेषण की एक निश्चित भूमिका निभाता है।...शब्द के रूप में वह (पुत्र) ईश्वरीय मन का व्यक्त रूप

---

1. प.बा., न.वि., मत्ती : 3.2, पृ. 3; 4.17, पृ. 5; लूकस 22.30, पृ. 135; योहन 18.36, पृ. 177
2. प.बा., न.वि., मत्ती 26.64, पृ. 49; योहन 4.20, पृ. 149; 1025, पृ. 163. 17.3, पृ. 174
3. प.बा., न.वि., लूकस 24.26-27,46 पृ. 141; मारकुस 8.32-33, पृ. 68
4. प.बा., न.वि., प्रेरित चरित 2.36, पृ.186; रोमी 1.4, पृ. 231
5. "ईश्वर का राज्य था उनका एकमात्र चिन्ता का विषय, न कि उसमें अपना स्थान।" एफ.सी. ग्रांट, 'जीसस क्राइस्ट', दि इंटरपेटर्स डिक्शनरी ऑफ दि बाइबिल, भाग-2, पृ. 892
6. मसीह के 'ईश्वर का राज्य' की विस्तृत चर्चा इस शोध-प्रबन्ध के पंचम अध्याय में की गई है।
7. इस प्रत्यय की चर्चा इस शोध-प्रबन्ध के पंचम अध्याय में की गई है।
8. फिलिप एड्गक्युम्बे ह्युगेस, दि ट्रू इमिज, पृ. 24
9. प.बा., न.वि., कलोसी 1.15, पृ. 309; 2 कुरिन्थी 4.4, पृ. 276

है।"[1] यह ईश्वरीय शब्द स्वयं ईश्वर का मूल प्रतिरूप है। यह प्रतिरूप समस्त सृष्टि का पहलौठा और ईश्वर का पुत्र भी है।

अतः कहा जा सकता है कि मसीह ईश्वर के सर्वश्रेष्ठ प्रतिरूप हैं और मूलकारण के रूप में समस्त सृष्टि के पहले से विद्यमान हैं। पिता के साथ शाश्वत अन्तर्वैयक्तिक सम्बन्ध में ईसा की मूल प्रतिरूपता व्यक्त हो जाती है।[2] ईसा की प्रतिरूपता ईश्वरीय और मानवीय दोनों है। ईश्वरीय होकर यह कालातीत पुत्रत्व तथा सत्तामूलक ऐक्य है, जबकि मानवीय होकर कालगत पुत्रत्व तथा अन्तर्वैयक्तिक सम्बन्ध है। ईश्वर-पुत्र का "मनुष्यता-धारण 'ईश्वर का प्रतिरूप' सिद्धान्त की पुष्टि करता है।"[3] ईश्वर की महिमा के प्रतिबिम्ब होकर ईसा मसीह प्रतिरूप की पूर्णता से विभूषित है। ईसा मसीह की पूर्ण प्रतिरूपता में तीन विशेषताएँ हैं–ईश्वरोन्मुखता, मनुष्योन्मुखता और प्रकृति पर अधिकार। ईसा पिता के प्रति पूर्ण आज्ञाकारी थे, मानवता के प्रति समर्पण-भरा प्रेम रखते थे और प्रकृति की शक्तियों पर उनका अधिकार था। इस प्रकार, ईसा मसीह मानवरूपधारी ईश्वर-पुत्र के रूप में ईश्वर के सच्चे प्रतिरूप प्रमाणित होते हैं।

ईसा मसीह का व्यक्तित्व बहुआयामी था। वे यहूदी भी थे, धार्मिक गुरु भी थे; मनुष्य भी थे और ईश्वर भी थे। उनका आविर्भाव प्राचीन विधान की भविष्यवाणियों पर अवलम्बित और ईश्वर की प्रतिज्ञाओं तथा इसराएलियों की प्रतीक्षाओं के मधुर संगम में निहित था। साथ-साथ, वे ऐश्वरिक अस्तित्व और मुक्ति-विषयक योजना की रहस्यात्मकता का प्रतिफल भी थे।

ईसा मसीह का ऐतिहासिक अस्तित्व असन्दिग्ध है। सम्पूर्ण बाइबिल ईसा-केन्द्रित कहा जा सकता है। सम्पूर्ण नया विधान, विशेषतः सुसमाचार, उनके इतिहास-बद्ध जीवन-क्रम की व्याख्या प्रस्तुत करता है। ईश्वर-पुत्र होकर अपने मानवता-धारण, जीवन, शिक्षा, दुःखभोग, मृत्यु और पुनरुत्थान आदि के द्वारा ईसा ने मानव जाति के समक्ष ईश्वर के व्यक्तित्व का एक सरल भाष्य प्रस्तुत किया है।

2. ईश्वर-धारणा का नया विधान

'पुराना विधान' में मसीह के विषय में कुछ भविष्यवाणियाँ मिलती हैं, जो 'नया विधान' को अपरिहार्य सिद्ध करती हैं। ईसा मसीह के मानवता-धारण से लेकर मृत्यु तथा पुनरुत्थान तक सम्पन्न हुए रहस्यमय घटना-क्रम में ईश्वर-धारणा का एक नया विधान प्रतिष्ठापित होता है। यहाँ तक पहुँचकर प्राचीन और नवीन विधान एक अन्योन्य कसौटी पर कस जाते हैं और नवीन विधान की विशिष्ट ईश्वर-धारणा स्थापित हो जाती है।

'पुराना विधान' में मसीह के पूर्व-रूप

'पुराना विधान' प्रतिज्ञाओं, संकेतों और अनुभवों द्वारा ईसा मसीह और उनके ईश्वर-धारणा-सम्बन्धी 'नया विधान' का पूर्व रूप प्रस्तुत करता है और स्वयं को आशा की स्रोतस्विनी मानकर 'नया

1. फिलिप एड्ग्क्युम्बे ह्यूगेस, दि इमिज, पृ. 40
2. प.बा., न.वि., क्रमशः कलोसी 1.17-18, पृ. 309; योजन 1.1,14, पृ. 143-44; गलाती 4.4, पृ. 291; फिलिप्पी 2.7, पृ. 304; योहन 10.30, पृ. 163; 17.5, पृ. 174; 1.18, पृ. 144; 14.8-9, पृ. 170
3. फिलिप एड्ग्क्युम्बे ह्यूगेस, दि ट्रू इमिज, पृ. 22

विधान' के विशाल प्रेम-जलाशय की ओर प्रवाहित हो रहा है। इस तथ्य के साक्ष्य में कतिपय प्रत्यय प्रस्तुत किए जा सकते हैं।

'ईश्वर हमारे साथ है' : प्राचीन विधान में स्वयं प्रभु ने एक चिह्न दिया है। वह यह है– एक कुँवारी गर्भवती होगी, वह पुत्र प्रसव करेगी और उसका नाम एम्मानुएल रखा जाएगा, जिसका अर्थ है–'ईश्वर हमारे साथ है।' प्राचीन विधान में इसायाह नबी की यह भविष्यवाणी नवीन विधान में मत्ती के सुसमाचार में पूरी हुई दिखाई देती है। "अपनी सृष्टि में स्वाभाविक और अनिवार्य सान्निध्य रखते हुए सृष्टिकर्ता सृष्टि के साथ है। तुच्छ और नगण्य यहूदी जनता को मिस्र की दासता से मृतप्राय जीवन से निर्गमन की घटना द्वारा निर्वाचित करके मरुभूमि से लेकर दूध और मधु की नदियों से समृद्ध कनान देश तक और बाबुल निर्वासन से येरूसालेम तक सम्पन्न हुई इतिहास की घटनाओं को ईश्वरोन्मुख दिशा में नियोजित करते हुए प्रभु ईश्वर ने इसराएली प्रजा के साथ होने का प्रबल परिचय दिया। सीनई पर्वत पर मूसा के नेतृत्व में स्थापित विधान में प्रभु-ईश्वर ने 'इसराएल का ईश्वर' तथा 'मेरी प्रजा' के रूप में परस्पर बँधकर 'ईश्वर हमारे साथ है'–इस तथ्य को प्रमाणित किया है। उपर्युक्त भविष्यवाणी द्वारा इसराएली प्रजा के साथ प्रभु-ईश्वर का साहचर्य प्राचीन सिद्ध हो गया है और मसीह में 'ईश्वर हमारे साथ है' का शाश्वत सत्य नित्य-नवीनता के साथ स्थापित हो गया है।

आदम और मानवता : 'उत्पत्ति-ग्रन्थ' के प्रथम अध्यायों में सृष्टि और आदिमानव की कथा मिलती है। ईश्वर ने सम्पूर्ण सृष्टि के शिरमौर के रूप में मनुष्य को अपना प्रतिरूप बनाया और अदन-वाटिका की समृद्धि में रखा। सब ओर पूर्ण स्वतन्त्रता छाई थी। एक आदेश था, मनुष्य 'जीवन-वृक्ष' का फल न खाए ताकि वह ईश्वर की समानता का विचार न करे। लेकिन आदम ने आज्ञोल्लंघन किया।[2] इस प्रकार सम्पूर्ण मानवता पतित हो गई। अब आवश्यकता थी एक अदूषित और पूर्ण मनुष्य की, जो मानवता का उद्धार कर सकता हो।

आदम आनेवाले मुक्तिदाता ईसा मसीह को संकेतित करता है। आदम के अपराध के कारण संसार में पाप और मृत्यु का प्रवेश हुआ और सब लोग मर गए। ईसा मसीह के द्वारा उसे ईश्वर का अनुग्रह और वरदान प्राप्त हुआ। उस एक मात्र मनुष्य के आज्ञा भंग के परिणामस्वरूप सब मनुष्य पापी ठहराए गए और सबों को दंडाज्ञा मिली। तत्पश्चात् ईसा मसीह के आज्ञापालन और प्रायश्चित के परिणामस्वरूप सभी पापमुक्त ठहराए गए और सबने नया जीवन प्राप्त किया। संहिताओं के कारण समाज में अपराधों की संख्या बढ़ी। लेकिन, पाप की वृद्धि से कहीं अधिक अनुग्रह की वृद्धि हुई। इस प्रकार मनुष्य की अनाज्ञाकारिता, अपराध, पाप, मृत्यु और विनाश आदि संहिता के प्राचीन विधान पर केन्द्रित हैं, जबकि ईसा मसीह की आज्ञाकारिता, धार्मिकता, प्रायश्चित, अनुग्रह और अनन्त जीवन आदि नवीन विधान में वर्णित पुनरुद्धार के प्रतीक हैं।

ईसा मसीह नया आदम है। इस प्रकार पुराने आदम की अपूर्ण और पथभ्रष्ट मानवता तथा ईसा मसीह की पूर्ण और निर्मल मनुष्यता उनके द्वारा नई मानवता की सृष्टि की पूर्व-पीठिका मानी जा सकती है।[3]

---

1. प.बा, पु.वि., इसायाह 7.14, पृ. 1098; न.वि.; मत्ती, 1.23, पृ. 2
2. प.बा., पु.वि., उत्पत्ति 1.3, पृ. 4-7
3. प,बा., न.वि., रोमी 5.12-21, पृ. 237; एफेसी 2.15, पृ. 297

इब्राहीम और विश्वास : उत्पत्ति-ग्रन्थ में इब्राहीम का वृत्तान्त मिलता है।[1] प्रभु इब्राहीम को अपने मूर्तिपूजक सम्बन्धियों से अलग कर एक दूसरे देश में जाने को कहते हैं ताकि वे एकमात्र ईश्वर की आराधना करें। वे इब्राहीम से प्रतिज्ञा करते हैं कि वे उन्हें मुक्तिदाता का पूर्वज बनाएँगे। उनके द्वारा पृथ्वी भर के वंश आशीर्वाद प्राप्त करेंगे। आकाश के तारों के समान इब्राहीम की सन्तति के बड़ी होने की प्रतिज्ञा भी की गई। राष्ट्रों के पिता के रूप में 'अब्राम' से 'इब्राहीम' में नाम-परिवर्तन किया गया। प्रभु के वचन के अनुसार इब्राहीम की बाँझ पत्नी ने एकलौते पुत्र इसाहाक को जन्म दिया, लेकिन, प्रभु के प्रति श्रद्धा-स्वरूप उसे बलि चढ़ाने की आज्ञा दी गई।[2] अपने परिवार के प्रधान इब्राहीम ने तनिक भी विरोध किए बिना ईश्वर पर विश्वास किया और इसी से वे धार्मिक माने गए। निराशाजनक परिस्थितियों में भी आशा रखकर विश्वास करने से वे बहुत से राष्ट्रों के पिता बन गए। उन्हें पक्का विश्वास था कि ईश्वर ने जिस बात की प्रतिज्ञा की है, वे उसे पूरा करने में समर्थ हैं।[3]

जो विश्वास करता है, वह इब्राहीम की सन्तान है। मसीह शापित होकर काठ पर लटकाया गया था, इसलिए कि ईसा मसीह के द्वारा इब्राहीम का आशीर्वाद गैर-यहूदियों को भी प्राप्त हो और हमें विश्वास द्वारा वह आत्मा मिले, जिसकी प्रतिज्ञा की गई थी। प्रतिज्ञाएँ इब्राहीम और उनके वंशज को दी गई हैं और वह वंशज मसीह हैं। जो विश्वास द्वारा ईसा मसीह के हो जाते हैं, वे इब्राहीम की भी सन्तान हैं और प्रतिज्ञा के अनुसार उनके उत्तराधिकारी हैं। विश्वास के कारण हमारे पूर्वज ईश्वर के कृपापात्र बने और परिणामतः आकाश के तारों की तरह असंख्य और सागर-तट के बालू के कणों की तरह अगणित सन्तति अस्तित्व में आई। विश्वास के द्वारा ही अदृश्य से दृश्य की उत्पत्ति और शब्द द्वारा विश्व का निर्माण प्रमाणित होता है।[4] इब्राहीम की तरह मसीह ने भी विश्वास किया और पिता-ईश्वर की मुक्ति-योजना पूरी तरह नहीं समझने के बावजूद उसे स्वीकारा तथा दुःखभोग और मृत्यु तक को स्वीकार किया।[5] सभी भेद-भावों और मानवीय युक्ति के पूरे विश्वास की परम्परा मसीही विश्वास की रीढ़ है। इस प्रकार इब्राहीम मसीह के पूर्व प्रतिरूप प्रमाणित हो जाते हैं।

संहिता और मूसा : मूसा के नेतृत्व में यहूदी लोग मिस्र की दासता से निर्गमन कर सके। सीनई पर्वत पर जनता के प्रतिनिधि के रूप में मूसा ने प्रभु से 'विधान' को प्राप्त किया था। इसके अनन्तर विधान-अनुगामी यहूदी प्रजा मुख्य रूप से मूसा द्वारा निर्मित संहिता द्वारा संचालित की जाती थी। मूसा की कथा 'पुराना विधान' के 'निर्गमन ग्रन्थ' में प्रारम्भ होकर सम्पूर्ण पंचग्रन्थ में प्राप्त हो जाती है। संहिता का विस्तृत विवरण उपासना, शासन, समाज, परिवार आदि जीवन के विभिन्न पहलुओं को समाविष्ट करता है।[6]

इस संहिता को लेकर धीरे-धीरे यहूदियों के धार्मिक नेताओं (शास्त्रियों और फरीसियों का समूह) ने सख्त मानसिकता अपनाई। संहिता के कारण अपराध बढ़ गए और उसके कुप्रभाव

1. प.बा., पु.वि., उत्पत्ति 12-25, पृ. 15-32
2. प.बा., न.वि., क्रमशः उत्पत्ति 12.4, पृ. 16; 15.5, पृ. 18; 15.5, पृ. 20; 21.2, पृ. 25; 22.2, 12, पृ. 27
3. प.बा., न.वि., रोमी 4.3, 18,21, पृ. 235-36
4. प.बा., न.वि. गलाली 3.7, 16, 26, 29, पृ. 290-91; इब्रानी 11.12-2-3, पृ. 349
5. प.बा., न.वि., मारकुस 14.36, पृ. 81; लूकस 23.46, पृ. 139
6. प.बा., पु.वि., विधि-विवरण 12-26, पृ. 238-255

से जीवन ही बोझिल हो गया। संहिता स्वयं एक अभिशाप साबित हुई। इससे मुक्ति अवश्यम्भावी हो गई। मसीह से संयुक्त होने से संहिता की अधीनता से मुक्ति प्राप्त होती है। संहिता का प्रयोजन यह हुआ कि उसके द्वारा पाप का पता चला। इससे मनुष्य की दुर्बलता की जानकारी मिलती है।[1]

इस संहिता के बाहर रहनेवाले व्यक्ति अपने हृदय पर अंकित संस्कारों का पालन करते हैं, जिसका साक्ष्य उनका अन्तःकरण देता है। यह संहिता हृदयगत, आभ्यन्तर और आध्यात्मिक है। ईसा मसीह स्वयं संहिता और विश्वास बनकर जनता को संहिता की दासता से मुक्ति दी। ‘‘आदि मानव के पतित हो जाने पर भी दयामय ईश्वर ने भंग हुए विधान की पुनः स्थापना के लिए मुक्तिदाता मसीह को भेजने का वचन दिया।’’[2] बाह्य संहिता के स्थान पर आभ्यन्तर संहिता को अपनाने का आदेश देते हुए मुक्तिदाता ने पुराने विधान को सम्पूर्णता प्रदान की है।

मूसा और निर्गमन-विधान : मिस्र की दासता से निर्गमन की घटना होने के बाद यहूदी प्रजा को मुक्त करके विधानमूलक समुदाय बनाने का कार्य मूसा के नेतृत्व में सम्पन्न हुआ। प्राचीन विधान का यह निर्गमन और विधान अपूर्ण थे। यह नवीन विधान का शाश्वत और पूर्ण निर्गमन तथा विधान का पूर्णनिरूपण भी है। मूसा-केन्द्रित निर्गमन मिस्र की दासता से होकर ऐतिहासिक या लौकिक रहा, जबकि ईसा-केन्द्रित निर्गमन पाप की दासता से होकर पारलौकिक है। मूसा का विधान राष्ट्रीय और नैतिक रहा, जबकि ईसा का विधान अन्तर्राष्ट्रीय और आध्यात्मिक है। मूसा-केन्द्रित विधान पाटियों पर अंकित था, लेकिन ईसा-केन्द्रित विधान हृदय पर। मूसा का निर्गमन तथा विधान बाह्य और अल्पावधिक रहा, जबकि ईसा का ‘निर्गमन’ तथा विधान आभ्यन्तर और चिरस्थायी है। मूसा ईश्वर सम्बन्धी कार्यों में सेवक के रूप में और ईसा पुत्र के रूप में ईमानदार रहे। मूसा घर-जैसे थे तो ईसा घर के निर्माता और अध्यक्ष-जैसे।

योशुआ और प्रतिज्ञात देश में प्रवेश : योशुआ (जो मूसा के उत्तराधिकारी हुए) के नेतृत्व में इसराएलियों ने कनान देश में प्रवेश किया और उसे अधिकार में कर लिया। ‘‘मसीही धर्माचार्य योशुआ में उद्धारकर्ता मसीह का पूर्वरूप पाते हैं, जिनके नाम में भी अनुरूपता है। मिस्र की गुलामी से छुटकारा पाकर इसराएलियों ने मूसा के नेतृत्व में मरुभूमि पार की। जब मूसा परलोक सिधारे, तो उन्होंने योशुआ के नेतृत्व में यर्दन नदी पार कर उस प्रतिज्ञात देश में प्रवेश किया, जहाँ ‘दूध और मधु की नदियाँ बहती हैं।’ इसी तरह मुक्तिदाता अपने अनुयायियों को बपतिस्मा के जल द्वारा शैतान की गुलामी से छुटकारा दिलाकर ईश्वर के साम्राज्य में ले जाते हैं।’’[3]

मेलखीसेदेक और पौरोहित्य : सालेम का राजा मेलखीसेदेक का उल्लेख उत्पत्ति-ग्रन्थ में मिलता है।[4] मेलखीसेदेक के रहस्यमय व्यक्तित्व ने यहूदीशास्त्रियों को बहुत प्रभावित किया है। यहूदी परम्परा के अनुसार पौरोहित्य हारुन की श्रेणी में लेवी के वंश में चलता था। प्राचीन विधान

---

1. प.बा., न.वि., रोमी 7.4-7, 17, पृ. 239
2. प.बा., पु.वि., तौरेत अथवा पंचग्रन्थ का परिचय, पृ. 3; न.वि...., रोमी 2.14-15, 29, पृ. 233-34; गलाती 3.23-25, पृ. 291
3. प.बा., पु.वि., योशुआ, न्यायकर्ताओं और रूत के ग्रन्थ का परिचय, पृ. 271
4. प.बा., न.वि., उत्पत्ति-ग्रन्थ 14.17-24, पृ. 18

का प्रधान याजक मनुष्यों से चुना जाता था। पापी होने के कारण उसे पहले अपने पापों के लिए और मनुष्यों के प्रतिनिधि होकर फिर जनता के पापों के लिए भेंट और प्रायश्चित की बलि चढ़ानी थी।[1] मेलखीसेदेक धार्मिकता और शान्ति का राजा था। ईश्वर के पुत्र के सदृश उनके जीवन का न आरम्भ है, न अन्त है। वे सदा जीवित रहते हैं, और उनकी वंशावली नहीं है। इस परम्परा में महान् प्रधान याजक मसीह निष्पाप और ईश्वर के पुत्र होकर नए विधान में आए। उन्होंने दुःख सहकर भी आज्ञापालन किया, भूले-भटके लोगों के साथ सहानुभूतिपूर्ण व्यवहार किया और आकाश पार करके मेलखीसेदेक की तरह प्रधानयाजक की उपाधि प्राप्त करने के उपरान्त उन सबके लिए मुक्ति के स्रोत बन गए।[2]

मसीह मेलखीसेदेक के सदृश हैं, जो वंश-परम्परा पर आधारित किसी नियम के अनुसार नहीं, बल्कि अविनाशी जीवन के सामर्थ्य से पुरोहित बने। मसीह की नियुक्ति के समय ईश्वर ने शपथ खाई थी–तुम मेलखीसेदेक की तरह सदा पुरोहित बने रहोगे।[3] ईसा का पौरोहित्य चिरस्थायी, परिपूर्ण और मुक्ति दिलाने में समर्थ है। यह पवित्र, निर्दोष, पापियों से सर्वथा दूर और स्वर्ग से भी ऊँचा है। यह एक ही बार क्रूस पर पूरा कर लिया गया है। ईश्वर-पुत्र का यह पौरोहित्य सदा के लिए परिपूर्ण है।[4] ईसा मसीह उस वास्तविक मन्दिर तथा तम्बू का सेवक है जो मनुष्यों द्वारा नहीं, प्रभु द्वारा संस्थापित है। संहिता का याजक एक ऐसे मन्दिर में सेवारत है, जो स्वर्ग की वास्तविकता की प्रतिकृति है, जबकि ईसा एक ऐसे विधान के मध्यस्थ हैं जो श्रेष्ठतर है और श्रेष्ठतर प्रतिज्ञाओं पर आधारित है।

प्राचीन विधान के पुरोहित ने पशुओं का रक्त बहाकर परम पावन स्थान में प्रवेश किया। लेकिन मसीह ने अपना रक्त बहाकर मानव जाति का उद्धार सम्पन्न किया। यह मसीह की शाश्वत आत्मा द्वारा चढ़ाई गई निर्दोष बलि है जिससे अन्तःकरण शुद्ध हो जाता है। ईसा ने प्रतीक-मन्दिर के स्थान पर वास्तविक मन्दिर में प्रवेश किया और वे नए विधान के पुरोहित प्रमाणित हुए। मेलखीसेदेक के व्यक्तित्व में ईसा मसीह का व्यक्तित्व नया विधान, असली मन्दिर, बलि आदि प्रतीकों से पूर्वसंकेतित है।

दाऊद और राज्य : इसराएलियों का राजा और शासक वास्तव में ईश्वर ही है। पारम्परिक या वंशानुगत शासक ईश्वर द्वारा नियुक्त प्रतिनिधि मात्र था, जिसका कर्तव्य ईश्वर के नाम पर शासन करना था। दाऊद समस्त राजाओं का आदर्श राजा माना गया है। "इसके अतिरिक्त, आदर्श राजा दाऊद मसीह के पूर्वज और उनके प्रतीक भी हैं।...मसीह उन्हीं के घर में जन्म लेंगे और इस कारण मसीह दाऊद की सन्तान होंगे। इसलिए नए विधान में ईसा मसीह को राजा दाऊद का पुत्र कहा गया है। इसके अनुसार धर्माचार्यों ने राजा दाऊद और ईसा मसीह के चरित में समानताएँ दिखलाई हैं।"[5] राजा दाऊद के वंश की मान-मर्यादा तथा उसके आध्यात्मिक वैभव में मसीही मान-मर्यादा, आध्यात्मिक वैभव तथा कीर्ति की झलक मिल जाती है।

नबी नातान द्वारा ईश्वर आश्वासन देता है कि वह स्वयं उसके लिए एक ऐसा वंश स्थापित

1. प.बा., न.वि., इब्रानी 5.1-4, पृ. 341-42
2. प.बा., न.वि., क्रमशः इब्रानी 7.1-3, पृ. 343; 5.5-10, पृ. 342; 4.14-16, पृ. 341
3. प.बा., न.वि., इब्रानी 7.15-19, पृ. 344
4. प.बा., न.वि., इब्रानी 7.21, 24-28, पृ. 344
5. प.बा., पु.वि., समूएल और राजाओं के ग्रन्थों का परिचय, पृ. 346

करेगा, जो शाश्वत होगा और जिसके राज्य का कभी अन्त नहीं होगा।[1] ''नबी नातान की मसीह-सम्बन्धी इस भविष्यवाणी के बाद धर्मग्रन्थ में लगातार इस ओर संकेत दिया गया है कि मसीह दाऊद के वंशज होंगे। यहाँ तक कि जब राजा दाऊद का घराना अत्यन्त क्षीणावस्था को पहुँच गया, तब भी नबीगण उस टूटी-फूटी झोंपड़ी और विनष्टप्राय ठूँठ से एक महान् अंकुर के फूटने की बात करते रहे। यह अंकुर ईश्वर का वह अभ्यंजित पुरुष मसीह होगा, जिसका साम्राज्य सार्वभौम और शाश्वत होगा।''[2] यद्यपि मसीह दाऊद के वंशज थे और उनका जन्म राजा दाऊद के नगर बेथलेहेम में हुआ, फिर भी दाऊद ने उन्हें अपना प्रभु कहा है।[3]

इसके अलावा, 'एजेकिएल का ग्रन्थ' में दो दृश्यों का वर्णन है, जिनको आधारित करके इसराएल के लौकिक, राष्ट्रीय तथा निकट भविष्य के साम्राज्य के पुनर्निर्माण और मसीह के अलौकिक, अन्तर्राष्ट्रीय तथा सार्वजनीन साम्राज्य का उल्लेख है। ईश्वर की सार्वभौम मुक्ति का संकेत तथा भावी महान जननायक के उदय की भविष्यवाणी भी मसीह के राज्य के पूर्वरूप सिद्ध हो जाते हैं।[4]

प्रज्ञा और शब्द : उत्पत्ति-ग्रन्थ में शब्द द्वारा सृष्टि का चित्रण मिलता है। प्रज्ञा-ग्रन्थ में बताया गया है कि ईश्वरीय शब्द द्वारा सब कुछ बनाया गया और ईश्वर की प्रज्ञा (चित् शक्ति) द्वारा मानव को सृजित किया गया है। इसायाह के ग्रन्थ में ईश्वर की वाणी का फल उत्पन्न करने की अचूक शक्ति का वर्णन भी मिलता है।[5] जबकि प्रज्ञा-ग्रन्थ ईश्वर की सर्जन-शक्ति को प्रतिपादित करता है, योहन के सुसमाचार में शब्द का स्वयं ईश्वर होने का, ईश्वर के शब्द के द्वारा सम्पूर्ण सृष्टि उत्पन्न होने का तथा आध्यात्मिक जन्म सम्पन्न होने का वर्णन मिलता है।[6] इस सन्दर्भ में योहन के सुसमाचार द्वारा प्रस्तुत ईसा का शब्द-व्यक्तित्व 'प्रज्ञा-ग्रन्थ' में पूर्वाभासित होते हुए देखना कठिन नहीं है।

दाम्पत्य-भाव : प्राचीन विधान में प्रभु ईश्वर का वर और इसराएल का वधू के रूप में सम्बन्ध-चित्रण कई स्थानों पर मिलता है। होशेआ, एजेकिएल तथा यिरमियाह[7] इस सन्दर्भ में महत्त्वपूर्ण हैं। सर्वाधिक मार्मिकता के साथ सुलेमान के सर्वश्रेष्ठ गीत में यह बात ईश्वर और इसराएली प्रजा पर लागू की गई है। वर-वधू की पारस्परिक निष्ठा के सर्वोत्तम रूपक के तौर पर यह अनुपम है।

'' 'नया विधान' में मसीह और उनकी कलीसिया का सम्बन्ध वर-वधू के रूप के द्वारा स्पष्ट किया गया है।...मसीह वर हैं, जिन्होंने कलीसिया के लिए अपने आपको क्रूस पर अर्पित किया।...यह रूपक मसीह और कलीसिया के हर व्यक्ति के प्रसंग में घटित माना जा सकता

---

1. प.बा., पु.वि., 2 समूएल 7.4-17, पृ. 401-02
2. प.बा., पु.वि., समूएल और न्यायकर्ताओं के ग्रन्थों का परिचय, पृ. 347
3. प.बा., पु.वि., क्रमशः मीका 5.1, पृ. 1413; स्त्रोत 110, पृ. 889-90
4. प.बा., पु.वि., एजेकिएल के ग्रन्थ का परिचय, पृ. 1276-77;, जकयो-ग्रन्थ : परिचय, पृ. 1433; मलआकी-ग्रन्थ : परिचय, पृ. 1445
5. प.बा., पु.वि., उत्पत्ति 1-2, पृ. 4-6; प्रज्ञा 9.1, पृ. 997; इसयाह 55.10-12, पृ. 1156
6. प.बा., न.वि., योहन 1.1, 14, पृ. 143-144
7. प.बा., पु.वि., होशेआ 2.2-7; 3.6-8, पृ. 1375-76; एजेकिएल 16, पृ. 1293-96; 23, पृ. 1306-08, यिरमियाह 2, पृ. 1173-75

है, क्योंकि मसीह वर हैं और मसीह का प्रत्येक अनुयायी वधू।"[1] इसमें भी मसीह का पूर्वरूप झलकता है।

ईश्वर का सेवक और दुःखभोग : इसायाह के ग्रन्थ में 'ईश्वर का सेवक' से सम्बन्धित चार काव्य मिलते हैं।[2] इनमें ईश्वर के सेवक के मौन दुःखभोग में सहनशीलता, धार्मिकता, उसके द्वारा राष्ट्रों को मुक्ति-ज्योति की प्राप्ति, उसकी शाश्वत महिमान्विति आदि अभिव्यक्त हैं। यह ईसा मसीह का स्पष्ट पूर्वरूप है। नबी 'यिरमियाह का ग्रन्थ' में एक ऐसा भी सन्देश है, "ईश्वर के प्रति पूर्ण समर्पण तथा दुःखभोग का जीवन बिताने के कारण नबी यिरमियाह ईसा मसीह के प्रतीक बन गए।"[3] 'दानिएल का ग्रन्थ' में गिरते हुए पत्थर और मानवपुत्र में समानता स्थापित की गई है, जबकि अय्यूब के ग्रन्थ में सुख-दुःख का सनातन प्रश्न चर्चित है। सुख-दुःख पुण्य-पाप पर आधारित नहीं है। "दुनिया में कभी पुण्यात्मा विपत्ति भोगता है और पापी सम्पत्ति।...मनुष्य के पाप-पुण्य का निर्णय इस जीवन में नहीं होता।...मृत्यु के बाद ईश्वर पापियों को उनके कुकर्मों के लिए दंड देता है और पुण्यात्माओं को उनके सुकर्मों के लिए पुरस्कार प्रदान करता है।"[4]

नव विधान में ईसा मसीह के दुःखभोग का कारण उनकी पापपरायणता का न होना, दुःखभोग तथा मृत्यु के उपरान्त पुनरुत्थान का पुरस्कार दिया जाना प्राचीन विधान के अय्यूब के व्यक्तित्व में पूर्वनिरूपित है। 'उपदेशक-ग्रन्थ' में मनुष्य के सुख-दुःख तथा सम्पन्नता-विपन्नता की प्राप्ति का आधार निश्चित करने का प्रयास है। लेकिन न तो यहूदी धर्म में, न यूनानी दर्शन में इस संसार की समस्याओं का पूर्ण समाधान मिलता है। इस समस्या का निदान नए विधान में सम्पादित है। "ईश्वर का पुत्र ईसा मसीह के रूप में इस दुनिया में आया और उसने दुःख भोगकर उस पाप के दंड से मानव जाति को मुक्ति दिलाई, जिसके कारण कष्ट झेलना पड़ता है। साथ ही, ईश्वर के शरीरधारी पुत्र ने मनुष्यों को दिखाया कि दुःख, कष्ट आदि वास्तव में अहितकर नहीं हैं, बल्कि वे ईश्वर-भक्तों के लिए पुण्य के स्रोत बन जाते हैं।"[5]

नबी : प्राचीन विधान में प्रभु-ईश्वर तथा इसराएली प्रजा के मध्य स्थापित विधानमूलक सम्बन्ध को सुदृढ़ बनाए रखने तथा पथभ्रष्टता के अवसरों पर इसराएल को वापस प्रभु के पास लाने हेतु प्रभु ईश्वर ने कतिपय नबियों को भेजा। ऐतिहासिक ग्रन्थों में पूर्ववर्ती नबियों का उल्लेख है तथा नबियों के ग्रन्थ में उत्तरवर्ती नबियों का।[6] उत्तरवर्ती नबियों में चार प्रमुख तथा बारह गौण नबियों के ग्रन्थ मिलते हैं। नबी किसी के नाम पर घोषणा करनेवाला है। वह ईश्वर का प्रवक्ता होकर अन्तःप्रेरणा या दर्शन पर बोलता है। वह लोगों को ईश्वर के मार्ग पर चलने की प्रेरणा देता है। नबी भविष्यवक्ता और द्रष्टा भी है।

नबियों के उपदेशों में मसीह-सम्बन्धी उपदेशों का विशेष स्थान है। ईश्वर ने नबियों के

---

1. प.बा., पु.वि., सर्वश्रेष्ठ गीत का परिचय, पृ. 976-77
2. प.बा., पु.वि., इसायह 42.1-7, पृ. 1138; 49.1-6, पृ. 1147-48; 50.4-11, पृ. 1150; 52.13-15, पृ. 1153
3. प.बा., पु.वि., यिरमियाह के ग्रन्थ का परिचय, पृ. 1170
4. प.बा., पु.वि., दानिएल 7.13, पृ. 1360; अय्यूब के ग्रन्थ का परिचय, पृ. 777
5. प.बा., पु.वि., उपदेशक-ग्रन्थ का परिचय, पृ. 963
6. प.बा., पु.वि., क्रमशः योशुआ, न्यायकर्ताओं और रूत के ग्रन्थों का परिचय, पृ. 271; नबियों के ग्रन्थों का परिचय, पृ. 1085

उपदेशों द्वारा आगामी मुक्तिदाता मसीह के प्रति लोगों की आस्था और आशा कायम रखी है। उनके उपदेशों के अनुसार मसीह में निम्नलिखित विशेषताएँ होंगी—वह ईश्वर द्वारा चुना हुआ सच्चा उद्धारक, दाऊद का वंशज तथा बेथलेहेम में जन्म लेनेवाला होगा। प्रभु का आत्मा उसमें विराजमान होगा, वह इम्मानुएल, ईश्वर की धार्मिकता, जातियों का उपदेशक एवं उनकी ज्योति और ईश्वर का सेवक कहलाएगा। ईश्वर का वह सेवक अपने ही लोगों द्वारा तिरस्कृत होगा। उसे दुःख भोगना पड़ेगा, लेकिन इसके बाद उसका महिमामय उत्थान होगा और उसका राज्य शाश्वत होगा। नबियों द्वारा कही गई ये सभी बातें ईसा मसीह के सन्दर्भ में सत्य सिद्ध हुईं।[1] ईसा मसीह अन्तिम नबी है, जो स्वयं ईश्वर का पुत्र है और नबियों का कार्य उनमें चरम सीमा पर पहुँच गया।[2]

प्राचीन विधान के सन्दर्भ में मसीह की इस बहुमुखी चर्चा के उपरान्त यह निस्सन्देह कहा जा सकता है कि मसीह का व्यक्तित्व तनिक भी काल्पनिक नहीं है। प्राचीन विधान यहूदी धर्म-संस्कृति और इतिहास का सहज परिणाम है। मसीह को पुराना विधान में अंकित घटनाओं, ईश्वर द्वारा की गई प्रतिज्ञाओं, उसकी आंशिक पूर्तियों और यहूदी प्रजा के जीवन की आशा तथा भविष्योन्मुखता का सार-संक्षेप कहने में कोई अतिशयोक्ति प्रतीत नहीं होती। पूर्व-विधान की प्रतिज्ञा की पूर्ति है मसीह, पूर्वविधान की आशा का उत्तर भी। यहूदी इतिहास के प्रारम्भ से लेकर अन्त तक के अनगिनत बड़े-छोटे सन्दर्भों में मसीह नवीन विधान के पूर्वरूप, पूर्वानुमान तथा पूर्वानुभव के रूप में झलकते रहते हैं।

ईसा-मसीह का मानवता-धारण

ईसा मसीह में ईश्वर के पुत्र द्वारा मानव-रूप-धारण नहीं किया गया होता तो प्राचीन विधान की प्रतिज्ञाओं और आशाओं की परिपूर्ति नहीं होती। ईसा मसीह के जन्म में एक ईसाई इतिहास प्रारम्भ नहीं हुआ होता तो यहूदी इतिहास की भविष्योन्मुखता निरर्थक साबित होती। ईसा मसीह ने ईश्वर-स्वरूप का निर्णायक उद्घाटन नहीं किया होता तो ईश्वर अभी भी परदे के पीछे अदृश्य बना रहता। अर्थात् ईसा मसीह का मानवता-धारण नहीं हुआ होता तो नए विधान और उसकी सम्पूर्ण उपलब्धियों का प्रतिष्ठापन नहीं होता। मानवता-धारण के तात्पर्य से सम्बन्धित कुछ विचार प्रस्तुत किए जा रहे हैं।

'मानवता-धारण' या 'शरीर-धारण' शब्द से अभिप्राय है—ईसा मसीह के रूप में ईश्वर-पुत्र द्वारा मनुष्य बनना। अंग्रेजी शब्द 'इनकारनेइशन' लातीनी शब्द 'इनकारनासियो' से व्युत्पन्न है, जिसका अर्थ है शरीर धारण करना, शरीर में अवतरित होना आदि। अपने सामान्य और व्यापक अर्थ में यह शब्द 'देवता का मनुष्य या मनुष्येतर जीवन के रूप में प्रकट होने' के लिए प्रयुक्त है। प्रत्येक मत में 'अवतार' की भिन्न-भिन्न धारणाएँ दिखाई देती हैं।[3] ईसाई मत में 'इनकारनेइशन' शब्द का एक अति-विशिष्ट प्रयोग मिलता है। यह केवल 'ईश्वर का ईसा मसीह के रूप में मनुष्य बनना' के अर्थ में प्रयुक्त है। "ईसा मसीह के व्यक्तित्व में ईश्वरत्व और मनुष्यत्व के सम्मेलन

---

1. प.बा., पु.वि., नबियों के ग्रन्थों का परिचय, पृ. 1086
2. प.बा., न.वि., मत्ती 21.33-44, पृ. 37-38
3. विभिन्न धर्मों में अवतार की परिकल्पना-विषयक चर्चा के लिए द्रष्टव्य : मनबु वाइडा, 'इनकारनेइशन', इनसाइक्लोपीडिया ऑफ रिलीजन, भाग-7, पृ. 151-161

के रहस्य के लिए ईसाई समुदाय में 'इनकारनेइशन' (अवतार) की अवधारणा प्रयुक्त है।"[1] इस विशिष्ट परिकल्पना के आधार पर ईसाई अभिप्राय को व्यक्त करने के लिए अवतार के स्थान पर 'मानवता-धारण' अथवा 'मानवरूप-धारण' अथवा 'मनुष्यता-ग्रहण' अधिक उचित प्रतीत होता है।

'मानवता-धारण' का अर्थ : ईश्वर ईसा नाजरी के व्यक्तित्व में मानव जाति को मुक्ति प्रदान करने हेतु अवतरित हुए। 'मानवता-धारण' का यह सिद्धान्त ईसाई विश्वास का आधार है। ईसा के मनुष्यता-ग्रहण द्वारा यह संसार अपनी मूल महिमा में पुनर्स्थापित हो गया। "मुक्तिदाता ईसामसीह के निवास से हमारा यह दृश्यजगत् एक पवित्र विश्व हो गया।"[2] पूर्व से अस्तित्ववान् ईसा मसीह ने ईश्वरीय गौरव को त्यागकर मानव-रूप धारण किया, अपनी मृत्यु द्वारा संसार की बुराई की शक्तियों पर विजय पाई और वे स्वर्ग तथा पृथ्वी पर ईश्वर के प्रतापमय शासकत्व में सहभागी हुए।[3] पौलुस का यह भजन मसीह के मानवता-धारण की एक सम्पूर्ण परिभाषा मानी जाती है।

मानवता-धारण और शब्द-सिद्धान्त : योहन के सुसमाचार में शब्द-सिद्धान्त (यूनानी में 'लोगोस') प्रस्तुत किया गया है।[4] इस शब्द-सिद्धान्त के अनुसार ईसा मसीह पिता ईश्वर द्वारा उच्चरित शब्द है। यह पूर्व-विद्यमान शब्द पिता के साथ ईश्वर था और इसी ने शरीर धारण कर मनुष्यों के बीच निवास किया। यह शब्द ईश्वर-पुत्र से अवतरित ईसा मसीह है, जो ईश्वर और मनुष्य के मध्यस्थ प्रतिष्ठित हुए। यह तथ्य ईसाई ईश्वर-दर्शन का आधारभूत स्तम्भ इसलिए है कि ईश्वर का आत्मप्रकाशन ईसा मसीह में सम्पूर्णता में सम्पन्न हुआ है। यह आत्म-प्रकाशन इस बात में निहित है कि ईश्वरीय स्वरूप और शक्ति जीवन्त रूप में ईसा नाजरी के जीवन-क्रम में अभिव्यक्त है। यह कोई अस्थायी अवतार न होकर ईश्वर का शाश्वत व्यक्त-रूप है। इस प्रकार ईसा मसीह ईश्वर और संसार के शाश्वत मिलन-बिन्दु बन जाते हैं। उनमें ईश्वर का स्वभाव और संसार का आशय दोनों एक-साथ प्रकट हैं। ईसा मसीह अदृश्य ईश्वर का दृश्य मनुष्य रूप है।

मानवता-धारण और ईश्वर-प्रकाशन : शब्द-सिद्धान्त का अभिप्राय यह भी है कि मानव-रूप-धारण ईश्वर के आत्म-प्रकाशन का अन्तिम और सर्वोत्तम रूप है, क्योंकि यह पूर्ववर्ती आंशिक प्रकाशनों को पराभूत करनेवाला सम्पूर्ण ईश्वर-प्रकाशन है। इस शरीरयुक्त शब्द द्वारा मानवीय जिन्दगी का ईश्वरीय तात्पर्य अभिव्यक्त होने के साथ-साथ आत्मा और जीवन के माध्यम से ईश्वरीय सान्निध्य और शक्ति का स्पष्ट संकेत भी मिल जाता है। ईसा मसीह के आत्म-दान और आत्म-समर्पण की परस्पर पूरकता में ईश्वरीय रहस्य एक अनन्य सुसमाचार के रूप में उद्घाटित हो जाता है। इस सुसमाचार में मानव की आशा निहित है। मानवता-धारण में पिता का पुत्र के प्रति और पुत्र का पिता के प्रति मूर्त रूप लेता है। ईसा मसीह के इस मनुष्यता-ग्रहण में ईश्वर का मनुष्य के प्रति और मनुष्य का ईश्वर के प्रति प्रेम प्रतिफलित होता है।

मानवता-धारण के फल : पौलुस के शब्दों में, ईसा मसीह मनुष्य का रूप धारण कर जीवनदायक स्वर्गिक और आध्यात्मिक आदम बने। पहले मनुष्य के विरोध में प्रकट यह दूसरा

---

1. मनबु वाइडा 'इनकारनेइशन', वही पृ. 156
2. वही, पृ. 15
3. प.बा., न.वि., फिलिप्पी 2.6-11, पृ. 304
4. प.बा., न.वि., योहन 1.1,14,18, पृ. 144

मनुष्य अनुग्रह, वरदान, पाप-मुक्ति और जीवन के योग्य बने।[1] ''पूर्ण मनुष्यत्व का उच्चतम और पवित्रतम रूप ईसा के जीवन, मृत्यु और पुनरुत्थान में अभिव्यक्त है। यह स्वर्गिक पिता से उनके अप्रतिम सम्बन्ध तथा मानव जाति के हित में उस सम्बन्ध के प्रकाशन में निहित है।''[2]

ईसा मसीह के मानवता-धारण की सम्यक् अभिव्यक्ति ही सुसमाचार है। ईसा के मानवता-धारण से ईश्वर का एक नूतन और अनोखा स्वरूप उद्घाटित हुआ–ईश्वर ईश्वर ही नहीं, ईश्वर मनुष्य भी है। ईश्वर एक अतिमानवीय वस्तु नहीं है, बल्कि एक व्यक्ति है, जो मनुष्य के सदृश्य विनम्र बनकर मनुष्य को ईश्वर के साथ सम्बन्ध के योग्य बनाता है।

ईसा मसीह की मृत्यु और पुनरुत्थान

'मृत्यु और पुनरुत्थान' का सीधा सम्बन्ध ईसा मसीह की जीवन-कथा की अन्तिम घटनाओं से है। ईसा के मानवरूप-धारण में ईश्वर-धारणा का जो नया विधान उद्घाटित हुआ है वह उनकी मृत्यु और पुनरुत्थान में पूर्णावस्था को प्राप्त कर निष्पन्न हो जाता है और सदा के लिए बना रहता है। ईसा मसीह के सम्पूर्ण जीवन-क्रम में व्याप्त ईश्वर-धारणा के नए विधान की उद्घाटन-गत पराकाष्ठा का विश्लेषण होना अनिवार्य प्रतीत होता है।

मृत्यु और पुनरुत्थान की परस्पर सम्बद्धता : ईसा मसीह की मृत्यु जिस प्रकार ऐतिहासिक है पुनरुत्थान उसी प्रकार ऐतिहासिक नहीं है। पुनरुत्थान साधारण बुद्धि के परे की बात भी है। फिर भी, ईसा मसीह के सम्बन्ध में ये दोनों अभिन्न रूप से सम्बन्ध हैं। ''ईसा की मृत्यु और पुनरुत्थान को तभी समझा जा सकता है जब दोनों वास्तविकताओं के अन्तर्निहित सम्बन्ध और ऐक्य को दृष्टि में स्पष्ट रूप से रखा गया हो।''[3] मृत्यु और पुनरुत्थान एक सिक्के के दो पहलू हैं।

पुनरुत्थान में ईसा की मृत्यु का उद्देश्य परिपूर्ण हो जाता है और दोनों एक ही घटना के दो घटकों के रूप में परस्पर अन्योन्याश्रित हैं। इसलिए ईसाई विश्वास की सम्पूर्ण अन्तर्वस्तु क्रूसारोपित ईसा के पुनरुत्थान से निरूपित है। ईसा की मृत्यु उनका अन्त नहीं था, वे ईश्वर के साथ सदा जीवित रहते हैं। क्रूसारोपण और मृत्यु एक घटना की दो अवस्थाएँ हैं। रुडोल्फ बुल्टमैन के शब्दों में, ''क्रूस और पुनरुत्थान एक अवियोज्य इकाई के रूप में संगठित रहते हैं।''[4] पुनरुत्थान के आलोक में ही ईसा की क्रूसारोपित मृत्यु अर्थपूर्ण सिद्ध होती है।

मृत्यु और पुनरुत्थान का मानवता-धारण से सम्बन्ध : ईसा की मृत्यु और पुनरुत्थान उनकी मानवता-धारण से पृथक् वास्तविकता नहीं है, बल्कि एक ही रहस्य की दो परिधियाँ हैं। ईसा का मानवता-धारण निर्धनों तथा अभावग्रस्तों के साथ अपने तादात्म्य को चिह्नित करता है। समृद्धिशालियों से ईसा का मुकाबला क्रूस में चरम अभिव्यक्ति पाती है।[5] क्रूस पर ईसा पूर्णरूप से बहिष्कृत और अकिंचन हैं और पृथ्वी के सभी विपदग्रस्त व्यक्तियों से एकाकार हो

---

1. प.बा., न.वि., 1 कुरिन्थी 15.45-47, पृ. 270; रोमी 5.12-21, पृ. 237
2. आर.पी. मार्टिन, 'जीसस क्राइस्ट', दि इंटरनेशनल स्टैंडर्ड बाइबिल एनसाइक्लोपीडिया, भाग-2, पृ. 1049
3. कॉल राह्न, फाउंडंडेइशंस ऑफ क्रिश्चियन फेइथ, पृ. 266; प.बा., न.वि...., योहन 12.24-25, पृ. 1-67
4. जेराल्ड ओ कॉलिंस, जीसस रिसन्, पृ. 53 में उद्धृत।
5. जॉर्ज एम. सोआरेस-प्रभु 'दि स्पिरिच्वालिटी ऑफ जीसस...', वही, पृ. 153-55; योहन 1.14, पृ. 144

गए हैं। 'दुर्बलों और मूर्खों के साथ तादात्म्य' के साथ 'ज्ञानियों तथा शक्तिशालियों से विरोध' करते हुए ईसा, 'समैक्य और संघर्ष की अपनी आध्यात्मिकता' की पहल की। इससे यह साबित भी हुआ कि क्रूस दुर्बलता और मृत्यु का नहीं, बल्कि जीवन और शक्ति का लक्षण है। केन्द्र से परिधि की ओर सम्पन्न हुई इस क्रूस-यात्रा में "मानवता-धारण में जो प्रारम्भ हुआ था वह अपनी परिपूर्ति पर पहुँचता है।"[1] दूसरे शब्दों में, "शब्द (लोगोस) का मानवता-ग्रहण क्रूस पर परिपूर्ण हो जाता है।"[2]

इसी प्रकार ईसा के पुनरुत्थान का मानवता-धारणा से अभिन्न सम्बन्ध स्थापित करते हुए बीसवीं सदी के शीर्षस्थ ईसाई विद्वान् काल राह्नर का मानना है, "मानवता-धारण के परम रहस्य से सम्बन्धित किए बिना पुनरुत्थान को समुचित रीति से समझा नहीं जा सकता है।. ..मानवता-धारण की ईश्वरीय क्रिया ईसा की मृत्यु और पुनरुत्थान में विस्तारित किया जाता है।"[3] मानवता-धारण और पुनरुत्थान भी एक ही ईश्वर-रहस्य के दो सिरे के रूप में माने जाते हैं। ईश्वरीय अवस्था से रूपान्तरित होकर मनुष्य का रूप धारण करने की अवरोहण-प्रक्रिया जीवन और मृत्यु के माध्यम से फिर रूपान्तरित होकर पुनरुत्थान रूपी नए जीवन को प्राप्त करने की आरोहण-प्रक्रिया से मिलकर पूर्ण हो जाती है।[4]

मृत्यु और पुनरुत्थान के विषय में 'नया विधान' का साक्ष्य : सुसमाचारों में ईसा अपने दुःखभोग, मृत्यु और पुनरुत्थान की भविष्यवाणी स्वयं तीन बार करते हुए वर्णित हैं।[5] ईसा को मार डालने का षड्यन्त्र, यूदस इसकारियोती द्वारा विश्वासघात, गेथसेमनी बारी में ईश्वरेच्छा-सम्बन्धी प्राणपीड़ा, गिरफ्तारी, महासभा के सामने पेशी, प्राणदंड की आज्ञा, क्रूसारोपण, अपमान और उपहास, ईश्वर के हाथों अपनी आत्मा सौंपते हुए मृत्यु, दफन आदि का विवरण चारों सुसमाचारों में मिलता है।[6] ईसा के यह प्रतिनिधि-रूप दुःखभोग और मृत्यु 'ईश्वर के सेवक' या मसीहा के दुःखभोग द्वारा ईश्वर के राज्य की स्थापना के सम्बन्ध में 'पुराना विधान' में दी गई भविष्यवाणी पर आधारित है।[7] निर्धन मनुष्य को धनी बनाने के लिए ईसा मसीह उदारतापूर्वक निर्धन बन गए। मनुष्य को संहिता के अभिशाप से मुक्त करने के लिए वे स्वयं शापित हुए। उन्होंने शत्रुता की दीवार गिराकर अपनी मृत्यु द्वारा विधि-निषेधों की संहिता को रद्द कर दिया। उन्होंने एक नई मानवता की सृष्टि की और ईश्वर के साथ मेल कराकर शान्ति स्थापित की है।[8] मसीह ने क्रूस पर आरोपित होकर ईश्वर की मूर्खता, दुर्बलता और नगण्यता को प्रभावपूर्ण ढंग से सिद्ध करते हुए ज्ञानियों, शक्तिशालियों और गण्यमान्यों को लज्जित और पराभूत किया। पौलुस ने

---

1. जॉर्ज एम. सोआरेस-प्रभु, वही, पृ. 155
2. जर्गनमोल्टमैन, दि क्रूसीफाइड गॉड, पृ. 204-05
3. जेराल्ड ओ' कालिंस, जीसस रिसन्, पृ. 85 में उद्धृत
4. प.बा., न.वि...., फिलिप्पी, 2.6-11, पृ. 304
5. प.बा., न.वि. मत्ती 16.21-23, पृ. 28; 17.22-23, पृ. 30;, 20.17-19, पृ. 34
6. प.बा., न.वि. मत्ती 26-27, पृ. 46-52; मारकुस 14-15, पृ. 79-85; लूकस 22-23, पृ. 134-40; योहन 18-19, पृ. 175-79
7. प.बा., पु.वि. इसायाह 42.1-7, पृ. 1138; 49.1-6, पृ. 1147-48; 50.4-11, पृ. 1150
8. प.बा., न.वि. क्रमशः 2 कुरिन्थी 8.9, पृ. 281; गलाती 3.13, पृ. 290; 1 कुरिन्थी 15.9, पृ. 269; रोमी 8. 3 पृ. 240; एफेसी 2.14-18, पृ. 297; कलोसी 1.20, पृ. 309
9. प.बा., न.वि., 1 कुरिन्थी 1.23-28, पृ. 253; 2 कुरिन्थी 7.9-10, पृ. 280; 12.9, पृ. 285

दुःख को हृदय-परिवर्तनकारी कहा। मानवीय दुर्बलता में ईश्वरीय सामर्थ्य पूर्ण रूप से प्रकट होता है।[9]

ईसा के पुनरुत्थान के सम्बन्ध में तीन भविष्यवाणियों के अलावा अन्यत्र भी ऊपर जाने का उल्लेख है।[1] ईसा के पुनरुत्थान के विषय में स्वर्गदूत का सन्देश, स्त्रियों और शिष्यों को दर्शन, अन्तिम निर्देश, स्वर्गारोहण आदि बातों का विस्तृत विवरण भी सुसमाचारों में सुरक्षित हैं।[2] मृत्यु का बन्धन तोड़कर पूर्व-प्रतिज्ञा के अनुसार ईश्वर ने ईसा को पुनर्जीवित किया। ईसा के शिष्य इस बात के साक्षी हैं। मसीह का पुनरुत्थान उनकी अनश्वरता तथा अमरता का प्रमाण है और साथ ही ईसाई जीवन-दृष्टि तथा विश्वास का आधार भी है।[3] ईसा की क्रूसारोपित मृत्यु और पुनरुत्थान के सम्मिलित उल्लेख भी 'नया विधान' में देखे जा सकते हैं।[4]

ईसा की मृत्यु की पीठिका : ईसा के जीवन का क्रूसारोपित दुःखद अन्त कोई यादृच्छिक घटना नहीं थी, बल्कि उनकी सम्पूर्ण जीवन-दृष्टि और कार्य-कलाप का स्वाभाविक परिणाम था। ऐतिहासिक तौर पर राजनीतिक मसीहा की प्रतीक्षा कर रही यहूदी जनता को ईसा की आध्यात्मिक मसीहापन ग्रहणयोग्य नहीं रहा। साथ-साथ, ईसा द्वारा स्वयं में प्रतिपादित ईश्वर-पुत्रवत् ईश्वर-प्रकाशन धार्मिक और राजनीतिक अधिकारियों को समान रूप से अबोधगम्य रहा। परिणाम यह हुआ, प्रजा और अधिकारी ने सम्मिलित रूप से ईसा के सामाजिक उन्मूलन की योजना बनाई। उस समय यहूदिया रोमी साम्राज्य के अधीन था। रोमी साम्राज्य में प्रचलित सबसे निकृष्ट और कठोर प्राणदंड की सजा ईसा पर झूठी गवाहियों के साक्ष्य पर सुनाई गई। ईसा क्रूसारोपित हुए और विश्वेतिहास को स्तम्भित करनेवाली प्राण पीड़ा भोगकर उन्होंने मृत्यु का वरण किया, जो सर्वाधिक अन्यायपूर्ण था। लेकिन विरोधाभास की चरम सीमा यह है कि ईसाई मान्यता के अनुसार ईसा की यह अपमानजनक और पराजयपूर्ण मृत्यु ईश्वर के आभ्यन्तर स्वरूप के निर्णायक उद्घाटन के लिए एकमात्र ईश्वर-निर्दिष्ट शैली थी, क्योंकि ईसा की मृत्यु में उनका पुनरुत्थान अपरिहार्य रूप से प्रत्याशित था।

क्रूस मृत्यु का प्रतीक : क्रूस उस उपकरण का नाम है, जिस पर ईसा मसीह को मृत्युदंड मिला था। लेकिन इस सर्वाधिक अप्रतिष्ठाकारक उपकरण को ईसा की मृत्यु के साथ एक ऐसी प्रतिष्ठा मिली कि ईसाई धर्म को 'क्रूस का धर्म' भी कहा जाता है।[5] तब से प्राणदंड का यह उपकरण विमोचन और मुक्ति का उपकरण बन गया। यह 'ईसा द्वारा क्रूस पर सम्पन्न उस अनन्य कार्य का प्रतीक' और 'एक नए विश्वास का चिह्न' बन गया। साथ-साथ, ''क्रूस आत्मा की अकिंचनता का प्रतीक है, यह पापमय संसार में अनुकरणीय मानवता का प्रतीक है। यह इस बात का चिह्न है कि वे अपनी मानवता के प्रति ईमानदार रहे और उसके प्रति पूर्ण आज्ञाकारिता का निर्वाह किया।''[6]

1. प.बा, न.वि., योहन 3.14, पृ. 147; 8.28, पृ. 159; 12.32, पृ. 167; प्रेरित चरित 2.35, पृ. 186; मत्ती 17. 9, पृ. 29; योहन 2.19, पृ. 146
2. प.बा, न.वि., मत्ती 28, पृ. 52-53; मारकुस 16, पृ. 85;, लूकस 24, पृ. 140-42; योहन 20, पृ. 179-82
3. प.बा, न.वि., प्रेरित चरित 2.24-32, पृ. 185-86; 13.32-37, पृ. 204; 1.22, पृ. 184; 2.32, पृ. 186; कुरिन्थी 15, पृ. 269-71
4. प.बा, न.वि., 2 कुरिन्थी 13.4, पृ. 286; रोमी 6.5, 9, पृ. 238; प्रेरित रचना 17.31, पृ. 212; गलाती 1.1, पृ. 287; एफेसी 1.20, पृ. 296; कलोसी 1.18, पृ. 309; इब्रानी 12.2, पृ. 351; प्रकाशना 5.12, पृ. 386
5. पिर्यसन पार्कर, 'क्रोस', दि इंटरप्रेटर्स डिक्शनरी ऑफ दि बाइबिल, भाग-1, पृ. 745
6. योहानेप बैपटिस्ट मेट्ज, पॉवरेटी ऑफ दि स्पिरिट, पृ. 19

क्रूसारोपित ईसा ईश्वर द्वारा परित्यक्तों के पास ईश्वर को लाता है। वह दुःख भोगनेवालों के लिए मुक्ति लाता है। वह अपनी मृत्यु द्वारा मरनेवालों के लिए शाश्वत जीवन लाता है। क्रूस पूर्ण अस्वीकृति और परित्याग का प्रतीक है। दुःख भोगने का अर्थ विच्छेदित होना है। क्रूस पर ईसा परित्यक्तता और अकेलापन का अनुभव करते हैं।[1] लेकिन ईसा के दुःखभोग और परित्यक्तता का एक युगान्तविषयक तात्पर्य भी है।[2]

क्रूसारोपित मृत्यु एक त्रयात्मक प्रेम-घटना : क्रूस पर मृत्यु ईसा का कोई व्यक्तिगत उद्यम नहीं है। इसमें ईश्वर के त्रयात्मक आपसी सम्बन्ध अपनी परिपूर्णता में प्रतिफलित होता है। क्रूस पर "पुत्र अपने पिता से परित्यक्त होकर प्रेमपूर्वक मरता है और पिता अपने पुत्र की मृत्यु पर प्रेमपूर्वक सन्ताप करता है।"[3] क्रूस पर ईसा और पिता के मध्य जो कुछ घटित होता है और उसका सार-संक्षेप इस प्रकार है, "पुत्र की पितृहीनता और पिता की पुत्रहीनता का सम्मिलित अनुभव, पिता और पुत्रों दोनों का परस्पर आत्म-समर्पण और पुत्र के त्याग में पिता का स्वयं का त्याग ये तीनों स्थितियाँ इस घटना में निहित हैं। यह परित्याग और आत्म-समर्पण प्रेम से अनुप्रेरित है। जो कुछ इस प्रेम-प्रक्रिया में घटित होता है उससे ईश्वर की एक सार्थक परिभाषा उत्पन्न होती है–'ईश्वर एक घटना है', या 'ईश्वर घटित होता है।'[4] मनुष्य के साथ ईश्वर का सम्बन्ध त्रिविध है, क्योंकि त्रित्व ईश्वर का स्वभाव है।[5] सहभागिता में हमेशा दुःखभोग विद्यमान है। साथ-साथ, प्रेम का दर्द भी गहरा है।"

ईसा की मृत्यु में ईश्वर-स्वरूप का उद्घाटन : क्रूस में ईश्वर-दर्शन का सच्चा स्रोत अन्तर्निहित है। हेगेल के शब्दों में, ईसा की मृत्यु में 'मृत्यु की मृत्यु और निषेध का निषेध' सम्पन्न हो गया।[6] क्रूस पर उद्घाटित ईश्वर को उजागर करते हुए जर्गन मोल्टमैन का स्पष्ट कथन है, "ईश्वर क्रूस के अपमान में विद्यमान ईश्वर से अधिक बड़ा नहीं है। ईश्वर इस आत्म-समर्पण में विद्यमान ईश्वर से अधिक महिमायुक्त नहीं है। ईश्वर इस असहायता में विद्यमान ईश्वर से अधिक शक्तिशाली नहीं है। ईश्वर इस मानवता में विद्यमान ईश्वर से अधिक दैविक नहीं है।"[7] अर्थात् ईश्वरवाद के ईश्वरविषयक और अनीश्वरवाद के मनुष्यविषयक अतिवादों से बचे रहकर क्रूस का ईश्वर-दर्शन यह प्रतिपादित करता है कि 'ईश्वर पारलौकिक ही नहीं, लौकिक भी है; वह ईश्वर ही नहीं, मनुष्य भी है।'

क्रूस की आत्म-शून्यीकरण में ईश्वरीय अस्तित्व की प्रक्रिया विचित्र है। "ईसा में ईश्वर दुःख भोगना जानता है। ईश्वर अक्षरशः एक सहानुभूतिशील (साथ दुःख भोगनेवाला) ईश्वर है। ईश्वर बुराई के विरुद्ध युद्ध करता है और अन्धकार की शक्तियों के विरुद्ध संघर्ष करने में हमारा सहयोग करने के लिए तत्पर रहता है।"[8] डेयिट्रिच बोनेफर इस बात को यहाँ तक कहते हैं,

---

1. प.बा, न.वि., मारकुस 15.34, पृ. 84
2. जर्गनमोल्टमैन, दि क्रूसीफाइड गॉड, पृ. 58
3. वही, पृ. 245
4. वही, पृ. 247; 286
5. कॉल राह्नर, थियॅलॉजिकल इनवेस्टिगेइशंस, भाग-4, पृ. 96
6. जर्गन मोल्टमैन, दि क्रूसीफाइड गॉड, पृ. 254 में उद्धृत।
7. वही, पृ. 205
8. रिचर्ड मूक् 'ब्रयन, कॅथोलिसिम, पृ. 340
9. जर्गन मोल्टमैन, दि क्रूसीफाइड गॉड, पृ. 47 में उद्धृत

"दुःख भोगनेवाला ईश्वर ही हमारी सहायता कर सकता है।"[9] क्रूस की यह ईश्वर-धारणा कोई तर्काश्रित शास्त्र नहीं है, बल्कि मात्र एक रचनाशील व्यवहार है। यह कोई चिन्तनशील विचार नहीं है, बल्कि एकमात्र एक व्यवहृत आचार है। इसलिए इसमें एक अनोखी विश्वसनीयता है।

ईसा के पुनरुत्थान का तात्पर्य : पुनरुत्थान से पृथक् करके ईसाई दर्शन और मसीही समाज के उद्भव को नहीं समझा जा सकता है। पुनरुत्थान मनुष्य के शाश्वत जीवन का प्रतीक है। ईसा का पुनरुत्थान 'दुखान्त' में अदृश्य रूप से विद्यमान 'सुखान्त' का प्रतीक है। पुनरुत्थान अपने में दुनिया के लिए मूलभूत रूपान्तरण को समाविष्ट करता है। "नया विधान इस पक्के विश्वास को प्रतिष्ठापित करता है कि जो महिमायुक्त भवितव्यता ईसा के पुनरुत्थान द्वारा प्रतिज्ञापित की गई है, उसमें भौतिक संसार भी सहभागी होगा।"[1] पुनरुत्थान का अर्थ स्थान और समय के अधीन जीवन का पुनरागमन या नैरन्तर्य नहीं है, बल्कि जिसे हम ईश्वर कहते हैं उस अबोधगम्य और बोधगम्य तथा आदि और अन्तिम वास्तविकता में ग्रहण है।[2] पुनरुत्थान मनुष्य के "सम्पूर्ण अस्तित्व के शाश्वत मान्यता की प्रतिज्ञा है।"[3] ईसा अपने शिष्यों के विश्वास में जी उठे। ईसाई विश्वास और दर्शन ईसा के पुनरुत्थान के साथ जीवित है।

पुनरुत्थान में ईश्वर के प्रेम-विषयक आत्म-प्रकाशन : पुनरुत्थान में ईश्वर-प्रकाशन अपनी पराकाष्ठा पर पहुँचती है, क्योंकि ईसाई दर्शन के अनुसार ईश्वर जीवित है। पुनरुत्थान-विषयक विश्वास इस बात को प्रतिपादित करता है कि मृत ईसा को जीवित करने के लिए ईश्वर ने जो असाधारण मध्यस्थता की, उसमें ईश्वर का स्वतन्त्र और पुनर्रचनात्मक प्रेम प्रमाणित हो जाता है।[4] दूसरे शब्दों में, ईसा के पुनरुत्थान में ईश्वर का स्वतन्त्र प्रेम प्रभावशाली ढंग से विद्यमान और अभिव्यक्त है।

निष्कर्ष के रूप में यह कहा जा सकता है कि ईसा की मृत्यु और पुनरुत्थान की संयुक्त घटना ईश्वर के गत्यात्मक प्रेम-स्वरूप को व्यक्त करती है। यह ईश्वर को पारलौकिक के साथ लौकिक भी साबित करते हुए मानवता-धारण की सार्थकता को सिद्ध करती है। मानव-जाति के लिए एक आशावादी भविष्य के आश्वासन के साथ-साथ पुनरुत्थान तथा नए जीवन के पूर्व दुःखभोग, क्रूसारोपण और मृत्यु के पश्चात् पुनरुत्थान की अनिवार्यता भी सिद्ध हो जाती है। 'मृत्यु और पुनरुत्थान' के सिद्धान्त से ईश्वर-सम्बन्धी यह अवधारणा अभिव्यक्त हो जाती है कि 'ईश्वर जीवन्त ईश्वर है और वह मनुष्य के साथ मनुष्य बनता है, उसकी सहभागिता में दुःख भोगता मरता और नया जीवन प्रदान करके उसे अमरता से विभूषित करता है।' ईसा मसीह द्वारा प्रतिष्ठापित नया विधान यही है।

नए-पुराने विधानों का साम्य-वैषम्य

नए-पुराने विधानों के साम्यासाम्य के सम्बन्ध में कई उल्लेख उपर्युक्त चर्चाओं में, खासतौर पर पुराने विधान में वर्णित मसीह के पूर्व-संकेत के सन्दर्भ में, यादृच्छिक रूप से हो चुके हैं। दो-एक बातें जोड़कर नए विधान के प्रतिष्ठापन को प्रामाणिक सिद्ध करना ही यहाँ अभिप्रेत है।

1. जेराल्ड ओ'कॉलिंस, जीसस रिसन्, पृ. 154
2. हैन्स् क्यूंग, ऑन बीइंग क्रिश्चियन, पृ. 21
3. कॉल राह्नर, फाउंडेइशंस ऑफ क्रिश्चियन फेइथ, पृ. 268
4. जेराल्ड ओ'कॉलिंस जीसस रिसन्, पृ. 187

ईश्वर-धारणा : 'पुराना विधान' की बुलन्द घोषणा है कि 'ईश्वर-सम्बन्धी धारणा ईश्वर के आत्म-प्रकाशन की ही उपज' है। 'नया विधान' का ईश्वर-प्रकाशन अपने तत्त्वार्थ में 'पुराना विधान' का ईश्वर-प्रकाशन से पूर्ण रूप से अविरुद्ध है। ईश्वर के विषय में 'नया विधान' 'पुराना विधान' से बढ़कर कोई नया विचार या अनुभव प्रतिपादित नहीं करता है। "यह (नया विधान) एक घोषणा है, एक रहस्योद्‌घाटन है। ईश्वर स्वयं मानव जाति से स्वयं के बारे में कहता है। वह स्वयं को शब्द और कार्य के माध्यम से उद्‌घाटित करता है। 'पुराना विधान' की तुलना में यदि कोई विशिष्टता है तो वह यह है कि यह शब्द और कार्य ईसा मसीह है।"[1] ईसाई ईश्वर ईसा में उद्‌घाटित 'पुराना विधान' का ईश्वर है। 'पुराना विधान' में प्रकटीकृत और प्रबलता दिए गए सभी लक्षण इस ईश्वर में विद्यमान हैं।

नया विधान नए ईश्वर को या ईश्वर के किसी नए सिद्धान्त को प्रतिपादित नहीं करता है। यह प्रख्यापित करता है कि ईसा मसीह के पिता और ईश्वर इब्राहीम, इसाहाक तथा याकूब और पूर्व विधानों का ईश्वर ही है। नया विधान घोषणा करता है कि ईश्वर ने अपने अन्तिम स्वामित्व और विधान को ईसा नाजरी के जीवन-क्रम और नियति के द्वारा उद्‌घाटित करते हुए अभिनव शैली से कार्य किया।[2] ईसा मसीह के मानवता-धारण से लेकर मृत्यु तथा पुनरुत्थान तक के जीवन के सम्पूर्ण घटना-क्रम में ईश्वर-स्वरूप की एक नई प्रस्तुति प्रयोगात्मक तौर पर प्रतिबिम्बित है। उनकी शिक्षा और दृष्टान्त-कथाओं में उस प्रस्तुति की व्याख्या भी है। प्राचीन विधान की ईश्वर-धारणा में जो भी अस्पष्ट तथा भ्रान्तिपूर्ण था ईसा ने उसे अपने आचरण से उन्मूलित किया। प्राचीन विधान की संहिता की कुछ बातों को तिरस्कृत करते हुए उन्होंने स्वयं में एक 'हृदय पर अंकित संहिता' प्रस्तुत की। ईश्वर, जो मनुष्य बन जाता है, जो मनुष्य की सेवा में लग जाता है, जो मनुष्य को मुक्ति दिलाने के लिए दुःख भोगता तथा मरता है, जो पुनर्जीवित होकर मनुष्य को अमरता प्रदान करता है, ईश्वर की नई परिभाषा में उसी का ईश्वरत्व सिद्ध है।

विधान : ईश्वर द्वारा मनुष्य से स्थायी और प्रौढ़ सम्बन्ध स्थापित करने की परिपक्व प्रणाली है—विधान। प्राचीन विधान निर्गमन के उपरान्त सीनई पर्वत पर दो पारियों पर अंकित था। लेकिन, नवीन विधान ईसा मसीह द्वारा मानवता-धारण और दुःखभोग के पश्चात् कलवारी पर्वत की मृत्यु और पुनरुत्थान की घड़ी में अपने रक्त से मनुष्यों के हृदयों पर अंकित हो गया। प्राचीन विधान संहिता-केन्द्रित था। इसलिए मनुष्य अपनी दुर्बलता में उसके उल्लंघन में अपराधी ठहराया गया। नवीन विधान मनुष्य के अन्तःकरण में केन्द्रित होकर आत्मा की शक्ति से सम्पन्न होता है। मूसा-केन्द्रित अल्प-स्थायी विधान के स्थान पर ईसा-केन्द्रित चिरस्थायी विधान स्थापित हो गया। प्राचीन विधान में नियम-पालन का महत्त्व है, जबकि नवीन विधान में विश्वास और ईश्वर-कृपा का।

प्राचीन विधान की उपासना का स्थान तम्बू था, जबकि नवीन विधान का उपासना-स्थान मनुष्यरूपी वास्तविक मन्दिर है, जो प्रभु द्वारा संस्थापित है। यदि पहला विधान परिपूर्ण होता, तो उसके स्थान पर दूसरे की क्या आवश्यकता थी ? इसलिए इसराएल और यूदा के लिए नया विधान निर्धारित करने की प्रतिज्ञा की गई थी। यह उस विधान की तरह नहीं है जो पूर्वजों

---

1. जी. डब्ल्यू. ब्रोमिली, 'गॉड', दि इंटरनेशनल स्टैंडर्ड बाइबिल एनसाइक्लोपीडिया, भाग-2, पृ. 500
2. रेजिनाल्ड एच. पुलर, 'गॉड इन दि न्यू टेस्टामेंट', एनसाइक्लोपीडिया ऑफ रिलीजन, भाग-6, पृ. 8

के लिए मिस्र से निर्गमन के समय निर्धारित किया गया था। इराएलियों ने उस विधान का पालन नहीं किया, इसलिए यह नया विधान निर्धारित किया गया है, जिसके नियम मनुष्य के मन में रखे गए हैं और हृदय पर अंकित हैं। तब 'हमारा ईश्वर, मेरी प्रजा' की अनुभूति निरन्तर बनी रहेगी। ईश्वर इस विधान को 'नया' कहकर पुकारता है, क्योंकि पहला विधान रद्‌द कर दिया गया है। जो पुराना और जराग्रस्त हो गया है, वह लुप्त होने को है। पुराना विधान शक्तिहीन और निष्फल होने के कारण रद्‌द कर दिया गया है, क्योंकि संहिता पूर्णता तक नहीं पहुँच सकी।[1]

ईसा जिस विधान का उत्तरदायित्व लेते हैं, वह कहीं अधिक श्रेष्ठ है। वे एक ऐसे विधान के मध्यस्थ हैं, जो श्रेष्ठतर है और श्रेष्ठतर प्रतिज्ञाओं पर आधारित है। मसीह का नया विधान चिरस्थायी है और सदा बना रहता है। वह परिपूर्ण मुक्ति दिलाने में समर्थ है, जबकि पुराना विधान इस वास्तविक विधान की प्रतिकृति मात्र है। मसीह पहले विधान के समय किए गए अपराधों की क्षमा के लिए मर गए हैं और इस प्रकार नए विधान के मध्यस्थ हैं। प्राचीन विधान में साँड़ों तथा बकरियों को अर्पित किया जाता था, जबकि नवीन विधान में स्वयं ईसा का रक्त बहाकर ईश्वर-निर्मित तम्बू में एक ही बार अर्पित किया गया है। मसीह की बलि आत्मा द्वारा सम्पन्न विधान है। इसलिए उसमें पवित्र करने की शक्ति है। वह अन्तःकरण को शुद्ध करता है। प्राचीन विधान मूसा की मध्यस्थता में सम्पन्न किया गया था, लेकिन नवीन विधान ईश्वर के युग द्वारा।[2] प्राचीन विधान मनुष्य की प्रारम्भिक अवस्था को द्योतित करता है, नवीन विधान मनुष्य की परिपक्व और पूर्णावस्था को अभिव्यक्त करता है। प्राचीन विधान अपूर्ण है और नवीन विधान पूर्ण।

प्राचीन और नवीन विधानों में इन गुणात्मक विभिन्नताओं के बावजूद दोनों परस्पर पूरक हैं। नवीन विधान प्राचीन विधान की नई व्याख्या ही है। प्राचीन के अभाव में नवीन बोधगम्य नहीं हो पाता। दोनों एक ही ईश्वर-धारणा के दो पक्ष हैं। प्राचीन विधान में प्रारम्भ विशिष्ट ईश्वर-धारणा ही नवीन विधान में पूर्णावस्था को प्राप्त करती है। 'पुराना विधान' और 'नया विधान' का सम्मिलित रूप ही है, ईसाई बाइबिल। वास्तव में, ईसाइयों के लिए पुराना विधान और नया विधान नहीं है, बल्कि केवल बाइबिल, जिसमें पृष्ठभूमि-स्वरूप यहूदी धर्म-संस्कृति का इतिहास है, जिसके स्वाभाविक परिणाम के रूप में ईसा मसीह की मुक्ति-घटना और सम्पूर्ण मानव जाति के लिए सुसमाचार है। बाइबिल में ईसा मसीह में उद्‌घाटित ईश्वर-परिकल्पना ही ईसाई दर्शन का मूलाधार है।

3. 'नया विधान' में ईश्वर के अभिलक्षण

'नया विधान' में ईश्वर का पितृत्व

'पुराना विधान' की ईश्वर-धारणा से आन्तरिक समानता का निर्वाह करते हुए 'नया विधान' कुछ बातों पर विशेष बल देता है। 'नया विधान' में ईश्वर एक पिता के रूप में उद्‌घाटित है। ईसाई दर्शन की ईश्वर-धारणा की इस विशिष्ट चर्चा को दो शीर्षकों में बाँटा जा सकता है–1. ईसा के पिता और 2. मनुष्य के सार्वभौम पिता।

'पुराना विधान' की तत्सम्बन्धी धारणा से तुलना : पुराने और नए विधानों की 'ईश्वर का

1. प.बा, न.वि., इब्रानी 7.22, पृ. 344; 8.6, पृ. 345; 9.11-16, पृ. 346; मत्ती 17.5, पृ. 29
2. वही।

पितृत्व'-सम्बन्धी अवधारणा की तुलना-संक्षेप इस प्रकार है :

'पुराना विधान' में 'पिता' के रूप में ईश्वर की कल्पना यदा-कदा की जाती है, लेकिन साधारणतः इस शब्द का प्रयोग इसराएली प्रजा से ईश्वर का सम्बन्ध द्योतित करने के लिए प्रयुक्त है, व्यक्ति से सम्बन्ध के लिए नहीं। ईश्वर अपनी जनता के सृष्टिकर्ता और प्रभु है; इसलिए वह उनका पिता कहला सकता है।[1]

ईसा मसीह के विशिष्ट पिता : 'ईसा ने ईश्वर के बारे में किस प्रकार सोचा' सुसमाचारों में इस बात को प्रतिबिम्बित करनेवाला सबसे मनोरम और महत्त्वपूर्ण शब्द है 'पिता'।[2] साथ-साथ "एक विशिष्ट और सम्पूर्ण अर्थ में ईसा द्वारा ईश्वरीय पितृत्व का उल्लेख मिलता है।"[3] ईसा द्वारा पिता शब्द का प्रयोग कई प्रकार से होता है। मेरे पिता, तुम्हारे पिता, स्वर्गिक पिता आदि इनमें मुख्य हैं। स्वर्गिक पिता ईश्वर से ईसा के विशिष्ट सम्बन्ध को द्योतित करनेवाले कतिपय कथन सुसमाचारों में उपलब्ध हैं। पिता ने ईसा को प्यार किया है और प्रिय पुत्र के रूप में स्वर्ग से स्वीकृति दी। पिता ने ही ईसा को शिष्यों पर प्रकट किया। ईसा ने पिता के कार्य को पूरा किया और उन्हें महिमान्वित किया। जो ईसा का है वह पिता का और जो पिता का है वह ईसा का है।[4] ईसा पिता के पास जाने की बात कहते हैं और मृत्यु के समय अपनी आत्मा को उन्हीं के हाथों सौंपते हैं। पिता के पास जाने का एकमात्र मार्ग ईसा है। इसलिए ईसा को जानना पिता को जानने के बराबर है।[5]

इन उद्धरणों से ईसा का ईश्वर-ज्ञान एक भिन्न स्तर का होने का संकेत मिलता है। ईसा और पिता का पारस्परिक ज्ञान "प्रत्यक्ष, अन्तर्ज्ञानीय, अन्तर्जात और अव्यवहित" है।[6] ईश्वर-पुत्र का यह ज्ञान स्वतः प्राप्त है और इसे किसी के साथ बाँटा नहीं जा सकता। इस सन्दर्भ में जोआकीम जेरेमियास अपने शोधपरक निष्कर्षों से महत्त्वपूर्ण योगदान किया है। 'अब्बा' एक सीरियाई शब्द है, जो कि 'पिता' को सम्बोधित करने के लिए बच्चों द्वारा आत्मीयता के साथ प्रयुक्त था, और प्रौढ़ों द्वारा भी पारिवारिक सम्बन्ध के आत्मीय सन्दर्भों में। दूसरी बात यह है कि यहूदियों द्वारा इस शब्द का प्रयोग कभी नहीं होता था। "यहूदी धर्म में ईश्वर को 'अब्बा' के रूप में सम्बोधित किए जाने का कोई उदाहरण नहीं मिलता है। लेकिन ईसा ने अपनी प्रार्थनाओं में हमेशा ईश्वर को इसी प्रकार सम्बोधित किया करते थे।"[7] ईसा ने अपने शिष्यों को इसी प्रकार ईश्वर को सम्बोधित करने को सिखाया। इसका अभ्यासगत प्रमाण आदिम ईसाई समाज को मिलता भी है।[8] "यह प्रमाण ईसाइयों द्वारा ईश्वर के प्रति कैसी मानसिकता अपनाई जानी चाहिए, इस बात का उदाहरण प्रस्तुत करता है। वस्तुतः उनको छोटे बच्चों का-सा खुलापन, भरोसा और प्रेम-भाव से ईश्वर के समीप जाना चाहिए।"[9]

---

1. जी.ई. लैड, 'गॉड दि फादर' (न.वि.) दि इंटरनेशनल स्टैंडर्ड बाइबिल एनसाइक्लोपीडिया, भाग-2, पृ. 510
2. वही।
3. जी.डब्ल्यू. ब्रामिली, 'गॉड', वही, पृ. 501
4. प.बा, न.वि., योहन 15.9, पृ. 171; मत्ती 3.17, पृ. 4; 16.17, पृ. 28; योहन 17.4-26, पृ. 174-75
5. प.बा, न.वि., योहन 14.2-3, 12, पृ. 170; लूकस 23.46, पृ. 139; योहन 14.6, 7, 9, पृ. 170
6. जी.ई.लैड, 'गॉड दि फादर' (न.वि), वही, पृ. 510
7. जोआकीम जेरेमियास, थियॉलजी, पृ. 66
8. प.बा., न.वि., रोमी 8.15, पृ. 241; गलाती 4.6, पृ. 291
9. जी.ई. लैड, 'गॉड दि फादर' (न.वि.), वही, पृ. 510-11

मनुष्य के सार्वभौम पिता : 'नया विधान' में ईश्वर को सर्वलोक के पिता के रूप में स्थापित करनेवाले कतिपय कथन हैं। लेकिन, ईसा मसीह से ईश्वर के विशिष्ट पितृत्व सम्बन्ध का विस्तारण करके आनुषंगिक अर्थ में मनुष्य से भी ईश्वर का एक पितृवत् सम्बन्ध स्थापित हो गया है। ईसा के साथ विद्यमान शाश्वत पिता-पुत्र सम्बन्ध के कारण ही ईश्वर के मनुष्य के साथ पितृत्व सम्बन्ध की सार्थकता सिद्ध हो जाती है। ईसा मसीह में विश्वास के द्वारा मनुष्य ईश्वर की सन्तति हो जाता है। ईश्वरीय आत्मा से संचालित होकर और ईश्वर-पुत्र के पुत्र-भाव से संयुक्त होकर मनुष्य ईश्वर को ईसा के शब्दों में 'अब्बा ! हे पिता !' कहकर पुकारने के योग्य बन जाता है। साथ-साथ, वह ईश्वर की विरासत में भागीदार भी हो सकता है। ईश्वर की सन्तान की महिमामय स्वतन्त्रता में सहभागी बनना ईश्वर-पुत्रत्व का चिह्न है। इससे मनुष्य महिमामय भविष्य पर अधिकार करता है। इसलिए प्रार्थना में 'स्वर्गस्थ पिता' कहकर सम्बोधित करना ही उचित है।[1]

ईश्वर के पितृत्व का स्वरूप : ईश्वर दयालु पिता है। वह आकाश के पक्षियों को खिलाता है, खेत के फूलों और घासों को सजाता है और इससे भी बढ़कर मनुष्य को सँभालता है। वह अदृश्य को भी जानता है, मनुष्य की जरूरतें जानता है और प्रत्येक जीव का पूर्ण रूप से खयाल करता है। उसने दया को बलिदान से श्रेष्ठ घोषित ही नहीं किया, मनुष्यों के प्रति अपने व्यवहार को उदार भी किया है।[2] ईश्वर का पितृत्व सार्वभौम, महान और मार्मिक है। वह निराश्रितों पर विशेष दयावान है।

ईश्वर सबके साथ समभाव रखता है। मनुष्य पारस्परिक व्यवहार में भलाई-बुराई, पसन्द-नापसन्दगी आदि के आधार पर भेद करता है, जबकि ईश्वर कोई भेद-भाव नहीं करता है। सूर्य और वर्षा सबको लाभान्वित करते हैं। इस प्रकार उसकी कृपा-दृष्टि भी समान रूप से सब पर बनी रहती है।[3] पूर्ण समभाव केवल एक ईश्वरीय गुण है। दूसरे शब्दों में, समग्र समता-भाव पर जिसका पूर्ण अधिकार है, वही ईश्वर है। बुरे पर अच्छाई बरसना ईश्वर के सिवा कौन कर सकता है ! ईश्वर के पितृवत् स्वभाव का यह एक वजनदार प्रमाण है।

ईश्वर की पितृवत् क्षमाशीलता अथाह है। फलहीन अंजीर के पेड़ को एक और मौका देते हुए मनुष्य के साथ सहनशीलता का तथ्य प्रस्तुत किया गया है। वह मनुष्य के पाप और अपराध की परवाह नहीं करता है। पथ-भ्रष्ट होने के पश्चात् पश्चात्ताप किए जाने पर वह मनुष्य के लिए द्रवित हो उठता है। खो जाने के बाद पुनः प्राप्त होने पर वही खुशी का समारोह करता है। 'भटकी हुई भेड़', 'खोया हुआ सिक्का' और 'खोया हुआ लड़का' के दृष्टान्त-कथाओं में यही मानसिकता प्रमाणित होती है। घोर अन्याय, अत्याचार और प्राण पीड़ा सहने के बाद अपने प्राण त्यागने के पूर्व ईसा परम पिता से अपने अत्याचारियों के लिए क्षमा-याचना करते हुए कहते हैं कि "पिता ! इन्हें क्षमा कर, क्योंकि ये नहीं जानते कि क्या कर रहे हैं !"[4] ईश्वरीय क्षमा का इससे बड़ा उदाहरण मिलना असम्भव है। क्षमा को ईश्वरीय

---

1. प.बा., न.वि., क्रमशः गलाती 3.26, पृ. 291; रोमी 8.14-16, 21, पृ. 240-41; इब्रानी 2.10, पृ. 339; मत्ती 6.9, पृ. 8
2. प.बा., न.वि., क्रमशः मत्ती 6.4, 6,8,18,26,30,32, पृ. 8-10; 10.29-31, पृ. 16; 12.7, पृ. 19; 20.1-16, पृ. 34
3. प.बा., न.वि., मत्ती 5.45-48, पृ. 8
4. प.बा., न.वि., क्रमशः लूकस 13.6-9, पृ. 118; 15.1-32, पृ. 141-43; 23.34, पृ. 139

गुण कहना ही समीचीन है।

ईश्वर के पितृत्व का सौभाग्य केवल उन लोगों के लिए सुरक्षित है जो ईश्वर के युगान्तकारी राज्य में प्रवेश करेंगे। ईश्वरीय पितृत्व की धारणा ईश्वरीय राज्य की धारणा से विशेषित है। इस दृष्टि से, ईश्वर का पितृत्व "एक ऐसी ईश्वर-कृपा और सम्बन्ध नहीं है जिस पर सभ्य लोगों का जन्मजात अधिकार हो, बल्कि उसका आनन्द केवल उनके लिए सुरक्षित है, जो ईश्वर के राज्य में प्रवेश करेंगे।"[1] ईश्वर-पितृत्व की भविष्योन्मुखता और युगान्तविषयकता भी इसी से स्पष्ट हो जाती है।[2] परन्तु, ईश्वरीय पितृत्व का यह दान केवल परलोक-विषयक सम्पादन की वस्तु नहीं है, बल्कि वर्तमान का एक दान भी है। भविष्य में ईश्वर-राज्य में भागीदारी का सौभाग्य वर्तमान की जीवन-शैली पर आधारित है। दूसरे शब्दों में, ईश्वर-राज्य के अभ्यर्थी को वर्तमान में ईश्वर के साथ पुत्र-भाव के सम्बन्ध के साथ जीवन-यापन करना चाहिए, जिससे जीवन-पर्यन्त ईश्वरीय पितृत्व का रस पूर्ण रूप से भोगा जा सके।

ईश्वर प्रेम है

ईश्वर के अस्तित्व और स्वभाव के विषय में ईसाई धर्म-दर्शन ने कई लक्षण प्रस्तुत किए हैं। उनमें 'ईश्वर प्रेम है'—यह सर्वमान्य परिभाषा है।[3] 'नया विधान' का यह कथन ईसा मसीह के मानवता-धारण, जीवन, मृत्यु और पुनरुत्थान की जीवन्त घटना पर आधारित है। फिर भी, ईश-दर्शन की नींव यहूदी धर्म में ही खोजी जानी चाहिए।

'पुराना विधान' में ईश्वर-विषयक प्रेम : इब्रानी भाषा में प्रेम के लिए सर्वाधिक प्रयुक्त शब्द 'आहेब' है। 'पुराना विधान' में प्रेम व्यक्तित्व और व्यक्तिगत सम्बन्ध की समीपता की गहनतम अभिव्यक्ति है।[4] यह केवल एक भाव नहीं है, बल्कि सम्बन्ध की सम्पूर्ण विशेषताओं का नाम है। यह वह शक्ति है जो सम्बन्धों को प्रवर्तित करती और बनाए रखती है। 'व्यक्ति' समूहवाची है, क्योंकि यह "इसराएली प्रजा की समष्टि के लिए ईश्वर के प्रेम को द्योतित करता है।"[5]

इसराएल के इतिहास में अभिव्यक्त इस ईश्वर-प्रेम के तीन पक्ष हैं—निर्वाचनमूलक, विधानपरक और युगान्तविषयक। इसराएली प्रजा के लिए ईश्वर का प्रेम चयनात्मक है। अपने प्रेम पात्र की योग्यता की परवाह किए बिना ईश्वर ने अपनी तरफ से सहज रूप से इस प्रेम-सम्बन्ध की पहल की। ईश्वरीय निर्वाचन की प्रक्रिया पत्नी-चयन के सदृश है। यह मिस्र देश से बालक इसराएल को बुलानेवाले पिता-समान भी है। यह निर्वाचनपरक प्रेम हमेशा अविश्लेष्य रहा। इसका अर्थ केवल इतना रहा कि 'यहोवा प्रेम करता है'। ईश्वर का विधानपरक प्रेम निर्वाचनमूलक प्रेम से इस प्रकार सम्बन्धित है जिस प्रकार एक सिक्के के दो पहलू। ईश्वर-प्रवर्तित प्रेम-सम्बन्ध का अनुरक्षण ही विधान है। इसराएल के लिए यहोवा का प्रेम एक माँ का अपने बच्चों के लिए जितना होता है, उससे कहीं अधिक गहरा है। अपने व्यक्तित्व का अंग बना इस प्रेम पर इसराएली प्रजा की अविश्वस्तता का प्रभाव नहीं है।[1] यह प्रेम विश्वसनीय

---

1. जी.ई. लैड, 'गॉद दि फादर' (न.वि.) वही, पृ. 511
2. प.बा., न.वि., मत्ती 25.34, पृ. 45; 13.43, पृ. 23; 26.29, पृ. 47; लूकस 12.32, पृ. 116
3. प.बा., न.वि., 1 योहन 4.8, पृ. 374
4. एफ.एच.पी., 'लफ बिलाव्ड', न्यू बाइबिल डिक्शनरी, पृ. 710
5. ई.एम. गूड 'लफ, इन दि ओल्ड टेस्टामेंट', दि इंटरपेटर्स डिक्शनरी ऑफ दि बाइबिल, भाग-3, पृ. 164

और अटल है। यहोवा का भविष्योन्मुख प्रेम अपने विश्वसनीय स्वभाव पर अवलम्बित है। यह अनन्त काल से निरन्तर चलता रहता है। यह प्रेम मुक्तिदायक है तथा दया, क्षमा, आशा आदि के साथ होता है।[2] स्पष्ट है, ईश्वर की प्रेम-विषयक परिभाषा की आधार-भूमि 'पुराना विधान' में प्राप्त है।

मसीह के प्रति अभिव्यक्त ईश्वर का प्रेम : 'नया विधान' में प्रेम के लिए सर्वाधिक प्रयुक्त शब्द यूनानी का 'अगापे' है। 'फिलियो' शब्द भी प्रयुक्त है।

ईसा के प्रति ईश्वर का सम्बन्ध अनन्य और विशिष्ट था, जैसे किसी पिता का पुत्र के प्रति होता है। 'प्रिय पुत्र', अर्थात् अंग्रेजी के 'बिलाफ्ड' के अर्थ में यूनानी 'गापोस' 'एकमात्र' के प्रबल अर्थ में, प्रत्यक्ष या अप्रत्यक्ष रूप से, केवल ईसा मसीह के लिए प्रयुक्त है।[3] यह प्रेम ऐतिहासिक तौर पर सृष्टि से पहले से ही प्रारम्भ था। यह पारस्परिक है और ईसा द्वारा प्रतिवर्तित है। यह प्रेम मसीह में प्रमाणित और प्रकाशित है। ईसा ही अवतरित या व्यक्तीकृत प्रेम है, जिससे ईश्वर के प्रेम का मर्म उद्‌घाटित होता है। ईसा मसीह ही ईश्वरीय प्रेम का रहस्योद्‌घाटन है।[4]

मनुष्य के प्रति अभिव्यक्त ईश्वर का प्रेम : मनुष्य के प्रति ईश्वर की प्रेमरूपता ईसा के ईश्वर-विषयक कथनों तथा दृष्टान्तों में अभिव्यक्त पिता की मानसिकता से स्पष्ट हो जाता है। यह ईसा के व्यक्तित्व और कार्यों में प्रतिबिम्बित भी है। रोग-मुक्ति की कतिपय क्रियाओं द्वारा ईसा के इस प्रेम-स्वरूप को ही व्यक्त किया गया है। कोढ़ी को स्वास्थ्य-लाभ, माँ के एकलौते बेटे को पुनः जीवन-दान, सूखे हाथवाले का स्वास्थ्य लाभ, स्त्री की असाध्य रक्तस्रावपीड़ा से मुक्ति, अन्धों को दृष्टिदान, भूखे विशाल जनसमूह के लिए रोटियों की वृद्धि आदि घटनाएँ इस बात को पुष्ट करती हैं।[5] 'भटकी हुई भेड़', 'खोया हुआ सिक्का', 'खोया हुआ लड़का' और 'नाकेदार की प्रार्थना' के दृष्टान्त द्वारा पश्चात्तापी पापी के प्रति ईश्वर की क्षमाशीलता और प्रेमपूर्ण स्वीकृति-भाव व्यक्त होते हैं। नाकेदारों तथा पापियों के मित्र बनकर बहिष्कृतों से सम्बन्ध स्थापित किया।[6] मनुष्य की मुक्ति को लक्षित करके ईसा ने जो कुछ किया, वह प्रेम का प्रदर्शन ही है। अपनी पवित्र आत्मा द्वारा हमारे हृदयों में ईश्वर ने अपना प्रेम उड़ेल दिया है।[7] इस प्रेम-रचना का मूर्त रूप प्राचीन विधान में इसराएली प्रजा थी और नवीन विधान में कलीसिया। मनुष्य के प्रति अभिव्यक्त ईश्वर का प्रेम भविष्योन्मुख होकर सम्पूर्ण सृष्टि को स्वयं में समेटता है।

---

1. प.बा., पु.वि., इसायाह 49.15, पृ. 1149; 66.13, पृ. 1168; होशेआ 11.1-4 7-9, पृ. 1381-82
2. प.बा., पु.वि., यिरमियाह 31.3, पृ. 1218; निर्गमन 20.6 पृ. 99; स्रोत 115.1, पृ. 901; 136 पृ. 915-16; 33. 18-19, पृ. 840; होशेआ 14.4-5, पृ. 1384
3. प.बा., न.वि., योहन 3.35, पृ. 148; 15.9, पृ. 171; मत्ती 17.5, पृ. 29; कलोसी 1.13, पृ. 309; मारकुस 1. 11, पृ. 54; योहन 1.18, पृ. 114; इब्रानी 1.2-3, पृ. 338; मत्ती 12.18, पृ. 19; मारकुस 12.6, पृ. 76
4. प.बा., न.वि., योहन 17.24, पृ. 175; 14.31, पृ. 171; रोमी 5.8, पृ. 237; योहन, 3.16, पृ. 373
5. प.बा., न.वि., मारकुस 1.41, पृ. 56; लुकस 17.13, पृ. 101-02; मारकुस 3.1-5, पृ. 57-58; 5.25-34, पृ. 62;10.46-52, पृ. 73-74; 6.30-44, 64-65
6. प.बा., न.वि., लूकस 15.1-32, पृ. 121-23;18.10-14, पृ. 127; 7.34, 39, पृ. 102-03; 19.7, पृ. 128; योहन 4.9, पृ. 149
7. प.बा., न.वि., योहन 3.16, पृ. 147; 1 योहन 4.9, पृ. 174; गलाती 2.20, पृ. 289, रोमी 5.8, पृ. 237; 2 कुरिन्थी 5.14, पृ. 278; रोमी 5.5, पृ. 236

प्रेम में नया अस्तित्व और जीवन : प्रेम-पात्र के प्रेम के द्वारा प्रेमी यह अनुभव करता है कि आत्म-समर्पण से बनी अपनी शून्यता यथार्थता बन गई है।[1] पारस्परिक आत्म-साक्षात्कार में एक-दूसरे के प्रति आत्म-दान होता है और इस आत्म-दान में 'मैं' और 'तू' स्वयं को एक-दूसरे में पुनः प्राप्त करते हैं। आत्म-समर्पण द्वारा प्रेमी का व्यक्तित्व स्वयं में भले ही विनष्ट हो गया हो, लेकिन अपने प्रेम-पात्र में सुरक्षित पाकर आनन्द से झूम उठता है। धीरे-धीरे प्रेमी 'मैं' और प्रेम-पात्र 'तू' को दृष्टिगोचर होता है कि इस प्रेम-प्रक्रिया में 'अस्तित्व-अनस्तित्व पुनः अस्तित्व' अथवा 'जीवन-मृत्यु-पुनर्जीवन' का एक रहस्यमय लेकिन जीवन्त तत्त्व कार्यशील है।[2]

प्रेमी 'मैं' को पता चलता है कि वह स्वयं के जितना समीप है, उससे कहीं अधिक प्रेम-पात्र 'तू' के समीप है। साथ-साथ, इस प्रेमपूर्ण समर्पण के माध्यम से स्वयं से एक नई प्रकार की आत्मीयतापूर्ण समीपता भी अनुभूत होती है। प्रेमी का अस्तित्व अब उसका अपना नहीं, बल्कि प्रेम-पात्र 'तू' द्वारा दिया हुआ है। दोनों स्वयं में जीवित नहीं रहे, बल्कि एक-दूसरे में प्रतिफलित होते हैं। प्रेमी 'मैं' को अवगत होता है कि वास्तव में 'मैं' बनने के लिए उसे प्रेम-पात्र 'तू' की आवश्यकता है। अपने व्यक्तित्व के एक नए पहलू से संयुक्त होकर प्रेमी को प्रतीत होता है कि 'तेरे बिना मैं कुछ भी नहीं हूँ।' साथ-साथ नए आत्म-सम्बन्ध की उपलब्धि पर उसे एक अन्तर्ज्ञान भी हो जाता है कि यह जीवन विशिष्ट रूप से उन्नत और उदात्तीकृत दशा से विभूषित है।[3]

प्रेम दुर्बलता से परिवेष्टित शक्ति है : विरोधाभास भले ही लगे, सच्चाई यह है कि शक्ति से सम्पन्न प्रबल धारा-रूपी इस प्रेम में एक दुर्बलता प्रच्छन्न रूप से विद्यमान है। जुंगल जी का मानना है कि "जो प्रेम की दुर्बलता में भाग लेना नहीं चाहता, वह अनिवार्यतः प्रेम के लिए असमर्थ है।"[4] वास्तविकता यह है कि प्रेम के मार्ग पर प्रेम की विपरीत शक्तियाँ गति अवरोध के रूप में प्रेम-प्रवाह को क्षीण और दूषित करती हैं। दुर्बलता की इन शक्तियों से प्रेम को संघर्ष करना है। जो कुछ प्रेम नहीं है प्रेम की शक्ति उसके विरुद्ध है। प्रेम की शक्ति इस नैश्चित्य में निहित है कि प्रेम को विजय का मुकुट प्रेम द्वारा ही पहुँचाया जा सकता है। लेकिन यह बात अकाट्य है कि "अस्तित्व और अनस्तित्व की द्वन्द्वात्मकता ही प्रेम का सार-तत्त्व है।"[5] दुर्बलता में ही सामर्थ्य पूर्ण रूप से प्रकट होता है और जब दुर्बलता का अनुभव होता है तब वास्तव में बलवान होना प्रमाणित होता है। मूर्खता से आच्छादित ज्ञान दुर्बलता से परिवेष्टित शक्ति की पुनर्परिभाषा है, और यही प्रेम का आन्तरिक स्वभाव है।[6]

ईश्वर प्रेम है : प्रेम की मनोवृत्ति के विश्लेषण से उपलब्ध उपरिलिखित समस्त तथ्य जितने मानवीय कसौटी पर खरे उतरते हैं, उससे अधिक और पूर्ण रूप से ईश्वरीय स्वरूप पर चरितार्थ हो जाते हैं, क्योंकि मनुष्य ईश्वर का प्रतिरूप है। प्रेम वह एकमात्र शब्द है, जो ईश्वर द्वारा अपनी सन्तान के लिए व्यक्ति-सम्बन्धों की प्रणाली के साथ न्याय करता है।[1] ईश्वर द्वारा पहले प्रेम

---

1. एबरहार्ड जुंगल, गॉड ऐस दि मिस्टरी ऑफ दि वेल्ड, पृ. 323
2. प.बा., न.वि., मत्ती 16.24-25, पृ. 28; योहन 12.24-25, पृ. 147
3. प.बा., न.वि., गलाती 2.20 पृ., 289, स्त्रोत 73.26, पृ. 869
4. एबरहार्ड जुंगल, गॉड ऐस दि मिस्टरी ऑफ दि वेल्ड, पृ. 325
5. वही।
6. प.बा., न.वि., 2 कुरिन्थी 12.9-10, पृ. 285' 1 कुरिन्थी 1.20-27, पृ. 253

किए जाने बिना कोई भी प्रेम नहीं कर सकता। प्रेम ईश्वर पर आधारित है; केवल वही प्रेम की जीवन्त घटना को प्रारम्भ और प्रवर्तित कर सकता है; वही बिना किसी निमित्त के, स्वतन्त्र रूप से प्रेम कर सकता है। "क्रूसारोपित मनुष्य ईसा के साथ ईश्वर के आत्म-तादात्म्य के प्रतिपादन के रूप में 'ईश्वर प्रेम है' इस त्रिशब्दी कथन का अर्थ लगाया जाना चाहिए।"[2] अपने पुत्र को संसार को समर्पित करते हुए पिता ईश्वर ने मनुष्य से प्रेम किया। दूसरों के प्रति प्रेम और औत्सुक्य से परिपूर्ण उस (ईसा के) पारदर्शी जीवन में मनुष्यों ने ईश्वर को उद्घाटित देखा, और उस ईश्वर का नाम है 'प्रेम'।[3] इस ईश्वरीय उपक्रम में ईश्वर का प्रेम-स्वरूप प्रव्यक्त है। ईश्वर इस प्रेम की एक विकीर्ण घटना है। ईश्वर का प्रेम किसी अभाव का सूचक नहीं है, वरन् अपनी पूर्णता का परिचायक है।[4]

प्रेम की प्रक्रिया और ईसा मसीह के कथनों तथा जीवन-शैली के सार-तत्त्व में पूर्ण तादात्म्य है। कुछ उदाहरण देखे जा सकते हैं। पिता ईश्वर और पुत्र ईश्वर के परस्पर आत्म-समर्पण और आत्म-दान में पितृत्व और पुत्रत्व दोनों उत्कृष्ट तौर पर अमरता की सुरक्षा से विभूषित हुए। ईश्वर ने अपने पुत्र-त्याग द्वारा संसार को प्यार किया। ईसा की मृत्यु और पुनरुत्थान इस प्रेम-घटना के प्राणदायिनी स्रोत हैं। सेवा की विनम्रता ही आध्यात्मिक प्रेम-शासन का रहस्य है। परस्पर बाल-सुलभ पूर्ण अवलम्बन पिता-पुत्र की प्रेम-कथा का अनिवार्य तत्त्व है।[5] पूर्ण आत्मत्याग और तद्भव अनन्त जीवन इस ईश्वरीय प्रेमकथा का ताना-बाना है। ईश्वर अपने पुराना एकल, व्यक्तिवादी, एकेश्वरवादी, एकरूप और मृत अस्तित्व को गाड़कर एक नया, जीवन्त, सामाजिक, युगल-त्रिगल, वैविध्यपूर्ण और संयुक्त अस्तित्व के साथ पुनर्स्थापित हुआ और अमर तथा महिमामय हो गया।[6] एक ही समय स्वयं प्रेम 'मैं' और प्रेममात्र 'तू' दोनों बनकर पिता ईश्वर और पुत्र ईश्वर सिद्ध हुए।[7]

ईश्वर का अधिमानात्मक प्रेम : प्रसिद्ध कथन–'सौन्दर्य द्रष्टा की आँखों में है' के अनुसार प्रेम की योग्यता प्रेमी की दृष्टि पर निर्भर है। मनुष्य के लिए यह अधिक स्वाभाविक है, क्योंकि दोनों समान स्तर पर हैं। लेकिन सृष्टिकर्ता ईश्वर की दृष्टि में सृष्ट मनुष्य, चाहे वह स्त्री हो या पुरुष, साम्य की दृष्टि से न सुन्दर है, न प्रेम के लायक। लेकिन अपने उपक्रम के वैशिष्ट्य और सामर्थ्य के कारण ही वह ईश्वर है। वह मानव जाति को अपने पुत्र द्वारा प्रेम-योग्य बनाता है और फिर उसे प्रेम करता है। ईश्वर मनुष्य के प्रति आकर्षित है। अपनी असमान प्रेम-पात्र से प्रेम-सम्बन्ध की पहल ईश्वर का अधिमान्य प्रेम है।

मानवीय सन्दर्भ में ईश्वर के अधिमानात्मक प्रेम का एक विशिष्ट पक्ष भी है। समाज के सोपानपरक कलुषित दृष्टि में मनुष्य-मनुष्य में भेद किया जाता है। यह भेद-भाव ईश्वर के लिए दुस्सह ही नहीं, पीड़ादायक भी है। जिस प्रकार मानवीय पिता दुर्बल बच्चे के प्रति विशेष ध्यान

---

1. जी. जॉनस्टन, 'लफ इन दि न्यू रेस्टामेंट', दि इंटरप्रेटर्स डिक्शनरी ऑफ दि बाइबिल, भाग-3, पृ. 170
2. एबर हार्ड जुंगल, वही, पृ. 326; प.बा., न.वि. 1 योहन 4.19, पृ. 374
3. जी. जॉनस्टनू, 'लफ इन दि न्यू टेस्टामेंट, वही, पृ. 170; 1 योहन, 4.10, पृ. 374
4. जी.डब्ल्यू. ब्रोमिली, 'गॉद', दि इंटरनेशनल स्टैंडर्ड बाइबिल एनसाइक्लोपीडिया, भाग-2, पृ. 502
5. प.बा.,न.वि., क्रमशः मत्ती 16.24-25, पृ. 28; योहन 3.16-17, पृ. 147; मारकुस 8.31, पृ. 68; लूकस 22. 24-27, पृ. 135; मत्ती 18.1-5, पृ. 30
6. प.बा.,न.वि., लूकस 18.28-30, पृ. 127-28; योहन 12.24-25, पृ. 167
7. विस्तृत अध्ययन के लिए द्रष्टव्य : जोहानेस बैपटिस्ट मेट्ज, पॉवरटी ऑफ दि स्पिरिट, वही, पृ. 13-20

देकर उसे अन्य बच्चों के समकक्ष मान्यता देता है, ठीक उसी प्रकार प्रेमी पिता-ईश्वर समाज में किसी भी प्रकार से दुर्बल, पतित और तिरस्कृत मनुष्यों के प्रति विशेष प्रेम दिखाकर उन्हें अधिक प्रतिष्ठायुक्त घोषित करता है और मानवता में पूर्ण समभाव कायम रखता है। ईसा की शिक्षा में इस बात पर विशेष बल है। ईसा खोये हुओं को बचाने के लिए आए हैं। रोगियों को वैद्य की जरूरत होती है। इसीलिए वे पापियों को पश्चात्ताप की ओर आमन्त्रित करने आए हैं। शक्तिशालियों, ज्ञानियों, गण्यमान्यों आदि को लज्जित करते हुए दुर्बलों, मूर्खों और तुच्छ-नगण्यों को महान घोषित किया गया है।[1]

ईश्वर की आत्मारूपता

'नया विधान' में ईश्वर एक विशिष्ट 'आत्मा' है। इसका चित्रण 'पुराना विधान' के 'ईश्वर की आत्मा' से भिन्न होकर एक 'पवित्र आत्मा' के रूप में है। 'नया विधान' में भी 'पवित्र आत्मा' ईश्वर की परिकल्पना अस्पष्ट है। फिर भी, इसे विचार-सूत्र के रूप में मानकर ईश्वर-धारणा के नए आयामों के लिए इससे महत्त्वपूर्ण निष्कर्ष निकाले जा सकते हैं।

यह 'पवित्र आत्मा' पिता ईश्वर और पुत्र ईश्वर से भिन्न एक तीसरे तत्त्व के रूप में संकेतित है। इस तीसरे तत्त्व के विषय में कतिपय उल्लेख 'नया विधान' में दर्शाए जा सकते हैं। पिता के यहाँ से आनेवाला यह सहायक मसीह के विषय में साक्ष्य देता है। यह सहायक पिता द्वारा प्रदत्त है और पुत्र द्वारा भेजा गया है।[2] इन उद्धरणों से पिता और पुत्र के अतिरिक्त एक तीसरे तत्त्व की धारणा ईश्वर-चिन्तन से जुड़ जाती है। "जिस प्रकार, पूर्वार्ध में वर्णित दिव्य 'शब्द' का आविर्भाव ईसा मसीह में हुआ था, उसी प्रकार पूर्वार्ध की दिव्य आत्मा भी ईसा के समान 'दूसरे सहायक' के रूप में दिखाई पड़ी। इसलिए 'आत्मा-तत्त्व' परमेश्वर का लक्षण मात्र नहीं, ईश-तत्त्व ही प्रतीत हुआ। इस प्रकार के चिन्तन के फलस्वरूप पिता और पुत्रेश्वर के अतिरिक्त आदि-चेले पवित्रात्मा को भी स्वीकार करने लगे और 'त्रियेक परमेश्वर का सिद्धान्त' उत्पन्न हुआ।[3]

आत्मा का व्यक्तित्व—हालाँकि 'नया विधान' के कुछ उद्धरण 'पवित्र आत्मा' को अवैयक्तिक चित्रित करते हैं, फिर भी कतिपय सन्दर्भ उसकी व्यक्तित्व-सम्पन्नता को घोषित करते हैं। आत्मा बोलता, साक्ष्य देता और सिखाता है। वह थाह लेता, वरदान देता, इच्छाशक्ति का प्रयोग भी करता है।[4] इस सन्दर्भ में, योहन की पवित्र आत्मा-विषयक दृष्टि वैयक्तिक भाषा में विशेष समृद्ध है। यह बात भी ध्यातव्य है कि बाइबिल के लेखक कभी-कभी ईश्वर के सान्निध्य और शक्ति को द्योतित करने के लिए आत्मा पर व्यक्तीकृत भाषा का प्रयोग करते हैं, जैसे अन्यत्र ईश्वर के नाम, हाथ, महिमा, मुख, अँगुली, प्रजा और शब्द के लिए किया करते हैं।

---

1. प.बा.,न.वि., मत्ती 15.24, पृ. 26; लूकस 19.10, पृ. 128; लूकस 5.31-32, पृ. 98; 1 कुरिन्थी 1.26-29, पृ. 253
2. प.बा., न.वि., योहन 15.26, पृ. 172; 14.16, पृ. 170; 16.7, पृ. 173
3. योहन फ्राइस, ईसाई दर्शन : इतिहास और सिद्धान्त।
4. प.बा.,न.वि., प्रेरित-चरित 2.17, पृ. 185; लूकस 11.13, पृ. 112; 1 कुरिन्थी 2.10, पृ. 254; प्रेरित चरित 21. 11, पृ. 218; रोमी 8.16, 26, पृ. 241; योहन 14.26, पृ. 171; 1 कुरिन्थी, 2.10, पृ. 254; 12.11, पृ. 265; प्रेरित चरित 16.6, पृ. 209

पवित्र आत्मा की व्यक्तित्व-सम्पन्नता के लिए 'नया विधान' में जितने द्वयात्मक और त्रयात्मक सूत्र मिलते हैं, वे अधिक प्रामाणिक मालूम पड़ते हैं। पवित्र आत्मा का ईसा मसीह के साथ द्वयात्मक और पिता और पुत्र के साथ त्रयात्मक सम्बन्ध दिखाई पड़ता है। उसका ईसा के साथ कभी क्रियात्मक समीकरण और कभी वास्तविक भिन्नता भी द्रष्टव्य है।[1]

आत्मा की ईश्वरता : सम्पूर्ण 'नया विधान' में एक ही सन्दर्भ है जहाँ से पवित्र आत्मा की ईश्वरता के विषय में संकेत मिलता है।[2] पवित्रात्मा उपासना का केन्द्र नहीं है। उसके लिए कोई तात्त्विकीय कथन नहीं मिलता है, जैसे ईसा मसीह के लिए मिलता है। इसके बावजूद पवित्रात्मा द्वारा कुछ ईश्वरीय कार्य सम्पन्न होते हैं, जैसे–ईश्वर-प्रेम, आशा, शान्ति, विश्वास और पुनर्जन्म। साथ-साथ, पवित्रात्मा पिता ईश्वर और ईसा मसीह के आत्मीय रूप से संयुक्त है। इसलिए जो भी कार्य और गुण पिता और पुत्र पर आरोपित हैं, वे सब पवित्र आत्मा के लिए भी प्रतिपादित करना उचित है, ऐसा माना जाता है।[3]

ईश्वर की आत्मरूपता की विवक्षाएँ : पवित्र आत्मा का व्यक्तित्व और ईश्वरता निश्चित रूप से प्रमाणित होते हैं, लेकिन उतनी स्पष्टता के साथ नहीं जितनी पिता और पुत्र के सन्दर्भ में। पवित्र आत्मा ईश्वर और मसीह के लिए लगभग एक पारदर्शी मध्यस्थ के रूप में दिखाई देते हैं। यह पिता और पुत्र के प्रेम-सम्बन्ध का व्यक्तिरूप है। पिता और पुत्र के मध्य जो घटित होता है, वही पवित्र आत्मा है। पवित्र आत्मा ईश्वर एक घटना है। आत्मा ईश्वर प्रेम और सम्बन्ध का रूप है। यह भविष्योन्मुख गति से युक्त होकर गतिशील है। आत्मा ईश्वर एक जीवन्त प्रक्रिया है।

आत्मा पिता और पुत्र को परस्पर जोड़कर एक संवाद का रूप लेता है। आध्यात्मिक प्रेरणा के रूप में आत्मा एक शक्ति है। वही नया हृदय और नई आत्मा जो प्रभु द्वारा प्रदत्त है। पिता और पुत्र के बीच ही नहीं, मनुष्यों के बीच भी आत्मा सहभागिता का रूप लेता है। ''ईश्वर की आत्मा सारी दुनिया में कार्यरत दैवी-तत्त्व है, जो ईश्वरीय इच्छा का निर्वहण करता है।''[4] इस प्रकार वैश्व स्तर पर सर्वजन-सुलभ ईश्वर-धारणा के लिए कई नए आयाम आत्मा ईश्वर की परिकल्पना में विवक्षित प्रतीत होते हैं।

ईश्वर की त्रयात्मकता

'त्रित्ववाद' सिद्धान्त का उद्भव और विकास : सम्पूर्ण बाइबिल में 'त्रित्ववाद' कहीं भी स्पष्ट रूप से प्रतिपादित नहीं है। 'त्रित्व' शब्द का प्रयोग सर्वप्रथम तेरतुलियन ने दूसरी शताब्दी में किया। यह सिद्धान्त ईसाई दर्शन के विद्वानों ने बाइबिलीय अनुभव के आधार पर निरूपित और विकसित किया है। ईश्वर की त्रय-अवधारणा पहले एक अनुभव थी; बाद में यह सिद्धान्त बन गई, जिससे

---

1. प.बा., न.वि., रोमी 8.26, 34, पृ. 241; योहन 14.16, पृ. 170; मत्ती 28.19, पृ. 53; गलाती 4.6, पृ. 291; 2 कुरिन्थी 13.14, पृ. 286; 1 पेत्रुस 1.2, पृ. 360; रोमी 8.9, पृ. 240; 2 कुरिन्थी, 3.17, पृ. 276
2. प.बा., न.वि., प्रेरित चरित, 5.3-11, पृ. 189
3. प.बा., न.वि., रोमी 5.5, पृ. 237; 14.17, पृ. 248; 8.20, पृ. 241; 8.6, पृ. 240; 2 कुरिन्थी 12.9, पृ. 285; योहन 3.5, पृ. 147; 2 कुरिन्थी 13.13, पृ. 12.4-6, पृ. 265
4. प.बा., न.वि., रोमी 8.4,11 14-16, पृ. 240-41; 8.9-17, पृ. 240-41; गलाती 5.17-24, पृ. 293; 2 कुरिन्थी 2.6, पृ. 276; 13.13, पृ. 286; पु.वि. एजेकिएल 36.26, पृ. 1326; हेनरी स्नैडर गहमैन, 'आत्मा', दि वेस्टमिंस्ट डिक्शनरी ऑफ दि बाइबिल, पृ. 402

यह सूत्रबद्ध धर्म-सार के रूप में सुरक्षित रखी जा सके।[1] आर.एल. रिचर्ड के शब्दों में, "ईश्वर की त्रिरूपता का सिद्धान्त तीन शताब्दियों के मनन-चिन्तन और विचार-विमर्श के बाद चौथी शती तक सूत्रबद्ध हुआ। लेकिन, पिता, पुत्र और आत्मा ईश्वर में विश्वास तथा स्वीकृति अर्थात् त्रयात्मक ईश्वर की मूल धारणा ईसाइयत के उद्‌भव से ही चल रही थी।"[2]

द्रष्टव्य है कि ईसाइयत के प्रारम्भिक काल में प्रतिकूल परिस्थितियों में और बाद में सिद्धान्त-विश्लेषण के प्रयास में दुर्व्याख्याओं के कारण उद्‌भूत मंडनात्मक प्रवृत्ति ने इस सिद्धान्त के स्वरूप को कुछ हद तक अतिशयोक्तिपूर्ण और विकृत बना दिया। बाइबिल में अंकित ईसाइयत के नवीनतम तथा सरल व्याख्याओं के साक्ष्य पर ईसाई ईश-दर्शन के इस केन्द्रीय बिन्दु का निरूपण किया जा रहा है।

पुराना विधान की पीठिका : लगभग दो हजार वर्षों के विचार-विमर्श के अनन्तर जिस जटिल ढंग से आज ईश्वर का त्रित्ववाद प्रतिपादित है, उस ढंग के सिद्धान्त का पूर्वाभास 'पुराना विधान' में किंचित्मात्र भी नहीं है। लेकिन, इस सिद्धान्त की सरलतम व्याख्या के अनुसार ईश्वर के मानवेतिहास-केन्द्रित, मुक्तिविषयक और गत्यात्मक आत्म-प्रकाशन को ईश्वर-स्वरूप का मर्म माना जाना चाहिए। इस अर्थ में, 'पुराना विधान' भी 'ईश्वर की त्रयात्मकता' के सिद्धान्त के लिए महत्त्वपूर्ण है।[3]

'नया विधान' के प्रमाण : ईसाई जीवन में ईश्वर की रहस्यात्मक त्रित्व-अनुभूति क्रियाशील है। बपतिस्मा अर्थात् ईसाई धर्म-दीक्षा संस्कार के अन्तर्गत ईश्वर की त्रिरूपता की विधि प्रयुक्त है। यह अनुग्रह, प्रेम और सहभागिता का सूत्रबद्ध आशीर्वाद भी, है।[4] लेकिन, यह वाक्य ईश्वर के 'त्रिक्‌रूपता-सिद्धान्त' का औपचारिक कथन नहीं है, फिर भी मुक्ति-विषयक ईसाई अनुभव के विभिन्न पहलुओं को प्रतिबिम्बित करता है। बाद में कलीसिया ने इस सिद्धान्त को ईश्वर की धारणा के सबसे अच्छी अभिव्यक्ति के रूप में सूत्रबद्ध किया है।[5] अनुग्रह, शान्ति और सुसमाचार पिता, पुत्र और पवित्र आत्मा के फल हैं। जल और रक्त से आगमन, साक्ष्य और शाश्वत जीवन-दान भी त्रित्व के प्रतिनिधि हैं। शब्द और कार्य की संयुक्तता में भी यह त्रित्व-रहस्य विद्यमान है।[6] पुत्र का कार्य पिता द्वारा सौंपा गया है। इसलिए पिता के अधीनस्थ रहकर उनकी इच्छा पूरी करना मसीह का दायित्व है। ईसा के अधीनस्थ रहकर आत्मा भी विश्वासी समुदाय के लिए कार्यरत है। इस प्रेषण-प्रक्रिया में दो बातें हैं। भेजनेवाला उससे भिन्न है जो भेज रहा है। जो भेजा जा रहा है वह प्रेषक के ही समान है। इस पिता-प्रधान कार्य-शैली में भी समरूपता सुरक्षित है। पिता और पुत्र में समानता है।[7] भिन्नता में एकता के रूप में ईश्वर

---

1. आर.ए. फिनलेइसन्, 'ट्रिनिटी', न्यू बाइबिल डिक्शनरी, पृ. 1223
2. आर.एल. रिचर्ड, 'ट्रिनिटी', न्यू कैथॅलिक एनसाइक्लोपीडिया, भाग-4, पृ. 300
3. काल राह्नर, 'ट्रिनिटी, डिवाइन', साक्रामेन्तुम मुन्ती, भाग-6, पृ. 295
4. प.बा., न.वि., मत्ती 28.19, पृ. 53;2 कुरिन्थी 13.13, पृ. 286
5. फ्लोइड वी. फिलसन्, 'ट्रिनिटी' इंटरपेटर्स बाइबिल, भाग-10, पृ. 425
6. प.बा., न.वि., थेसलनीकी 1.1,5, पृ. 314; 1 योहन 5.1-12, पृ. 375; योहन 14.10, पृ. 170; 3.34, पृ. 148; 16.14, पृ. 173; 14.26, पृ. 171; 17.26, पृ. 175; 15.15, पृ. 173
7. प.बा., न.वि., योहन 4.34, पृ. 149; 5.30, 38, पृ. 152; 8.29, पृ. 159; योहन 1.33, पृ. 145; 20.22, पृ. 180; 14.26, पृ. 171; 15.26, पृ. 172; 16.13-14, पृ. 173; 5.17-18, पृ. 151

की त्रयात्मकता का सिद्धान्त योहन रचित सुसमाचार में सर्वाधिक विशालता, गहनता और मार्मिकता के साथ विवेचित है। पिता, पुत्र और पवित्र आत्मा अपने जीवन-प्रदान और जीवन-प्रकाशन के उद्यम में भिन्न-भिन्न भूमिका निभाते हुए भी इच्छा, कार्य, प्रेम आदि में समान और एक है।

'नया विधान' में प्रतिपादित ईश्वर के इस त्रि-स्वरूप से यह आभास हो सकता है कि यह 'पुराना विधान' के ईश्वर से भिन्न कोई नया ईश्वर है। लेकिन 'पुराना विधान' में ईश्वर के विषय में जो कुछ कहा गया है वह सब 'नया विधान' के ईश्वर पर भी लागू है। अन्तर मात्र इतना है कि नया विधान ईश्वर का प्रतिपादन नहीं करता है, बल्कि पिता, पुत्र और पवित्र आत्मा का विवेचन करता है। 'पुराना विधान' में उल्लिखित 'पिता', 'पुत्र', 'आत्मा', 'शब्द' आदि शब्दों को जोड़कर 'नया विधान' ने आपसी सम्बन्ध स्थापित कर दिया।

त्रित्व बनाम एकत्व : ईश्वर के त्रिरूपता-सिद्धान्त में दो घटक हैं–व्यक्ति और स्वभाव। ईश्वर के व्यक्ति में त्रित्व और स्वभाव में एकत्व है। व्यक्ति के अनुसार ईश्वर में तीन व्यक्ति हैं और स्वभाव के अनुसार एक ईश्वर। "ईश्वरीय व्यक्तियों के स्वभाव, सम्मान और महिमा में पूर्ण समानता है।"[1]

सम्पूर्ण बाइबिल में 'व्यक्ति' शब्द का एक बार भी प्रयोग नहीं मिलता है। लेकिन यहूदी धर्म में मानवतारोप के कारण व्यक्तित्व-सम्पन्न ईश्वर की कलपना है। 'नया विधान' की ईश्वर-धारणा में व्यक्तित्व की आत्मीयतापूर्ण भाषा-शैली भरपूर अभिव्यक्त है। 'पुराना विधान' में ईश्वर और इसराएली प्रजा के मध्य दाम्पत्य-प्रेम की शब्दावली प्रयुक्त है, तो 'नया विधान' में ईश्वर-पिता और ईश्वर-पुत्र में वात्सत्य-प्रेम की बहुलता है। दोनों धारणाओं में व्यक्तित्व के आभ्यन्तर में 'पारस्परिकता' की विशेषता झलकती है, जिसमें ईश्वर का प्रेम-स्वरूप निहित है। इस 'पारस्परिकता' की दो विशेषताएँ स्पष्ट हैं–1. संख्यात्मक तौर पर व्यक्ति अनेक हैं, और 2. गुणात्मक तौर पर व्यक्ति पृथक इकाई है। इस अर्थ में 'व्यक्ति' के लिए यूनानी 'हाइपोस्टसीस', लातीनी 'सबसिस्तेन्सिया' या 'प्रोसोपोन्' और अंग्रेजी 'पेर्सन' शब्द प्रयुक्त हैं। इस सन्दर्भ में ध्यातव्य है कि "एक स्वतन्त्र इकाई या चेतना के केन्द्र के रूप में 'व्यक्ति' की आधुनिक धारणा ईश्वरीय व्यक्तित्वों पर लागू नहीं होती। फिर भी हमारे पास इससे अच्छा कोई शब्द नहीं है, जिससे उसे बदला जा सके।"[2] लेकिन, 'व्यक्ति' प्रत्यय का प्रादुर्भाव पहले-पहल ईसाई दर्शन में हुआ और ईश-व्यक्तित्व के आदर्श के अनुसार ही मनुष्य भी व्यक्ति-स्वरूप माना जाने लगा। ईश्वर के सन्दर्भ में भौतिकता न होने पर सम्पूर्ण व्यक्तित्व की परिकल्पना की जा सकती है। इसलिए ईश-व्यक्तित्वों में आत्म-निर्भरता की पृथकता और पारस्परिकता की अनेकता दोनों सह-अस्तित्व के रूप में सिद्ध हो जाती हैं।[3]

एकता और अनेकता के पूर्ण भावात्मक समन्वय का नाम है–ईश्वर। 'एकता' शब्द संख्यात्मक और गुणात्मक दोनों है। संख्यात्मक एकता का तात्पर्य है, 'केवल एक ईश्वर है,' जबकि गुणात्मक एकता का, 'ईश्वरीय स्वभाव' में परस्पर 'एकता-भाव' है। ईश्वर का स्वभाव तात्त्विक रूप से एक और अविभाजित है। प्रत्येक ईश-व्यक्ति को ईश्वरत्व की सम्पूर्णता प्राप्त है। ईश्वरत्व और ईश-व्यक्ति में पूर्ण तादात्म्य है। मानवता की सम्पूर्णता एक पृथक मानव-व्यक्ति में प्राप्त नहीं है, बल्कि व्यक्तियों की समष्टि में ही सुरक्षित है। ईश-व्यक्तियों की संयुक्तता

1. आर.ए. फिनलेइसन, 'ट्रिनिटी', वही, पृ. 1223, प.बा. 5.18, पृ. 151, 1 कुरिन्थी, 2.10, पृ. 254
2. रिचर्ड मक्'ब्रयन, कथोलिसिसम, पृ. 363
3. विस्तृत अध्ययन के लिए द्रष्टव्य : योहन फाइस, ईश-दर्शन, पृ. 171-185

में उनकी समता और विविधता दोनों अक्षुण्ण हैं।[1]

ईश्वर में संख्यात्मक तौर पर व्यक्तित्व का अनेकत्व और गुणात्मक तौर पर स्वभाव का एकत्व एक साथ सन्निहित है। पिता, पुत्र, पवित्र आत्मा के पारस्परिक सह-अस्तित्व में उनकी विशिष्टता और विविधता भी पूर्ण रूप से समन्वित प्रतीत होती है। अतः एकत्व और त्रित्व परस्पर विरोधी नहीं, वरन् पूरक हैं, क्योंकि सह-व्यक्तियों की पारस्परिकता ही व्यक्तित्व का स्वलक्षण है। परन्तु, इस दार्शनिक विवेचन से परे है वास्तविक ईश्वर। इसलिए यह प्रश्न नित्य-सार्थक है, "ईश्वर के बारे में कौन जान सकता है ? एकत्व में त्रित्व या त्रित्व में एकत्व–यह बात कौन समझ सकता है ?"[2]

एकेश्वरवाद बनाम अनेकेश्वरवाद : 'नया विधान' के इस पिता, पुत्र और पवित्र आत्मा ईश्वर के विषय में सन्देह व्यक्त किया जा सकता है कि 'इस धारणा पर बहुदेववाद या त्रिदेववाद का हल्का-सा रंग चढ़ा हुआ तो नहीं है ! इस प्रश्न के विषय में यहाँ यह स्मरणीय है कि त्रिरूप-ईश्वर की परिकल्पना कोई दार्शनिक प्रत्यय नहीं है, बल्कि यह एक विश्वासमूलक तथ्य है। अनुभूतिपरक सत्य की शुद्ध दार्शनिक व्याख्या में त्रुटि होना स्वाभाविक है। सच बात तो यह है कि प्राचीन विधान में निर्गमन-घटना को लेकर यहूदी प्रजा यह विश्वास किया करती थी कि ईश्वर एक है। लेकिन, नवीन विधान में ईसा-सम्बन्धी घटनाओं से लेकर इस सत्य का दूसरा पक्ष खुलकर सामने आया कि ईश्वर कोई निर्जीव या एकल वस्तु नहीं है, बल्कि पिता, पुत्र आत्मारूपी सजीव, संयुक्त और गतिशील ईश्वर है। सन्त अगस्तीन के शब्दों में, "यह एक ऐसा विशिष्ट ईश्वर है, जिसके आन्तरिक जीवन के अन्तर्गत पिता पुत्र को प्रेम करता है, पुत्र पिता को और पवित्र आत्मा दोनों के परस्पर प्रेम का बन्धन है।"[3]

इस सन्दर्भ में यह स्मरण रखना आवश्यक है कि ईसाई दर्शन के अनुसार ईश्वर-धारणा मानवीय बुद्धि-विलास के रूप में एक परिकल्पना नहीं है, बल्कि ईश्वर-प्रकाशन का फल है। यह पिता, पुत्र और आत्मा की धारणा भी ईश्वर के आत्म-प्रकाश का ही चरम फल है। इसकी व्याख्या सम्भव नहीं है, क्योंकि यह अनुभूति का विषय है। इन ईश-व्यक्तियों का वास्तविक स्वरूप क्या है, यह जानना असम्भव है। ईसा मसीह द्वारा प्रदत्त ईश्वर-प्रकाशन के बल पर इतना तो कहा जा सकता है कि परस्पर भिन्न होकर भी ये विशिष्ट रूप से आपस में सम्बद्ध हैं। काल राह्नर की बात इस विषय में निर्णायक तौर पर सटीक है–ईश्वर की त्रिकूरूपता का सिद्धान्त ईश्वर का कोई विज्ञान नहीं है, बल्कि "ईश्वर की दृष्टि है।"[4] ईसाई ईश्वरवाद एकेश्वरवाद और अनेकेश्वरवाद दोनों न होकर 'त्रियेक ईश्वरवाद' है, जो दोनों का सम्यक् समन्वित रूप है।

त्रित्ववाद का मनोवैज्ञानिक विश्लेषण : त्रित्ववाद की मनोवैज्ञानिक व्याख्या मुख्य रूप से अगस्तीन और थॉमस अक्वीनस द्वारा प्रस्तुत है।[5] इसके अनुसार ईश्वर के आध्यात्मिक अस्तित्व के दो मूलभूत कार्य हैं–ज्ञान और प्रेम। पुत्र (लोगोस) और आत्मा (न्यूमा) के रूप में इन दो सम्प्रेषणों में ईश्वर का त्रयमूलक स्वभाव स्पष्ट रूप से अभिव्यक्त हो जाता है। "ईश्वर-सम्प्रेषण

---

1. विस्तृत अध्ययन के लिए द्रष्टव्य : योहन फाइल, ईश-दर्शन, पृ. 186-197
2. डेविड एल. मिलर, थ्री फेइसस ऑफ गॉद, पृ. 1
3. जी.डब्ल्यू. ब्रोमिली, 'गॉड', दि इंटरनेशनल स्टैंडर्ड बाइबिल एनसाइक्लोपीडिया, भाग-2, पृ. 502 में उद्धृत।
4. कॉल राह्नर, 'ट्रिनिटी, डिवाइन', साक्रामेन्तुम मुत्ती, भाग-6, पृ. 298
5. वही, पृ. 300

के दो प्रकार हैं–सत्य से सम्बन्धित और प्रेम से सम्बन्धित। सत्य के रूप में आत्म-सम्प्रेषण इतिहास में घटित होता है और यह ईश्वर की विश्वसनीयता की देन है। प्रेम के रूप में यह मनुष्य की स्वीकृति जागृत कर ईश्वर की ओर अग्रसर कराता है।''[1] पहला तो ज्ञान का व्यवहार-पक्ष है और दूसरा, अनुभूति-पक्ष। इस विश्लेषण से यह तथ्य निष्पन्न होता है कि ईश्वर का अस्तित्व मूल रूप से मनुष्योन्मुख है। उसके इस स्वभाव के तीन रूप हैं–सम्प्रेषित करनेवाला ईश्वर-पिता, ज्ञान अथवा सत्य के रूप में ऐतिहासिक तौर पर अभिव्यक्त ईश्वर-पुत्र और प्रेम के रूप में भविष्योन्मुख तौर पर अभिव्यक्त ईश्वर आत्मा, अर्थात् जो इस प्रकार त्रिविध अस्तित्व रखता है, वही ईश्वर है।

'तीन' तत्त्व का संरचनात्मक प्रतिफलन : 'त्रित्ववाद' में अन्तर्भूत 'तीन' का तत्त्व यादृच्छिक नहीं है। यह जीवन की एक मूलभूत संख्या है। यहूदी संस्कृति में इस संख्या का बहुत महत्त्व था। जीवन की आधारभूत प्रक्रिया में इस 'त्रि' तत्त्व को दर्शाते हुए रूसी धर्मशास्त्री निकोलस बरडैव कहते हैं, ''जहाँ-जहाँ जीवन है वहाँ-वहाँ 'एक-में-तीन' का रहस्य विद्यमान है। एक का दूसरे से मिलन तीसरे में परिणत हो जाता है। एक दूसरे से द्वित्व में नहीं, त्रित्व में मिलता है। तीसरे में वे एक सम्मिलित तत्त्व और लक्ष्य पाते हैं। केवल 'एक' में अस्तित्व उदासीन स्थिति में रहता। 'दो' में अस्तित्व विभक्त रहता है। 'तीन' की एकता में अस्तित्व अपना पूरा अर्थ प्रकट करता है। अस्तित्व का स्वभाव और जीवन का मूल तथ्य यही है।''[2]

'तीन' की संख्या अनुभूत जीवन की आभ्यन्तर प्रक्रिया का द्योतक है। जीवशास्त्र की शब्दावली में 'पिता, माता, बच्चा'; बीजगणित या दर्शन में 'आरम्भ, मध्य, अन्त'; प्रकृति में 'आकाश, भूमि, अन्तरिक्ष'; मनोविज्ञान में 'प्रेमी, प्रेमपात्र, प्रेम'; बौद्धिक प्रक्रिया में 'ज्ञाता, ज्ञेय, ज्ञान'; दाम्पत्य-भाव में 'स्त्री, पुरुष, प्यार'; 'बैंक, जमाकर्ता, ब्याज' आदि जीवन में निहित त्रय-तत्त्व के द्योतक हैं। आध्यात्मिक शब्दावली में कहा जाए तो मनुष्य जब मनुष्य से मिलता है, ईश्वर का अनुभव होता है। 'त्रिरूपता' समस्त बातों को गहराई से देखने का ढंग है।

मानवीय जीवन त्रिकोणात्मक रहस्य से युक्त है। पारस्परिक सम्बन्धों में अभिन्न और अनिवार्य ढंग से तीसरा तत्त्व उपस्थित है। इसी प्रकार ईश्वरत्व में भी त्रित्वात्मक रहस्य है। लेकिन, आश्चर्य की बात यह है कि मानवीय जीवन-प्रक्रिया में उपस्थित त्रित्वमय रहस्य का आधार ईश्वरत्व की त्रिरूपता है, क्योंकि मनुष्य ईश्वर का प्रतिरूप बनाया गया है। मानवीय जीवन की आपसी सहभागिता ईश-व्यक्तियों में पारस्परिक आत्म-दान की शाश्वत सहभागिता का प्रतिफलन ही है। ''ईश्वर की आन्तरिक सहभागिता, अर्थात् पिता, पुत्र, आत्मा, मनुष्य के साथ बाह्य सहभागिता को सम्भव बनाती है।''[3] 'तीन' का तत्त्व मानवीय जीवन में ईश्वरीय स्रोत से ही प्रतिफलित है। यह 'ईश्वर' के साथ 'मनुष्य' को भी अस्तित्व-संरचना की दृष्टि से त्रित्वात्मक घोषित करता है। इसलिए यह कहना ठीक है कि 'पिता ईश्वर है, पुत्र ईश्वर का पुत्र है और आत्मा ईश्वर की आत्मा है।''[4]

---

1. कॉल राह्नर, 'ट्रिनिटी डिवाइन', भाग-6, पृ. 300
2. डेविल ए. मिलर, थ्री फेइसस ऑफ गॉड, पृ. 11 में उद्धृत।
3. जॉन नवोन, सेल्फ-गिविंग ऐंड शेयरिंग, पृ. 25
4. मक्कंसी, 'ट्रिनिटी', डिक्शनरी ऑफ दि बाइबिल, पृ. 899

ईश्वरत्व में विद्यमान इस तृतीय तत्त्व के सम्बन्ध में यह बताया जा सकता है कि वह कोई व्यक्ति है। तृतीय तत्त्व यदि कोई वस्तु होता तो प्रथम और द्वितीय का सम्बन्ध नष्ट हो जाता। प्रेम में बाँधनेवाली आत्मा द्वारा अपनाए गए नहीं होते तो पिता और पुत्र केवल दो व्यक्ति के रूप में अलग रहते, जो गुणात्मक तौर पर पृथक और असीम है। अतः आत्मा 'व्यक्ति' होकर मानवीय जीवन में विद्यमान ईश्वरीय तृतीय तत्त्व को प्रतिफलित करता है।

त्रित्ववाद एक प्रेम-सम्बन्ध की कथा : पिता, पुत्र और आत्मा में, अपनी-अपनी वैयक्तिक विविधताओं के बावजूद, परस्पर विरोध की स्थिति नहीं है तो उसका अर्थ यह है कि उनका एकता-भाव प्रेम से संवलित है। तीनों एक-दूसरे से इस प्रकार प्रेम करते हैं कि वे एक के रूप में गठित हो जाते हैं।[1] ईश-त्रित्व को प्रेम का भाष्य घोषित करते हुए जेर्गन मोल्टमैन का कहना है कि "पिता, पुत्र, आत्मा-रूपी तीन ईश-व्यक्ति पारस्परिक सम्बन्धों में ही अपने-अपने विशिष्ट और अनन्य अस्तित्व रखते हैं, और उसी सम्बन्ध के द्वारा निर्धारित भी होते हैं। वे इन सम्बन्धों में ही व्यक्ति बने रहते हैं। इस दृष्टि से व्यक्ति बनने का अर्थ है–सम्बन्धों में अस्तित्व रखना।"[2] जहाँ प्रेम है, वहाँ एक तीसरा तत्त्व विद्यमान है, जो प्रेम को सम्बन्ध में परिवर्तित करता है। प्रेम हमेशा अपने में एक तीसरे तत्त्व को समाविष्ट करता है। प्रेम त्रिकोणात्मक है और त्रित्व प्रेम का प्रतिरूप है। अतः ईश्वर की त्रिरूपता का अर्थ है, "सम्बन्ध और समुदाय की शब्दावली में सोचना।"[3] इससे यह निष्कर्ष निकलता है कि 'ईश्वर एक समाज है।'

त्रित्ववाद एक मुक्तिविषयक आत्म-प्रकाशन : तीन व्यक्तियों की विशिष्टता मुक्ति इतिहास के सन्दर्भ में ही स्पष्ट हो सकता है। मानव-मुक्ति की योजना में तीन व्यक्ति सम्मिलित हैं। "हमारी मुक्ति में तीन भूमिकाएँ इस प्रकार हैं–पिता का प्रवर्तन, पुत्र की मध्यस्थता और आत्मा का पवित्रीकरण-कार्य। ईश्वर द्वारा सम्पादित किया जानेवाला कार्य है–ईसा में हमारा दत्तक पुत्रत्व।"[4] ईश्वर की त्रिकूरूपता का सिद्धान्त ईश्वर के आन्तरिक स्वरूप का विश्लेषण नहीं है, बल्कि एक मुक्ति-विषयक अवधारणा है। इस मुक्ति सम्बन्धी कार्य के निर्वहण में कुछ आपेक्षिक प्रामुख्य-अधीनत्व अनिवार्य है। लेकिन यह केवल कार्यात्मक है। ईश्वर का त्रिरूपता-सिद्धान्त सृष्टि और मुक्ति का एक संश्लिष्ट जीवन-दृष्टि है।

त्रित्व का उद्घाटन मुक्ति-इतिहास में सम्पन्न हुआ है। मुक्ति का इतिहास ईश्वर-प्रकाश का इतिहास ही है। इस इतिहास-द्वय में स्वयम्भू पिता से पुत्र और आत्मा का निस्सरण आत्माभिव्यक्ति के रूप में सम्पादित होता है। मनुष्योन्मुख ईश्वर की बहिर्गामी प्रवृत्ति दो तरह से प्रकट होती है–सृष्टि और कृपा। सृष्टि शब्द-पुत्र द्वारा और कृपा आत्मा द्वारा सम्पन्न होती है। मुक्ति का निर्माणपरक कार्य ईसा की ऐतिहासिक घटना है, जबकि कृपा की ईश्वरीकरण-प्रक्रिया भविष्योन्मुख घटना है। बहिर्प्रेषण के दोनों प्रकार संसार के प्रति ईश्वर के आत्म-प्रकाशन के दो परस्पर-सम्बन्धित क्षणों के रूप में समझे जा सकते हैं।[5] मुक्ति-योजना की इस त्रयात्मक प्रक्रिया में ईसाई ईश्वर-दर्शन की अन्तर्वस्तु और धर्म-दर्शन की उत्पत्ति एक साथ समाहित है। शरीर-धारित

---

1. जे. सेगुंडो, अवर आइडिया ऑफ गॉड, पृ. 87
2. जेर्गन मोल्टमैन, दि ट्रिनिटी ऐंड दि किंगडम ऑफ गॉड, पृ. 172
3. वही, पृ. 19
4. जेराई एस. स्लोयन, दि थ्री पेर्संस इन वन गॉड, पृ. 24
5. कॉल राह्नर, 'ट्रिनिटी, डिवाइन,' साक्रमिन्तुम मुन्ती, भाग-6, पृ. 299

शब्द में पिता ईश्वर अपना आत्म-प्रकाशन करता है। मनुष्य के हृदय में निवास करते हुए मानव-चेतना को उदात्तीकृत करनेवाली इस आत्म-प्रकाशन को सार्थक बनाती है। ईश्वर का प्रकटीकरण और आत्म-प्रतिपादन एक ही है।[1] यह आत्म-प्रकाशन अनिवार्य रूप से मुक्ति-विषयक भी है।

त्रित्व का क्रूस में प्रतिफलन : ईश्वर की त्रिरूपता ईसा मसीह की मृत्यु को चिह्नित करनेवाले क्रूस में भी प्रतिफलित है। क्रूस के त्रित्वात्मक दर्शन का मुख्य प्रतिपादक जेर्गन मोल्टमैन है। 'क्रूसीफाइड गॉड' नामक अपने ग्रन्थ में वे कहते हैं कि "क्रूस त्रिरूप ईश्वर की आत्माभिव्यक्ति है।...क्रूस त्रिरूप ईश्वर की सत्ता का हृदय-स्थान है।"[2] क्रूस पिता ईश्वर और पुत्र ईश्वर के बीच की घटना है, जिसमें परित्यक्तता और वियुक्ति एवं सहभागिता और एकता दोनों चरम सीमा तक पहुँचती हैं। ईश्वर मर गया, फिर भी जीवित है। ईश्वर क्रूस पर ईश्वरहीनता का अनुभव करता है। यह विरोधाभास आत्मा की पारस्परिक इच्छा-शक्ति द्वारा सच साबित हो जाता है। इस प्रकार ईसाइयत के केन्द्रीय चिह्न क्रूस में ईश्वर की त्रिरूपता की अभिव्यक्ति बुलन्द होती है।[3]

त्रिरूपता-सिद्धान्त का तात्पर्य : 'त्रित्व' ईश्वर के तीन स्थायी भावों की अभिव्यक्ति है। यह ईश्वर के त्रिविध आयाम है। क्लिफोर्ड जी. कालस के अनुसार, "पिता, पुत्र और आत्मा यूनानी में 'केनोसिस', 'डियाकोनिया' और 'कोइनोनिया' के पर्यायवाची हैं, अर्थात् आत्म-दान, आत्म-समर्पण और सहभागिता के व्यक्तिवाचक स्वरूप।[4] त्रिरूप ईश्वर विश्वातीत पिता, अन्तर्यामी पुत्र और भविष्योन्मुख आत्मा का समुच्चय है।[5] त्रित्व वह उत्पत्ति और प्रतिज्ञात देश है जिसकी ओर मनुष्य तीर्थ-यात्रा करता है। साथ-साथ, त्रित्व के रहस्य को मनुष्य के धार्मिक विकास के स्वरूप, प्रेरणा और क्षितिज के रूप में समझा जा सकता है।[6]

त्रित्ववाद ईश्वर के प्रयोजनमूलक स्वरूप को विन्यस्त करता है। कुछ लाक्षणिक तात्पर्य इस प्रकार हैं—एक, पिता-पुत्र-आत्मा के 'भिन्नता में एकता' स्वरूप से एक जीवन्त ईश्वर की धारणा बनती है। अर्थात् 'ईश्वर एक गतिशील प्रक्रिया' है। दो, ईश्वर हमेशा अपनी सृष्टि की खातिर, विशेषतौर पर मनुष्य की, कार्यशील है। अर्थात् 'ईश्वर एक मनुष्योन्मुख मुक्ति-घटना है।' तीन, यह धारणा व्यक्तिगत अस्तित्व और भूमिका के द्वारा भिन्नता को कायम रखते हुए मानवीय समाज के मूलरूप को प्रतिपादित करती है। अर्थात्, ईश्वर एक 'व्यक्तित्व-युक्त और सम्बन्धमूलक समाज' है। चार, पिता-प्रधान और सोपानमूलक कार्य-शैली के आधार पर मूल एकता और सोद्देश्यता अबाधित रहती भी है। अर्थात् 'ईश्वर एक सम्पूर्ण इकाई है।'

ईश्वर की त्रिकूरूपता के कुछ व्यंजनात्मक तात्पर्य भी हैं—एक, 'ईश्वर उद्घाटनीय' है। आत्म-प्रकाशन ईश्वर के लिए उतना स्वाभाविक है जितना सूर्य के लिए दीप्तिमान होना। पिता, पुत्र और आत्मा के बीच यह अविच्छिन्न प्रक्रिया सृष्टि के पूर्व से ही चलती थी। दो, 'ईश्वर

---

1. एबरहार्ड जुंगल, दि डाक्ट्रिन ऑफ दि ट्रिनिटी, पृ. 15
2. जेर्गन मोल्टमैन, दि क्रूसीफाइड गॉड, पृ. 206
3. ईश्वर की त्रयात्मकता की विस्तृत ऐतिहासिक चर्चा के लिए द्रष्टव्य : सी. प्लांटिंगा, 'ट्रिनिटी', दि इंटरनेशनल स्टैंडर्ड बाइबिल एनसाइक्लोपीडिया, भाग-4, पृ. 918-21
4. जॉन नवोन, सेल्फ-गिविंग एंड शेयरिंग, आमुख, पृ. 10
5. जेर्गन मोल्टमैन, दि क्रूसीफाइड गॉड, वही, पृ. 256
6. ऐन्तनी केली, दि ट्रिपिटी ऑफ लफ, पृ. 228

सम्प्रेषणीय' है। जब सूर्य दीप्तमान होता है, उससे प्रकाश, ताप और ऊर्जा संचारित होते हैं। इस प्रकार इस त्रिरूप साझेदारी से मानव जाति के लिए मुक्ति की किरणें सम्प्रेषित होती हैं। तीन, 'ईश्वर एक सहभागिता' है। मनुष्य ईश्वर का प्रतिरूप है। ईश्वर की आन्तरिक सहभागिता ही विवाह में, परिवार में, समाज में और कलीसिया में प्रतिबिम्बित है। चार, 'विश्व की विविधता का आधार ईश्वर' है। विश्व ईश्वर की अभिव्यक्ति है। विश्व की नानारूपता ईश्वर का ही प्रतिफलन है। नीरस एकरूपता और एकरसता में क्रान्ति पैदा करनेवाली अवधारणा है ईश्वर की त्रिकूरूपता।[1]'

ईश्वर की त्रिरूपता के सिद्धान्त के निष्कर्ष के रूप में यह कहना उचित होगा कि यह परमतत्त्व के विषय में एक विश्वास की अभिव्यक्ति है। यह जीवन के विषय में एक नया दृष्टिकोण है। यह एक गहन दर्शन है जो जीवन-रूपी रहस्य के अनगिनत आयामों की ओर इंगित करता है। यह सिद्धान्त जीवन के गहनतम अनुभवों को उजागर करता है। 'त्रियेक ईश्वर' ''जीवन की एक ऐसी दृष्टि है जो मनुष्य को उत्तरोत्तर गहराई की ओर ले जाती है।''[2] साथ-साथ, यह जीवन का काव्य है। इसमें मानवीय जीवन का प्रतीकात्मक, भावमय और सार्थक प्रतिफलन चित्रित हुआ है। हाँ, 'त्रित्ववाद सोचने का एक नया ढंग है, ईश्वर-चिन्तन का एक नया आयाम है।'

'नया विधान' में ईश्वर के कुछ अन्य रूप

ज्योति : ईश्वर ज्योति-स्वरूप है। यह तथ्य ईश्वर-प्रक्रिया का अन्तरंग अंग है, जिसे ईसा मसीह ने उद्घाटित किया। नया विधान के कतिपय अंश ईश्वर की ज्योतिस्वरूपता के समर्थन में उद्धृत किए जा सकते हैं।

ईसा के निजी कथनों में और ईसा के विषय में अन्यों के कथनों में या वर्णनों में ईसा की ज्योतिस्वरूपता स्पष्ट हो जाती है। ईसा का कथन है, ''संसार की ज्योति मैं हूँ। जो मेरा अनुसरण करता है, वह अन्धकार में भटकता नहीं रहेगा। उसे जीवन की ज्योति प्राप्त होगी।''[3] ईसा ज्योति बनकर संसार में आए हैं। उनमें विश्वास करने से अन्धकार हट जाता है। वे अन्धकार में चमकनेवाली ज्योति हैं और आदि में शब्द के रूप में विद्यमान थी। यह ज्योति सब राष्ट्रों के प्रबोधन के लिए प्रस्तुत है।[4]

ज्योति-स्वरूप ईश्वर की अनुकृति बनकर भले कार्यों का दीपक बनना और संसार की ज्योति बनना शिष्यों का कार्य है। अन्धकार के अन्धानुगमन को त्यागकर ज्योति की सन्तान बनना मनुष्य के लिए श्रेयस्कर है। अन्धकार मृत्यु है। ईश्वरीय ज्योति की ओर अभिमुखता शान्ति-पथ है। मसीह के मुखमंडल पर चमकनेवाली सुसमाचार की ज्योति से मनुष्य का हृदय आलोकित होता है।[5] ज्योति की सन्तान ईश्वरीय ज्योति से आलोकित होकर स्वयं ज्योति बन

---

1. आर.ए. फिनलेइसन, 'ट्रिनिटी' न्यू बाइबिल डिक्शनरी, सं. 2, पृ. 1223
2. डेविड एल. मिलर, थ्री फेइसस ऑफ गॉड, पृ. 129
3. प.बा., न.वि., योहन 8.12, पृ. 158
4. प.बा., न.वि., योहन 12.46, पृ. 168; 9.5, पृ. 160; 1.4, 5, 9, पृ. 143-44; लूकस 2.32, पृ. 41
5. प.बा., न.वि., मत्ती 5.14-15, पृ. 6; प्रेरित चरित 13.47, पृ. 205; योहन 12.35-36, पृ. 167; 3.19-21, पृ. 148; लूकस 16.8, पृ. 123; 1 थेसलनीकी 5.5, पृ. 317; रोमी 13.12, पृ. 247; लूकस 1.79, पृ. 90, प्रेरित चरित, 26.18, पृ. 226; मत्ती 4.16, पृ. 5; 2 कुरिन्थी 6.14, पृ. 279; 4.4,6, पृ. 276

जाती है और भलाई का आचरण करती है। अलौकिक ज्योति के राज्य में सत्य की ज्योति की चमक द्वारा अन्धकार हट जाता है। ज्योति में ईश्वर से सहभागिता और सह-मनुष्य से भातृप्रेम निहित हैं। अगम्य ज्योति की यह चमक ईश्वरीय महिमा और अमरता का एकमात्र स्रोत है।[1]

जीवन : ईश्वर की जीवनरूपता भी 'नया विधान' द्वारा प्रतिष्ठित मान्यता है। शाश्वत जीवन के मूल स्रोत के रूप में आदि में विद्यमान और पिता-ईश्वर द्वारा उच्चरित शब्द ईसा मसीह माने जाते हैं। पिता ईश्वर के अनुरूप पुत्र ईश्वर भी जीवन का स्रोत है। ईसा स्वयं जीवन होने का दावा करते हैं, "मार्ग, सत्य और जीवन मैं हूँ।"[2]

अस्तित्व की मूलभूत वस्तु से तुलना करते हुए ईसा स्वयं को स्वर्ग से उतरी हुई जीवन्त रोटी मानते हैं। संसार के लिए अर्पित इस मांस-रोटी और रक्त-पेय को भोजन के रूप में ग्रहण करनेवाले को पुनर्जीवन और अनन्त जीवन का वाग्दान प्राप्त है। इससे क्रूस पर सम्पन्न ईसा के सम्पूर्ण आत्म-समर्पण और जीवन-दान संकेतित हैं। इसलिए नश्वर भोजन को छोड़कर अनन्त जीवन के भोजन के प्रति प्रतिबद्ध रहने का आह्वान है।[3] ईसा जीवन का अधिपति है और मृत्यु के अधीन नहीं है। वे स्वयं अनन्त जीवन है और अनन्त जीवन प्रदान करनेवाला ईश्वर-पुत्र है। वे अनन्त जीवन के स्रोत और संजीवन जल की स्रोतस्विनी हैं, क्योंकि उनमें जीवनदायिनी आत्मा विद्यमान है।[4]

मनुष्य के आज्ञाभंग और पाप के वेतनस्वरूप मिली मृत्यु-दंड की अधीनता से मसीह ने अपना आज्ञापालन और प्रायश्चित के माध्यम से पापमुक्ति और अनन्त जीवन का द्वार खोल दिया। मसीह मानव जाति की भेड़शाला का द्वार है, जो परिपूर्ण जीवन की ओर उन्मीलित होता है। पुनरुत्थान और जीवन ईसा ही हैं। ईश्वर-पुत्र ईसा मसीह में विश्वास अनन्त जीवन का स्रोत है। यह अनन्त जीवन ही अमरता है, जो आत्मार्पण से प्राप्त हो सकता है।[5] पुनरुत्थान द्वारा ईसा यही प्रमाणित करते हैं कि वे सम्पूर्ण जीवन के अधिकारी हैं। मृत्यु का उनपर कोई प्रभाव नहीं है। वही ईश्वर हो सकता है, मृत्यु जिसके अधीन हो। जैसे–गेहूँ का दाना मरकर अनगिनत दाने उत्पन्न करता हुआ अमर हो जाता है, ठीक उसी प्रकार अपने आत्मत्याग और आत्म-समर्पण में अमर जीवन को सुरक्षित पाया जा सकता है। ईसा के मनुष्यता-धारण में अदृश्य रूप से विद्यमान ईश्वर के अमर जीवन का रहस्य यहाँ द्योतित है।

---

1. प.बा., न.वि., क्रमशः एफेसी 5.8-9, 13-14, पृ. 299-300; 1 पेत्रुस 2.9, पृ. 362; कलोसी 1.12, पृ. 309; 1 योहन 1.57, पृ. 370; 2.8-10, पृ. 371; 1 तिमथी, 6.16, पृ. 327; प्रकाशना 21.23-24, पृ. 403; प्रेरित चरित 9.3, पृ. 196; 12.7, पृ. 202
2. प.बा., न.वि., क्रमशः योहन 1.4, पृ. 143; 1 योहन 1.1-3, पृ. 370; योहन 5.26, पृ. 152; 14.6, पृ. 170
3. प.बा., न.वि., क्रमशः योहन 6.35-58, पृ. 154-55; 6.27, पृ. 153
4. प.बा., न.वि., क्रमशः प्रेरित चरित 3.15, पृ. 187; 1 योहन 5.11-12, 20, पृ. 375; 5.25, 40, पृ. 151, 152; 17.2, पृ. 174; 6.68, पृ. 155; 1 योहन 2.25, पृ. 372; कलोसी 3.4, पृ. 311; योहन 4.10-14, पृ. 149; 6. 63, पृ. 155
5. प.बा., न.वि., क्रमशः रोमी 5.17-18,21, पृ. 237; 6.23, पृ. 239; योहन 10.10, पृ. 162; 11.25, पृ. 164; 1 योहन 4.9, पृ. 374; योहन, 20.31, पृ. 180; 12.24-25, पृ. 167; मत्ती 16.24-25, पृ. 28

सत्य : 'नया विधान' के सत्य-सम्बन्धी उल्लेखों से ईश्वर की लोकोत्तर सत्यरूपता का प्रमाण मिलता है। सत्य का स्रोत ईश्वर ही है। ईसा ने जिस सत्य का उद्घाटन किया, वह उन्होंने ईश्वर से सुना था। ईसा स्वयं सत्य है और मनुष्य को दासता से स्वतन्त्र करता है। सत्य ईश्वर का पुत्र है, जो सदा घर में निवास करता है।[1]

पर्यायवाची प्रयोगों के अतिरिक्त, सच्चाई के मूल रूप को द्योतित करते हुए 'सत्य' का विशेषण रूप भी मसीह के लिए प्रयुक्त है। 'सच्ची ज्योति', 'सच्ची दाखलता', 'सच्चा मांस', 'सच्चा पेय', 'भला गड़रिया' आदि इसके उदाहरण हैं।[2] योहन की दृष्टि में सत्य त्रिकूस्वरूप से विभूषित है। सत्य की आत्मा सत्य का तृतीय पहलू है, जो पुत्र के अनुरोध पर सहायक के रूप में पिता मनुष्य को प्रदान करता है। पुत्र पिता से और आत्मा पुत्र से सत्य को ग्रहण करता है और आत्मा मनुष्य को पूर्ण सत्य तक ले जाएगी। परस्पर समर्थन में सत्य की सत्यरूपता भी व्यक्त हो जाती है।[3]

ईसा के शिष्य ईसा में उद्घाटित सत्य का समर्थन करते थे। ईसा की दिव्य शिक्षा द्वारा सत्य के मार्ग को प्रशस्त किया जा सकता है। सत्य का वचन मुक्ति का शुभ समाचार है, जिससे विश्वास जागृत होता है। सत्य की स्वीकृति से मनुष्य दिव्य विरासत का भागीदार होता है और उस पर आत्मा की मुहर लग जाती है। पौलुस कलीसिया को सत्य का स्तम्भ घोषित करते हैं।[4]

गुरु : गुरु की कल्पना सम्पूर्ण बाइबिल में अत्यन्त क्षीण है। जो है वह 'नया विधान' की ही देन है। ईश्वर को 'गुरु' के रूप में परिकल्पित करना 'नया विधान' की दृष्टि की परिधि में भी नहीं है। लेकिन, ईश्वर के पुत्र ईसा मसीह के लिए 'गुरु' शब्द का प्रयोग कम होने के बावजूद स्पष्ट है। 'नया विधान' के इन उल्लेखों पर अवलम्बित होकर ईश्वर की गुरुरूपता को प्रबल रूप से विकसित किया जा सकता है।

ईसा मसीह स्वयं को गुरु मानते हैं। उनके शिष्य भी यही मानते थे।[5] ईसा 'गुरुवर' कहकर सम्बोधित किए जाते थे और अन्यों द्वारा उल्लिखित भी थे। साथ-साथ, शिष्य गुरु के ही होते हैं। इसलिए जहाँ-जहाँ शिष्यों का उल्लेख है, वहाँ-वहाँ प्रकारान्तर से ईसा का गुरुरूप अभिव्यक्त है। ईसा बारह शिष्यों को निर्वाचित करते हैं और उनको साथ लिये चलते हैं। यह भी उनके गुरु-रूप को प्रमाणित करता है।[6]

ईसा की गुरुरूपता के सम्बन्ध में एक अद्वितीय विशेषता यह है कि 'गुरु शिष्यों का चयन करते हैं', जबकि प्रायः शिष्य गुरु का चयन करता है। ईसा की गुरुरूपता की एक विशेषता यह भी है कि वे अन्य शास्त्रियों की तरह नहीं बल्कि, 'अधिकार के साथ बोलते थे।' यह

---

1. प.बा., न.वि., क्रमशः योहन 18.37, पृ. 177; 14.6, पृ. 170; 8.32,36,40, पृ. 159
2. वही, 1.9, पृ. 144; 15.1, पृ. 171; 6.55, पृ. 154; 10.11, पृ. 162
3. वही, 14.17, पृ. 170; 16.13-15, पृ. 173
4. प.बा., न.वि., क्रमशः 2 कुरिन्थी 13.8, पृ. 286, पृ. 6.7, पृ. 278; 4.2, पृ. 276; एफेसी 4.21, पृ. 299; गलाती 5.7, पृ. 293; एफेसी 1.13-14, पृ. 295; 2 थेसलनीकी 2.12, पृ. 320; तीतुस 1.14, पृ. 333; 1 तिमथी, 3.15, पृ. 324
5. प.बा., न.वि., योहन 13.13-14, पृ. 169
6. प.बा., न.वि., क्रमशः मत्ती 8.19, पृ. 12; लूकस 17.13, पृ. 125; मत्ती 9.9,11, पृ. 13; 10.5, पृ. 15; मारकुस 3.13-19, पृ. 58

अधिकार अवतरित ईश्वर-पुत्र और मसीह होने के कारण ईसा के आध्यात्मिक आचार्यत्व का प्रतिनिधित्व करता है। ईसा का यह अधिकार शिक्षा के अलावा चमत्कारों में भी दर्शाया जा सकता है। अशुद्ध आत्माओं को आदेश, रोगियों को स्वास्थ्य-लाभ, मृतकों को पुनर्जीवन आदि में यह अधिकार प्रमाणित है।[1]

धर्मग्रन्थ के कथनानुसार ईश्वरीय आत्मा से अभिषिक्त होकर बन्दियों, अन्धों, दरिद्रों, दलितों आदि को शुभ वार्ता सुनाना और स्वयं में 'पुराना विधान' की भविष्यवाणी को चरितार्थ करना ईसा की आध्यात्मिक गुरुता के विश्वसनीय प्रमाण हैं। ईसा के गुरुत्व की अनुपम विशिष्टता यह है कि उन्होंने अपने शिष्यों के 'पैर धोकर' गुरु-सुलभ विनम्रता, प्रेम और सेवा-भाव का आदर्श रूप सम्पूर्ण मानव-जाति के समक्ष प्रस्तुत किया है।[2] 'सह मनुष्य की प्रेममय सेवा ही मानव-गत महानता की कसौटी है' इस बात को सोदाहरण घोषित करते हुए ईसा ने अपनी क्रूस-मृत्यु और पुनरुत्थान में मानव जाति के उन्नयन को ही इंगित किया है। आत्म-समर्पण के अवरोहण के द्वारा ही सम्पन्न आत्मोत्थान के आरोहण में ईश्वर का सर्वोत्कृष्ट आचार्य-सुलभ गुरुत्व ही अकाट्य रूप से सिद्ध है।

पति : ईश्वर को पति के रूप में कल्पित करना 'नया विधान' के लिए बहुत स्वाभाविक प्रतीत नहीं होता। सम्भवतः बात यह है कि जैसे मानवीय सन्दर्भ में पति के बाद पिता आता है, वैसे ही ईश्वर के पितृत्व का सर्वाधिक प्रभावशाली चित्रण करने के बाद ईश्वर-पतित्व की प्रासंगिकता अत्यन्त न्यून प्रतीत होती है। कारण यह है कि पितृत्व में पतित्व आधारभूत तौर पर अन्तर्धारित होता है। फिर भी ईश्वर-पतित्व की धारणा के कुछ पक्ष ईसा मसीह के विषय में द्रष्टव्य हैं।

'नया विधान' में यह धारणा 'पुराना विधान' से विकसित होती हुई प्रतीत होती है।[3] मसीह और उनकी कलीसिया का सम्बन्ध वर-वधू के रूपक के द्वारा स्पष्ट किया गया है। पौलुस ने कुरिन्थियों की जनता को एक सजी-सँवरी कुँवारी और ईसा को उसका दूल्हा बताया है। वैवाहिक बन्धन की सुदृढ़ता के सम्बन्ध में पुराना विधान का हवाला देते हुए मसीह का कहना है कि पति और पत्नी अपने माता-पिता से वियुक्त होकर एक-दूसरे से एक शरीर के रूप में ईश्वर-निर्दिष्ट अवियोज्यता के साथ संयुक्त रहें। इस दाम्पत्य-रूपक का विश्लेषण करते हुए पौलुस पति-पत्नी में प्रतिबिम्बित पारिवारिक सम्बन्ध को मसीह और कलीसिया के मूल सम्बन्ध पर आधारित बताते हैं।[4]

पौलुस के इस आध्यात्मिक दम्पति-भाव में सर्वोत्तम उपलब्धि है 'मसीह को कलीसिया के शीर्ष' के रूप में चित्रण। शीर्ष की सबसे प्राथमिक विशेषता यह है कि वह अपने औत्पत्तिक मूल से सम्बन्ध विच्छेदित कर शरीर से संयुक्त हो जाता है। यह बात मसीह और कलीसिया के मूलभूत सम्बन्ध का परिचायक है। शीर्ष समस्त शरीर को पोषित करता है। शीर्ष की यह पालन-पोषण और देख-रेख की प्रवृत्ति भी मसीह पर खरी उतरती है। शीर्ष की इस

---

1. प.बा., न.वि., क्रमशः मत्ती 7.28-29, पृ. 11; लूकस 4.36, पृ. 96; मारकुस 5.25-34, पृ. 62; 1046-52, पृ. 73-74; योहन 5.1-18, पृ. 150-51; 11.32-44, पृ. 165
2. प.बा., न.वि., क्रमशः लूकस 4.18-21, पृ. 95; योहन 13.1-17, पृ. 168-69; 14.26, पृ. 171
3. द्रष्टव्य : प्रस्तुत ग्रन्थ, प्रथम अध्याय, पृ. 64-65
4. प.बा., न.वि., क्रमशः 2 कुरिन्थी 11.2, पृ. 283; मत्ती 19.5-6, पृ. 32; उत्पत्ति 1.27-28, पृ. 5; 2.23-24, पृ. 6; कलोसी 3.18-19, पृ. 312; एफेसी 5.21-33, पृ. 300

संरक्षणशीलता के प्रत्यर्पण में शरीर-कलीसिया शीर्ष-मसीह की अधीनता और मार्ग-निर्देशन को सहर्ष स्वीकार करती है। शीर्ष की योग्यता पर मसीह की अनन्यतम श्रेष्ठता यह है कि उन्होंने अपनी शरीर-रूपी कलीसिया को इतना प्यार किया कि उसके लिए क्रूस पर अपने आपको अर्पित किया।[1] शरीर के सम्पूर्ण अस्तित्व और अभिज्ञान के लिए शीर्ष ही उत्तरदायी है। बुद्धि द्वारा ज्ञान-चिन्तन तथा दिशा-निर्देश, नयनेन्द्रिय द्वारा दृष्टि, घ्राणेन्द्रिय द्वारा श्वसन, श्रवणेन्द्रिय द्वारा श्रवण, स्पर्शनेन्द्रिय द्वारा प्रतीति-अनुभूति, मुँह द्वारा भोजन-वाणी, होंठों द्वारा भावाभिव्यक्ति, चेहरे के द्वारा व्यक्ति की पहचान—ये सब शरीर की ही मूलभूत प्रक्रियाएँ हैं, जिनके सार्थक कार्यान्वयन का पूरा श्रेय सिर को ही है। इसके अतिरिक्त, पति की सम्पूर्ण कर्तव्य-परायणता मसीह में प्रकाशित है। मसीह का यह पति-स्वभाव प्रत्येक अनुगामी पर घटित होता है।

ईश्वरीय पतिविषयक धारणा की एक भविष्योन्मुख और युगान्त-विषयक झलक नवीन येरूसालेम के सन्दर्भ में मिलती है। नवीन येरूसालेम अपने दूल्हे के लिए सजाई हुई दुल्हन की तरह अलंकृत होकर ईश्वर के यहाँ से आकाश में उतरती है। नए आकाश और नई पृथ्वी में नवीन येरूसालेम का नवीन दूल्हा 'आल्फा और ओमेगा' आदि और अन्त-रूपी ईश्वर ही होंगे।[2]

निष्कर्ष यह है कि इसराएली प्रजा के समान कलीसिया की पत्नीरूपता यहोवा के समान मसीह की मूल पतिरूपता पर अवलम्बित है। मानवीय पति-पत्नी का दाम्पत्य-भाव भी मसीह की ईश्वरीय पतित्व से प्रतिफलित है। इतना ही नहीं, मसीह में मानव-जाति या मनुष्य-रूपी 'पत्नी के लिए प्राणार्पण' के पतिवत् गुण के सर्वश्रेष्ठ पक्ष उभरकर सामने आता है और ईश्वरीय स्वरूप को अभिव्यक्त करता है।

ज्ञान : 'ईश्वर ज्ञान है' इस विषय पर नया विधान में पर्याप्त सामग्री उपलब्ध है। ईश्वर की ज्ञानरूपता का चित्रण विविध रूप से किया गया है।

पार्थिव ज्ञान का निषेध : ऐश्वरिक ज्ञान की प्रस्तावना के रूप में पौलुस ऐहिक ज्ञान का तिरस्कार करते हैं, क्योंकि यह ज्ञान ईश्वर को पहचान नहीं सका। पार्थिव ज्ञानियों का ज्ञान और समझदारों की चतुराई नष्ट किए जाएँगे, क्योंकि उनके तर्क-वितर्क निस्सार हैं। लौकिक ज्ञानियों को लज्जित करते हुए ईश्वर ने दुनिया की मूर्खता को श्रेष्ठता प्रदान की और सुसमाचार की मूर्खता को ईश्वरीय ज्ञान का पर्यायवाची घोषित किया। संसार की बुद्धिमानी ईश्वरीय ज्ञान के प्रतिकूल है। पार्थिव बुद्धि के फल ईश्वरीय प्रज्ञा के फल के विपरीत है। ईश्वरीय ज्ञान की बातें इहलोक के ज्ञानियों से छिपी हैं।[3]

ईसा मसीह का ज्ञान : मसीह के विषय में यह कहा गया है कि उनमें प्रज्ञा की सम्पूर्ण निधि निहित है। उनकी बाल्यावस्था में बुद्धि का विकास ईश्वरीय अनुग्रह से संयुक्त था। अपने श्रोताओं के मन की बातें ईसा बिना व्यक्त किए ही जानते थे। वे लोगों और परिस्थितियों के विषय में गुप्त ज्ञान भी रखते थे। येरूसालेम मन्दिर का विनाश, यूदस तथा अपने दुःखभोग,

1. प.बा., न.वि., क्रमशः कलोसी 1.18, पृ. 309; एफेसी 5.31-32, पृ. 300; कलोसी 2.19, पृ. 311; एफेसी 5. 22-25, 26, 29, पृ. 300; योहन 3.16, पृ. 147; फिलिप्पी 2.5-11, पृ. 304
2. प.बा., न.वि., प्रकाशना 21.2, 1,6, पृ. 402
3. प.बा, न.वि., क्रमशः 1 कुरिन्थी 1.19-29, पृ. 253; 3.18-20, पृ. 255; याकूब 3.13-17, पृ. 352; 2 कुरिन्थी 1.12, पृ. 274; मत्ती 11.25, पृ. 18

पुनरुत्थान, स्वर्गारोहण तथा पुनरागमन के सम्बन्ध में ईसा भविष्य-विषयक ज्ञान रखते थे।[1]

ईश्वर में ज्ञान और प्रज्ञा : ईश्वर अदृश्य को जानता है। वह मनुष्य के हृदय का रहस्य जानता है और उसे परखता है। उसकी प्रज्ञा अगाध है। उसका निर्णय दुर्बोध है। उसका मन कोई नहीं जानता। उसका मार्ग रहस्यमय है। यह मनुष्य की दृष्टि, श्रवण-शक्ति और कल्पना से परे है। ईश्वर की प्रज्ञा और सामर्थ्य मसीह स्वयं है, जो कलीसिया के माध्यम से प्राप्तव्य है।[2]

ईश्वर प्रदत्त ज्ञान और प्रज्ञा : ईश्वर की प्रज्ञा उसकी प्रजा द्वारा सही प्रमाणित हुई। यह आध्यात्मिक दृष्टि-युक्त प्रज्ञा है, जो आँखों को ज्योति प्रदान करती है। इस अन्तर्दृष्टि द्वारा मनुष्य नया स्वभाव धारण करता है और सत्य की ओर बढ़ता है। यह ज्ञान पापों की क्षमा द्वारा प्राप्त है। यह ज्ञान ज्योतिस्वरूप है, जो मसीह के मुखमंडल पर चमकती है और मानव-हृदयों को आलोकित करती है। इस ज्ञान की प्राप्ति जागरूकता, आज्ञाकारिता, बुद्धिमानी, सच्चाई आदि के माध्यम से होती है।[3]

प्राचीन विधान में कहीं-कहीं कुछ मात्रा में पूर्वसंकेतित होने के बावजूद नवीन विधान की विशिष्ट उपलब्धि के रूप में प्रतिपादित ईश्वर-परिकल्पना के मुख्य अंग हैं—ईश्वर एक दयालु पिता है, ईश्वर एक व्यक्तित्व-सम्पन्न आत्मा है और ईश्वर ईसा मसीह में पूर्णता के साथ उद्घाटित है। ईश्वर पिता, पुत्र और पवित्र आत्मा के रूप में विविधता में एकता है, ईश्वर त्रिकमूलक प्रेम है, ईश्वर ज्योति, सत्य, ज्ञान, गुरु, जीवन, पति सब है। ईश्वर मानवीय विशेषताओं से विभूषित होकर सम्बन्धमूलक है। नवीन विधान का ईश्वर मानवीय जीवन के लिए बोधगम्य और प्रयोजनीय है।

'नया विधान' अपनी पृष्ठभूमि 'पुराना विधान' पर सम्यक् रूप से अवलम्बित रहते हुए ईसाई ईश्वर-परिकल्पना को प्रतिपादित करता है। विश्वेतिहास के ग्रन्थ में ईश्वर-चिन्तन का नया अध्याय ईसा मसीह स्वयं हैं। उनके सर्वसमावेशक ईश्वर-व्यक्तित्व में अथवा ईश्वरत्व से संसिक्त मनुष्य-व्यक्तित्व में ईश्वर की ईश्वरता ही नहीं, ईश्वर-पुत्र की प्रतिरूपता, मसीहापन और ईश्वर की मानवता भी परिलक्षित है। अपने मानवता-धारण में उद्घाटित ईश्वर-स्वरूप का नया विधान अपने सम्पूर्ण जीवन-क्रम और शिक्षा से होकर दुःख-भोग, मृत्यु और पुनरुत्थान में परिनिष्पन्न

---

1. प.बा, न.वि., क्रमशः कलोसी 2.3, पृ. 310; प्रकाशना 5.12, पृ. 386; लूकस 2.40,52,47, पृ. 92; मत्ती 9.4, पृ. 13; 12.25, पृ. 19; लूकस 6.8, पृ. 99; 7.39-40, पृ. 103; योहन 1.48, पृ. 145; 4.16-17, पृ. 149; 6.64, पृ. 155; मारकुस 14.13-16, पृ. 80; मत्ती 21.2, पृ. 35; लूकस 19.41-44, पृ. 130; मारकुस 13.1-4, पृ. 78; योहन 6.71, पृ. 155; मत्ती 16.21-23, पृ. 28; 16.21, पृ. 28; योहन 6.62, पृ. 155; मारकुस 13.24-27, पृ. 79
2. प.बा., न.वि., क्रमशः मत्ती 6.4,6,8,18, पृ. 8-9; प्रेरित चरित 15.8, पृ. 207; रोमी 8.27, पृ. 241; 1 थेरूलनी 2.4, पृ. 315; 1 योहन 3.20, पृ. 373; रोमी 11.33-34, पृ. 246; इब्रानी 14.13, पृ. 341; 1 कुरिन्थी 2.6-16, पृ. 254; प्रकाशना 7.11-12, पृ. 388; 1 कुरिन्थी 1.24, पृ. 253; एफेसी 3.10, पृ. 297।
3. प.बा, न.वि., क्रमशः लूकस 7.35, पृ. 103; एफेसी 1.7-8, पृ. 295; 1.12-18, पृ. 296; फिलिप्पी 1.9, पृ. 302; कलोसी 1.9, पृ. 308; 1.28, पृ. 310; 3.10, पृ. 311; लूकस 1.77, पृ. 90; 21.15, पृ. 133; 2 प्रेगुस 1.3, पृ. 366; 1 योहन 2.3, पृ. 371; तीतुस 1.2, पृ. 338; 2 तिमथी 2.25, पृ. 330; 1 तिमथी 2.4, पृ. 323; मत्ती 7.24-27, पृ. 11; 24.45-46, पृ. 44; 25.1-13, पृ. 44; 1 कुरिन्थी 4.10, पृ. 256

हो जाता है। इस प्रकार 'पुराना विधान' में अनगिनत रीतियों से भविष्यवाणियों, नबियों, घटनाओं और प्रतिरूपों के माध्यम से पूर्वसंकेतित 'मसीहा का व्यक्तित्व' एक नई ईश्वरानुभूति के साथ मानवता के केन्द्र में मर्म बनकर प्रतिष्ठित हो जाता है। ईश्वर का यह स्वरूप मानव-हृदय में अंकित हुआ है। ईसा के व्यक्तित्व में ईश्वर के पितृत्व, व्यक्तित्व-सम्पन्नता, आत्मारूपता, प्रेमरूपता और त्रयात्मक सहभागिता अभिव्यक्त हुए हैं। साथ-ही-साथ, ईश्वर के ज्ञान, ज्योति, सत्य, पति, गुरु, जीवन आदि रूपों के साथ समंजित होकर उनका व्यक्तित्व अभिव्यक्त हुआ भी है। स्वयं ईश्वर को शुद्ध दार्शनिक निरूपण के कारावास से विमोचित कर नया विधान 'ईश्वर प्रेम है' के सूत्र शब्दों में परिभाषित करता है और 'मानवता की वैविध्यपूर्ण दिनचर्या के लायक' बनाता है। वह ईसा की जीवन-घटना में इस शाश्वत प्रेम-रहस्य को, जो मनुष्य के लिए कुछ ग्राह्य और कुछ अग्राह्य दोनों है, उद्घाटित और परिनिष्पन्न प्रख्यापित करता है। मानवता के वैयक्तिक तथा सामाजिक पक्षों को सिंचित करनेवाली यह ईश्वर-धारणा स्वयं एक 'नया विधान' है। यह सम्पूर्ण मानव जाति के लिए एक नया 'ईस्वी सुसमाचार' है। यह ईश्वर-दृष्टि अपने व्यवहार-पक्ष 'सामाजिक आशय' में पूर्णावस्था प्राप्त करती है।

चतुर्थ अध्याय

कबीर की ईश्वर-परिकल्पना

यह कहना अधिक संगत होगा कि कबीर की कोई सुनिश्चित ईश्वर-परिकल्पना नहीं थी, अतिवादी विचार-परम्पराओं के पारस्परिक संघर्ष तथा मानवता को विखंडित करनेवाली परिस्थितियों की चुनौतियों ने कबीर के आविर्भाव को अपरिहार्य बनाया, जिससे एक नई ईश्वर-धारणा स्वयं निर्मित हो गई। अपनी ऐतिहासिक और सामाजिक पृष्ठभूमि की यथार्थता से स्वतः उत्पन्न यह ईश्वर-धारणा अन्य साम्प्रदायिक ईश्वर-धारणाओं की श्रेणी में एक और धारणा न होकर उन सबका सार-संक्षेप तथा उन सबसे न्यारा, दोनों एक साथ हैं। उन्होंने प्रचलित ईश्वर-धारणाओं की विकृतियों को त्यागकर अपने आत्मविचार तथा स्वानुभूति से ईश्वर की एक सहज लेकिन समग्र धारणा निरूपित की। यह कबीर की ईश्वर-परिकल्पना बन गई।

1. कबीर की ईश्वर-दृष्टि में निषेध का स्वर

कबीर पर पड़ा वैचारिक तथा पारिस्थितिक प्रभाव जहाँ एक तरफ सारग्राही कबीर द्वारा सार-तत्त्व के संचयन का हेतु बना वहाँ दूसरी तरफ विचारधारा, विश्वास और व्यवहार के अतिवाद तथा आपसी असामंजस्य के कारण सख्त विरोध में भी अभिव्यक्त हुआ। इन दोनों के प्रभाव के फलस्वरूप कबीर की जीवन-दृष्टि की भित्ति बनकर तैयार हुई, जिसका मूलाधार उनकी ईश्वर-दृष्टि है। कबीर की इस विशिष्ट वास्तु-कला का प्रथम चरण था—अनावश्यक वस्तुओं का उन्मूलन। इससे उनकी ईश्वर-दृष्टि के लिए ठोस आधार मिला। 'कबीर की ईश्वर-दृष्टि में निषेध के स्वर' को इसी परिप्रेक्ष्य में देखा जाना चाहिए।

विरोध-भावना की परम्परा और कबीर

विरोध की अवधारणा : 'विरोध' एक विपरीत भाव है। इसमें मेल के अभाव के कारण अनैक्य और उलटी स्थिति विद्यमान है। अस्वीकृति और प्रतिकूलता के साथ-साथ विरोध में एक निषेध या वर्जन-भाव भी निहित है। विरोध-भावना किसी बात में दृढ़ अविश्वास के कारण असहयोग ही नहीं विपरीत आचरण भी स्वयं में सम्मिलित करती है। विरोध-भाव उत्तेजित होकर युद्ध के लिए कभी ललकारपूर्ण आह्वान देता है, तो कभी घृणा-भाव से प्रेरित होकर हानि या अनिष्ट से युक्त व्यवहार का रूप भी धारण करता है। विरोध-भाव में चुनौती से उपद्रव या विद्रोह तक का व्यवहार समाहित है। अन्ततः यह विरोध मौलिक चिन्तन से अनुप्रेरित होकर उद्देश्यपूर्ण क्रान्ति की सीढ़ियाँ चढ़कर प्रगतिपरक रचना कर डालता है। अर्थात् निषेध, विद्रोह, चुनौती, क्रान्ति आदि

विरोध-भावना के विभिन्न पक्ष हैं, जो आवश्यकतानुसार एकल या सम्मिलित रूप से वैचारिक युद्ध-क्षेत्र में कार्यरत हो जाते हैं। विरोध एक मानसिक क्रिया मात्र भी हो सकता है और एक सक्रिय अभिव्यक्ति भी। विरोध की लक्षित वस्तु व्यक्ति या समाज, संस्था या व्यवस्था हो सकती है।

विरोध-भावना के विश्लेषण में दो विचारणीय बिन्दु हैं—विद्रोह और क्रान्ति। इन दो बिन्दुओं की परस्पर तुलना करते हुए डॉ. रजनीकान्त पांडेय का कथन है, "क्रान्ति, सामान्यतः व्यवस्था में मूल परिवर्तन का नाम है। इस अर्थ में विद्रोह क्रान्ति के लक्ष्य के लिए की जानेवाली हिंसात्मक कार्यवाहियों को कहते हैं।"[1] क्रान्ति मूलतः परिवर्तन का आग्रह होकर गम्भीर वैचारिक आधार से युक्त रहता है और प्रतिक्रिया की प्रबलता के कारण एकांगी भी है। तार्किकता और व्यावहारिकता पर अवलम्बित होकर यह क्रान्ति आन्तरिक और बाह्य दोनों रूप लेती है।

पूर्व मूल्य के अवमूल्यन के साथ ही समकालीन और उपयोगी नवमूल्यों की स्थापना ही क्रान्ति है। जब दासता की मनोवृत्ति से उबरकर समानता की मनोभूमि पर स्थापित होने के लिए प्रयत्न और संघर्ष किया जाता है तब विद्रोह सामाजिक सन्दर्भ में जड़ पकड़ता है। व्यक्तिगत इच्छाओं से ऊपर उठकर पीड़ित मानवता का दर्द दूर करने के लिए संघर्ष करना और अन्यायी शक्तियों के विनाश की ओर लक्ष्योन्मुख होकर विद्रोह की साहित्यिक अभिव्यक्ति को सबल करना ही विद्रोह का प्रमुख लक्षण है। मानवता के अस्तित्व को अवरुद्ध करनेवाली प्रवृत्तियों के विरुद्ध अपने शक्ति-प्रवाह को व्यापक स्तरों पर सकर्मक गतिविधियों में रूपायित करना विद्रोह का सांस्कृतिक रूप है। इस प्रकार वैचारिक, साहित्यिक और सांस्कृतिक रूपों में अभिव्यक्त होकर विद्रोह क्रान्तिकारी कार्य का कारण सिद्ध हो जाता है। अन्य शब्दों में, क्रान्ति विद्रोह की विशिष्ट अभिव्यक्ति है, जो आमूल-चूल परिवर्तन की ओर निरन्तर अग्रसर होती है। विद्रोह का स्तर वैयक्तिक, जातिगत एवं मनोवैज्ञानिक भी हो सकता है। जहाँ तक काव्यगत विद्रोह का प्रश्न है, पूर्ववर्ती विचारधारा के प्रति विद्रोह तथा नई रचनात्मकता की स्थापना सार्थक-साहित्य की पहचान है। समाज के अन्तर्विरोधों को पहचानकर तत्सम्बन्धी विसंगतियों को समाज के समक्ष विश्लेषित करने के माध्यम से आलोचनात्मक दृष्टि का प्रयोग करना बुद्धिजीवी का धर्म है। इस दिशा में निरन्तर शोध द्वारा परिवर्तन की ओर समाज को जागृत करना विद्रोह और क्रान्ति का रचनात्मक और उदात्त स्वरूप है।[2] इस प्रकार स्पष्ट होता है कि समाज में जो कुछ पुरातन तथा जर्जर होकर अहितकर, अप्रयोजनीय तथा कष्टकर हो गया है उसे चुनौती, विद्रोह तथा क्रान्ति के माध्यम से हितकर तथा प्रयोजनीय बनाने का प्रयत्न ही रचनात्मक अर्थ में विरोध-भावना है।

चेतना को जागृत करने में विरोध-भावना की अहम भूमिका है। "सामाजिक चेतना का विकास बौद्ध-जैन धर्म के प्रतिवादी स्वर से होता है। प्रचलित ब्राह्मण धर्म की वर्ण-व्यवस्था, आत्मवाद, आस्तिकता आदि को पहली गम्भीर चुनौती मिली—अनात्मवाद-अनीश्वरवाद के नारों के माध्यम से। पर यहाँ भी वही दुर्घटना कि क्रान्तिकारी दर्शन नए प्रकार के पुरोहितवाद से घिर प्रतिक्रान्ति में बदल गया और बौद्ध-जैन धर्म का विभाजन इसका प्रमाण है। बौद्धों से

---

1. रजनीकान्त पांडेय, कबीर एवं निराला के काव्य में विद्रोह-चेतना, पृ. 12
2. 'विद्रोह' की विस्तृत विवेचना के लिए द्रष्टव्य : रजनीकान्त पांडेय, कबीर एवं निराला के काव्य में विद्रोह-चेतना, पृ. 11-21, 30-33

प्रभावित होकर भी सिद्धनाथ साहित्य एक नई आचार-संहिता तलाशने का प्रयत्न करता है, जहाँ निराकार निर्गुण उपासना पर बल दिया गया और यहाँ विचार से अधिक आग्रह आचार पर है।...कबीर सिद्धनाथ साहित्य के सामाजिक-सांस्कृतिक आशय को जुझारू भाषा में कहते हैं और इस दृष्टि से उनका व्यक्तित्व अपेक्षाकृत अधिक सतेज और प्रखर है।"[1] इस प्रकार ब्राह्मण-व्यवस्था के प्रति विरोध की भावना ने बौद्धों से प्रारम्भ होकर सिद्धों के काल में प्रचंड आक्रमण का रूप लिया।

विरोध-भावना और कबीर : विरोध-भावना भारतवर्ष के लिए कोई नई बात या घटना नहीं है। विरोध-भावना मानो भारतीय संस्कृति का एक अनिवार्य अंग है। यह वैदिक समय से व्रात्यों द्वारा उद्‌घाटित थी। ग्रन्थ के रूप में उपनिषद् कर्मकांड प्रधान ब्राह्मण ग्रन्थों के प्रतिक्रिया स्वरूप लिखे गए थे। उपनिषदों की यह विरोध-भावना ही प्रकारान्तर से बौद्धों तथा जैनों में और बाद में सिद्धों तथा नाथों में दृष्टिगत होती है। कबीर ने जीवन के इस मूल प्राकृतिक नियम को और भारतीय संस्कृति की इस परम्परा को आगे बढ़ाने के साथ-साथ इस विरोध-भावना को एक नई परिभाषा से विभूषित भी किया।

ब्राह्मण-व्यवस्था को धराशायी करने में भक्ति-आन्दोलन सर्वाधिक सहज तथा प्रभावशाली शस्त्र के रूप में प्रयुक्त हुआ। ब्राह्मण-व्यवस्था के विरुद्ध इस विद्रोह के सबसे बड़े नेता मध्यकाल में कबीर हैं। वे अत्यन्त प्रखर और तेजस्वी व्यक्तित्व लेकर उत्पन्न हुए थे और इस व्यक्तित्व के अणु-अणु का उपयोग उन्होंने ब्राह्मण-व्यवस्था पर प्रहार करने में किया है। भक्ति इस विद्रोह का हथियार है। भारतीय धार्मिक परम्परा में भक्ति बड़ी ही क्रान्तिकारी उद्‌भावना है और यह उद्‌भावना ब्राह्मण-व्यवस्था के विरोध में है। तात्पर्य यह है कि भक्ति स्वयं ब्राह्मण–विरोधी तत्त्व है। ब्राह्मणों ने यज्ञ-प्रधान, आचार-प्रधान और तीर्थ-प्रधान धार्मिक परम्परा को प्रतिष्ठित किया था तथा पुराण और स्मृतियाँ इसी के आख्यान हैं। भक्ति ने इन सारी चीज़ों का विरोध किया और नाम की महिमा को प्रतिष्ठित किया। नाम की महिमा आचार-प्रधान ब्राह्मण-व्यवस्था पर सीधा प्रहार है।[2]

कबीर ने पंडित को घटिया जीव समझकर तिरस्कृत किया, क्योंकि उनका ज्ञान बासी, पाखंडपूर्ण तथा भेद-बुद्धि से युक्त था। उसका कोरा पुस्तकीय ज्ञान कबीर को स्वीकार्य नहीं था। साथ-साथ, यह पंडित-वर्ग अपने व्यक्तिगत स्वार्थ के घेरे में रहकर भी सम्पूर्ण समाज का व्यवस्थापक बन बैठा था। ब्राह्मण वर्ग द्वारा पोषित इस धर्म-व्यवस्था की खिलाफत करना कबीर ने अपना प्रथम कर्त्तव्य समझा। गद्दी सँभालनेवाले मुसलमान भी इसी दोष के शिकार थे। वे सोचते थे कि हिन्दुओं की मुक्ति की कुंजी अपने हाथ में है और उनको स्वर्ग दिलाना अपना कर्तव्य है। मुसलमानी स्वर्ग की यह धारणा भी कबीर के लिए कष्टकर रही और उन्होंने इस व्यवस्था का भी तिरस्कार किया। कबीर का साहित्य इस विरोध का प्रबल प्रमाण है। इस सन्दर्भ में डॉ. शुकदेव सिंह की मान्यता है कि "मेरा ख्याल है कि कबीर का साहित्य इसलिए प्रासंगिक साहित्य है कि वह जातिवाद और साम्प्रदायिकता जैसे अमानवीय संगठनों के खिलाफ है।"[3] अर्थात् कबीर की विरोध-भावना मूल रूप से वर्णव्यवस्था विरोधी है। "कबीर का यह व्यवस्था-विरोध

1. प्रेमशंकर, भक्तिकाव्य का समाजशास्त्र, पृ. 61-62
2. द्रष्टव्य : विजेन्द्र नारायण सिंह, 'कबीर : ब्राह्मण-व्यवस्था के विरुद्ध विद्रोह', कबीर साहब, विवेकदास (सम्पा.), पृ. 101-02
3. शुकदेव सिंह, 'कबीर साहित्य की प्रासंगिकता', कबीर साहित्य की प्रासंगिकता, विवेकदास (सम्पा.), पृ. 8

अन्ध-विश्वासों से दब रही जनता के दुःख-निवारण के लिए ही लक्षित था। कृष्ण की क्रान्तिदर्शिता और गौतम बुद्ध की परदुःख-कातरता की परम्परा में 'कबीर' अन्धविश्वासों की जड़ता के विखंडक एवं दुखियों के मसीहा थे।"[1] कबीर का विरोध एकांगी नहीं था, बल्कि सर्वसमावेशक था। सहज और अर्थपूर्ण जीवन के लिए जो भी अहितकर लगा उन सबका कबीर ने डटकर विरोध किया। सामन्ती व्यवस्था भी साधारण जनता को पीसती जा रही थी। कबीर का विद्रोह समस्त सामन्ती आचार-विचारों और संस्कृतियों के प्रति समाज के दलित और त्रस्त वर्गों द्वारा चुनौती का प्रतीक है।[2]

समाज में प्रचलित विभिन्न धर्म-सम्प्रदायों पर भी कबीर ने उग्र प्रहार किया, क्योंकि वे अतिशय अनुष्ठानवाद, पक्षपात और अतिवाद के कारण मनुष्य के लिए सहायक होना तो दूर, पीड़ादायक हो गए थे। अस्वीकार करने की क्षमता सबमें नहीं होती, लेकिन कबीर में थी। "कबीरदास बहुत कुछ को अस्वीकार करने का अपार साहस लेकर अवतीर्ण हुए थे।"[3] कबीर की स्पष्टवादिता, अक्खड़ता, उलट-बाँसियाँ आदि उनकी विरोध-भावना को ही प्रमाणित करती हैं। फिर भी, उनकी विरोध-भावना खंडनात्मक न होकर, सुधारवादी रही है। "कबीर का विद्रोहात्मक हृदय सद्भावना के सुन्दर अवगुंठन से आवेष्टित था।"[4] इसमें अविश्वास, निषेध, विद्रोह, क्रान्ति, परिवर्तन तथा नवीनता का आग्रह, साहस, नई दृष्टि आदि समस्त आवश्यक उपादान अन्तर्भुक्त थे। कबीर की विरोध-भावना से मानवीय जीवन के विभिन्न पक्षों के नव-निर्माण का मार्ग प्रशस्त ही नहीं हुआ, बल्कि स्वयं विरोध-भावना की एक नई परिभाषा भी प्रस्तुत हो सकी।

धर्म-सम्प्रदायों के पूजित और समाज में प्रतिफलित ईश्वर का अनीश्वरत्व तथा कबीर द्वारा उसका निषेध

धर्म-सम्प्रदायों में पूजित ईश्वर का अनीश्वरत्व : कबीर ने चारों ओर प्रचलित धार्मिक विचारधाराओं तथा साम्प्रदायिक अनुष्ठानों को व्यावहारिक दृष्टि से परखा। धर्म एक नाममात्र की वस्तु रह गया था और इसके आवरण में लोगों को अपनी स्वार्थ-सिद्धि का अवकाश मिलता था। धर्म के क्षेत्र में जो प्रवृत्ति इस समय प्रतिलक्षित होती थी वह पूर्णरूपेण स्वार्थप्रिय थी। उसमें लेशमात्र भी धर्म के साधारण नियम, यथा—सरलता, सौम्यता, सद्गुण, सदाचार, सद्व्यवहार, दया, सच्चाई, ईमानदारी आदि गुण वर्तमान नहीं थे। धर्म के नाम पर यह स्वार्थप्रिय प्रवृत्ति अपना नग्न-नृत्य कर रही थी। इस स्वार्थ-प्रियता में ईश्वर का स्वरूप देखना कबीर के लिए कष्टदायक था। "विभिन्न धर्मों में धार्मिक कट्टरता जितनी कठोर थी उतनी ही भयंकर भी थी।...जितना भयंकर हिन्दू-मुसलमान का भेदभाव था उतना ही भयंकर ब्राह्मण और शूद्र का भेदभाव भी था। यह भेदभाव समाज को न केवल दुर्बल बना रहा था वरन् गतिहीन भी कर रहा था।"[5] ब्राह्मणों की वर्ण-व्यवस्था विकृत होकर अस्पृश्यता-भावना में परिणत हुई। धीरे-धीरे यह ऐसी एक शुद्धता-भाव

1. त्रिभुवन सिंह, 'समाज-चेतना और कबीर साहब', कबीर साहित्य की प्रासंगिकता, विवेकदास (सम्पा.), पृ. 136
2. प्रकाशचन्द्र गुप्त, 'जनवादी कवि कबीर', कबीर : एक विश्लेषण, वही, पृ. 26
3. हजारीप्रसाद द्विवेदी, कबीर, भूमिका, पृ. 7
4. शंकरराव कप्पीकेरी, कबीर और बसवेश्वर, तुलनात्मक अध्ययन, पृ. 136
5. सरनाम सिंह शर्मा, कबीर : एक विवेचन, पृ. 337-38

से ग्रसित हुई कि निम्न जाति के लोगों के प्रति यादृश्चिक दृष्टि तक अपवित्रता का कारण मानी जाती थी। इसलिए अधिकतर ब्राह्मण सूर्योदय के पूर्व ही पंचगंगाघाट में स्नान कर लौट आते थे, इस भय से कि किसी की कलुषदृष्टि न पड़ जाए। ऐसे निम्नतम स्तर का ऊँच-नीच भाव मनुष्य को पशु घोषित करनेवाला था। इस प्रकार के भेदभाव के कारण मनुष्यत्व से च्युत हुए ब्राह्मण द्वारा संचालित धर्म-व्यवस्था में ईश्वरत्व की विद्यमानता की कल्पना तक अनर्थ है। इसलिए कबीर ने ब्राह्मण तथा ब्राह्मण-व्यवस्था को हेय घोषित किया।

कबीर की ईश्वर-तलाश के परिवेश को आचार्य हजारीप्रसाद द्विवेदी चित्रित करते हैं, "जिन दिनों कबीरदास का आविर्भाव हुआ था, उन दिनों हिन्दुओं में पौराणिक मत ही प्रबल था। देश में और भी नाना भाँति की साधनाएँ प्रचलित थीं। कोई वेदपाठी था, तो कोई उदासी; कोई ऐसा था जो दीन बना फिर रहा था, तो कोई दान-पुण्य में ही व्यस्त था। कोई मदिरा के सेवन को ही चरम साधना मानता था, तो कोई तन्त्र-मन्त्र औषधादि की करामात से ही सिद्ध बना फिरता था। कोई सिद्ध था, कोई तीर्थव्रती था और कोई धूम्रपान से शरीर को काला बना रहा था।. ..उस समय मुनि थे, पीर थे, दिगम्बर थे, योगी थे, जंगम थे, ब्राह्मण थे, संन्यासी थे, पर सभी माया के चक्कर में पड़े हुए थे।"[1] ऐसे बहुधा विचित्र बाह्याडम्बर-मूलक साधनाओं में ईश्वर-तत्त्व खोजना कबीर के लिए एक भगीरथ-प्रयत्न ही था। प्रतिमा को कबीर एक निर्जीव तत्त्व मानते थे। इसलिए प्रतिमा-पूजन में ईश्वरता का अनुभव वे कदापि नहीं मानते थे। उनकी यह दृढ़ धारणा थी कि एक ही पाट पर परमपिता ईश्वर ने सबको बिठाया है। लेकिन पंडित या पांडे ने मनुष्य-मनुष्य में जन्मना भेदीकरण किया है। इसलिए "कबीरदास का 'पंडित' बहुत अदना आदमी है, स्वर्ग और नरक के सिवा और कुछ जानता नहीं, जात-पाँत और छुआछूत का अन्ध उपासक है, तीर्थ-स्नान और व्रत-उपासक का ठूँठ समर्थक है—तत्त्वज्ञानहीन, आत्म-विचार विवर्जित, विवेक-बुद्धिहीन अटट गँवार।"[2]

पंडित की हेयता का कारण उसकी बाह्याचार-प्रधान जीवन-व्यवस्था थी। वेदपाठ, तीर्थस्नान, व्रतोद्यापन, छुआछूत, अवतारोपासना, कर्मकांड इत्यादि सबके विरुद्ध कबीरदास ने लिखा है। "वस्तुतः सारा हिन्दू धर्म उनकी दृष्टि में एक बाह्याचारबहुल ढकोसला मात्र था।"[3] हिन्दुओं को ही नहीं, मुल्ला और काजी को भी कबीर ने बाह्याडम्बर के लिए फटकारा था। सुन्नत, बाँग, कुर्बानी आदि को भी कबीर ने बाह्याचार-मात्र समझा। बाह्याडम्बरों के प्रपंच में दो बातें कबीर को खटकती थीं—पहली, ये बाह्याचार जटिल और खोखले थे और आन्तरिक जगत् से वियुक्त थे। दूसरी, इन बाह्याचारों का जीवन से सम्बन्ध नहीं था। जीवन से असम्बद्ध उस सैद्धान्तिक और अनुष्ठानपरक ईश्वर में कबीर का विश्वास नहीं था, क्योंकि इन बाह्याडम्बरों से प्रतिफलित ईश्वर सच्चा ईश्वर न होकर ईश्वराभास-मात्र था।

समाज में प्रतिफलित ईश्वर का अनीश्वरत्व : धार्मिक जगत् के पाखंडपूर्ण और खोखले आचरणों में प्रतिफलित ईश्वरहीनता का व्यावहारिक पक्ष था सामाजिक जगत् की अराजकता। तथाकथित ईश्वर और ईश्वर-वाणी के नाम पर अन्धविश्वास, भ्रम एवं पाखंड, ईर्ष्या, घृणा एवं साम्प्रदायिक भेदभाव की दीवार खड़ी की जा रही थी। अदृश्य ईश्वर के नाम पर प्रत्यक्ष ईश्वर-रूपी

---

1. हजारी प्रसाद द्विवेदी, कबीर, पृ. 115-16
2. वही, पृ. 118
3. वही, पृ. 117

इंसान के खून की होली खेली जा रही थी और निर्जीव पत्थर के सामने सजीव प्राणी की बलि दी जा रही थी। कबीर की आत्मा यह सब देखकर तिलमिला उठी। कबीर की अन्तरात्मा इस बात से सबसे ज्यादा दुःखी थी कि ईश्वरीय वाणी का पाखंड रचकर पुरोहितों द्वारा समाज के विशालतम अंग को अछूत तथा शूद्र घोषित कर उसको समस्त मानवीय अधिकारों से वंचित कर रखा था। मानवता के साथ इस निर्मम खिलवाड़, जिससे हृदयहीनता के साथ ईश्वरहीनता भी अभिव्यक्त हो जाती है, का वर्णन डॉ. त्रिभुवन सिंह के शब्दों में इस प्रकार किया जा सकता है, "मनुष्य के द्वारा मनुष्य के राक्षसी उत्पीड़न एवं घृणित उपेक्षा के आलोचक थे कबीर। उन्हें सर्वाधिक कष्ट इस बात से था कि सारे के सारे अनाचार ईश्वर और धर्म के नाम पर हो रहे थे। मानवता को रौंदकर तथाकथित मानव-पुत्र अपनी अश्रेष्ठ वीरता के श्रेय-ज्ञान से दिशाओं के पट फाड़ने पर तुले थे। कबीर को यही सब बर्दाश्त नहीं था।"[1] वेद-शास्त्रों की दुहाई देकर अपनी उच्चता का प्रतिपादन करनेवाले लोगों में कुछ भी उदात्त नहीं था। संकीर्णता ही उनकी श्री थी और नृशंसता ही शक्ति। 'दूसरों के स्वर्ग का ठेका जिनके हाथ में था उनके अपने ही जीवन में कुछ भी स्वर्गिक नहीं था।' वाणी और उपदेश का आचरण से कोई सम्बन्ध नहीं, शास्त्र का व्यवहार से कोई तालमेल नहीं। ऐसे अमानवीय भेद-भाव और पाशविक पाखंड में ईश्वर का निवास देखना, कबीर जैसे ईमानदार इंसान के लिए असम्भव था।

मन्दिरों की देव-मूर्तियों की निर्जीवता तथा निरर्थकता को समझकर कबीर ने ईश्वर की जीवन्त मूर्ति की तलाश में सम्पूर्ण समाज की छानबीन की। कबीर के युग का समस्त भारतीय जीवन वैषम्य का शिकार था—चाहे वह राजनीतिक रहा हो या धार्मिक और सांस्कृतिक। "जो सामाजिक एवं राजनीतिक मर्यादाएँ कभी सुखमय जीवन के लिए बनाई गई थीं, आज वही विरोध का कारण थीं, उनकी अर्थवत्ता काल के गाल में समा चुकी थी। जरठ-रूढ़ियाँ उपयोगिता के अभाव में बन्धन बनकर रह गई थीं। निरीह जनता दिशाहीनता की स्थिति में संकट झेलने को विवश थी। मनुष्य मनुष्य से अलग हटता जा रहा था और परस्पर की भेदक रेखाएँ, चाहे धार्मिक पागलपन के कारण, चाहे निहित राजनीतिक स्वार्थों के कारण, इतनी लम्बी होती जा रही थीं कि आदमी आदमी का दुश्मन बन गया। आदमी अनेक धर्म और सम्प्रदायों में विभक्त हो गया था। मानवता टुकड़े-टुकड़े हो रही थी। कबीर अपनी प्रतिभा-सम्पन्न सूक्ष्म-दृष्टि से इन विषम और विकराल परिस्थितियों में एक नियामक ईश्वर के रूप के लिए तरस रहे थे। एक टूटा-बिखरा सामन्ती समाज शरीरवाद में मग्न और जो बुद्धिवादी सामाजिक चेतना की अगुवाई कर सकता है, वह भी दुर्बल, संकल्पहीन। हर प्रकार की विकृति में सहायक पुरोहित वर्ग जो प्रतिगामी शक्तियों का प्रतिनिधित्व करता है।"[2]

इस प्रकार हम कह सकते हैं कि कबीर-कालीन समाज एक विलक्षण समाज था। एक ओर हिन्दू और मुस्लिम धर्मों की अपनी-अपनी विशिष्ट कट्टर धार्मिक परम्पराएँ चल रही थीं, खंडित धार्मिक मानसिकता के परिणामस्वरूप अनेक सम्प्रदाय-उपसम्प्रदाय भी बने हुए थे और अपने-अपने विधान के अनुसार आडम्बरपूर्ण बाह्याचारों का ढकोसला स्थान-स्थान पर दृष्टिगोचर होता था। दूसरी ओर, ब्राह्मणों के निहित स्वार्थ पर आधारित चातुर्वर्ण्य की व्यवस्था विकृत होकर परस्पर भेद-भाव और अस्पृश्यता-भाव के निम्नतम स्तर तक पहुँच चुकी थी। परस्पर विभाजन करनेवाली

1. त्रिभुवन सिंह, 'समाज-चेतना और कबीर-साहब', कबीर साहित्य की प्रासंगिकता, पृ. 130
2. प्रेमशंकर, भक्तिकाव्य का समाजशास्त्र, पृ. 22

दीवारों की भरमार थी। इसलिए एक मनुष्य से दूसरे मनुष्य तक का मार्ग प्रायः अवरोधित था। शोषण, स्वार्थ, ईर्ष्या, बेईमानी, पाखंड, संकीर्णता, नृशंसता, निराशा और अमानवता आदि तत्कालीन समाज की पहचान बन चुकी थीं। कबीर-जैसे आदर्शवादी, यथार्थवादी, धर्मपरायण और सुलझे हुए इंसान के लिए ऐसे पाखंडपूर्ण धर्म-व्यवस्था के अन्तर्गत पूजित तथाकथित ईश्वर में 'ईश्वरत्व' देखना असम्भव-सा था। साथ ही, अपने समाज में प्रचलित कलुषित व्यवहारों में सच्चे ईश्वर को प्रतिफलित पाना कबीर की महापुरुषीय प्रतिभा के सूक्ष्म-दर्शक-यन्त्र के लिए सम्भव नहीं था। इसके अतिरिक्त, धार्मिक विचार और भाव-धाराओं के सिद्धान्त को सामाजिक समत्वमूलक सम्बन्धों के व्यवहारों में प्रवाहित नहीं पाना अनीश्वरत्व का स्पष्ट प्रमाण था। संक्षेप में, कबीर की ईश्वर-दृष्टि इतनी सूक्ष्म, आदर्शपरक, प्रयोजनमूलक और व्यावहारिक थी कि तत्कालीन धर्म-सम्प्रदायों में पूजित तथा समाज में प्रतिफलित तथाकथित ईश्वर बहुत कुछ 'अनीश्वर' ही था।

अनीश्वरत्व का निषेध : जिस त्रुटिपूर्ण ईश्वर-सृष्टि तथा ईश्वर-पूजा के प्रचलन तथा भेदभाव के कलंक से मानवीय जीवन दूभर हो गया था, उसकी कलई खोलना और उसके प्रति आक्रोश व्यक्त करना इस निषेध-भाव का व्यावहारिक रूप था। कबीर की आदर्शवादिता, यथार्थवादिता, स्पष्टवादिता तथा अक्खड़ता को इस सन्दर्भ में देखा जाना चाहिए। "इस दृष्टि में कबीर तो कुछ और बढ़े-चढ़े यथार्थवादी हैं। उन्होंने देश-काल की दुर्बलताओं को समाज में तांडव-नृत्य करते देखकर न केवल करुणा व्यक्त की है, वरन् क्षोभ भी व्यक्त किया है और समाज की उन दुर्बलताओं को उन्होंने हेय दृष्टि से देखा है। उनकी ये कटु निन्दा और कहीं-कहीं तीव्र भर्त्सना भी करते हैं। जहाँ वे निन्दा से भर्त्सना पर उतर आते हैं वहीं वे अति-उग्र हो जाते हैं।"[1] स्पष्टवादी होने के कारण कबीर में कोई घुमाव-फिराव नहीं था। करनी और कथनी के सन्तुलन को जीवन का मूल नियम मानकर वे सत्य पर आधृत बातें करते थे, वह भी तीर-सी सीधी और तीक्ष्ण। वे मुँह देखी बातें नहीं करते थे। सभी दुराचारियों को उन्होंने खरी-खोटी सुनाई। यही स्पष्टवादिता और आदर्शवादी उग्रता उनके अक्खड़पन के माध्यम से अभिव्यक्त हुई। उनकी यह अक्खड़ता, जो खंडनात्मक उक्तियों में प्रवाहित हुई, उनके लिए अत्यावश्यक थी। "कबीर की अक्खड़ता नीरस और शुष्क नहीं है। वह प्रेम-जनित है। उनके हृदय में जो सत्य के प्रति अनन्य प्रेम है उसने ही असत्य के प्रति उन्हें इतना अक्खड़ बना दिया है।"[2]

'अनभै-साँचा' और सहज ईश्वर का विकल्प

निषेध का झटका : निषेध वही कर सकता है जो जानकार और साहसी ही नहीं, बल्कि जिसके पास कोई विकल्प भी हो। इन दोनों गुणों का समावेश केवल महापुरुषों में होता है। महापुरुष प्रायः परिस्थितियों की देन हैं। कबीर-कालीन परिस्थितियों तथा कबीर के आविर्भाव का सम्बन्ध दर्शाते हुए डॉ. त्रिभुवन सिंह का कहना है कि "निराशा का चरम-बिन्दु ही आशा का प्रथम बिन्दु है। संघर्ष की स्थिति अपरिहार्य हो तो कायर और क्लीव भी बहादुर हो उठते हैं। यह वह समाज था जब आन्तरिक संघर्षों एवं विविध धार्मिक मतवादों के कारण भारतीय समाज की केन्द्रीय दृष्टि समाप्तप्राय थी और परम्परा से प्राप्त उसकी धार्मिक एवं सांस्कृतिक चेतना कहीं मखौल का कारण बन रही थी तो कहीं उसे विरोधी शक्तियों के अत्याचार से जूझना पड़ रहा था। ये

1. सरनाम सिंह शर्मा, कबीर : एक विवेचन, पृ. 347
2. गोविन्द त्रिगुणायत, कबीर की विचारधारा, पृ. 106-07

रोमांचक परिस्थितियाँ दमघोट होती हैं, पर ऐतिहासिक दृष्टि से इनका बड़ा महत्त्व भी होता है, क्योंकि महापुरुषों का जन्म इन्हीं परिस्थितियों के कारण होता है।"[1]

जाति-पाँति से उद्भूत भेद-भाव, साम्प्रदायिकता, मूर्तिपूजन एवं हिंसायुक्त और जटिलतम कर्मकांडों की विकराल परिस्थितियों में कबीर को सच्चे धर्म की तलाश थी, जिसमें एक ऐसे ईश्वर की मान्यता है जिसकी सब लोगों तक पहुँच हो। कबीर का पूरा विश्वास था कि ऐसे एक ईश्वर की प्रतिष्ठा से ही मनुष्यमात्र की समानता, कल्याण-साधना तथा ऐक्य-भावना का मार्ग प्रशस्त होगा। तत्कालीन भारतीय समाज के विविध अवयवी धर्मों, विश्वासों, संस्कृतियों तथा संस्कारों के मध्य सामंजस्य का सर्वथा अभाव था। उनमें से अधिकांश परस्पर विरोधी एवं विपरीत दिशा में ही अपना प्रवाह बनाए रखने को कृत-संकल्प-से थे। भारतीय समाज के मूल में लगे विष-कीट को देखकर कबीर ने आदमी से आदमी बनाने का गुरुतर संकल्प लिया। इस कार्य में उन्होंने आपदाओं की चिन्ता नहीं की। कबीर ने मानवमात्र की एकता का प्रतिपादन किया। वे चाहते थे कि लोग वैषम्य की पीड़ा से मुक्त होकर मनुष्य को मनुष्य के रूप में प्रेम कर सकें।

सहज ईश्वर : कबीर के सामने मानवीय जीवन की समस्त समस्याओं के निदान और निराकरण का एकमात्र उपाय परमतत्त्व का संशोधित रूप था, क्योंकि परमतत्त्व की धारणाओं में जो विकृतियाँ घुस गई थीं, उनकी वजह से ही धार्मिक तथा सामाजिक जीवन अस्त-व्यस्त और तहस-नहस हो गया था। परमतत्त्व के सहज रूप को प्रस्तुत करने के लिए कबीर ने बौद्धों, आलवारों तथा सूफियों के संस्कारों से लाभान्वित होते हुए तीनों की संकीर्णताओं से दूर रहने की चेष्टा की। कबीर द्वारा प्रवर्तित यह सहज ईश्वर का विकल्प अनुभूतिपरक था। यह 'अनभै-साँचा' ईश्वर था। कबीर शास्त्रीय ज्ञान की अपेक्षा अनुभव ज्ञान को अधिक महत्त्व देते थे। उनके मस्तिष्क में न जूठन की वस्तु थी, न उधार की, बल्कि अपनी प्रतिभा की अनुभूति में पची हुई सामग्रियों का मौलिक सारतत्त्व था। कबीर की निजी अनुभूति 'अकथ कहाणी' है जो मुँह से कहकर समझाने की चीज़ नहीं थी। कबीर सन्त थे और उनका अनुभव तर्कों द्वारा स्पष्ट करना असम्भव है। "हम जिस बुद्धि और तर्क की कसौटी पर उनके अनुभवों को परखना चाहते हैं उसके अपने पैर नहीं हैं, हमारे प्रत्यक्ष अनुभवों पर ही वे खड़े होते हैं। इस दृष्टि से प्रत्यक्ष अनुभव ही प्रधानतः प्रमाण ठहरते हैं।"[2] कबीर का ईश्वर-तत्त्व निज की साधना की स्वानुभूत वस्तु है; सुनी-सुनाई बातों को जोड़कर बनाया हुआ एक बेढंग ढाँचा मात्र नहीं है, बल्कि उनके जीवन-रस में धुली हुई निज की चीज़ है। ऐसा विशिष्ट है कबीर का यह 'अनुभूतिपरक सहज-ईश्वर'।

'अनभै साँचा' ईश्वर का ईश्वरत्व : कबीर के काव्य का केन्द्रीय-तत्त्व 'अनभै-साँचा' ईश्वर है जो वास्तव में ईश्वरीय तत्त्व से सम्पन्न है। उनके काव्य के अध्ययन से ऐसा लगता है कि कबीर साहब ने किसी ऐसे चिरन्तन सत्य का साक्षात्कार कर लिया है, जिसके समक्ष देश-काल की परिधि किसी प्रकार का व्यवधान उपस्थित करने में अक्षम तथा असफल रही है। इस चिरन्तन सत्य के साक्षात्कार में कबीर के ईश्वर की एकता और सहजता में मानव-मात्र का समत्व भी एक साथ प्रतिष्ठित है। " 'कोढ़ी' तथा कुंजर, ब्राह्मण तथा चांडाल और हिन्दू तथा मुसलमान में काली तथा सफेद गाय में एक ही रंग के दूध-समान एकता घोषित करना कबीर का अभिप्राय

1. त्रिभुवन सिंह, 'समाज-चेतना और कबीर साहब', कबीर साहित्य की प्रासंगिता, पृ. 134
2. पुरुषोत्तम श्रीवास्तव, कबीर साहित्य का अध्ययन, पृ. 180

था। उन्होंने सहज-ईश्वर की स्थापना व्यक्ति के आभ्यन्तर जगत् में करके मानव-मानव में शाश्वत् बन्धुत्व-भाव के लिए अनुभूतिपरक भित्ति तैयार की। उन्होंने धर्म और दर्शन के ऐसे सिद्धान्त निरूपित किए जो सरलता से जनता द्वारा हृदयंगम किए जा सकते थे।...उन्होंने नाथ-पन्थ से प्राप्त की गई सामग्री को अधिक व्यावहारिक और जनसुलभ बनाने की चेष्टा की। जीवन की अंग-प्रत्यंग की समीक्षा कर उन्होंने धर्म और जीवन को इतना सरल और सुगम साधना से सम्पन्न बनाया कि वह प्राणों में निवास करने योग्य बन गया।"[1] इस प्रकार, कबीर ने धर्म तथा दर्शन और जीवन तथा व्यवहार के साथ सिद्धान्त तथा अनुभूति के मध्य भी सामंजस्य स्थापित कर अपनी ईश्वर-दृष्टि को सार्वजनीन और सर्वग्राह्य ही नहीं, सार्थक भी बनाया। उन्होंने इन सिद्धान्तों को अनुभूत अथवा दैनिक-जीवन में प्रतिदिन घटित होनेवाली परिस्थितियों के प्रकाश में ही देखा है। उनके तर्क चाहे दर्शन-सम्मत भले ही न हों, किन्तु वे सहज ज्ञान से ओत-प्रोत हैं। इस प्रकार के तर्क पंडित और शास्त्रियों द्वारा मान्य नहीं हो सकते तथापि जनता के हृदय में सत्य और विश्वास की अमिट रेखा खींचते हैं, क्योंकि इस प्रकार के तर्क उनके अनुभव से दूर नहीं हैं। कबीर ने इन्हीं अनुभूत सिद्धान्तों और जीवन की वास्तविकताओं द्वारा अपने काव्य को श्रीसम्पन्न किया है। पुस्तक-ज्ञान की अपेक्षा वे अनुभव-ज्ञान को अधिक महत्त्व देते हैं। पुस्तक-ज्ञान से तो अहंकार का विष उत्पन्न होता है किन्तु जीवन के सहज ज्ञान के सन्तोष और विश्वास का मधुर रस मन में संचारित होने लगता है।

कबीर ने इस सहज 'ईश्वर' का आविष्कार बहुत सोच-विचार करके किया था। इसलिए इस 'अनभै-साँचा' ईश्वर में ईश्वरत्व का प्राण सन्निहित है। कबीर ने समसामयिक धार्मिक सम्प्रदायों द्वारा पूजित कर्मकांडमूलक, अनुष्ठानपरक तथा खंडित ईश्वर के स्थान पर एक असाम्प्रदायिक सहज तथा सर्वग्राह्य ईश्वर को स्थापित किया।

कबीर का निषेधात्मक स्वर कबीर का अपना होने के बावजूद, वेद से लेकर उपनिषद्, बौद्ध-जैन, नाथ-सिद्धों से होकर चलनेवाली विरोध-भावना की परम्परा में परिगणित किया जा सकता है। कबीर की निषेध-भावना में जो विशिष्ट है वह उसके संशोधनात्मक या सुधारात्मक आशय है। इसलिए उन्होंने धार्मिक सम्प्रदायों में पूजित तथा सामाजिक संस्थाओं से प्रतिफलित ईश्वर के 'अनीश्वरत्व' को उजागर किया और उसे अपने पैरों तले कुचलकर एक सहज और अनुभूतिपरक 'अनभै-साँचा' ईश्वर को विकल्प के रूप में प्रतिष्ठापित किया। कबीर की ईश्वर-दृष्टि का यह सर्वग्राह्य विकल्प उनकी निषेध-भावना में अदृश्य रूप में उपस्थित स्वीकारोक्ति ही है।

2. कबीर-चिन्तन में ईश्वर का स्वरूप

कबीर-चिन्तन में नाम-तत्त्व

'ईश्वर' के नाम की प्रतीकात्मकता और कबीर का ईश्वर : 'नाम' वह शब्द है जिससे किसी वस्तु या व्यक्ति का बोध होता है। नाम स्वयं में कोई वास्तविकता नहीं होकर किसी वास्तविकता को खोलने की कुंजी है। किसी वस्तु या व्यक्ति का द्योतन करना उसकी भूमिका है। इसलिए जिस वस्तु या व्यक्ति की ओर संकेत है उस वस्तु या व्यक्ति का सूचक-चिह्न है नाम। इस अर्थ में, नाम को किसी वस्तु या व्यक्ति का प्रतीक कहा जा सकता है। प्रतीकात्मक अभिव्यक्ति का

1. रामकुमार वर्मा, सन्त कबीर, पृ. 32

विस्तृत रूप भाषा है तो उसका संक्षिप्त रूप नाम है। ईश्वर-सम्बन्धी कथन में भाषा की, और विशेष तौर पर नाम की, यह प्रतीकात्मकता सर्वाधिक महत्त्वपूर्ण साबित होती है, क्योंकि इसमें किसी अदृश्य वास्तविकता का अटकल किया जाता है। अर्थात् ईश्वर के नाम में प्रतीकात्मकता की चरम सीमा दर्शाई जा सकती है।

जहाँ तक ईश्वर के नाम के साथ कबीर के सम्बन्ध का प्रश्न है, उपर्युक्त सभी बातें तर्क-संगत हैं। कबीर द्वारा ईश्वर के लिए प्रयुक्त सभी नाम उनकी ईश्वर-धारणा को विश्लेषित करने की कुंजियाँ हैं। ये नाम उनके द्वारा अनुभूत और निरूपित ईश्वर के स्वरूप के सूचक-चिह्न हैं। साथ ही, यह नाम अदृश्य ईश्वर के स्वभाव-निर्धारण में सहायक होनेवाले ऐसे प्रतीक हैं, जो ईश्वरीय व्यक्तित्व के अनेक गुणमय चित्र मानस-पटल पर अंकित करने की क्षमता रखते हैं। स्रष्टा ने जगत् को 'कहने-सुनने' तथा 'व्यवहृत' होने के लिए निर्मित किया है। इसलिए जगत् से निर्वाचित होकर ईश्वर के लिए प्रयुक्त नाम, आंशिक रूप से भले ही हो, ईश्वर-स्वरूप के सारतत्त्व को अभिव्यक्त करते हैं। पंडित परशुराम चतुर्वेदी के शब्दों में, ''नाम चाहे कोई भी हो, वह उसको 'बोलन के सुख कारनै' अथवा वाणी द्वारा व्यक्त करने के सुभीते के लिए उसका प्रतीक स्वरूप है और वही भवसागर को पार करने का हमारे लिए एकमात्र साधन है। वह तीनों लोकों का मूल 'ततसार' व सारतत्त्व है और उसी को मैंने शिरोधार्य कर रखा है।''[1]

कबीर के परमतत्त्व के अनेक नाम : कबीर ने अपने द्वारा निरूपित परमतत्त्व को अनेक नामों से अभिहित किया। इन नामों में सामान्य तथा साम्प्रदायिक दोनों प्रकार के नाम सम्मिलित हैं। तत, परमतत, अनूपतत, निजतत, सबद, परमपद, निजपद, अभैपद, सहज, सुनि, सति, ग्यान, अनन्त, ब्रह्म, उनमन, गगन, आलेख, अबिहड़, औघट, स्वामी, प्रभु, करता, राम, हरि, गोपाल, रहीम, करीम, बीठुला आदि कबीर की परम सत्ता की लम्बी नाम-सूची की कुछ कड़ियाँ हैं। डॉ. विलियम द्वायर ने अपनी पुस्तक 'कबीर की भक्तिभावना' में परम-तत्त्व के लिए कबीर द्वारा प्रयुक्त अभिधानों को छः भिन्न वर्गों में विभाजित करके विभिन्न नामों की संख्या का स्थूल अनुमान-सहित उनकी तुलनात्मक बारम्बारता का तालिका-बद्ध ज्ञान उपलब्ध कराया है।[2] इस तालिका में 1. सामान्य नाम, 2. अवैष्णव नाम, 3. इस्लामी नाम और 4. वैष्णव नाम को प्रमुख नामकोटि की मान्यता मिली है। इनमें भी विष्णुवाचक, कृष्णवाचक तथा रामवाचक नामों को जोड़कर 86 नामों की 584 बारम्बारता बताई गई है। यह तालिका कबीर द्वारा परमतत्त्व के लिए प्रयुक्त नामों की अन्तिम तालिका भले ही न हो, इस सन्दर्भ में एक विहंगम अवलोकन के लिए अत्यन्त उपयोगी है। ''कबीर साहब के उस तत्त्व के लिए कतिपय नामों के प्रयोग केवल सुविधा की दृष्टि से कर दिए हैं।...ऐसे नाम कुछ नए नहीं हैं। ये प्रायः वे ही हैं जिनका प्रयोग अपने समय में हिन्दू, मुस्लिम, बौद्ध, जैन, वेदान्ती व नाथपन्थी करते आ रहे थे।...कबीर साहब ने उनका प्रयोग करते समय उनके व्युत्पत्तिमूलक अर्थ की ओर कदाचित् कभी ध्यान नहीं दिया।''[3] उन्होंने वैसी सत्ता का कोई विशिष्ट रूप कल्पित न करके, उसे केवल अगम, अगोचर एवं अनिर्वचनीय-जैसे शब्दों द्वारा ही अभिहित करना अधिक उचित समझा है। अपने समय में निरन्तर बढ़ते रहनेवाले सम्प्रदायों से परमतत्त्व के लिए नानाविध अभिधानों को उधार लेने की प्रवृत्ति से यह प्रतीत होता है कि कबीर का उन नामों के

1. परशुराम चतुर्वेदी, कबीर साहित्य चिन्तन, पृ. 123
2. विलियम द्वायर, कबीर की भक्ति-भावना, पृ. 49
3. परशुराम चतुर्वेदी, कबीर साहित्य की परख, पृ. 102

साम्प्रदायिक तात्पर्य से सम्बन्ध कम था। इसलिए कबीर की इस अद्‌भुत स्वच्छन्द प्रकृति को ध्यान में रखकर कबीर द्वारा प्रयुक्त उन साम्प्रदायिक परमतत्त्व-वाची नामों को अभिधार्थ में ग्रहण करना गम्भीर उलझनों का कारण होगा। "उन्होंने इन अभिधानों के मुख्यार्थ को पूर्णतया तिरस्कृत कर उनके परमार्थमूलक लक्ष्यार्थ को स्वीकार किया है।"[1]

कबीर के परम-सत्ता-विषयक अभिधानों की विविधता को देखते हुए उन पर विभिन्न मतवादों की ईश्वर सम्बन्धी धारणा से समझौता करने का आरोप लगाना भ्रममूलक ही होगा। उन्होंने विभिन्न सम्प्रदायों के साधुओं के साथ हुए सत्संग के माध्यम से एकत्रित शब्दावली को अपनी स्वानुभूति की कसौटी पर कसकर उसे मौलिक उद्‌भावनाओं से विभूषित किया है, यह बात अत्यन्त महत्त्व की है। कबीर द्वारा साम्प्रदायिक अभिधानों की मौलिक व्याख्या के लिए आचार्य हज़ारीप्रसाद द्विवेदीजी का यह कथन प्रमाण है, "जब वे इन नामों से पुकारते हैं तो सगुण अवतारों से उनका मतलब नहीं होता। उनका 'अल्लाह' अलख निरंजन देव है जो सेवा से परे है; उनका 'विष्णु' वह है जो संसार-रूप में विस्तृत है; उनका 'कृष्ण' वह है जिसने संसार का निर्माण किया है; उनका 'गोविन्द' वह है जिसने ब्रह्मांड को धारण किया है; उनका 'राम' वह है जो चौरासी लाख योनियों का परवरदिगार है; 'करीम' वह है जो इतना सब कर रहा है; 'गोरख' वह है जो ज्ञान से गम्य है; 'महादेव' वह है जो मन को जानता है; 'सिद्ध' वह है जो इस चराचर दृश्यमान जगत् का साधक है; 'नाथ' वह है जो त्रिभुवन का एकमात्र यति या योगी है—जगत् के जितने साधक हैं, सिद्ध हैं, पैगम्बर हैं, वे इस एक की पूजा करते हैं। अनन्त हैं इसके नाम, अपरम्पार उसका स्वरूप वही कबीरदास का भगवान है।"[2]

ईश्वर को द्योतित करने के लिए कबीर द्वारा प्रयुक्त अभिधानों की विविधता के कई कारण हो सकते हैं। कबीर की स्वच्छन्द प्रकृति इसका पहला कारण है। उन्होंने साम्प्रदायिक सीमाओं को तोड़कर सत्संग द्वारा लगभग सभी सम्प्रदायों का ज्ञानरस पान किया था। सन्त होने से कबीर सम्प्रदायवादी नहीं रह सकते थे। मानसिक संकीर्णताओं को त्यागकर उन्होंने पूर्ववर्ती तथा समसामयिक चिन्तन-प्रणालियों में प्रचलित विविध ईश्वर-विषयक अभिधानों को अपना लिया था। डॉ. विलियम द्वायर के शब्दों में, "वे सम्प्रदायवादियों की अपेक्षा अधिक ग्रहणशील दिखाई देते हैं—यह उनकी शब्दावली से भी परिलक्षित होता है।"[3]

इसका दूसरा कारण विभिन्न सम्प्रदायों की पारिभाषिक शब्दावली की सीमा है। अदृश्य परमसत्ता को निरूपित करने के लिए प्रचलित लौकिक उपादानों का प्रयोग करना पड़ता है, जो कि किसी-न-किसी सम्प्रदाय से जुड़े होकर पूर्ण रूप से शुद्ध नहीं है; फिर भी इसके अलावा कोई उपाय भी नहीं है। "जिस भाषा के माध्यम से वे अपने अनुभूत सत्य को व्यक्त करना चाहते थे वह उन्हें परम्परा से, समाज से, तत्कालीन धर्म-चेतना के वाहक योगियों, वैष्णवों, सूफियों, पंडितों, सिद्धों तथा मुल्ला-मौलवियों से प्राप्त हुई थी। वे उसे नया स्वर, नया तेवर, नई भंगिमा, नई प्रखरता, नया विश्वास दे सकते थे, किन्तु उसमें निहित अर्थ-संस्कार को सहसा बदलना उनके वश की बात नहीं थी। उन्होंने परम तत्त्व के लिए जितने शब्दों का प्रयोग किया है, उन शब्दों के पीछे सैकड़ों वर्षों से चले आ रहे धार्मिक-दार्शनिक चिन्तन के संस्कार थे। आज भी

1. विलियम द्वायर, कबीर की भक्ति-भावना, पृ. 52
2. हज़ारीप्रसाद द्विवेदी, कबीर, पृ. 106; क. ग्र., पद 327, पृ. 106
3. विलियम द्वायर, कबीर की भक्ति-भावना, पृ. 53

उन शब्दों का अर्थ ग्रहण करते समय वे संस्कार-मुक्त नहीं हो जाते।"[1] इस समस्या के समाधान हेतु उन्होंने विभिन्न सम्प्रदायों से जुड़े अनेक शब्दों का प्रयोग किया। फलतः उनकी तत्सम्बन्धी शब्दावली लम्बी होती गई।

तीसरा कारण है, परम सत्ता की विराटता तथा भाषा की सीमित अभिव्यंजना-शक्ति। कबीर को अपनी उपास्य सत्ता की वैविध्यपूर्ण अनुभूति मिलती थी। इस अनुभूति को अभिव्यक्त करने के लिए वे शब्द खोजते गए। लेकिन हमारी भाषा लौकिक उपादानों से ही बनी है। लौकिक उपादान स्थूल हैं, विषम हैं, नानात्वयुक्त हैं तथा वैविध्यपूर्ण भी हैं। भाषा के सहारे आध्यात्मिक अनुभूति को ठीक-ठीक व्यक्त करना सम्भव नहीं है। फिर भी, कबीर कवि थे, अभिव्यक्ति उनके प्राण हैं। परमतत्त्व के दिव्यगुणों के वर्णन में उन्होंने अनगिनत शब्दों का प्रयोग किया है। उनके द्वारा विभिन्न अभिधानों एवं विशेषणों का प्रयोग भगवान के दिव्य गुणों की अनेकरूपता की ओर संकेत करते हैं। "अपरम्पार का नाउ अनंत, कहै कबीर सोई भगवन्त।"[2] के अनुसार अनन्त तत्त्व के अनन्त नामों का होना अनिवार्य भी है। इस अनन्त सत्ता की विशाल अनुभूति को सम्पूर्णता के साथ सूत्रबद्ध करने के प्रयास में कबीर ने वैविध्यपूर्ण शब्दावली का एक कोश ही बना डाला है। उस अपूर्व और अकथ्य वस्तु के रहस्य को व्यक्त करने की विविध चेष्टाएँ मात्र हैं ये शब्द।

चौथा कारण है, कबीर के चारों ओर सत्य के स्वरूप को लेकर एक भ्रमजाल ही फैला हुआ था। विश्वासों, विचारों, मान्यताओं तथा संस्कारों में खंडन-मंडन की विकट परिस्थितियों में जो भी कहा जाए उस पर एक भिन्न साम्प्रदायिक मान्यता का रंग चढ़ सकता था। एक और मतवाद के आभास से परिस्थिति और अधिक बिगड़ सकती थी। इसलिए एक रूढ़ि या सीमा का खंडन करते हुए किसी और रूढ़ि या सीमा से बद्ध न हो और किसी स्वतन्त्र रूढ़ि या सीमा का प्रवर्तन भी न हो, इस दृष्टि से कबीर ने सभी सम्प्रदाय या मतवादों से सार-ग्रहण करने के साथ-साथ सभी के अतिवाद का विरोध भी किया। इस असाम्प्रदायिक चिन्तन के परिणामस्वरूप उन्हें विभिन्न ईश्वर-सम्बन्धी अभिधानों का प्रयोग करना पड़ा।

कबीर के परमतत्त्व-सम्बन्धी विविध नामों का पाँचवाँ कारण विभिन्न मान्यताओं से सम्बद्ध श्रोतागण हैं। वे जब जिस धर्म-नेता को सम्बोधित करते हैं, तब बहुत दूर तक उसकी परिचित शब्दावली का प्रयोग करते हुए उसे उसी की भाषा में समझाने की चेष्टा करते हैं। इसीलिए कबीर की निजी मान्यताओं को समझाने के लिए यह सतर्कता आवश्यक है कि उन्होंने कितना दूसरों को समझाने के लिए, अथवा यह दिखाने के लिए कि "मैं तुम्हारे मर्म से परिचित हूँ", कहा है और कितना अपनी मान्यताओं को स्पष्ट करने के लिए। विभिन्न श्रोताओं के प्रश्नों के जवाब में सन्दर्भानुकूल बातों को प्रस्तुत करने के लिए वे तदनुरूप शब्दों का प्रयोग करते हैं। इसलिए उनके ईश्वरविषयक अभिव्यक्ति में विविध शब्द परस्पर विरुद्ध प्रतीत होते हैं।

कबीर के ईश्वर-चिन्तन में वैविध्यपूर्ण शब्दावली का छठा कारण उनकी समन्वयात्मक और एकतामूलक दृष्टि है। कबीर उदार-चेता थे। उनकी सर्व-समावेशक विशाल दृष्टि और गहन अनुभूति के समक्ष मात्र एक ईश्वर था। उनकी मान्यता थी कि भिन्न-भिन्न माने जानेवाले ईश्वर

---

1. परशुराम चतुर्वेदी, कबीर साहित्य की परख, पृ. 106
2. क. ग्र., पद 327, पृ. 149

वास्तव में भिन्न नहीं हैं। अभेद-दृष्टि के समर्थन के लिए धर्मों और सम्प्रदायों की विविधता में जिन अनेक नामों और रूपों की परिकल्पनाएँ रूढ़ थीं, उनमें कबीर ने कुछ संशोधन प्रस्तुत किए। उन्होंने राम, कृष्ण, हरि, शिव आदि नामों को अभेद-दृष्टि से स्वीकार करते हुए रूप एवं रूप-भेद को अस्वीकार कर दिया। परिणामतः नामों से अभिहित होनेवाली सत्ता को एकता और विभुता के पद पर आसीन होने का अवसर मिला। यही पद विभिन्न धर्मों को एकता की भूमिका पर लाने में समर्थ हो सकता था। अन्य शब्दों में, ''परस्पर कई भिन्न नामों से सम्बोध्य ईश्वर एक ही है। नामों की भिन्नता से उनमें कोई अन्तर नहीं आता।...एक ही वस्तु के भिन्न नाम हो सकते हैं, परन्तु तत्त्वतः उनमें कोई विभेद नहीं होता। नाम से परे जो सारतत्त्व ईश्वर है, उसे नाम के आधार पर पक्षपात किए बिना लेना चाहिए।...इस परम सत्ता के अनन्त-अपार नाम हो सकते हैं। उनमें से मनोनुकूल नाम स्वीकार किया जा सकता है।''[1] कबीर की इस विशाल दृष्टि का प्रमाण यह है कि वे नामों के प्रपंच से ऊपर उठकर रहस्यों की गम्भीरता में घुसे और तत्त्वों का सही रूप-निरूपण करे।

'राम' नाम का महत्त्व-प्रतिपादन : कबीर ने परमतत्त्व के लिए प्रयुक्त अनेक नामों में 'राम' नाम को विशेष महत्त्व दिया है। इस अभिधान की तुलना में उनके अन्य नाम नगण्य ही कहे जा सकते हैं। बारम्बारता की दृष्टि से 'राम' नाम की संख्या डॉ. विलियम द्वायर की वर्गीकरण तालिका के अनुसार 237 है।[2] परम सत्ता के लिए प्रयुक्त नामों से राम का नाम केवल संख्या की दृष्टि से ही बहुत अधिक बार नहीं आया है, बल्कि इससे कबीर की रागात्मक भावना का भी सर्वाधिक द्योतन होता है। इस प्रकार राम-नाम कबीर साहित्य में परोक्ष सत्ता का बोधक अभिधान बन गया है। राम नाम के इस प्रयोग के पीछे समाज-शास्त्रीय कारणों की आसानी से खोज की जा सकती है। जन-मानस में अत्यन्त गहराई तक जमे रहनें के कारण कबीर का इससे सांसारिक लगाव भी था और इसके माध्यम से अपनी बात सही ढंग से सम्प्रेषित कर लेने की सुविधा भी थी।

हालाँकि 'राम' शब्द का प्रयोग सुहावना, हर्षदायक, प्रिय, रमणीय पुत्र आदि अर्थों में कोश, उपनिषदादि में मिलता है, मूल रूप से 'राम' व्यक्ति महर्षि वाल्मीकि द्वारा चित्रित मर्यादा पुरुषोत्तम महामानव हैं, जिसे परम्परा में अवतार और ईश्वरत्व की प्रतिष्ठा दी गई। भक्ति-पद्धति की धारा में प्रविष्ट होकर यह राम-परम्परा रामानन्द से होकर कबीर तक पहुँचने का अनुमान लगाया जाता है।[3] वाल्मीकीय रामायण के 'राम' तो आदर्श महामानव हैं, लेकिन कबीर की कल्पना ऐसी नहीं है। कबीर उन्हें परब्रह्म परमात्मा मानते हैं, वे केवल अवतार-रूप को स्वीकार नहीं करते। ऐसा लगता है, मध्यकालीन धर्म-साधना में ग्राह्य निर्गुण, निराकार राम ही कबीर के 'राम' हैं। रामचरित के विकास में राम को देवता के रूप में प्रतिष्ठा मिलने के बाद अवतार भी घोषित किया गया और उसके लिए कहा गया कि वे परब्रह्म भगवान् ही लोक की रक्षा के लिए अवतार-धारण करके लीला करते हैं। ''लेकिन कबीर ने राम के निर्गुण परब्रह्म पक्ष मात्र को ही स्वीकार किया, उनके लीलाधारी अवतार को नहीं।''[4] कबीर ने ''दशरथ सुत तिहुँ लोकहि जाना, राम नाम का

---

1. युगल किशोर 'अहीश', 'कबीर साहब : मूल्यों की प्रासंगिकता', कबीर साहित्य की प्रासंगिकता, पृ. 187
2. विलियम द्वायर, कबीर की भक्ति-भावना, पृ. 49
2. 'राम' की उत्पत्ति तथा कबीर तक की विकास-यात्रा के लिए द्रष्टव्य : राधेश्याम दूबे, 'राम' और कबीर के राम', कबीर साहब, पृ. 319-21
3. राधेश्याम दूबे, वही, पृ. 329

मरम है आना'' तथा ''निरगुन राम निरगुन राम जपहु रे भाई''[1] कहकर ईश्वर के वास्तविक स्वरूप को उजागर करते हुए नकली अवतार-धारण की खिल्ली उड़ाई। इसके अतिरिक्त, कबीर ने 'राम-नाम' को सद्गुरु की अनुपम देन तथा जरा-मरण को हटानेवाली तथा अमरता प्रदान करनेवाली औषधि के रूप में 'राम-रसायन' कहा है। डॉ. विलियम द्वायर के अनुसार, 'कबीर-ग्रन्थावली' में 'राम' नाम के 23 बार प्रयोग के स्थान पर 'सीता' का एक भी बार उल्लेख नहीं होता है।[2] ये बातें भी यह प्रमाणित करती हैं कि कबीर का 'राम' उनका अपना है। कबीर का राम 'पियारे', 'भरतार', 'सनेही', 'पीतम' आदि स्वरूपों में सरस, नूतन और मौलिक हो जाता है। अतः यह सिद्ध हो जाता है कि '' 'कबीर-साहित्य' में राम का अभिधान परोक्ष सत्ता के शब्दों के माध्यम से व्यक्त करने की सुविधा पर्याय-भर है।''[3]

अब प्रश्न यह उठता है कि यदि कबीर के लिए 'राम' का नाम एक अभिधान मात्र है तो कबीर ने परम सत्ता के लिए 'राम' शब्द का ही प्रयोग क्यों किया? इस प्रश्न का उत्तर डॉ. शुकदेव सिंह 'राम-परम्परा' की इतिहास-मूलक व्याख्या के माध्यम से प्रस्तुत करते हैं। उनके अनुसार कबीर का 'तिहुँ लोकहि' तीन सवर्ण समाज हैं और राम तक की पहुँच केवल उनकी थी। अन्त्यज कुल के सदस्य होकर जन्मे कबीर ने अपने तिरस्कृत समाज के लिए निर्गुण राम, अर्थात् ईश्वर की खोज की। 'राम नाम का मरम' ऐसे 'राम' का है, जो अवतारी 'राम' न होकर स्वयं परमतत्त्व है। लगभग आठवीं शती तक एक रामधारी संस्कृति दक्षिण में बनकर उत्तर की ओर प्रचलित हुई। सम्भवतः भक्ति-आन्दोलन के कारण हुई सांस्कृतिक उन्मेष के कारण प्रायः छोटी जातियों ने अपने नाम के साथ 'राम' शब्द को प्रतिष्ठा-प्रतीक के रूप में लगाना प्रारम्भ किया और रामवंशी क्षत्रियों ने शनैः-शनैः अपने को रघुवंशी कहना आरम्भ किया। शनैः-शनैः नाम के साथ जुड़ा 'राम' शब्द शूद्रता का प्रतीक बन गया। तुलसीदास के नेतृत्व में सवर्णों में प्रतिक्रिया भले ही हुई हो, कबीर ने अवतारी राम को केन्द्रित करके बनी 'सवर्ण' ईश्वर की धारणा को बिखेरकर तथाकथित अवर्णों के लिए भी मान्यता देनेवाले अवतारी तथा सार्वजनिक ईश्वर की धारणा को स्थापित किया। यह 'राम' सवर्णों के ईश्वर के नाम-रूपी अलंकार से युक्त होकर भी अवर्णों के लायक व्यक्तित्व से विभूषित था।[4]

कबीर ने अपने ईश्वर के लिए कोई अलग नाम नहीं दिया इसलिए कि सवर्णों का इस ईश्वर का आभास शूद्रों का एक पृथक् साम्प्रदायिक ईश्वर के रूप में न हो। ईश्वर के लिए वही 'राम' नाम स्वीकृत किए जाने पर सवर्णों तथा अवर्णों दोनों का ईश्वर वही एकमात्र होने की बात स्थापित हो जाती है। कबीर का लक्ष्य यही था। अतः यह बात निश्चित रूप से सिद्ध हो जाती है कि कबीर के लिए 'राम' शब्द वाल्मीकि, तुलसीदास आदि द्वारा समर्थित रघुवंशीय परम्परा के राम का वाचक न होकर परम-सत्ता का द्योतक है। 'राम' नाम से कबीर का आशय साम्प्रदायिक न होकर मात्र ईश्वर-वाचक प्रतीक है। 'राम' शब्द कबीर के सामने सर्वमानव के लायक ईश्वरीय व्यक्तित्व का पर्याचवाची है।

कबीर ने ईश्वर-तत्त्व को खोलने के लिए 'नाम' की कुंजी को हस्तगत किया है। ईश्वर का यह नाम उनके लिए ईश्वर का स्वयं प्रतीक है। विराट् ईश्वर के सार्वभौम स्वरूप के समर्थन

---

1. क. ग्र., पद 49, पृ. 81
2. विलियम द्वायर, कबीर की भक्ति-भावना, पृ. 60
3. श्रीधर सिंह, कबीर साहित्य में राम की परिकल्पना, कबीर साहब, पृ. 313
4. शुकदेव सिंह, 'कबीर के राम', कबीर मूल्यांकन पुनर्मूल्यांकन, डॉ. कामेश्वर प्रसाद सिंह (सम्पा.) पृ. 130-36

में उन्होंने सभी प्रचलित सम्प्रदायों में ईश्वर के लिए स्वीकृत नामों का प्रयोग करते हुए 'राम' को वरीयता दी। समस्त ईश्वर-व्यापी नामों को अपने स्वानुभूति की कसौटी पर परखकर कबीर ने उनमें से सार-तत्त्व को ग्रहण किया और 'राम' नाम को समस्त दिव्य गुणों में मंडित ऐश्वरिक व्यक्तित्व प्रदान किया। कबीर का यह 'राम-ईश्वर' सर्वमानव के लिए सुलभ होकर एक मौलिक परिकल्पना है, जिसका विस्तृत स्वरूप-विश्लेषण आगे किया जा रहा है।

ब्रह्म तत्त्व और कबीर

भारतीय ईश्वरवाद के अन्तर्गत ब्रह्म की धारणा मूलभूत है। कबीर की ईश्वर-भावना का भी आधार ब्रह्म तत्त्व है। इसलिए ब्रह्म की अवधारणा का एक विहंगम अवलोकन कबीर के ईश्वर-चिन्तन के विश्लेषण में अपरिहार्य मालूम पड़ता है। 'ब्रह्म' शब्द की विवेचना विभिन्न दृष्टिकोणों से की जा सकती है।

ब्रह्म की अवधारणा : ''व्युत्पत्ति से 'ब्रह्म' शब्द 'बृह्' (बढ़ना) धातु से बना है। जो ब्रहतम या महत्तम हो, जो सबसे बढ़ा-चढ़ा हो, जिसमें 'बढ़ना' क्रिया के सभी अर्थ शामिल हों, उसे 'ब्रह्म' कहा जाता है।''[1] निषेधात्मक शब्दावली में, जो 'अल्प' नहीं है, वही ब्रह्म है। अर्थात् ''जो देश, काल और वस्तु से सीमित हो, जो अनित्य तथा परिवर्तनशील हो, जो गुणहीन और दोषमुक्त हो, जो जड़ तथा अज्ञानी हो, जो परतन्त्र तथा बद्ध हो, उसे महत्तम या ब्रह्म नहीं कहा जा सकता।...अनन्तता, निरपेक्षता, स्वतन्त्रता तथा अद्वितीयता ब्रह्म के अनिवार्य लक्षण हैं; क्योंकि बृहत्तम होने से वह सान्त, सापेक्ष, परतन्त्र तथा सद्वितीय नहीं हो सकता।''[2] उपनिषदों का मूल स्वर द्विविध है—स्थूल और सूक्ष्म। स्थूल दृष्टि से ब्रह्म उत्पत्ति, स्थिति तथा लय का मूल कारण है। इससे सृष्टि में अन्तर्व्याप्त ब्रह्म की सर्वव्यापकता, अन्तर्यामिता, सृष्टि-नियामकता, लक्ष्यकारणता आदि स्वतः सिद्ध हो जाती है। सूक्ष्म तौर पर ब्रह्म 'सच्चिदानन्द' भी है। स्थूल और सूक्ष्म दृष्टियों के समन्वय से ब्रह्म के बाह्य और आन्तरिक स्वरूप के लक्षण अभिव्यक्त हो जाते हैं और ब्रह्म की अवधारणा का मेरुदंड तैयार हो जाता है।[3]

ब्रह्म के दो रूप : उपनिषद् के अध्यात्मवेत्ता ऋषियों ने द्विविध ब्रह्म का जो तात्त्विक विवेचन किया है, उसके अनुसार ब्रह्म के दो मुख्य रूप हैं—1. सविशेष अथवा सगुण रूप, 2. निर्विशेष अथवा निर्गुण रूप। इन दोनों भावों से भेद-निर्देश करने के अभिप्राय से निर्विशेष भाव को कहीं 'परब्रह्म' कहा गया है और विशेष भाव को कहीं 'अपर ब्रह्म' तथा कहीं 'शब्द-ब्रह्म' कहा गया है। निर्विशेष ब्रह्म वह है, जिसे किसी विशेषण या लक्षण से लक्षित नहीं किया जा सकता, किसी चिह्न का परिचय नहीं दिया जा सकता, जिसके द्वारा उसे पहचानने में हम समर्थ हो सकते हैं, ऐसे गुण का उल्लेख नहीं किया जा सकता जिससे उसे धारण किया जा सके। इसलिए इस निर्विशेष भाव को निर्गुण, निरुपाधि तथा निर्विकल्प आदि संज्ञाओं से अभिहित करते हैं। सविशेष भाव ठीक इसके विपरीत होता है। इसमें गुण, चिह्न, लक्षण तथा विशेषणों की सत्ता विद्यमान रहती है, जिनके द्वारा उसका उक्त स्वरूप हृदयंगम किया जा सकता है।[4]

सगुण ब्रह्म तथा निर्गुण ब्रह्म के कथन के लिए क्रमशः विधेयात्मक तथा निषेधात्मक शैली

---

1. संगमलाल पांडेय, 'ब्रह्मवाद', हिन्दी साहित्य कोश, पृ. 437
2. वही।
3. वही, पृ. 437-39
4. बलदेव उपाध्याय, भारतीय दर्शन, पृ. 41

का प्रयोग उनके अपने-अपने स्वभाव के अनुसार श्रेयस्कर है। सगुण ब्रह्म के परिचय के दो प्रकार हैं–1. तटस्थ-लक्षण, अर्थात् अस्थायी तथा परिवर्तनशील गुणों का वर्णन, और 2. स्वरूप-लक्षण, अर्थात् शुद्ध तथा तात्त्विक रूप का परिचय। निर्विकल्प तथा निरुपाधि होकर निर्गुण ब्रह्म को न किसी विशेषण से विशेषित, न किसी चिह्न से चिह्नित तथा न किसी गुण से निर्दिष्ट किया जा सकता है। यह अप्रमेय, प्रमाणातीत, निमित्तातीत, देशातीत तथा कालातीत है। अतः उसके लिए 'नेति' 'नेति' (यह नहीं, यह नहीं), ही उसकी परिभाषा के लिए उपयुक्त शैली है।[1] लेकिन, ब्रह्म की उस द्विविधरूपता ने वेदान्ती लोगों को असमंजस में डाल रखा है। उनके अनुसार, "अविद्या या गलतफहमी के कारण, या उपासना के लिए हम उसमें उपाधियों या सीमाओं का आरोप करते हैं। वस्तुतः सोपाधिक ब्रह्म भ्रममात्र है।...निर्गुण और निरुपाधि ब्रह्म को जब हम गलती से सगुण और सोपाधि मान लेते हैं तब भी वस्तुतः हमी भ्रम में होते हैं, ब्रह्म तो निर्गुण का निर्गुण और निरुपाधि का निरुपाधि ही बना रहता है।"[2] इस प्रकार श्रुतियों द्वारा ब्रह्म के द्विविध निरूपण के बावजूद निर्गुण ब्रह्म को वास्तविक ब्रह्म के रूप में अटल मान्यता प्राप्त है।

कबीर का ब्रह्म-निरूपण : उपनिषदों की इस ब्रह्म-भावना ने मुख्यतः वेदान्ती ब्रह्मवादियों के भाष्य से तरल होकर हिन्दी साहित्य को प्रभावित किया। सन्त-साहित्य और भक्ति-साहित्य ने इससे ही मूल प्रेरणा ली। कबीर ने मुख्यतः ब्रह्म के निर्गुण स्वरूप को लेकर अपने तत्त्व-दर्शन को निर्मित किया है। "कबीर की काव्याभिव्यक्ति में उपनिषदों की शैली में परम ब्रह्म से विलक्षण स्वरूप की अभिव्यक्ति हुई है।"[3] कबीर के ब्रह्म-निरूपण में ब्रह्म की बृहत्तमता या विराटता, असीमता, अनन्तता, निरपेक्षता, अद्वितीयता, सर्वव्यापिता, अन्तर्यामित्व, सृष्टि-नियामकता, मूलकारणता, सच्चिदानन्दता, सूक्ष्मता आदि सभी मूल विशेषताएँ परिलक्षित हैं। ब्रह्म के दोनों स्वरूप उनको स्वीकार हैं। लेकिन उन्होंने सगुण ब्रह्म को पारम्परिक और सीमित त्रिगुणता से मुक्त कर असीम और विशाल दिव्य गुणों से भूषित किया और भक्ति के अन्तर्गत प्रतिष्ठा के साथ अंगीकृत किया। उन्होंने निरुपाधि, निर्विकल्प, निर्विशेष, निराकार तथा निर्गुण ब्रह्म को ही वास्तविक माना तथा ब्रह्म को अलख, देश-कालातीत, प्रमाणातीत, अनिर्दिष्ट, निर्वचनातीत तथा अनाम-अबोल तक मानकर बहुविधविलक्षण घोषित किया है।

कबीर के ईश्वर का निर्गुणत्व

उपनिषद्-सम्मत निर्गुण ब्रह्मवाद का मूल स्वरूप देखा जा चुका है, जिसे कबीर ने अपने ईश्वर-तत्त्व-दर्शन के शिलान्यास के रूप में स्वीकृत किया था। "ब्रह्म-निरूपण में उपनिषदों की पद्धतियों के साथ ही अपने सिद्धों और योगियों के शून्यवाद, सहजवादियों के सहज ब्रह्मवाद, इस्लाम के एकेश्वरवाद और सूफी प्रेम का आश्रय लिया है। आपके विचार से संसार के कण-कण में अनिर्वचनीय अलौकिक सत्ता निवास करती है और इसी शक्ति की आत्मा द्वारा अनुभूति का नाम ब्रह्म के इस रूप को अधिभौतिक, अधिदैविक और आध्यात्मिक रूप में आत्मा और परमात्मा के पारखियों ने परखा है।"[4] इस प्रकार उन्होंने पारिस्थितिक अपेक्षाओं के अनुरूप अपनी प्रातिभ

---

1. बलदेव उपाध्याय, भारतीय दर्शन, पृ. 42-44
2. हज़ारीप्रसाद द्विवेदी, कबीर, पृ. 94
3. रघुवंश, कबीर : एक नई दृष्टि, पृ. 71
4. यज्ञदत्त शर्मा, कबीर साहित्य और सिद्धान्त, पृ. 60

कसौटी पर उसे चढ़ाकर कबीर ने ईश्वर के निर्गुणत्व की एक नई परिभाषा ही प्रस्तुत की। निर्गुण ब्रह्म की सान्दर्भिक लेकिन युक्ति-युक्त व्याख्या करने से ही कबीर 'निर्गुण-मार्ग' के निर्दिष्ट प्रवर्तक माने गए।

निर्गुण में त्रिगुणात्मकता का निषेध : सामान्यतया 'निर्गुण' शब्द से गुणों के अभाव का बोध होता है। सांख्य-दर्शन में सत्व, रज और तम–इन तीन गुणों की परिकल्पना है, जिनके सम्मिश्रण से समान सृष्टि का प्रसार और विधान माने जाते हैं। 'निर्गुण' शब्द के अन्तर्गत शब्द, अपने पारिभाषिक रूप में सत्वादि गुणों से राहत या उनसे परे समझी जानेवाली किसी ऐसी अनिर्वचनीय सत्ता का बोधक है, जिसे बहुधा परमतत्त्व, परमात्मा अथवा ब्रह्म-जैसी संज्ञाओं द्वारा अभिहित किया जाता है।[1] यह इसलिए है कि ''सांख्य-सिद्धान्त के अनुसार सृष्टि तब होती है जब तीनों गुणों में तात्त्विक असन्तुलन उत्पन्न हो जाता है। इस प्रक्रिया में विकार भी आ जाते हैं जिनके कारण नाना विषय इन्द्रियों के सामने उपस्थित होते हैं। कबीर का विचार है कि निर्गुण ब्रह्म की अनुभूति के लिए इन विषयों का निवारण अनिवार्य है।''[2] जो भी पदार्थ सात्विक, रजस तथा तमस के त्रिगुणात्मक रूपों में दीख पड़ता है वह माया है। कबीर द्वारा इस मायामयी त्रिगुणात्मिका का बहिष्कार श्रीमद्‌भगवद्‌गीता से समर्थित भी है। इस सन्दर्भ में निषेध भौतिक गुणों का है। यहाँ सत्व, रज तथा तमोगुणों से अतीत मानने की बात है, इस गुणातीत को निर्गुण रूप से व्यक्त किया गया है। कबीर द्वारा प्रयुक्त 'अगुन' शब्द भी गुणातीत का ही अर्थ रखता है। अर्थात् कबीरदास के 'निर्गुण ब्रह्म' में गुण का अर्थ, सत्व, रज आदि गुण हैं; इसलिए 'निर्गुण-ब्रह्म' का अर्थ वे निराकार, निस्सीम आदि समझते हैं, निर्विषय नहीं। अन्य शब्दों में, कबीर ने परमतत्त्व की परिधि से त्रिगुणात्मकता को बहिष्कृत कर राम को निर्गुण बताने का द्वार उन्मुक्त कर दिया है। इस प्रकार, कबीर के 'निर्गुण' राम की निषेधात्मक परिभाषा स्पष्ट हो जाती है।

राम की अनवतारिता : 'दशरथ सुत तिहुँ लोक बखाना, राम नाम का मरम है आना' वाली कबीर की उक्ति से स्पष्ट हो जाता है कि कबीर के राम विलक्षण हैं। कबीर का 'निर्गुण राम' पूर्ण ब्रह्म है और इस धारणा में कोई अवतार समाविष्ट नहीं हो सकता है। अवतारवाद के जटिल प्रपंच में आविर्भूत होकर अवतारवाद की खिलाफत करना भी तो असाधारण बात है। लेकिन कबीर ने वही किया है। आचार्य हज़ारीप्रसाद द्विवेदीजी के शब्दों में, ''कबीरदास के राम पुराण-प्रतिपादित अवतार नहीं थे, यह निश्चित है। वे न तो दशरथ के घर उतरे थे और न लंका के राजा का नाश करनेवाले हुए; न तो देवकी की कोख से पैदा हुए थे और न यशोदा ने उन्हें गोद में खेलाया था; न तो वे ग्वालों के संग घूमा करते थे और न उन्होंने गोवर्धन पर्वत को धारण ही किया था; न तो उन्होंने वामन होकर बलि को छला था और न वेदोद्धार के लिए वराहरूप धारण करके धरती को अपने दाँतों पर ही उठाया था; न तो वे गंडक के शालिग्राम हैं, न वराह, मत्स्य, कच्छप आदि वेशधारी विष्णु के अवतार, न तो वे नरनारायण के रूप में बदरिका आश्रम में ध्यान लगाने बैठे थे और न परशुराम होकर क्षत्रियों का ध्वंस करने गए थे और न तो उन्होंने द्वारिका में शरीर छोड़ा था और न जगन्नाथ धाम में बुद्ध-रूप में ही अवतरित हुए। कबीरदास ने बहुत विचार करके कहा है कि ये सब ऊपरी व्यवहार हैं। जो संसार में व्याप्त हो रहा है वह राम उनकी अपेक्षा कहीं अधिक अगम

1. परशुराम चतुर्वेदी, 'निर्गुण-सम्प्रदाय', हिन्दी साहित्य कोश, भाग 1, पृ. 350
2. विलियम द्वायर, कबीर की भक्तिभावना, पृ. 29

अपार है।"[1] इष्टदेव को 'नन्दनन्दन' कहने में कबीर को घोर आपत्ति है। इसे वे मूर्खता घोषित करते हैं। उनका तर्क है कि वह नन्द जो जन्म लेता है, मरता है तथा संकटग्रस्त होता है कदापि अविनश्वर निरंजन या उसका पिता नहीं हो सकता है। इस प्रकार, कबीर सभी अवतारों को अपनी ईश्वर-धारणा से बहिष्कार करते दिखाई देते हैं। कबीर के ईश्वर के नाम के सन्दर्भ में यह देखा जा चुका है कि कबीर ने विष्णु, कृष्ण, गोविन्द, महादेव, अल्लाह, खुदा, करीम आदि सभी साम्प्रदायिक ईश्वर-प्रतीकों को नई व्याख्या दी है।[2]

कबीर द्वारा अवतारवाद के खंडन के विषय में कुछ सम्भावनाएँ विचारणीय हैं। सम्भव है, कबीर ने वास्तव में अवतारों का खंडन न किया हो, बल्कि वे केवल इतना कहना चाहते थे कि असली ईश्वर इन ऊपरी रूपों तक सीमित नहीं है। यह भी बहुत सम्भव है, कबीर अवतारवाद का परिष्कृत ज्ञान प्राप्त नहीं होने से उसकी बारीकियों से अवगत नहीं थे।[3] सर्वाधिक सम्भव यह है कि कबीर की धार्मिक परिस्थितियाँ अवतारवाद के खंडन की ही अनुकूल थी। धार्मिक उथल-पुथल, साम्प्रदायिक कट्टरता, जीवनादर्शों का पतन, अवतार-भाव की भ्रष्टता, खोखले बाह्याडम्बरों के फलस्वरूप भेद-भाव आदि से कलुषित युगीन परिस्थितियों में कबीर—जैसे महापुरुष द्वारा अवतारवाद में विश्वास करना एक हास्यास्पद बात होती। इसके अतिरिक्त, कबीर का इस्लामी-संस्कार, नाथ-सिद्धों का प्रभाव, अवतारवाद के ब्रह्म की अखंड एकता से अपर्याप्त सामंजस्य आदि बातें भी अवतारवाद के निषेध के लिए सहायक रहीं। जो भी हो, कबीर ने किसी भी अवतार को ईश्वर का स्थान नहीं दिया है। दूसरे शब्दों में, कबीर का ईश्वर सभी तथाकथित अवतारों से परे है।

कबीर की ईश्वर-धारणा में अवतारों के निषेध का मुख्य कारण यह भी हो सकता है। सम्पूर्ण मानवेतिहास इस बात का साक्षी है कि समय-समय पर इतिहास की गति मोड़नेवाले महापुरुषों को श्रद्धालु अनुयायियों ने अवतार की मर्यादा से विभूषित किया है। साथ ही, ज्ञान-शून्य अनुयायियों की अन्ध-श्रद्धा और भक्ति ने इनके जीवन-चरित्रों को कल्पित एवं कुत्सित चमत्कारों से बोझिल भी कर दिया है। स्वतन्त्र विचारवाले कबीर के हृदय में ऐसे 'कृत्रिम' ईश-मानवों के लिए कोई आस्था नहीं थी। इसलिए भी कबीर ने अवतारों का डटकर विरोध किया।

कबीर द्वारा अवतारवाद का खंडन अपने आप में कोई उद्यम नहीं है। यह ईश्वर की असली धारणा को पुनर्स्थापित करने का साधन मात्र है। कबीर ने अपनी पारखी दृष्टि से अवतार का मनोवैज्ञानिक विश्लेषण किया और उसके प्रयोजन पर गहन चिन्तन किया। अवतार असली ईश्वर है या ईश्वर का प्रतिनिधि है, यह गौण बात है; मुख्य बात यह है कि अवतार क्या सामाजिक प्रयोजन सिद्ध करता है। इस दृष्टि से देखा जाए तो अवतार की प्रयोजनीयता बहुत कुछ समसामयिक है। आगे चलकर इसमें कतिपय अवतार पुरातन तथा निष्प्रभावी हो जाते हैं। उन्हें जीवित बनाए रखने के लिए बलपूर्वक किए गए अनुष्ठान समाज के लिए अहितकर ही साबित हो सकते हैं। कबीर के समय में अधिकांश अवतारों की यह स्थिति थी। वे अवतार केवल निर्जीव ही नहीं बने रहे, बल्कि उन्होंने समाज में भेद-भाव तथा अमानवता को फैलने का कारण बनकर असली ईश्वर-धारण को ही विकृत किया। कबीर का आक्रोश इन तथाकथित अवतारों की सामाजिक अप्रयोजनीयता के विरुद्ध था। साथ-साथ, वे 'निर्गुण-राम' के रूप में ईश्वर के

1. हजारीप्रसाद द्विवेदी, कबीर, पृ. 109-110

2. वही, पृ. 106

3. विलियम द्वायर, कबीर की भक्ति-भावना, पृ. 46

असली-स्वरूप को पुनर्जीवित भी करना चाहते थे। डॉ. त्रिभुवन सिंह के शब्दों में, ''जिन सामाजिक मूल्यों को प्रतिष्ठित करने के कारण विभिन्न अवतारों का अस्तित्व स्वीकार किया गया था, उन सबकी तद्‍युगीन प्रासंगिकता में सन्देह नहीं किया जा सकता, पर बदलते सामाजिक मूल्यों के सन्दर्भ में नेतृत्व-परिवर्तन को स्वीकार न करना जड़ता होगी। इसी जड़ता को तोड़ने का प्रयास कबीर ने किया था। वे अवतारवाद के विरोधी नहीं थे। वे विरोधी थे उस समाज अथवा मान्यता के जो परिवर्तन में विश्वास नहीं करते। वर्तमान और भविष्य की ओर से आँखें मोड़कर जो मात्र अतीत की केंचुल से अपने को लपेटे हुए जड़ता की स्थिति में सिमटी पड़ी थी, उस परम्परा से प्राप्त ज्ञान की प्रासंगिकता की चिन्ता किए बिना लकीर पीटने में व्यस्त लोगों से ही कबीर की नाराज़गी थी।...शास्त्र-ज्ञान की उपेक्षा भी वे इसलिए करते हैं। प्रत्येक युग के साथ प्राचीन की व्यवस्था बदल जाती है तभी वह प्रासंगिक होता है। अन्यथा उसका महत्त्व शून्य से आगे कुछ नहीं रह जाता। कबीर इसलिए बार-बार अनुभव से प्राप्त ज्ञान की बातें करते हैं। रूढ़ शास्त्रीय ज्ञान की अपेक्षा प्रत्यक्ष समाज को देखकर सीखा और अनुभव किया हुआ सत्य अधिक विश्वनीय होता है।''[1]

सारांश यह है कि कबीर ने समाज में प्रयोजनहीन कर्मकांड तथा समाज को खंडित करनेवाले अन्धविश्वासों के जनक तथाकथित अवतारी ईश्वरों को पदच्युत करके अनवतारी ईश्वर के रूप में अपने 'निर्गुण राम' को प्रतिष्ठित किया है और ईश्वर धारणा के व्यावहारिक तथा सामाजिक पक्ष को स्थापित किया है।

कबीर के राम का अद्वैतत्व और एकत्व : परम सत्ता के अस्तित्व के स्वरूप को लेकर कई प्रकार के विवाद बने हुए हैं। संख्या-सापेक्ष स्वरूप-व्याख्या के अनुसार 'सत्' में एकत्ववाद या अनेकत्ववाद है तो संख्या-निरपेक्ष चिन्तन में परमतत्त्व एकमात्र है। वैपुल्यवाद के विपरीत एकत्ववाद में सत् एक तथा समस्त गुणों का आकार और सृष्टि-स्थिति-लय का कारण माना जाता है, जबकि अद्वैतवाद में वह अगम, अगोचर, अचिन्त्य, अलक्षण और अनिर्वचनीय है। एकेश्वरवाद में ईश्वर जगत् के सन्दर्भ में अन्तर्यामी तथा बहिर्यामी नियन्ता है। लेकिन अद्वैतवाद में सत्ताद्वैत, शून्याद्वय, विज्ञानाद्वय, शब्दाद्वय आदि भेदों से भिन्न होकर आत्माद्वैत की प्रधानता है, जिसमें साक्षात् अनुभूत होनेवाली चैतन्य-स्वरूप आत्मा ही तत्त्व है और जो युक्ति तथा स्वानुभूति द्वारा सर्वाधिक समर्थित भी है।[2] आचार्य शंकर से लेकर इस आत्माद्वैत का प्रचार-प्रसार भारत में अधिक रहा है और इसका प्रभाव कबीर तक पहुँचा था। साथ ही, ऋग्वेद से लेकर एकेश्वरवाद की जो धारा बह रही थी उसका तथा सूफी सन्तों के भारतागमन से लेकर उनके एकेश्वरवाद का मधुर संगम भी कबीर में प्रतिफलित दिखाई देता है। अतः शुद्ध अद्वैतवाद और एकेश्वरवाद के स्थान पर दोनों का समन्वित रूप कबीर में खोजना तर्कसंगत होगा।

कबीर के अद्वैतवाद का जहाँ तक प्रश्न है, कबीर में शुद्ध रूप से न तो औपनिषदिक अद्वैत दर्शन मिलता है, न वेदान्ती आचार्यों का भक्ति-समन्वित अद्वैत-भाव। लेकिन, दोनों के प्रभाव को कबीर में दर्शाया जा सकता है। कबीर में अद्वैतवाद के ज्ञान रहस्य का अनुभव रामानन्द द्वारा मिला हो या स्वतः साधना द्वारा या अन्य किसी सत्संगी स्रोत से, इसका अन्तिम निर्णय कदाचित् असम्भव है। लेकिन यह बात निश्चित है कि कबीर हिन्दी के प्रमुख अद्वैतवादी सन्त

1. त्रिभुवन सिंह, 'समाज-चेतना और कबीर', कबीर साहित्य की प्रासंगिकता, पृ. 138
2. संगमलाल पांडेय, 'अद्वैतवाद' तथा 'एकेश्वरवाद', हिन्दी साहित्य कोश, भाग 1, पृ. क्रमशः 16 तथा 150

कवि माने जाते हैं। उनके पहले हिन्दी के नाथ-सिद्धों में अद्वैतवाद का प्रचलन था। कबीर ने अद्वैतवाद का ज्ञान नाथ-सिद्धों से ही ग्रहण किया होगा। इसलिए उनका अद्वैतवाद पूर्ण रूप से न शुद्ध अद्वैत-दर्शन है, न विशिष्टताद्वैत, न शुद्धाद्वैत और न तो द्वैताद्वैत। कबीर के अद्वैत-दर्शन में इन सभी वादों की छाया के साथ-साथ कबीर के निजत्व की भी झलक है। यह इसलिए था कि कबीर की ईश्वर-धारणा उनकी अपनी थी।

कबीर का एकेश्वरवाद भारतीय तथा सूफी एकेश्वरवाद का मिश्रित स्वरूप है। भारतीय एकेश्वरवाद का मूल ऋग्वेद में प्राप्त होता है। 'श्वेताश्वतर उपनिषद्' में इसका दार्शनिक वर्णन मिलता है तथा महाभारत पुराणकाल तक एकेश्वरवाद का अति विकसित रूप पाया जाता है। विष्णु, राम तथा कृष्ण को उपास्य मानकर भक्तिभाव पर अवलम्बित होकर एकेश्वरवाद हिन्दी के सन्त-कवियों तक पहुँचा। निर्गुण सन्तों के एकेश्वरवाद में अन्य विचारधाराओं का प्रभाव परिलक्षित होता है। कबीर ने 'राम' का नाम अंगीकृत करने पर भी शुद्ध एकेश्वरवाद को प्रश्रय नहीं दिया। रामानन्द के समान उन्होंने भी राम को परमेश्वर माना।[1] भारतीय एकेश्वरवाद की इस परम्परा से सम्बद्ध रहकर भी कबीर के एकेश्वरवाद पर ब्रह्म-भावना की झलक स्पष्ट दिखाई देती है। ब्रह्म-भावना के अन्तर्गत डॉ. पीताम्बर दत्त बड़थ्वाल हिन्दू बहुदेववाद-एकदेववाद का सामंजस्य बताते हैं। "हिन्दुओं के प्रत्येक देवता का द्वैत रूप है—एक व्यावहारिक और दूसरा पारमार्थिक अथवा तात्त्विक। व्यावहारिक रूप में वह परब्रह्म परमात्मा के किसी पक्ष-विशेष का प्रतिनिधि है। परन्तु धर्मार्थ रूप में प्रत्येक देवता पूर्ण परब्रह्म परमात्मा है और व्यावहारिक पक्ष में अन्य सब देवता उसके अधीनस्थ हैं।...हिन्दू पूजा विधान को चाहे कोई किसी नाम से पुकारे उसके मूल में निश्चय ही एकेश्वर भावना है।"[2]

बहुत सम्भव है कि मध्यकाल की ईश्वर-धारणा और पूजा के व्यवहार-पक्ष की अनियमितताओं से निषेधात्मक प्रेरणा पाकर कबीर ने ईश्वर की मूल ऐक्य-भावना को महत्त्व दिया हो। इस्लामी ईश्वर-धारणा में अल्लाह एक है और रसूल-मुहम्मद आत्मा-परमात्मा के बीच पैगम्बर है, जो मध्यस्थ का काम करता है। इस्लाम के कट्टरवादी एकेश्वरवाद से तंग होकर फारस में कुछ सूफी सन्तों ने एक उदारवादी एकेश्वरवाद का प्रचार किया, जो प्रेम पर आधारित था। सूफियों के भारत-प्रवेश से सूफी एकेश्वरवाद भारतीय एकेश्वरवाद से परस्पर सत्संगों के माध्यम से मिलने लगा। फलतः कबीर का सन्तमत सूफी एकेश्वरवाद से प्रभावित हुआ। संक्षेप में कहा जा सकता है कि कबीर का एकेश्वरवाद कट्टर इस्लामी एकेश्वरवाद कदापि नहीं है। प्रेमावलम्बित सूफी एकेश्वरवाद और भारत की मूल पारमार्थिक भावना तथा वेद-समर्थित एवं भक्ति-भावना से सिंचित एकेश्वरवाद का शुद्ध स्वरूप भी कबीर में नहीं दिखाई पड़ता है। यह कहना समीचीन होगा कि कबीर की एकेश्वर-भावना इन तीनों धाराओं के त्रिवेणी-संगम से निर्मित हुई।

कबीर में शुद्ध अद्वैतवाद तथा शुद्ध एकेश्वरवाद के साथ-साथ दोनों वादों की समानताएँ देखने के अनन्तर कबीर के 'निर्गुण राम' में अद्वैततत्व तथा एकत्व का समन्वित रूप देखना युक्तिसंगत प्रतीत होता है। शंकराद्वैत के ब्रह्म की पूर्ण निष्क्रियता के विपरीत कबीर का 'निर्गुण-राम' सक्रिय है। चिदात्मक ब्रह्म-सत्ता में चैतन्य का विलय अथवा अक्षर-ब्रह्म में आत्मा का सर्वथा लय कबीर को मान्य नहीं है। यहाँ एकेश्वरवाद का सहारा लिया गया है। "एकेश्वरवाद

1. संगमलाल पांडेय, 'एकेश्वरवाद', हिन्दी साहित्य कोश, भाग 1, पृ. 151
2. पीताम्बरदत्त बड़थ्वाल, हिन्दी काव्य में निर्गुण सम्प्रदाय, पृ. 140

में ईश्वर-जैसी एक अन्य सत्ता का अस्तित्व होता है, तो अद्वैतवाद के निरुपाधिक ब्रह्म से कुछ भिन्न माना जाता है।...वस्तुतः सन्तों ने परमतत्त्व को 'परमेश्वर' के रूप में अधिक देखा है और 'परब्रह्म' रूप में कम। जहाँ वे 'परब्रह्म' के स्वरूप का निरूपण करते दिखाई देते हैं, वहाँ भी वे परब्रह्म के स्थान पर 'परमेश्वर' के ही स्वरूप को निरूपित कर पाते हैं।''[1] यह अद्वैत-एकेश्वर भावनाओं का मिश्रित स्वरूप बौद्धों के चिन्तन तथा उपनिषदों के ईरान, अरब, मिस्र आदि देशों में प्रचारित होने के पश्चात् सूफियों के द्वारा भारत में वापस लाए जाने से सम्भव हुआ। फलस्वरूप कबीर के 'निर्गुण राम' में ईश्वर के अद्वैततत्व तथा एकत्व का ऐसा अद्वितीय समन्वय दृष्टिगोचर होता है। इस समन्वय के विभिन्न बिन्दुओं में प्रमुख है कबीर का रहस्यवाद। कबीर के साथ यही हुआ था। आत्मा-परमात्मा के मिलन में पूर्ण अद्वैतावस्था प्राप्त होने के बावजूद पति-पत्नी-जैसा साक्षात्कारपरक सम्बन्ध का द्वैत भी बना रहता है। कबीर की अद्वैत-भावना व्यवहार-सम्पादन के लिए 'रामपियारे' का नाम तथा भक्ति का स्वरूप लेता है। तात्पर्य यह कि कबीर में एकेश्वरवाद नहीं है, केवल एकेश्वर-भावना है।

कबीर के निर्गुण राम की शून्यरूपता : 'शून्य' शब्द मूल रूप से अबौद्ध परम्पराओं में परमतत्त्व के लिए परिकल्पित किया गया था। बौद्ध-दर्शन की महायान शाखा के प्रवर्तक आचार्य नागार्जुन ने दूसरी-तीसरी शती में शून्य-कल्पना को अर्थ-व्याप्ति दी। हालाँकि हिन्दू दार्शनिक इस शून्य का अर्थ 'सत्ता का अभाव' लेते हैं, नागार्जुन के अनुसार, ''इसे शून्य भी नहीं कह सकते, अशून्य भी नहीं कह सकते और दोनों (शून्य और अशून्य) भी नहीं कह सकते। इसी भाव की प्रज्ञप्ति के लिए 'शून्य' शब्द का व्यवहार होता है।''[2] इस प्रकार ऋग्वेद ने एक विलक्षण सत्ता को स्वीकार करके परवर्ती विचारकों के लिए एक मार्ग तैयार कर दिया था। उसी सत्ता को उपनिषदों ने ब्रह्म के रूप में स्वीकार किया और उसको अनिर्वचनीय बतलाते हुए, 'नेति-नेति' कहा। बौद्धों का शून्य सिद्धान्त इससे विकसित हुआ।[3]

सिद्धों के हाथों में शून्य का तत्त्व-निरूपण और भी प्रखर रूप में मिलता है। 'शून्य' सर्वशून्य है, अगम, अगोचर, आदि रहित, वर्णहीन और आकृतिविहीन आदि। वह चित्त में, जगत् में, त्रिभुवन में सर्वत्र व्याप्त है।[4] यह धारणा नाथों तथा सन्तों से होकर कबीर तक पहुँच गई। कबीर के पहले शून्य सिद्धान्त के विकास की एक बहुत लम्बी परम्परा रही है, जिसे दो स्थूल रूपों में देखा जा सकता है। एक रूप आस्तिक्य से सम्बन्धित है और दूसरा नास्तिक्य से। वेदों से चली हुई जो परम्परा उपनिषदों में 'नेति-नेति' से प्रतिपादित होती है, वह आस्तिक्य से सम्बन्धित है। दूसरी परम्परा बौद्धों के द्वारा प्रेरित हुई। उसी ने शून्य शब्द का प्रचलन किया, जिसमें आत्मवाद का खंडन है।[5]

कबीर ने उपनिषद आस्तिक परम्परा के अनुसार बौद्धों के नास्तिक शून्य को आस्तिकों के ब्रह्म के रूप में परिणत किया। कबीर का शून्य कहीं भी अभाव का समर्थक नहीं है। यह ठीक है कि उसमें अर्थ-वैविध्य है और कई स्थानों पर उन्होंने उसका प्रयोग पारिभाषिक रूप

---

1. श्यामसुन्दर शुक्ल, हिन्दी काव्य की निर्गुण धारा में भक्ति, पृ. 220-21
2. धर्मवीर भारती, 'शून्य', हिन्दी साहित्य कोश, भाग 1, पृ. 832
3. सरनाम सिंह शर्मा, कबीर : एक विवेचन, पृ. 743
4. धर्मवीर भारती, 'शून्य', हिन्दी साहित्य कोश, भाग 1, पृ. 832
5. सरनाम सिंह शर्मा, कबीर : एक विवेचन, पृ. 749

में भी किया है, किन्तु उससे नास्तिक या अभाव का संकेत कहीं नहीं मिलता है। कबीर का शून्य परमतत्त्व का पर्यायवाची है। वह ईश्वर के अनिर्वचनीय और अगम स्वरूप की ओर संकेत करता है। उसमें आस्तिक ब्रह्म-भावना पूर्ण रूप से झलकती है। बौद्धों, नाथों, योगियों तथा उपनिषद् से समानता रखते हुए भी कबीर का 'शून्य' एक सहज शून्य होकर ईश्वर का एक सरल लेकिन असीम स्वरूप को प्रतिफलित करता है। कबीर का 'निर्गुण राम' ऐसा एक शून्य भी है।

लोकातीतत्त्व : लोकातीतत्व लोक के अतीत रहने या उसका अतिक्रमण करने का ऐश्वरिक गुण है। यह कल्पना भौतिक संसार तथा उसके जीवन-जन्तुओं के तारतम्य में ईश्वर का स्थान निर्धारित करती है। ईश्वर के वास्तविक अलिप्त स्वरूप को लक्षित करते हुए यह गुण उसकी विशिष्टता का द्योतन करता है। लोकातीत ईश्वर सम्पूर्ण सृष्टि से परे उसके नियामक होकर रहता है। विश्वातीत होने से ही ईश्वर सृष्टिकर्ता है, क्योंकि विश्व के परे रहकर ही वह विश्व की सृष्टि कर सकता है। विश्वकर्ता स्वयंभू है। वह अपने अस्तित्व के लिए सृष्टि पर आश्रित नहीं है। उसके स्वतन्त्र अस्तित्व पर न तो सृष्टि प्रभाव डालती है, न उसे परिसीमित करती है। इसी कारण से वह ईश्वर है।

ईश्वर का स्वभाव सृष्टि और जीव-जन्तुओं से मूल रूप से भिन्न है। वह अपरिवर्तनीय है, चिरस्थायी है, वह न जन्म लेता, न मरता और न कष्ट झेलता है। स्वतन्त्रता उसका मूलभूत गुण है। संसार में पाई जानेवाली कोई भी सीमा उसमें नहीं है, क्योंकि वह असीम है, कबीर का निर्गुण ईश्वर लोकातीत है। वह विश्व की समस्त सीमाओं से मुक्त है। इस लोकातीत ईश्वर का स्वरूप-ज्ञान बड़े-बड़े मुनियों तक को दुर्लभ है।[1] यह लोकातीत तत्त्व न इन्द्रिय, न मन, न बुद्धि, न साधना से पाया जा सकता है। यह सभी पदार्थों से परे है। यह अव्यक्त तत्त्व अक्षर है। "कबीर का ब्रह्म, वेद, भेद, पाप, पुण्य, ज्ञान, ध्यान, अस्थूल, शून्य, वेश, भिक्षा आदि तथा तीन लोक के सभी पदार्थों से विवर्जित है।"[2]

विराटता : कबीर का 'निर्गुण राम' असीम होकर किसी भी परिधि में बाँधा नहीं जा सकता। उसका स्वरूप विराट है। भगवान् के बुद्धि-विनिर्मित अव्यक्त विग्रह की कल्पना कबीर ने सुन्दर शब्दों में की है। कबीर की यह कल्पना औपनिषद ब्रह्म-दर्शन पर आधारित दिखाई देती है। "भगवान के 'विराट' स्वरूप का वर्णन कबीर ने भी किया है। भक्त लोग इस स्वरूप का वर्णन भगवान की महान महिमा और अनन्त शक्ति प्रकट करने के लिए करते हैं। किन्तु कबीर में जो वर्णन पाए जाते हैं, उनमें ये दोनों विशेषता के अतिरिक्त दिव्य-सौन्दर्य की भी प्रतिष्ठा मिलती है।...वास्तव में कबीर की दृष्टि बड़ी भावुक थी। तभी तो वे शुष्क बुद्धिमूलक वर्णनों में भी सौन्दर्य की प्रतिष्ठा कर सके हैं।"[3]

कबीर के चित्रण के अनुसार वह विराट् ब्रह्म करोड़ों सूर्य के प्रकाश से प्रकाशित, करोड़ों महादेवों की महिमा के महीयान, करोड़ों दुर्गाओं की शक्ति से समन्वित तथा कोटि-कोटि ब्रह्माओं के ज्ञान से विभूषित होते हुए भी इतना सौन्दर्यमय है कि करोड़ों कामदेव उस पर निछावर हैं।[4]

---

1. क. ग्र., साखी 5.11, पृ. 10
2. दीनदयालु गुप्त, कबीर-दर्शन, पृ. 144
3. गोविन्द त्रिगुणायत, कबीर की विचारधारा, पृ. 204-05
4. रामकुमार वर्मा, सन्त कबीर, राग भैरउ-20, पृ. 228-29

भावुकता के पुट के साथ चित्रित कबीर के अव्यक्त भगवान की विराटता उपनिषद् से अधिक काव्यमय तथा आकर्षक बन पड़ी है। सातों समुद्रों की स्याही, सब वनों की लेखनी तथा समूची धरती का कागज भी प्रभु के वर्णन के लिए पर्याप्त नहीं है।

सर्वशक्तिमत्ता : सर्वशक्तिमत्ता वस्तुतः असीमता, अनन्तता तथा विराटता से सम्बन्धित विशेषण है। सर्वशक्तिमान् का अर्थ समस्त उदात्त शक्तियों से सम्पन्न होता है। शक्ति-सम्पन्न व्यक्ति सीमागत बन्धनों से स्वतन्त्र होता है। प्रभु के अन्दर कोई बन्धन नहीं है। वह किसी के ऊपर आश्रित भी नहीं है। उसे किसी की सहायता नहीं चाहिए। उसके बनाए हुए नियमों पर मानव की खाद्य सामग्री, यातायात, जीवनयापन सब कुछ अवलम्बित है। प्रभु अवलम्बनों का अवलम्बन है। वह सबका आश्रय है, निखिल शक्ति का भंडार है।[1] कबीर का भगवान ऐसा सर्वशक्तिमान् है, जो निर्बाध तथा सर्व-समावेशी शक्ति का पर्यायस्वरूप है।

ज्योतिरूपता : निर्गुण ब्रह्म ज्योतिस्वरूप है। यह विचार उपनिषद् में प्राप्त होता है। ब्रह्म का अनन्त प्रकाश इस प्रकार है कि उसी के प्रकाश से सभी पदार्थ तथा सम्पूर्ण जगत् प्रकाशित होते हैं। सूर्य, चन्द्रमा, तारागण तथा विद्युच्छटाएँ उसके सामने एकदम से नगण्य हैं।[2] कबीर ने अपने 'निर्गुण राम' को ज्योतिस्वरूप घोषित कर औपनिषदिक ब्रह्म-भावना को पुनर्जीवित किया है। परमात्मा की ज्योति इतनी प्रबल है कि मानो सूर्य की श्रेणी उदय हुई हो। रवि और शशि बिना वह एक अद्‌भुत ज्योति है। सूर्य-चन्द्र भी जिससे प्रकाशित हैं। इस परब्रह्म के प्रकाश का अनुमान नहीं हो सकता है। वह लौकिक साधनों से गम्य नहीं है। उसका प्रकाश-सौन्दर्य अनिर्वचनीय होकर अपरोक्षानुभूतिगम्य है। कबीर ने इस जगमगाती ज्योति का साक्षात्कार किया है। हृदय के भीतर आकाश-कुसुम के समान वह कमल प्रकाशित हो रहा है, जिसे प्रभुभक्त ही देख सकता है। ब्रह्म-रन्ध्र में इस अद्‌भुत ज्योति का दर्शन होता है। जब कुंडलिनी उत्थित होकर सहस्रार में मिलती है, तभी इस ज्योति का साक्षात्कार सम्भव है। यह ज्योति सत्य-स्वरूप है। अन्तर में जब प्रेम का प्रकाश होता है अनन्त ज्योति हृदय में जगमगा उठती है जिसके फलस्वरूप मुँह और वाणी भी कस्तूरी-सी सुगन्धित हो जाती है। संकल्प-विकल्पात्मक अवस्था के ऊपर राम के मन में मिलकर सहस्रदल कमल पर पहुँचने से बिना चाँदनी के ही चाँदनी-जैसा शीतल और स्निग्ध प्रकाशानुभव की लब्धि कबीर को हुई।[3]

शब्दरूपता : ब्रह्म की शब्दरूपता का मूल 'कठोपनिषद्' में प्राप्त होता है।[4] इसका समर्थन, प्रतिपादन या भाष्य योगशास्त्र, शंकराचार्य का ब्रह्म-सूत्र-भाष्य, पुराण, नाथ-पन्थ आदि में भी प्राप्त होते हैं। अक्षर-ब्रह्म ही परमब्रह्म है। प्रणव या ओंकार ईश्वर-वाचक माना जाता है। शब्द-ब्रह्म की अभिव्यक्ति विश्व में होती है। शब्द ही सर्वस्व है। शब्द ही ताला है, शब्द ही कुंजी है। शब्द ही से ज्ञान भी होता है। शब्द के माध्यम से शब्द से परिचय होता है। सब कुछ शब्द का विस्तार है। इस शब्द-सिद्धान्त से अनुप्रेरित होकर कबीर ने अनहदनाद का वर्णन किया है। रामनाम को उन्होंने निरंजन शब्द भी माना है। कबीर का कहना है कि अनाहत नाद बिना तारों के तन्त्री की ध्वनि के समान उनके भीतर गूँज रहा है। यही उनके चित्त के शब्द-ब्रह्म में लीन होने का कारण है। साधना द्वारा कुंडलिनी-जागरण से अनाहत नाद का श्रवण सम्भव हो जाता है।

---

1. मुंशीराम शर्मा, भक्ति का विकास, पृ. 44-45
2. कठोपनिषद्, 2.2.15
3. क्र. ग्र. साखी 5.1-15, पृ. 9-10
4. कठोपनिषद्, 1.2.16

सत्‌गुरु-रूपी 'सिकलीगर' के हाथ मसकले के समान हैं, यह शब्द शिष्य के चित्त को दर्पण के समान निर्मल कर देता है। अर्थात्‌ ईश्वरीय शब्द मनुष्य के परिष्कार तथा मुक्ति का कारण है।[1]

सत्य एवं ज्ञान-स्वरूपता : कबीर का 'निर्गुण-राम' सत्य और ज्ञान स्वरूप भी है। सत्य और ज्ञान दोनों निराकार हैं। कबीर के अनुसार सत्य वह है जो समस्त देशकाल और दशा में अपरिवर्तनशील होकर स्थिर रहता है। परमतत्त्व को सत्य और ज्ञान मानकर कबीर औपनिषद चिन्तन के समर्थक रहे हैं।[2] ज्ञान अनन्त और अरूप है और कबीर का आत्माराम अविगत, अपरम्पार तथा अनन्त है। यह अनन्तता, अपरम्पारता तथा अविगतता ही सत्य है। यह ज्ञान तथा सत्यरूपी परमात्मा सर्वत्र व्याप्त है, आदि-मध्य-अन्त से विहीन है, वट-बीज के समान सूक्ष्मातिसूक्ष्म और एक साथ लघु और बृहदाकार भी है। कबीर ने अपनी तेज बुद्धि की विश्लेषणात्मक शैली के माध्यम से इस ज्ञानस्वरूप तथ्य को भीतर से जाँचने का प्रयास किया है। इसलिए उन्होंने "ग्यानरूप सब ठाँम, बहुविचार करि देखिया", "सोच विचारि सबै जग देख्या," "आप बिचारै सो ग्यानी होई"[3] आदि बातों से इस ज्ञानरूप सूक्ष्म ईश्वर की आन्तरिक चिन्तन-साधना पर बल दिया था। उनके इस ज्ञानमार्गी दृष्टिकोण ने अन्तर्दृष्टि और तत्त्वचिन्तन के माध्यम से ईश्वर की लब्धि में उनको लगाए रखा। क्योंकि यह ज्ञानगम्य ईश्वर उनके लिए अनुभूत सत्य था।

कबीर के यह 'सत्‌' या राम दशरथ-सुत राम न होकर अखिल ब्रह्मांड नायक परम-परमानन्द सत्‌-चित्‌-आनन्द के स्रोत थे। ईश्वर का आदर्श-स्वरूप इसी स्रोत में प्राप्तव्य है। "हर बुद्धिमान मनुष्य वृक्ष से फल-फूल प्राप्त करने के लिए उसका मूल सींचता है, न कि डालियाँ और पत्ते। अवतार तो परब्रह्म में निहित गुण-त्रय के संघात के व्यक्त रूप निरंजन से भी अधिक निम्न स्तर के तत्त्व हैं; अतः परमतत्त्व से उनकी समानता कभी भी नहीं हो सकती।"[4] कबीर का यह निर्गुण ईश्वर वृक्ष-मूल स्वयं है इस "ईश्वर की सत्ता, उसके ज्ञान, उसकी शक्ति और उसके आनन्द की कोई इयत्ता, सीमा या अवधि नहीं है। प्रभु की असीमता उसकी सूक्ष्मता और निराकारता की भी द्योतक है।"[5] आकारवाली स्थूल वस्तुएँ देश और काल की सीमा में बद्ध होती हैं। प्रभु ऐसा नहीं है। वह निराकार है। आकारवाली वस्तु कई अवयवों से मिलकर बनती है; अतः अनेक खंडों में विभक्त हो सकती है। निराकार वस्तु के खंड नहीं हो सकते। वह अखंड, अविभाज्य और एकरस है। असीम और निराकार सूक्ष्म होने के कारण ससीम तथा साकार की स्थूलता में व्याप्त रहता है। ईश्वर से अधिक सूक्ष्म कोई भी सत्ता नहीं है। अतः इसे सर्वव्यापक भी कहा जा सकता है। अखंड सत्ता होने के कारण वही अन्तिम सत्य भी है।

कबीर के ईश्वर का सगुणत्व

निर्गुण-पन्थी तथा ज्ञानाश्रयी कबीर की ईश्वर-परिकल्पना पर सगुणत्व का आरोप करना अन्तर्विरोधपरक प्रतीत हो सकता है। लेकिन सम्पूर्ण तत्त्व के अन्वेषी कबीर के 'निर्गुण राम' में सगुणता का निषेध करना उतना ही प्रबल प्रमाद होगा। कबीर पूर्ण ब्रह्म के प्रतिबद्ध अनुसन्धित्सु थे और

1. क. ग्र., साखी 40.1-3, पृ. 49; 1.6-8, पृ. 1
2. तैत्तिरीयोपनिषद्‌, 2.1.2
3. क. ग्र., बारहपदी रमैणी, पृ. 183; पद 186, पृ. 113; पद 42, पृ. 79
4. श्यामसुन्दर शुक्ल, हिन्दी काव्य की निर्गुण धारा में भक्ति, पृ. 238
5. मुंशीराम शर्मा, भक्ति का विकास, पृ. 40

वे परमतत्त्व की सम्पूर्णता से कम किसी भी आधे-अधूरे तत्व में उलझनेवाले नहीं थे। कबीर का ईश्वर जितना निर्गुण था ठीक उतना ही सगुण भी था। क्योंकि 'गुण में निरगुंण, निरगुंण में गुण हैं।'

कबीर के ईश्वर में अभाव का निषेध : कबीर के ईश्वर में गुणों की प्रतिष्ठा उसके सगुणत्व को सिद्ध करने के लिए उपयुक्त आधार है। उनके 'निर्गुण-राम' में अभाव का निषेध उसका प्रमुख अंग है। कबीर का ईश्वर अनिर्देश्य, अवर्ण, अकल, अरचित, अग्राह्य और वर्णनातीत– सब है। लेकिन उसके त्रिगुणविहीन या मायारहित होने का तात्पर्य यह कदापि नहीं है कि उसमें कुछ नहीं होता या वह कोई अभावस्वरूप वस्तु है। वह तामसिक, राजसिक और सात्विक गुणों से परे का 'चौथा पद' है।[1] उनमें कुछ ऐसे गुण या लक्षण हैं जिनसे उनकी पहचान की जा सके। ''यदि कबीर ने सांख्य के त्रिगुण को राम से बहिष्कृत कर दिया तो इसका अर्थ यह नहीं कि उन्होंने अपने उपास्य को अभाव-स्वरूप माना। उन्होंने अपने उपास्य राम को उनके सहज तेज को देखकर पहचाना। अतः निर्गुणात्मकता को अभाव या शून्य का पर्याय नहीं समझना चाहिए। अभाव का वर्णन नहीं किया जा सकता, किन्तु निर्गुण राम के सामने कबीर का मूक रहना तो दूर वे तो उनकी विशेषताओं का निरन्तर बखान करते जाते हैं।''[2]

यह 'निर्गुण राम' बाह्य साधना से अगोचर होकर आन्तरिक साधना से प्राप्तव्य है। निर्गुण राम अभाव रूप नहीं है। उसका स्वरूप अनुभव से ही जाना जा सकता है। वह ज्ञान का भी विषय हो सकता है और भक्ति का भी। बाह्योन्मुख इन्द्रियों तथा मन के द्वारा उस तक पहुँचने का प्रयास व्यर्थ है।[3] उपनिषदों ने निर्गुण, निर्विशेष, पर ब्रह्म की अभिव्यक्ति के लिए 'नेति-नेति' का सहारा लिया है।

कबीर के ईश्वर में गुणों का समावेश : कबीर के निर्गुण ईश्वर में सगुणता की मूलभूत विद्यमानता स्थापित करना महत्त्वपूर्ण कार्य है। गुणों के अन्तर्गत सद्गुणों की भी गिनती है : ज्ञान, शक्ति, ऐश्वर्य, बल, वीर्य तथा तेज। '' 'ज्ञान' अजर, स्वप्रकाश, नित्य और सर्वस्व का अवगाहन करनेवाला गुण है। 'शक्ति' जगत् का उपादान कारण है। 'ऐश्वर्य' जगत् के कर्तृव्य में स्वतन्त्रता के गुण का नाम है। जगत् के निर्माण में श्रम के अभाव को ही 'बल' कहते हैं। जगत् का उपादान कारण होने पर भी विकार-रहित होने का गुण ही 'वीर्य' है। जगत् की सृष्टि में किसी सहकारी की अनावश्यकता ही 'तेज' है।[4] इन षड्गुणों का कोई स्पष्ट आरोप कबीर के 'निर्गुण राम' पर दृष्टिगोचर नहीं होता है। फिर भी, इन गुणों का भाव उनके उपास्य में द्रष्टव्य है। षड्गुणों की शब्दावली में बात नहीं करते हुए यह कहना अधिक संगत होगा कि कबीर ने अपने उपास्य को त्रिगुणों से मुक्त करके अनेक दिव्य गुणों से विभूषित किया है। ''राम के गुण प्राकृतिक नहीं हैं, वे दिव्य और रहस्यमय हैं। फलतः मनुष्य की प्राकृतिक जीभ उन्हें गाने में असमर्थ है।''[5] ये गुण 'निर्गुण राम' के गुण होकर अव्यक्त गुण हैं और दृष्टिगोचर न होकर मनसगोचर है। सूक्ष्मता के कारण ये गुण बाह्येन्द्रियों के लिए सुलभ नहीं हैं। ये अव्यक्त गुण अव्यक्त परमेश्वर के हैं। कबीर के उपास्य परमात्मा के स्वरूप अव्यक्त सगुण ठहरता है।

---

1. परशुराम चतुर्वेदी, 'निर्गुण-सम्प्रदाय', हिन्दी साहित्य कोश, भाग 1, पृ. 350
2. विलियम द्वायर, कबीर की भक्ति-भावना, पृ. 30-31
3. पुरुषोत्तम श्रीवास्तव, कबीर साहित्य का अध्ययन, पृ. 183
4. ब्रजेश्वर वर्मा, 'सगुण-सम्प्रदाय', हिन्दी साहित्य कोश, पृ. 872
5. विलियम द्वायर, कबीर की भक्ति-भावना, पृ. 31

सिद्धान्त-रूप में कबीर परमेश्वर को अव्यक्त मानकर भी उसे सर्वगुण-सम्पन्न, सर्वकर्मा तथा दयालु मानते हैं। निर्गुण परमात्मा कबीर के लिए अव्यक्त परमात्मा ही है। अर्थात् कबीर के 'निर्गुण राम' का सगुणत्व 'अव्यक्त सगुणत्व' है।

कबीर ने अपने 'निर्गुण राम' का यह सगुणीकरण व्यावहारिकता के उद्‌देश्य से किया है। "कबीर सन्त थे और उन्होंने ब्रह्म की व्यावहारिक सत्ता को स्वीकार किया है। उनका प्रमुख प्रतिपाद्य भगवान का अव्यक्त स्वरूप ही है। कबीर ने कहीं भी इन्द्रिय-ग्राह्य रूप का उल्लेख नहीं किया है। यही कारण है कि वह निर्गुणवादी हैं।"[1] व्यवहार-सम्पादन के लिए उन्होंने अपने अनिर्वचनीय निर्गुण को दिव्य सगुण बनाया है। इस अनिर्वचनीयता के बावजूद कबीर ब्रह्म को सारे अच्छे गुणों की खान मानते हैं। उनके ब्रह्म दयालु, संवेदनशील, करुणामय तथा प्रेमी आदि हैं। परब्रह्म में अनेक दिव्य गुणों की सत्ता स्वीकार कर कबीर रामानुज के विशिष्टाद्वैतवाद से प्रभावित मालूम पड़ते हैं, जिसके अनुसार ब्रह्म एक और अखंड है, सगुण और निर्गुण है तथा प्राकृतिक गुणों से रहित होकर कल्याण-गुणों की बहुलता रखता है। कबीर का सगुण ब्रह्म निर्गुण ब्रह्म की व्यावहारिक सत्ता अवश्य है, फिर भी उनकी साधना का मनोविश्लेषण करते हुए यह कहना अधिक उचित होगा कि "ये ब्रह्म के व्यक्त और अव्यक्त, इन दो भेदों को न मानकर अद्वैत ब्रह्म की ही पारमार्थिक एवं व्यावहारिक भेदों को मानते जान पड़ते हैं।"[2] जो भी हो, कबीर का ईश्वर निर्गुण होने पर भी अभावस्वरूप न होकर अनगिनत दिव्यगुणों से युक्त है और पूर्ण रूप से सगुण भी है।

अन्तर्यामित्व तथा सर्वव्यापकत्व : कबीर के ईश्वर की यथार्थमूलकता को प्रमाणित करनेवाले उसके दो गुण हैं—अन्तर्यामित्व तथा सर्वव्यापकत्व। अन्तर्यामित्व ईश्वर का वह गुण है जिसके बल पर वह मन के भीतर एक गति रखता तथा मन की बात जानता है। यह अन्तःकरण में स्थिर होकर प्रेरणा देने तथा चित्त पर अधिकार रखने का गुण भी है। सर्वव्यापित्व सब में रमणशील होकर रहने का गुण है। अन्तर्यामिता द्वारा ईश्वर के भीतरी निवास का द्योतन होता है और सर्वव्यापिता द्वारा उसके बहिर्यामित्व का। अर्थात् ये दोनों गुण परस्पर पूरक होकर जगत् में ईश्वर के सर्वसमावेशी सान्निध्य को संकेतित करते हैं।

कबीर का परमात्मा अन्तर्यामी होकर भी अनिकेतन है और हृदय-गुफा में उसका असली निवास है। कबीर ने परमात्मा को अनिकेतन माना है। भगवान यदि कहीं है तो हृदय-रूपी निकेतन में है। कबीर की मान्यता है कि मथुरा मन, द्वारिका दिल तथा काशी काया है। शरीर ही देवालय है।[3] ईश्वरीय वास की ज्योति आत्मा में स्थित है। इसलिए देव-दर्शन के लिए तीर्थ और देवालय की आवश्यकता नहीं है। पाषाण-प्रतिमाओं के प्रति कबीर का अवज्ञा-भाव इस परिप्रेक्ष्य में सुस्पष्ट हो जाता है। उनका कहना यह भी है कि जिस प्रकार कस्तूरी कुंडली में तथा आँख की पुतली आँख में रहती है, ठीक उसी प्रकार राम मनुष्य के भीतर निवास करता है। इसलिए उसे बाहर खोजकर जीवन नष्ट करना निरी मूर्खता ही है। यह आत्माराम स्वानुभूति का विषय है, आत्म-साक्षात्कार द्वारा ही उपलब्ध हो जाता है। यह हृदयस्थ ईश्वर मन्दिर-मस्जिद की सीमाओं में बाँधा नहीं जा सकता। यह मनोब्रह्म आध्यात्मिक पूजा द्वारा उपलब्ध हो जाता है। "निर्मलीकृत मानस द्वारा यह मनोमय भगवान् अर्थात् अपनी आत्मा की भी आत्मा के रूप में ब्रह्म की उपासना करने से प्राप्य है।"[1] यह

1. कृष्णा रैणा, हिन्दी निर्गुण सन्त-काव्य : दर्शन और भक्ति, पृ. 93
2. चन्द्रदेव राय, कबीर और रैदास : एक तुलनात्मक अध्ययन, पृ. 105
3. क. ग्र., साखी 23.10, पृ. 35 तथा 6.42, पृ. 12

परमतत्त्व प्रत्येक व्यक्ति के हृदय में है और वहीं इसे सम्पूर्णतया प्राप्त किया जा सकता है। 'जल में कुम्भ, कुम्भ में जल' तथा 'काष्ठ में अग्नि' के समान मनुष्य के अन्तःस्थल में निवसित कबीर का अन्तर्यामी ईश्वर धर्म के मर्म को बुलन्द करता है।

इस अन्तर्यामिता का पूरक पहलू है ईश्वर की सर्वव्यापिता या बहिर्यामिता। वह सब घटवासी परमात्मा है। परमात्मा कण-कण में विद्यमान है। "कबीर ब्रह्म को सर्वव्यापी और अखंड मानते हैं।"[2] परमेश्वर विश्व का स्रष्टा, नियामक तथा शासक होने के साथ-साथ व्यापक तत्त्व भी है। यह अणु-परमाणु में सार-तत्त्व होकर विद्यमान आत्मा का आत्मा या परमात्मा है। परमात्मा का व्यापकत्व उसकी अनन्त शक्ति का एक पक्षमात्र नहीं, जैसा सामी विचार-परम्परा के अनुसार ठहरेगा, बल्कि उसी में उसी की सार-सत्ता है। यहीं उनके प्रेम-सिद्धान्त की आधारशिला है। यह व्याप्ति कहीं न्यून और कहीं अधिक नहीं। परमात्मा सब जगह अपनी पूर्ण सत्ता के साथ विद्यमान है। परन्तु अपनी पूर्णता यहीं समाप्त नहीं हो जाती। इस विश्व में पूर्ण रूप से व्याप्त होने पर भी वह पूर्ण रूप से उसके परे है। कबीर का कहना है कि यह व्यापक ब्रह्म सबमें एक भाव से व्याप्त हैं और "खालिक खलक खलक में खालिक सब घट रह्यो समाई"[3] परमात्मा की सर्वव्यापकता पर मनुष्य के पाप या उसके द्वारा नहीं पहचाने जाने का प्रभाव नहीं पड़ता। वह अव्यक्त रूप में सबमें विद्यमान है। कबीर का परमेश्वर साम्प्रदायिक दायरों से परे होकर सार्वभौम है। इस बात को व्यक्त करने के लिए भी कबीर ने विभिन्न सम्प्रदायों के ईश्वरवाची शब्दों का प्रयोग किया है।[4] इस प्रकार कबीर का ईश्वर बहिर्यामी होकर सम्पूर्ण जगत् में एकभाव से व्यापित है।

व्यक्तित्व-सम्पन्नता : व्यक्तित्व व्यक्ति के उन विशिष्ट गुणों को द्योतित करता है जिनके कारण उसकी स्पष्ट और स्वतन्त्र सत्ता सिद्ध होती है। ईश्वर मनुष्य से पृथक् तत्त्व है जिससे सम्बन्ध स्थापित किया जा सकता है। उनमें अनगिनत मूल्य तथा गुण समाविष्ट होते हैं। इसलिए कबीर का परमतत्त्व निर्गुण होते हुए भी निर्जीव नहीं है। कबीर का सत्य-तत्त्व जड़वादी दार्शनिकों की भाँति निष्प्राण और व्यक्तित्वविहीन भी नहीं है। "ईश्वर कपोलकल्पित नहीं है, जिसे किसी चतुर मस्तिष्क की उपज कहा जा सके। वह वास्तविक सत्ता है। वह सत्ता व्यक्तित्वविहीन, संज्ञा-शून्य और चेतना से रहित भी नहीं है। उसका एक व्यक्तित्व है, जो संज्ञान है।"[5] कबीर ने अपने आराध्य पर अनगिनत गुणों का आरोप किया है। उन्होंने उसकी अनेक विशेषताओं का बखान किया है। वह प्रभु मनुष्य के ही नहीं, सम्पूर्ण विश्व के भी हृदय में वास करता है। उस परम पुरुष के चरण, हाथ, सिर, आँखें, मुँह, कान आदि हैं। वह अक्षर-ब्रह्म दृष्टि का विषय नहीं बल्कि द्रष्टा है, श्रवण का विषय नहीं बल्कि श्रोता है, मनन का विषय नहीं बल्कि मन्ता है; स्वयं अविज्ञात रहकर दूसरों का ज्ञाता है; उससे भिन्न कोई द्रष्टा नहीं है और कोई ज्ञाता नहीं है। समस्त आकाश उससे ओत-प्रोत है। "सच तो यह है कि इस धारा में ब्रह्म का जो स्वरूप प्राप्त होता है, वह विशुद्ध भावात्मक ही न होकर व्यक्तित्व-प्राप्त भी है।"[6]

---

1. उर्वशी सूरती, कबीर जीवन और दर्शन, पृ. 54-55
2. गोविन्द त्रिगुणायत, कबीर की विचारधारा, पृ. 239
3. क. ग्र., पद क्रमशः 186, पृ. 113 तथा 51, पृ. 81
4. परशुराम चतुर्वेदी, कबीर साहित्य चिन्तन, पृ. 109
5. मुंशीराम शर्मा, भक्ति का विकास, पृ. 37
6. श्यामसुन्दर शुक्ल, हिन्दी काव्य की निर्गुण धारा में भक्ति, पृ. 230

द्वैतता : द्वैतवाद के प्रवर्तक मध्वाचार्य की परम्परा को कबीर में देखने का प्रयास हास्यास्पद ही होगा। लेकिन, कबीर के भक्ति-समन्वित जीवन-दर्शन में एक द्वैत-भाव स्पष्ट रूप से परिलक्षित होता है। ''कबीर सिद्धान्ततः द्वैत-स्थिति को स्वीकार न करते हुए भी व्यवहार में उसे भुला नहीं सके हैं। सेवक-सेव्य-भाव हो और चाहे दाम्पत्य-भाव, यह प्रेम का प्रादुर्भाव द्वैत-स्थिति को स्वीकार करके ही होता है। भाव से प्रारम्भ होनेवाले प्रेम की चरम परिणति अवस्था-विशेष में होती है।''[1] कबीर परमात्मा से मिलना चाहते हैं। इस भगवत्-मिलन में द्वैत-भाव प्रादुर्भूत हो जाता है। इस मिलनाभिलाषा में भगवान पर प्रियत्व का आरोप हो जाता है। कबीर ने अपने राम में निराकारत्व एवं निरंजनत्व की प्रस्थापना करते हुए भी उनके प्रियत्व को भी प्रमुखता दी है। कबीर ने अन्तस्थ प्रिय को आराध्य बनाकर राम का निकटतम सान्निध्य प्राप्त कर लिया है।

भक्ति द्वैतपरक होती है। इसमें भक्त और भगवान का द्वैत रहता है। अद्वैत सत्य पर प्रियत्व का मिश्रण करके कबीर ने भक्ति-व्यवहार के लिए द्वैत की प्रतिष्ठा की है और यह वास्तव में बेजोड़ काम सिद्ध हुआ है। 'दो शरीर एक प्राण' की स्थिति में भी कबीर को एक मानसिक दूरी अनुभूत होती है। परमदयालु भगवान से मिलने की तीव्र इच्छा के बावजूद कबीर अपनी अपात्रता से उत्पन्न संकोच या दूरी का अनुभव करते हैं। प्रेम-मिलन में जो परमेश्वर अनुभूत होता है वह इस प्रकार स्वयं से भिन्न सत्ता के रूप में ज्ञात हो जाती है।

कबीर के राम की भिन्नता सर्वदा बनी रहती है। भक्त कबीर मुक्ति नहीं चाहते हैं, बल्कि केवल मिलन। अद्वैतवादियों की तरह वे अक्षर-ब्रह्म में आत्मा का सर्वथा विलय नहीं चाहते हैं। मुक्ति की अवस्था में भी आत्मा का स्वतन्त्र अस्तित्व स्थिर रहता है। वह इसलिए है कि आत्मा और ईश्वर का मिलन शरीर के स्तर पर न होकर भाव-स्तर पर है। इसलिए आत्मा-परमात्मा के तादात्म्य में भी द्वैतभाव निरन्तर बना रहता है। कबीर के अनुभव में अपने आराध्य से अद्वैतावस्था में भी वह कुछ भिन्न मालूम पड़ता है कुछ सूक्ष्म लेकिन अथाह अन्तर दोनों के मध्य अनुभवगोचर हो जाता है। ''अद्वैतवाद की अनुभूति के विषय में भी...'सामरस्य' का आनन्द होने पर द्वैतभाव भी 'अमृतोपम' का रूप ग्रहण कर लिया करता है।...फिर तो वैसी दशा में किसी निर्गुणोपासकवाली दृष्टि से भी उसका उपास्य 'अलख' एवं 'अगोचर' न रहकर उसके लिए साकारता ग्रहण कर सकता है। उस समय अभेद-भाव के बने रहते हुए भी एक विलक्षण भेद-भाव-सूचक भावना काम करने लग सकती है तथा इस प्रकार उपास्य और उपासक के बीच एक ऐसे धूपछाँही का अन्तर आ जाना भी सम्भव हो जाता है, जिसका अनुभव स्वभावतः आनन्ददायक हो जाता है।''[2] कबीर जहाँ-जहाँ भक्ति के सन्दर्भ में कहते हैं, वहाँ-वहाँ वे इस द्वैत-भाव को प्रमाणित करते जाते हैं। इस प्रकार कबीर अपने परमतत्त्व को 'निर्गुण' मानते हुए भी भक्ति के सन्दर्भ में द्वैत-भाव के आधार पर सगुण मानते हुए दिखाई देते हैं। द्वैत-भाव में अन्तर्भुक्त ईश्वर-धारणा एक शब्द में यह है कि ईश्वर एक पृथक् सत्ता है। इस द्वैत-भाव पर आधारित ईश्वर के विभिन्न स्वरूपों का विश्लेषण आगे किया जा रहा है।

पतिरूपता : अपने निर्गुण परम तत्त्व को कबीर ने स्वयं से भिन्न मानकर न केवल व्यक्तित्व-सम्पन्न बनाया, बल्कि उसे व्यक्तित्व के कई उपादानों से अलंकृत कर यथार्थतः सगुण

---

1. सरनाम सिंह शर्मा, कबीर : व्यक्तित्व, कृतित्व एवं सिद्धान्त, पृ. 305
2. परशुराम चतुर्वेदी, कबीर साहित्य चिन्तन, पृ. 105

भी बनाया है। इस दिव्य सगुण व्यक्तित्व का आधार मानवीय जीवन ही है। मानव जीवन का सर्वाधिक आधारभूत सगुण-स्वरूप है पतित्व। कबीर ने अपने परमेश्वर को 'पति' या 'प्रिय'-रूप में कल्पित कर उससे पत्नी या प्रेयसी-सुलभ सम्बन्ध जोड़ा है। कबीर ने अपनी मानसी भक्ति-भावना के अन्तर्गत ईश्वर को अपना पति माना तथा आत्मा को उसकी प्रेयसी। इस प्रियतम-प्रेयसी के सम्बन्ध में जो दाम्पत्य प्रेम लक्षित हुआ है उसी की मूल शिला है ईश्वर की पतिरूपता। ईश्वर और मनुष्य के सम्बन्ध को दाम्पत्य-भाव में बाँधने की प्रथा जायसी-जैसे सूफी कवियों में भी थी। लेकिन सूफियों ने जबकि खुदा को अपनी प्रियतमा माना, कबीर ने उसे प्रियतम माना। इनमें बाह्य-प्रक्रिया विपरीत भले ही हो, अन्तर्भाव एक ही है। परन्तु, जहाँ तक ईश्वर-धारणा का प्रश्न है, इसमें पुरुष और स्त्री का भेद है। प्रेम की चरम परिणति दाम्पत्य-प्रेम में देखी जाती है। इसमें संयोग तथा वियोग दोनों पक्ष हैं। वियोग-पक्ष में प्रेम की गहराई अधिक तीव्र है। कबीर में मिलन तथा विरह दोनों का मधुर चित्रण मिलता है। वियोगावस्था का अधिक मार्मिक चित्रण कबीर ने किया है। दाम्पत्य-प्रेम की इन दोनों दशाओं से कबीर के ईश्वर की परिकल्पना प्रतिबिम्बित होती है।

कबीर का प्रियतम अपनी प्रियतमा को आनन्द से पुलकित करनेवाला है। इस पुलक से आत्मा-रूपी प्रियतमा का सभी कलंक मिट जाता है। यह 'ईश्वर-प्रिय' मनुष्य-प्रिया को एक भावमूलक शाश्वत समाधि प्रदान करने में सक्षम है। कबीर के कान्ता-भाव के मधुर तथा गहन लगाव से इस दिव्यकान्त के स्वरूप-दर्शन किए हैं। "कबीर ने आत्मा और परमात्मा की वियोगावस्था का वर्णन मुख्य रूप से किया है। वे अज्ञात सत्ता के अनेक प्रकार के नाते मानकर उससे साक्षात्कार करने के लिए व्याकुल हो उठे हैं। सांसारिक दृष्टिकोण से पति-पत्नी का सम्बन्ध अन्य सम्बन्धों की अपेक्षा अधिक टिकाऊ माना गया है। अतः कबीर अपने आराध्य देव से पत्नी के रूप में ही निवेदन करते हैं। कबीर की विरहिणी कोई लौकिक नायिका नहीं है, वह आत्मा है। विरहिणी अपने पति के वियोग में दुःखी है।"[1] "राम मोर पीव, मैं राम की बहुरिया" वाली उक्ति से कबीर के राम का यह प्रियत्व जिनके लिए कबीर तरसते हैं, स्पष्ट हो जाता है। ईश्वर के 'परमानन्द' रूप को इस माधुर्यभाव का विकसित रूप मानना उचित ठहरता है। कबीर के ईश्वर के इस पतिरूप में अनन्यता भी द्रष्टव्य है। वही एकमात्र पुरुष है। "दैवी-प्रेम में भगवान का चिन्तन उनको पति के रूप में मानकर किया जाता है। साधक संसार में प्रेमास्पद के अतिरिक्त अन्य किसी को पुरुष नहीं मानता। जो प्रेम स्त्री अपने पति के प्रति प्रकट करती है, उसी को एक सच्चा साधक अपने साध्य के प्रति प्रदर्शित करता है। प्रेमोन्माद की यही चरम अवस्था है।"[2]

मातृ-पितृत्व : प्रेम-मूलक सम्बन्धों के गहनतम स्वरूप अपने परमात्मा की पतिरूपता में सर्वाधिक प्रभावशाली ढंग से घटित करने के अनन्तर कबीर ने उसी प्रेम-सम्बन्ध का व्यापकतम स्वरूप 'मातृत्व-पितृत्व' भी अपने साध्य पर आरोपित किया है। परमात्मा के मातृत्व-पितृत्व-सम्बन्धी स्पष्ट उल्लेख कबीर में बहुत कम संख्या में पाए जाते हैं। लेकिन इन क्षीण उल्लेखों द्वारा कबीर के परमात्मा के गुण-भाव भी मिलाया जाए तो उनकी ईश्वर-धारणा में भक्ति-भाव से सिक्त पितृ-मातृ-भाव बहुत महत्त्वपूर्ण ही साबित होगा।

1. पुरुषोत्तम चन्द्र वाजपेयी, कबीर और जायसी का मूल्यांकन, पृ. 37
2. केदारनाथ द्विवेदी, कबीर और कबीर पन्थ, पृ. 136

कबीर का कथन है, "कहै कबीर बाप राम राया, हुरमति राखऊ में ही"[1] इस पंक्ति में कबीर राम को बाप के रूप में स्वीकारते हुए दिखाई देते हैं। एक दूसरा प्रसंग है–पिता ने प्रिय पुत्र को सांसारिक सुख रूपी मिठाई दी, पुत्र उससे बहक गया और पिता को भूल गया। जब पुत्र को लगा कि पिता का साथ छूट गया है वह मिठाई फेंककर रोते-रोते पिता की ओर गया और उससे मिल गया।[2] इस प्रसंग में भी कबीर की पितृ-कल्पना ईश्वर पर प्रत्यक्ष रूप से आरोपित पाई जाती है।

कबीर में इस पितृकल्पना के स्रोत के विषय में निश्चित रूप से कुछ कहना कठिन है। परमात्मा के पितृत्व की भावना बहुत प्राचीन काल से ही वेदों में पाई जाती है। ऋग्वेद की एक ऋचा, 'यो नः पिता जनिता यो विधाता' इसके प्रमाण में प्रस्तुत की जा सकती है। डॉ. नागेन्द्रनाथ उपाध्याय का मत है, "भारतवर्ष कृपालु भगवान या पिता के रूप में भगवान की कल्पना के लिए भागवतों का ऋणी है।"[3] डॉ. ग्रियर्सन के अनुसार, भागवत धर्म के एकेश्वरवादी उपास्य के 'एकत्व' में ही त्रयत्व है–स्वयम् ब्रह्म-रूप, अवतार और उसकी चित्-शक्ति। इस त्रय में ईसाई-त्रय से समता दिखाई पड़ती है। भागवत त्रय का विकास ईसाई मतवाद के त्रय के प्रभाव के अन्तर्गत हुआ।[4] कबीर की पितृ-कल्पना के स्रोत-सम्बन्धी वास्तविकता कुछ भी हो, "इस रूप के साथ प्रेम का भाव संलग्न है। ईश्वर प्रेम की मूर्ति है। वह अपनी प्रजा जीवों से प्रेम करता है, उनका हित चाहता है।...यह ईश्वर का प्रेममय दयालु-स्वरूप है। ईश्वर पिता है, हम सब उसके पुत्र हैं। विश्व-बन्धुत्व-भावना का उदय ईश्वर के उसी रूप के साथ हुआ है।"[5]

कबीर ने अपने उपास्य को माता के रूप में भी चित्रित किया है। "हरि जननी मैं बालिक तेरा"। ईश्वर के साथ कबीर के मूलभूत तथा कोमल सम्बन्ध का द्योतन इस पंक्ति से होता है। इस विचार का भी स्रोत अनिश्चित है। ऋग्वेद में एक ऋचा है–'त्वं हि नः पिता वसो त्वं माता शतक्रतो वभूविथ।' इससे इस विचार की भारतीयता का अनुमान लगाया जा सकता है। लेकिन कबीर की ईश्वर-कल्पना में इस मातृ-भाव का उदय अपनी माता के ही प्रभाव से होना अधिक सम्भव है। "नारी के मातृत्व, उसके स्नेह-पूर्ण वात्सल्य और क्षमाशीलता ने कबीर के अन्तर को छुआ होगा, तभी तो उन्होंने परमात्मा को माता मानकर अपने को बालक माना है। ममतामयी, स्नेह-प्राण जननी के समक्ष पुत्र का अपराध भी नगण्य और क्षम्य होता है। वह बालक के सुख-दुःख, हास-उल्लास को उससे अधिक अनुभव करती है। इसी जननी को स्नेहमयी प्रकृति की दुहाई देकर कबीर अपने अपराध क्षमा करते हैं।"[6] इसके अलावा, कबीर ने आत्मा को पत्नी मानकर पतिदेव परमेश्वर से सम्बन्ध जोड़ने के सम्बन्ध में नारी के सुन्दर तथा धार्मिक पक्ष की भी व्यंजना की है। इससे विकसित नारी का माता-स्वरूप परमेश्वर पर आरोपित किया जाना स्वाभाविक ही है। नारी के कल्याणमय रूप, पतिव्रता एवं सतीत्व की उपेक्षा कबीर न कर सके। नारी-हृदय के निश्चल समर्पण, आकांक्षारहित स्नेह

1. क. ग्र., पद 261, पृ. 132
2. क. ग्र., साखी 3.31-32, पृ. 8
3. नागेन्द्रनाथ उपाध्याय, नाथ और सन्त साहित्य, पृ. 108
4. वही, पृ. 105 में उद्धृत।
5. मुंशीराम शर्मा, भक्ति का विकास, पृ. 51
6. सरनाम सिंह शर्मा, कबीर : व्यक्तित्व, कृतित्व और सिद्धान्त, पृ. 793

और निश्चल व्यक्तित्व के साथ उन्होंने अपनी भावनाओं का तादात्म्य कर दिया और अपने को अविनाशी प्रियतम की पत्नी एवं प्रेयसी माना। नारी के वात्सल्यपूर्ण माता रूप के प्रति भी कबीर के हृदय में श्रद्धा-भावना थी। साथ ही, कबीर ने नारी को भक्ति की अधिकारिणी माना। जागतिक जीवन के आधारभूत प्रेममूलक तथा स्थायी सम्बन्धों के अन्तर्गत सर्वाधिक गहन स्वरूप दाम्पत्य-भाव है तो सर्वाधिक व्यापक स्वरूप वात्सल्य-भाव। इन दोनों के आलम्बन–पतिरूपता तथा मातृ-पितृरूपता–को कबीर ने अपने परमात्मा पर आरोपित कर ईश्वर को दिव्य सगुण ही नहीं, सर्वाधिक स्वीकार्य तथा व्यवहार्य पक्षों में स्थापित किया है।

गुरु-रूपता : गुरु वह है जो शिष्य के मन में प्रेरणा-स्वरूप चिनगारी उत्पन्न कर सके और मानवीय संस्कार से होकर ईश्वरीय संस्कार तक पहुँचा सके। "जो आचार अन्धकार से आलोक में ले जाते हैं, जो अन्ध को दिव्य-दृष्टि दानकर उसे स्वरूप-दर्शन कराते हैं, जो साधक के भीतर का सत्-स्रोत प्रवाहित करा देते हैं और अवान्तर-धारा का परित्याग कराकर उसे स्वाभाविक धारा में प्रतिष्ठित कर देते हैं, जो प्रज्ञानेत्र खोल देते हैं, वे ही गुरु हैं।"[1] 'लोचन अनन्त उघाड़िया' के कारण ही कबीर गुरु की महिमा को अनन्त बनाते हैं।[2] कबीर का मन्तव्य है, "गुरु अथवा सद्गुरु ही वह महत् शक्ति है, जो प्राणी के ऊपर शक्तिपात् करके सांसारिकता से उठकर आध्यात्मिकता पर प्रतिष्ठित कर सकता है। वही प्राणी को उसके अहंभाव से मुक्ति प्रदान करके उसे ब्रह्म-निष्ठ बना सकता है। शिष्य की मानसिकता में काया-पलट-सा उत्पन्न करके उसे ईश्वर-लब्धि तक पहुँचानेवाले गुरु जीवन के केन्द्रबिन्दु से कुछ कम प्रतीत नहीं होते।

तान्त्रिक युग के गुरु का महत्त्व मध्यकालीन धर्म-साधना में बहुत अधिक था। इसके दो कारण बताए जाते हैं–(1) इन सम्प्रदायों की गुह्य साधनाओं के लिए गुरु-निर्देशन की अनिवार्यता तथा (2) अपने-अपने सम्प्रदाय के आचार्यों को प्रतिष्ठित करने के लिए गुरु को अत्यधिक श्रद्धा से मंडित करना। नाथ-सिद्धों ने गुरु को अधिक महत्त्व दिया था। इस लम्बी गुरु परम्परा का मूल तर्क यही था कि गुरुहीन के लिए ब्रह्म की उपलब्धि असम्भव है।[3] कबीर ने इस परम्परा से यथेष्ट प्रभाव ग्रहण करते हुए गुरु अवधारणा की अपनी दृष्टि से व्याख्या की है।

कबीर ने गुरुदेव का महिमा-गान मुक्तकंठ से किया है। सद्गुरु के समान कोई सगा नहीं है। इसलिए कबीर उस पर बलिहारी हैं। गुरु ने शिष्य की अनन्त दृष्टि खोली है। वह सच्चा शूरवीर है। उसने शब्द-बाण चलाकर शिष्य के कलेजों को छेदा और भगवद्-भक्ति को जागृत किया। उसने अज्ञान तथा जर्जर नाव से मुक्त कर शिष्य को ज्ञान-प्रकाश से भर दिया तथा भव-सागर से पार कराया। सद्गुरु के कारण ही कबीर को ब्रह्म-सत्य से साक्षात्कार हो गया।[4] गुरु स्वयं 'जागता-देव' है। उसके ही कारण अमृतधारा का लाभ मिलता है। वह सिकलीगर के समान शिष्य-रूपी दर्पण को मसकले से माँजकर निर्मल करता है। उसने ही 'गुप्तहीरा' प्रकट कर दिया तथा 'परमपद' तक पहुँचाकर 'अमर' कर दिया। सद्गुरु ने ही शिष्य को मनुष्य से देवतुल्य बनाया। इस महा-उपकार के ऋण से कभी कोई भी मुक्त नहीं हो सकता।

गुरु के महादान का वर्णन देखकर सहसा यह विचार आ सकता है कि कबीर के कोई

---

1. गोपीनाथ कविराज, पूजा तत्त्व, पृ. 19
2. क. ग्र. साखी, 1.3, पृ. 2
3. धर्मवीर भारती, 'गुरु', हिन्दी साहित्य कोश, पृ. 234
4. क. ग्र., साखी 1.1-35, पृ. 1-4

महापुरुष गुरु थे। कई विद्वानों ने स्वामी रामानन्द आदि को कबीर का गुरु माना भी है। लेकिन कोई व्यक्ति-विशेष कबीर के गुरु थे, इसका कोई स्पष्ट प्रमाण उपलब्ध नहीं है। इतना ही निश्चित तौर पर कहा जा सकता है कि कबीर की अपार श्रद्धा तथा अगाध निष्ठा गुरु-तत्त्व के प्रति रही और उस महत्त्वपूर्ण स्रोत से अनुप्राणित होकर उनका आदर्श-जीवन बना।[1] कबीर के गुरु हाड़-मांस-मज्जा तथा रक्त से निर्मित पार्थिव व्यक्ति न होकर कोई सूक्ष्म तत्त्व रहे हैं। ''हमें ऐसा प्रतीत होता है कि उनके द्वारा प्रयुक्त 'गुरु' शब्द भी सामान्य और साधारण न होकर विशिष्ट और असाधारण ही है।''[2] कबीर की प्रवृत्ति किसी व्यक्ति की अपेक्षा ज्ञान अथवा विवेक को ही अपना गुरु स्वीकार करने की ओर अधिक स्पष्ट दीख पड़ती है। वैदिक काल से प्रारम्भ गुरु-परम्परा आगे चलकर आध्यात्मिक जगत् में गुरु की मान्यता स्थूल से सूक्ष्म होती गई और उस सूक्ष्मता का विकास इस सीमा तक हुआ कि गुरु परब्रह्म के रूप में ही प्रतिष्ठित हो गया।

कबीर ने 'शब्द' या 'शब्द-ब्रह्म' को गुरु माना है। 'सबद गुरु का चेला', 'जगत् गुरु अनहद कींगरी बाजै' आदि पंक्तियाँ इस बात की पुष्टि करती हैं। वेद में 'शब्द ही परब्रह्म है', 'वाक् ब्रह्म के साथ था', 'शब्द ब्रह्म की शक्ति है' आदि बातें।[3] इस सन्दर्भ में विचारणीय हैं। शाक्तागम में गुरुतत्त्व को शब्द-ब्रह्म-स्वरूप मान्यता प्राप्त है। वास्तविक गुरु शब्द ही है। शिष्य के ऊर्ध्वगामी मनोप्रवाह का श्रेय गुरु के अलौकिक कार्य को ही है। सद्गुरु शब्द-रूपी धनुष प्रेम-पूर्वक चलाता है, जिससे शिष्य के शरीर के भीतर आत्म-ज्ञान की लब्धि होती है।[4] यह शब्दरूपी गुरु शब्द-ब्रह्म ही है। कबीर का 'राम' नाम इस शब्द-ब्रह्म का पर्याय ही है। कबीर ने सामान्य रूप में 'रामनाम' का प्रयोग नहीं किया, वरन् यहाँ 'राम' शब्द से उन्हें 'शब्द-ब्रह्म' अभिप्रेत है, वह शब्द-ब्रह्म जिससे निखिल विश्व ब्रह्मांड निर्मित हुआ है। अर्थात् स्थूल से लेकर सूक्ष्म, सूक्ष्मतर और सूक्ष्मतम् तक शब्द-ब्रह्म का प्रसार हुआ है। शब्द-ब्रह्म ही सर्वत्र विवर्तित हुआ है।

कबीर का गुरु शब्द, ज्ञान, विवेक तथा शब्द-ब्रह्म से आगे बढ़कर स्वयं परमात्मा का रूप लेता है। ''वास्तव में उनकी अधिकांश ऐसी रचनाओं पर विचार करने से यह बात कहीं अधिक युक्तिसंगत जान पड़ती है कि अपने गुरु और परमात्मा में मूलतः कोई भेद नहीं मानते थे, क्योंकि बहुत से स्थलों पर जो-जो उद्‌गार उन्होंने गुरु के प्रति प्रकट किए हैं, 'उनमें' से अनेक नाम राम, गोविन्द, केशव, हरि आदि के सम्बन्ध में भी व्यक्त हुए हैं और इन दोनों के वर्णनों की भाषा एवं ढंग तक प्रायः एक ही समान हैं।''[5] 'गुरु गोविन्द तो एक है', 'धन्न गुपाल धन्न गुरुदेव', 'जगत् गुरु गोव्यंद रे', 'सति राम सतगुरु की सेवा', 'साँचा नावण गुरु की सेवा', 'सर्व-सखा की एक हरिस्वामी सो गुरु नाम दयौ', 'तुम सतगुरु में नौतम चेला' आदि पंक्तियाँ कबीर के 'हरि गुरु मोरा' अर्थात् परमात्मा को कबीर के गुरु-रूप में प्रमाणित करती है।[6]

---

1. परशुराम चतुर्वेदी, कबीर साहित्य चिन्तन, पृ. 130-35
2. प्रताप सिंह चौहान, कबीर साधना और साहित्य, पृ. 277
3. वही, पृ. 3-4
4. क. ग्र. साखी, 1. 6, पृ. 1
5. परशुराम चतुर्वेदी, कबीर साहित्य चिन्तन, पृ. 132
6. क. ग्र. क्रमशः साखी 1. 26, पृ. 3; परिशिष्ट, पद 121, पृ. 228; पद 390, पृ. 164; पद 345, पृ. 153; परिशिष्ट पद 129, पृ. 230; पद 120, पृ. 96

गुरु-विषय पर कबीर का चिन्तन उनकी पूर्वावस्था का फल प्रतीत होता है। इसलिए वे परमात्मा-प्राप्ति के अनन्तर परमात्मा को छोड़ और किसी को गुरु का स्थान देने को तैयार नहीं थे। परमात्मा कबीर के लिए परम गुरु हैं। जब उन्होंने भगवान को सब कुछ समझा तब और किसी व्यक्ति को गुरु-रूप में मानना अन्तर्विरोध ही होगा। वास्तव में, कबीर ने गुरु को ईश्वर से भी अधिक प्रतिष्ठा दी है और सर्वाधिक श्रद्धा-भक्ति प्रकट की है। कहना न होगा कि कबीर के गुरु का स्वयं परमात्मा होना असन्दिग्ध रूप से सिद्ध है। कबीर का यह परमगुरु निराकार होकर सगुण ही है। भक्त-शिष्य होकर कबीर ने गुरु-भगवान को समस्त गुणों से अलंकृत किया है। यह प्रतीकात्मक गुण-विभूषण कबीर की निर्गुण-भक्ति का प्रसाद माना जा सकता है। ''वे निर्गुण निराकार को गुरु में सगुण साकार स्वीकार करते हैं। इस प्रकार गुरुतत्त्व, 'निराकार' का सगुण-साकार स्वरूप ही है।''[1] सन्त कबीर गुरु को परमात्मा से किसी भी प्रकार न्यून नहीं समझते, इसलिए ईश्वर के गुणों का आरोप उन्होंने शुरू में किया है। वे गुरु को उच्च से उच्च शब्दों से अभिनन्दित करते हैं। अन्य शब्दों में, ''सन्त कबीरदास के शब्द-निष्णात् सदगुरु को 'गोविन्द' अर्थात् भगवान के भी महत्तर इसलिए माना है, क्योंकि उसी ने स्थूल से सूक्ष्म और सूक्ष्म से सूक्ष्मतर तथा सूक्ष्मतर से सूक्ष्मतम पर प्रतिष्ठित किया है, गोविन्द से मिला दिया है।''[2]

ब्रह्म की प्रेमस्वरूपता : कबीर ने परमेश्वर को 'प्रिय' घोषित किया है। प्रियत्व प्रेम से विहीन नहीं हो सकता। कबीर ने अपने 'निर्गुण-राम' को प्रेम-समन्वित गुणों से अभिव्यंजित किया तथा उस व्यक्तित्वयुक्त प्रेम-पारावार से प्रेमपूर्ण सम्बन्ध जोड़ा। कबीर के ईश्वर की प्रेमपरकता उसकी पतिरूपता तथा मातृ-पितृरूपता में बहुत सीमा तक व्यक्त हो चुकी है। प्रेम के बिना सम्बन्ध नहीं हो सकता है तथा प्रेम-सम्बन्ध की स्थिरता के लिए कोई-न-कोई आश्रय भी चाहिए। कबीर के ईश्वर के उपर्युक्त स्वरूपों में यह प्रणय-भाव परिलक्षित है। अत्यल्प विस्तार और भी अपेक्षित है।

कबीर का कथन है, प्रेमी को प्रेमी मिल जाए तो सब विष अमृत में परिवर्तित हो जाता है।[3] विष को अमृत में परिवर्तित करनेवाले प्रेम का यह स्वरूप भगवान में ही सम्पूर्णता में पाया जा सकता है। ऐसा प्रेम-स्वरूप न खेत में उत्पन्न होता है, न बाजार में बिकता है।[4] कबीर ने ईश्वर का यह प्रेम-गुण पत्नी तथा पुत्र के रूप में ही नहीं, सेवक तथा सखा के रूप में भी अनुभव किया है। सबसे गहरा तथा विशाल प्रेमानुभव कबीर को ईश्वर में प्रतिबिम्बित दाम्पत्य तथा वात्सल्य के भावों से प्राप्त हुआ। ''दाम्पत्य-प्रेम जो ईश्वरीय प्रेम का स्थान ग्रहण करता है हमारे इन ज्ञानी कवियों को बहुत पसन्द है।...ईश्वरीय प्रेम का प्रतीक बनकर दाम्पत्य-प्रेम आत्मद्रष्टा कवियों में सब कहीं अपनाया जाता है।''[5] कबीर पर यह बात विशेष तौर पर खरी उतरती है। कबीर ने प्रेम का संयोग तथा वियोग दोनों पक्षों को अपने प्रेमास्पद के सन्दर्भ में चित्रित किया है। ईश्वर के प्रेम-सिक्त पतित्व पर कबीर पत्नी बनकर अपना सब कुछ उत्सर्ग कर देते हैं। इस प्रेम-स्वरूप ईश्वर-पति को अपनाने में अनन्यता का भाव आवश्यक है। कबीर के प्रेमास्पद

---

1. परशुराम चतुर्वेदी, सन्त साहित्य के प्रेरणा-स्रोत, पृ. 76
2. प्रताप सिंह चौहान, कबीर साधना और साहित्य, पृ. 327
3. क. ग्र. साखी 43. 12, पृ. 53
4. वही, 45. 21, पृ. 55
5. पीताम्बरदत्त बड़थ्वाल, हिन्दी काव्य में निर्गुण सम्प्रदाय, पृ. 361

यदि अपनी आँखों में आ जाए तो वे आँखें बन्द करना चाहेंगे, ताकि वे अपने प्रेमास्पद पर अनन्य भाव से बने रहें।[1] इस प्रेम-स्वरूप ईश्वर के साक्षात्कार के लिए 'सीस उतारे हाथि करि' की आवश्यकता है।[2] कबीर की इस प्रेम-कल्पना में ईश्वर का स्थायी तथा गम्भीर स्वरूप उस प्रकार झलकता है, जिस प्रकार पति-पत्नी के बीच अबाधित तथा स्थायी प्रेम का आदान-प्रदान होता है। "सर्वत्र और सबमें एकमात्र अपने प्रियतम की ही अनुभूति करनेवाला साधक सृष्टि के कण-कण से प्रेम करेगा ही, क्योंकि वह अपने आराध्य देव से भिन्न कोई अन्य सत्ता ही स्वीकार नहीं करता।"[3] यह इसलिए है कि कबीर का ईश्वर परम प्रेम-स्वरूप है। ऐसा एक प्रेम-स्वरूप ईश्वर की पत्नी बनकर रहना कबीर अपना सुहाग मानते हैं। यह प्रेम-भगवान अनिर्वचनीय आनन्द का स्रोत है। यह 'गूँगे के मिठास' के समान 'अकथनीय' है।[4] विरहावस्था में कबीर में ईश्वर का प्रेम-स्वरूप सर्वाधिक प्रतिफलित होता है।

कबीर की ईश्वर-कल्पना में प्रेम का स्वरूप भारतीय तथा सूफी दोनों पद्धतियों की सम्मिश्रित देन है। भारतीय परम्परा में ईश्वर पुरुष या नायक है, जिसके लिए मनुष्य-रूपी स्त्री तड़पती है, जबकि सूफी पद्धति में ईश्वर प्रेमिका है, जिसे पाने के लिए पुरुष व्यग्र तथा प्रयत्नशील है। "वास्तविकता यह है कि कबीर का प्रेम-तत्त्व न तो पूर्णरूप से सूफी मत से प्रभावित है और न पूर्ण रूप से वैष्णव भक्ति से। यदि एक ओर परमात्मा की पति रूप में कल्पना उन्हें भारतीय कान्ता-भाव की उपासना के निकट लाती है तो दूसरी ओर ऊहात्मक विरह वर्णन उन्हें सूफियों की पंक्ति में ला खड़ा कर देता है।...उन्होंने फारसी और भारतीय दोनों परम्पराओं के प्रेम-तत्त्व को अपनी सुविधानुसार स्वीकार किया है।"[5]

कबीर के भगवान की सगुणता का सर्वाधिक विश्वसनीय लक्षण है उसकी प्रेमरूपता। यह उसका भावना-निर्मित तत्त्व है। ईश्वर का प्रियत्व उस पर आधारित दाम्पत्य-वात्सल्य-भाव का अकाट्य प्रमाण है। भारतीय तथा सूफी परम्पराओं के समन्वय से कबीर ने ईश्वर को प्रेमास्पद बनाकर सर्वग्राह्य, व्यवहार्य, मधुर तथा प्रबल-सगुण बना दिया है।

भज्यरूपता : अपने परमतत्त्व को गुण-विभूषित करके कबीर ने उसे भक्ति का आलम्बन बना दिया। भक्ति का तात्पर्य है, भज्य को भजना। भागवत धर्म की भक्ति-भावना आलवारों का भक्ति-आन्दोलन बनकर कबीर तक पहुँची। "कबीर की मौलिकता और दूरदर्शिता इस बात में है कि उन्होंने दाय में प्राप्त संस्कारों का सामयिक आवश्यकताओं की दृष्टि से उपयोग किया। नाथ-पन्थी प्रयोगियों की नीरस और कष्टसाध्य साधना को उन्होंने रामानन्द से प्राप्त भाव-भक्ति के द्वारा सरस और सरल बनाया।"[6]

परिणामस्वरूप भक्ति के आस्पद के रूप में ईश्वर का एक सरस तथा दिव्य-सगुण रूप आविष्कृत हुआ। कबीर ने इस भजनीय ईश्वर के व्यक्तित्व-सम्पन्न स्वरूप से मानसिक सम्बन्ध जोड़ा। इस भाव-भगति के बिना 'राम' सर्वघटवासी होते हुए भी सदा दूरस्थ बने रहते हैं। अर्थात् भक्ति के द्वारा ईश्वर एक समीपस्थ तथा आत्मीय व्यक्ति के रूप में सामने आता है। यह भक्ति

1. क. ग्र., साखी 11.2, पृ. 55
2. क. ग्र., साखी 45.19-20, पृ. 54
3. केदारनाथ द्विवेदी, कबीर और कबीर पन्थ, पृ. 143
4. जयदेव सिंह तथा वासुदेव सिंह, कबीर वाङ्मय, खंड 2, सबद, पृ. 1
5. सुरेन्द्रनाथ श्रीवास्तव, कबीर और गंगादास के काव्य का तुलनात्मक अध्ययन, पृ. 114
6. ब्रजेश्वर शर्मा, 'भक्तिकाल', हिन्दी साहित्य कोश, भाग 1, पृ. 443

बाह्याचारमूलक भक्ति न होकर मानसी भक्ति है। निर्गुण ईश्वर की प्राप्ति के लिए बाह्याडम्बरमूलक सगुण भक्ति अनुपयुक्त है। "कबीर की भक्ति का मूल तत्त्व हरि के प्रति उत्कट 'राग' है। वे जीवन की सार्थकता राम के प्रति आन्तरिक प्रीति में मानते हैं।"[1] कबीर ने इस आन्तरिक भाव की साधना के माध्यम से ईश्वर की भज्यरूपता को पहचाना।

ईश्वर की यह भाव-भक्ति-साध्यता कबीर द्वारा की गई सूक्ष्मतम कल्पना है। अत्यन्त संकीर्ण द्वार से प्रवेश करने से ही इस भगवान तक पहुँचा जा सकता है।[2] इस भगवान का भजन ही जीवन का एकमात्र सार-तत्त्व है।[3] यह भज्यरूप ईश्वर की भक्ति अत्यन्त कठिन कार्य है, जीवन की पूर्ण आहुति आवश्यक है। यह तलवार की धार पर चलने के समान है—मार्मिक सन्तुलन की आवश्यकता है। यह अग्नि-ज्वाला को पार करने के समान भी है।[4] "मेरा मुझमें कुछ नहीं, जो कुछ है सो तेरा। तेरा मुझको सौंपता, क्या लागै है मेरा।"[5] कहकर कबीर इस सूक्ष्म भज्य-भगवान के प्रति पूर्ण आत्म-समर्पण करते हैं। यह कबीर द्वारा भगवान की सूक्ष्मतम दृष्टि और परिचय का प्रमाण ही है।

कबीर की भक्ति उच्चतम आध्यात्मिक स्थिति में भक्त को द्वन्द्वातीत मनोभूमि में ले जाकर हरिरूप बना देती है। इसमें उनकी ईश्वर-धारणा के विषय में यह सिद्ध हो जाता है कि "उनके लिए परम सत्ता चिन्तन और तर्क का विषय नहीं, बल्कि साधना का लक्ष्य है। दूसरे अर्थों में, कबीर का परम तत्त्व वह सत्ता है जिसमें सम्मिलित होने के लिए वे व्याकुल रहते और जगत् के समग्र प्रपंचों से छुटकारा पाकर पूर्णतः विलीन होना चाहते हैं।"[6] प्रभु के समीप बैठकर चिन्तन, मनन या ध्यान करना ही कबीर की उपासना है। कबीर के यह उपास्य या साध्य परमात्मा का स्वरूप अव्यक्त सगुण है। कबीर की इस मानसिक सगुणोपासना में भगवान की भज्यता के लिए गुणों का वर्णन बड़ी ही मार्मिकता के साथ अभिव्यक्त होता है। यह इसलिए है कि उपासना के लिए उपास्य में गुणों का आरोप आवश्यक होता है, बिना गुणों के प्रेम का आलम्बन हो ही नहीं सकता। भक्ति की झोंक में कबीर भी जब सांसारिक प्रेममूलक सम्बन्धों के द्वारा परमात्मा की भावना करने लगे, तब परमात्मा में स्वयं ही गुणों का आरोप हो गया। "भक्ति हृदय की सात्त्विक अनन्यासक्ति है।"[7] इसलिए इस निर्गुण या अव्यक्त भगवान के सूक्ष्म-स्वरूप में चित्त की एकाग्रता अत्यन्त कष्टसाध्य है। लेकिन, इस स्वरूप की उपलब्धि शाश्वत मुक्ति ही है। यह साधक की सिद्धावस्था है। इस अवस्था में ही भगवान का यह स्वरूप हस्तगत होता है। भक्त द्वारा पूर्ण आत्मसमर्पण से ही ईश्वर की भज्यरूपता हासिल हो जाती है।

कबीर के इस भज्य-रूप-ईश्वर के विषय में प्रश्न यह है कि वह अद्वैत है या एकत्वपरक है या द्वैतपरक? तीनों पक्षों की चर्चा ऊपर हो चुकी है। यहाँ केवल भक्ति के आलम्बन के सन्दर्भ में निष्कर्ष निकालना शेष है। अद्वैत मत के अनुसार, "उनकी (कबीर की) भक्ति में साधक और साध्य, उपासक और उपास्य का अन्तर नहीं है। दोनों निरन्तर और अभिन्न हैं, एक हैं।

---

1. रामचन्द्र तिवारी, कबीर-मीमांसा, पृ. 78
2. क. ग्र., साखी 13, 26, पृ. 23
3. वही, 2.4, पृ. 4
4. वही, 45.24-26, पृ. 55
5. वही, 11.3, पृ. 14
6. विलियम द्वायर, कबीर की भक्तिभावना, पृ. 6
7. गोविन्द त्रिगुणायत, कबीर की विचारधारा, पृ. 201

कबीर परमात्मा के उपासक हैं, उनकी धारणा में आत्मा और परमात्मा में अभेद है, एकता है। कबीर की एकता के इस प्रतिपादन ने उनकी भक्तिधारा को भी 'अद्वैतवाहिनी' बना दिया है।''[1] एकत्ववादी मत के अनुसार, ''भक्ति-प्रपूरित प्रतीति' से केवल 'सगुण या उपास्य' का ही बोध नहीं होता, अपितु 'एक ईश्वर' का भी बोध होता है। यह वस्तुतः भक्ति के धार्मिक अर्थ का ही एकेश्वरवादी दृष्टिकोण है।''[2] द्वैतपरक मत के अनुसार, भक्ति ही साधना भी है तथा साध्य भी। यह स्वयम् फल है। भक्तों की वांछा की दृष्टि से भक्ति स्वयं फल है। उसका अन्य कोई फल नहीं है। भक्त केवल भक्ति चाहते हैं, मुक्ति नहीं। लेकिन, प्रश्न के उत्तर में इनमें से किसी एक मत का मंडन तथा अन्य मतों का खंडन करने से विरत रहते हुए यह कहना समीचीन होगा कि वैष्णवी, नारदी, रामानन्दी, सूफी आदि भक्ति-प्रवाहों के साथ-साथ कबीर ने अपनी मौलिक भाव-सिक्त कल्पना में एकत्व, द्वैत तथा अद्वैत की तीनों अवस्थाओं का समन्वय किया और अपने भज्य भगवान को विलक्षण बना दिया है।

ब्रह्म की अनुभवगम्यता : कबीर मुख्यतः साधक थे। सत्य के स्वरूप का जो उद्घाटन उन्होंने किया है, वह अपने आध्यात्मिक अनुभव के बल पर किया है। वह उनका अनुभूत सत्य है, उनका प्रातिभ ज्ञान है। उन्होंने तर्क एवं बौद्धिक विश्लेषण के आधार पर तत्त्व-निर्णय की चेष्टा नहीं की है। कबीर की यह स्वानुभूतिपरक ईश्वर-धारणा व्यावहारिक होकर वाद-विवाद के घेरे से परे है। यह उनके स्वतन्त्र व्यक्तित्व तथा प्रतिभा का फल है। कबीर की ब्रह्म-सम्बन्धी धारणा उनकी अनुभूति पर आधृत है, न कि किसी दर्शन या वाद-विशेष का परिणाम। अतः किसी विशेष दार्शनिक तत्त्ववाद से जोड़कर उनके दार्शनिक विचारों का विवेचन करना उनकी स्वतन्त्र-दार्शनिक चेतना और अनुभूति के प्रति अन्याय होगा। कबीर के परमतत्त्व का पूर्ण ब्रह्म की अभिव्यक्ति लौकिक शब्द-शक्ति के सामर्थ्य से परे है। कबीर 'कागज की लिखी' की तुलना में 'आँखिन देखी' पर विश्वास करते थे। ''वे 'वाक्य-ज्ञान' के प्रपंच में अपना समय बर्बाद करने की अपेक्षा 'अनुभव'-पन्थी होना अच्छा मानते थे।...उन्हें अपने अनुभव का बल था। वे जो कुछ कहते थे 'तह' से कहते थे इसलिए प्रभावशाली होता था। इस दृष्टि से कहें तो कह सकते हैं कि सन्त कबीर के यहाँ एक ही प्रमाण है और वह है–'प्रत्यक्ष अनुभव', अपरोक्षानुभूति; तत्त्व-साक्षात्कार के लिए प्रत्यक्ष अनुभव ही प्रमाण है।''[3]

ईश्वर का यह अनुभूतिपरक स्वरूप व्यक्ति-सापेक्ष होकर पूर्णगम्य नहीं है। यह साम्प्रदायिक तथा सामूहिक नहीं हो सकता है, बल्कि व्यक्ति के निजी अनुभव में समाविष्ट है। प्राप्त सत्य का वास्तविक स्वरूप अपूर्ण होगा, वरन् उसके आधारभूत निजी अनुभव आध्यात्मिक दृष्टि के महत्त्व का है। यह अनुभूति विश्व-सापेक्ष भी है, क्योंकि इसकी अन्तिम सीमा अधिक-से-अधिक विश्व की कल्पना तक ही परिमित है। फिर भी, निजी अनुभव में जितना ईश्वर है, उतना पूर्ण रूप से सत्य ही है।[4]

निर्गुण ईश्वर-दृष्टि से ही ईश्वर का यह अनुभवगम्य स्वरूप साधक मन को दृष्टिगोचर होगा। इसके लिए मानसिक संसार अनिवार्य है। कबीर का उद्देश्य ही अव्यक्त सगुण की

1. सरनाम सिंह शर्मा, कबीर : एक विवेचन, पृ. 300
2. नागेन्द्रनाथ उपाध्याय, नाथ और सन्त साहित्य, पृ. 103
3. राममूर्ति त्रिपाठी, 'कबीर-बीजक में अध्यात्म तत्त्व', कबीर साहब, पृ. 62-63
4. परशुराम चतुर्वेदी, उत्तरी-भारत की सन्त-परम्परा, पृ. 187-88

उपासना कर शुद्ध तत्त्व या निर्गुण की प्राप्ति करना था। वे साकारोपासना में पाषाणों तक पहुँचकर जीवन की सक्रिय अनुभूति को निष्क्रिय नहीं कर सकते थे। यह "मन के सह संस्कार थे, जो 'उतनी' अनुभूति और अभेद से सजग और चंचल थे। कबीर अभेदात्मक ज्ञान की प्राप्ति के प्रति प्रयत्नशील थे।"[1] भगवान के अनुभूतिमूलक स्वरूप साधना का यह चरम उत्कर्ष है, जिसमें ईश्वर से तादात्म्य और उसका साक्षात्कार अन्तर्निहित है। ईश्वर का यह अनुभवगम्य स्वरूप परमानन्द की अवस्था है, जिसमें मनुष्य का लौकिक अंश, जो अज्ञानावस्था में प्रधान रहता है, गिनती में नहीं रह पाता है। मनुष्य को अपने में अन्तर्हित आत्मतत्त्व का ज्ञान हो जाता है और उस ब्रह्म के साथ तादात्म्य की अनुभूति हो जाती है। इसी को साक्षात्कार होना कहते हैं। साक्षात्कार हो जाने पर अर्थात् ब्रह्म-ज्ञान की प्राप्ति पर मनुष्य ब्रह्म ही हो जाता है।

इस प्रकार, कबीर ने अपने निर्गुण राम को अनगिनत गुणों से विभूषित करके अन्त में अनुभवगम्य साक्षात्कार का सूक्ष्मतम आलम्बन बनाया और सगुण ब्रह्म के प्रचलित समस्त निर्जीव तथा अशक्त स्वरूपों का पूर्ण परित्याग करके ईश्वर की 'सगुणता की एक नई परिभाषा' भी प्रस्तुत की, जो कि अद्वितीय है।

कबीर के ईश्वर की सगुण-निर्गुणातीतता

एकेश्वर-विलक्षणता : कबीर ने सगुण-निर्गुण के विभिन्न भेदों में एकता घोषित की। कबीर के राम सगुण (गुण सहित), निर्गुण, निराकार, त्रिगुणातीत, सगुण–निर्गुणोभय, सगुण-निर्गुणातीत हैं। त्रिगुणों से रहित होते हुए भी वे गुणयुक्त हैं, निराकार होते हुए भी भावना के स्तर पर साकार भी हैं। वे सब प्रकार से सीमातीत हैं। "ब्रह्म के दो पक्ष हैं–सगुण सविशेष और निर्गुण निर्विशेष। इनमें मात्र भागवत-अन्तर है; कोई तात्त्विक भेद नहीं है। कबीर ने राम को जो विविध रूप में विवेचन किया है वह तत्त्वतः एक है, उनमें कोई अन्तर नहीं है।"[2] सगुण-निर्गुण की इस विलक्षण एकता का 'राम-रसायन' कबीर का मौलिक उपक्रम है। डॉ. त्रिभुवन सिंह के शब्दों में, "राम को अखंड निर्गुण-सगुण व्यक्तित्व प्रदान करके कबीर ने उन्हें भारतीय धर्म की मुख्य विचारधारा के साथ एकीकृत करने का सफल प्रयास किया है। सगुण रूप में तो राम की प्रतिष्ठा थी ही, निर्गुण-पन्थवालों के लिए 'राम-रसायन' का विधान करके कबीर ने उन्हें सबके लिए समान रूप से सुगम और अविरोधी बना दिया। निर्गुण राम के रूप में उन्होंने इन दो परस्पर विरोधी धाराओं को समायोजित करने का उपक्रम ही किया है।"[3] कबीर का यह उपक्रम एक 'विलक्षण' ईश्वर की स्थापना से कम नहीं रही।

साथ-साथ, उन्होंने हिन्दू और मुस्लिम धाराओं में भी एकता का सूत्र बाँधा। 'प्रियत्व' ने कबीर के 'अद्वैतराम' की स्थिति दार्शनिक दृष्टि से बड़ी विलक्षण बना दी है। उसने उसे एक ही साथ एकेश्वरवादियों के खुदा तथा सगुण भक्तों के उपास्य की धरा पर प्रतिष्ठित करने का प्रयास किया है, किन्तु राम की 'निराकारता' ने राम को सगुण भक्तों के राम या कृष्ण से और अद्वैत ने एकेश्वरवादियों के खुदा से पूर्ण रूप से मिलने नहीं दिया। समाजशास्त्रीय दृष्टिकोण से यह प्रयास बहुत श्लाघ्य है, किन्तु इस प्रयत्न की सैद्धान्तिक विलक्षणता अविस्मरणीय है। सैद्धान्तिक भूमिका पर कबीर के राम द्वैताद्वैत-विलक्षण ही नहीं, 'एकेश्वर-विलक्षण' भी दृष्टिगोचर

1. मुंशीराम शर्मा, कबीर बचनामृत, साखी भाग, पृ. 20-21
2. राधेश्याम दूबे, राम और कबीर के राम, कबीर साहब, वही, पृ. 327
3. त्रिभुवन सिंह, 'समाज-चेतना और कबीर साहब', कबीर साहित्य की प्रासंगिता, वही, पृ. 135

होते हैं। कबीर की धारणा एक और कट्टर इस्लामी 'एक खुदा और मनुष्य से अलंघ्य पृथकता' से विलक्षण है और दूसरी ओर अद्वैत दर्शन में स्वानुभूति तथा प्रियतम-प्रेयसी की भावपूर्ण अभिव्यक्ति से विलक्षण है।[1] इन विलक्षणताओं के व्यवहार-सम्मत सामंजस्य ने कबीर के राम को एक दुर्भेद्य 'आना' बना दिया है। इसका कारण डॉ. शुकदेव सिंह के शब्दों में, "कबीर के राम का मरम बराबर 'आना' (भिन्न) रहा है जिसे 'बूझने'-वाले लोग विरले हुआ करते थे और आज भी 'विरले' ही हैं। ...कबीर का रास्ता स्वसंवेदमार्गी है।"[2] अपनी परिस्थितियों की कतिपय समस्याओं से समाज-शास्त्रीय तथा धार्मिक दृष्टि से सुलझाने के लिए तथा सत्य की शाश्वत उपलब्धि के लिए अपनी अनवरत खोज के अनुभवों में घटा-बढ़ी की तथा 'एकेश्वर-विलक्षण' का साक्षात्कार किया। कबीर का काव्य इस 'अनुपम' ईश्वर का ख़ज़ाना है।

भावाभाव-विनिर्मुक्तता : कबीर के ईश्वर का भाव और अभाव से निर्मुक्त होने का स्वरूप सगुण-निर्गुणातीत होने का एक पक्ष मात्र है। भाव सत्ता या कुछ होने की स्थिति है तथा अभाव कुछ नहीं होने का या शून्य की स्थिति है। कबीर का ईश्वर सत्ता और शून्य से अतीत है। सगुण में भावयुक्तता है तो निर्गुण में भाव-विमुक्तता है। भाव मल है और अभाव निरमल या मलरहितता है। लेकिन कबीर के 'राम' मल-निर्मल से रहित है। यह 'भाव अभाव बिहूना' है।[3] परम तत्त्व की इस विचित्र स्थिति को कबीर ने भावाभावविनिर्मुक्तता मानी। "कबीर का निर्गुण राम भावाभावविनिर्मुक्त है, अर्थात् न तो वह भाव-रूप है और न अभाव रूप ही।"[4] यह परमतत्त्व इन दोनों से परे है। इसकी अभिव्यक्ति के लिए न विधेयात्मक शब्दावली प्रभावशाली है, न निषेधात्मक शब्दावली। गुण का भाव तथा निर्गुण भाव दोनों उस सत्ता को व्यक्त करने में असमर्थ हैं। वह अलख है। 'अविगति की गति लखी न जाई।'[5] कोई भावरूपी सगुण का अनुभव करता है, कोई अभाव-रूपी अगुण का। लेकिन कबीर इस भावाभाव-विनिर्मुक्त 'निर्गुण राम' का ध्यान करते हैं। इसलिए उनका उपदेश है : सगुण की सेवा हो, निर्गुण का ज्ञान, लेकिन सगुण-निर्गुणातीत का ध्यान। भाव-सगुण का अनुभव सूक्ष्म है, अभाव-निर्गुण का ज्ञान सूक्ष्मतर है और भावाभाव विनिर्मुक्त सगुण-निर्गुणातीत का ध्यान सूक्ष्मतम है। कबीर का ईश्वर यह भावाभाव-विनिर्मुक्त सूक्ष्मतम ईश्वर है।

रहस्यरूपता : ईश्वर की सूक्ष्म कल्पना इस परिभाषा तक पहुँचती है कि 'ईश्वर एक रहस्य है'। इसलिए ईश्वर के उस भावनात्मक स्वरूप की प्राप्ति के लिए रहस्यसाधना की जाती है। रहस्यानुभूति में मनुष्य की श्रेष्ठतम एवं उदात्ततम अनुभूति की अभिव्यक्ति हो जाती है। रहस्यानुभूति तथा रहस्य-साधना की यह प्रवृत्ति ही रहस्यवाद है। "अपनी अन्तःस्फुरित अपरोक्ष अनुभूति द्वारा सत्य, परम तत्त्व अथवा ईश्वर का प्रत्यक्ष साक्षात्कार करने की प्रवृत्ति रहस्यवाद है।"[6] इस रहस्यवाद में अन्तर्निहित है ईश्वर की रहस्यरूपता।

रहस्यवाद के प्राण हैं दाम्पत्य-भाव, जिसमें ईश्वर प्रियतम और आत्मा प्रेयसी है। ज्ञान और

---

1. विलियम द्वायर, कबीर की भक्ति-भावना, पृ. 8-11
2. शुकदेव सिंह, 'कबीर साहित्य की प्रासंगिकता', वही, पृ. 1-2
3. क. ग्र., पद 179, पृ. 111
4. राधेश्याम दूबे, 'राम और कबीर के राम', वही, पृ. 327
5. क. ग्र., पद 49, पृ. 81
6. आत्माराम शाह, रहस्यवाद, हिन्दी साहित्य कोश, भाग 1, पृ. 69

भावना से भिन्न होकर रहस्यवाद रहस्यरूपी आध्यात्मिक सत्ता की प्रतिष्ठा करता है। डॉ. गोविन्द त्रिगुणायत के शब्दों में, "आत्मा और परमात्मा के अनिर्वचनीय प्रणय-सम्बन्ध की अभिव्यक्ति को ज्ञान और भक्ति में सदा भिन्न समझना चाहिए। बुद्धि के सहारे आध्यात्मिक सत्य का निरूपण करना ज्ञान है। भावना और प्रेम के सहारे ब्रह्म की आधिदैविक स्वरूप की उपासना भक्ति है। रहस्यवाद इन दोनों से भिन्न है। जब साधक भावना के सहारे आध्यात्मिक सत्ता की रहस्यमयी अनुभूतियों के वाणी के द्वारा शब्दमय चित्रों में सजाकर रखने लगता है, तभी साहित्य में रहस्यवाद की सृष्टि होती है।"[1] कबीर ब्रह्म के निरूपण में तर्क की निरर्थकता को समझते हुए अनुभूति का सहारा लेते थे, क्योंकि उनके 'राम' अनुभवगम्य रहस्य हैं। इस रहस्यमूलक साधना के माध्यम से कबीर अपने ईश्वर के आध्यात्मिक स्वरूप की अनुभूति-लब्धि करना चाहते थे। "कबीर की भावना अन्तर्मुखी थी। वे आन्तरिक अनुभूति के बलबूते पर ही अज्ञात रहस्यों को टटोलने की चेष्टा में रत थे।"[2] कबीर उस अज्ञात सत्ता के रहस्य को जानने के लिए व्याकुल थे। कबीर की मनःप्रवृत्ति ने इस जीवनानुसन्धान में उस अव्यक्त परब्रह्म की सूक्ष्म पहचान की और वही उनके काव्य में अन्योक्तियों तथा रूपकों में भाव-प्रकाशन के समय सहज ही अभिव्यक्त हुई। इस रहस्य-दर्शिता ने ही कबीर को ईश्वर के द्वैताद्वैत-विलक्षण स्वरूप को सुगम बनाया। यह रहस्यमयी ईश्वर अन्तर्हृदय का मूल स्रोत है। यही वह विश्वात्मक सत्ता है, जिससे चेतना का उदय होता है। इस रहस्यात्मक सत्ता की अनुभूति और उससे तादात्म्य से हृदय में संस्कारों का स्वच्छ दर्पण बनता है, जिसमें वह रहस्यरूपी सत्ता 'सदा-बहार' के रूप में अविरत प्रतिफलित होता रहता है।

ब्रह्म की भावात्मक अनुभूति का मूल विधायक प्रेम ही है। प्रेम के सहारे ही कबीर को सहज समाधि की दशा में भगवान का साक्षात्कार हो जाता है। प्रेमी का प्रेमिका से मिलन होता है। उनकी आत्मा आनन्द से पुलकित हो उठती है। उसके युग-युग के कालुष्य नष्ट हो जाते हैं। उनका वर्ण परिवर्तित हो जाता है। इस अवस्था में रहस्यमूलक ईश्वर का भेद खुलता है। यही प्रेमिका-रूपी आत्मा की वह सुहाग-रात है, जो कि अनिर्वचनीय आनन्द का नित्य स्रोत है। कबीर के भावों का आलम्बन प्रेम-स्वरूप और सौन्दर्य का अजस्र स्रोत परम प्रभु ही है। यह आलम्बन मनुष्येतर एवं अव्यक्त है। रहस्यवादी का प्रियतम अलौकिक होता है। रहस्यवादी कवि उस अनन्त और अज्ञात प्रियतम को आलम्बन बनाकर अत्यन्त चित्रमयी भाषा में प्रेम की अनेक प्रकार से व्यंजना करता है। वह अपने प्रेम को लौकिक दाम्पत्य-प्रेम का रूपक देकर चित्रित करता है। "चिन्तन के क्षेत्र में ब्रह्मवाद अथवा अद्वैतवाद भावना के क्षेत्र में आकर रहस्यवाद बन जाता है। इसमें द्वैत एवं अद्वैत दोनों का अभास रहता है। द्वैत की स्थिति विरह की अनुभूति के लिए आवश्यक और अद्वैत का आभास मिलन की इच्छा का आधार है।"[3]

उस अन्तस्थ आत्मज्योति का साक्षात्कार अनुपम परात्पर के अनुष्ठान की गहराई और ऊँचाई का स्पर्श करता है। इस अनुभूति में कबीर के समक्ष उस 'रहस्य' भगवान के अनगिनत आयाम खुल जाते हैं। कबीर का हृदय जानता है वह एकमात्र मूल-मन्त्र–'कोई न सारिख राम'[4]। पर क्या किया जाय, अभिव्यक्त करना चाहें तो भी सम्भव नहीं–वह रहस्य है। 'कहताँ कह्या

---

1. गोविन्द त्रिगुणायत, कबीर की विचारधारा, पृ. 236
2. पुरुषोत्तम चन्द्र वाजपेयी, कबीर और जायसी का मूल्यांकन, पृ. 38
3. मुंशीराम शर्मा, कबीर वचनामृत, (साखी भाग), पृ. 67-68
4. क. ग्र., बारहपदी रमैनी, पृ. 183

न जाई', 'गूँगे जानि मिठाई', 'अकथ कहाँणी', 'कुछ कही न जाई' आदि उक्तियाँ कबीर के इस रहस्यमूलक ईश्वर की अनिर्वचनीयता को ही द्योतित करती हैं।[1] कबीर द्वारा ईश्वर-चिन्तन या ईश्वर-वर्णन का एकमात्र तात्पर्य यह है कि 'कहत सुनत सुख उपजै' तथा 'बोलन के सुख कारनै'[2], 'वो है तैसा वो ही जानै'। स्पष्ट है कि कबीर की यह ईश्वर-परिकल्पना मौलिक और अनुपम है।

---

1. क. ग्र., पद क्रमशः 6, पृ. 71; 156, पृ. 104
2. क. ग्र., पद 67, पृ. 85; 156, पृ. 104

पंचम अध्याय

ईसाई ईश्वर-चिन्तन का सामाजिक आशय

ईश्वर को एक दार्शनिक अवधारणा मात्र समझना अक्षम्य विभ्रान्ति होगी। ईश्वर-चिन्तन अपने सामाजिक आशय के सन्दर्भ में ही समीचीन और प्रासंगिक सिद्ध होगा। ईश्वर-धारणा की प्रयोजनीयता सामाजिक व्यवहार की अन्तरंग वास्तविकता में ही प्रमाणित होती है। सिद्धान्त के लिए व्यवहार जितना अपेक्षित है, ठीक उतना ही ईश्वर-परिकल्पना की पूर्णता के लिए सामाजिक आशय। इस दृष्टि से यह प्रसंग ईश्वर-चिन्तन के अनुसन्धान में सर्वाधिक महत्त्वपूर्ण ही नहीं, चरम परिणति भी है।

1. ईश्वर का मनुष्य से सम्बन्ध

ईश्वर की धारणा मनुष्य के सामाजिक अनुभव से उत्पन्न हुई है। इसलिए मनुष्य का ईश्वरानुभव भी सम्बन्धमूलक है। लेकिन, मनुष्य और ईश्वर की परस्पर सम्बन्धमूलकता की यह प्रक्रिया एक ऐश्वरिक उपक्रम है। मनुष्य और सम्पूर्ण सृष्टि से ईश्वर का मूलभूत सम्बन्ध अपने सृष्टिकर्ता और मुक्तिदाता-स्वरूप को परिलक्षित करता है। ईश्वर के इस स्वरूप में मनुष्य और विश्व के अस्तित्व के आधार और लक्ष्य भी स्पष्ट हो जाते हैं।

सृष्टि-कार्य

ईश्वर को मनुष्य और विश्व से सम्बन्धित करके विचारने का मूल प्रत्यय है 'सृष्टि'। 'सृष्टि' शब्द से 'ईश्वर की सृष्टि-क्रिया' और 'संसार की समष्टि'—ये दो अर्थ ध्वनित होते हैं। अन्य शब्दों में, 'सृष्टि' अभिधान से दो पहलू व्यक्त होते हैं—स्रष्टा और सृष्ट वस्तु। सृष्टि-समष्टि की यह अस्तित्वात्मक निर्भरता ही सृष्टिकर्ता के स्वरूप की ओर पर्याप्त संकेत है।

बाइबिल में उत्पत्ति-विज्ञान : बाइबिल के प्रथम ग्रन्थ में[1] विश्व के प्रारम्भ सम्बन्धी तथ्यों का वर्णन मिलता है। इसे उत्पत्ति का कल्पनाधारित इतिहास कहना उचित होगा। इसके प्रथम दो अध्यायों में संसार और मनुष्य की रचना का क्रमिक विवरण प्राप्त होता है। लेकिन, कई स्रोतों से संकलित इस बहुसमावेशक उत्पत्ति-विवरण को तार्किक प्रक्रिया समझना प्रमाद ही होगा। यह यहूदी लोगों की मिस्र से निर्गमन की घटना पर आधारित विश्वास के पश्चाभिमुखी चिन्तन की अभिव्यक्ति है। यह ग्रन्थ ही नहीं, सम्पूर्ण पंचग्रन्थ 'पुराना विधान' के कई ग्रन्थों के बाद रचित हुआ था। सृष्टि-क्रिया का असली रूप सृष्टिकर्ता को ही ज्ञात है। फिर भी, उपर्युक्त वर्णन

1. पवित्र बाइबिल, पुराना विधान, उत्पत्ति 1-11, पृ. 4-15

से दो तथ्य स्पष्ट हो जाते हैं–1. ईश्वर एक है और 2. वह विश्व का स्रष्टा है। ईश्वर-प्रकाशन का कार्य-कारणमूलक अभिप्राय भी इसमें प्रतिबिम्बित होती है। मनुष्य के लिए 'अदन-वाटिका' की कल्पना से मानवीय अस्तित्व की मूल सामंजस्यपूर्ण स्थिति, विश्व की पूर्ण साम्यावस्था तथा सृष्टि-कर्ता की सृष्टि-क्रिया की परिपूर्णता की ओर भी संकेत मिलता है।

विधानमूलक सृष्टि : 'ईश्वर द्वारा सृष्टि' विषय पर विश्वास करना यहूदी लोगों के लिए प्रमुख बात नहीं थी। 'संसार पर ईश्वर का कार्य' ही उनके लिए सृष्टि का तात्पर्य था। विधान, इतिहास और प्रतिज्ञाओं के ईश्वर यहोवा में विश्वास का विस्तार के रूप में सृष्टिकार्य में विश्वास विकसित हुआ।[1] पूर्वजों को प्राप्त ईश्वर-प्रेरणा में यहूदी जनता ईश्वर की मध्यस्थता का अनुभव करते थे। इब्राहीम द्वारा ईश्वरीय योजना के साथ आज्ञाकारिता के सहयोग से लेकर विधानमूलक सृष्टि का इतिहास प्रारम्भ होता है। 'निर्वाचन और प्रत्युत्तर' की ईश्वर-मानव-प्रक्रिया में यह विधान निहित है। यहूदी जनता के लिए इसका मतलब है, 'ईश्वर के साथ चलना' या 'ईश्वर के सामने चलना'। सृष्टि की इस प्रक्रिया द्वारा स्रष्टा का स्वरूप स्पष्ट होता गया। ईश्वर के आत्मोद्घाटन से संवलित यह विधानमूलक सृष्टि-क्रिया अपनी प्रारम्भिक अवस्था से निर्गमन के विशिष्ट सृष्टि-कार्य की ओर अग्रसर हुई।

मिस्र से निर्गमन की घटना और तत्सम्बन्धी विधान के प्रसंगों में यहूदी प्रजा ने ईश्वर को 'इसराएल के ईश्वर' के रूप में जाना, और स्वयं को ईश्वर की प्रजा के रूप में अनुभव किया। प्राचीन विधान में यही थी वास्तविक सृष्टि-क्रिया। ईश्वर द्वारा इसराएल के साथ स्थापित इस निर्गमनमूलक विधान ने ही इसराएल को उत्पत्ति-विज्ञान की दृष्टि प्रदान की। स्वयं में अनुभूत ईश्वरीय कार्य से निमित्त-कारण की कल्पना करना बाइबिलीय सृष्टि-विज्ञान का मर्म है। यही प्रक्रिया आगे चलकर ईसा मसीह में सम्पन्न नवीन विधान की नवीनीकृत सृष्टि-क्रिया पर लागू होती है। नवीन विधान के आलोक में सम्पूर्ण सृष्टि-क्रिया ईसा मसीह में केन्द्रित मालूम पड़ती है, क्योंकि ईश्वर का मनुष्यता-धारण ही सृष्टि का केन्द्र है। बाइबिल के अनुसार सृष्टि विधानमूलक है–अर्थात् ईसा-केन्द्रित विधान की शाश्वत और अविरत प्रक्रिया।

सृष्टि-कार्य एक मुक्तिविषयक कथा : इसराएल की प्रजा ने ईश्वर को प्रकृति से नहीं, अपने इतिहास से पहचाना। इस ज्ञान को उसने प्रकृति या सृष्टि के प्रभु से नहीं, मुक्तिदाता प्रभु से पाया। मिस्र की ऐतिहासिक दासता से मुक्ति पाकर निर्गमन की घटना में इसराएली प्रजा ने पहले ईश्वर के विमोचक स्वरूप के दर्शन किए। अपनी नई सृष्टि की इस घटना में उसने सृष्टिकर्ता ईश्वर को जाना। बाइबिल का सृष्टिवाद इस मुक्तिविषयक इतिहास की एक व्यवस्थित भूमिका है।

इस इतिहास-केन्द्रित दृष्टि के कारण यहोवा इसराएली के विश्वास ने सृष्टि और उद्धार के बीच नित्य-सम्बन्ध स्थापित किया। इस रूप में सृष्टि दर्शन मुक्ति के समूचे इतिहास को अपने में समाविष्ट करते हैं। सृष्टि मुक्ति की भूमिका मानी जाती है, क्योंकि मुक्ति की धारणा के आधार पर सृष्टि की धारणा की रचना हुई। इसलिए यह कहना ठीक ही है कि ''बाइबिल

---

1. पियतेर समल्डर्स, 'क्रियेइशन', साक्रामेन्तुम मुन्ती, भाग 2, पृ. 23

2. योहना फाइस, ईश-दर्शन, पृ. 4

की सृष्टि-धारणा उसमें प्रचलित मुक्ति-धारणा से अविच्छिन्न रूप से जुड़ी हुई है।''[2] नवीन विधान में ईसा मसीह का मानवता-धारण मुक्ति और सृष्टि के समन्वय का एक सशक्त ऐतिहासिक प्रमाण माना जाता है। वस्तुतः सृष्टि का सिद्धान्त मुक्ति की इतिहास-समर्थित व्याख्या ही है।

ईश्वर सृष्टिकर्ता है : ईश्वर के सृष्टिकर्ता-स्वरूप को प्रमाणित करने के लिए पुराना विधान के उत्पत्ति ग्रन्थ के अतिरिक्त बाइबिल के कतिपय लेखांश लिये जा सकते हैं। प्रभु ईश्वर ने ही आकाश को ताना, पृथ्वी को फैलाया, हरियाली को उत्पन्न किया और मनुष्यों तथा जीव-जन्तुओं को प्राण से सम्पन्न किया। ईश्वर के शक्तिशाली हाथ झरनों, जल-धाराओं, नदियों तथा समुद्रों में जल को व्यवस्थित करने तथा उनमें जीव-जन्तुओं को निर्दिष्ट करने में और सूर्य-चन्द्र, दिन-रात तथा ऋतु के निर्धारण में भी देखे जा सकते हैं।[1] हृदय-जगत् में अदृश्य रूप से विद्यमान शक्तिशाली निर्माता की श्रेष्ठता और उसके द्वारा रचित अनगिनत विश्व-तत्त्वों की अतिशय विशेषताओं तथा गतिविधियों का गुणकीर्तन प्रज्ञा-ग्रन्थ में मिलते हैं। ईश्वर ने प्रज्ञा द्वारा सब कुछ बनाया और मनुष्य को अपनी प्रतिरूपता में अमर बनाया। सृष्टिकर्ता की सर्वशक्तिमत्ता प्रकृति में चलायमान जीवन्त प्रक्रियाओं से स्पष्ट हो जाती है।[2]

'नया विधान' में भी उस जीवन्त ईश्वर का महिमागान मिलता है, जिसने स्वर्ग, पृथ्वी, समुद्र और विश्व में जो कुछ है वह सब बनाया है। यह विश्व-सृष्टिकर्ता ही सब कुछ का मूलकारण, प्रेरणा-स्रोत और लक्ष्य है। विविध रूपों में वस्तुओं को निर्मित करनेवाले विश्व-रचयिता महिमा, सम्मान और सामर्थ्य का अधिकारी है।[3] इस प्रकार, बाइबिल ईश्वर के सर्वकर्ता प्रभुत्व पर अनुभव-सिद्ध विश्वास रखती ही नहीं, उसकी घोषणा भी करती है।

सृष्टिवाद के दो तर्क : बाइबिल द्वारा प्रस्तुत ईश्वर के सृष्टिकर्तृत्व के आधार पर सृष्टिवाद के ये दो तर्क परवर्ती ईसाई विद्वानों द्वारा प्रस्तुत किए गए हैं। प्रथम तर्क है, 'शून्य से परमेश्वर ने सृष्टि की।' इसकी भ्रान्तिपूर्ण व्याख्या के अनुसार निमित्त-कारण सृष्टिकर्ता ने 'शून्य' रूपी उपादान कारण से सृष्टि की।' परन्तु, 'शून्य' कोई वस्तु नहीं है और सृष्टि और सृष्टिकर्ता के अभाव में शून्यता ही है। वास्तव में, सृष्टिकर्ता ने 'कुछ नहीं होने' की स्थिति को 'कुछ होने' की स्थिति में परिवर्तित किया; वही सृष्टि है। दूसरा तर्क है, 'सृष्टि का कालिक प्रारम्भ'। इसकी भी भ्रान्तिपूर्ण व्याख्या इस प्रकार की जाती है कि 'पहले सृष्टिकर्ता रहा और बाद में सृष्टि हुई।' इसलिए एक समय ऐसा था जब सृष्टि नहीं थी। इस व्याख्या की अतार्किकता इसमें है कि मूल कारण परम तत्त्व और सृष्टिकर्ता का विभेदीकरण किया गया है। 'प्रारम्भ' को ऐसा समझना चाहिए कि कारण के अभाव में कार्य शून्य मात्र है। सत्ता की दृष्टि से मूल कारण की प्रधानता बनी रहती है। यह इसलिए है कि सृष्टि के अभाव में सृष्टिकर्ता नहीं हो सकता है। ईश्वर के लिए सृष्टि करने की क्षमता और सृष्टि करने की क्रिया दोनों अभिन्न हैं। सृष्टि के अभाव में ईश्वर की कल्पना असम्भव है। इन दोनों तर्कों के संक्षिप्त उत्तर में ईसाई सृष्टिवाद पर यही

---

1. प. बा., पु. वि., क्रमशः इसायाह 44.24 28, पृ. 1142-43; 42. 5, पृ. 1138; स्रोत 89. 10-14, पृ. 881; 74. 13-17, पृ. 870
2. प. बा., पु. वि., क्रमशः प्रज्ञा 13.1-9 पृ. 1002-03; 7. 17-21, पृ. 995; 8.6, पृ. 996; पृ. 2.23, पृ. 989; अय्यूब 36.22-23, पृ. 811-12
3. प. बा., न. वि., क्रमशः प्रेरित चरित 4.24, पृ. 188; 14. 15, पृ. 206; 17. 24, पृ. 212; एफेसी 3.9, पृ. 297; रोमी 11.36, पृ. 246; इब्रानी 3.4, पृ. 340; 1.1., पृ. 338; प्रकाशना 4.11, पृ. 385; 14.17, पृ. 394

कहा जा सकता है कि "सृष्ट होने का सही अर्थ इसमें है कि सृष्ट तत्त्व अस्तित्व की दृष्टि से मूल कारण पर निर्भर है या सम्पूर्ण दृष्टि से उसके अधीन रहता है। फलतः अपने अस्तित्व की सम्पूर्ण अवधि में भी सृष्ट तत्त्व सृष्टिकर्ता पर निर्भर रहता है।"[1]

सृष्टिकर्ता की कारणता : सृष्टिकर्ता सृष्टि का कारण है और यह कारणता 'निमित्त कारण' और 'लक्ष्य कारण' के रूप में प्रव्यक्त है। लेखन-लेखक, शिल्प-तथ्य-शिल्पी, बच्चा-माँ-बाप आदि का उदाहरण देते हुए डॉ. योहन फाइस सृष्टिकर्ता की निमित्त-कारणता को इन शब्दों में स्थापित करते हैं, "स्वयं से पृथक कार्य में कर्ता स्वयं को अतिव्यक्त करता है।...कार्य कारण का प्रतिबिम्ब है।"[2]

विश्वव्यापी कार्य स्वाधीन समष्टि होकर भौतिक विश्व के द्रव्यत्व है और आत्मिक रूप से चेतन और स्वतन्त्र होकर मनुष्य में अन्तर्वर्तिता का गुण है। कार्य के इन गुणों की तुलना कारण से किया जाए तो दोनों में 'पृथकता, सहभागिता और सादृश्य' की विशेषताएँ दृष्टिगोचर होंगी। लेकिन, स्वाधीन तथा अन्तर्वर्ती कार्य में निष्पत्ति के लिए सामग्री की आवश्यकता है। मूल कारण इस पराधीनता से परे है।

सृष्टिकर्ता लक्ष्यकारण या उद्देश्यकारण भी है। इसके लिए वक्ता-श्रोता, माता-पुत्र, प्रेमी-प्रेयसी आदि के उदाहरण लिए जा सकते हैं। विश्व में सन्निहित द्रव्यत्व और मनुष्य में सन्निहित अन्तर्वर्तिता या स्वाधीनता के गुण परस्पर प्रेरित होकर मूल कारण की प्रेरक क्रिया के निमन्त्रण के प्रति उत्तर के रूप में अभिव्यक्त होते हैं। सृष्टिकर्ता अपनी निमित्त-कारणता से अभिन्न होकर विश्व की क्रिया को प्रेरित करता है और विश्व को गतिशीलता में प्रवृत्त करता है।

सृष्टिकर्ता की निमित्त और लक्ष्य-कारणता असृष्ट और सृष्ट तत्त्वों का परस्पर सम्बन्ध भी व्यक्त करती है। "सृष्टि इस अर्थ में सापेक्ष कही जाती है कि उसकी सम्पूर्ण यथार्थता स्रष्टा के सम्बन्ध पर निर्भर है; सृष्टिकर्ता इसलिए निरपेक्ष है क्योंकि उसकी यथार्थता सृष्टि के अभाव में भी सम्पूर्ण है।...दोनों का सम्बन्ध असमान है : एक ओर पूरी पराधीनता, दूसरी ओर पूरी आत्म-निर्भरता।"[3]

ईश्वर और संसार का सम्बन्ध : संसार ईश्वर की अविच्छिन्न सृष्टि-प्रक्रिया है। अपनी श्रेष्ठता और उदात्तता के निरन्तर वर्धमान उपहार के रूप में ईश्वर संसार को स्वतन्त्र रूप से अस्तित्व रखने देता है। इस दृष्टि से, संसार और ईश्वर के मध्य अस्तित्व का सम्बन्ध है। यह आभ्यन्तर और स्थायी सम्बन्ध है। संसार की आकस्मिकता और मनुष्य की पारलौकिक प्रवृत्ति के फलस्वरूप यह सम्बन्ध ईश्वर की ओर अग्रसर होता है। संसार और ईश्वर के बीच ज्ञान का सम्बन्ध भी है। ईश्वर द्वारा उद्घाटित ज्ञान और संसार की गतिविधियों से अर्जित ज्ञान दोनों से यह सम्बन्ध उपलब्ध होता है। दोनों के सन्तुलित समन्वय से प्रस्तुत सम्बन्ध सजीव बना रहता है।

सृष्टि से ईश्वर का सम्बन्ध प्रेमपरक भी है। यह सम्बन्ध आपसी सहभागिता में अभिव्यक्त

---

1. योहन फाइस, ईश-दर्शन, पृ. 87; सृष्टिवाद पर विस्तृत चर्चा के लिए द्रष्टव्य : वही, पृ. 57-63 और 70.88
2. योहन फाइस, ईश-दर्शन, पृ. 30-31
3. वही, पृ. 150; निमित्त कारण और लक्ष्य कारण की विस्तृत चर्चा के लिए द्रष्टव्य : पृ. क्रमशः 28-37; 37-44

होता है। यह प्रेम सृष्टि और कृपा की क्रियाओं से प्रमाणित होती है। ये क्रियाएँ उसकी रचनात्मक इच्छाशक्ति का प्रतिफलन है। "मनुष्य और संसार को बनाते हुए ईश्वर स्वयं बनता और परिवर्तित होता है।"[1] इस रचनाशील प्रेम में मनुष्य तथा विश्व से ईश्वर का सम्बन्ध सक्रिय बना रहता है। इस प्रकार ज्ञान और प्रेम से संसिक्त होकर ईश्वर और संसार का सम्बन्ध बना रहता है।

सृष्टि का ईसा-केन्द्रित स्वरूप : पुराने और नए विधानों में 'शब्द द्वारा सृष्टि' का विवरण मिलता है। नवीन विधान में ईसा ने स्वयं ईश्वर के प्रतिरूप और आज्ञाकारिता का नया आदम बनकर एक नई मुक्तिमूलक सृष्टि का आविष्कार किया।[2] सृष्टि की विधानमूलक धारणा ने मनुष्य को ईश्वर के साथ आत्मीय सामीप्य में प्रतिष्ठित किया है। ईश्वर अपने शब्द द्वारा बोलता और सृष्टि करता है। इसलिए सम्पूर्ण सृष्टि अपने अस्तित्व के लिए ईश्वर के स्वतन्त्र और प्रभुत्व-सम्पन्न कार्य के प्रति पूर्ण रूप से ऋणी है। इस सृष्टि-कार्य में मुक्ति भी सम्पन्न होती है। "मानव ईसा मसीह के मानव रूप में ईश्वर का रचनाशील शब्द पूर्णरूप से उच्चरित है और उसकी सृष्टि-योजना उसके विमोचक कार्यों में निर्णायक तौर पर निष्पन्न है।"[3]

सृष्टि एक गतिशील घटना : बाइबिल का सृष्टिवाद संसार और मनुष्य के उद्भव के प्रश्न का उत्तर नहीं है। यह ईश्वर के अस्तित्व का प्रमाण भी नहीं है। वस्तुतः सृष्टि-कार्य वह शक्ति है जो इतिहास को प्रारम्भ करने के साथ-साथ उसे निरन्तर प्रभावित भी करती है। मनुष्य और विश्व के इतिहास में भूत, वर्तमान और भविष्य तीनों की एक समन्वित धारणा है–सृष्टिवाद। सृष्टि वह क्रिया है, जो प्रारम्भ से लेकर मुक्ति के क्षण तक क्रियाशील है। "ईश्वर का सृजन-कार्य केवल भूतकाल का एक कार्य नहीं है, यह वर्तमान में घटित होता है और भविष्य में होनेवाला भी है।...बाइबिल के अनुसार संसार एक निर्जीव विश्व-व्यवस्था नहीं है, जो सृष्टि-कार्य द्वारा हमेशा के लिए नियोजित है।"[4] सृष्टि निरन्तर घटित होनेवाली जीवन्त-प्रक्रिया है, जो सम्पूर्ण इतिहास को परिव्याप्त करती है। सृष्टि एक कालातीत और जीवन्त वास्तविकता है। अतः यह एक गतिशील धारणा के रूप में प्रतिष्ठित हो जाती है।

सृष्टि आदि और अन्त है : सृष्टिवाद संसार के आरम्भ विषयक विज्ञान नहीं है। लेकिन, यदि इसे आरम्भ-विज्ञान ही समझ लिया जाए तो भी उसके गतिशील स्वभाव को आघात नहीं पहुँचता, क्योंकि प्रत्येक मनुष्य का आरम्भ उसके अपने इतिहास विशेष का आरम्भ ही नहीं, व्यक्ति-विशिष्टता के कारण मानवता के एक नए आयाम का प्रारम्भ भी है। आदि को अपनी सकलता में समझ लिया जाना चाहिए। "आदि अपनी पूर्णावस्था में अन्त में ही प्राप्त होती है।"[5] आदि का सही ज्ञान ईश्वर-प्रकाश के आलोक में ही सम्भव है। आदि विकास की प्रक्रिया का आरम्भ है जो अविरत रूप से पूर्णावस्था की ओर अग्रसर है। ईश्वर पर मनुष्य की निहित निर्भरता अनिवार्य रूप से इस तथ्य को अन्तर्भूत करती है कि आदि को कभी प्राप्त नहीं किया जा सकता है।

---

1. वॉल्टर केन, 'ईश्वर-संसार सम्बन्ध', साक्रामेन्तुम मुन्ती, भाग 2, पृ. 406
2. प. बा., क्रमशः पु. वि. उत्पत्ति 1-2, पृ. 4-6; न. वि., योहन 1.3, पृ. 143; कलोसी 1.15, पृ. 309; 2 कुरिन्थी 4.4, पृ. 276; रोमी 5.19, पृ. 237
3. पियतेर स्मल्डर्स, 'क्रियेइशन', साक्रामेन्तुम मुन्ती, भाग 2, पृ. 26
4. वही, पृ. 24
5. अडोल्फ डारलप, 'बिगीनिंग एंड', साक्रामेन्तुम मुन्ती, भाग 2, पृ. 35

आदि और अन्त एक परस्पर पूरक अवधारणा भी है। आदि एक अन्तशक्ति है, जो देश-काल के अन्तर्गत परिपक्व होती है। आदि बीज-रूप सम्भावना है, जबकि अन्त फल-रूप लक्ष्य। रूपान्तरण की एक प्रक्रिया के रूप में वर्तमान के अस्तित्व में आदि और अन्त दोनों पराकाष्ठा पर रहते हैं। अन्त अस्तित्व के प्रत्येक क्षण को परिव्याप्त और निर्धारित करता है और उसकी अद्वितीयता को रेखांकित करता है।

सृष्टि की स्वाभाविक प्रक्रिया सम्पूर्ण विश्व में परिव्याप्त होकर मनुष्य में चरम सीमा तक पहुँचती है। सृष्टि शब्द उस ढंग को अभिव्यक्त करता है, जिससे संसार और उससे सम्बन्धित सब कुछ ईश्वर में अपनी उत्पत्ति, आधार और अन्तिम लक्ष्य रखते हैं।[1] सृष्टि और मुक्ति की ईसा-केन्द्रित धारणा के अनुसार मुक्ति एक सृष्टिविषयक प्रक्रिया है और सृष्टि एक मुक्ति विषयक घटना है। सृष्टि और मुक्ति की ऐसी समन्वित योजना में इतिहास गतिशील रहता ही नहीं, ईश्वर का स्रष्टा रूप उत्तरोत्तर उद्‌घाटित होता रहता भी है। सृष्टि की सम्बन्धमूलक प्रक्रिया में ईश्वर मनुष्य को सहस्रष्टा बनाकर उसके कार्यों में घनिष्ठता के साथ विद्यमान रहता है।

ईश्वर और प्रकृति

प्रकृति के प्रभु : प्राचीन समय में मनुष्य और प्रकृति का सम्बन्ध अत्यन्त घनिष्ठ था। यहाँ तक कि प्रकृति ही उसके लिए विद्यालय, काव्य, ईश्वर, शरणस्थल आदि सब कुछ थी। यहूदी प्रजा ने भी अपने परिवेश से मन्त्रमुग्ध होकर उसे अतीव महत्त्व का स्थान दिया और उससे एक गतिशील, निश्चित और अस्तित्वमूलक सम्बन्ध स्थापित किया। इसराएल के लिए संसार, प्रकृति, पर्यावरण और सम्पूर्ण सृष्टि का अनुभव ईश्वरीय अनुभव था; ईश्वर का अनुभव संसार और सृष्टि-व्यवस्था का अनुभव भी था।[2] निर्गमन-घटना में जिस प्रभु के हाथ कार्यरत थे, उसी प्रभु के कार्य के रूप में इसराएली प्रजा ने पशु-पक्षी, मछली तथा वनस्पतियों को देखा। मनुष्य की साँस तक प्रभु के हाथ में है। अदृश्य सत्ता से सृष्ट तत्त्वों के इस अस्तित्वात्मक सम्बन्ध के कारण उस सृष्टिकर्ता की रचनाधर्मिता तथा पालन-संरक्षण में इसराएली विश्वास दृढ़ीकृत होता गया। उस शक्तिशाली ईश्वर के वैविध्यपूर्ण हस्तशिल्प के परिणाम के रूप में आकाश तथा जल-थल को मानते हुए इसराएली इस निष्कर्ष पर पहुँच गए कि सम्पूर्ण सृष्टि ईश्वरकृत है।

साथ ही, उनको विश्वास था कि भूमि प्रभु की है और वह उनको मिलेगी जो विनीत, नीतिपरायण और प्रभु पर भरोसा रखते हैं। स्पष्ट है, प्रभु पर सर्वाधिक भरोसा रखनेवाले वे हैं, जो तिरस्कृत, शोषित और सर्वहारा हैं, क्योंकि उनके लिए ईश्वर ही एकमात्र आश्रय है। साथ-साथ, जमींदार, स्वार्थी, शोषक, उपभोक्तावादी और अन्यायी के लिए सन्देश भी है कि 'भूमि ईश्वर की देन है', इसलिए सभी के साथ नीतिसंगत व्यवहार किया जाना चाहिए। इसराएल ने ईश्वर में सुरक्षित स्थान पाया है, क्योंकि ईश्वर चट्टान है। मात्र उसके शब्दादेश से सब कुछ सृष्ट हुआ हो, ऐसी बात नहीं है। बल्कि वह माता के गर्भ में मनुष्य को गढ़कर उसका परिपालन भी करता है।[3]

---

1. पियतेर स्मल्डर्स, 'क्रियेइशन', साक्रामेन्तु मुन्ती, भाग 2, पृ. 23
2. आर. जे. राजा, 'विज़्डम साम्स ऐंड एनवायरनमेंटल कनसेंस्', विद्याज्योति, 57, 1993, पृ. 202
3. प. बा., पु. वि., लेवी 25. 23, पृ. 160; स्त्रोत 37.3, पृ. 843; 73. 26, पृ. 869; 78.35, पृ. 873; 33.9, पृ. 840; 148.5, पृ. 922; 139. 13-14, पृ. 917; 145. 15-16, पृ. 921

प्रकृति में ईश्वर का प्रतिफलन : दृश्य जगत् के विभिन्न तत्त्व, उसकी सुन्दरता तथा गतिविधियों से बुद्धि द्वारा इनके निर्माता की शाश्वत शक्तिमत्ता और ईश्वरत्व का निश्चित अनुमान लगाया जा सकता है। ईश्वर ने अपनी प्रज्ञा से विश्व को निर्मित किया। उससे उनके निर्माण कार्य से जो शाश्वत सत्य सर्वत्र प्रतिध्वनित होता है, उससे बचना असम्भव है। प्रकृति में विद्यमान यह ईश्वरीय प्रज्ञा इसराएल को बराबर मोहित किया करती थी। प्रकृति के साथ इसराएल का सम्बन्ध रचनात्मक था। प्राकृतिक परिवेश उसके लिए समन्वित और शान्तिपूर्ण जीवन की ओर एक मधुर आमन्त्रण रहा। प्रकृति का पार्थिव तर्क ईश्वरीय आशय को दर्शाता था। इसलिए यह कहना सही है कि विश्व की आदि-व्यवस्था ईश-दर्शन का सहज आधार साबित होती है। प्रकृति में इसराएल ने ईश्वर की अदृश्य प्रज्ञा और आदिकालीन व्यवस्था की आवाज़ सुनी। सम्पूर्ण सृष्टि और उसके समस्त जीव ईश्वर का महिमागान करते हैं।[1] प्रकृति केवल अस्तित्व ही नहीं रखती, बल्कि ईश्वरीय सत्य की घोषणा भी करती है। यह मूक नहीं है, प्रत्युत् यह बोलती, गाती, नाचती और ईश्वर का साक्ष्य करती है। आकाश, पृथ्वी, वनस्पतियाँ, पशु-पक्षी, रेंगनेवाले जन्तु, समुद्र, पर्वत, चट्टान–सृष्टि के ये सब तत्त्व ईश्वरोन्मुख हैं और अपने रचयिता को ही प्रतिफलित करते हैं।

प्रकृति के अनगिनत रूपक भी, जो मनुष्य के जीवन के सन्दर्भों में प्रयुक्त हैं, ईश्वरीय तथ्य को प्रतिबिम्बित करते हैं। ईश्वर के विचार बालू के कणों, जैसे–अनगिनत, पर्वत-समान, ऊँचे और समुद्र-सदृश अथाह हैं मनुष्यों को छाया देनेवाले उसके पंख पक्षी-समान और उसकी जीवन-धारा जल-स्रोत की नदियों के सदृश है। आकाश प्रभु की न्याय-प्रियता घोषित करता है जो धर्मियों के लिए अन्धकार में प्रकाश तुल्य है।[2] इस प्रकार प्रकृति के सभी तत्त्व किसी-न-किसी प्रकार से ईश्वर को प्रतिफलित करते हैं। प्रकृति का यह ईश्वर-दर्पण इसराएल के आत्म-निरीक्षण और विश्वास-वर्धन में सदैव सहायक रहा। प्रकृति की ईश्वर-प्रतिफलन की शक्ति इतनी थी कि इसराएल बीच-बीच में ईश्वर से विचलित भी हुआ करती थी।

सृष्टि-केन्द्रित विधान : समूचा बाइबिलीय दर्शन विधानमूलक है, चाहे वह यहूदियों का प्राचीन सन्दर्भ हो या ईसाइयों का नवीन परिवेश। साथ-साथ, बाइबिल मनुष्य-केन्द्रित ईश्वरीय विधान में विश्वास करता है, जो इतिहास से सन्दर्भित है। लेकिन, उत्पत्ति ग्रन्थ के इस ईश्वरादेश (सम्पूर्ण सृष्टि पर मनुष्य का आधिपत्य हो) की व्याख्या एकपक्षीय हो गई है और मनुष्य प्रकृति तथा ईश्वर के प्रति अपने मूलभूत उत्तरदायित्व से च्युत हो गया। परिणाम यह हुआ कि प्रकृति का मनमाने ढंग से दुरुपयोग हुआ और जीवन के अति-तकनीकीकरण तथा मशीनीकरण के कारण मानवीय जीवन भी प्रभूत मात्रा में यन्त्रवत् होकर विकृत हो गया। मानव-केन्द्रित ईश्वर-विधान की व्याख्या में अतिवाद हुआ। इसलिए, वर्तमान की बहु-चर्चित पारिस्थितिक संकटावस्था, विशेष तौर पर पश्चिम की विज्ञान-केन्द्रित दृष्टि के कारण, पूर्व में भी भयानक रूप लेती दिखाई देती है। प्रकृति के प्रति इस विपर्यस्त मानसिकता का पुनरुद्धार होना अत्यन्त आवश्यक है ताकि बाइबिलीय दर्शन स्वयं कलंकित और असन्तुलित चित्रित न हो।

इस सन्दर्भ में, आर. जे. राजा के विचार विचारणीय हैं–सृष्टिकर्ता ईश्वर सम्पूर्ण सृष्टि

---

1. प. बा., पु. वि., प्रज्ञा 13. 1-5, पृ. 1002; न. वि., रोमी 1.20, पृ. 232; पु. वि. स्त्रोत 148, पृ. 922-23; 145. 10, पृ. 921; 97.6, पृ. 887; 19.2, पृ. 831
2. प. बा. पु. वि., स्तोत्र 139. 17-18, पृ. 917; 36. 6-9, पृ. 842; 50. 6, पृ. 852; 112. 4, पृ. 900

के साथ अपना विधान बनाता है, केवल मनुष्य के साथ नहीं। कारण यह है कि मनुष्य सृष्टि-समष्टि का केवल एक अंश है। वह प्रत्येक सृष्टि-व्यष्टि का समन्वित कल्याण चाहता है।[1] मनुष्य और प्रकृति मिलकर ही सृष्टि सम्पूर्ण होती है। जब भी ईश्वर ने इसराएल के साथ या पूर्वजों के साथ अपना विधान बनाया था, मनुष्य के साथ विधान सम्पन्न होने पर भी, प्रकृति पूर्ण रूप से इस विधान में सम्मिलित था।[2] विधान में एक तरफ ईश्वर है तो दूसरी तरफ मनुष्य और उसके साथ प्रकृति भी है। तभी ईश्वर का विधान सम्पूर्ण हो सकता है। प्रकृति में जब व्यतिक्रम होता है, तब ईश्वर से मनुष्य का सम्बन्ध तथा मनुष्य से मनुष्य का सम्बन्ध भी अस्त-व्यस्त हो जाता है। सृष्टि से किसी भी अंश का निरपेक्षीकरण अतिवाद है, क्योंकि प्रत्येक प्राणी का अस्तित्व का अपना अधिकार है। प्रकृति के महत्त्व का किसी भी प्रकार से अवमूल्यांकन नहीं किया जाना चाहिए। अतः सृष्टि-केन्द्रित ईश्वर-विधान की समतुलित दृष्टि को कायम रखा जाना चाहिए, जिससे ईश्वर के विधान का कोई भी पक्ष निर्जीव न हो जाए।

प्रकृति और मनुष्य : प्रकृति मनुष्य के समक्ष ईश्वर के अनगिनत आयाम प्रतिबिम्बित करती है। ईश्वर के विधान के प्रति सच्ची कर्तव्यपरायणता विधेयात्मक दृष्टि है। आज की पर्यावरण-सम्बन्धी संकट-स्थिति पाश्चात्य चिन्तन की अति-वैज्ञानिकता और तार्किकता के कारण है। यह मनुष्य के लिए एक चेतावनी है। सन्तुलन की पुनर्स्थापना के लिए पूर्वी चिन्तन की काव्यात्मकता तथा चित्रमयता सहायक है। एक तरफ, मनुष्य स्वर्गदूतों से कुछ ही छोटा बनाया गया है और उसे महिमा तथा सम्मान का मुकुट पहनाया गया है। लेकिन, दूसरी तरफ, वह उस घास की तरह है, जो प्रातःकाल उगकर लहलहाता और सन्ध्या तक मुरझाकर सूख जाता है। इसलिए विधान के सुचारु निर्वाह के लिए यह आवश्यक है कि प्रकृति से शिक्षा लेकर स्वयं को प्रकृति के साथ और ईश्वर के साथ समतुलित बनाया रखा जाए।

जिस प्रकार ईश्वर मनुष्य के साथ सत्यप्रतिज्ञ है ठीक उस प्रकार मनुष्य को भी प्रकृति और ईश्वर के प्रति सत्यप्रतिज्ञ रहना चाहिए। प्रकृति मनुष्योन्मुख न होकर ईश्वरोन्मुख है। मनुष्य तथा प्रकृति की पारस्परिकता को कायम रखना मनुष्य का कर्त्तव्य है। तभी मनुष्य की प्रतिष्ठा ईश्वर के सादृश्य में निखरेगी। मनुष्य को प्रकृति के प्रति अपनी निरंकुश अधिकार-भावना को त्यागकर उसका दुरुपयोग तथा आवश्यकता से अधिक दोहन से विरत् रहना चाहिए। यद्यपि मनुष्य ईश्वर की सर्वोत्तम रचना है, फिर भी उसे अपने आधिपत्य-भाव को ईश्वर और प्रकृति के प्रति उत्तरदायित्व-परायणता में परिवर्तित करना चाहिए।

प्रकृति और ईश्वर के साथ सम्बन्धमूलक समन्वय : ईश्वरीय सृष्टि की सम्पूर्णता में समायोजित होकर परिस्थिति-बोध से युक्त संस्कृति का शिल्पकार होना मनुष्य का मूल कर्तव्य है। इसलिए उसे ईश्वर पर निर्भर होकर मानवीय सहभागिता के साथ वैश्विक विकास को आगे बढ़ाते हुए ईश्वरीय अन्तर्वास से परिपूरित प्रकृति के प्रति अपनी उत्तरदायित्व-भावना का निर्वाह करना चाहिए। परिस्थिति-विज्ञान पर एक धार्मिक दृष्टि डालते हुए रुडोल्फ सी. हेरेडिया तीन अनिवार्य पक्षों की ओर ध्यान आकर्षित करते हैं–1. संसार तथा ईश्वर के साथ मानवीय

---

1. आर. के. राजा, 'विजडम साम्स ऐंड एनवायरमेंटल कनसेंस्', विद्याज्योति, 57, 1993, पृ. 202
2. प. बा., पु. वि., उत्पत्ति 9.8-17, पृ. 13; 15. 17-21, पृ. 19; होशेआ 2. 18-19; 21-23, पृ. 1375; इसायाह 32. 15-18, पृ. 1126

सहभागिता, 2. सृष्टि का समाकलित विकास तथा उसकी सोद्देश्यता, 3. सृष्टि में ईश्वर का सान्निध्य।[1] सम्पूर्ण सृष्टि के साथ ईश्वर की अनिवार्य अन्तर्यामिता और आत्मीय सम्बन्ध को व्यक्त करने के लिए बाइबिल त्रित्वात्मक शब्दावली का प्रयोग करती है—विश्व पिता से पुत्र के द्वारा आकर पुत्र के द्वारा ही पिता के पास आत्मा की सहभागिता में लौट जाने की प्रक्रिया है सृष्टि। ईश्वर और प्रकृति का समन्वय कायम रखने के लिए मनुष्य की मध्यस्थता इस सम्बन्धात्मक दृष्टि में निहित है।

सम्पूर्ण सृष्टि ईश्वरीय आशय से परिपूर्ण है। प्रकृति में ईश्वर तत्त्व सहज और स्वाभाविक रूप में प्रतिबिम्बित है। यह सहज और स्वाभाविक प्रतिफलन मनुष्य में चरम सीमा पर है। ईश्वर-चिन्तन में प्रकृति का अवमूल्यन किसी भी कीमत पर क्षम्य नहीं है, क्योंकि उसमें ईश्वर-धारणा का विकृत होना निश्चित है। ईश्वर के व्यावहारिक स्वरूप का ज्ञान प्रकृति से हटकर अप्राप्य है।

मुक्ति-विधान

मनुष्य के साथ ईश्वर के सम्बन्ध का शाश्वत रूप उसके मुक्ति विषयक विधान में अभिव्यक्त होती है। अन्य शब्दों में, ईश्वर का सर्वश्रेष्ठ पक्ष उसका मुक्तिदाता स्वरूप है। जब ईश्वर का उद्धारकर्ता मनुष्य के हित में कार्यशील है तभी वास्तव में ईश्वर का अस्तित्व प्रमाणित होता है।

मुक्ति और धर्म : प्रत्येक मनुष्य की अन्तिम चिन्ता का विषय है—मुक्ति। प्रत्येक धर्म मुक्ति की ही कोई न कोई पद्धति है। प्रत्येक धर्म में मुक्ति का विधान भिन्न-भिन्न है। पापों से छुटकारा पाकर परलोक में ईश्वरीय परमानन्द में सहभागी होना मनुष्य की मूल अभिलाषा है। मुक्ति मनुष्य के अस्तित्व की अपरिहार्य आवश्यकता है।

मुक्ति-विधान और बाइबिल : बाइबिल कोई धर्म-दर्शन या सिद्धान्त नहीं है, बल्कि कुछ ऐतिहासिक घटनाओं का विवरण है। यह उन ईश्वरीय घटनाओं का निश्चयपूर्वक कथन है जो इतिहास में घटित हुई थी। यह मुक्ति की ऐतिहासिक गाथा है। मुक्ति के अनुभव के कारण ही हम विश्वास करते हैं कि ईश्वर प्रेम है।[2]

मुक्ति के लिए अंग्रेजी में 'डिलीवर' और 'रेडीम' शब्द प्रयुक्त हैं, जिनके अर्थ क्रमशः व्यापक होना, विस्तृत होना, प्रशस्त होना एवं विमुक्त होना, पुनः प्राप्त करना आदि हैं। इस अर्थ में प्राचीन और नवीन विधानों में ईश्वर का प्रमुख नाम उद्धारकर्ता है। बाइबिलीय दर्शन मूल रूप से मुक्तिविषयक है।

प्राचीन विधान में यहूदी जनता ने ईश्वर को जानने का अर्थ 'विमोचित होना' समझा। निर्गमन की घटना में ईश्वर और उद्धारक पर्यायवाची हो गए। साथ-साथ, प्राचीन विधान की मुक्ति अस्थायी है। उसकी सार्थकता मुक्ति की नई घटना में निहित है। ''नवीन विधान मुक्ति की एक नई व्यवस्था है, जो प्राचीन से स्पष्ट रूप से भिन्न और इतिहास के अन्त तक चलने वाली है।''[3] नवीन विधान की मुक्ति मनुष्य को विनाश से विमोचित करती है और शाश्वत शान्ति की ओर ले जाती है।

---

1. रुडोल्फ सी. हेरेडिया, 'टॉड्स ऐन ईकलॉजिकल कॉन्शेस्नस् : रिलीजस् एथिकल ऐंड स्पिरिच्वल पेस्पेक्टीक्स', विद्याज्योति, 55, 991, पृ. 501
2. अलन रिचर्डसन्, 'सैलवेइशन', दि इंटरप्रेटर्स डिक्शनरी ऑफ दि बाइबिल, भाग 4, पृ. 172
3. काल राह्नर, 'सैलवेइशन', साक्रामेन्तुम मुन्ती, भाग 5, पृ. 423

मुक्ति की ऐतिहासिकता : मुक्ति एक ऐतिहासिक तथ्य है। इसका कोई स्वतन्त्र अस्तित्व नहीं है। यह इतिहास के आम अनुभवों में घटित होती है। सामाजिक परिस्थितियाँ मुक्ति के स्वरूप-निर्धारण में निर्णायक भूमिका निभाती हैं। यहूदी जनता ने मिस्र देश से निर्गमन की घटना को अपने इतिहास का प्रारम्भ माना। कई जनजातियाँ उससे शत्रुतापूर्ण व्यवहार करती थीं तथा वही साम्राज्यिक शक्तियों से परेशान भी थी। मिस्र की दासता से मुक्त होना, लाल सागर को चमत्कारिक ढंग से पार करना, मरुभूमि में भी अपने अस्तित्व को बनाए रख पाना, कनान देश के रूप में स्थापित होना, राष्ट्रीय अस्मिता की चेतना से युक्त होना—ये सब इसराएली प्रजा के लिए ईश्वर द्वारा मुक्ति के विभिन्न आयाम हैं। इसराएली प्रजा ने इन ऐतिहासिक घटनाओं का लौकिक इतिहास न समझकर मुक्तिविषयक इतिहास के रूप में माना। दूसरे शब्दों में, इसराएल का राष्ट्रीय इतिहास ही उनके लिए मुक्तिविषयक इतिहास साबित हुआ। यह मुक्तिविषयक इतिहास ऐतिहासिक पात्रों द्वारा मनुष्य की मुक्ति हेतु ईश्वर के कार्यों की कथा है।

नवीन विधान में मुक्ति का ऐतिहासिक स्वभाव अधिक प्रबल है। "ईसा मसीह के व्यक्तित्व तथा जीवन की घटनाओं में मनुष्य की मुक्ति निहित है।"[1] नवीन विधान की मुक्ति-सम्बन्धी मान्यता यही है। 'नया विधान' में मुक्ति कोई राजनीतिक व्यवस्था नहीं है। यह किसी रहस्योपासना या धार्मिक अनुष्ठान द्वारा साधित नहीं होती है। इसके लिए किसी नैतिक या आध्यात्मिक योग्यता की आवश्यकता भी नहीं है। यह ईसा मसीह द्वारा प्राप्त ईश्वर की कृपा है, जो इतिहास की निर्णायक घड़ी में निष्पन्न हुई है।[2] मुक्ति मनुष्य के लिए है और वह मनुष्य के व्यक्तिगत और सामाजिक इतिहास की कड़ियों में एक अविराम प्रक्रिया के रूप में घटित होती रहती है।

मुक्ति और सृष्टि : मुक्ति और सृष्टि आभ्यन्तर रूप से परस्पर सम्बद्ध हैं। सृष्ट हुआ तो मुक्त होना आवश्यक है। ईसाई दृष्टि के अनुसार सृष्टि और मुक्ति दोनों ईश्वर-पुत्र ईसा मसीह द्वारा प्रदत्त हैं। सृष्टि को अपनी पतितावस्था से विमोचित कर ईश्वरीय शाश्वतता में सम्मिलित करना ही मुक्ति है।

"नबियों के विचारानुसार सृष्टि मुक्ति में नवीनीकृत की जाती है और मुक्ति को नई सृष्टि के रूप में देखा जाता है।"[3] लाल सागर की उद्धार-घटना के अनन्तर सीनई के विधान में यहूदी जनता ने ईश्वर से एक नया अस्तित्व पाया। इसराएल में नवीनीकरण की प्रक्रिया निरन्तर चलती रही। एक नए आकाश और नई पृथ्वी की ओर उल्लेख करते हुए पुराना विधान के ग्रन्थकार मुक्ति की नई सामाजिक व्यवस्था की ओर संकेत करते हैं।[4] इस नई सृष्टि की प्रक्रिया नवीन विधान के मसीही राज्य में चरम कोटि में पहुँचती है। मुक्ति की इस नई सृष्टि की अवस्था में मुक्ति और सृष्टि का अन्तर केवल इतना है कि मुक्ति में अन्तर्निहित नई सृष्टि पूर्ण और शाश्वत है। पुनरुत्थान की नई सृष्टि में प्रारम्भिक सृष्टि की 'आनन्द-वाटिका' का नवीनीकृत रूप झलकता है।

---

1. जी. डब्ल्यू. ऐंड बी. ए. एम., न्यू बाइबिल डिक्शनरी, पृ. 1060
2. प्राचीन व नवीन विधानों में 'मुक्ति' की विस्तृत चर्चा के लिए द्रष्टव्य : कॉल राह्नर, 'सैलवेइशन', साक्रामेन्तुम मुन्ती, भाग 5, पृ. 419-33
3. अलन रिचर्डसन्, 'सैलनेइशन', दि इंटरप्रेटर्स डिक्शनरी ऑफ दि बाइबिल, भाग 4, पृ. 174
4. प. बा., पु. वि., प्रज्ञा 19-6-8, पृ. 1012; स्तोत्र 77. 11-20, पृ. 872; इसायाह 9. 2-7, पृ. 1100; 11. 1-9, पृ. 1103; 65. 17-25, पृ. 1167

मुक्तिदाता ईसा मसीह : बाइबिल पर आधारित होकर ईसाई दर्शन नवीन विधान के आविष्कर्ता ईसा मसीह को मानव-जाति का मुक्तिदाता घोषित करता है। ईसा मसीह का मनुष्यता-धारणा, जीवन, दुःखभोग, मृत्यु और पुनरुत्थान–'सम्पूर्ण ईसा घटना' मनुष्य को मुक्ति दिलाती है। 'ईसा मुक्तिदाता हैं' इस तथ्य को नया विधान स्पष्ट शब्दों में प्रख्यापित करता है। ईसा मानव जाति को पाप के भार से मुक्त करने आए थे। मानव जाति के प्रतिनिधि के रूप में अपने प्राण अर्पित कर उन्होंने उसके पापों का प्रायश्चित किया। मुक्ति का कार्य सम्पन्न करके ईसा ईश्वर और मनुष्य के बीच नए विधान के मध्यस्थ बने। ईसा की मुक्ति भौतिक या शारीरिक नहीं थी, बल्कि नैतिक और आध्यात्मिक थी। पाप तथा उसके परिणाम, नियम तथा उसके अभिशाप और भय तथा बन्धन से छुटकारा ही ईसा की मुक्ति है। वह मनुष्य को अपना दत्तक पुत्र बनाकर ईश्वरीय विरासत में सहभागी बनाता है।[1] ईश्वर-पुत्र द्वारा मनुष्यता-धारण ही प्रायश्चित की क्रिया है। ईसा की नई मानवता में मनुष्य और ईश्वर एक साथ सम्मिलित हैं।

मुक्ति की सार्वलौकिकता : ईसा मसीह में सम्पन्न मुक्ति-योजना समूची मानव जाति के लिए है। यदि सम्पूर्ण मानवता इस मुक्ति-योजना में सम्मिलित नहीं है तो यह एक ईश्वरीय उपक्रम नहीं हो सकता। इसके अतिरिक्त एक ही ईश्वर की सन्तान होकर सब मनुष्य ईश्वर के प्रेम पर समान अधिकार रखते भी हैं। ईश्वर चाहता है कि सभी मनुष्य मुक्ति प्राप्त करें।[2] बाइबिलीय विश्वास के अनुसार ईश्वर का मुक्ति-विधान यहूदियों में उत्पन्न मुक्तिदाता द्वारा समस्त संसार में सम्पन्न होगा। ईसा मसीह ने अपना रक्त बहाकर सभी का उद्धार किया है। इससे सभी मनुष्यों का ईश्वर से पुनर्मिलन हो गया। ईश्वर ने अपने एकलौते पुत्र को संसार में मानव जाति के उद्धार के लिए भेजकर मनुष्य से अपना प्रेम केवल प्रमाणित ही नहीं किया बल्कि स्वयं को सभी मनुष्यों के स्नेही पिता के रूप में उद्घाटित भी किया।[3]

ईसा मसीह में सम्पन्न ईश्वर का मुक्ति-विधान देश-काल की सीमाओं में घटित होने के बावजूद, समय और स्थान से परे है। यह सर्वकालिक और सार्वजनीन है। विश्व का कोई भी कण उससे छूटा नहीं है। सम्पूर्ण विश्व आदि से अन्त तक, अथवा अनादि से अनन्त तक और एक कोने से दूसरे कोने तक, इस मुक्ति-विधान में समाविष्ट है। "नवीन विधान की मुक्ति एक वैश्विक धारणा है और इस प्रकार सार्वलौकिक है।"[4]

मुक्ति की युगान्तविषयकता : मुक्ति के साथ एक द्विविधावस्था है–'अभी' और 'अभी नहीं' अर्थात् 'विमोचित है', 'लेकिन पूर्ण रूप से विमोचित नहीं।' मुक्ति की यह युगान्तविषयकता

---

1. प. बा., न. वि., मत्ती 20. 28, पृ. 35; 26-28, पृ. 47; रोमी 6. 10, पृ. 238; 8.3, पृ. 240; इब्रानी 1.3, पृ. 338; पेत्रुस 3.18, पृ. 363-64;। योहन 2.2, पृ. 371; योहन 14.6, पृ. 170; तिमथी 2.5, पृ. 323; इब्रानी 8.6, पृ. 345; 9.5, पृ. 3246; 12.24, पृ. 352; प्रेरित चरित 10.43, पृ. 200; रोमी 6, पृ. 238; 8.14-17, पृ. 240-41; 3.24, पृ. 235
2. द्रष्टव्य : प. बा., न. वि., मत्ती 18. 14, पृ. 31; 28. 19, पृ. 53; योहन 10. 16, पृ. 162; 11.52, पृ. 165; तिमथी 2.4, पृ. 323
3. द्रष्टव्य : प. बा., न. वि., योहन 4.22, पृ. 149; लूकस 3.6, पृ. 93; रोमी 3.21-26, पृ. 235; 16. 25-26, पृ. 251; कलोसी 1.20, पृ. 309; योहन 4.9-10, 14, पृ. 374; इब्रानी 2.10-11, पृ. 339
4. अलन रिचर्डसन्, 'सैलवेइशन', वही, पृ. 180

उसकी ऐतिहासिकता का परिपूरक है। बाइबिल का अप्रतिम वैशिष्ट्य है कि 'ऐतिहासिक' का रूप-परिवर्तन 'युगान्तविषयक' में हुआ। इसलिए भूतकाल में सम्पन्न ईश्वर का कार्य भविष्य में होनेवाले कार्य का प्रतीक या पूर्वाभास माना जाता है।[1] इन दोनों तथ्यों के समन्वय में मुक्ति बाइबिल की केन्द्रीय विषय वस्तु बन जाती है।

इस युगान्तविषयकता को चित्रित करने के लिए सुसमाचारों के ग्रन्थकार 'स्वर्गराज्य के भोज' में सम्मिलित होने की बात कहते हैं। इसके पूर्वाभास के रूप में ईसा ने शिष्यों के साथ अपने अन्तिम भोजन के द्वारा परम संस्कार का विधान किया जिसमें ईसा मसीह के शरीर-रक्त की आध्यात्मिक परिकल्पना है। नवीन विधान के इस मुक्तिविषयक आचार का प्रारम्भिक स्वरूप प्राचीन विधान में देखा जा सकता है।[2]

बाइबिल के अन्तिम ग्रन्थ 'प्रकाशना ग्रन्थ' में नया आकाश, नई पृथ्वी, पवित्र नगर, नवीन येरूसालेम, अलंकृत दुल्हन, आदि और अन्त, 'मैं उसका ईश्वर होऊँगा और वह मेरा पुत्र होगा' आदि बातें इस युगान्तविषयक मुक्ति का स्वरूप वर्णित करती हैं। मुक्ति की युगान्तविषयक सम्पादन में ऐसी अनुभूति कल्पित है जो अपनी विशिष्टता में अब तक हुए आँखों के दर्शन, कानों के श्रवण और हृदय की उद्भावना का अतिक्रमण करती है।

बाइबिलीय मुक्ति की विशिष्टता : इस सन्दर्भ में प्रथम बात है कि मुक्ति के लिए दुःखभोग अपरिहार्य है। प्राचीन विधान में मूसा प्रभु के सेवक के रूप में उल्लिखित हैं। इसके अलावा, इसायाह के ग्रन्थ में 'ईश्वर के सेवक' सम्बन्धी चार काव्यों में ईश्वर के सेवक की विरूपित आकृति का वर्णन है। वह घोर अपमान, अत्याचार, अन्याय आदि का शिकार होकर तिरस्कृत हो जाएगा; लेकिन, वह अपनी सहनशीलता में सन्तुलन कायम रखेगा। इसलिए प्रभु उसे राष्ट्रों की ज्योति के रूप में महिमान्वित करेगा और उसके द्वारा अपना मुक्ति-विधान पृथ्वी के सीमान्तों तक फैलाएगा। ईश्वर के सेवक की मध्यस्थता द्वारा ईश्वर का मुक्ति-विधान नवीन विधान की ओर संकेतित है और ईसा मसीह में पूरा हो जाता है। यही मुक्ति विधान ईसा मसीह के दुःखभोग और मृत्यु में अपने शिखर पर पहुँचता है और पुनरुत्थान की महिमा में मुक्तिदायक साबित हो जाता है।[3]

द्वितीय बात है—मुक्ति की अधिमानात्मकता। ईसाई धारणा के अनुसार ईश्वर पितृवत् है। वह ऐसा दयालु है कि उसके प्रेमपूर्ण हृदय में दुर्बल पुत्रों के प्रति प्राथमिक महत्त्व प्राप्त है। रोगियों को वैद्य की जरूरत होती है। ईसा पापियों को बुलाने आए हैं। पाप-क्षमा का अधिकार ईश्वर का विशिष्ट लक्षण है और वह मसीह में विद्यमान है। मसीह खोए हुओं की खोज में आए हैं। मसीह की घोषणा है कि तथाकथित धार्मिकों से पहले ही अधार्मिक समझे जानेवाले स्वर्ग में प्रवेश करेंगे। ईश्वरीय मुक्ति के महाभोज में लूले, लँगड़े, अन्धे, कंगाल, सड़कों तथा बाड़ोंवाले सम्मिलित होंगे। यह अधिमान्य मुक्ति मनुष्य-विशेष के व्यक्तिगत विश्वास पर आधारित है।

---

1. अलन रिचर्डसन्, वही, पृ. 170
2. प. बा., न. वि., क्रमशः मत्ती 8.11, पृ. 12; लूकस 13. 28-29, पृ. 119; 22-30, पृ. 135; मत्ती 26.26-29, पृ. 47; कुरिन्थी 11. 23-26, पृ. 264; पु. वि., निर्गमन 24.8, पृ. 105
3. प. बा., पु. वि., क्रमशः निर्गमन 14. 31, पृ. 92; योशुआ 1.1, पृ. 273; विधि-विवरण 34.5, पृ. 270; इसायाह 42. 1-7, पृ. 1138; 49. 1-6, पृ. 1147-48; 50. 4-11, पृ. 1150; 52. 13-15, पृ. 1153; न. वि. , लूकस 4. 18-21, पृ. 95; 22-24, पृ. 134.42; योहन 18-21, पृ. 175-82

कोढ़ी का स्पर्श कर उसे ईसा अपने आध्यात्मिक मुक्ति-प्राप्त समाज में स्थापित करते हैं। इससे उसे पाप की दासता और शैतान पर विजय भी साधित है।[1] ईसा ने ईश्वर के पितृवत् समभाव को दर्शाया ही नहीं, विशेष प्रेम-कृपा की आवश्यकता जिनको है, उन पर अधिमानी मुक्ति की प्रासंगिकता को भी सिद्ध किया है। बाइबिलीय मुक्ति की सर्वश्रेष्ठ विशेषता यही है। सार्वलौकिक मुक्ति की मुहर है—अधिमानात्मक मुक्ति।

2. ईश्वर का मनुष्य में प्रतिफलन

ईश्वर का सच्चा ज्ञान शून्यता की उपासना से हस्तगत नहीं हो सकता। यह न बुद्धि विलास की उपलब्धि है, न भाव-समाधि की मरीचिका। ईश्वर का ज्ञान क्रियात्मक है। वह उसकी अपनी रचनाओं का सार-तत्त्व ही है। अर्थात् ईश्वर जो कुछ है उसका प्रमाण ईश्वर की अपनी सृष्टि में, विशेष रूप से मनुष्य में, निश्चितता के साथ विद्यमान है। जिस प्रकार सूर्य जल में प्रतिबिम्बित होता है, ठीक उसी प्रकार ईश्वर मनुष्य में प्रतिफलित होता है। ईश्वर के इस प्रयोगपरक आशय में ईश्वरान्वेषण के कल्पना-लोक में विचरण करनेवालों को एक ठोस भित्ति मिल जाती है। इसके अतिरिक्त, स्वयं ईश्वर-चिन्तन को एक नई दिशा मिल जाती है। ईश्वर को समझना हो, तो मनुष्य को समझना ही आवश्यक है। उसके लिए मानव-विज्ञान में प्रतिफलित ईश्वर-तत्त्व को उजागर करना होगा।

मनुष्य : ईश्वर का प्रतिरूप

मानव-विज्ञान का बुनियादी रूप सार्वजनीन है। लेकिन संस्कृति-भेद के कारण, अर्थात् मनुष्य के भिन्न-भिन्न पक्षों पर बल दिए जाने के कारण, मानव-विज्ञान के अलग-अलग दृष्टिकोण बन जाते हैं। बाइबिल संस्कृति द्वारा प्रस्तुत 'मनुष्य की ईश्वर प्रतिरूपता' वैश्व मानव-विज्ञान के लिए एक अप्रतिम उपलब्धि मानी जाती है। इससे ईश्वर-धारणा की एक नई दृष्टि उभरकर आती है। इससे ईश्वर और मनुष्य का सम्बन्ध एक विशिष्ट स्तर पर स्थापित भी हो जाता है।

'पुराना विधान' में 'प्रतिरूप' का आधार : प्राचीन विधान के अनुसार, ''ईश्वर ने मनुष्य को अपना प्रतिरूप बनाया।...उसने उसे ईश्वर-सदृश बनाया।''[2] यहाँ प्रयुक्त दो शब्द 'प्रतिरूप' और 'सादृश्य' के लिए इब्रानी में क्रमशः 'टूसेलेम' और 'डॅमूथ' हैं, जिनके अर्थ हैं—रूपरेखा, खोदकर या काटकर (मूर्ति) बनाना और समान होना।[3] इस प्रसंग की व्याख्या में कतिपय बातें विचारणीय हैं। मनुष्य स्वयं ईश्वर का प्रतिरूप नहीं है, परन्तु वैसा बनाया गया है। यहाँ असृष्ट और पूर्ण ईश्वर प्रतिरूप (जो कि 'नया विधान' का शब्दरूपी ईश्वर-पुत्र ईसा मसीह है) की ओर परोक्ष संकेत है। ईश्वर ने केवल मनुष्य को अपना प्रतिरूप बनाया है। प्रतिरूपता मनुष्य और शेष सृष्टि

---

1. द्रष्टव्य : प. बा., न. वि., मारकुस 2. 17, पृ. 57; 2. 7, 10, पृ. 56; लूकस 19. 10, पृ. 128; मत्ती 10.6, पृ. 15; 15.24, पृ. 26; 18-14, पृ. 31; लूकस 15. 1-32, पृ. 121-23; मत्ती 21. 31, पृ. 37; लूकस 18. 10-14, पृ. 127; 14. 15-25, पृ. 120:21; 7.50, पृ. 103; 17. 19, पृ. 125; मारकुस 5.34, पृ. 62; 10. 52, पृ. 74; 1. 40-45, पृ. 56; योहन 20. 31, पृ. 167; मत्ती 4. 1-11, पृ. 4-5; मारकुस 5. 1-20 पृ. 61-62
2. प. बा. पु. वि., उत्पत्ति 1. 26-28, पृ. 5; 5. 1, पृ. 9; 9.6, पृ. 13
3. ऐन्तनी ए. हौकेमा, क्रियेटड इनगॉड्स इमिज, पृ. 13

के मध्य विभाजन-रेखा के रूप में खड़ी है। नर और नारी के रूप में सृष्टि मनुष्य की द्विलिंगमूलकता (अर्द्धनारीश्वर रूप) को स्पष्ट करती है। फलने-फूलने-फैलने का आदेश सृष्टिकार्य में ईश्वर के साथ सह-कर्तृत्व को द्योतित करता है। पृथ्वी को अधीनस्थ करने तथा जीवित जन्तुओं पर शासन करने के आदेश से पृथ्वी के नायक के रूप में ईश्वरीय प्रभुत्व में सहभागी होना संकेतित होता है। सृष्टि के व्यवस्थापन का आदेश सृष्टिकर्ता के सृष्टि-कार्य की सोद्देश्यता की अभिव्यक्ति है। ईश्वर के सादृश्य में मनुष्य की सृष्टि का ईश्वरीय योजना में मनुष्य के अद्वितीय स्थान को व्यक्त करती है। ईश्वर के लिए 'हम' शब्द का प्रयोग बाइबिल के कतिपय विद्वानों के अनुसार नवीन विधान की त्रिक्-धारणा का पूर्व-संकेत है। यह इन बातों को व्यक्त करता है कि मनुष्य की रचना ईश्वर द्वारा एक अन्तर्वैयक्तिक निर्णय है और ईश्वर के समान मनुष्य भी सामाजिक-सामुदायिक जीव है। तात्पर्य यह है कि प्रतिरूपता तथा सादृश्यता मनुष्य और ईश्वर के बीच एक विशिष्ट सम्बन्ध का द्योतक है।

नवीन विधान में मनुष्य की ईश्वर-प्रतिरूपता : नवीन विधान में मनुष्य की ईश्वर-प्रतिरूपता प्राचीन विधान की धारणा से भिन्न नहीं है। प्राचीन विधान की धारणा नवीन विधान के आलोक में ही बोधगम्य हो जाती है, क्योंकि ईश्वर-पुत्र-रूपी शब्द द्वारा ही मनुष्य बनाया गया है। "ईश्वर के सादृश्य में मनुष्य की सृष्टि ईसा के मानवता-धारणा की योजना पर आधारित है।"[1] ईसा मसीह की ईश्वर-प्रतिरूपता की चर्चा उनके व्यक्तित्व के अन्तर्गत की जा चुकी है।[2] दो बातों का विवेचन आवश्यक है। मनुष्य की प्रतिरूपता ईसा मसीह की मूल प्रतिरूपता के अन्तर्गत है, यह पहली बात है। दूसरी बात सादृश्यता की है। पाप द्वारा विकृत ईश्वर-सादृश्यता का मसीह में नवीनीकृत होकर नई सृष्टि बनना नवीन विधान के अनुसार मनुष्य का कार्य है। मनुष्य को अपना पुराना स्वभाव और उसके कर्मों को उतारकर एक नया स्वभाव धारण करना एवं अपने सृष्टिकर्ता के प्रतिरूप के रूप में नवीन होकर सत्य के ज्ञान की ओर बढ़ना होगा। ईश्वर-पुत्र का प्रतिरूप होना मनुष्य के लिए ईश्वर द्वारा निर्दिष्ट विधान है।[3] पौलुस लिखते हैं कि मनुष्य को दर्पण की तरह प्रभु की महिमा प्रतिबिम्बित करनी है और आत्मा से अनुप्रेरित होकर ईश्वर-पुत्र के महिमामय प्रतिरूप में रूपान्तरित हो जाना चाहिए। ईश्वर की सन्तान के अनुकूल आचरण से स्वर्ग के योग्य मनुष्य बनना उसके लिए श्रेयस्कर है। अन्तिम आदम ईसा मसीह के महिमामय शरीर से युक्त अनुरूपता में ही मनुष्य की ईश्वर-प्रतिरूपता पूर्ण और शाश्वत हो जाएगी।[4]

द्विलिंगमूलकता : मनुष्य की ईश्वर-प्रतिरूपता की एक मूल विवक्षा है उसकी द्विलिंगमूलकता। इसका अर्थ यह कदापि नहीं कि ईश्वर लिंगमूलक है। व्यक्तित्व, सह-अस्तित्व, समानता, सामाजिकता, सहभागिता, पारस्परिकता, सम्मिलित सृष्टि-क्रिया आदि का पार्थिव स्वरूप है यह लिंगमूलकता। ईश्वर ने मनुष्य को नर और नारी के रूप में बनाया। एक उपयुक्त सहयोगी होकर नारी नर के साथ लगकर एक शरीर हो जाएगी। ईश्वर ने उन्हें इस प्रकार समान स्तर

---

1. ई. डब्ल्यू. बी., दि न्यू एनसाइक्लोपीडिया ब्रिटानिका, भाग 4, पृ. 459
2. प्रस्तुत पुस्तक, अध्याय 3, पृ. 123
3. प. बा., न. वि., कलोसी 3. 9-10, पृ. 311; याकूब 3.9, पृ. 357; रोमी 8.29, पृ. 241
4. प. बा., न. वि., क्रमशः 2 कुरिन्थी 3. 18, पृ. 276; एफेसी 5.1, पृ. 299; कुरिन्थी 15. 45, 49, पृ. 270; फिलिप्पी, 3.21, पृ. 306

पर जोड़ा है, और उन्हें अलग करना अनुचित ठहराया है।[1]

स्त्री और पुरुष शारीरिक और मानसिक रूप से भिन्न व्यक्तित्व रखने के बावजूद एक-दूसरे पर अवलम्बित होकर पूर्णावस्था को प्राप्त करते हैं। परस्परार्पण द्वारा भिन्न-भिन्न उपहार का लेन-देन करते हुए एक-दूसरे के साथ सहयोग का समान प्रयोग करते हैं। आत्मदान तथा आत्मग्रहण द्वारा साझेदारी में पारस्परिकता पूर्ण रूप से अभिव्यक्त हो जाती है। ईश्वर-प्रतिरूपता की द्विलिंगमूलकता का बाह्य तत्त्व यही है। स्त्री-पुरुष की सह-मानवता में अन्तर्निविष्ट साक्षात्कार की प्रक्रिया महत्त्वपूर्ण है। इसका चित्रण रे. एस. ऐंडेर्सन इस प्रकार करते हैं, ''प्रतिरूप प्रथमतः मैं-तू (आपसी सम्बन्ध) नहीं है, बल्कि 'मैं-अहम्' (अहम् से सम्बन्ध) है। जब पुरुष स्त्री में स्वयं से भेंट करता है और स्त्री पुरुष में स्वयं से भेंट करती है, तब दोनों 'मैं-अहम्' के रूप में ही नहीं, 'मैं-तू' के रूप में भी अस्तित्व रखते हैं।...साक्षात्कार के माध्यम से अहम् ईश्वर के सादृश्य में प्रतिरूप बनकर अस्तित्व रखता है।...साक्षात्कार आपसी सम्बन्ध की अपेक्षा ईश्वरीय प्रतिरूप को पहले सिद्ध करता है।''[2]

त्रिविध सम्बन्धमूलकता : ऐंटनी ए. हौकेमा अपनी पुस्तक 'क्रियेटड इन गॉड्स इमिज' में 'प्रतिरूप' की व्याख्या मनुष्य के त्रिकोणात्मक सम्बन्ध के रूप में करते हैं। सर्वप्रथम, मनुष्य होने का अर्थ 'ईश्वरोन्मुख होना' है। ''मनुष्य अपने अस्तित्व के लिए ईश्वर का ऋणी है; वह पूर्ण रूप से ईश्वर पर निर्भर है और उनके प्रति उत्तरदायी है।''[3] ईश्वर से भरोसा और आज्ञाकारिता का यह सम्बन्ध उसके अन्य सम्बन्धों को प्रभावित और नियमित करता है। मनुष्य बनने का द्वितीय अर्थ 'सह-मनुष्योन्मुख होना' है। ''मनुष्य एकल जीव नहीं है। उसको दूसरों की सहभागिता की आवश्यकता है। उनके बिना वह पूर्ण नहीं होता।'' यह पूरकता, आपसी निर्भरता और सहभागिता स्त्री-पुरुष के ही नहीं, प्रत्येक व्यक्ति के अन्तर्वैयक्तिक सम्बन्ध में भी अभिव्यक्त होती हैं। हम कौन हैं और हमारी क्षमताएँ तथा दुर्बलताएँ क्या हैं, आदि बातें साक्षात्कार में ही स्पष्ट हो जाती हैं। मनुष्य होने का तृतीय अर्थ है–'प्रकृति पर शासन करना।' प्रकृति को अधीन करने का अर्थ उसके स्रोतों का अन्वेषण करना, श्रम करके उसकी सम्भावनाओं को विकसित करना, मानवीय और प्राकृतिक संसाधनों की वृद्धि करना आदि हैं। ये तीनों सम्बन्ध परस्पर पूरक हैं और सम्मिलित अस्तित्व रखते हैं। मनुष्य की ईश्वर-प्रतिरूपता इस त्रिकोणात्मक सम्बन्ध के समन्वित रूप में निहित है और नया विधान ईसा मसीह में उसे पूर्णावस्था में घटित करता है।

प्रतिरूप और मानव-विज्ञान : 'ईश्वर का प्रतिरूप' मुनष्य की धर्मशास्त्रीय परिभाषा है। ईसाई मानव-विज्ञान इस पर आधारित है।[4] अन्य शब्दों में, 'ईश्वर का प्रतिरूप' मानव-विज्ञान की मूलभूत मान्यता है। यह मान्यता प्रत्येक व्यक्ति के मानवीय अस्तित्व के एक निश्चित रूप से विभूषित करता है। यही मनुष्य का शाश्वत रूप है। मनुष्य बनने का तात्पर्य ईश्वर का प्रतिरूप होना है। ईश्वर के सादृश्य में निर्मित होने का अर्थ है मनुष्य का मनुष्यता में प्रतिष्ठित होना। ईश्वर का प्रतिरूप मनुष्यता का सार-तत्त्व है। 'प्रतिरूप' मनुष्यता के वास्तविक रूप को खोलने

---

1. प. बा., पु. वि., उत्पत्ति 1. 27, पृ. 5; 2. 18, 21-24, पृ. 16; न. वि., मत्ती 19. 4-6, 32; मारकुस 10. 6-9, पृ. 72
2. ऐ. एस, ऐंडेर्सन, ऑन बीइंग ह्यूमन, पृ. 74
3. ऐंटनी ए. हौकेमा, क्रियेटड इनगॉड्स इमिज, पृ. 75
4. सी. जे. चेरेसो, 'मैन दि इमिज ऑफ गॉड', न्यू कैथोलिक एनसाइक्लोपीडिया, भाग 7, पृ. 369

की कुंजी है। यह मानवता का अनिवार्य अंग है। यह पापी मनुष्य में भी विद्यमान है। अन्तर केवल इतना है कि पाप के कारण यह क्षीण, क्षतिग्रस्त और निष्प्रभावी हो जाता है।

प्रतिरूप में ईश्वरत्व का प्रतिफलन : ईश्वर के सादृश्य में निर्मित मनुष्य में ईश्वरता के प्रतिफलन का होना स्वयं-सिद्ध बात है। दर्पण जिस प्रकार मुख को प्रतिबिम्बित करता है, ठीक उसी प्रकार प्रतिरूप ईश्वर के स्वरूप की छाप है। यह ईश्वर का दान है। यह मनुष्य की सृष्टि से सम्बन्धित विशिष्ट तथ्य है। इससे मनुष्य ईश्वर-प्रकाश का एक दर्पण सिद्ध होता है। हेर्मन बाविन्क का कहना है, सम्पूर्ण संसार ईश्वर का आत्मप्रकाशन है। वह ईश्वर के सद्गुणों और पूर्णताओं का एक दर्पण है। सभी जीवों में केवल मनुष्य को ही ईश्वर की प्रतिरूपता प्राप्त है। ईश्वर के आत्मप्रकाशन का उच्चतम स्वरूप उसमें सन्निहित है। सम्पूर्ण सृष्टि का शिखर और मुकुट भी वही है।[1] मनुष्य स्वयं में प्रतिबिम्बित ईश्वरीय सत्ता के कार्यों का अनुकरण करता है। ईश्वरीय आत्मप्रकाशन से संवलित व्यक्तित्व में ईश्वर की प्रतिरूपता पूर्ण रूप से विद्यमान है। अतः कहा जाता है कि "मानव-विज्ञान का आरम्भ और अन्त ईसा-विज्ञान है।"[2]

मनुष्य की सम्पूर्ण संरचना ईश्वर की प्रतिच्छाया है। यह मनुष्य के लिए कोई आकस्मिक बात नहीं है। जिस प्रकार दर्पण प्रतिबिम्बित करने के उद्देश्य से ही बना हुआ है, ठीक उसी प्रकार मनुष्य ईश्वर-स्वरूप को प्रतिबिम्बित करने के लिए ही रचित है। प्रतिफलन के साथ मनुष्य ईश्वर का प्रतिनिधित्व भी करता है, क्योंकि मनुष्य एक जीवन्त प्राणी है। "इससे बड़ा सम्मान मनुष्य को नहीं दिया जा सकता था कि वह सृष्टिकर्ता का प्रतिरूप होने की प्रतिष्ठा प्राप्त किया हुआ है।"[3] ईश्वर की प्रतिरूपता मनुष्य का मूलभूत लक्षण है। इससे हटकर उसका कोई अस्तित्व असम्भव है। यह सृष्टिकर्ता ईश्वर की मुहर है, जिसे मिटाया नहीं जा सकता है।

प्रतिरूप की विधानमूलकता : विधान की बाइबिलीय धारणा, चाहे वह प्राचीन हो या नवीन, अस्तित्वपरक होने के बावजूद मनुष्य की प्रौढ़ावस्था से विशेष सम्बन्ध रखती है। लेकिन, मनुष्य की ईश्वर-प्रतिरूपता एक अन्तर्जात विधान है, जो कि सर्वाधिक मूलभूत ही नहीं, सर्वसमावेशक भी है। यह मुक्तिदाता ईश्वर का विधान नहीं है, बल्कि सृष्टिकर्ता ईश्वर का है। एच. रेन्केन्स् ने अपनी पुस्तक 'इसराएल्स कान्सेप्ट्स ऑफ दि बिगीनिंग' में लिखा है कि "विधान और प्रतिरूप समानान्तर धारणाएँ हैं, क्योंकि दोनों ईश्वर की समीपता को अभिव्यक्त करती हैं। जिस प्रकार यहोवा प्रभु इसराएली प्रजा के प्रति प्रतिज्ञाबद्ध है, ठीक उसी प्रकार सृष्टिकर्ता मानव जाति के प्रति प्रतिज्ञाबद्ध हो जाता है।"[4] इस आधारात्मक विधान के कारण ही मनुष्य पर ईश्वर-स्वरूप की सात्विक छाप लगी हुई है। इसके ही कारण मनुष्य ईश्वर की ओर मूल रूप से अभिमुख है। इस विधान के ही कारण मनुष्य व्यक्तित्व, नैतिकता, सचेतनता, सृजनशीलता, अधिकार, सहभागिता आदि ईश्वरीय गुणों से युक्त होकर ईश्वर से ही नहीं, सह-मनुष्यों और शेष सृष्टि के साथ समन्वित सम्बन्ध में शाश्वत रूप से बना रहता है।

---

1. ऐन्टनी ए. हौकेमा, क्रियेटड इन गॉड्स इमिज, पृ. 11-12 में उद्धृत।
2. कॉल राहनर, 'करंट प्रॉब्लम्स इन क्रिस्टॉलजी', थियॅलॉजिकल इनवेस्टिगेइशन्स, भाग 1, पृ. 185
3. ऐन्टनी ए. हौकेमा, क्रियेटड इन गॉडस इमिज, पृ. 67
4. रै. एम. ऐंडेर्सन, ऑन बीइग ह्यूमन, पृ. 26 में उद्धृत।

यह धारणा मनुष्य की ईश्वर-प्रतिरूपता पर आधारित है और उस अवधारणा के अभाव में तर्कसंगत भी नहीं प्रतीत होता। इन दोनों धारणाओं को एक ही प्रत्यय का दो भाग समझना ठीक ही होगा। ईश्वर-प्रतिरूप और ईश्वर-निवास, दोनों सम्मिलित रूप से ईश्वर को मनुष्य में प्रतिफलित करते हैं और दोनों परस्पर पूरक भी हैं।

मनुष्य : ईश्वर का निवास-स्थान : जिस प्रकार रचयिता रचना में अपरिहार्य रूप से विद्यमान है, ठीक उसी प्रकार ईश्वर मनुष्य में विद्यमान है। सृष्टिकर्ता होने के अतिरिक्त पालनकर्ता और मुक्तिकर्ता के रूप में भी ईश्वर मनुष्य के सदा सन्निकट है। ईश्वर का प्रतिरूप होने के कारण मनुष्य पर ईश्वरीय गुणों की मुहर लगाई गई है और वह ईश्वर के निरन्तर-वर्धमान सादृश्य के मार्ग में अग्रसर भी है। मनुष्य ही ईश्वर का निवास-स्थान है। ईश्वर के मन्दिर के रूप में वह सृष्टि में ईश्वर के शाश्वत निवास का जीवन्त प्रतीक भी है। इस मूल स्थिति का विपर्यय विभिन्न धर्मों के अनुयायियों के बीच होनेवाले अधिकांश तनावों और अन्तर्द्वन्द्वों में दृष्टिगत है। इसका कारण मनुष्य के स्थान पर समय, स्थान, अनुष्ठान, सांस्कृतिक मूल्य, भाषा, रीति-रिवाज आदि को अत्यधिक महत्त्वपूर्ण मानने की भूल है। मन्दिर, नियम, उपासना-पद्धति आदि को ईश्वर की महत्ता का कारण मानना मात्र अन्धविश्वास है। ईश्वर की महिमा पूर्ण मनुष्यत्व ही है, क्योंकि वही ईश्वर का असली निवास-स्थल है।

प्राचीन विधान में ईश्वर का निवास : 'मनुष्य ईश्वर का मन्दिर है' यह धारणा सम्भवतः प्राचीन विधान की 'निर्गमन-घटना' पर आधारित है। विधान और उस पर आधारित प्रतिज्ञा और उसकी पूर्ति के रूप में इसराएली प्रजा में ईश्वर का सान्निध्य प्रमाणित है। ईश्वर ने यहूदी जनता को 'इसराएल' के नाम से इतिहास में स्थापित किया और वह उसके नियामक के रूप में 'इतिहास का ईश्वर' या 'इसराएल का ईश्वर' नाम से मान्य भी हो गया। इस प्रकार ईश्वर ने इसराएली समाज को अपना निवास-स्थान बना दिया। इस अप्रत्यक्ष ईश्वर-निवास का सन्दर्भ-स्थल व्यक्ति न होकर इसराएली समष्टि ही है। इसराएली प्रजा में ईश्वर के निवास के कई प्रतीक प्राचीन विधान में उपलब्ध हैं। अपने निवास के लिए ईश्वर द्वारा पवित्र स्थान बनाने का आदेश और उसके अनुसार मंजूषा की निर्माण-विधि इसका पहला प्रमाण है। इसराएली प्रजा का विश्वास था–यह वही ईश्वर है, जिसने इसराएलियों को मिस्र देश से विमोचित किया था। वह उनका प्रभु और ईश्वर होकर अपनी प्रजा के बीच निवास करना चाहता है। इसराएलियों की दासता का बन्धन तोड़ने का अर्थ है–प्रभु उनका ईश्वर है और वह ईश्वर उनके साथ चलता है, ईश्वर सच्चे चरवाहे के रूप में इसराएली भेड़ों को बनैले पशुओं से बचाया, अच्छे चरागाहों में ले चलता, उनकी देखभाल करता, उनके साथ शान्ति का विधान स्थापित करता और विश्राम-स्थान प्रदान करता है। ये सब उनके बीच ईश्वर के सक्रिय सान्निध्य के प्रमाण हैं।[1]

ईसा मसीह ईश्वर का मन्दिर : नवीन विधान में आकर मनुष्यों के बीच ईश्वर के निवास की धारणा नए आयामों से युक्त हो जाती है। 'ईसा' नाम का अर्थ भी एम्मानुएल, अर्थात् 'ईश्वर हमारे साथ' है। अपने शरीर को संकेतित करते हुए मृत्यु के बाद अपने और पुनरुत्थान के सम्बन्ध में

---

1. प. बा., पु. वि., क्रमशः निर्गमन 25.8, पृ. 105; 25.10-22, पृ. 105-106; 26.1-37, पृ. 107-108; 29.45-46, पृ. 113; लेवी 26.12, पृ. 162; एज़ेकिएल 34.2-31, पृ. 1323-24

ईसा ने कहा था कि यह मन्दिर तीन दिनों के अन्दर पुनः खड़ा किया जाएगा। अर्थात्, ईसा मसीह का शरीर ईश्वर का निवास-स्थान है। ईसा का मानवता के अतिरिक्त ईश्वरता भी मनुष्य के लिए मन्दिर स्वरूप है। ईश्वर का पुत्र होकर पिता-ईश्वर का निवास-स्थान है मसीह।[1] नवीन विधान में मनुष्य की मन्दिर-रूपता का केन्द्र इस दृष्टि से मसीह ही है।

मनुष्य ईश्वर का मन्दिर : मनुष्य जीवन्त ईश्वर का मन्दिर है और ईश्वर की आत्मा उसमें निवास करती है। प्रेमपूर्ण हृदय में पिता और पुत्र दोनों आकर निवास करते हैं। ईश्वर की आत्मा द्वारा संचालित होने में उसका निवास प्रमाणित हो जाता है। मसीह के निवास से पापमुक्ति के फलस्वरूप आत्मा का जीवन भी प्राप्त होगा। हमारे हृदयों में पुत्र की आत्मा निवास करती है और 'अब्बा! पिता!' की पुकार द्वारा हमें ईश्वरीय विरासत में भागीदार बनाती है और हमें महिमान्वित करती है। ईश्वरीय मुहर से सत्य की उस आत्मा का निवास प्रमाणित हो जाता है। मनुष्य के हृदय में मसीह का निवास दाखलता के डालियों में रहने के समान है।[2]

मनुष्य-मन्दिर की पवित्रता : जैसे ईश्वर पवित्र है, ठीक वैसे ही ईश्वर के पवित्र मन्दिर-रूपी मनुष्य को भी पवित्र होना चाहिए। मनुष्य-हृदय को लुटेरों का अड्डा नहीं बनाया जाना चाहिए, क्योंकि वह ईश्वर का घर है। इसलिए प्रतीक के बतौर येरूसालेम मन्दिर की सफाई की थी। दुश्चरित्र मनुष्यों के प्रतिमा-पूजन द्वारा असली ईश्वरीय मन्दिर अपवित्र हो जाता है, जो कि निन्दनीय है। जिसकी ईश्वरोपासना मात्र अधर-सेवा और रट है, जिसका हृदय श्रद्धाहीन होकर ईश्वर से दूर है, उसके हृदय में भला कहाँ ईश्वर-निवास। ईश्वर-रचित, स्वाभाविक और जीवन्त मन्दिर के स्थान पर मनुष्य-रचित, कृत्रिम और निर्जीव मन्दिर में प्राणहीन अनुष्ठान चलते रहते हैं। लेकिन ईश्वर उसमें प्राप्त नहीं होता। ईश्वर के दर्शन के लिए हृदय की निर्मलता ही आवश्यक है, क्योंकि ईश्वर वहीं निवास करता है।[3]

मनुष्य-मन्दिर की व्यापकता : ईश्वर-निवास का यह मन्दिर उतना व्यापक है जितनी मनुष्यों की संख्या होती है और मानवता के जितने आयाम होते हैं। साथ-साथ, जीवित मनुष्य-मन्दिर की सार्थकता अन्य मन्दिरों से समन्वित-सम्बन्धित रहने में है। मानवता की व्यष्टि ही नहीं, समष्टि भी ईश्वर का मन्दिर है। इसलिए आवश्यक है कि प्रत्येक व्यष्टि में ईश्वर की मन्दिर-सुलभ विशेषताएँ व्याप्त हों। ईश्वर के नाम पर जहाँ मिलन और सभा होती है, वहाँ ईश्वर का विशेष सान्निध्य है। अर्थात् ईश्वर मानव-समाज और समुदाय में निवास करते हैं। एक-दूसरे के साथ बन्धुवत् सम्बद्धता और पारस्परिकता में ही ईश्वरोपासना सम्भव है। मन्दिर की ईश्वरोन्मुखता सह-मन्दिरों से समन्वय की कसौटी पर खरी उतरती है। कर्म-समन्वित विश्वास और पालनयुक्त वचन-श्रवण इसका प्रमाण है। स्वार्थ, अहंकार, परनिन्दा और धृष्टता से भरे हृदय में ईश्वर-मन्दिर के योग्य पवित्रता और शान्ति विद्यमान नहीं रह सकती है। इसके अलावा,

1. प. बा., न. वि., क्रमशः मत्ती 1.23, पृ. 2; पु. वि., इसायाह 7.14, पृ. 1098; न. वि., मत्ती 26.61, पृ. 49; 27.40, पृ. 151; योहन 2.19-21, पृ. 146; योहन 14.10 पृ. 170
2. प. बा., न. वि., क्रमशः 2 कुरिन्थी 6.16, पृ. 6.16, पृ. 279; । कुरिंथी 3.16, पृ. 255; 6.19, पृ. 258; योहन 14.23, पृ. 171; रोमी 8.9-11, पृ. 240; गलाती 4.6, पृ. 291; रोमी 8.15-17, पृ. 240-41; 2 कुरिंथी 1.22, पृ. 274; योहन 14.17 पृ. 170; 2 तिमथी 1.14, पृ. 274
3. प. बा., न. वि., क्रमशः । कुरिन्थी 3.17, पृ. 255; मारकुस 11.15-19, पृ. 75; पु. वि., एज़ेकिएल 23.38-39, पृ. 1307-8; इसायाह 29.13, पृ. 1121; न. वि., मत्ती 15.8-9, पृ. 26; 5.8, पृ. 6

जहाँ कहीं भी जीवन में व्यतिक्रम हुआ हो उसके पुनरुद्धार से ही ईश्वर-निवास, शान्ति और मुक्ति संस्थापित होती है। पारस्परिक मानवीय सामंजस्य में ही ईश्वर-मन्दिर की पवित्रता और प्रतिष्ठा बनी रहेगी।[1]

ईश्वर के मन्दिर की विशिष्टता : ईश्वर का निवास कोरे ज्ञानियों में न होकर ऐसे मन्दिर में ही होगा, जहाँ बालक-सुलभ निष्कलंकता, सरलता और विश्वास हो। इस संसार के शक्तिशालियों, ज्ञानियों और गण्यमान्य लोगों में उसका निवास न होकर दुर्बलों, मूर्खों और नगण्यों में होता है। मनुष्य की लौकिक पराजय, पाप, दुर्बलता और विनम्रता में ईश्वर की पारलौकिक कृपा, शक्ति और सामर्थ्य अदृश्य रूप से विद्यमान है और वही ईश्वर का वास्तविक निवास है। ईश्वर के निवास के सन्दर्भ में यह अनोखी विशिष्टता ईश्वर के स्वरूप के विषय में एक अनुपम रहस्योद्घाटन करती है।

बाइबिल की यह विशिष्ट धारणा कि 'मनुष्य ईश्वर का मन्दिर है' समूचे मानवविज्ञान के लिए एक नया अध्याय है। आज के विशेष सन्दर्भ में जब मनुष्य ने साम्प्रदायिकतापूर्ण दृष्टि से कतिपय मानवरचित मन्दिरों तथा प्रतिमाओं की पूजा द्वारा ईश्वर के वास्तविक स्वरूप को विकृत करने के साथ-साथ मानवता को भी खंड-खंड कर रखा है। सह-मनुष्यों से सामंजस्यपूर्ण स्थिति में मनुष्य को ही ईश्वर के मन्दिर के रूप में पुनर्स्थापित करना अत्यन्त आवश्यक है। मनुष्य को ईश्वर का निवास-स्थान घोषित करके बाइबिल ने मनुष्य को न केवल उन्नत किया, बल्कि ईश्वर को अपने सच्चे स्वरूप में शाश्वत तौर पर स्थापित भी किया है।

ईश्वर-विज्ञान पर आधारित मानव-विज्ञान

मानव-विज्ञान मनुष्य का विश्लेषण है। यह उसके अस्तित्व का प्रतिफलन है।[2] बाइबिल के किसी भी ग्रन्थ में वैज्ञानिक या दार्शनिक दृष्टि से कोई व्यवस्थित मानव-विज्ञान उपलब्ध नहीं है। वह स्पष्ट रूप से धर्मशास्त्रीय दृष्टि से प्रभावित मालूम पड़ता है। शुद्ध मानव-विज्ञान के बजाय ईश्वर-विज्ञान के आलोक में मानव-विज्ञान को निरूपित करना ही यहाँ उद्देश्य है।

'प्राचीन विधान' में मानव-विज्ञान : प्राचीन विधान में मनुष्य एक सम्पूर्ण और अविभाज्य इकाई के रूप में चित्रित है। वस्तुतः मनुष्य शरीर और आत्मा का संयुक्त रूप है। 'नया विधान' में भी, शरीर के पुनरुत्थान के विषय में दिए गए उल्लेखों से यह बात व्यंजित है कि पुनरुत्थान केवल शरीर का नहीं, बल्कि सम्पूर्ण मनुष्य का है। यह सम्पूर्ण मनुष्य पार्थिव सीमाओं में बद्ध ईश्वरीय सृष्टि है। वह अपनी सृष्ट अवस्था में नश्वरता का अनुभव करता है। उसे परिश्रम के बल पर आजीविका कमानी है और स्वयं मिट्टी से बना हुआ होकर मिट्टी में मिलना ही है। इसलिए उसको अपने अनश्वर जीवन के लिए ही नहीं, नश्वर जीवन के लिए भी पूर्ण रूप से ईश्वर पर निर्भर रहना अनिवार्य है।[3]

---

1. प. बा., न. वि., क्रमशः मत्ती 8.19-20, पृ. 31; 5.23-24, पृ. 7; याकूब 2.17, पृ. 356; 1.22, पृ. 355; लूकस 18.9-14, पृ. 127; 19.1-10, पृ. 128; विक्टर पियोवेसान, 'क्रिश्चियन इवान्जेलाइसेइशन : रिडक्शनिसम्?', विद्याज्योति, 55, 1991, पृ. 523।
2. जार्ग स्प्लेट, 'मैन (ऐंथ्रपॉलजी)', साक्रामेन्तुम मुन्ती, भाग 3, पृ. 358।
3. प. बा., पु. वि., क्रमशः इसायाह 26.19, पृ. 1118; दानिएल 12.2, पृ. 1367; मक्काबी 7.14, पृ. 754; (न. वि., मारकुस 12.18-27, पृ. 76-77; प्रेरित चरित 24.15, पृ. 223;। कुरिन्थी 15.1-58, पृ. 269-81; पु. वि., उत्पत्ति 2.7, पृ. 5-6; 3.19, पृ. 7।

मनुष्य परिवार, जनजाति तथा राष्ट्र के रूपों में समाज में बन्धित होकर अस्तित्व रखता है और ईश्वर तथा मनुष्य से सम्बन्धित रहते हुए अपना इतिहास रचता है। समुदाय के सदस्य होकर वह ईश्वर (जो विधान का सहभागी और उसका निर्देशक है) से सम्बन्धित रहने का अनुभव करता है। ईश्वर के साथ अपने सम्बन्ध के कारण ही वह अपने-आपको सह-मनुष्य के प्रति वचनबद्ध महसूस करता है।[1] इस प्रकार, वह ईश्वर के प्रति आज्ञाकारिता तथा मनुष्य के प्रति सामुदायिकता को उत्तरदायित्वपूर्ण जीवन निभाता है। साथ-साथ, प्राचीन विधान का मनुष्य आशायुक्त मनुष्य है। सृष्टि और मिस्र से निर्गमन की घटना में स्थापित विधानपरक उत्तरदायित्व से पतित होकर वह अनाज्ञाकारी तथा पापी ठहराया गया। लेकिन ईश्वर ने अपनी सत्यप्रतिज्ञता के कारण उसके हृदय में एक नए और अनश्वर विधान को अंकित किया और उसे आशायुक्त मनुष्य बनाया, जिससे वह मानसिक परिवर्तन द्वारा नया जीवन प्राप्त करके और अमर हो सके।

'नया विधान' में मानव-विज्ञान : 'नया विधान' की मनुष्यता ईसा मसीह के व्यक्तित्व में प्रतिष्ठित है। ईसा मसीह स्वयं में वाग्दत्त नया मनुष्य है। ईसा में मनुष्य का एक आदर्श चित्र प्रस्तुत होता है। साथ ही, नवीन विधान का मनुष्य प्राचीन विधान के पापी मनुष्य आदम से अलग है। नवीन विधान का मनुष्य विनाश और मुक्ति के बीच खड़ा है। इस विरोधाभास के कारण इसलिए मुक्ति-रूपी असली अस्तित्व को प्राप्त करने के लिए उसे मन-परिवर्तन की आवश्यकता है। इस मानस-परिवर्तन और मुक्तिप्रद अवस्था के फलस्वरूप सह-मनुष्य को ईश्वर के स्थान पर मान्यता दी गई है। मनुष्य का यह ईश्वरीय पक्ष नवीन विधान की विशिष्टता है।'[2]

व्यक्तित्व और सामाजिकता का समन्वय : समाज एक ऐतिहासिक वास्तविकता है। इसमें व्यष्टि और समष्टि के दो तत्त्व विद्यमान हैं। समाज व्यक्तियों के बीच अन्योन्य-क्रियाओं की सफलता है।[3] यह मनुष्य की आत्म-चेतना का सार्वजनीय रूप है। यह मनुष्य के मूलभूत सम्बन्धमूलकता की अभिव्यक्ति है। व्यक्ति की आत्म-चेतना आत्म-साक्षात्कार में विकसित होती है, परन्तु यह आत्म-साक्षात्कार सहभागिता के बाहर असम्भव है। सहभागिता में समाविष्ट होकर स्वयं को जानना मनुष्य का प्राथमिक अनुभव है।[4] परस्पर सम्प्रेषण के माध्यम से 'मैं' और 'तू' हम में परिवर्तित होकर एक सम्बन्धात्मक अस्तित्व में व्यक्त हो जाते हैं।

सहभागिता में व्यक्ति की स्वतन्त्रता और आत्म-निर्णय सुरक्षित है। यह उसकी मूल शर्त भी है। सहभागिता व्यष्टि का समष्टि के साथ और समष्टि का व्यष्टि के साथ ऐक्य से युक्त अस्तित्व है। यह मानवीय अस्तित्व के समस्त घटकों में परिव्याप्त है और उन्हें निर्धारित करती है। इस सहभागिता में व्यक्ति का सम्बन्ध कई रूप लेता है—विवाह तथा परिवार, अन्तर्वैयक्तिक मित्रता, धार्मिक विश्वासी समुदाय आदि। ईश्वर से भी जुड़कर यह एक मुक्ति सम्बन्धी इतिहास बन जाता है। व्यक्ति समुदाय के लिए और समुदाय व्यक्ति के लिए अस्तित्व रखते हुए यह सहभागिता प्रेम की एक अन्योन्य उन्मुखता साबित होती है। यह ऐक्यभाव ईश्वर के साथ पराकाष्ठा पर पहुँचता है। मनुष्य व्यक्तिगत तथा सम्मिलित दोनों रूपों में ईश्वर के साथ सहभागी हो जाता है। इस प्रकार आत्म-निर्भरता और अन्योन्याश्रितता के समन्वय से मनुष्य का इतिहास

---

1. रूडोल्फ पेश्श, 'मैन (ऐंथ्रपॉलजी)' साक्रामेन्तुम मुन्ती, भाग 3, पृ. 362
2. प. बा., न. वि., मारकुस 1.15, पृ. 55; मत्ती 5.43-48, पृ. 8; 25.31-46, पृ. 45-46
3. कोनरैड हेकर, 'सोसाइटी', साक्रामेन्तुम मुन्ती, भाग 6, पृ. 123
4. अडोल्फ डारलप, वही, पृ. 126

मुक्तिविषयक बन जाता है। मनुष्य का यह सामुदायिक स्वरूप ईसाई दृष्टि से ईश्वर के त्रिक्मूलक स्वभाव का प्रतिफलन ही है।

मानव-विज्ञान तथा ईश्वर-विज्ञान की परस्पर पूरकता : कॉल बार्थ का प्रसिद्ध कथन यहाँ ध्यातव्य है, "जब से ईश्वर मनुष्य बन गया, ईश-दर्शन मानव-दर्शन बन गया।"[1] इसलिए ईश-विज्ञान और मानव-विज्ञान परस्पर सम्बन्धित हैं। मनुष्य ईश्वर से सम्बन्ध जोड़कर ही अपने पुरुषार्थ को विकसित कर सकता है। जीवन के सभी महत्त्वपूर्ण निर्णय वह ईश्वर के इच्छानुसार लेता है। ईश्वर उसके लिए वह माध्यम है, जिसमें वह स्वयं को अनुभव करता, विकसित और संगठित करता है। अतः ईश्वर-मीमांसा और मानव-विज्ञान अन्योन्य आवेष्टित हैं।[2] इसलिए आर. बुल्टमैन का कहना सच है कि "ईश्वर के विषय में प्रत्येक निश्चायक कथन मनुष्य के विषय में निश्चयात्मक कथन भी है।"[3] वर्तमान कलीसिया ने मसीह-विज्ञान के स्थान पर मानव-विज्ञान को निर्णायक महत्त्व दिया है। ईश्वर और मनुष्य की अवधारणाएँ परस्पर पूरक हैं। ईश्वर से हटकर मनुष्य की अवधारणा पूरी नहीं होती, मनुष्य से हटकर ईश्वर की अवधारणा भी।

मनुष्य की विचलित या पथभ्रष्ट अवस्था में भी यह अन्योन्यता बनी रहती है। मनुष्य स्वत्वाग्रह में फँसकर अनाज्ञाकारी, अविश्वासी और भातृप्रेमहीन हो गया, परन्तु ईश्वर ने अपनी कृपा द्वारा ईसा मसीह में उसे एक नया जन्म प्रदान किया है। इसलिए पाप की न्यूनता कृपा की अधिकता से समतुलित हो जाती है। बाइबिल का सन्देश यह है कि अपने गहनतम अर्थ में मनुष्य होने का तात्पर्य ईश्वर-कृपा द्वारा जीना है। अतः यह एक सर्वतोमुखी वास्तविकता है कि मनुष्य-विज्ञान तथा ईश्वर-विज्ञान अन्योन्याश्रित है।

मनुष्य एक व्यक्ति भी है, एक सामाजिक जीव भी। वह आत्म-साक्षात्कार और सहभागिता की समन्वित स्थिति में ईश्वर से सीधे सम्बन्धित है। ईश्वर-धारणा की पूरक के रूप में मनुष्य की धारणा ईश्वर के स्वरूप-निर्धारण में निर्णायक सिद्ध होती है। बाइबिलीय दृष्टि में ईश्वर-विज्ञान मानव विज्ञान पर आधारित भी है। ईश्वर-सादृश्य के कारण ईश्वर का अन्वेषण मनुष्य में ही किया जाना उचित है। मनुष्य में ईश्वर दर्पण-सा प्रतिबिम्बित होता है। मनुष्य में ईश्वर-निवास के साथ-साथ आपसी सहभागिता में मनुष्य और ईश्वर दोनों के व्यक्तित्व में एक विशेष श्रेष्ठता आविर्भूत होती है।

3. ईश्वर का समाज-दर्शन

भ्रातृप्रेम

मनुष्यता से सामाजिकता की तरफ की धारा भ्रातृभाव की सरणी से प्रवाहित होती है। मनुष्य में निवास करनेवाला ईश्वर ही तो है समाज-प्रबन्धन की इस जीवन्त प्रक्रिया का नियामक। प्रेम-स्वरूप ईश्वर का प्रेम-उपक्रम मनुष्य की सह-मनुष्योन्मुखता में प्रवृत्त होकर अभिव्यक्ति पाता है। ईश्वरीय प्रेम-प्रक्रिया का मानवीय संस्करण ही है भ्रातृप्रेम।

मनुष्य : ईश्वर-साक्षात्कार का स्थान : बाइबिल की मान्यता है कि ईश्वर का साक्षात्कार

---

1. रै. एस. ऐंडेर्सन, वही, पृ. 70 में उद्धृत।
2. जेर्गन मोल्टमैन, दि क्रूसीफाइड गॉड, पृ. 267
3. रूडोल्फ़ पेश्श, 'मैन (ऐंथ्रपॉलजी)', साक्रामेन्तुम मुन्ती, भाग 3, पृ. 363 में उद्धृत।

इतिहास में सम्पन्न होता है। मनुष्य अपने वैयक्तिक तथा सामाजिक जीवन में ईश्वर-साक्षात्कार का प्रतिष्ठायुक्त स्थान बन जाता है।[1] मनुष्य व्यक्ति होकर भी समाज से पृथक् नहीं है। योहन के सुसमाचार में व्यक्ति और समाज की परस्पर सम्बद्धता विशेष बल के साथ स्थापित है। ईसा की मानवता को भी पृथक्कृत मानवता के रूप में नहीं लिया जाना चाहिए, क्योंकि वह मानवता की समष्टि से आंगिक रूप से सम्पृक्त है। लेकिन, व्यक्ति और समुदाय के सम्बन्ध में व्यक्ति का व्यक्तित्व अक्षुण्ण बना रहता है। यह बाइबिलीय दृष्टि की एक अनोखी विशेषता है। अतः ईश्वर का साक्षात्कार व्यक्ति के व्यक्तित्व में और उसकी सामुदायिक सम्पृक्तता दोनों में होता है। पारलौकिक ईश्वर लौकिक इतिहास में—मानवीय सहभागिता—में प्रतिबिम्बित होता है। आपसी सहभागिता समाज में ईश्वर के सान्निध्य का सर्वाधिक प्रभावशाली चिह्न है।[2]

भातृप्रेम का मूल अनुप्रेरक कारण : साधारणतः यह समझा जाता है कि भातृप्रेम नैतिकता-बोध से अनुप्रेरित है। लेकिन, यह कर्तव्य-भावना तथा पुण्यलाभ की प्रेरणा से सम्पादित नहीं है। भातृप्रेम का मूल अनुप्रेरक कारण मनुष्य की सह-मानवता है, जो ईश्वर के प्रतिरूप की सार्वजनीनता पर आधारित है। पारस्परिक उत्तरदायित्व की भावना 'प्रतिरूप' के मूर्त और विशिष्ट साक्षात्कार से निर्धारित किया जाता है। मनुष्य-सेवा सर्वप्रथम मानव-भावना से निर्धारित होता है और बाद में धर्म-भावना से निर्देशित होती है।[3] इसलिए एक दूसरे को ध्यान से नहीं सुनना तथा उसके प्रति उदासीन बने रहना स्वयं के प्रति तिरस्कार के समान है। यह कार्य सामूहिक मानवता को नकारने के समान है। कर्तव्य-भावना से ओत-प्रोत धार्मिक प्रेरणा से कहीं अधिक प्रबल है—सह-मानवता पर अवलम्बित मानवशास्त्रीय प्रेरणा। इस धारणा में वास्तव में मनुष्य के अस्तित्व की मुहर लगी हुई है और वह अटल है।

ईश्वर-प्रेम और मनुष्य-प्रेम : मनुष्य का सम्बन्ध स्थूल दृष्टि से द्विविध है—ईश्वर से और मनुष्य से। ये दोनों सम्बन्ध प्रेम की दो मूलभूत दिशाएँ हैं, जिनके बिना उसका अस्तित्व असम्भव ही नहीं, निरर्थक भी है। ये दोनों सम्बन्ध मानवेतिहास के नियामक ईश्वर द्वारा दिए गए दो आदेश हैं। अर्थात् मनुष्य को ईश्वर के प्रति और सह-मनुष्य के प्रति प्रेम-भावना कायम रखनी चाहिए। ईश्वर का यह द्विविध आदेश नवीन विधान का योगदान नहीं है; यह प्राचीन विधान में भी परिलक्षित है। मनुष्य एकमात्र प्रभु-ईश्वर को अपने सारे हृदय, अपनी सारी आत्मा और अपनी सारी शक्ति से एवं अपने पड़ोसी को अपने समान प्यार करे, यही प्रभु का आदेश है। नवीन विधान में भी यही द्विविध प्रेमादेश स्वीकृत है। ये दोनों आज्ञाएँ प्राचीन विधान में वर्णित तथा सीनई पर्वत पर मूसा को दी गई विधान की दस आज्ञाओं का संक्षिप्त रूप हैं। नवीन विधान में ये दोनों आज्ञाएँ एक-साथ दी गई हैं, जिससे यह प्रतीत होता है कि ईश्वर-प्रेम, मनुष्य-प्रेम से अविभाज्य रूप से संयुक्त है और ये दोनों दो कार्य नहीं, बल्कि एक है।[4]

भातृप्रेम : ईश्वर-प्रेम की कसौटी : प्रेम के दो पक्ष हैं—सैद्धान्तिक तथा व्यावहारिक। पहला आन्तरिक और दूसरा बाह्य है। ईश्वर-प्रेम सिद्धान्त या आभ्यन्तर पक्ष है जबकि भ्रातृप्रेम व्यवहार

---

1. जॉर्च एम. सोआरेस-प्रभु, 'दि सेइक्रड इन दि सेक्युलर', जीवधारा, 17.98, 1987, पृ. 135
2. रिचर्ड पी. मक् ब्रयन, कथोलिसिसम, पृ. 338
3. रै. एस. ऐंडेर्सन, ऑन बीइंग ह्यूमन, पृ. 75
4. प. बा., क्रमशः पु. वि., विधि-विवरण 6.4-5, पृ. 230; लेवी 19.18, पृ. 152; निर्गमन 20.1-17, पृ. 99; न. वि., मत्ती 22.345-40, पृ. 39

अथवा बहिर्पक्ष है। व्यवहार सिद्धान्त का प्रमाण है और बहिर्पक्ष आभ्यन्तर पक्ष की अभिव्यक्ति भी। ईश्वर-प्रेम भ्रातृप्रेम की कसौटी पर अपनी असलियत को सिद्ध करता है। इसके अतिरिक्त, भ्रातृप्रेम-ईश्वर के धर्मनिरपेक्षीकरण और धर्म के असाम्प्रदायीकरण का परिणाम है। साम्प्रदायक तथा धार्मिक परिवलय से विमोचित करके ईश्वर को मनुष्य के समाज में संस्थापित करना नितान्त आवश्यक है। अन्यथा साम्प्रदायिक ईश्वर निर्जीव प्रतिमा बनकर मर जाएगा और जड़ीभूत होकर मात्र धर्म-संग्रहालय की दर्शनीय वस्तु बन जाएगा। तब वह मनुष्य के व्यक्तिनिष्ठ या समाजनिष्ठ प्रयोजन से अछूता रहेगा। अर्थात्, ईश्वर ईश्वर नहीं रह जाएगा। इसलिए भ्रातृप्रेम ही है ईश्वर का जीवित होने का एकमात्र प्रमाण। साथ-साथ, बात यह भी है कि ईश्वर को मनुष्य के प्रेम की क्या आवश्यकता है! वह तो ईश्वर है। मनुष्य को प्रेम और सेवा की आवश्यकता है। जब मनुष्य सह-मानव की जीवन-यात्रा में प्रेमपूर्वक जुड़ जाता है, तब ईश्वर को ही उसका प्रेम प्राप्त होता है।

अन्तिम न्याय के दिन के चित्रण में यह प्रमाणित किया गया है कि 'तुमने मेरे इन भाइयों में से किसी एक के लिए, चाहे वह कितना ही छोटा क्यों न हो, जो कुछ किया, वह तुमने मेरे लिए ही किया'। इस आश्वासन में ईसा मसीह ने ईश्वर-प्रेम और मानव-प्रेम में पूर्ण समानता स्थापित करते हुए ईश्वर का श्रेष्ठतम स्वरूप मानवता के समक्ष उजागर किया। मनुष्य का स्वागत, चाहे वह बालक का ही क्यों न हो, ईश्वर का स्वागत है। ईश्वर के नाम पर मनुष्य का उपकार ईश्वर के उपकार के समान ही पुरस्कृत होगा। भ्रातृप्रेम की साम्यावस्था के अभाव में ईश्वर-प्रेम असम्भव है। कर्मों के अभाव में विश्वासपूर्ण रूप से निर्जीव और व्यर्थ है। जो अपने दृश्य भाई को प्यार नहीं कर सकता, वह अदृश्य ईश्वर को कदापि प्रेम नहीं कर सकता। शुद्ध ईश्वर-रूप का दावा मात्र झूठा है।[1]

भ्रातृप्रेम : एक ईश्वरीय उपक्रम : भ्रातृप्रेम की मूल प्रेरणा और आदर्श मनुष्य से प्रारम्भ न होकर ईश्वर से हुआ है। मूलतः ईश्वर ही प्रेम है और प्रेम ईश्वर से उत्पन्न है। ईश्वर ने अपने एकलौते पुत्र को संसार में भेजकर पहले मनुष्य को प्यार किया। मसीह का कलीसिया के प्रति पति-सदृश प्रेम ही भ्रातृप्रेम का आदर्श है। मसीह के सोदाहरण प्रेम (अर्थात् जिस प्रकार मैंने किया है) का प्रमाण अपने शिष्यों के पैर धोने की घटना में प्रभावशाली ढंग से परिलक्षित होता है। यही है शिष्यों के लिए भ्रातृप्रेम की नई आज्ञा; यही शिष्यत्व का प्रमाण भी। मसीह में यह नई आज्ञा चरितार्थ हुई है। ईश्वर के प्रेम ने मनुष्य को मित्रवत् मानकर उस पर मुक्तिदायिनी कृपा की वृष्टि की और उसकी दुर्बलता में अपना सामर्थ्य प्रकट किया। इस प्रकार ईश्वरीय प्रेम की पूर्णता व्यक्त हुई।[2] "एक दूसरे से प्रेम करने की प्रेरणा न्याय के विचार की तुलना में ईश्वरीय कृपा के प्रति कृतज्ञता से अधिक आविर्भूत हुई।"[3] ईश्वर का यह कृपामूलक प्रेम ही मनुष्य के लिए सुसामाचार है। इस सुसमाचार के प्रति कृतज्ञता अर्पित करना मनुष्य के लिए ऋणस्वरूप कर्तव्य बन गया। इस सुसमाचार के योग्य बनने के आशय से प्रेम सर्वाधि

---

1. प. बा., न. वि., क्रमशः मत्ती 25.31-46, पृ. 45-46, पृ. 45-46; 10.40.42, पृ. 17; 18-5, पृ. 30; 5.23-24, पृ. 7; याकूब 2.14-17, पृ. 356; । योहन 4.19-21, पृ. 374
2. प. बा., न. वि., क्रमशः । योहन 4.7-10, पृ. 374; 3.16, पृ. 373; 2.8, पृ. 371; एफेसी 5.25, 28, 30, पृ. 300; योहन 13.34-35, पृ. 169; 15.12,17, पृ. 172; एफेसी 5.2, पृ. 299; फिलिप्पी 2.5-7, पृ. 304; मत्ती 5.48, पृ. 8;2 कुरिंथी 12.9-10, पृ. 285; योहन 15.9-10, 11-17, पृ. 171-72
3. जी. जॉनस्टन, 'लफ इन दि न्यू टेस्टामेंट', दि इंटरप्रेटर्स डिक्शनरी ऑफ दि बाइबिल, भाग, पृ. 173

ाक चुनौतीपूर्ण हो गया।[1]

भ्रातृप्रेम : सर्वोत्तम मनुष्य-भावना : पौलुस ने भ्रातृप्रेम का गुणगान बहुत प्रभावशाली ढंग से किया है। प्रेम अस्तित्व का आधार है। इसके अभाव में मनुष्य खनखनाता घड़ियाल है झनझनाती झाँझ है या कुछ भी नहीं है। प्रेम समस्त अच्छाइयों से विभूषित है, और अनश्वर होकर विश्वास तथा भरोसे से भी महान् है। प्रेम करना संहिता के सभी नियमों के पालन करने के समतुल्य है। यह सभी आज्ञाओं का सार है।[2] प्रेम निर्माणात्मक है और अनुकम्पा, सहानुभूति, विनम्रता, सहनशीलता, कोमलता तथा एकता-भाव से युक्त है। प्रेम अपने भाई की हत्या किसी भी प्रकार से नहीं करता है, उस पर क्रोध नहीं करता है तथा उस पर दोष नहीं लगाता है। प्रेम आत्मा का फल है और किसी भी प्रकार का भेदभाव नहीं रखता है। प्रेम पारस्परिक सम्बन्ध और सामंजस्य से परिपूर्ण एक आदर्श परिवार की सृष्टि करता है। जो हृदय से प्रेम नहीं करता है, वह हत्यारा ही नहीं, स्वयं मृत्यु में निवास करता है। इस सर्वोत्तम मनुष्य-भावना का चुनौतीपूर्ण आह्वान और अनुरोध नवीन विधान का अमर सन्देश है।[3]

भ्रातृप्रेम की मनुष्य-सेवा में अभिव्यक्ति : जब तक मनुष्य-भावना मनुष्य-सेवा में प्रदर्शित नहीं होती, तब तक वह भ्रातृप्रेम कहलाने योग्य नहीं है। इस भ्रातृप्रेम की अभिव्यक्ति के लिए बाइबिल का विश्व-प्रसिद्ध स्वर्णिम नियम है : ''दूसरों से अपने प्रति जैसा व्यवहार चाहते हो, तुम भी उनके प्रति वैसा ही किया करो।''...''हर एक दूसरे को अपने से श्रेष्ठ माने।''[4] आनन्द मनानेवालों के साथ आनन्द मनाना, रोनेवालों के साथ रोना, आतिथ्य-सत्कार आदि उस निष्कपट प्रेम की अभिव्यक्ति है। शुद्ध धर्माचरण मनुष्य को वचन के श्रोता से पालनकर्ता बनाता है। संहिता को अपने जीवन में चरितार्थ करने से मनुष्य आचरण के धन्य होता है। साथ ही, दूसरों के लिए पाप का कारण बननेवाले अंग को काट डालने का आदेश भी दिया गया है।[5]

भले समारी द्वारा डाकुओं के हाथों पड़े मनुष्य की पड़ोसी-जैसी सेवा-शुश्रूषा भ्रातृप्रेम का आदर्श उदाहरण है। अपने भाइयों के लिए जीवन अर्पित करते हुए ईसा-सदृश बनना प्रेम का जीवन्त उदाहरण है। यही मसीही जीवन की शैली है। अपने भाई द्वारा अपराध किए जाने पर उसे नम्रतापूर्वक सुधारने का प्रयास भी परोपकार-भावना का प्रकट रूप है। भ्रातृप्रेम बहुत से पापों को ढकने की क्षमता रखता है। दूसरों पर निरंकुश शासन करने तथा उनसे अपनी सेवा कराने के बजाय उनकी सेवा करने में वास्तविक बड़प्पन है। ईसा ने अपने शिष्यों के पैर धोये

---

1. जी. जॉनस्टन, 'लफ इन दि न्यू टेस्टामेंट', वही, पृ. 173; प. बा., न. वि., फिलिप्पी 1.27, पृ. 303; कलोसी 1.10, पृ. 308; । थेसलनीकी 2.12, पृ. 315
2. प. बा., न. वि., क्रमशः । कुरिन्थी 13.1-13, पृ. 266-67; रोमी 13.8-10, पृ. 247
3. प. बा., न. वि., क्रमशः गलाती 5.14, पृ. 300; । योहन 2.9-11, पृ. 371; 3.14-15, पृ. 373; 4.7-16, पृ. 374; 2 योहन 5-6, पृ. 376; कलोसी 3.18-23, पृ. 312; 3.12-14 पृ. 311; गलाती 5.22, पृ. 293; 3. 28, पृ. 291; एफेसी 5.2, पृ. 299; । थेसलनीकी 4.9-10, पृ. 316; कुरिन्थी 8.1, पृ. 260; मत्ती 5.21-22, पृ. 6-7; 7.1-5, पृ. 10
4. प. बा., न. वि., क्रमशः मत्ती 7. 12, पृ. 10; रोमी 12. 10, पृ. 246
5. पां. बा., न. वि., क्रमशः रोम 12.9-12, पृ. 246-47; इब्रानी 13. 1-3 पृ. 352; याकूब 1.19-25, पृ. 355; मत्ती 18. 6-7, पृ. 30

और बड़ों द्वारा छोटों की विनम्र सेवा का नवीन नियम विश्व में सर्वप्रथम लागू किया।[1] इस प्रकार, मनुष्य-सेवा के अनगिनत आयामों में अभिव्यक्त यह भ्रातृभाव बाहर से आरोपित कोई नियम नहीं है। यह मानवीय जीवन की सर्वाधिक सहज प्रवृत्ति है।

भ्रातृप्रेम में अधिमान : जब जल परिव्याप्त होता है, तब जहाँ कहीं भी गड्ढे हैं उन्हें पहले भरता है। इस तथ्य को भ्रातृप्रेम पर लागू करने पर प्रेम की अधिमानता स्पष्ट हो जाती है। प्रेम सभी मनुष्यों से किया जाना चाहिए। यह सर्वमानवता के अस्तित्वपरक स्वभाव से अनुप्रेरित है। लेकिन, अधिमानात्मक प्रेम प्रेम का सर्वोत्कृष्ट रूप है और यह ईश्वर-प्रदत्त है। यह ईसाई प्रेम-दृष्टि की विशिष्ट उपलब्धि है।

भ्रातृप्रेम का अधिमान्य पक्ष ईश्वर की पूर्णता और समभाव-दृष्टि पर आधारित है। ईश्वर धर्मी-अधर्मी का भेद किए बिना अपनी कृपा की वर्षा सब मनुष्यों पर करता है। यही भ्रातृप्रेम का आदर्श स्वरूप है। भलों के साथ तो पापी भी प्रेम करता है, उसमें कोई श्रेष्ठता नहीं है। श्रेष्ठता बुरों को प्रेम करने में है। तंगहाली में रहनेवालों के प्रति दया-भाव, सबों से धैर्यपूर्ण व्यवहार, बुराई के बदले भलाई, एक-दूसरे के लिए त्यागयुक्त परोपकार, भोज में मित्रों, भाइयों, कुटुम्बियों, धनी पड़ोसियों आदि के बदले कंगालों, लूलों, लँगड़ों और अन्धों को निमन्त्रित करना आदि इस अधिमानात्मक भ्रातृप्रेम के स्पष्ट प्रमाण हैं।[2]

भलाई द्वारा बुराई पर विजय प्राप्त करने के कुछ ढंग इस प्रकार हैं–अत्याचारियों के लिए आशीर्वाद माँगना, भूखे, शत्रु को खिलाना-पिलाना, अपमान के बदले आशीर्वाद देना, अपनी सुख-सुविधा के स्थान पर दुर्बलों की ज़रूरतों का ध्यान रखना, अपनी व्यक्तिगत स्वतन्त्रता को अपने भाई के दुर्बल अन्तःकरण के प्रति उत्तरदायित्व-भावना के कारण नियन्त्रित करना आदि। अपने पर किए जा रहे अत्याचार को धार्मिकता के कारण सहना, एक गाल पर मारने वाले के सामने दूसरा भी करना आदि प्रतिकार भाव से पूर्ण विरक्ति के लक्षण हैं। विश्व के घोरतम अन्याय, अत्याचार और दुःखभोग के शिकार होने पर भी ईसा मसीह का क्षमा-भाव अपने अत्याचारियों के लिए परम पिता परमेश्वर से की गई प्रार्थना में अभिव्यक्त है, "पिता! इन्हें क्षमा कर, क्योंकि ये नहीं जानते कि क्या कर रहे हैं।"[3] अधिमानात्मक भ्रातृप्रेम के लिए इससे बड़ा क्या उदाहरण हो सकता है!

'स्वयं के लिए मरकर मनुष्य-रूप धारण करना, सह-मनुष्य के रूप में जीकर मरना और सम्पूर्ण मानवता के साथ पुनर्जीवित होना'–मनुष्य-प्रेम की यह ईश्वरीय शैली और प्रक्रिया की कथा है स्वयं ईसा। श्रेष्ठों द्वारा अश्रेष्ठों की सेवा विशेष महानता से अनुप्रेरित उदारता या कृपा नहीं, बल्कि सच्चे मानव की सहजतम मनुष्य-भावना से ओत-प्रोत सेवा की दिनचर्या है। इसी का नाम 'भ्रातृप्रेम' है।

ईश्वर का साक्षात्कार मनुष्य की सह-मानवता में ही सम्भव है। ईश्वर-प्रेम और भ्रातृप्रेम

---

1. प. बा., न. वि., क्रमशः लूकस 10.29-37, पृ. 111; रोमी 8.5, पृ. 240; 8.15-17, पृ. 240-41; 1 योहन 3.16, पृ. 373; योहन 15.13, पृ. 172; 3.16, पृ. 147; मत्ती 18.15-18, पृ. 31; गलाती 6.1-2, पृ. 293; 1 तिमथी 5.20, पृ. 326;। पेन्नुस 4.8, पृ. 364; मत्ती 20.24-28, पृ. 36; योहन 13.1-17, पृ. 168-69
2. प. बा., न. वि., क्रमशः मत्ती 5.43-48, पृ. 8; 1 योहन 3.17, पृ. 373; 1 थेसलनीकी 5.14-15, पृ. 318; इब्रानी 13.16, पृ. 353; लूकस 14.12-14, पृ. 120
3. प. बा., न. वि., लूकस 23.34, पृ. 139; क्रमशः रोमी 12.14, 20-21, पृ. 246-47;। कुरिन्थी 4.12, पृ. 256; रोमी 15.1-3,7, पृ. 249; 14.1-23; पृ. 248-49; मत्ती 5.10, पृ. 6; 38-42, पृ. 7-8

एक सिक्के के दो पहलू हैं। भ्रातृप्रेम की कसौटी पर ही ईश्वर-प्रेम परखा जाता है। भ्रातृप्रेम की अधिमानात्मक प्रवृत्ति मानवता की गरिमा को बुलन्द करती है। यह भ्रातृप्रेम ईश्वर के सबसे स्वाभाविक और व्यावहारिक स्वरूप को प्रस्तुत करता है। आदर्श मानव समाज के निर्माण के लिए यही उचित सामग्री है।

ईश्वर का राज्य : आध्यात्मिक समाज की दृष्टि

जब भ्रातृप्रेम मनुष्य-सेवा में अभिव्यक्त होता है तब जिस समाज का निर्माण होता है, वह एक साधारण समाज न होकर आध्यात्मिक समाज ही होगा। ईसा मसीह की शब्दावली में, इस आध्यात्मिक समाज का नाम है 'ईश्वर का राज्य'।

'ईश्वर का राज्य' ईसा मसीह द्वारा बहुप्रयुक्त एक पद है जो मूल अरामी में 'मालकुत दिय' है।[1] 'राज्य' का सम्बन्ध 'राजत्व' तथा 'शासन' से है, जबकि 'ईश्वर' का अभिप्राय 'निवास' का अभिप्राय 'निवास' या 'सान्निध्य' से है। ईश्वर का राज्य वह क्षेत्र है जो ईश्वर द्वारा शासित है। 'शासन' द्वारा ईश्वर की राजकीय क्रियाएँ द्योतित होती हैं, और उसका अर्थ है 'ऐसी शक्ति का प्रयोग जिससे ईश्वर का राजत्व प्रकाशित होता है। ईश्वर के राजकीय कार्य में विश्व की सृष्टि तथा अपनी जनता का विमोचन समाविष्ट हैं। ईश्वर का राज्य ईश्वर द्वारा अनुप्राणित तथा संचालित समाज है। यह ईसा द्वारा प्रस्तुत एक नए समाज की दृष्टि है। ईश्वर का राज्य वर्तमान कलीसिया का पर्यायवाची नहीं है; यह उससे कहीं बढ़कर है। भौतिक संसार या राज्य से विरक्ति या पलायन ईश्वरीय राज्य के लिए आवश्यक नहीं है। 'ईश्वर का राज्य' एक धारणा नहीं है, परन्तु एक प्रतीक है, जो इसराएल की पूर्ण मुक्ति की आशा को चरितार्थ करती है। 'ईश्वर का राज्य' के लिए 'स्वर्ग का राज्य' भी कहा जाता है।

ईश्वर के राज्य की सादृश्यताएँ : ईश्वर का राज्य एक रहस्यात्मक तथ्य है। इसका भेद जानने का वरदान ईसा के शिष्यों को प्राप्त है, क्योंकि वे ईसा से संयुक्त हैं। इसके लिए प्रकृति के कई सादृश्यात्मक उदाहरण प्रयुक्त हैं। ईश्वर के राज्य में ऐसी आभ्यन्तर शक्ति या रूपान्तरण-क्षमता विद्यमान है जो खेत में बोए गए राई के दाने के सदृश है। वह सब बीजों में छोटा होकर भी ऐसा पेड़ तैयार करता है कि उनकी डालियों में आकाश के पंछी बसेरा करते हैं।[2]

'ईश्वर का राज्य' बीज-समान है और उसका विकास व्यक्ति-सापेक्ष है। वचन-रूपी बीज ईशपुत्र ईसा मसीह द्वारा भूमि में बोया गया है। लेकिन भूमि की स्थिति और स्वभाव अलग-अलग हैं। रास्ते के किनारे की तथा पत्थर या काँटों से युक्त भौमिक स्थिति में बीज बढ़ने के बजाय कुंठित और विलुप्त होता है। यह स्वर्गिक बीज अंकुरित, पल्लवित और पुष्पित हो तथा तीस, साठ या सौ गुना फलित हो, इसके लिए हृदयरूपी उर्वर भूमि की आवश्यकता है। ईश्वर का राज्य गेहूँ तथा जंगली बीज और अच्छी तथा खराब मछलियों के जाल के भी सदृश है। ईसा द्वारा संसार में ईश्वर की प्रजा रूपी बीज बोया गया है। परन्तु रात के अँधेरे में बैरी शैतान द्वारा दुष्ट आत्मा का भी बीज बोया गया है। संसार के अन्त तक दोनों साथ-साथ बढ़ेंगे और फिर अच्छा बीज बखारों में जमा होगा और जंगली बीज आग में जला दिया जाएगा। इसी प्रकार

---

1. जॉर्ज एम. सोआरेस-प्रभु, 'दि किंगडम ऑफ गॉड जीसस विज़न ऑफ ए न्यू सोसाइटी', पृ. 16
2. प. बा., न. वि., क्रमशः मत्ती 13. 11, पृ. 21; 13. 13-32, 33, पृ. 233; मत्ती 13. 454, 45, पृ. 23

अच्छी मछलियाँ भी चुन-चुनकर बरतनों में जमा की जाएँगी और खराब मछलियाँ फेंक दी जाएँगी।[1]

ईश्वर का राज्य और ईसा मसीह : 'ईश्वर का राज्य' ईसा की व्यक्तिगत ईश्वरानुभूति तथा अपने को सौंपे गए कार्य की चेतना को अभिव्यक्त करता है।[2] यहूदी धर्मग्रन्थ में यह भविष्यवाणी मिलती है, ईश्वर ही इसराएल का राजा है और वह इसराएल में उत्पन्न होनेवाले मसीह के माध्यम से सारी पृथ्वी पर अपना राज्य स्थापित करेगा।[3] 'ईश्वर का राज्य' ईसा का केन्द्रीय सन्देश था। ईसा का अग्रदूत योहन बपतिस्ता, स्वयं तथा उनके शिष्य यही सन्देश सुनाया करते थे। ईसा का आन्तरिक अनुभव 'अब्बा! पिता! अनुभव' इस राज्य का सार-तत्त्व था।

'समय पूरा हो चुका है। ईश्वर का राज्य निकट आ गया है। पश्चात्ताप करो और सुसमाचार में विश्वास करो।' इस सन्देश को लेकर ईसा कार्य करते थे। अन्धे देखते हैं, लँगड़े चलते हैं, कोढ़ी शुद्ध किए जाते हैं, बहरे सुनते हैं, मुरदे जिलाए जाते हैं, दरिद्रों को सुसमाचार सुनाया जाता है। निरोगों को नहीं, रोगियों को वैद्य की ज़रूरत होती है। अतः ईसा धर्मियों को नहीं, पापियों को बुलाने आए हैं। पापियों के साथ भोजन, भूतापसारण, पाप-क्षमा (जो कि मात्र ईश्वर का अधिकार है) आदि चमत्कारिक चिह्नों के द्वारा ईसा ने प्रमाणित किया है कि शैतानिक राज्य का अन्त हो गया है और ईश्वर का राज्य वास्तव में कार्यान्वित हो गया है।[4]

ईश्वर का राज्य न्याय, भाईचारा, शान्ति आदि मूल्यों को स्वयं में अन्तर्निहित करता है। फिर भी, यह उन मूल्यों का समुच्चय नहीं है। ईसा के अनुसार ईश्वर का राज्य स्वयं में तथा पिता की पवित्र आत्मा में मानव जाति को दिया गया वरदान है।[5] यहूदियों की दुर्गति यह रही कि वे धार्मिक, सामाजिक, आर्थिक और राजनीतिक प्रणाली के रूप में एक मसीही राज्य की प्रतीक्षा कर रहे थे, 'व्यक्ति' के रूप में नहीं। सुसमाचार मूलतः ईसा का व्यक्तित्व ही है, जो उनसे व्यक्तिगत साक्षात्कार की अनुभूति द्वारा उद्घाटित हो जाता है। योहन पौलुस द्वितीय (वर्तमान कैथलिक कलीसिया का परमाचार्य) अपने सार्वजनिक परिपत्र 'रेडेम्तोरिस मिसियों' में लिखा है कि "ईश्वर का राज्य एक अवधारणा, सिद्धान्त या कार्यक्रम नहीं है, जिसकी स्वच्छन्द व्याख्या की जा सकती है, परन्तु सर्वप्रथम यह ईसा नाज़री का व्यक्तित्व है, जो अदृश्य ईश्वर का प्रतिरूप है।"[6] यहाँ आकर 'राज्य' की परिभाषा पूरी तरह से परिवर्तित हो गई। ईश्वर का राज्य ईसा मसीह स्वयं है। भूमिशास्त्रीय आधिपत्य में समाविष्ट होनेवाले राज्य की तुलना में ईश्वर का ऐसा राज्य कितना श्रेयस्कर है, जो व्यक्तित्व के असीम तथा दिव्य क्षेत्र में स्थापित है।

---

1. प. बा., न. वि., क्रमशः मत्ती 13. 1-9, पृ. 21; 18-23; पृ. 22; 13. 24-30, पृ. 22; 36-43, पृ. 23; 47-50, पृ. 23
2. जार्ज एम. सोआरेस-प्रभु, 'दि किंगडम ऑफ गॉड जीसस विज़न ऑफ ए न्यू सोसाइटी, पृ. 9
3. कामिल बुल्के, नया विधान, अनुक्रमणिका, पृ. 752
4. प. बा., न. वि., क्रमशः मत्ती 3.2, पृ. 3; 45. 17, पृ. 5; 10. 16. पृ. 15; प्रेरित चरित 19. 8, पृ. 214; कलोसी 4. 11, पृ. 312; मारकुस 1. 15, पृ. 17, मारकुस 2. 15-17, 1-12, पृ. 57
5. विक्टर पियोवेसान, 'क्रिश्चियन इवांजेलाइसेइशन : रिडक्शनिस्म?' विद्याज्योति, 55, 1991, पृ. 522
6. वही, पृ. 522 में उद्धृत

ईश्वर का राज्य : एक मुक्तिविषयक अवधारणा : ईसा के उपर्युक्त केन्द्रीय सन्देश को दो भागों में विभाजित किया जा सकता है—प्रथम भाग : निश्चय कथन, अर्थात् 'समय पूरा हो चुका है' और 'ईश्वर का राज्य निकट आ गया है; तथा द्वितीय भाग—आज्ञार्थक कथन, अर्थात् 'पश्चात्ताप करो और सुसमाचार में विश्वास करो'। प्रथम में, धर्म-दर्शन की घोषणा है कि ईश्वर मनुष्य से बिना शर्त प्रेम करता है, जबकि द्वितीय भाग में नैतिकता का प्रतिबन्ध है कि मनुष्य को इस प्रेम के प्रति अपना हृदय खोलना तथा अपने पड़ोसियों से प्रेम करने के द्वारा इसका उत्तर देना है। इन दोनों भागों को आपस में मिलाने पर मुक्ति की पूरी धारणा बनती है। मुक्ति मानव के इतिहास के अन्तर्गत घटित होती है। प्राचीन विधान में भी ईश्वर ने इतिहास में प्रवेश किया और अपनी जनता को मिस्र की दासता, मरुभूमि की भुखमरी, शक्तिशाली शत्रुओं द्वारा समुच्छेदन, बाबुल के निर्वासन आदि संकटग्रस्त परिस्थितियों से मुक्त किया और यहूदी प्रजा को ईश्वरीय राज्य का पूर्वाभास कराया। नवीन विधान में भी ईसा द्वारा इतिहास प्रवेश हुआ और समूची मानव जाति को पाप और मृत्यु की संकट-स्थिति से सदा के लिए मुक्त कर ईश्वर के शाश्वत राज्य को उन्होंने स्थापित किया।

ईश्वर का राज्य : एक आध्यात्मिक समाज : ईसा स्पष्ट रूप से घोषणा करते हैं कि उनका राज्य इस संसार का नहीं है।[1] इसका तात्पर्य यह कदापि नहीं है कि यह एक पारलौकिक धारणा है और इस लोक से इसका कोई सम्बन्ध नहीं है। कहना चाहिए कि ईश्वर का राज्य पारलौकिक दृष्टि से आलोकित इहलौकिक राज्य है, ईश्वरीय शक्ति से समर्थित मानवीय जीवन है, ईश्वरानुभूति से परिपूर्ण मानवता है और इस रूप में यह एक आध्यात्मिक समाज है। इसमें पार्थिव-अपार्थिव तत्त्वों का समन्वय पाया जाता है। धार्मिक दृष्टि से ईश्वर का राज्य एक आन्तरिक अनुभव है जबकि सामाजिक दृष्टि से एक बाह्य अभिव्यक्ति। परन्तु, ये दोनों दो विभाजित क्षेत्र न होकर परस्पर पूरक हैं।

ईश्वर के राज्य में मानवीय मूल्यों का असीम महत्त्व है। ये मूल्य सामाजिक जीवन की सुचारुता तथा अर्थवत्ता के लिए अत्यन्त आवश्यक हैं। फिर भी, ईश्वर का राज्य उच्च आदर्शों का समुच्चय मात्र नहीं है। अन्याय, शोषण, असमानता, भेद-भाव, उपभोक्तावाद, दुर्दशा, साम्प्रदायिकतावाद, द्वेष आदि से भरे संसार में न्याय, भाईचारा, साझेदारी, शान्ति, पुनर्मिलन आदि मूल्यों का प्रचार-प्रसार ईश्वर के राज्य के मूल लक्षण हैं। ईश्वर के राज्य में आध्यात्मिक पक्ष सर्वोपरि है। 'पुराना विधान' दाऊद को मसीह का पूर्वरूप चित्रित करके आदर्श राजा घोषित करता है। लेकिन, जो अछूता रह गया था उसे परिपूर्ण करना तथा जो नष्ट हो गया था उसे पुनर्स्थापित करना—'नया विधान', में मसीह का 'ईश्वर-राज्य' इसी का स्पष्ट संकेत है। वह राज्य "खोए हुए स्वर्णिम युग का पुनर्स्थापन है, जिसमें स्वतन्त्रता, शक्ति और समृद्धि की परिपूर्णता है।"[2] उस मसीही ईश्वर-राज्य में प्रभु की आत्मा छाया रहेगी, न्याय को वस्त्र की तरह पहनाया जाएगा, सच्चाई करमबन्द होगी, भेड़िया मेमने के साथ रहेगा, मनुष्य का बनैले पशु के साथ मेल होगा; न कोई बुराई, न कोई हानि, बल्कि पूर्ण शान्ति, ऐक्य और आनन्द से परिपूर्ण अमर जीवन होगा।[3] मसीही राज्य पूर्णरूप से एक आध्यात्मिक समाज है।

---

1. प. बा., न. वि., योहन 18. 36, पृ. 177
2. जॉर्ज एम. सोआरेस—प्रभु, 'दि किंगडम ऑफ गॉड जीसस विज़न ऑफ ए न्यू सोसाइटी', पृ. 20
3. प. बा., पु. वि., इसायाह 11. 1-9, 1103; मिकाह 5. 2-3, पृ. 1413

ईश्वर के राज्य की विशेषताएँ : 'विमोचन-दर्शन' के अनुसार ईश्वरीय राज्य की तीन विशेषताएँ हैं–स्वतन्त्रता, सहभागिता और न्याय। ये तीनों विशेषताएँ ईश्वर के राज्य से मानवीय जीवन के एक-एक पक्ष को जोड़ती हैं–स्वतन्त्रता ईश्वर के राज्य को व्यक्ति से जोड़ती है, सहभागिता उसे समुदाय से और अन्य समाज से। इस प्रकार, ईश्वर का राज्य मानवीय जीवन की समग्रता को अपने में समेटता है।

व्यक्ति की स्वतन्त्रता ईश्वरीय राज्य की प्रथम विशेषता है। मनुष्य में सम्पत्ति, सत्ता आदि के प्रति स्वाभाविक मोह होता है। यह कभी अति-आवेश में परिणत होकर व्यक्तित्व के कई पक्षों में विकृतियाँ उत्पन्न करता है। प्रेम के अभाव में मनुष्य में शून्यता और असुरक्षा की भावना बनी रहती है। तिरस्कृत किए जाने की आशंका, दूसरों के समर्थन की आवश्यकता, पाप और अपराध के प्रति झुकाव, ईश्वर तथा मनुष्यों के साथ असामंजस्य की स्थिति ये सब पराधीनता के प्रमाण हैं। ईश्वर का राज्य मनुष्य को उसकी आन्तरिक बाध्यताओं तथा बाह्य दबावों से जितना मुक्त करता है, वह उसमें उतनी ही स्वतन्त्रता भी लाता है।[1]

जो स्वतन्त्र है वही दूसरों को स्वतन्त्र कर सकता है। ईसा की पूर्ण मनुष्यता स्वतन्त्रता से संसिक्त है। मनुष्य को खोखले कर्मकांड, अपदूतग्रस्तता, संहिता की भारी बोझ, थकावट, सामाजिक च्युति और अकेलापन, धार्मिक अशुद्धि, धन-सम्पत्ति, परिवार के साथ अति-सम्बन्ध, पाप आदि से स्वतन्त्र कर ईश्वर पर विश्वास और जीवन में सुरक्षा प्राप्त करने का आह्वान करते हैं।[2] व्यक्ति की मानसिक, सामाजिक और आध्यात्मिक स्वतन्त्रता ईश्वर के सात्विक प्रेम की देन है।

ईश्वर के राज्य की द्वितीय विशेषता सहभागिता है, जो कि समुदाय से मनुष्य का आत्मीय सम्बन्ध जोड़ती है। स्वतन्त्रता की प्रवृत्ति प्रेम से अनुप्रेरित होकर अपनी स्वतन्त्रता को समर्पित करना। ईश्वर के बिलाशर्त प्रेम में उत्पन्न होकर वह बिलाशर्त ढंग से ही दूसरों की ओर प्रवाहित होने में सन्तुष्टि पाती है। वह प्रेम से प्रेम की ओर चलनेवाली प्रवृत्ति है। "ईश्वर-राज्य की स्वतन्त्रता (मनुष्य को) अनिवार्य रूप से पारस्परिक औत्सुक्य की सहभागिता की हो प्रवृत्तर करती है।...(यह) स्वार्थपूर्ण स्वेच्छाचारिता में नहीं, परन्तु समर्पण में परिपूर्णता प्राप्त करती है।"[3] स्वतन्त्रता का उद्देश्य और प्रयोजन सह-मानवता में ही चरितार्थ हो जाते हैं। जो स्वयं को सुरक्षित रखे बिना समर्पित करता है, वही स्वयं को सुरक्षित पाता है। सह-मनुष्यों के प्रति आत्मीयतापूर्ण और उसमें ईश्वर का दर्शन ईश्वर के राज्य का विश्वसनीय प्रमाण है।[4]

---

1. जॉर्ज एम. सोआरेस-प्रभु, दि किंगडम ऑफ गॉड जीसस विज़न ऑफ ए न्यू सोसाइटी, पृ. 25; द्रष्टव्य : प. बा., न. वि., क्रमशः मारकुस 10. 41-45, पृ. 73; योहन 3. 16, पृ. 147; 8. 1-10, पृ. 157-58; लूकस 9. 58, पृ. 109; 13. 31-33, पृ. 119; मत्ती 7. 29, पृ. 11; मारकुस 1. 40-45, पृ. 56; 2. 15-16, पृ. 57
2. प. बा., न. वि., क्रमशः मत्ती 6. 7, पृ. 8; 23. 4, पृ. 40; 11. 238-30, पृ. 18; 6. 25-34, पृ. 9-10 मारकुस 1. 16-18, 21-28, पृ. 55; लूकस 19. 1-10, पृ. 128; 9. 61, पृ. 109; 7. 36-50, पृ. 103; गलाती 5. 1-12, पृ. 292-93
3. जॉर्ज एम. सोआरेस-प्रभु, दि किंगडम ऑफ गॉड जीसस विज़न ऑफ ए न्यू सोसाइटी, पृ. 26
4. प. बा., न. वि., गलाती, 5. 13, पृ. 293; 1 कुरिन्थी 9. 19, पृ. 262; 10. 29, पृ. 263; मारकुस 8. 34-35, पृ. 68; मत्ती 25. 31-46, पृ. 45-46

ईश्वर के राज्य की तीसरी विशेषता, अर्थात् न्याय, समाज से सम्बन्धित होकर उसमें व्यवस्था लाती है। न्याय को सहभागिता से जोड़ते हुए सोआरेस-प्रभु का कहना है कि "जहाँ सच्ची सहभागिता है, वहाँ न्याय होगा।"[1] समाज में व्यक्तिगत स्वतन्त्रता तथा सामुदायिक सहभागिता के मध्य समन्वय स्थापित करते हुए सबके लिए व्यवस्था बनाए रखना न्याय का कार्य है। इसलिए ईश्वर के राज्य के आगमन से अत्याचार तथा अमानवीयकरण के विरुद्ध संघर्ष होगा और सामाजिक, आर्थिक, राजनीतिक और मनोवैज्ञानिक न्याय के पालन द्वारा सामंजस्य स्थापित होगा।

ईश्वर के राज्य की ये तीनों विशेषताएँ परस्पर पूरक हैं। इन्हें ईश्वर के राज्य के चिह्न ही नहीं उपलब्धियाँ भी मानना पूर्ण रूप से तर्कसंगत है। इससे ईश्वर तथा मनुष्य के बीच और विमोचक सम्बन्धों की नई दिशाएँ भी खुलती हैं।

ईश्वर के राज्य की अपेक्षाएँ : ईश्वर के राज्य की स्थापना के लिए मनुष्य में हृदय का परिवर्तन और समाज में संरचना का परिवर्तन होना आवश्यक है। शोषण-रहित समाज की सृष्टि के लिए स्वतन्त्र मनुष्यों का समुदाय बनना चाहिए, क्योंकि प्रेम में अन्तर्निष्ठ गतिशीलता में ही एक नए समाज की संरचना सम्भव है। मानवीय सम्बन्धों को पारदर्शी बनाया जाना चाहिए। भेद-भाव, अन्याय, अत्याचार, हिंसा आदि से विरत होकर मनुष्य को अन्योन्य स्वीकृति में बँधा जाना पड़ेगा। तभी ईश्वर के राज्य का आह्वान चरितार्थ होगा। समाज में मनुष्य की दीनावस्था को समाप्त करने के लिए एकरूपता, असमानता, हाशियीकरण, विखंडन, शोषण, पृथक्करण, परकीयकरण आदि पर नियन्त्रण होना चाहिए और विकास, समता, विविधता, समृद्धि स्वायत्तता और सहभागिता को निरन्तर प्रोत्साहन मिलना चाहिए।

ईश्वर के राज्य की मूलभूत अपेक्षा है पश्चात्ताप। इसका यूनानी रूप 'मेटानोएन' है, जिसका अर्थ है 'मन को परिवर्तित करना'। प्रेम द्वारा रूपान्तरित होना, सम्पूर्ण व्यक्ति का ईश्वर की ओर उन्मुख होना तथा ईश्वरीय प्रेम की ऐकान्तिक और आस्थायुक्त स्वीकृति के रूप में यह जीवन की सकारात्मक प्रवृत्ति है। बाइबिल में इसके लिए असंख्य प्रमाण उपलब्ध हैं। शास्त्रियों तथा फरीसियों की पाखंडपूर्ण धार्मिकता से बेहतर धार्मिकता रखना, प्रभु-कथनी के स्थान पर प्रभु की इच्छा-पूर्ति की करनी को महत्त्व देना, क्षमा-भाव, बुरा उदाहरण देने से विरत रहना, बालक-सदृश निष्कपट रहना आदि ईश्वर के राज्य में प्रवेश की कुछ शर्तें हैं।[2]

ईश्वर के राज्य में प्रवेश करने के लिए दीन-हीन और सर्वहारा होना भी आवश्यक है। धनी और विशिष्ट वर्ग के लोग स्वयं में सन्तुष्ट हैं और पराभिमुख होना उनके लिए असम्भव-सा है। ईसा ने अपने लिए धार्मिक सम्मान से युक्त येरूसालेम के स्थान पर प्रतिष्ठाहीन गलीली का चयन किया, जो कि अप्रत्याशित और अपमानजनक है। ईसा का यह विशिष्ट वर्ग विरोधी रुख उनके कथनों तथा कार्यों से व्यक्त होता है। खोये हुओं, पापियों, दरिद्रों, दीन-हीनों, रोगियों, दुर्बलों, अज्ञानियों, मूर्खों, तिरस्कृतों आदि के लिए धनियों, शक्तिशालियों, ज्ञानियों, प्रतिष्ठायुक्तों की तुलना में ईश्वर के राज्य में प्रवेश करना अधिक सरल है। स्वयं को दीन-हीन समझनेवाले, धार्मिकता के कारण अत्याचार सहनेवाले, दरिद्र आदि स्वर्ग राज्य के योग्य हैं।[3] तात्पर्य यह है

1. जॉर्ज एम. सोआरेस प्रभु, वही, पृ. 28
2. प. बा., क्रमशः पु. वि. इसायाह 31. 6, पृ. 1125; यिरमियाह 3. 12-14, पृ. 1176; होशेआ 14. 1, पृ. 1384; न. वि., योहन 4. 7-12, पृ. 374; मत्ती 5. 20, पृ. 6; 7. 21-22, पृ. 11; 18. 23-35, पृ. 31-32; 3-5, पृ. 30; मारकुस 9. 43-47, पृ. 71
3. प. बा., न. वि., मत्ती 5.3,20, पृ. 5-6; 6.24 पृ. 9; 19.23-26, पृ. 33

कि जो इन अपेक्षाओं को पूरी करता है, वही ईश्वर के राज्य के योग्य है।

ईश्वर का राज्य : एक युगान्तविषयक चेतना : 'ईश्वर का राज्य' सार्थक जीवन की एक अविच्छिन्न प्रक्रिया है। यह आदि-सृष्टि-कर्म में प्रारम्भ होकर ईश्वरीय प्रतिज्ञा की पूर्ति की ओर गमन करता है, जो मनुष्य के इतिहास में बार-बार पुनर्स्थापित होता और युगान्त में पूर्णावस्था को प्राप्त करता है। स्वर्ग का राज्य मुक्ति के प्रतिज्ञात देश की ओर मनुष्य की तीर्थयात्रा है। निरन्तर नवीनीकृत तथा पुनर्स्थापित होनेवाली ईश्वरीय विश्व-व्यवस्था की व्यापकतम दृष्टि है, जिसकी ईसा मसीह में कार्यान्वित होने पर भी पूर्ण निष्पत्ति अवशिष्ट रहती है। 'ईश्वर का राज्य' मानवीय मुक्ति की वर्तमानता तथा भवितव्यता के रहस्यपूर्ण समन्वय की कथा है। बाइबिल के अन्तिम ग्रन्थ के अन्तिम अध्याय में वर्णित नया आकाश, नई पृथ्वी, नया येरूसालेम, आदि-अन्त और ईश्वर-निवास आदि इस ईश्वर-राज्य की अन्तिम कल्पनाएँ हैं।[1] अन्तिम समय में ईश्वर का शासन पूर्णरूप से प्रत्येक मनुष्य पर, मानवीय समाज पर तथा सम्पूर्ण सृष्टि पर स्थापित होगा और ईश्वर के शाश्वत आनन्द-धाम की रचना होगी। तब तक की जीवन्त प्रतिज्ञा और आशा है, स्वप्न है—'ईश्वर का राज्य'।

ईश्वर से आलोकित यह मानवीय समाज व्यक्ति की स्वतन्त्रता, सामाजिक सहभागिता और उनके अनुकूल व्यवस्था से युक्त है। ईश्वर पर पूर्ण रूप से भरोसा रखते हुए सहमनुष्योन्मुख होकर जीने का ढंग है 'ईश्वर का राज्य'। यह एक आध्यात्मिक दृष्टि, प्रक्रिया, प्रतीक और चेतना है, जो पूर्णावस्था की ओर अविच्छिन्न रूप से अग्रसर होता है। ईश्वर का सर्वोत्तम स्वरूप 'ईश्वर का राज्य' की परिकल्पना में प्रतिफलित है। अपनी सृष्टि को और विशेष रूप से मनुष्य को अपना निवास-स्थान बनाया ही नहीं, मानवीय समाज से मिलकर एक घर बनाकर ईश्वर ने स्वयं का जीवन्त रूप उद्घाटित किया। इससे उत्तम ईश्वर-धारणा क्या हो सकती है। ईसाई धारणा के अनुसार, ईश्वर "मनुष्य-के-लिए-ईश्वर"[2] है।

कलीसिया : ईश्वरादिष्ट समाज

'ईश्वर का राज्य' के रूप में आध्यात्मिक समाज की दृष्टि पर ईश्वर के सर्वश्रेष्ठ स्वरूप को घटित किया गया है। लेकिन, ईश्वर का राज्य मात्र एक दृष्टि है। कलीसिया अर्थात् ईसाई समाज प्रयोगशाला है, जहाँ इस दृष्टि को व्यवहार में परखा जाता है। कलीसिया सम्पूर्ण ईसाई दर्शन की आधारशिला है। इसलिए पूर्व-विवेचित ईसाई ईश्वर-दृष्टि का कलीसिया में प्रतिफलित होना ईसाई ईश्वर-चिन्तन की व्यावहारिक तर्कबद्धता के लिए अनिवार्य है।

कलीसिया की अवधारणा : शब्द और प्रत्यय : मूल यूनानी शब्द 'एक्लेसिया' का फारसी 'कलीसह' से होकर हिन्दी में 'कलीसिया' शब्द का प्रचलन है। यह शब्द यूनानी इतिहास में 'किसी दूत द्वारा बुलाई गई सार्वजनिक सभा' को द्योतित करता है। इब्रानी इतिहास में इसका अर्थ 'इसराएली प्रजा या समुदाय या परिषद्' है। अंग्रेज़ी शब्द 'चर्च', जिसका यूनानी रूपान्तर 'किरियाकोस' है, का अर्थ 'प्रभु का होना', 'प्रभु से सम्बद्ध होना' आदि है।[3] इब्रानी में तुल्यार्थक मूल शब्द 'खहल' पुराने और नए विधानों में विभिन्न अर्थ-सन्दर्भ रखता है। 'नया विधान' में 'किसी निश्चित उद्देश्य के लिए आमन्त्रित व्यक्तियों की सभा', 'किसी क्षेत्र विशेष के निवासियों

1. प. बा., न. वि., प्रकाशना 21.1-8, पृ. 402
2. विक्टर पियोवेसान, 'क्रिश्चियन इवान्जेलाइसेइशन : रिडक्शनिस्म?', वही, पृ. 522
3. जी. डब्ल्यू. ब्रोमिली, 'चर्च', दि इंटरनैशनल स्टेंडर्ड बाइबिल एनसाइक्लोपीडिया, भाग 1, पृ. 693

से बना विश्वासी-समुदाय', 'ईश्वर द्वारा ईसा के माध्यम से एकत्रित समुदाय', 'ईश्वर की युगान्त-विषयक जनता' आदि अर्थों में इस शब्द का प्रयोग होता है।[1]

मूल शब्द 'एक्लेसिया' का अर्थ रखनेवाली सैकड़ों प्रयुक्तियाँ बाइबिल में दर्शाई जा सकती हैं। सन्त तथा पवित्रीकृत, विश्वासी, दास तथा सेवक, ईश्वर की प्रजा, राज्य तथा मन्दिर, घराना तथा परिवार, नया निर्गमन, अंगूर-वाटिका, झुंड, मसीह में एक शरीर, नई मानवता आदि उनमें मुख्य हैं, इन्हें स्वतन्त्र धारणाओं के स्थान पर विचारों की विभिन्न सरणियाँ मानना अधिक संगत है।[2]

प्राचीन विधान से विकसित 'इसराएली परिषद्' की इस धारणा को नवीन विधान का 'कलीसिया' शब्द जारी रखता है या उसका अतिक्रमण करता है या उसके समानान्तर है या उससे भिन्न है, इस सम्बन्ध में इतना कहना पर्याप्त है कि अर्थ की निरन्तरता तथा नूतनता दोनों बनी रहती हैं। प्रेरित-चरित में 'कलीसिया' 'विश्वासियों के समवाय' के लिए प्रयुक्त है।[3] पौलुस कलीसिया को 'ईश्वर की रचना' मानकर उसे ईश्वर से सम्बद्ध विभिन्न व्याख्याओं से विभूषित करते हैं। ये हैं–ईश्वर का समुदाय, ईश्वर का परिवार, ईश्वर का रोपण, ईश्वर का मन्दिर, मसीह की वधू और मसीह का शरीर।[4] कलीसिया की इन उपाधियों को उसकी बहुसमावेश दृष्टि के कारण उसके विभिन्न अंग समझना उचित होगा।[5]

कलीसिया : एक ऐतिहासिक वास्तविकता : कलीसिया की स्थापना यहूदी इतिहास की पृष्ठभूमि में हुई है और इसका अस्तित्व सम्पूर्ण विश्वेतिहास में व्यापित भी है। कलीसियाई इतिहास में सम्पूर्ण मानव जाति के समावेश के दो कारण हैं–बाइबिल और ईसा मसीह की व्यापक दृष्टि तथा कलीसिया द्वारा विश्व की विभिन्न संस्कृतियों से सम्बद्ध रहना। "कलीसिया एक ऐसी मूर्त वास्तविकता है जिसका अर्थ समझने के लिए विश्वास की दृष्टि आवश्यक है।"[6] कलीसिया ईश्वर की रचना है। मुक्ति-इतिहास की सम्यक् परिभाषा इसमें निहित है। "कलीसिया एक ईश्वरोन्मुख वास्तविकता है। इसकी उत्पत्ति और भवितव्यता ईश्वर के उपक्रम पर आधारित है। इसका जीवन ईश्वर की बुलाहट और मनुष्य के प्रत्युत्तर के सक्रिय समन्वय से निर्मित हुआ है। यह ऐश्वरिक शक्ति से संचालित है। ईश्वर की आत्मा इसके जीवन को संगठित करती है। यह अपने कर्तव्य-पालन के लिए ईश्वरात्मा से ही शक्ति प्राप्त करती है।

कलीसिया एक भविष्योन्मुख प्रक्रिया भी है। यह प्रत्येक क्षण और स्थान में एक नई रचना के रूप में प्रस्तुत होती रहती है और सम्पूर्ण सृष्टि के प्रति प्रतिज्ञाबद्ध रहती है। शाश्वत सत्य की ओर निरन्तर बढ़ती और मानवीय अस्तित्व की युगान्तविषयक परिपूर्ति को इंगित करती हुई यह इतिहास में अपना अस्तित्व रखती है।

कलीसिया और ईसा मसीह : ईसा मसीह कलीसिया के संस्थापक माने जाते हैं। परन्तु, 'वर्तमान कलीसिया अपने संस्थागत स्वरूप में ईसा मसीह की उपज है' यह कहना प्रमाद ही

---

1. पी. एच. मिनेयर, 'चर्च, आइडीया ऑफ', 'दि इंटरप्रेटर्स डिक्शनूरी ऑफ दि बाइबिल, भाग 1, पृ. 608
2. वही, पृ. 609-616
3. प. बा., न. वी., क्रमशः प्रेरित चरित 6.11, पृ. 189; 9.31, पृ. 198
4. प. बा., न. वि., क्रमशः एफेसी 2.12, पृ. 296; 2.19; 2.19, 21, पृ. 297; 3.15, 4.6, 15, पृ. 298; 5.25, पृ. 300;। कुरिन्थी 12.27, पृ. 266; 3.10, पृ. 255
5. जी. डब्ल्यू. ब्रोमिली, वही, पृ. 693
6. मरिये-जोसफ लॅ गिलौ, 'चर्च', साक्रोमेन्तुम मुन्ती, भाग 1, पृ. 318

होगा। ईसा ने कलीसियाई समुदाय को एक नई जीवन-दृष्टि से विभूषित करके प्रवर्तित किया, यह बात 'नया विधान' के अनुसार असन्दिग्ध है। ईसा द्वारा 'चट्टान' पर कलीसिया बनाने तथा उसे प्रेम-संवलित चरवाहा के सेवा-भाव से संयुक्त करने का प्रमाण 'नया विधान' में प्राप्त है।[1] इससे कलीसिया और ईसा मसीह का आधारभूत सम्बन्ध प्रमाणित होता है।

कलीसिया मसीह का मन्दिर है। यह एक आध्यात्मिक भवन है, जिसके कोने का पत्थर मसीह स्वयं है। उन्हीं के द्वारा समस्त भवन संगठित होकर प्रभु मन्दिर का रूप धारण कर लेती है। यह जीवन्त पत्थरों का बना आध्यात्मिक भवन है।[2] कलीसिया मसीह की दुल्हन है। कलीसिया से मसीह का सम्बन्ध पति-सदृश है। दोनों का पारस्परिक सम्बन्ध अभेद्य और रहस्यपूर्ण है। मसीह कलीसिया का पालन-पोषण करते हैं और उसकी देखभाल करते हैं। मसीह ने कलीसिया को इतना प्यार किया कि उन्होंने उसके लिए अपने प्राण अर्पित कर दिए थे। उसे पवित्र कुँवारी के समान मसीह के सामने प्रस्तुत किया गया है; उसके एकमात्र दुलहे मसीह के साथ उसका वाग्दान हुआ है। विवाहोत्सव के लिए मलमल के वस्त्र से सुसज्जित और शृंगार से अलंकृत दुल्हन का वर्णन कलीसिया के भविष्योन्मुख स्वरूप को इंगित करता है।[3]

कलीसिया मसीह का शरीर है, जिसका शीर्ष मसीह है। शरीर-रूपी कलीसिया को मसीह के मनुष्यत्व की पूर्णता से बल मिलता है। मसीह ने अपने शरीर के लिए दुःख भोगा है, और वे उसके मुक्तिदाता हैं। कलीसिया सम्मिलित रूप से मसीह का शरीर बन जाती है। मसीह के शरीर के रूप में सभी ईसाई एक-दूसरे के अंग हैं। ईसाई ईसा के साथ एक आत्मा हो जाते हैं। यह शरीर अपनी सब सन्धियाँ सुसंगठित होकर प्रत्येक अंग को सक्रिय बनाती हैं और प्रेम द्वारा यह प्रक्रिया अपनी पूर्णता तक पहुँचती है। मसीही अनेक होने के बावजूद एक ही रोटी के सहभागी के रूप में मसीह में एक हैं। इसलिए एक दूसरे के प्रति सत्य-वचन का निर्वाह होना चाहिए, क्योंकि मसीही शरीर में कोई भेद-भाव नहीं है।[4]

'कलीसिया मसीह का शरीर है' यह धारणा पौलुस द्वारा आविष्कृत है और यह नई सृष्टि की आशा का प्रतिनिधित्व करती है। यह विश्वासियों की सभा है, जो आत्मा द्वारा अनुप्राणित है। ईसा के मृत और पुनर्जीवित शरीर के बीच की कड़ी है कलीसिया। कलीसिया की सम्पूर्ण धारणा ईसा-केन्द्रित है। कलीसिया एक धर्म नहीं है, बल्कि ईसा मसीह का व्यक्तित्व है। यह संसार में ईसा के सान्निध्य का रचनात्मक रूप है। यह ईसा मसीह के व्यक्तित्व से साक्षात्कार करने का स्थल है। कलीसिया में सत्ता केवल मसीह की है, न अधिकारियों की, न समुदाय की क्योंकि शीर्ष मसीह ही है। ''यह मसीह-केन्द्रित समुदाय है, क्योंकि प्रत्येक बिन्दु पर मसीह के कार्य इस समुदाय के अस्तित्व को सार्थक करते हैं।''[5] ईसा की मानव जाति के साथ पूर्ण सहभागिता है। इस भावना से प्रत्येक व्यक्ति का अस्तित्व परिवलयित हो जाता है। यही

---

1. प. बा., न. वि., मत्ती 16.18, पृ. 28; योहन 21.16, पृ. 181
2. प. बा., न. वि., एफेसी 2.20-23, पृ. 297; 1 पेत्रुस 2.5, पृ. 361
3. प. बा., न. वि., एफेसी 5.21-32, पृ. 300; 2 कुरिन्थी 11.2, पृ. 283; प्रकाशना 19.9, पृ. 400; 21.9, पृ. 402; 22.17, पृ. 404
4. प. बा., न. वि., क्रमशः कलोसी 1.18, 24, पृ. 309; एफेसी 4.12-15, 25, पृ. 298, 299; 5.23, 30, पृ. 300; 1.23, पृ. 296; 4.16, पृ. 298; । कुरिन्थी 6.15-17, पृ. 258; 12.12-13, पृ. 265-66; 10.16-17, पृ. 263; गलाती 3.28, पृ. 291; रोमी 12.4-5 पृ. 246
5. पी. एच. मिनेयर, 'चर्च, आइडीया ऑफ', 'दि इंटरप्रेटर्स डिक्शनूरी ऑफ दि बाइबिल', भाग 1, पृ. 616

कलीसिया की भावना है। सहभागिता द्वारा स्वर्ग तथा पृथ्वी, आदि तथा अन्त, जातियों, राष्ट्रों, लिंगों और वर्गों के मध्य होनेवाली खाई का सेतु-बन्धन होगा। कलीसिया का वास्तविक अस्तित्व अदृश्य है, क्योंकि वह ईसा में छिपा हुआ है। यह केवल विश्वास से दृष्टिगत है, आँखों-देखी यथार्थता नहीं।[1]

कलीसिया का तात्पर्य : धर्मशास्त्र की शाखा 'कलीसिया-विज्ञान' में कलीसिया के विषय में और भी कतिपय बातें मिलती हैं। उसकी व्याख्या के रूप में कई विचार-बिन्दुओं को प्रस्तुत किया जाता है। कलीसिया मुक्ति का एक रहस्य है। कलीसिया पिता ईश्वर की प्रत्यक्षीकृत योजना है। यह सम्पूर्ण मानवता की एकता के लिए स्थापित हुई है। इसमें एकता की परिपूर्णता सबके लिए सब कुछ होने में है। इस प्रकार सब कुछ ईश्वर के अधीन हो जाएगा और मात्र ईश्वर का शासन होगा। इसमें अनादि काल से प्रच्छन्न रहे ईश्वरीय प्रेम का रहस्य मसीह द्वारा क्रूस पर उद्घाटित हुआ। यह ईश्वर तथा मानव जाति के साथ आत्मीय ऐक्य का सांस्कृतिक चिह्न भी है। मसीह ईश्वर का संस्कार है, कलीसिया मसीह का संस्कार है और कलीसिया द्वारा आविष्कृत संस्कार कलीसिया का संस्कार है।[2]

कलीसिया ईश्वर की जनता है। कलीसिया मानव जाति के साथ ईश्वर का विधान है। अन्ध ाकार से ज्योति की ओर बुलाए जाने से कलीसिया निर्वाचित जनता है और ईश्वर से ऐतिहासिक तथा आध्यात्मिक सम्बन्ध रखती है।[3] यह एक ईश्वरादिष्ट समाज है। कलीसिया मनुष्य का समवाय है, लेकिन यह ईश्वर-कृपा से अनुप्राणित अलौकिक समाज है। यह मसीह द्वारा उत्पन्न समाज है। यह ईश्वरीय स्वभाव से आप्लावित है। अलौकिक सहभागिता की छाप इस पर लगी हुई है।

कलीसिया और ईश्वर का राज्य : कलीसिया और ईश्वर का राज्य क्या पर्यायवाची है या भिन्न-भिन्न है? इसमें ईश्वर के राज्य का अंश कितना है, इन बातों का निर्धारण कष्टप्रद है। कुछ सीमा तक, कलीसिया उन लोगों का समुदाय है, जिन्होंने ईश्वर के राज्य को स्वीकार किया है। कलीसिया ईश्वर के राज्य की रूपरेखा नहीं है। यह एक सार्थक समाज की दृष्टिमात्र है। 'नया विधान' के अनुसार कलीसिया और ईश्वर-राज्य में सम्बन्ध है, लेकिन पूर्ण एकात्मता नहीं है। कलीसिया ईश्वर-राज्य तभी बन सकती है जब न्याय द्वारा परिशोधित और प्रमाणित होगी।[4] कलीसिया ईश्वर के राज्य का बीज और आरम्भ मात्र है, उसकी पूर्णावस्था नहीं है। कलीसिया में ईश्वर का राज्य आंशिक रूप से ही विद्यमान है। उसकी अन्तिम पूर्णता शेष है। कलीसिया एक तीर्थयात्रा है जो ईश्वर के राज्य की ओर प्रवृत्त रहता है। 'ईश्वर का राज्य' ही है कलीसिया की पूर्णावस्था, गन्तव्य, चरम सीमा और पूर्ण निष्पत्ति।

निष्कर्ष रूप में यह कहा जा सकता है कि मनुष्य जब मनुष्य के साथ भ्रातृभाव से सम्मिलित होता है, तब उस भ्रातृ-सहभागिता में मानवता सामाजिक और सामुदायिक बन जाती है। इस सह-मानवता के ईश्वरादिष्ट रूप को मसीह-केन्द्रित कलीसिया-समाज में देखा जा सकता है। सम्मिलित मानवता का आदर्श रूप मसीह द्वारा आविष्कृत 'ईश्वर का राज्य' रूपी उत्तम आध

1. प. बा., न. वि., कलोसी 3.3, पृ. 311; 2 कुरिन्थी 5.17, पृ. 277
2. द्रष्टव्य : प. बा., न. वि., । कुरिन्थी 15.28, पृ. 270; 2.6-10, पृ. 254; एफेसी 3.4, पृ. 297
3. प. बा., न. वि., 1 पेगुस 2.9, पृ. 362
4. मरिये-जोसफ लॅ गिलौ, 'चर्च', साक्रामेन्तुम मुन्ती, भाग 1, पृ. 323

यात्मिक समाज में ही सुरक्षित है। ईश्वर-चिन्तन के आलोक में निरूपित आदर्श समाज-दर्शन की दृष्टि से भ्रातृप्रेम से संवलित समाज में ईश्वर का सामाजिक पक्ष सर्वाधिक प्रतिफलित है। आपस में संयुक्त होकर समाज में क्रियाशील रहनेवाले मनुष्य में ईश्वर का सबसे उत्तम और स्वीकार्य रूप सुरक्षित है।

ईश्वर कोई कोरा दार्शनिक प्रत्यय नहीं है। यदि कोई एकाकी ईश्वर है, जो मनुष्य और शेष सृष्टि से विरक्त है, वह निष्प्रयोजन ही नहीं, निरर्थक भी है। जीवन्त ईश्वर का मूल स्वभाव है अपनी रचना से संयुक्त होकर रहना। ईश्वर प्रकृति में प्रतिफलित होता है। वह अपने सादृश्य में बनाए गए मनुष्य में अपने स्वरूप का प्रतिरूप देखता है और उस मनुष्य को अपना स्थायी निवास-स्थान बनाता है। वह उसके निर्माण और पुनर्निर्माण की अनवरत प्रक्रिया में सदा कार्यशील है। वह विमोचित मनुष्य की भ्रातृप्रेम-भावना में जीवित रहता है और ईश्वर-पुत्र मसीह के शरीर-रूपी कलीसिया की सामुदायिकता में अभिव्यक्ति पाता है। साथ-साथ, वह मसीह-विरचित 'ईश्वर का राज्य' की युगान्तविषयक स्थापना के लिए स्वयं क्रियाशील है। प्रकृति से सम्बद्ध होकर ईश्वरोन्मुखता और सह-मनुष्योन्मुखता की समन्वित सहभागिता में एक ऐसे आध्यात्मिक समाज की रचना होती है, जिसमें ईश्वर स्नेहशील पिता है और मनुष्य के नेतृत्व में सम्पूर्ण सृष्टि उसका परिवार भी। ईश्वरीय समाज वह है जहाँ मनुष्य ईश्वर की शाश्वता और अमरता में सहभागी होता है।[1]

'ईश्वर कौन है?' और 'ईश्वर कहाँ पाया जाता है?'—इन दो मूलभूत प्रश्नों को प्रस्तुत करते हुए ईसाई दर्शन के मूर्धन्य विद्वान् डॉ. विक्टर पियोवेसान का कहना है कि "ईश्वर प्रेम है और वह मनुष्य में पाया जाता है।"[2] इस दृष्टि से ईसाई ईश्वर-चिन्तन ईश्वर-धारणाओं के विश्व-ग्रन्थ में उपलब्धियों का एक नया अध्याय जोड़ता है : ईश्वर संस्थापक ही नहीं, सम्बन्ध भी है; ईश्वर ईश्वर ही नहीं, मनुष्य भी है; ईश्वर व्यक्ति ही नहीं, समाज भी है।

---

1. प. बा., न. वि., गलाती 2.20, पृ. 289
2. विक्टर पियोवेसान, 'क्रिश्चियन इवांजेलाइसेइशन : रिडक्शनिसम्?', विद्याज्योति, 55, 1991, पृ. 524

षष्ठ अध्याय

कबीर के ईश्वर-चिन्तन का सामाजिक आशय

कबीर का ईश्वर-चिन्तन मात्र एक ईश्वर-परिकल्पना नहीं है। उनकी ईश्वर-दृष्टि केवल एक सैद्धान्तिक धारणा भी नहीं है। उनकी ईश्वर-परिकल्पना मानवीय आशय से संसिक्त है। उनकी ईश्वर-दृष्टि सामाजिक व्यवहार से आप्लावित भी है। कबीर द्वारा निरूपित ईश्वर कोई निर्जीव वस्तु न होकर जीवन्त और सक्रिय परम सत्ता है। वह सम्पूर्ण सृष्टि से आधार के रूप में सम्बन्धित है और उसमें सदैव प्रतिफलित भी है। यह तथ्य ईश्वर को मानवीय आशय से युक्त करता है। वही ईश्वर मानवीय चेतना में अभिव्यक्त होकर मानव समाज को एक आध्यात्मिक समाज में निरन्तर परिवर्तित करता रहता है।

1. कबीर के ईश्वर का मनुष्य से सम्बन्ध

ईश्वर अगर एक निर्जीव वस्तु होता तो ईश्वर-चिन्तन की आवश्यकता नहीं पड़ती। वस्तुतः यह असम्भव भी होता। कारण यह है कि कोई सजीव वस्तु ही सक्रिय हो सकती है और सक्रिय सत्ता ही सृष्टि की रचना कर सकती है। सृष्टि-रचना वह प्रथम कार्य है, जिसके माध्यम से परम सत्ता इस जगत् से अपने चिरस्थायी सम्बन्ध को उद्घाटित करती है। यही सम्बन्ध मोक्ष या मुक्ति में पराकाष्ठा पर पहुँचता है। भारतीय दर्शन की शब्दावली में जो उत्पत्ति, स्थिति तथा प्रलय है, वही कबीर के अध्यात्मवादी चिन्तन में क्रमशः सृष्टि-रचना, जगत् तथा मोक्ष के शीर्षकों के अन्तर्गत चर्चित है। ईश्वर के इन त्रिविध कार्यों के विश्लेषण से कबीर के ईश्वर का मनुष्य से सम्बन्ध अभिव्यक्त होगा और यही सम्बन्ध ईश्वर के सामाजिक आशय की नींव भी है।

ईश्वर और सृष्टि-रचना

सृष्टि की वास्तविक प्रक्रिया मानव-मस्तिष्क के लिए हमेशा अज्ञात भले ही रही हो, सृष्टि-क्रिया में वह अदृश्य सत्ता सहज रूप से अभिव्यक्त हुई। वह इस समूचे विश्व-प्रपंच के सृष्टिकर्ता कहलाने का अधिकार रखता है। सृष्टि-कार्य से वियुक्त होकर ईश्वर नामक किसी सत्ता का अस्तित्व असम्भव है। रचना करने की मूल कल्पना ही मनुष्य और सम्पूर्ण ब्रह्मांड से ईश्वर के सम्बन्ध का आधार है। ईश्वर का समाजशास्त्रीय तात्पर्य यहीं से प्रारम्भ होता है।

सृष्टि-विषयक जिज्ञासा तथा अध्यात्मवाद और कबीर : आरम्भ-काल से ही यह प्रकृति मनुष्य के लिए आश्चर्य का विषय रही है। उसका सौन्दर्य और उसके विविध दृश्य उसे मन्त्रमुग्ध किया करते थे। उसका अकल्पनीय विस्तार, प्राणदायी वायु, नीलाकाश, सूर्य-चन्द्र, तारागण,

समुद्र तथा उसमें निवसित अनगिनत जीव-जन्तु, और उनका विकास–ये सब मनुष्य में कौतूहल उत्पन्न करते थे। स्वाभाविक है कि उसके मन में प्रश्न उठे कि इस सृष्टि का रचयिता कौन है? इसकी उत्पत्ति किस प्रकार हुई? इसका भेद क्या है? आदि। अतः अपनी जिज्ञासा को शान्त करने के लिए वह इस दिशा में उत्साह से खोज करता रहा।

इस सृष्टि-विषयक जिज्ञासा और अन्वेषण ने अध्यात्मवाद को जन्म दिया। अध्यात्मवाद पारमार्थिक सत्ता की कल्पना करता है और उसे ब्रह्म पर आरोपित करता है। जगत् पारमार्थिक सत्ता नहीं है। उपनिषद् ने 'सर्व खल्वमिदं ब्रह्म, नास्ति द्वैतम्', अर्थात सकल विश्व ब्रह्म ही है, दूसरा कुछ नहीं और 'इस नाम-रूपात्मक जगत् में ब्रह्मरूपी सत्ता ही व्याप्त है'–कहकर ब्रह्म को ही इस विश्व का अधिष्ठान घोषित किया है। इस औपनिषद मान्यता का प्रभाव कबीर पर भी पड़ा है। कबीर एक तत्त्वदर्शी, सत्यान्वेषी तथा आध्यात्मिक प्रवृत्तिवाले महात्मा थे। वे प्रकृति के भाँति-भाँति के रूपों को लेकर प्रश्न करते थे–'कहिए भाई, किस चित्रकार ने आकाश, तारे तथा अन्य उपकरण सहित यह जगत् रचा?'[1] नामरूपात्मक जगत् के प्राणियों के विषय में कबीर पूछते हैं–'प्राण कहाँ से आते हैं, शरीरान्त के उपरान्त कहाँ जाते हैं और शरीर में कहाँ रहते हैं?'[2] विश्व-निर्माण किसके द्वारा हुआ? इसकी रचना हुई है अथवा नहीं? इसके मूल तत्त्व का स्थान कहाँ है?[3]

कबीर के अनुसार विश्वात्मा ब्रह्म जगत् में व्याप्त है और जगत् ब्रह्म में व्याप्त है, सर्वत्र ब्रह्म ही ब्रह्म है और ब्रह्म प्रत्येक घट में समाकर रहता है। उनकी "खालिक खलक खलक मैं खालिक, सब घट रह्यौ समाई" की उक्ति इस बात को व्यक्त करती है।[4] सृष्टि-रहस्य के विषय में कबीर की जिज्ञासा बड़ी उत्कंठापूर्ण है। कबीर की इस जिज्ञासा ने उन्हें सृष्टि का स्वरूप, विकास, स्थिति आदि पर विचार करने के लिए प्रेरित किया।[5] सृष्टि-विषयक जिज्ञासा के उत्तर में कबीर ने अध्यात्मवाद को लगभग औपनिषद शैली में ही प्रस्तुत किया और पारमार्थिक सत्ता को सृष्टि एवं जगत् का मूल कारण घोषित किया है।

सृष्टि-सम्बन्धी मान्यताओं की कबीर-पूर्व परम्परा : कबीर की पूर्व-परम्परा में सृष्टि की औत्पत्तिक चर्चा वेदों, उपनिषदों, न्याय-वैशेषिक, बौद्ध, सांख्य, अद्वैत-दर्शनों तथा नाथ-पन्थ में मिलती है। वेदों में, विशेषतः ऋग्वेद के 'नासदीय सूक्त' और 'यजुर्वेद' में, सृष्टि-उत्पत्ति की पूर्व और पश्चात् की स्थिति पर जिज्ञासा व्यक्त की गई है। जगत् की उत्पत्ति के विषय में वेदों में अग्नि, सोम, इन्द्र, विश्वकर्मा आदि भिन्न-भिन्न स्रोतों का उल्लेख मिलता है। वह मूल स्रोत उच्चतम लोक के सर्वदेशीय स्वामी है, जिससे यह विश्व उत्पन्न हुआ। नासदीय सूक्त में इस पर सूक्ष्म-चिन्तन मिलता है।[6] ज्ञान-शक्ति, इच्छा-शक्ति एवं क्रियाशक्ति का आविर्भाव इस सर्वव्यापी शक्ति से बताया गया है। सृष्टि-प्रक्रिया का औपनिषद वर्णन वैविध्यपूर्ण है। तदनुसार आत्मा ही जगत् का निमित्त तथा उपादान कारण है। सूक्ष्मभूत आकाश की उत्पत्ति पहले हुई थी और बाद में स्थूलभूत की। अविनाशी ब्रह्म से नानाविध भावों की उत्पत्ति प्रज्वलित अग्नि

---

1. "कहो भइया अम्बर कासूँ लागा...ऐसा चितरनहारा।"–क. ग्र., पद 141, पृ. 101
2. "उपजे प्यंड प्रान कहाँ थे आवै... ।"–वही, पद 37, पृ. 78
3. "प्रथमे गगन कि पुहमि प्रथमै प्रभू...तहाँ कुछ आहि कि सुन्यं।"–वही, पद 164, पृ. 107
4. क. ग्र., पद 51, पृ. 81
5. दीनदयालु गुप्त, कबीर-दर्शन, पृ. 203
6. वही, पृ. 206 में उद्धृत।

से असंख्य चिनगारियों के समान हुई। प्राण, पंचभूत, मन, इन्द्रिय-समुदाय, अन्न, वीर्य, तप, मन्त्रादि अपने क्रम से उत्पन्न हुए। न्याय और वैशेषिक-दर्शन सृष्टि को, प्रलय को भी, ईश्वरेच्छा से अनुशासित बताते हैं। बौद्ध दर्शन के अनुसार जगत्-सत्ता स्वतन्त्र, परिवर्तनशील, क्षणभंगुर तथा विनाशशील है। सांख्य दर्शन में सृष्टि की कुछ विशद् चर्चा है। त्रिगुणों की साम्यावस्था मूल प्रकृति है और उसकी असाम्यावस्था से सृष्टि की रचना होती है। पाँच ज्ञानेन्द्रियाँ पाँच कर्मेन्द्रियाँ तथा मन–इन एकादश इन्द्रियों और पाँच तन्मात्राओं (जिनसे महाभूतों का आविर्भाव होता है) की उत्पत्ति इस मूल प्रकृति से ही बताई जाती है। सृष्टि-प्रक्रिया सूक्ष्म और स्थूलतर के क्रम से होती है।

अद्वैत-वेदान्त का सृष्टि-दर्शन विशेष महत्त्वपूर्ण है। उसके अनुसार ब्रह्म चैतन्य, सत्य, निर्गुण, निराकार, सच्चिदानन्द, सर्वशक्तिमान् और सर्वज्ञ है। गुणों की असाम्यावस्था में माया की क्रिया आत्मा को क्रियाशील बनाती है। फलस्वरूप विक्षेप-शक्ति से सूक्ष्मभूत या तन्मात्राएँ और उससे स्थूल सृष्टि की रचना होती है। मनुष्य का सूक्ष्म और स्थूल शरीर क्रमशः सूक्ष्म तथा स्थूल भूतों से बनते हैं। किसी द्रव्य के विकार का आभास होना विवर्त है, जैसे–रस्सी का साँप के रूप में दिखाई पड़ना। जहाँ जो वस्तु नहीं है, उसे वहाँ कल्पित करना, बहिरारोप है। शंकराचार्य के सृष्टि-दर्शन के अनुसार जगत् ब्रह्म में इसी प्रकार विवर्त स्वरूप है। अज्ञान के कारण ही यह नामरूपात्मक जगत् भिन्न-भिन्न प्रतीत होता है। वास्तव में, सर्वत्र ब्रह्म ही चैतन्य-स्वरूप में व्याप्त है।

कबीर की सृष्टि-रचना-विषयक अवधारणा : कबीर यह मानते हैं कि प्रारम्भ में केवल एक इन्द्रियातीत तत्त्व अपने स्वरूप में विद्यमान था। यह प्रारम्भ सृष्टि-पूर्व की अवस्था है, जब वायु, पानी, प्राण, शरीर, पृथ्वी, आकाश, बीज, फल-फूल, विद्या आदि कुछ भी न था।[1] कबीर मानते हैं, "जिस मूल सत्ता से सब कुछ उत्पन्न हुआ है, जो प्रत्येक वस्तु में विद्यमान है, उसे न 'सत्' कहा जा सकता है, न 'असत्'। वह सभी वस्तुओं का अन्तस्तत्त्व है, किन्तु स्वतः अवर्णनीय है।"[2] इस परम सत्ता को कबीर 'सिरजनहार' के नाम से अभिहित करते दिखाई देते हैं, "बोलन के सुख कारनै, कहिए सिरजनहार। सिरजनहार नाउँ धूँ तेरा।।"[3] बीजक में कबीर की एक रमैनी है, जिसके अनुसार मूल सत्ता द्वारा सृष्टि-प्रक्रिया इस प्रकार रही, "आदि पुरुष ने सर्वप्रथम निरंजन को उत्पन्न किया। उन्हीं से गायत्री या इच्छा-नारी का जन्म हुआ। इन दोनों से ब्रह्मा, विष्णु और महेश, ये तीन पुत्र उत्पन्न हुए। फिर इन तीनों ने समस्त सृष्टि की रचना की। ब्रह्मा ने ही सन्तानों को उत्पन्न किया। शिव ने योग का प्रसार किया और विष्णु ने अनेक यत्न से इस सृष्टि को आकर्षक बनाया।"[4] लेकिन सृष्टि-प्रक्रिया का यह साम्प्रदायिक स्वरूप कबीर की सहज जीवन-दृष्टि और ईश्वर-चिन्तन से असंगत प्रतीत होता है। जो भी थे, इतना तो निश्चित कहा जा सकता है कि मूल सत्ता की रचनाशीलता, जो इसका आन्तरिक भाव है, कबीर को स्वीकार ही था।

सृष्टि-रचना की प्रक्रिया के सम्बन्ध में कबीर की मान्यता का विवेचन ॐकार, प्रकाश, माया तथा गुणोत्कर्ष के आलोक में किया जाना उपयोगी होगा। ओंकार परब्रह्मवाचक शब्द है। इससे

---

1. "जब नहीं होते पवन नहीं पानी......गम अगमै पन्थ अकेला।।"—क. ग्र., अष्टपदी रमैनी, पृ. 181
2. दीनदयालु गुप्त, कबीर-दर्शन, पृ. 210
3. क. ग्र., बारह-पदी रमैनी, पृ. 183
4. मोतीसिंह, निर्गुण साहित्य : सांस्कृतिक पृष्ठभूमि, पृ. 234

अक्षर-ब्रह्म या शब्द-ब्रह्म का द्योतन होता है। यह ब्रह्मा, विष्णु और शिव रूपी त्रिमूर्ति का द्योतक शब्द है, जिसमें 'अ' विष्णु, 'उ' शिव, 'म्' ब्रह्मा का संकेतक माना जाता है। स्मृतियों के अनुसार यह ब्रह्म के मुँह से निकला हुआ पहला शब्द है, जो बड़ा मांगलिक माना जाता है।[1] उपनिषदों में ओंकार अक्षर को अविनाशी परमात्मा का द्योतक और जगत् को उस ओंकार का समष्टिरूप बताया गया है। कबीर ने ओंकार से सृष्टि की उत्पत्ति का उल्लेख किया है। उनकी पंक्ति "ओंकार आदि है मूला, राजा परजा एकहि मूला।"–से उनका यह कहना है कि वही चैतन्य-तत्त्व इस नामरूपात्मक जगत् के मूल में रहते हुए इन रूपों में अभिव्यक्त होता है।[2] शाश्वत शब्द से ऊँकार की सृष्टि-रचना का भी उल्लेख कबीर में मिलता है। "ऊँकारे जग उपजै, बिकारे जग जाइ। अनहद बेनबजाइ करि, रह्या गगनमठ छाइ।।"[3] इस प्रकार कबीर ने सम्पूर्ण सृष्टि में ओंकार या ब्रह्म की अभिव्यक्ति बताया है।

कबीर ने माया से सृष्टि की उत्पत्ति होने का वर्णन कई स्थलों पर किया है। कबीर की माया स्वतन्त्र न होकर ब्रह्माश्रित है। कबीर के अनुसार सृष्टि ब्रह्म का विवर्त या अध्यास है। माया-तत्त्व से पाँच सूक्ष्मभूतों और पाँच महाभूतों का आविर्भाव हुआ। कबीर कहते हैं कि माया की आवरण और विक्षेप-शक्ति से हमें ब्रह्म का स्वरूप दिखाई नहीं देता। झूठे में उलझ जाने से हम सच्चे को लक्षित नहीं कर पाते। "झूठे झूठ रह्यो उलझाई, साचा अलख जग लख्या न जाई"[4]। इन्द्रियगोचर सापेक्ष तत्त्वों के कारण इन्द्रियातीत निरपेक्ष तत्व मनगोचर नहीं होता। ब्रह्म ही मूल तत्व है, जो कि अदृश्य है। जगत् ब्रह्म की व्यावहारिक सत्ता है और इस अभिव्यक्ति के लिए कबीर ने प्रतिबिम्बवाद की संज्ञा दी है। जिस प्रकार दो घड़ों में एक ही जल भरा हुआ है, उसी प्रकार सभी तत्त्वों में ब्रह्म का ही रूप निवसित है। पृथकता का बोध भ्रम के कारण है। इस प्रकार कबीर ने सृष्टि-उत्पत्ति में माया की कारणता विभिन्न अर्थों में बताई है।

गुणोत्कर्ष द्वारा भी कबीर ने सृष्टि की उत्पत्ति को विश्लेषित किया है। गुणोत्कर्षवाद सांख्य-सिद्धान्त है। कबीर का मत है कि त्रिगुणात्मिका माया अथवा प्रकृति ने पाँच तत्वों के संयोग से चार कोटि (जरायुज, अंडज, स्वेदज तथा उद्भिज) का विस्तार किया। साथ ही, उन्होंने कर्मबन्धन, मान-अभिमान, पाप-पुण्य आदि भी उत्पन्न कर दिया। वेदान्त माया को ब्रह्माश्रित मानता है। कबीर ने भी माया को ब्रह्माश्रित एवं ब्रह्मोद्भूत माना है। सांख्य द्वारा प्रस्तुत सृष्टि-सिद्धान्त से वेदान्तवादी भी सहमत हैं। इसलिए कबीर में भी सांख्यों के गुणोत्कर्षवाद का झीना-सा आभास मिलना आश्चर्यजनक नहीं है।[5]

कबीर की सृष्टि-रचना की धारणा वेद-उपनिषद् आदि के बहुत अनुकूल होकर भी सांख्य-दर्शन से अधिकतर और वेदान्त-दर्शन से अधिकतम प्रभावित है, ऐसा कहना उचित प्रतीत होता है। यह प्रभाव उनको नाथ-पन्थियों द्वारा प्राप्त हुआ होगा। जो भी हो, यह तर्कातीत है कि ओंकार, प्रकाश, माया, गुणोत्कर्ष आदि तत्वों का प्रयोग करते हुए कबीर ने सृष्टि-रचना के विश्लेषण में अपनी प्रतिभाजन्य दृष्टि का पुट मिलाया है। इसलिए कबीर के 'निर्गुण-ब्रह्म' की सृष्टि-प्रक्रिया में एक विलक्षणता दृष्टिगत होती है।

---

1. संक्षिप्त हिन्दी शब्दसागर, पृ. 146
2. क. ग्र., चौपदी रमैनी, पृ. 185
3. क. ग्र., पद 121, पृ. 96
4. क. ग्र., दुपदी रमैनी, पृ. 179
5. दीनदयालु गुप्त, कबीर-दर्शन, पृ. 244

कबीर के सृष्टि-दर्शन में कारण–कार्यवाद : भारतीय दृष्टि से कार्य कारण से भिन्न नहीं, किन्तु अभिन्न है। एक ही वस्तु की अव्यक्त और व्यक्त अवस्थाओं को हम क्रमशः कारण–कार्य के नाम से पुकारते हैं। सूक्ष्म दृष्टि से देखने पर कपड़ा अपने धागों से पृथक् नहीं है और न मेज़ ही अपनी लकड़ी से भिन्न है। मिट्टी का घड़ा वस्तुतः मिट्टी ही है और पत्थर से निर्मित मूर्ति वस्तुतः पत्थर ही है। कारण-कार्य की यह शाश्वत-प्रक्रिया कबीर के सृष्टि-दर्शन में कितनी मात्रा में विद्यमान है, यह जानने के लिए कुछ तत्सम्बन्धी दार्शनिक वादों के आलोक में विचार करना उपयोगी होगा।

अद्वैतवादियों के अवच्छेदवाद के अनुसार जिस प्रकार एक ही आकाश उपाधि-भेद के कारण नाना रूपों में आभासित होता है, ठीक उसी प्रकार एकमात्र शुद्ध, अद्वैत, अनन्त, सर्वव्यापी तथा असीम तत्त्व द्वैत, ससीम तथा नामरूपादि में आभासित होता है। इस विचार के समर्थन में कबीर ने जलाशय और घड़े का उदाहरण प्रस्तुत किया है। मूलतत्त्व जल सब में एक ही होने के बावजूद उपाधि-भेद के कारण पृथक्-पृथक् दिखाई पड़ता है। घड़े के फूटने पर घड़े का जल जलाशय के जल में मिल जाता है और तभी वास्तविक भेद खुल जाता है। कबीर के शब्दों में, ''जल में कुम्भ-कुम्भ में जल है, बाहर भीतर पानी। फूटा कुम्भ जल जलहि समाना, यहु तत कथौ गियानी।।''[1] इससे स्पष्ट है, जलाशय का जल ही कारण के रूप में घड़े के जल-रूपी कार्य में दिखाई देता है।

कबीर पर सर्वात्मवाद का भी कुछ प्रभाव दिखलाई पड़ता है। उपनिषद् के 'सर्वं खल्वमिदं ब्रह्मः', अर्थात् सकल विश्व ब्रह्म ही है। कनक-कुंडल-न्याय के अनुसार कुंडलादि विशिष्ट आभूषणों के नाना रूपों का भेद अस्थायी है और मूल-तत्त्व स्वर्ण ही है। इस प्रकार ब्रह्म ही वह मूल सत्ता है, जिसकी अवस्थाओं के कारण कई प्रकार के कार्य हैं। 'पावक रूपी राम है, घटि-घटि रह्या समाइ', 'एकमेक रमि रह्या सबनि में', 'त्रिभुवननाथ रह्या भरपूर' आदि पंक्तियों से कार्य-रूपों में रमे हुए मूल तत्त्व के कारण-स्वरूप का कबीर द्वारा समर्थन स्पष्ट होता है।[2] कारण-कार्यवाद का यह स्वरूप कबीर में भावनात्मक तौर पर दिखाई देता है।

विशिष्टाद्वैतवाद के ब्रह्म-परिणामवाद का कुछ प्रभाव भी कबीर पर दिखलाई पड़ता है। विशिष्टाद्वैतवाद के अनुसार ब्रह्म और जीव-जगत् में अन्तर है। कबीर ब्रह्म-जीवात्मा में निरपेक्ष भेद मानते हुए भी सापेक्षता को स्वीकारते हैं। उपनिषद्-शैली में कबीर ने भी 'ब्रह्म-वृक्ष' की कल्पना की है, जिसका मूल ऊपर की ओर और शाखाएँ नीचे की ओर हैं। 'तलि कर साषा ऊपरि करि मूल, बहुत भाँति जड़ लागे फूल' तथा ''तरवर एक पेड़ बिन ठाढ़ा, बिन फूलाँ फल लागा। साखा पत्र कछू नहीं वाके, अष्ट गगन मुख बागा।''[3] इस वृक्ष पर भाँति-भाँति के फल-फूल लगे हैं। यह वृक्ष बिना शरीर का है और उस पर बिना फूल के फल लगते हैं। उस पर पत्ते न होने पर भी वह हरा-भरा है। यह वृक्ष मूल अथवा ब्रह्म की अभिव्यक्ति है। वे आंशिक रूप में ब्रह्म-परिणामवाद को स्वीकारते हैं।

---

1. क. ग्र. पद 44, पृ. 80
2. क. ग्र., क्रमशः साखी 29. 19, पृ. 41; पद 52, पृ. 81; पद 53, पृ. 82
3. वही, पद 11, पृ. 72; पद 165, पृ. 107

अतः स्पष्ट है, कारण-कार्यवाद के सन्दर्भ में कबीर किसी भी व्यवस्थित सिद्धान्त के अन्तर्गत नहीं आते हैं। ब्रह्म-वृक्ष की कल्पना, सर्वात्मवाद, प्रतिबिम्बवाद, विवर्तवाद आदि का आंशिक प्रभाव कबीर पर पड़ा अवश्य है, लेकिन उनकी मान्यताओं पर किसी विशेष सिद्धान्त का पूर्णतः अनुगमन लक्षित नहीं होता।

सृष्टि-क्रिया-सम्बन्धी तीन मत और कबीर : सृष्टि की उत्पत्ति के तीन कारण माने जाते हैं–1. निमित्त, 2. उपादान और 3. सामान्य। इन तीन कारणों पर अवलम्बित तीन मत विद्वानों द्वारा प्रस्तुत किए जाते हैं। इन मतों के विश्लेषण में कुम्भकर और घट का उदाहरण दिया जाता है। घट-निर्माण में तीनों कारण सक्रिय होते हैं। कुम्भकार स्वयं निमित्तकारण है, मिट्टी उपादानकारण और चक्र आदि सामान्य कारण हैं। प्रथम मत के अनुसार परमसत्ता केवल निमित्त कारण है। ईश्वर के पास कुछ नहीं होने पर भी ईश्वर सृष्टि करता है। उसकी आज्ञा से बिना किसी उपादान के सृष्टि हो जाती है। इस मत के अनुसार ईश्वर केवल कुम्भकार है और सृष्टि उनकी चित्-शक्ति का परिणाम है। इसे 'अभाववाद' भी कहते हैं। दूसरे मत के विद्वान् ईश्वर को सृष्टि का निमित्त तथा उपादान दोनों कारण मानते हैं। इसके लिए सर्वाधिक उपयुक्त उदाहरण है मकड़ी का, जो अपने अन्दर से जाला निकालकर तन्तुगृह बनाती है। ईश्वर भी उसी प्रकार अपने अन्दर से सृष्टि करता है। परिणामस्वरूप, ईश्वर और जगत् एक ही तत्त्व के दो रूप हैं। ये दोनों संख्या में दो होते हुए भी गुण, जाति तथा वास्तविकता में एक ही हैं। इस मत के अनुसार ईश्वर 'कुम्भकार' ही नहीं; मिट्टी भी है। अद्वैतवाद तथा शुद्धाद्वैत–दोनों इसी मत के समर्थक हैं। सृष्टि-निर्माण का तीसरा मत प्रकृति को ही मूल तत्त्व मानता है। जगत् भौतिक तत्त्वों के सम्मिश्रण से बनता है। किसी चेतन-तत्त्व के कर्तृत्व में इस मत के विद्वान् विश्वास नहीं करते हैं।[1]

ये तीनों मत सृष्टि-रचना की प्रक्रिया का पर्याप्त विश्लेषण नहीं कर पाए हैं। लेकिन आंशिक सत्य प्रथम दोनों मतों में दर्शाए जा सकते हैं। प्रथम दो मतों का सारांश यह है कि ईश्वर ही जगत् का स्रष्टा है; सृष्टि उसी की कला है। इसकी प्रक्रिया के विषय में निश्चितता केवल उस सृष्टिकर्ता को हो सकती है। दूसरी बात यह है कि कुम्भकार, मकड़ी आदि केवल उपमाएँ या उदाहरण मात्र हैं, जो कि सुविधा के लिए प्रयुक्त उपकरण हैं, ईश्वर की वास्तविक सृष्टि-प्रक्रिया के द्योतक नहीं। जहाँ तक सृष्टि-क्रिया के सम्बन्ध में कबीर की दृष्टि का प्रश्न है, कबीर आस्थावादी थे। परम सत्ता में उनका विश्वास था। ईश्वर उनके लिए पति, पिता, माता, सब कुछ था। इन उपमाओं में ईश्वर के कर्तृत्व में उनका विश्वास द्योतित है।

अतः उनके विषय में अधिक न्यायपूर्ण तथा तर्कसंगत बात यह होगी कि कबीर मतवादों के समर्थक नहीं हैं। 'ईश्वर ही इस विश्व–प्रपंच का सृष्टिकर्ता है'–इस मूल तथ्य में अटल आस्था रखते हुए वे सृष्टि–प्रक्रिया के 'रहस्य' को 'अगम', और 'अकथ' मानते हैं।

सृष्टि के विकास-क्रम और भेद : सृष्टि की प्रक्रिया एकदम न होकर क्रमशः घटित होती है। कबीर के मत से ब्रह्म से माया-शक्ति के द्वारा जगत् का क्रमिक विकास होता है, अर्थात् सूक्ष्म से स्थूल की परिणति का आभास होता है। इस विकासक्रम की पहली आस्था बीजावस्था या अव्यक्त कारणावस्था है, दूसरी अंकुरावस्था अथवा सूक्ष्म आभासावस्था है तथा तीसरी

1. मुंशीराम शर्मा, भक्ति का विकास, पृ. 46-50

वृक्षावस्था अथवा स्थूलावस्था है। वस्तुतः अपरिणामी ब्रह्म में ये विकास नहीं होते। ये सब विकार या परिणाम माया अथवा भ्रम के खेल हैं। यह माया अथवा सृजनात्मक शक्ति आरम्भ में अव्यक्त रहती है, तब सूक्ष्म विषयों में व्यक्त होती है, तत्पश्चात् स्थूल विषयों में अभिव्यक्त हो जाती है। सृष्टि-संरचना में इस विकासक्रम के अनुसार सृष्टि के दो भेद बताए जा सकते हैं। सूक्ष्म या अव्यक्त सृष्टि तथा स्थूल अथवा व्यक्त सृष्टि। अव्यक्त सृष्टि में बुद्धि, मन, चित्त–इनके मोह-क्रोधादि विकार, इच्छाएँ, भाव आदि अरूप पदार्थ हैं, जबकि इन्द्रियगोचर, चराचर तथा प्राणी-वर्ग व्यक्त सृष्टि के अन्तर्गत होते हैं। कबीर के अनुसार मूल सत्ता सृष्टि-विकास के क्रम के अन्तर्गत व्यष्टि तथा समष्टि दोनों रूपों में अभिव्यक्त होती दिखाई देती है।

उपर्युक्त सृष्टि-विषयक विवेचन से स्पष्ट हो जाता है कि कबीर की दृष्टि में ईश्वर सृजनहार है। ईश्वर की सृष्टि करने का ढंग तथा वर्तमान सृष्टि (जगत्) के विकास का क्रम कैसा भी रहा हो, कबीर की इस आस्था में परिवर्तन नहीं है। ईश्वर की सृष्टि-प्रक्रिया के सम्बन्ध में प्रचलित मतवादों के पक्ष-समर्थन से विरत रहते हुए और वेद, उपनिषद्, अद्वैतवाद, सांख्य-दर्शन आदि के सार-ग्रहण से अर्जित मूल-भाव पर अवलम्बित होकर कबीर ने अपनी सृष्टि-धारणा को निर्मित किया है। परम सत्ता के प्रति स्रष्टा-भावना तथा स्वयं के प्रति सृष्टि-भावना–इन दोनों बातों के समन्वय से कबीर की धारणा में ईश्वर का सम्पूर्ण विश्व से, विशेषकर मनुष्य से, मूलभूत सम्बन्ध स्पष्ट होता है और इससे उनके ईश्वर चिन्तन का सामाजिक आशय भी व्यक्त होता है।

ईश्वर और जगत्

ईश्वर का अभिव्यक्ति-पक्ष सृष्टि-रचना के सन्दर्भ में उद्घाटित होकर जगत् से उसके सम्बन्ध में विकसित होता है। जगत् से ईश्वर के सम्बन्ध की कुछ बातें भी सृष्टि-क्रिया-विषयक चर्चा में विवेचित हुई हैं।

जगत् की निस्सारता : जगत् सृष्ट तत्त्व है। इसलिए वह शाश्वत न होकर परिवर्तनशील तथा विनाशशील है। जगत् की इस अस्थायी स्वरूप के कारण प्रौढ़ चिन्तन ने उसे निस्सार या असत्य घोषित किया। समझने की सुविधा के लिए 'जगत्' के आन्तरिक तत्त्वों को भिन्न-भिन्न श्रेणियों में विभाजित किया जा सकता है। पहली श्रेणी प्रातिभासिक सत्ता की है। यह स्वप्न या भ्रम-जैसे क्षण-भर के लिए प्रकट होती है और यह ज्ञान या स्वाभाविक जागृतावस्था से बाधित हो जाती है। दूसरी श्रेणी व्यावहारिक सत्ता की है। यह स्वाभाविक जागृतावस्था में प्रकट होकर दैनिक जीवन और व्यवहार के लिए उपयोगी होती है। यह परिवर्तनशील तथा विनाशशील होकर काल, अवस्था आदि से बाधित होती है। तीसरी श्रेणी पारमार्थिक सत्ता की है। यह शुद्ध मूलतत्त्व अथवा मूलसत्ता होकर सर्वत्र व्याप्त है और कभी बाधित नहीं होती है। ये तीन कोटियाँ क्रमशः असत्य, आंशिक सत्य और पूर्ण सत्य कही जा सकती हैं।[1] जगत् की इन प्रतीतियों में प्रथम दोनों को (अर्थात् जो क्षणभंगुर तथा परिवर्तनशील-विकासशील हैं) कबीर सत्य नहीं मानते हैं। उनके लिए सत्य केवल अबाधित तत्त्व है। ''साच सोई जे थिरह रहाई, उपजै बिनसै झूठ ह्वै गया बिलाइ।'' की पंक्ति इस बात को प्रमाणित करती

1. दीनदयालु गुप्त, कबीर-दर्शन, पृ. 222

है।[1] मूल अस्तित्व की दृष्टि से जगत् असत्य है। ''पाणीं हीतै हिम भया, हिम ह्वै गया बिलाइ। जो कुछ था सोई भया, अब कछू कह्या न जाइ।।''[2] अर्थात् जल से हिम और हिम से पुनः जल बनने का परिवर्तन होना, मिट्टी से घड़ा, पत्थर से मूर्ति आदि स्थिति का अन्तर ही है। आध यात्मिक ज्ञान की दृष्टि से वस्तु का कोई महत्त्व नहीं है। कबीर सृष्टि की तुलना स्वप्न से करते हुए कहते हैं, ''समझि विचारि जीवन जब देखा, यह संसार सुपन करि लेखा।''[3] यह स्वप्न-सृष्टि जागृति पर विनष्ट हो जाती है। यह अन्धकार में पड़ी हुई रस्सी पर आरोपित सर्वास्तित्व-समान असत्य है : ''ज्यूँ रजनी रजु देखत अँधियारी, ऊँ भवंगम बिन उजियारी।''[4] स्वप्न तथा भ्रम में वास्तविक आधार नहीं है। वास्तविक अधिष्ठान ही सार-तत्त्व है। इसलिए कबीर इस स्वप्नवत्, भ्रमपूर्ण तथा अस्थायी जगत् को निस्सार मानते हैं।

माया या अविद्या का आवरण : निस्सारता से आच्छादित सार-तत्त्व के वर्णन में बाज़ीगर-खेल की उपमा प्रायः दी जाती है। बाज़ीगर स्वयं भ्रम में नहीं होकर दर्शकों को अपने खेल के माध यम से भ्रम में डालता है। ईश्वर की लीला की ईच्छा ही माया है। इस लीला-रूपी जगत् में अज्ञानी भ्रमित हो जाता है। अविद्या के कारण भ्रम उत्पन्न होता है। वह आवरण और विक्षेप दोनों करती है। आवरण से यथार्थ ढक जाता है, और विक्षेप से यथार्थ के स्थान पर दूसरी वस्तु का आरोप होता है। अज्ञान के इन दोनों कार्यों से मन में भ्रम पैदा होता है। यह जगत् एक भूल-भुलैया है। केवल ब्रह्मज्ञानी कबीर जानते हैं कि यह बाज़ी तो झूठी है मगर बाज़ीगर (ब्रह्म) सच्चा है। ''बाज़ी झूठ बाज़ीगर साँचा, साधुन की मति ऐसी। कह कबीर जिन जैसी समझी ताकी गति भइ तैसी।।''[5] अर्थात् संसार की अपनी कोई यथार्थ सत्ता नहीं है। माया के आच्छादन के कारण जगत् असत् होकर भी सत् दिखाई देता है। 'झूठे-झूठ बियापिया कबीर, अलख नलखई कोई।'[6] ज्ञान की रोशनी से भ्रम-रूपी अविद्या का विनाश होता है।[7] माया या अविद्या के आवरण के हटने से ब्रह्म की ज्योति प्रकट हो जाएगी। ''अविगत अपरम्पार ब्रह्म, ग्यान रूप सब ठाँम। बहु विचार करि देखिया, कोई न सारिख राम।''[8] आत्मा का प्रतिबिम्ब मात्र है जगत्। उसकी लीला के द्वारा आत्मा अनेकता में प्रतिभासित होता है। इसी भूल-भुलैया के कारण यह अनेकत्व सच प्रतीत होता है।[9] आँखों पर रंगीन चश्मा लगाने पर सामने के दृश्य भी रंगीन ही दिखाई पड़ते हैं और उनका वास्तविक चित्र अवास्तविक हो जाता है। इसी प्रकार माया-मोह के कारण भ्रम से मूलतत्त्व के वास्तविक स्वरूप के स्थान पर हम अवास्तविक स्वरूप को ही सत्य मान लिया करते हैं।[10] कबीर कहते हैं, ''दुई-दुई लोचन पेखा। हरि बिनु अउरु न देखा। नैन रहे रंगु लाई। अब बेगल कहनु न जाई।''[11]

---

1. क. ग्र., बड़ी अष्टपदी रमैनी, पृ. 177
2. वही, साखी 5. 17, पृ. 10
3. वही, बड़ी अष्टपदी रमैनी, पृ. 177
4. वही, दुपदी रमैनी, पृ. 179
5. हज़ारीप्रसाद द्विवेदी, कबीर, परिशिष्ट, कबीर वाणी 128, पृ. 256
6. क. ग्र., बड़ी अष्टपदी रमैनी, पृ. 174
7. ''रजनी गत भई रवि परकासा, धरम करम धूँ केर बिनासा।'' वही, दुपदी रमैनी, पृ. 180
8. वही, बारहपदी रमैनी, पृ. 183
9. ''झूठनि झूठ साँच करि जानाँ, झूठनि मैं सब साँच लुकानाँ।'' वही, बड़ी अष्टपदी रमैनी, पृ. 174
10. दीनदयालु गुप्त, कबीर-दर्शन, पृ. 230
11. सन्त कबीर, रागु आसावरी, पृ. 133

जगत् की व्यावहारिक सत्यता : जगत में रहते हुए और उसके भिन्न-भिन्न विषयों को देखते हुए जगत् को मिथ्या कहकर उसका निषेध करना विलक्षण ही है। जिस बुद्धि और तर्क पर अवलम्बित होकर जगत् को झूठा कहा जाता है, वह भी इस जगत् का ही अंश है। साथ ही, वह बुद्धि उस गूढ़तम सत्य का ही अन्वेषण करती है।

कबीर ने जगत् की वास्तविकता का पूर्णतः निषेध नहीं किया है। बल्कि अन्ततम सत्ता की दृष्टि से उसे असत्य कहा है। मूल अस्तित्व की दृष्टि से जगत् को सत्य नहीं कहा जा सकता। मूल तत्त्व ब्रह्म ही है। उसकी पारमार्थिक सत्ता है। व्यावहारिक सत्ता की दृष्टि से जगत् वास्तविक है, क्योंकि परिवर्तनशील तथा विनाशशीलता व्यवहार के लिए अनिवार्य तत्त्व हैं। इन्द्रियों के माध यम से ही जगत् के नामरूपादि प्रत्यक्ष हो जाते हैं। इसलिए व्यवहार-सम्पादन अथवा जीवन-सम्पादन के लिए जगत् अत्यन्त आवश्यक है। परमतत्त्व अनिर्वचनीय है। फिर भी उसके निरूपण से विरत नहीं रहा जा सकता। उसके अवर्णनीय तथा अकथनीय होने के बावजूद 'कहत सुनत सुख उपजै' और 'बोलन के सुख कारने[1] के कारण ईश्वर-कथन से संन्यास नहीं लिया जा सकता है। यह व्यवहार जागतिक तथ्य ही है, जिसे असत्य मानना न केवल अनुचित होगा, बल्कि उससे परमतत्त्व की साधना करना भी असम्भव सिद्ध होगा। कबीर का कथन है–'कहन सुनन को जिहि कीन्हा, जग भूलाँन सो किनहुँ न चीन्हाँ''[2] अर्थात् जगत् को नहीं भुलाया जा सकता है।

कबीर व्यावहारिक व्यक्ति थे। वे शुद्ध दर्शन के तर्कवाद तथा कोरे सिद्धान्तों में फँसनेवाले नहीं थे। वे अपनी बुद्धि तथा उपलब्धियों को स्वानुभूति तथा साधना के यन्त्र में प्रयोग करना चाहते थे। इसलिए उन्होंने ईश्वर-दृष्टि से सम्बन्ध जोड़कर जगत् की धारणा को भी निश्चित किया। जगत् आध्यात्मिक धारणा से ओतप्रोत है। साथ ही, वह चैतन्य और स्वतः स्फूर्त है। वह ब्रह्म की ओर संकेत भी करती है।

जगत् की उत्पत्ति के विषय में जो शब्दावली प्रयुक्त है, अर्थात् बनाना, निर्माण करना आदि, मनुष्य की भौतिक क्रियाओं के अनुसरण पर है। इसलिए जगत् की इस व्यवहारपरक सत्यता को स्वीकारे बिना ईश्वर को सृष्टिकर्ता नहीं कहा जा सकता। अतः जागतिक व्यवहार के निषेध का तात्पर्य होगा ईश्वर-परिकल्पना को ही नहीं, ईश्वरास्तित्व को भी तिरस्कृत करना। इस जगत्-व्यवहार को व्यक्त करने के लिए कबीर ने कहा, 'नैना बैन अगोचरी, श्रवनाँ करनी सार। बोलन के सुख कारने, कहिए सिरजनहार'[3] अर्थात् जगत् आँख, कान, मुँह आदि साधन हैं, जिनके माध्यम से परमसाध्य को साधा जा सकता है। ''पारमार्थिक सत्य तो राम ही है। नाम रूपात्मक जगत् नाव के समान है, अर्थात् साध्य नहीं है, साधन भर है, जिसके सहारे चलकर हम साध्य तक पहुँच सकते हैं।'' अतः स्पष्ट है कि कबीर जगत् की व्यावहारिक तथा आंशिक सत्यता स्वीकार करते हैं। जगत् के प्रति सन्तुलित और परिष्कृत दृष्टि बस यही है।

जगत् : अरूप की रूपाभिव्यक्ति : जगत् के मूल अधिष्ठान के रूप में ब्रह्म सर्वत्र व्याप्त है। कारण-कार्य के रूप में भी ब्रह्म जगत् से संयुक्त है। तत्त्व ही जगत् में अभिव्यक्त हो रहा है। वह जगत् के नामरूप में व्याप्त है।

कबीर एक चित्रकार की उपमा प्रस्तुत करते हुए कहते हैं, ''निनि यहु चित्र बनाइया, सो

---

1. क. ग्र. बड़ी अष्टपदी रमैनी, पृ. 175; बारहपदी रमैनी, पृ. 183
2. वही, सतपदी रमैनी, पृ. 170
3. दीनदयालु गुप्त, कबीर-दर्शन, पृ. 225

साँचा सुतधार। कहै कबीर ते जन भले, जो चित्रवत लेहि विचार।"[1] यह नाम-रूपात्मक जगत् एक चित्र है, जिसे एक बुद्धिमान चित्रकार ने बनाया है। चित्र चित्रकार नहीं है, और चित्रकार चित्र भी नहीं। चित्रकार की कल्पना, आनन्द तथा इच्छा की अभिव्यक्ति है चित्र। चित्र में चित्रकार अभिव्यक्त हुआ है। लेकिन, चित्र को ही चित्रकार समझना अत्यन्त अक्षम्य प्रमाद है। "निर्गुण ब्रह्म अथवा अरूपसत्ता में अपने को प्रकाशित करने की स्वाभाविक क्षमता रखता है। वह स्वयं प्रकाशक एवं स्वतः स्फूर्त है। अरूप का प्रकाशन सरूप में ही हो सकता है।"[2]

निर्गुण ब्रह्म का अरूप-पक्ष नहीं बल्कि सरूप पक्ष संवेद्य है। लेकिन सरूपता केवल इन्द्रियग्राह्य बाह्य आकार-विकार में निहित नहीं है, बल्कि विचार, भावनाएँ, इच्छाएँ आदि भी अनुभवगम्य हैं। अरूप की स्वरूप में अभिव्यक्ति भय, क्रोध, प्रेम आदि के परिणामस्वरूप आभ्यन्तर भावों की विविध परिणतियों से स्पष्ट हो सकती है। अन्य शब्दों में, चित्र बनाने के पूर्व काल्पनिक स्थिति में गर्भावस्था में चित्रकार में सन्निहित चित्र चित्रकारिता में अभिव्यक्त होता है। यहाँ अरूप भावों के सरूप चित्र में अपने को प्रकट किया। भावों का चित्रों के साथ अटूट सम्बन्ध है। भावों में चित्र और चित्र में भाव निहित है। अतएव अरूप सत्ता सरूप में अभिव्यक्त होती है।

अरूप-भाव कारण है और सरूप-चित्र कार्य है। चित्र या कार्य का कारण या भाव पर प्रभाव नहीं पड़ता। इस कारण-कार्य की परस्पर अटूट सम्बद्धता के लिए कबीर ने कहा है–'हरि महि तनु है, तनु महि हरि है, सर्व निरन्तर सोइ रे।'[3] अर्थात् हरि ही मेरा शरीर है। इस कारण-कार्य के सम्बन्ध के विषय में अद्वैत तथा द्वैत दोनों अवस्थाओं की कल्पना की जा सकती है। कबीर ने दोनों का समन्वय करके द्वैताद्वैतावस्था का तर्कसंगत निरूपण किया है। कबीर की यह परिकल्पना कि कारण की कार्य में अथवा अरूप की सरूप में अभिव्यक्ति जगत् से ईश्वर के आधारभूत सम्बन्ध को स्थापित करने के लिए है। इस परिकल्पना में ब्रह्म में अन्तर्भुक्त सृष्टि-कामना ही अभिव्यक्त होती है। वस्तुतः ब्रह्म के संकल्प और इच्छा के कारण विश्व की सृष्टि हुई है। अभिधा के स्तर पर काम अथवा इच्छा अपने व्यावहारिक अर्थ में प्रयुक्त है। उसका अर्थ होता है, यौन सम्बन्ध की इच्छा या कामना। किन्तु अपने व्यापक अर्थ में 'काम' शब्द का प्रयोग ब्रह्म की प्राथमिक सृष्टि-कामना का द्योतक है, जिसमें वह एक से अनेक में अभिव्यक्त होता है।[4] इस विचार में, मूल जागतिक सरूप-प्रवृत्ति में ब्रह्म की सहज अरूप-स्वभाव की अभिव्यक्ति स्पष्ट झलकती है।

इसके अतिरिक्त, इस ब्रह्मांड में विद्यमान मूल व्यवस्था और एकता का नियम उस अरूप से जगत् को अभिन्न रूप से जोड़ता भी है। "समस्त ब्रह्मांड एक व्यवस्था है। ब्रह्मांड का अर्थ ही है...एक अद्भुत बड़ा अंडा जिसकी एकता रचयिता के अद्भुत, अटल प्रबन्ध द्वारा सम्पादित होती है। यह नियमबद्धता एकता का चिह्न है। जिस प्रकार भिन्न-भिन्न वस्तुओं की एकप्रकारता का नाम नियम है, उसी प्रकार भिन्न-भिन्न नियमों की एकप्रकारता भी एक नियम है। ये नियम अपने नियामक को सिद्ध करते हैं, जो नियमों की एकप्रकारता के कारण एक ही है। जो सत्ता

---

1. क. ग्र., अष्टपदी रमैनी, पृ. 183
2. दीनदयालु गुप्त, कबीर-दर्शन, पृ. 226
3. क. ग्र. परिशिष्ट पद 15, पृ. 204
4. प्रताप सिंह चौहान, कबीर : साधना और साहित्य, पृ. 4-5

असीम है, अखंड है, अविभाज्य है, वह एक ही हो सकती है। अन्तिम सत्य एक ही है।"[1]

इस प्रकार कबीर ने कोरे सिद्धान्तों के वाद-विवादों से विमुक्त रहकर यथार्थता-बोध के साथ विचार किया है। उन्होंने जगत् की निरपेक्ष सत्तात्मकता में विश्वास नहीं करते हुए उसकी निस्सारता को माना है। इसका कारण उनके अनुसार माया या अविद्या का आवरण है, जिसके हटने से जगत् की कारण-सत्ता के दर्शन होंगे। जगत् की व्यावहारिक सत्ता को स्वीकार करते हुए उन्होंने अरूप चित्रकार की सरूप चित्र में अभिव्यक्ति के आधारभूत तथ्य को स्थापित किया है।

ईश्वर और मोक्ष या मुक्ति

सम्पूर्ण विश्व-प्रपंच का सृष्टिकर्ता उसके पालन का भी उत्तरदायी है। उसके मोक्ष का कारण भी वही है। भारतीय दर्शन की शब्दावली में, परब्रह्म ही संसार की उत्पत्ति, स्थिति तथा संहार के अधिष्ठाता हैं। निर्माण का उत्तरदायित्व रचना को उसी अवस्था में स्थिर रखने में और उसे मोक्ष प्रदान करने में परिपूर्ण होता है। नष्ट होना मोक्ष नहीं है, बल्कि जन्म-मरण के बन्धन से छुटकारा या मुक्ति पाना ही मोक्ष है। मोक्ष मानवीय जीवन का चरम लक्ष्य है। यह उस दशा का संकेत है, जिसमें जीवन-मरण के रहस्य की प्राप्ति है। त्रिताप से छुटकारा पाकर तथा अपने शुद्ध, बुद्ध, नित्य, मुक्त-स्वभाव में तल्लीन होना इस दशा का लक्षण है। यह अन्तिम दशा परमगति, परमपद, परमसुख, निर्वाण आदि से अभिहित है। ईश्वर का अपनी सृष्टि से, विशेषतः मनुष्य से, सम्बन्ध अपने इस मोक्ष-प्रदायी स्वभाव में अन्तिम शिखर पर पहुँचता है। कबीर की ईश्वर-परिकल्पना में मोक्ष या मुक्ति-दर्शन भी मानवीय आशय से परिपूर्ण है।

कबीर के मोक्ष-दर्शन की पूर्व-परम्परा : मोक्ष या मुक्ति-दर्शन की परम्परा भारत में पुरातन समय से प्रचलित थी। आरम्भ में दुःख तथा मृत्यु के भय से छुटकारा और दीर्घ जीवन तथा लौकिक सुख की प्राप्ति को मुक्ति समझी गई। इस उद्देश्य से देवताओं को प्रसन्न रखने के लिए उनकी उपासना की जाती थी, जिससे अभय ज्योति की प्राप्ति हो। उपनिषदों में कर्मकांड अमान्य हो गया और अज्ञान-बन्धन से छुटकारा एवं ज्ञान द्वारा जीवन-ब्रह्म की साक्षात् अनुभूति पाना मुक्ति के रूप में मान्य हो गए। निरन्तर बहती हुई नदियाँ नाम रूप को त्यागकर समुद्र में अस्त हो जाती हैं। इस प्रकार ज्ञानी भी नामरूप से मुक्त होकर परात्पर दिव्य पुरुष को प्राप्त करता है और हृदय की कलुषित गाँठों से सर्वथा छूटकर अमर हो जाता है। अहन्ता तथा ममता रूप समस्त अज्ञान-ग्रन्थियाँ और संशय स्पष्ट हो जाने पर साधक अभेद-भाव से परिपूर्ण हो जाता है और अमर हो जाता है।[2] गीता ने संयम और पूर्ण आत्मज्ञान अथवा ब्रह्म-ज्ञान को मुक्ति माना। न्याय-वैशेषिकों के अनुसार पदार्थों के तत्त्वज्ञान, मीमांसकों के अनुसार प्रपंचातीत मुक्त-दशा, सांख्य दर्शन के अनुसार पुरुष और प्रकृति के कल्पित तथा आरोपित सम्बन्ध के बन्धन से छुटकारा तथा स्वरूप ज्ञान मुक्ति है। योग दर्शन ने समाहित चित्त से ईश्वर के सतत् चिन्तन, सात्विकी बुद्धि तथा विवेक ज्ञान को कैवल्य तथा मुक्ति माना है। बौद्ध-दर्शन के लिए मुक्ति निर्वाण या परमार्थ-सत्य है, जो कि मन की निश्चेष्ट और विकार-विहीन अवस्था है। वेदान्त-दर्शन

1. मुंशीराम शर्मा, भक्ति का विकास, पृ. 44
2. क्रमशः मुंडकोपनिषद् 3.2.8-9; कठोपनिषद् 2.3.15

ने तत्त्वज्ञान के माध्यम से भ्रम का उच्छेद तथा जीव-ब्रह्म के ऐक्य को मुक्त-दशा बताई है।[1] कबीर की मुक्ति-विषयक धारणा पर इस पूर्व-परम्परा का प्रभाव होना स्वाभाविक है।

भवबन्धन से मुक्ति : कबीर की मुक्ति-सम्बन्धी धारणा में प्रथम बात है 'भवबन्धन से मुक्ति'। कबीर ने एक स्थल पर दुःख-निवृत्ति को मुक्ति कही है, "अमर भए सुख सागर पावा।"[2] जीव भ्रमवश जगत् के नामरूप में उलझ जाता है और अज्ञान के कारण आवागमन का दुःख भोगता रहता है। जगत् के माया, मोह आदि बन्धनों से साधना द्वारा निर्बन्ध होने से अमरत्व-रूपी मुक्ति प्राप्त होती है। इसलिए कबीर कहते हैं, "कहै कबीर भवबन्धन छूटे, जोतिहि जोति समानी।"[3] हृदय की अज्ञान-ग्रन्थियों के छूटने पर ही दुख और सन्ताप छूटेंगे। जब तक चित्त में विकार और परिणाम होते रहते हैं, तब तक विवेक-ज्ञान का अभाव रहेगा। फलस्वरूप आत्मा सांसारिक विषयों से सुख-दुःख का अनुभव करने लगता है और उनमें राग-द्वेष के भाव रखने लगता है। यही भवबन्धन है और यही है आत्मा का भ्रमरूप अज्ञान। कबीर के अनुसार इन भवबन्धनों के छूटने पर ही मुक्ति मिलती है।

मन का विकार-रहित होना भव-बन्धनों से मुक्ति के लिए अत्यन्त आवश्यक है—"जे मन नहीं तजै बिकारा, तौ क्यूँ तिरिये भौ पारा। जब मन छाड़ैं कुटिलाई, तब आइ मिलै राम राई।।"[4] विकारों के परित्याग से मन शान्त अवस्था को प्राप्त करता है। इस अवस्था में साधक सद्व्यवहार में तल्लीन होकर शुद्ध-सात्विक हृदय से निर्वाण को प्राप्त करता है। इसलिए कबीर का कथन है, "आपा पर सब एक समान, तब हम पाया पद निरवाण। कहै कबीर मन्य भया सन्तोष, मिले भगवन्त दुख दोष।"[5] निर्वाण की यह स्थिति सर्वभेद-शून्य, सर्वधर्म-रहित, निःस्वभाव तथा परमार्थ-सत्य के समान है। भव बन्धनों से मुक्त इस अवस्था में आत्मा अपने नित्य-मुक्त स्वभाव में प्रतिष्ठित हो जाता है।

आत्मस्वरूप ज्ञान और मुक्ति : भव-बन्धनों से मुक्त होकर साधक अपने स्वरूप-ज्ञान की ओर बढ़ता है। शान्त अवस्था में कार्यचित्त का धारा-प्रवाह बन्द हो जाता है और आत्मा को वास्तविक स्वरूप का ज्ञान उपलब्ध हो जाता है। विकार-रहित मन में विवेक जागृत हो जाता है और समदर्शिता के आविर्भाव से सभी प्राणियों में अपना स्वरूप दृष्टिगोचर हो जाता है। कबीर की उक्ति है, "अपने परचे लागी तारी, अपन पै आप समानां। कहै कबीर जे आप बिचारै, मिटि गया आवन-जानां।"[6] अर्थात् कबीर ने अपने यथार्थ-स्वरूप ज्ञान को ही परमपद माना। स्वरूप-ज्ञान की प्राप्ति के लिए आत्मा को अज्ञान से मुक्त होना चाहिए। अज्ञान के कारण आत्मा बन्धनों के कसाव से दुःखी होता है। अपने नाभि में कस्तूरी के लिए मृग पूरे वन में भटकता है। आँख की पुतली-समान स्वयं में स्थित परम-स्वरूप को नहीं समझते हुए मूर्ख लोग बाहर खोजते फिरते हैं। गले में पड़ी मुक्ति के हार को अज्ञानवश जीव अन्यत्र ढूँढ़ता है।[7] कबीर के अनुसार अज्ञान के इस आवरण को दूर कर निज स्वरूप को जानना ही मुक्ति है। यह मुक्ति बाह्याडम्बरों द्वारा

1. दीनदयालु गुप्त, कबीर-दर्शन, पृ. 235-37
2. क. ग्र., पद 43, पृ. 80
3. वही, पद 72, पृ. 86
4. वही, पद 173, पृ. 109
5. वही, पद 167, पृ. 108
6. वही, पद 6, पृ. 71
7. वही, साखी, 53, 1, 9, पृ. 64

प्राप्त नहीं की जा सकती। यह आन्तरिक साधना की उपज है। इसलिए वे कहते हैं, ''तीरथ करि-करि जग मुवा, डूँघे पाँणी न्हाई। रामहि राम जपंतडाँ, काल घसीट्याँ जाई।।''[1]

ब्रह्मानुभूति की मुक्ति : कबीर की मुक्तिविषयक दृष्टि में महत्त्वपूर्ण है ब्रह्मानुभूति। यह अद्वैत-भावना की अवस्था है, जो कि अद्वैत-वेदान्त और उपनिषद् दर्शन के अनुकूल है। यहाँ द्वैत-भावना का लोप होना आवश्यक है। कबीर के अनुसार, साधक और साध्य का भेद उसी समय तक रहता है, जिस समय तक तत्त्व-ज्ञान न हो जाए। तत्त्वज्ञान के उपरान्त सभी भेद विलुप्त हो जाते हैं और आत्मा अपने स्वरूप में प्रतिष्ठित हो जाती है।[2] कबीर का मन्तव्य है कि मुक्ति बाहर से लाई नहीं जा सकती है। अपना मुक्त स्वभाव ही तो है मुक्ति। मुक्ति देने-पाने का प्रश्न नहीं उठता, क्योंकि पारमार्थिक दृष्टि से या मूल रूप से ब्रह्म और जीवात्मा परस्पर भिन्न नहीं हैं। सर्वत्र वही एक अनन्त अस्तित्व व्याप्त है। इसलिए तात्त्विक दृष्टि से साधक-साध्य में अभेदावस्था है और इस अवस्था की प्राप्ति मुक्ति है। यही ब्रह्म की अनुभूति है। इस ब्रह्मानुभूति की पुष्टि में कबीर की कई उक्तियाँ हैं। ''ज्यूँ बिम्बहि प्रतिबिम्ब समानां, उदिक कुम्भ बिगरांनां। कहै कबीर जानि-भ्रम भागा, जीवहिं जीव समाना।।''[3] अर्थात् मिट्टी के घड़े के फूट जाने पर घड़े के जल में पड़ा प्रतिबिम्ब बिम्ब से मिलकर एकमेक हो जाता है और इसी प्रकार जीवात्मा और ब्रह्म का विभेद तत्त्व-दृष्टि से नष्ट हो जाता है। परस्पर मिश्रित दो पात्रों के जल में भेद करना नितान्त असम्भव है।[4] वही स्थिति ब्रह्मानुभूति में भी रहती है। कबीर ने अपनी इस पूर्ण ब्रह्मानुभूति को व्यक्त करते हुए कहा है, ''राम कबीरा एक भये हैं, कोई न सकै पहचानी।''[5] अर्थात्, पूर्ण मुक्तावस्था ही मोक्ष है। कबीर की यह ब्रह्मानुभूति मुक्ति दृष्टि में एक अनुपम योगदान है।

जीवन्मृतक की मुक्ति : कबीर के अनुसार मुक्ति पाने के लिए कहीं बैकुंठ जाने की आवश्यकता नहीं है। मुक्ति जीवितावस्था में ही प्राप्त होती है। साधक सकल विकारों से मुक्त होकर, विषयों से निरासक्त होकर, जीवन में ही मुक्त अवस्था को प्राप्त करता है। अपने चारों ओर विद्यमान असत् प्रपंच उसे आकर्षित नहीं करता। संयम एवं समदर्शिता के बल पर वह भ्रम और संशय से रहित रहता है। कबीर की साखियों में एक पूरा अंग इस विषय पर है। ''जीवन-मृतक ह्वै रहै, तजै जगत की आस।'' अर्थात् जीवन-मृतक को जीते जी मृतक के समान हो जाना चाहिए और आपा और संसार की कामनाओं को त्यागना चाहिए। ''कबीर मन मृतक भया'', अर्थात् कबीर का मन मृतक-तुल्य हो गया। जीवन्मृतक सांसारिक घर जलाकर अपने वास्तविक या आध्यात्मिक घर में जीता है, काल का उस पर नहीं, बल्कि उसका प्रभाव काल पर पड़ता है। वह स्वयं को खोकर शाश्वत जीवन पाता है।'' मरता मरता जग मुवा औसर मुवा न कोइ। कबीर ऐसे मरि मुवा, ज्यूँ बहुरि न मरना होइ।।''[6] अर्थात् कबीर ने आदर्श मृत्यु का वरण किया। सांसारिक वासनाओं के लिए वे हमेशा के लिए मरकर आवागमन के चक्कर से मुक्त हो गए। आसक्ति, ममत्व, अहंकार आदि के विनाश होने पर साधक परमतत्त्व में रमण

1. क. ग्र., साखी 17. 18, 29
2. दीनदयालु गुप्त, कबीर-दर्शन, पृ. 239
3. क. ग्र., पद 179, पृ. 111
4. ''ज्यूँ जल में जल पेलि न निकसै, कहै कबीर मन मांनाँ।'' वही, पद 292, पृ. 140
5. वही, परिशिष्ट पद 110, पृ. 226
6. क. ग्र., साखी 41. 5, पृ. 50

करने लगता है। "खरी कसौटी राम की, खोटा टिकै न कोइ। राम कसौटी सो टिके, जौ जीवन मृतक होइ।"[1] अर्थात् संसार जीव के लिए एक कसौटी के समान है। सांसारिक विषयों के प्रति निरासक्त ही कसौटी पर खरा उतरता है। जीते-जी विषयों के प्रति मृत होनेवाला जीवन-मृतक ही प्रभु की कसौटी पर खरा उतर सकता है।

इस प्रकार के 'मरण' की अपनी विशेषता मानव शरीर के नष्ट हो जाने में न पाई जाकर वस्तुतः मानव-मनवाले (उपर्युक्त) चंचलत्व के सर्वथा दूर हो जाने तथा उसके साम्य की किसी सन्तुलित स्थिति में आ जाने में ही ढूँढ़ी जा सकती है।[2] जीवित रहते हुए मरना भला है अथवा मरने से पहले मरना अच्छा है, क्योंकि सांसारिकता में फँसकर मारे जाने से अकालकवलित होना अच्छा है। कबीर के शब्दों में, "जीवन थे मरिबो भलो, जौ मरि जानै कोइ। मरनै पहले जे मरै, तो कलि अजरावर होइ।"[3] कबीर साहब द्वारा बताए गए इस 'मरण' को "कोई एक विलक्षण पुनर्जन्म भी ठहराया जा सकता है।"[4] कबीर का यह 'मरण' अपनी विषय-वासनाओं पर विजय प्राप्त करना, मन को मारकर अहंभाव को विनष्ट करना और अपने लिए मरकर हरि के लिए जीना है। कबीर का कथन है, "हौं तोहि पूछौं हे सखी, जीवत क्यूँ न मराई। मूवा पीछे सत्त करै, जीवत क्यूँ न कराइ।।"[5] अर्थात् "जो अपने को बलिदान नहीं करता वह रोग-शोक का शिकार हो जाता है। उसकी मृत्यु या तो परवश-मृत्यु या आत्मघात है। पर जो प्रतिक्षण अपने को उत्सर्ग कर सका है, जो सदा सिर हथेली पर लिये हुए हैं, वह जीता भी है तो मृत्यु का वरण करके। अपना आपा ही तो सीमा है, बन्धन है, भय है। उसको त्याग देना और बलिदान कर देना ही मृत्यु है।"[6]

अपने अहंभाव को पूर्णतः नष्ट करना आवश्यक है। ऐसा प्रेम-मार्ग ही मृत्यु है। कबीर का जीवन-मृतक ऐसी अनोखी मृत्यु को वरण करके ही मुक्ति की अवस्था पर पहुँच जाता है। जीवन-मृतक मुक्ति की इस अनुपम अवस्था को प्राप्त कर जीवन्मुक्त हो जाता है। यह मुक्ति की श्रेष्ठ दशा है, जिसमें जीवन्मुक्त समस्त विकारों से मुक्त होकर निर्मल हृदय से भगवान-सदृश बन जाता है। यह जीवन्मुक्त जगत्-प्रपंच में निर्लेप रहता है। वह अपने मनोविकारों को जीत लेता है और अपने गृहस्थ-धर्म का पालन निरासक्त एवं निष्काम-भाव से करता है। वह सबके प्रति सहानुभूतिपूर्ण व्यवहार करके निर्भीक हो जाता है। उसे अपने मुक्त, शुद्ध और बुद्ध स्वरूप में विश्वास रहता है और वह उसी में लिप्त रहता है। यह जीवन्मुक्त किसी से बैर-भाव न रखना, निष्काम रहना, प्रभु से स्नेह करना, विषयों से विरत रहना आदि सन्त-सुलभ लक्षणों से विभूषित है।[7] सन्त होकर उसको किसी का भय नहीं रहता तथा उसके अज्ञान-आवरण का उच्छेद हो जाता है। यह जीवन्मुक्त एवं गीता के 'स्थितप्रज्ञ' के समान आसक्ति-विहीन, निस्पृह, निस्संग, निष्काम, अहंकार-रहित तथा परमशान्ति को अनुभव करनेवाला है।

---

1. क. ग्र., साखी 41. 1-9, पृ. 51
2. परशुराम चतुर्वेदी, कबीर साहित्य चिन्तन, पृ. 155
3. क. ग्र. साखी 41. 8, पृ. 50
4. परशुराम चतुर्वेदी, कबीर साहित्य चिन्तन, पृ. 156
5. क. ग्र., साखी 45.38, पृ. 56
6. हजारीप्रसाद द्विवेदी, कबीर, पृ. 169
7. क. ग्र. 29. 1, पृ. 39

विदेह मुक्ति : मुक्त दशाओं में विदेह-मुक्ति का अपना विशिष्ट महत्त्व है। तत्त्वज्ञान से संचित कर्म का क्षय तथा क्रियमाण कर्म का निवारण होता है। इस प्रकार पुनर्जन्म से छुटकारा मिल जाता है। प्रारब्ध-कर्म का निवारण किया जाना सम्भव नहीं होता। प्रारब्ध-कर्मफल का भोग करने के लिए यह शरीर रह जाता है। जब उसका भी अन्त हो जाता है तब मोक्ष-दशा प्राप्त होती है। कुम्हार का चक्र उसके द्वारा घुमानेवाले दंड को उठा लेने पर भी कुछ देर तक पहले के ज़ोर पर घूमता रहता है और वेग समाप्त होने पर आप-से-आप रुक जाता है। इसी प्रकार स्थूल शरीर और सूक्ष्म शरीर का अन्त हो जाता है। यही जीवन्मुक्त अवस्था है। इसे ही 'विदेह मुक्ति' कहा जाता है। साधक अपनी अन्तरात्मा में ही ध्यानावस्थित या तल्लीन रहता है। इस परमहंस साधक को अपने शरीर की सुध तक नहीं रहती है। ''हरि रस पीया जाँणिये, जे कबहूँ न जाइ खुमार। मैमन्ता घूमता रहै, नाँही तन की सार।।[1] ''आत्मलीन अषडित रामा, कहै कबीर हरि माँहि समाना''[2] अर्थात् वह हरि में तल्लीन हो जाता है। उसके स्थूल शरीर का पतन हो जाता है और वह आवागमन से मुक्त होकर अमरत्व को प्राप्त करता है।[3]

गुरु-कृपा : मुक्ति का प्रमुख स्रोत : कबीर इस मुक्ति को गुरु की कृपा का प्रतिफल मानते हैं। कबीर के गुरु मूल रूप से परमतत्त्व स्वयं है। वही गुरु ईश्वर के रूप में उनकी मुक्ति का स्रोत भी है। ''सतगुरु की महिमा-अनन्त, अनन्त किया उपगार। लोचन अनन्त उघाड़िया, अनन्त दिखावणहार।।''[4] अर्थात् सतगुरु ने साधक की अनन्त दृष्टि खोली। इसलिए वह अन्तहीन दृष्टि से अनन्त के दर्शन करके मुक्ति के मार्ग पर गतिशील हुआ। ''सतगुर लई कमाँण करि, बाँहण लागा तीर। एक जु बाह्या प्रीति सूँ, भीतरि रह्या सरीर।''[5] अर्थात् सद्‌गुरु ने शब्द-रूप धनुष लेकर आत्म-ज्ञान-रूपी बाण चलाया, जो शिष्य के शरीर के भीतर प्रविष्ट होकर बिंध गया। इतना ही नहीं, ''अंगि उघाड़े लागिया, गई दवा सूँ फूँटि।''[6] इस शब्द-बाण के कारण शिष्य के भीतर परब्रह्म के साक्षात्कार के लिए अपूर्व अभिलाषा जागृत हुई। गुरुदेव ने शिष्य के चंचल मन को मारकर उसे अनमनस्क कर दिया। इसलिए उसके संकल्प-विकल्पात्मक मन की स्वाभाविक चंचलता समाप्त होने पर उसमें स्थैर्य-भाव आ गया। इस शब्द-बाण से ज्ञानेन्द्रियों तथा कर्मेन्द्रियों के विषय समाप्त हो गए।[7] ''पीछैं लागा जाइ था, लोक बेद के साथि। आगे थे सतगुर मिल्या, दीपक दीया हाथि।। दीपक दीया तेल भरि, बाती दई अघट्ट। पूरा किया बिसाहूणाँ, बहुरि न आवौं हट्ट।।''[8] अर्थात् शिष्य को लौकिक तथा वैदिक मान्यताओं के अन्धकारमय बन्धन में देखकर गुरु ने ज्ञानरूपी दीपक प्रेमरूप तेल से भरकर हाथ में दे दिया। इससे शिष्य जन्म-मरण के चक्र से सदा के लिए मुक्त हो गया। इससे निष्कर्ष निकलता है कि मुक्ति गुरु या ईश्वर की कृपा की देन होती है। उनकी वाणी की प्रेरणा तथा शक्ति द्वारा शिष्य को ईश्वर-साक्षात्कार-रूप मुक्ति प्राप्त होती है।

---

1. क.ग्र., साखी 6. 45, पृ. 13
2. वही, पद 203, पृ. 117
3. ''राम रमें रमि जे जग मूवा, कहै कबीर अनिवासी हूवा।'' वही, पद 46, पृ. 80
4. क. ग्र., साखी 1.3, पृ. 1
5. वही, 1.6, पृ. 1
6. वही, 1.8, पृ. 1
7. वही, 1.9-10, पृ. 1-2
8. वही, 1.11-12, पृ. 2

सामाजिक मुक्ति : कबीर ने मुक्ति-धारणा में एक नया बिन्दु जोड़ा—वह था मुक्ति का सामाजिक पक्ष। मुक्ति की पारम्परिक धारणा पर उन्होंने कड़ा प्रहार किया। "मुक्त स्वभाववाला सन्त लोकसेवा के कार्यों में लिप्त रहकर निरन्तर निष्काम भाव से लोक-सेवा करता रहे, यह कबीर का मन्तव्य है। केवल मुक्ति पाने की भावना से नाना-विध पूजा-पाठ, विधि-विधान तथा कर्मकांड में उलझे हुए साधकों को वे भ्रम में फँसा हुआ ही कहते हैं।"[1] कबीर के लिए मुक्ति मृत्यु-पश्चात् मिलनेवाली कोई वस्तु नहीं है। उसके लिए साधक का हृदय निर्मल हो, वह निर्वैर, निरासक्त, निस्पृह और निष्काम हो, यही सब अनिवार्य हैं। सामाजिक आचरण से मुक्त पुरुष का सीधा सम्बन्ध है। इसकी विपरीत स्थिति की निन्दा करके कबीर ने पाखंडियों की कलई खोली है।

मुक्ति का यह व्यावहारिक स्वरूप कबीर की विषम परिस्थितियों से अनुप्रेरित था। सामन्ती अवस्था के अन्तर्गत सामन्त द्वारा प्रजा का सामाजिक उत्पीड़न कबीर सहन नहीं कर सके। सन्त मानसिकतावाले कबीर की दृष्टि में एकमात्र परमेश्वर की ही दासता तर्कसंगत है। मधुर सम्बन्धों के अभाव में सामाजिक पराधीनता ही सर्वत्र दिखाई देती थी। इस सन्दर्भ में मुक्ति के नए आशय की प्रासंगिकता है। मुक्ति सामाजिक ही हो सकती है अर्थात् 'सामाजिक पराधीनता से मुक्ति।' शुद्ध साम्प्रदायिक अर्थों में यह कोई मुक्ति नहीं होगी। लेकिन कबीर में साम्प्रदायिकता का लवलेश भी नहीं था। चहारदीवारी में बन्द मुक्ति उनकी नहीं हो सकती थी। उनकी मुक्ति काल्पनिक नहीं, बल्कि व्यावहारिक थी। व्यवहार मनुष्य और समाज से सम्बन्धित है। इसलिए सामाजिक मुक्ति पराधीनता से मुक्ति, स्वतन्त्रता, आत्म-निर्भरता आदि ऐसी मुक्ति-दृष्टि का परिचायक है। यदि ब्रह्म-साक्षात्कार मुक्ति है तो उसका प्रतिफलन मनुष्य-मनुष्य के आपसी सम्बन्धों में है, प्रेम में है, सेवा में है, सामाजिक आशय में है।

कबीर की इस सामाजिक मुक्ति को मात्र लौकिक समझना भ्रम ही होगा। यह आध्यात्मिक मुक्ति का व्यावहारिक प्रतिफलन है। साथ ही, यही आध्यात्मिक मुक्ति की परख की कसौटी और प्रयोजनीयता भी है। मुक्ति का यह मानवीय आशय कबीर की एक मौलिक देन है। धार्मिक मुक्ति की धारणा को इसी से बल मिलता है।

इस प्रकार कबीर ने परम्परागत मुक्ति-विषयक धारणाओं की विरासत से अनुप्रेरित होते हुए भी अपनी स्वानुभूति तथा आत्मविचारमूलक प्रतिभा से मुक्ति या मोक्ष-दर्शन को मौलिक बनाया है। यह मुक्ति मनुष्य के कलुषित मानसिक विचारों के भवबन्धनों से मुक्ति दिलाकर आत्म-स्वरूप-ज्ञान से अलंकृत कर देती है। इसमें ब्रह्मानुभूति का ऐक्य तथा अद्वैत-भाव है। साथ ही, इसमें मिलन या साक्षात्कारानन्द की सूक्ष्म द्वैतावस्था भी है। जीवित रहते हुए स्वयं सांसारिकता के लिए मरकर ईश्वर के लिए जीना असली मुक्ति है। विदेह-मुक्ति भी इसमें समाविष्ट है। मुक्ति ईश्वर-गुरु की कृपा है, जो कि शब्द-बाण द्वारा साधक-शिष्य में फल उत्पन्न करती है। यही मुक्ति अपनी लोक-मंगल-भावना के सामाजिक पक्ष में व्यवहृत होकर खरी उतरती है। कबीर की मुक्ति-दृष्टि में विद्यमान यह मौलिकता विशेष उल्लेखनीय है।

---

1. दीनदयालु गुप्त, कबीर-दर्शन, पृ. 245

2. कबीर की मानव-धारणा में ईश्वर का प्रतिफलन

कबीर के जीवात्मा-दर्शन में ईश्वर का अन्तर्भाव

आत्मा के दो स्वरूप : आत्मा के दो स्वरूप हैं–अव्यक्त और व्यक्त। इन्हें क्रमशः पारमार्थिक तथा व्यावहारिक भी कहा जा सकता है। "एक सत्य, नित्य, शुद्ध-बुद्ध, मुक्त स्वरूप है और दूसरा स्वरूप जो जीवात्मा या जीव कहलाता है और मायोपाधिक होकर संसार में जन्म लेता और मरता है।"[1] पहला स्वरूप आत्मा का स्वरूप-लक्षण है और दूसरा तटस्थ-लक्षण। स्वरूप-लक्षण आत्मा का बाह्य पक्ष है। मनुष्य के भीतर और बाहर जो एकमात्र तत्त्व विद्यमान है, उसी के अव्यक्त तथा व्यक्त रूप हैं–आत्मा तथा जीवात्मा। वास्तव में, इन दोनों में भेद नहीं है, क्योंकि आत्मा तो सदैव मुक्त होता है। लेकिन माया या अविद्या के कारण साक्षी अन्तः-करण के आपसी तादात्म्य में सुख-दुःख की प्रतीतियाँ उत्पन्न होती हैं और इनसे निवृत्त होना आवश्यक हो जाता है। इन दो स्वरूपों का पारस्परिक सम्बन्ध ऋग्वेद के एक मन्त्रानुसार इस प्रकार है, "सदा साथ रहनेवाले, परस्पर सख्यभाव रखनेवाले दो पक्षी एक ही वृक्ष पर आश्रय लेकर रहते हैं, उनमें एक जीवात्मा उस वृक्ष के फलों को खाता है, किन्तु दूसरा उनका उपभोग न करता हुआ साक्षीरूप केवल देखता रहता है।"[2] इस सम्बन्ध को दर्पण तथा शुद्ध अन्तःकरण, स्वप्न-लोक के अस्पष्ट दर्शन तथा पितृलोक के परमेश्वर-दर्शन, जल के रूप-दर्शन तथा गन्धर्व-लोक के प्रभु-दर्शन, छाया तथा धूप आदि रूपकों से भी विश्लेषित किया जा सकता है।[3]

कबीर के अनुसार शरीरस्थ आत्मा दो प्रकार की है–ज्ञाता तथा ज्ञेय अथवा द्रष्टा तथा दृश्य अथवा साधक तथा साध्य। 'सुरति-निरति' की शब्दावली में भी कबीर ने इस भेद-सम्बन्ध को व्यक्त किया है। "सुरति समाणों निरति में, निरति रही निरधार। सुरति निरति परचा भया, तब खुले स्वयं दुवार।"[4] अर्थात् निरति चरमावस्था अथवा आत्मा का शुद्ध-मुक्त स्वरूप है और सुरति प्रभु-साक्षात्कार के लिए प्रेमसाधनारत जीवात्मा है। दोनों के तादात्म्य से निज-स्वरूप में अवस्थान सम्पन्न हो जाता है। आत्मा-स्वरूप की पहचान के विषय में कबीर की कई उक्तियाँ हैं। "आप पिहचाने आपै आप", "आप ही आप विचारिए तब केता होई अनन्द, रे", "आपै मैं तब आपा निरष्या, अपन पैं आपा सूक्ष्या।..." अपने परचै लागी तारी, अपन पे आप समाँना।"[5]

इस प्रकार कबीर ने आत्मा के दोनों स्वरूपों का वर्णन किया है। तदनुसार व्यक्त आत्मा अव्यक्त आत्मा का व्यक्त पक्ष है तथा अव्यक्त आत्मा व्यक्त आत्मा का अव्यक्त पक्ष।

अन्तरात्मा-दर्शन की परम्परा : उपनिषदों में ब्रह्म और आत्मा को एक ही आत्म-तत्त्व होने की प्रतिष्ठा प्राप्त है। यह सूक्ष्म से भी सूक्ष्मतर, विश्व का आयतन तथा सबका आत्मा है। उसे लिंगातीत भी कल्पित किया गया है। आत्म-ज्ञान ही उपनिषद् का चरम लक्ष्य है। गीता ने आत्मा को मूल तत्त्व कल्पित करके उसके अनुरूप विशेषताओं से उसे विभूषित किया है। बौद्ध-दर्शन के अनुसार नित्य कुछ भी नहीं है, आत्मा भी नहीं है। न्याय-वैशेषिक दर्शन ने आत्मा को द्रष्टा, सर्वज्ञ, नित्य, सर्वव्यापक आदि माना है। मीमांसा-दर्शन जीवात्मा को वास्तविक

1. दीनदयालु गुप्त, कबीर दर्शन, पृ. 181
2. ऋग्वेद, 1.164.20
3. कठोपनिषद्, 2.3.5
4. क. ग्र., साखी 5.22, पृ. 11
5. क. ग्र., क्रमशः परिशिष्ट पद 170, पृ. 243; पद 5, 70; पद 6, पृ. 71

शरीर के साथ संयुक्त मानता है। योग-दर्शन के अनुसार आत्मा शुद्ध-बुद्ध- मुक्त-चैतन्य-स्वरूप है, लेकिन अज्ञान और भ्रम के कारण मानसिक विकारों तथा शारीरिक बन्धनों में पड़ जाता है। सांख्य-दर्शन में आत्मा को शुद्ध, बुद्ध, चैतन्य, निर्गुण, अविनाशी तथा मुक्त माना गया है। आचार्य शंकर के अनुसार आत्मा ही ज्ञाता तथा श्रेय दोनों है। यह स्वरूप-लक्षण में नित्य, मुक्त, अजन्मा, निराकार, अमर, अनन्त आदि है और तटस्थ लक्षण में नाम-रूप की उपाधि से युक्त होकर जीव कहलाता है। विशिष्टाद्वैत ने चित्-तत्त्व को ही आत्मा माना है, जो कि स्वप्रकाश, नित्य, अणु, अव्यक्त और निर्विकार है। द्वैताद्वैत दर्शन ने जीवात्मा को अणु कहा है। नाथ पन्थ में आत्मा परमात्मा में कोई तात्त्विक भेद नहीं माना गया है। वेद-उपनिषद् तथा अन्य भारतीय दर्शनों में आत्मतत्त्व के निरूपण का सारांश यह है कि आत्मा एवं परमात्मा में कोई तात्त्विक भेद नहीं है। ब्रह्म के समान ही आत्मा भी नित्य, मुक्त, अनन्त, अजर, अमर, अविनाशी आदि है। अज्ञान या अविद्या या भ्रम के कारण मानवी बुद्धि विकार-ग्रस्त हो जाती है तथा शरीराबद्ध होकर सुख-दुःख भोक्ता बन जाता है। इसलिए मानव-जीवन का चरम लक्ष्य आत्म-ज्ञान की प्राप्ति है।

कबीर-चिन्तन में अव्यक्त आत्मा का एकत्व एवं अद्वैतता : कबीर आत्मा को अद्वैत मानते हैं। नाम ब्रह्म हो या आत्मा, एक ही तत्व सर्वत्र व्याप्त है। इस मूल तत्त्व की एकता के विषय में उनका कथन है, "पंचबरन दस दुहिए गाइ, एक दूध देखौ पतिआइ। कहै कबीर संसा करि दूरि, त्रिभुवननाथ रह्या भरपूर।।"[1] अर्थात् पाँच रंगों की दस गायों के एक ही वर्ण के दूध के समान भाँति-भाँति नामरूप के भीतर एक अद्वैत-तत्त्व व्याप्त है। आत्मा के इस अद्वैत एकत्व को स्थापित करने के लिए कबीर ने प्रतिबिम्बवाद की शरण ली। उनका कथन है, "ज्यूँ जल में प्रतिब्यब, त्यूँ सकल रामहिं जाँणीजैं।।"[2] अर्थात् जलाशय के लहरदार जल में किनारे बैठे हुए मनुष्य के कई प्रतिबिम्ब दिखाई देते हैं। ठीक उसी प्रकार एक आत्मा के कई रूप दिखाई देते हैं। "हम सब माँहि, सकल हम माँहीं। हम थै और दूसरा नाहीं।"[3] अर्थात् सकल विश्व में आत्म-तत्त्व के अतिरिक्त कोई दूसरा पदार्थ अस्तित्व के रूप में नहीं है।

इस प्रतिबिम्बवाद के अलावा कबीर ने अंशांशि-भाव के भी सहारे से आत्मा-ब्रह्म की अद्वैतता की पुष्टि की है। "हेरत हेरत हे सखी, रह्या कबीर हिराइ। बूँद समानी समन्द मैं, सो कत हेरी जाई।। हेरत हेरत हे सखी, रह्या कबीर हिराइ। समन्द समाना बूँद मैं, जो कत हेरया जाइ।।"[4] अर्थात् बूँद और समुद्र के बीच जो अपृथक् सम्बन्ध है वही आत्मा और ब्रह्म के मध्य भी है। दोनों एक-दूसरे में तन्मय होकर व्याप्त हैं। इस अखंडात्मक अंशांशिभाव को व्यक्त करने के लिए उन्होंने 'कहु कबीर इहु राम कौ अंसु, जस, कागद पर गिरै न मंसु' भी कहा है। कबीर वह कागज है जिस पर रामरूपी स्याही लगी है और उसे मिटाया नहीं जा सकता। ब्रह्म और जीव

---

1. क. ग्र., पद 53, पृ. 82
2. वही, साखी 33.9, पृ. 44
3. वही, पद 332, पृ. 150
4. वही, साखी 7.3-4, पृ.13

के सम्बन्ध को कबीर ने जलाशय और घड़े के पानी से उपमित किया।[1] इसके अलावा "कबीर आत्मा को निर्गुण, निराकार, निर्विकार, अजर-अमर, नित्य, अनन्त, सत्य-स्वरूप तथा ब्रह्म के समकक्ष बताते हैं।"[2]

'जीव' रूप में व्यक्त आत्मा का स्वरूप : आत्मा का आन्तरिक तथा आदर्श स्वरूप जीव के बाह्य तथा व्यावहारिक अभिव्यक्ति में परिणत हो जाता है। अन्तःकरण व्यक्तित्व का निर्माण करता है और शुद्ध चैतन्य अस्तित्व से स्थापित हो जाता है। आत्मा की यह व्यावहारिक प्रतीति उसका व्यक्त स्वरूप है। एक ही शुद्ध चैतन्य ब्रह्म अथवा आत्मा भिन्न-भिन्न अन्तःकरणों में सीमित होने के कारण भिन्न-भिन्न जीवों के रूप में दिखाई देता है। कबीर ने आत्मा की इस व्यावहारिक प्रतीति को जीव के नाम से अभिहित किया। "जीवाँ को राजा कहैं, माया के अधीन।"[3] अर्थात् नित्य, मुक्त, शुद्ध, चैतन्य, अजर और अमर आत्मा माया या अविद्या से युक्त होकर शरीरी, कर्ता, भर्ता सभी जीव बन जाता है। यदि यह जीव जीवित रहते हुए भी मरण का वरण करता है तो आत्मा के आभ्यन्तर विशेषताओं से पुनः युक्त हो जाएगा। "प्राण पंड कौं तजि चलै, मूवा कहैं सब कोई। जीव ह्यताँ जाँमैं मरे, सूषिम लखै न कोई।।"[4] इस सूक्ष्मातिसूक्ष्म जीवन्त मृत्यु में ही स्थूल जीव तथा सूक्ष्म आत्मा का अन्तर है।

जीव मायोपाधित आत्मा है और अविद्या या भ्रम के जाल में फँसा हुआ है। उसकी प्रतीतियों से ऊपर उठकर आत्मा के मूल चैतन्य-स्वरूप में जीते जी आंशिक तौर पर और मृत्यु-पर्यन्त सम्पूर्ण रूप से अवस्थित होना मुक्ति है, और वही साधना का लक्ष्य है। लेकिन कबीर के 'जीव' का एक मानवीय आशय भी है। "कबीर का 'जिय' वह जीवधारी मनुष्य है, जो ऐहिक जीवन के सुख-दुःख के उतार-चढ़ाव को झेलते हुए सिद्धावस्था की बाट जोहता है। यहाँ जीव दूसरे अर्थ में मानव-मात्र की समस्त भावनाओं एवं हृदयोद्‌गारों के पात्र के रूप में आया है।"[5] इस प्रकार, कबीर ने व्यक्त आत्मा को संसार के व्यावहारिक जीवन के प्रतीक के रूप में चित्रित किया और इस जीव को परमात्मा की मूल सत्ता पर अवलम्बित सिद्ध किया।

जीव की आरोही अवस्थाएँ : आत्मा का व्यक्त पक्ष अव्यक्त पक्ष पर आश्रित है। इस मूल चैतन्य के स्वरूप-ज्ञान की अवस्थाएँ ही जीव की जीवनगत साधना के विभिन्न चरण हैं। जीव जीव इसलिए है कि वह माया या अविद्या से भ्रमित है। जीव की उपर्युक्त अवस्थाएँ या कोटियाँ अज्ञान से स्वरूप-ज्ञान की ओर उसे उत्तरोत्तर बढ़ानेवाली हैं। कबीर द्वारा निरूपित जीव-कोटियों का अवलोकन भी उनके मानव-चिन्तन के विश्लेषण में लाभदायक होगा। ये कोटियाँ या अवस्थाएँ अज्ञानी जीव, जिज्ञासु जीव, साधक जीव, जीवनमुक्त और मुक्त हैं।

मायाग्रस्त जीवों का निम्नतम अवस्था है अज्ञानी जीव की। माया के आवरण से ग्रस्त होने का तात्पर्य है मोह, धन, लिप्सा, तृष्णा आदि सांसारिक विषयों के वश में होकर नित्य, मुक्त, शुद्ध स्वरूप को भूल जाना। नामरूपात्मक जगत् की ओर उन्मुख होने से आवागमन के चक्र

---

1. "जल में कुम्भ कुम्भ में जल है, बाहरि भीतरि पानी
फूटा कुम्भ जल जलहि समाना, यहु तत कथौ गियानी।"
—क.ग्र., पद 44, पृ. 80
2. दीनदयालु गुप्त, कबीर-दर्शन, पृ. 172
3. क. ग्र., साखी 16.18, पृ. 26
4. वही, 15.2, पृ. 25
5. वीरेन्द्र मोहन, भक्तिकाव्य और मानवीय मूल्य, पृ. 120

में फँसा रहना उसकी नियति है। माया की विकृतियों का वर्णन कबीर ने विशेषतः 'माया को अंग'[1] में किया है। अज्ञानी जीव माया की मनमोहक शक्ति में स्वयं को भूले हुए उसे जकड़े रहता है। माया-रूपी दीपक में फँसे हुए ये नर-पतंग भाग्यहीन ही हैं। सद्गुरु की कृपामात्र से ये अज्ञानी जीव माया के चंगुल से विमुक्त हो सकते हैं।

अज्ञानी जीव की इस प्राथमिक संसारावस्था के अनन्तर जिज्ञासु जीव की अवस्था है। इस जिज्ञासा का कारण पूर्वजन्म का संस्कार, सद्गुरु की कृपा, साधु संगति आदि में कुछ भी हो सकता है। इस जिज्ञासा के फलस्वरूप विवेक जागृत हो जाता है, बहिर्मुखी वृत्ति अन्तर्मुखी हो जाती है, विश्वातीत चिरन्तन तत्त्व की ओर उन्मुखता बन जाती है तथा नित्य-प्रति-कार्यक्रम में पवित्रता का आगमन होता है। "समझि विचारि जीव जब देखा, यह संसार सुपन करि लेखा। भई बुधि कछू ग्याँन निहारा, आप आप ही किया विचारा।।"[2] अर्थात् आत्म-विचार से बुद्धि में ज्ञान का प्रकाश, संसार के प्रति वैराग्य, अपने स्वरूप-चिन्तन के प्रति लगाव आदि जागृत हो जाते हैं।

सांसारिक जीवों की तीसरी कोटि है साधक जीव। चरम लक्ष्य की प्राप्ति हेतु तत्वान्वेषण के मार्ग पर अग्रसर होनेवाला मनुष्य ही साधक है। विभिन्न साधना-पन्थों के कारण साधक नामरूपात्मक के मिथ्यात्व से परिचित होकर अपने दुर्गुणों का परित्याग तथा शुभ गुणों का अंगीकार करता है। विकारों का लोप, बुद्धि की निर्मलता, समदर्शिता, सद्व्यवहार आदि के प्रादुर्भाव के साथ वह निर्वैर, निष्काम सन्त बन जाता है। इस सन्त-स्वभाव का विश्लेषण कबीर ने इन पंक्तियों में किया है, "निरवरी निह कामता, साँई सेती नेह। विषिया सूँ न्यारा रहै, सन्तहि का अंग वह।।"[3]

सांसारिक जीव की चौथी अवस्था है जीवन्मुक्त की। इस कोटि के जीव चित्त की एकाग्रता, साधक-वृत्ति का अन्तर्मुखी तथा ध्यानावस्थित होना, नामरूपात्मक पदार्थ-संसार के प्रति अनासक्त होना आदि विशेषताओं से युक्त हो जाते हैं। वह संसार में जीवित रहते हुए भी मृतक के समान पूर्ण रूप से प्रभु-चित्त होकर एक नया जीवन जीता है।[4] जीवों की अन्तिम अवस्था है मुक्त की। जीव की साधना का चरम लक्ष्य यह मुक्ति है। इसमें साधक नित्य-मुक्त तथा शुद्ध-बुद्ध के स्वरूप-ज्ञान में अवस्थित हो जाता है। यही अवस्था है कबीर के अनुसार मोक्ष। "मुकति सोजे आपा पर जानै।"[5] इस अवस्था में साधक और साध्य का भेदभाव मिट जाता है तथा सागर और बिन्दु की भाँति अद्वैत-भाव की स्थापना हो जाती है।[6]

इस प्रकार कबीर ने जीव की सांसारिकता या माया से युक्त इन अवस्थाओं में एक आरोही क्रम को दिखाकर परमेश्वर के प्रति जीवों की स्वाभाविक प्रवृत्ति को जीवन का चरम लक्ष्य स्थापित किया है। इनमें प्रत्येक कोटि से ईश्वर की झलक मिलने के साथ-साथ उनकी आरोहण-प्रक्रिया द्वारा मनुष्य के ईश्वर-प्रतिफलन की स्वाभाविक क्षमता भी सिद्ध होती है।

---

1. क. ग्र., साखी 16.1-32, पृ. 25-27
2. वही, बड़ी अष्टपदी रमैनी, पृ. 177
3. वही, साखी 29.1, पृ. 39
4. वही, 41.1-14, पृ. 50-51
5. क. ग्र., बड़ी अष्टपदी रमैनी, पृ. 177
6. दीनदयालु गुप्त, कबीर दर्शन, पृ. 182-84

कबीर का आत्म-वर्णन स्वानुभूतिपरक है। कबीर के अनुसार आत्म-तत्त्व को सिद्ध करने की आवश्यकता नहीं, वह स्वतः सिद्ध है। कबीर जल-थल, गगन-पृथ्वी, बाहर-भीतर सर्वत्र आत्मा को व्याप्त मानते हैं। कबीर आत्मा के अव्यक्त तथा व्यक्त दो तत्त्व मानते हैं। लेकिन वस्तुतः आत्मा अद्वैत तथा एक है। व्यावहारिक आत्मा के रूप में जीव विभिन्न सांसारिक अवस्थाओं से होकर आरोहित होता है और उस मूल चैतन्य-स्वरूप आत्मा के स्वरूप-ज्ञान को उपलब्ध करता है। इस सम्पूर्ण प्रक्रिया में जीवात्मा, जो कि मनुष्य का आभ्यन्तर पहलू अथवा चेतन-तत्त्व है, शरीर-युक्त होकर भी ईश्वर से अभिन्न रूप से मात्र सम्बन्धित ही नहीं रहता बल्कि उसे प्रतिफलित भी करता है।

मनुष्य की देवालयरूपता

कबीर के जीव या जीवात्मा-दर्शन के अन्तर्गत मनुष्य का सूक्ष्म या आभ्यन्तर पक्ष सम्यक् रूप से विवेचित हुआ है। आत्मा तथा शरीर की इस परस्पर पूरकता में ही यह बात उद्घाटित हो जाती है कि मनुष्य देवालय या ईश्वर का निवास-स्थान है।

'घटि-घटि रह्यो समाई' : अन्तर्यामी ईश्वर के लिए एक निवास-स्थान चाहिए। वह निवास-स्थान विशेष तौर पर मनुष्य है। ईश्वर मनुष्यरूपी घट में आत्मा और परमात्मा दोनों रूपों में रहता है। यह कहना अत्युक्ति नहीं होगी कि कबीर की ईश्वर-परिकल्पना के अन्तर्गत यह 'घट-वास' ही है ईश्वर की सर्वाधिक महत्त्वपूर्ण विशेषता। यह 'घट-वास' अथवा मनुष्य-रूप मन्दिर में निवास कबीर के ईश्वर की सक्रियता, जीवन्तता, व्यावहारिकता तथा मानवीय आशय का सर्वोत्तम प्रमाण है। मनुष्य की देवालयरूपता ईश्वर के 'घट-निवासी'-स्वरूप का परिणाम है। ईश्वर का इस प्रकार मनुष्य में प्रतिफलित होते देखना आत्मपरक दृष्टिकोण की एकतामूलक उपलब्धि है। ईश्वर और मनुष्य को इस प्रकार मूलभूत तौर पर सम्बद्ध करना स्वयं कबीर की सिद्धि का परिचायक भी है।

कबीर का मूल कथन है—वह निर्गुण, सगुण, सगुण-निर्गुणोभय तथा सगुण-निर्गुणातीत और अजर, अमर, अलख, अरूप तथा अकथ ईश्वर ''घटि-घटि रह्यो समाई'' है।[1] एक ही ब्रह्म सबमें एक-भाव में रहता है। ''व्यापक ब्रह्म सबनि मैं एकै''[2] अर्थात् कबीर का ईश्वर विभु है, सर्वत्र व्याप्त है, सर्वव्यापी है। ब्रह्म को खोजते-खोजते लोग अपने सम्पूर्ण जीवन को नष्ट करते हैं, लेकिन राम-ईश्वर हृदय के भीतर ही रहता है। ''ब्रह्म खोजत जनम गवायौ, सोई राम घट भीतरि पायौ।''[3] कबीर इस भीतरवासी प्रभु की निवास-शैली का विस्तृत विश्लेषण करते हैं। ''ऐसे घटि घटि राम हैं'' तथा ''सो साईं तन मैं बसै''[4] इन उक्तियों से कबीर का तात्पर्य यह है कि जिस प्रकार कस्तूरी मृग की नाभि में सुगन्ध-पूरित कस्तूरी विद्यमान है, उसी प्रकार प्रभु प्रत्येक व्यक्ति के हृदय में विद्यमान हैं। लेकिन दुर्भाग्य यह है कि बेचारा मृग अज्ञानवश इस सुगन्ध के स्रोत को नहीं जानकर उसकी खोज में बाहर पूरे वन में भ्रमण करता है। इस प्रकार अज्ञानाच्छन्न सांसारिक जीव बाह्य मन्दिरों, तीर्थों आदि में उसकी प्राप्ति हेतु निरर्थक भ्रमण करके जीवन नष्ट करता है।

---

1. क. ग्र., पद 180, पृ. 111
2. वही, 186, पृ. 113
3. वही, 334, पृ. 151
4. वही, साखी 53.1,3, पृ. 64

ईश्वर की खोज में दूर देश जानेवाले अज्ञानी लोगों से कबीर का आह्वान है कि अन्तर्चक्षु से देखने का प्रयास किया जाए, क्योंकि "राम तौ घट भीतर रमि रह्या" अथवा "तब हरि पाया घट माँहि"[1] यह अन्तर्दृष्टि सद्गुरु की कृपा द्वारा ही प्रदत्त हो सकती है। "ज्यूँ नैनूँ मैं पूतली, त्यूँ खालिक घट माँहि"[2] अर्थात् जिस प्रकार नेत्रों में पुतली रहती है, उसी प्रकार शरीर के भीतर प्रभु विद्यमान हैं। प्रभु की यह विद्यमानता सर्वत्र एक-समान और भरपूर है। कबीर की उक्तियाँ– "ब्रह्म रह्या भरपूरि", "हरि रह्या सकल भरपूरि"[3] से प्रभु की सार्वजनिक तथा पूर्ण विद्यमानता अभिव्यक्त हो जाती है। 'घट-वासी' ईश्वर की यह विद्यमानता 'गूँगे जानि मिठाई' के समान "कहताँ कह्या न जाई"[4], अर्थात् यह केवल अनुभूतिपरक है, वर्णनीय नहीं। मनुष्य के हृदय में ईश्वर की इस अनिवार्य विद्यमानता के कारण मनुष्य उसका देवालय सिद्ध हो जाता है। अन्य शब्दों में, अन्तर्यामी भगवान का निवास-स्थान मन्दिर या मस्ज़िद न होकर मनुष्य का मन और हृदय ही है।

हृदय की निर्मलता : हृदय की निर्मलता पर कबीर ने बहुत बल दिया है, क्योंकि हृदय दर्पण है और दर्पण के साफ रहने से ही उनमें आत्मा का स्वरूप स्पष्ट रूप से प्रतिबिम्बित होता है। विकारों के उत्पन्न होने के कारण मन या चित्त चंचल हो जाता है। चंचल मन शिथिल और बिखरा हुआ है। मन की चंचलता के दूर हो जाने पर ही इस हृदयरूपी दर्पण में परमात्मा का स्वरूप देखा जा सकता है। तभी उसका साक्षात्कार किया जा सकता है। 'हिरदा भीतरि आरसी, मुख देषणाँ न जाइ। मुख तौ तौपरि देखिए, जे मन की दुविधा जाइ।।'[5] आसक्ति में विकार है और विकार में मलिनता भी प्रायः देखी जाती है। आसक्ति के मूल में आकर्षण है। पुत्र, धन, कामिनी तथा काम के प्रति आकर्षण और आसक्ति से सहज रूप से जब मुक्ति मिलेगी तभी मन निर्मल होगा, जिससे ईश्वर-मिलन सहज और स्वाभाविक हो जाए। इस विषय में कबीर की उक्ति है, "सहजै-सहजै सब गए, सुत बिन कांमणि काम। एकमेव ह्वै मिलि रह्या, दास कबीरा राम।"[6]

हृदय की निर्मलता तथा आत्म-साक्षात्कार परस्पर पूरक हैं। हृदय की निर्मलता जहाँ है, वहाँ आत्म-साक्षात्कार की सम्भवता का तात्पर्य है हृदय-निर्मलता की पूर्व स्थिति। "कबीर ने आत्म-साक्षात्कार पर बल देते हुए कहा है कि पंचतत्त्व से बने शरीर को ही पवित्र-स्थान बनाया जा सकता है। मन्दिर-मस्जिद, साधना की सहायता से–'मनु करि मका, किबला करि देही।' पुरोहित-संचालित कर्मकांड और सामन्त-संचालित देहवाद दोनों का विकल्प कबीर के पास है– आत्मालोचन से उच्चतर मानव मूल्यों का आचरण। यहाँ द्वैत-दुविधा के लिए कोई गुंजाइश नहीं है।"[7] हृदयगत शुद्धता को प्राप्त करने के लिए कबीर ने कथनी-करनी के सामंजस्य की एक आचार-संहिता प्रस्तुत की है। करनी बिना कथनी जितनी अस्थायी, खोखली तथा अनुपयुक्त है, ठीक उतनी ही अहितकर और निरर्थक है कथनी बिना करनी। सिद्धान्तों को व्यवहार में उतारना,

1. क.ग्र., साखी 53.4, 7, पृ. 64
2. वही, 53.9, पृ. 64
3. वही, 53.5,6,8, पृ. 64
4. वही, पद 6, पृ. 71
5. वही, साखी 13.8, पृ. 22
6. वही, 21.3, पृ. 33
7. प्रेमशंकर, भक्तिकाव्य का समाजशास्त्र, पृ. 66-67

ज्ञान को भक्ति से समन्वित करना, पुस्तक-ज्ञान को ईश्वर-प्रियतम के एक अक्षर से सिंचित करते रहना आदि आत्म-प्रवंचना-जैसे मानसिक विसंगतियों से बचकर अध्यात्म-ज्ञान की ओर अग्रसर होने के सरल उपाय हैं। कारण यह है कि मानसिक निर्मलता और पवित्रता को प्राप्त करने के लिए आत्म-संशोधन एवं व्यक्तित्व के विभिन्न पहलुओं का समन्वय अत्यन्त आवश्यक है।[1] मानसिक निर्मलता तथा पवित्रता मनुष्य के हृदय-मन्दिर को ईश्वर-वास के योग्य बनाने के लिए आधारभूत आवश्यकता है। इसलिए कबीर की मानसिक साधना में ईश्वर के स्वरूप-ज्ञान के लिए हृदयगत निर्मलता का बड़ा महत्त्व है।

उदात्त-भावना और ईश्वर-निवास : मन की विकार-रहित अवस्था में हृदयगत निर्मलता तथा पवित्रता का प्रादुर्भाव होता है। ईश्वर साक्षात्कार के परिणामस्वरूप मनुष्य उन्मनावस्था को भी प्राप्त करता है। ''मन लागा उन मन्न सौं, गगन पहूँचा जाइ। देख्या चन्द बिहूँणाँ चाँदिणाँ, तहाँ अलख निरंजन राइ।।''[2] अर्थात् संकल्प-विकल्पात्मक स्थिति के ऊपर बिना चन्द्रमा की चाँदनी-जैसी शीतल और स्निग्ध कान्ति के अनुभव में ईश्वर-साक्षात्कार की शाश्वत दशा प्राप्त होती है। उस दशा में मानव हृदय परिष्कृत होकर औदात्य से युक्त हो जाता है। यह मानसिक संस्कार ईश्वरानुभूति से जनित होकर अत्यन्त सूक्ष्म है। मन की इसी संशोधनमूलक स्थिति से आत्मोन्नयन सम्पन्न होता है और साधक की ईश्वर-लब्धि स्थिर सिद्ध हो जाती है। ''उदात्त का प्रेरणा-प्रसूत भव्य आवेग हमारा आत्मोन्नयन करता है, हम अपनी सीमा लाँघकर असीम बन जाते हैं, हमारा इतना विस्तार हो जाता है कि सब कुछ मानो हममें ही समा गया हो।...कबीर में आत्मा और परमात्मा का एकाकार रूप भव्य आवेग का सृजन करता है, साधक आत्मा का उन्नयन होता है, वह सहज रूप से स्वयं ही उच्चाकाश की ओर अग्रसर होने लगती है।''[3]

कबीर कहते हैं, ''हद छाड़ि बेहद गया, किया सुन्नि असनान। मुनिजन महल न पावई, तहाँ किया विश्राम।।''[4] कबीर की साधक आत्मा ऊँची उड़ान भरते हुए आकाश-गंगा में स्नान कर परिशुद्ध हो गई। शून्य-रूपी असीम सत्ता के आनन्द-सागर में निमज्जन और स्नान के परिणामस्वरूप आत्मा में एक सहज स्वच्छ-भावना की अनुभूति होती है। यही ईश्वर-मन्दिर के योग्य वातावरण तथा ईश्वर-निवास का विश्वस्त प्रमाण भी।

कबीर ने कहा है, ''अविगत अकल अनूपम देख्या, कहताँ कह्या न जाई''[5] अर्थात् अनुभूति की गहनता तथा व्यापकता में साधक मूक हो जाता है। उस आनन्दमयी स्थिति में जो स्वाभाविक दुर्निवार प्रभाव है, वही औदात्य है, जिसे डॉ. नगेन्द्र के शब्दों में, 'महान आत्मा की प्रतिध्वनि' कहा जा सकता है।[6] ''हदे छाँड़ि बेहदि गया हुआ निरन्तर बास''[7]। मानवीय वृत्तियों के परिष्कार को कबीर ने सहज और स्वाभाविक माना है। कबीर की सांस्कृतिक चेतना उस अन्तःप्रेरणा को जागृत करने में समर्थ हुई है जो जीवन को पूर्णता और महत्ता दे सकी थी। कबीर ने उस अन्तश्चेतना को जागृत करने का प्रयास किया, जिसके द्वारा आत्म-संस्कार की चेतना सहज

1. क. ग्र., साखी 18.1-5, 19.1-4, पृ. 29-30
2. वही, 5.14-15, पृ. 10
3. ब्रजभूषण शर्मा, कबीर-चिन्तन, पृ. 103
4. क. ग्र., साखी 5.11, पृ. 10
5. क. ग्र., पद 6, पृ. 71
6. ब्रजभूषण शर्मा, कबीर-चिन्तन, पृ. 108 में उद्धृत।
7. क. ग्र., साखी 5.5, पृ. 10

भाव से सांस्कृतिक चैतन्य का स्वरूप ग्रहण कर सके।[1]

कबीर ने साधना की ऊँचाइयों को प्राप्त किया। परमतत्त्व की साक्षात्कारानुभूति में वे उत्कृष्ट उदात्तता की भावना से ओत-प्रोत हो गए। इस प्रकार वे ईश्वर के आयतन सिद्ध हुए। कबीर द्वारा प्रस्तुत मनुष्य की यह देवालयरूपता की धारणा स्वानुभूति पर अवलम्बित होकर अनुपम बन पड़ी है।

मनुष्य में ईश्वराभिव्यक्ति

जो परमात्मा जीवात्मा में विद्यमान है, वही मनुष्य-रूपी देवालय का अधिष्ठाता भी है। वही मनुष्यत्व में अभिव्यक्त भी होता है। मनुष्यत्व में ईश्वराभिव्यक्ति के इस विश्लेषण से मनुष्य की ईश्वरीय सार्थकता तथा ईश्वर की मानवीय सार्थकता–दोनों का प्रतिफलन समान रूप से सिद्ध हो जाता है।

रचनाभिव्यक्ति : कलाकार कला में अभिव्यक्त होता है। रचना रचनाकार की ही अभिव्यक्ति है। इस मूलभूत अभिव्यक्ति-प्रक्रिया में असीम स्रष्टा की सम्पूर्ण विशेषताएँ सार-रूप में व्यक्त सृष्टि में प्रतिफलित होती हैं। डॉ. मुंशीराम शर्मा के शब्दों में, "कारण के गुण कार्य में आते हैं। कलाकार का मानस उसकी कला में प्रत्यक्ष होता है। कवि की आत्मा उसके काव्य में प्रतिध्वनित होती है। सृष्टि इतनी विशाल है कि इसकी इयत्ता का पता इसके रचयिता के अतिरिक्त अन्य किसी को भी नहीं है। यह अनादि है, न जाने कितनी बार इस रूप में आई, ठहरी और तिरोहित हो गई। इसमें अनन्त नियम काम कर रहे हैं। अतः इसका रचयिता भी अनन्त है, अनादि है, असीम है।"[2] कलाकार-कला, कवि-काव्य, रचयिता-रचना, स्रष्टा-सृष्टि आदि जीवन्त उपमाओं में असीम मूल सत्ता की ससीम अभिव्यक्ति ही प्रमाणित होती है। निरपेक्ष तथा सूक्ष्म कारण की सापेक्ष तथा स्थूल कार्य में आविर्भाव को कबीर ने बीज से वृक्ष के प्रकाशन के उदाहरण से विस्तारपूर्वक समझाया है। बृहद्काय वट-वृक्ष एक अत्यन्त छोटे से बीज में अन्तर्हित होता है और वह बीज अंकुरित होता है, पल्लवित, पुष्पित, फलित तथा छायादार हो जाता है। जिस प्रकार सूक्ष्म बीज से स्थूल वृक्ष की उत्पत्ति होती है, उसी प्रकार सूक्ष्म बीज-स्वरूप अवस्थित आत्म-तत्त्व सृष्टि के विशालकाय वट-वृक्ष में परिणत हो जाता है। आकारहीन सत्ता से आकारयुक्त अस्तित्व का प्रकाशन हो जाता है। शाश्वत ब्रह्म से नामरूपात्मक सृष्टि का विस्तार सम्पन्न होता है।

परमतत्त्व सूर्य है और चतुर्दिक का सृष्टि-व्यापार उसकी किरणें हैं। इस प्रकार, ईश्वर अपनी सृष्टि में, विशेषतः मनुष्य में अभिव्यक्त होता है। कबीर ने अपने ईश्वर की अभिव्यक्ति उसकी सर्वोत्तम रचनारूपी मनुष्य में परमात्मा-जीवात्मा तथा जीवात्मा-मनुष्य के क्रम से मानकर अपनी धारणाओं को व्यवहार्य बनाया है।

मनुष्य में ईश्वराभिव्यक्ति के विविध रूपक : कबीर ने अपने आत्म-वर्णन के अन्तर्गत अनेक रूपकों का प्रयोग किया है। रूपकों से परमात्मा-आत्मा के मनुष्य में अभिव्यक्त होने के वैविध्यपूर्ण आयाम सामने आ जाते हैं। इन रूपकों में सर्वप्रथम है 'प्राण'। आत्मा के लिए कबीर ने 'प्राण' शब्द का प्रयोग किया है। मानव-शरीर आत्मा के चैतन्य से ही प्रकाशमान होता और कार्यरत

---

1. सुरेन्द्रनाथ श्रीवास्तव, कबीर और गंगादास के काव्य का तुलनात्मक अध्ययन, पृ. 47
2. मुंशीराम शर्मा, भक्ति का विकास, पृ. 40

होता है। प्राण शरीर से जब विमुक्त होता है तब मनुष्य मृत हो जाता है। प्राण मानव शरीर-आत्मा की क्रिया-प्रक्रियाओं का नियन्ता है और उसके अभाव में शरीर ही नहीं सम्पूर्ण मनुष्य निष्प्राण तथा निर्जीव हो जाता है। कबीर ने इस प्राणात्मा और मानव-शरीर के विषय में कहा है, "प्राण पंड कौ तजि चलै, मूवा कहैं सब कोई।"[1] अर्थात् जब पिंड से प्राण विमुक्त हो जाता है तभी मृत्यु घटित होती है। इसलिए यह कहा जा सकता है कि कबीर के अनुसार ईश्वरात्मा-रूपी प्राण ही मनुष्य में अनगिनत रूपों में अभिव्यक्त होता है।

कबीर द्वारा ईश्वराभिव्यक्ति के लिए प्रयुक्त दूसरा रूपक है 'ज्योति'। कबीर ने ईश्वर या आत्मा को ज्योति का प्रकाश-स्वरूप माना है। शरीर दीपक है और आत्मा बत्ती है। "मन्दिर माँहि झबूकती, दीवा केसी जोति। हंस बटाऊ चलि गया, काढ़ौ घर की ज्योति।"[2] अर्थात् मनुष्य मन्दिर या भवन के समान है, जो ज्योति-स्वरूप आत्मा से दीप्तिमान है। ज्योति का विलय हो जाने पर इस ज्योति-भवन में अन्धकार छा जाता है और निष्प्राण शरीर व्यर्थ-वस्तु के सदृश घर से हटा दिया जाता है।

कबीर मनुष्य में ईश्वराभिव्यक्ति को शब्द और वाणी के रूप में भी मानते हैं। शब्द अन्दर और बाहर की वायु के घर्षण से उत्पन्न होता है। अपनी प्राथमिक अवस्था में शब्द अव्यक्त है, जो वर्णादि के माध्यम से वाणी में व्यक्त होता है। यह व्यक्त शब्द या वाणी ही प्राणी के जीवित रहने का प्रमाण है। कबीर का कथन है, "कबीर सबइ सरीर में, बिनिगुण बाजै तंति। बाहरि भीतरि भरि रह्या ताथै छूटि भरंति।"[3] अर्थात् मनुष्य के भीतर अनाहत नाद बिना तारों के तन्त्री की ध्वनि के समान गूँजता है। उसके भीतर-बाहर के प्रवाह से शब्द-ब्रह्म ही विचारों एवं भावों में व्यक्त होता है। कोई भी वस्तु शब्द-रहित नहीं है, लेकिन मनुष्य में शब्द वाणी के रूप में व्यक्त होता है। इस प्रकार मनुष्य का शब्द और वाणी ईश्वर की अभिव्यक्ति को प्रमाणित करते हैं। कबीर के अनुसार मूल सत्ता मनुष्य में पवन के रूप में भी व्यक्त होती है। शब्दाभिव्यक्ति में पवन नाद में परिवर्तित होता है। लेकिन, श्वास-प्रश्वास के परिचालन के तत्त्व के रूप में पवन प्राणी के जीवित रहने का लक्षण है। श्वास-प्रश्वास की क्रिया वायु द्वारा संचालित और वायु के विलगन से स्थगित होती है। मनुष्य के इस मूल प्राण-संचालन के तत्त्व ईश्वर की अभिव्यक्ति का एक आयाम है।

कबीर ने मूल तत्त्व आत्मा को मन-रूप मानकर मनुष्य में उसकी अभिव्यक्ति भी माना है। 'मन कौ अंग' में कबीर ने मानव-मन के परमेश्वर से सम्बन्धित पहलुओं की चर्चा की है। "मन दीयाँ मन पाइए, मन बिन मन नहीं हाइ।"[4] अर्थात् मनुष्य का मन ईश्वर के मन को जब समर्पित किया जाता है तब भागवती चेतना में रूपान्तरित दिव्य मन प्राप्त होता है। यह इसलिए है कि मूल रूप में मन ईश्वरात्मा भी है जो मानवात्मा में अभिव्यक्त होता है। मनुष्य में विद्यमान ईश्वर तत्त्व के लिए कबीर द्वारा प्रयुक्त रूपकों में 'आनन्द' भी है। ईश्वर का आनन्द-स्वरूप उपनिषद् के अनुकूल ही है। कबीर ने उस असीम ईश्वर परमानन्द की सीमित अभिव्यक्ति मनुष्य में मानी है। इस प्रकार कबीर ने विभिन्न रूपकों के माध्यम से परम सत्ता

---

1. क. ग्र., साखी 15.2, पृ. 25
2. वही, 46.17, पृ. 58
3. वही, 40.1, पृ. 49
4. वही, 13.9, पृ. 22

के मनुष्य में अभिव्यक्त होने के प्रमाण प्रस्तुत किए हैं।

ईश्वराधारित मनुष्य-दर्शन : यदि यह कहना सच है कि कबीर का मानव-चिन्तन ईश्वर-चिन्तन पर आधारित था तो यह कहना भी उतना ही सच है कि उनका ईश्वर-चिन्तन मानव-चिन्तन में परिणत हुआ। जिस प्रकार कथनी और करनी अथवा विचार और आचार परस्पर पूरक हैं, उसी प्रकार कबीर का ईश्वर-चिन्तन और मानव-चिन्तन परस्पर पूरक हैं। वस्तुतः ईश्वर-चिन्तन और मानव-चिन्तन एक ही जीवन-दृष्टि-रूपी सिक्के के दो पहलू हैं। मनुष्य जैसे ईश्वर को देखता है, वैसे मनुष्य को भी। इसके विपरीत शब्दावली भी सही है—जैसे मनुष्य मनुष्य को देखता है ठीक वैसे ईश्वर को भी। इसका कारण यही है कि ईश्वर-परिकल्पना मनुष्य के सम्पूर्ण चिन्तन का प्रतिफलन है। अतः मानव-चिन्तन ईश्वराधारित ही हो सकता है।

कबीर का मानववाद एकतामूलक है और यह अभेद-दृष्टि पर अवलम्बित है। वह "ईश्वरवाद पर आधारित है। मानववाद की प्रतिष्ठा अभेद-दृष्टि के बिना नहीं हो सकी और भेद-दृष्टि तब तक नहीं मिट सकती जब तक कि उस पर किसी एकता का आरोप न हो।"[1] अपने इस ईश्वराश्रित मानववाद को चरितार्थ करने के लिए कबीर ने व्यक्तिगत तथा समाजगत दोनों स्तरों पर एकता-भावना का उन्नयन किया। व्यक्ति के स्तर पर शरीरातीत चेतना को जागृत किया। "चेतना-पुंज के स्फुलिंग का नाम है जीवन। चेतना का अर्थ है जड़-देह में दृष्टिगोचर होनेवाली प्राणी की हलचल या चेष्टा। यह हलचल या चेष्टा आत्मा के कारण प्रादुर्भूत होती है। चेतना आत्मा का लक्षण है, जो शारीरिक चेष्टाओं द्वारा प्रकट होती है। इनका प्रवर्तक शरीर से भिन्न, स्वतन्त्र और परे है।"[2] यह चेतना-प्रसूत जागृति मूल ऐश्वरिक एकता पर आधारित समाज के स्तर पर आचार में परिपक्व हो जाती है। सामाजिक समता एवं एकता के समग्र प्रयत्नों के परिवेश में ईश्वर की एकता का अनन्य योग है। कारण यह है कि मनुष्य के आचरण का अन्तिम मापदंड समाज नहीं, ईश्वर है।[3]

यह द्विपक्षीय मानववाद भक्ति का द्विविध अंग है, जो मनुष्य को उदात्त बनाकर ईश्वरीय सत्ता से तादात्म्य सम्भव बनाता है। कबीर सदैव इस खोज में रहे हैं कि मनुष्य के सामने मुक्ति के उपाय प्रस्तुत किए जाएँ। उनका यह निष्कर्ष है कि भक्ति के माध्यम से मनुष्य का उदात्तीकरण एवं मोक्ष सम्भव है। यही उनके मानववाद का सार है। राम-भक्ति के वातावरण में मनुष्य अपनी पूर्णावस्था एवं अभीष्ट को प्राप्त करता है।[4] चेतना, उदात्तता, एकता आदि की ये भावनाएँ मानव-मात्र की समता को हस्तगत करने की सीढ़ियाँ हैं। सभी मनुष्य एक ही शक्ति से रचित हैं। सबमें एक ही ईश्वर व्याप्त है। इसलिए मानव-मानव में भेद करना तर्कसंगत नहीं है।[5]

---

1. सरनामसिंह शर्मा, कबीर : एक विवेचन, पृ. 349
2. मुंशीराम शर्मा, कबीर वचनामृत (साखी भाग), पृ. 6
3. सरनामसिंह शर्मा, कबीर : एक विवेचन, पृ. 349
4. विलियम द्वायर, कबीर की भक्ति-भावना, पृ. 74
5. ओमप्रकाश सिंह, 'कबीर का मानववाद', कबीर मूल्यांकन पुनर्मूल्यांकन, कामेश्वरसिंह (सम्पा.), पृ. 162

3. कबीर की ईश्वर-चेतना से उद्भूत आध्यात्मिक समाज की दृष्टि

सह-मानवता के तत्त्व

ईश्वर-भावना और मानवता : कबीर के युग में धार्मिक सम्प्रदायों तथा उप-सम्प्रदायों की भरमार थी। उन सम्प्रदायों द्वारा अनुष्ठित विधि-विधानों का एक विशाल प्रपंच ही था। ईश्वरोपासना के जितने प्रकार थे उतनी ही ईश्वर-धारणा भी थी। एक दूसरे से पृथकता प्रदर्शित करने के लिए प्रत्येक सम्प्रदाय कर्मकांड तथा बाह्याचार के नियमों-उपनियमों को जटिल से जटिलतर बनाया जा रहा था। इस तथाकथित आत्मोपासना के संसार में अहंकार इतना गहरा हो गया था कि प्रत्येक सम्प्रदाय ईश्वर के एक नगण्य अंश को लेकर सम्पूर्ण ईश्वर को जानने का केवल दावा ही नहीं करता था, उलटे अन्य सम्प्रदायों से लड़ता-झगड़ता भी था। ईश्वर-दृष्टि में निपुणता-प्राप्त कबीर समझ गए थे कि इन पूजानुष्ठानों में ईश्वर-भावना नहीं है। यदि बात मात्र इतनी ही रही तो सम्भवतः कबीर उन्हें सहन कर लेते। लेकिन इन तथाकथित धर्म-सम्प्रदायों ने अपने खोखले आडम्बरों के माध्यम से मानव-समाज को छिन्न-भिन्न कर दिया था। ये अपनी कट्टर और निष्कृष्ट स्थिति को समझने-सुधारने को सन्नद्ध नहीं थे। वे विरोधाभास-रूपेण मानवता के लिए शत्रु साबित हो रहे थे। कबीर मानवता को मानवता-विरोधी शक्तियों से विमुक्त करने के उद्यम में डटकर लगे रहे।

अब प्रश्न यह उठता है कि तद्‌युगीन धर्म-सम्प्रदायों की ईश्वरोपासना इतनी निष्कृष्ट स्तर तक कैसे पहुँची कि वह मानव-विरोधी साबित हुई? यह इसलिए था कि उनकी उपासना स्वार्थ से कलुषित तथा अनुष्ठान-केन्द्रित थी। उन्होंने उन कर्मकांडों का जितना आवर्तन किया वे उतने ही मानवता से दूर होते गए। सच्ची ईश्वरोपासना वह है जो मनुष्य की ईश्वर-भावना को जागृत करती है और उपासक को मानवता के मर्म को अनुभव करने की ओर अग्रसर कराती है। वही ईश्वरोपासना खरी उतर सकती है जिसके फलरूपी सिक्के का एक पहलू यदि ईश्वर-भावना है तो दूसरा है मानव-भावना।

खंडित मानसिकता से ग्रस्त व्यक्तिवादी साधनाओं को विघटित करके कबीर ने एकतामूलक निर्गुण भक्ति का आविष्कार किया। "भावभगति के सहारे ही उन्होंने व्यक्तिवादिता से ग्रस्त समाज को संयमित करने का प्रयत्न किया। इसी के द्वारा वे समाज के विविध अवयवों को एकसूत्र में बाँधने में समर्थ हुए थे। 'निर्गुनिया भाव भगति' सबकी होकर भी किसी एक वर्ग, किसी एक धर्म, किसी एक जाति से बिल्कुल सम्बन्धित नहीं थी। यह सभी धर्मों की साधनाओं के प्राणभूत सात्विक तत्त्व को आत्मसात् करके भी मौलिक बनी रही। यही कबीर की सबसे बड़ी विशेषता थी।"[1] इस प्रकार कबीर ने सर्वजनसुलभ भक्ति के माध्यम से मानवता-धर्म को बुलन्द किया। निर्गुण भक्ति से उनका तात्पर्य एक नई देवत्व-धारणा का आविष्कार करना नहीं था, वरन् उसके परिणामस्वरूप मनुष्यत्व की स्थापना करना था। कबीर के अनुसार आत्मा-परमात्मा का घनिष्ठ सम्बन्ध केवल रहस्यवाद के लिए नहीं है, बल्कि उसके द्वारा ईश्वर-भावना में सजग होकर मानवोचित मूल्य तैयार करने के लिए है। इसलिए "कबीर ने किसी धर्म-सम्प्रदाय से अपना सम्बन्ध नहीं जोड़ा। सम्पूर्ण मनुष्यता के लिए उन्होंने जिस मार्ग को आविष्कृत किया उसे ही कबीर का मानव-धर्म कहा जा सकता है।"[2] साम्प्रदायिक संकीर्णताओं तथा अतिवादों

1. गोविन्द त्रिगुणायत, कबीर की विचारधारा, पृ. 368
2. वीरेन्द्र मोहन, कबीर और जायसी मानव मूल्य, पृ. 56

के उन्मूलन के द्वारा कबीर ने मानव-धर्म के मध्य-मार्ग की घोषणा की। इसके लिए उन्होंने साम्प्रदायिक अतिवादों का विसर्जन किया। इस प्रकार कबीर की ईश्वर-भावना मानव-धर्म में परिणत हुई।

आचरण की उत्तमता : कबीर की दृष्टि में ईश्वर-भावना और मानव-भावना को जोड़नेवाला सेतु व्यक्ति के आचरण की उत्तमता है। आचरण की उत्तमता में मनुष्य का आत्म-संस्कार, अन्तःप्रेरणा, सांस्कृतिक चेतना आदि अन्तर्निहित हैं। इसे साधने के लिए मानसिक वृत्तियों का परिष्कार तथा आत्म-शुद्धि अपरिहार्य है। "आत्म-शुद्धि के लिए कबीर ने जो जीवन-संहिता प्रस्तुत की, वह व्यक्तिगत संस्कृति की आधार-शिला बनी।"[1] वह उनकी साधना का सामाजिक मूल्य है। सामाजिक अनुबन्ध में ही आत्म-संस्कार की धारणा स्वरूप ग्रहण करती है। कर्म-शीलता, सेवा आदि आदर्श उसके लिए उपयुक्त साधन सिद्ध हुए।

मानसिक परिष्कार को कर्मशीलता में परिवर्तित करने से आचरण की उत्तमता प्राप्त हो जाती है। दूसरे शब्दों में, चारित्र्य से ही आचरण उत्कृष्ट हो सकता है और उत्तम आचरणवाला ही स्वयं में और दूसरों की मानवता में निखार ला सकता है। "कबीरदास की दृष्टि में वही व्यक्ति सच्चरित्र है जिसका चरित्र-निर्माण मानवीय गुणों के सम्पुजन से हुआ है। मानवीय गुणों से युक्त व्यक्ति ही सच्चा मनुष्य है।...सच्चरित्र व्यक्ति ही मानवता का उपकार कर सकता है।"[2] इसलिए कबीर ने कपटाचरण का सख्त विरोध किया है।

कबीर जो भी सन्देश देते थे उसे पहले अपने निजी जीवन में चरितार्थ कर दिखाते थे। कथनी-करनी के समन्वय में उनकी अटूट आस्था थी। जाति-व्यवस्था और छुआछूत से स्वयं मुक्त होकर दूसरों को भी मुक्त कराने का जो उद्यम कबीर ने किया उससे भी उनकी आचारगत उत्कृष्टता और दृढ़ता व्यक्त होती है। जाति की ठेकेदारी समाप्त करने के लिए कबीर ने पहले स्वयं को वर्णहीन किया। "कबीर अपने को बार-बार जुलाहा कहकर समाज में इस जाति की हीनता को समाप्त करना चाहते हैं। कबीर समाज को सीधे फटकारते हैं।"[3] कबीर ने कहा भी था, "कथणी कथी तौ क्या भया, जो करणी नाँ ठहराइ। कालबूत के कोट ज्यूँ, देषतहीं ढहि जाइ।।"[4] अर्थात् बड़े-बड़े सिद्धान्त और उपदेश जीवन में चरितार्थ न किए जाएँ तो लाभहीन और निरर्थक ही नहीं, कालबूत के समान नष्ट-भ्रष्ट हो जाएँगे।

आचार्य परशुराम चतुर्वेदी का कथन है कि "कबीर साहब किसी भाव को व्यक्त करते समय उसमें इतना तल्लीन हो जाते हैं कि उसका प्रत्येक शब्द सारगर्भित एवं रहस्यपूर्ण बनकर प्रकट होता है और उनके द्वारा रचित वाक्यों में व्याप्त भाव श्रोताओं अथवा पाठकों के रोम-रोम में शीघ्र प्रवेश कर उन्हें सहसा वशीभूत कर लेते हैं।"[5] कबीर में ज्ञान और भक्ति का समन्वय अद्वितीय होकर उनके आचरण की उत्कृष्टता को चार चाँद लगाता है। ब्रह्म-प्राप्ति के लिए ज्ञान तथा प्रेम-भक्ति को आँधी तथा वर्षा के समान परस्पर सम्बन्धित बताना तथा 'आत्म-विचार' और 'स्वानुभूति' के तालमेल से प्रमाणित करना कबीर-जैसों के लिए ही सम्भव है। "ज्ञान से ही भक्ति प्राप्त हो सकती है और भक्ति से ही मुक्ति, यह भक्ति-काव्य की केन्द्रीय विचारधारा

---

1. सुरेन्द्रनाथ श्रीवास्तव, कबीर और गंगादास के काव्य का तुलनात्मक अध्ययन, पृ. 46
2. ओमप्रकाश सिंह, 'कबीर का मानववाद', कबीर मूल्यांकन पुनर्मूल्यांकन, वही, पृ. 166
3. वीरेन्द्रमोहन, भक्तिकाव्य और मानवीय मूल्य, पृ. 106
4. क. ग्र., 18.1, पृ. 29
5. परशुराम चतुर्वेदी, कबीर साहित्य की परख, पृ. 41

है। विवेकसम्मत ज्ञान के द्वारा अमानवीयता के रहस्यों का पर्दाफाश होता है। उनकी यह विचारधारा जब कर्मरूप में परिणत हो जाती है तभी मनुष्य को मुक्ति प्राप्त होती है। यह भक्ति बनाम कर्म ही वर्ण-जाति के सारे बन्धनों को समाप्त करता है।''[1] ज्ञान और भक्ति के सामंजस्य के लिए कबीर बेमिसाल हैं।

समाज में धनी और निर्धन के कृत्रिम वर्ग-भेद को देखकर कबीर को दुःख हुआ। इस सन्दर्भ में आचरण की अनियमितताओं को उन्मूलित करने हेतु कबीर ने कहा, ''निर्धन सरधन दोनों भाई। प्रभु की कला न मेटी जाई। कहि कबीर निर्धन है सोई। जाके हिरदै नाम न होई।।''[2] अर्थात् धनी और निर्धन की विभाजन-रेखा पूर्ण रूप से कृत्रिम और अस्थायी है। कबीर के अनुसार आचरण से उत्कृष्ट मनुष्य को हंस के समान हरिजन बनना चाहिए। ''हरिजन हंस-दसा लिये डोलै, निर्मल नाँव चवै जस बोलै।''[3] अर्थात् जिस प्रकार हंस केवल शुद्ध मोती ग्रहण करता है ठीक उसी प्रकार शुद्धात्मा या प्रभु का भक्त केवल भक्ति और ज्ञान के मुक्ताफल के अतिरिक्त कुछ ग्रहण नहीं करता है। उसके नीर-क्षीर-विवेक के कारण नित्य-अनित्य, शुभ-अशुभ तथा सत्-असत् का बोध होता है और आत्म-साक्षात्कार प्राप्त होता है। यह क्षमता आचरण की उदात्तता का उत्तम प्रमाण है। इस प्रकार, कबीर ने यथार्थ ईश्वर-भावना तथा उससे प्रसूत मानव-भावना के लिए व्यक्ति के आचरण की उदात्तता अत्यावश्यक ठहराया है।

व्यक्ति में निहित समष्टि-हित का भाव : कबीर का आधारभूत मन्तव्य है, ''खालिक खलक खलक में खालिक, सब घट रह्यो समाई।''[4] अर्थात् स्रष्टा में सृष्टि-समष्टि तथा सृष्टि-समष्टि में स्रष्टा समाकार रहते हैं। व्यष्टि-समष्टि की पारस्परिक उपस्थिति भी इस उक्ति के अन्तर्भाव के रूप में सिद्ध होती है। व्यष्टि-समष्टि का सम्बन्ध अपरिहार्य है। समष्टि की अभिव्यंजना करनेवाला 'व्यक्ति' है। अनेक में जो एक है, एक में जो अनेक है उस ब्रह्म-विराट को प्रकाशित करता है वह व्यक्ति। व्यक्ति का यह धर्म है कि जो व्यापक और विराट् है, उसकी अभिव्यक्ति करें। तभी व्यक्ति अमृत है, क्योंकि वह सम्पूर्ण है। सम्पूर्ण में से यह सम्पूर्ण निकला है। विराट् पुरुष का एक अंश, एक दैवी कला जो मुझमें व्यक्त है, वही है व्यक्ति।[5] इसलिए जो व्यक्ति समष्टि से बिछुड़कर ईश्वर-साधना में लगा रहता है, वह अन्तर्विरोध का शिकार बन जाता है।

आध्यात्मिक चिन्तन भी समाज से संयुक्त रहकर ही प्रासंगिक साबित हो सकता है, क्योंकि चरित्रोत्कृष्टता तथा मानवीय मूल्यों का प्रतिपादन उसका असली लक्ष्य है। डॉ. रघुवंश की मान्यता है, ''हमारे सांस्कृतिक जीवन में व्यक्ति की श्रेष्ठता का मानदंड धर्म-मत विशेष को मानना अथवा देव-विशेष की पूजा करना नहीं रहा है, उसका निर्णय व्यक्ति का चरित्र अथवा आचरण के आधार पर किया जाता है। चरित्र की शुद्धता अथवा उच्चता इन सामान्य मानवीय मूल्यों से प्रतिपादित की जाती रही है।''[6] मानवीय मूल्यों का प्रतिपादन आत्मपरक दृष्टिकोण से सिद्ध हो जाता है।

1. वीरेन्द्र मोहन, भक्तिकाव्य और मानवीय मूल्य, पृ. 94
2. क. ग्र., परिशिष्ट पद 130, पृ. 230
3. वही, पद 344, पृ. 153
4. वही, पद 51, पृ. 81
5. हृदयपाल सिंह तोमर, 'व्यक्तिवादी कबीर और आज का समाजवादी', कबीर साहित्य की प्रासंगिकता, पृ. 119
6. रघुवंश, कबीर : एक नई दृष्टि, पृ. 109

वस्तुपरक दृष्टिकोण से सम्बन्ध-भेद तथा भेद-दृष्टि बनती है, जबकि एकतामूलक चिन्तन से समता का बीज सर्वत्र बोया जाता है। आत्म-दृष्टि में प्रतिष्ठित आत्मा की एकता की उपलब्धि के लिए ब्रह्म की व्यापक प्रतीति का आश्रय लिया जाना आवश्यक है।[1] आत्म-परक दृष्टिकोण-प्रसूत एकमात्र ब्रह्मतत्त्व की प्रतीति से व्यक्ति का व्यष्टिमूलक बन्धन खुल जाता है और समष्टि-हित की व्यापक-दृष्टि का श्रीगणेश हो जाता है।

व्यक्ति समाज की इकाई है। समाज में व्यक्ति उत्पन्न होता है और व्यक्ति में समाज प्रतिबिम्बित होता है। इसलिए जिस प्रकार व्यक्ति का स्वरूप समाज से प्राप्त होता है उसी प्रकार समाज का स्वरूप व्यक्तियों से निर्मित होता है। "स्व-कर्तव्याकर्तव्य का ज्ञान रखनेवाले व्यक्तियों के समष्टि-स्वरूप का नाम समाज है। व्यक्ति के विचारों के अनुरूप ही समाज का स्वरूप होता है। यही कारण है कि जब तक व्यक्तियों में किसी प्रकार के दोष उत्पन्न नहीं होते, समाज का स्वरूप सुन्दर और सुव्यवस्थित रहता है, किन्तु व्यक्ति के कर्तव्य-च्युत होते ही समाज में विशृंखलता आने लगती है।"[2] कबीर ने सच्चरित्र व्यक्ति को अनुशासित, सदाचरणशील, निस्पृह, निस्संग तथा निर्वर सन्त होने का आह्वान किया है। इसलिए श्रेष्ठ व्यक्ति होना जितना कठिन होता है, समाज के लिए वह उतना आवश्यक भी है, क्योंकि "व्यष्टि और समष्टि एक-दूसरे के पूरक हैं और व्यष्टि के मिलते ही समाज या समष्टि का संघटन होता है।"[3] व्यक्ति में समष्टि-भाव अभेद-मूलक ऐक्यानुभूति से जागृत होता है। अभेद की अनुभूति तो समष्टि में अवस्थित व्यष्टि के साक्षात्कार से होगी। सामाजिक ऐक्यानुभूति क्या आकाश में टिकेगी? उसके लिए पहले तो 'ऐक्यानुभूति' की आवश्यकता है। अपने ही भीतर उन मूल्यों की तलाश आवश्यक है। व्यक्ति के मूल्य समाज के प्रतिकूल हो ही नहीं सकते, क्योंकि अन्ततोगत्वा समाज स्वयं ही व्यष्टि-पुंज है।[4]

कबीर की धारणा में आदर्श व्यक्ति में सम्पन्न होनेवाली ईश्वरानुभूति का स्पन्दन सह-मानव की ओर फैलता है। साथ-साथ सहमानवों की ओर प्रतिफलित परिस्थितियाँ संवेदनाओं तथा प्रतिक्रियाओं के रूप में समाज की ओर ही प्रसारित की जाती हैं। सह-मानवता व्यक्ति से समाज की ओर चलती है। "कबीर की पीड़ा का प्रस्थान वैयक्तिक प्रतिक्रियाओं से हो सकता है, पर उसका पर्यवसान गहरे सामाजिक आशय में होता है। इस दृष्टि से न उनका व्यक्तित्व एकायामी है, न उनकी रचना। उसमें कई अर्थ-ध्वनियाँ हैं और उसमें व्यापक आशय की झंकृति भी है।"[5] व्यक्तिगत आध्यात्मिक चेतना रूपान्तरित होकर मूल्य-चिन्ता में स्थापित हो जाती है। व्यक्ति में मनोजगत के रूपान्तरण से सामाजिक-सांस्कृतिक चेतना जागृत हो जाती है और वह सह-मानवों के हित में समष्टि-भाव से पूर्ण रूप से युक्त हो जाता है। कबीर के अनुसार ऐसा व्यक्ति ही आदर्श और श्रेष्ठ पुरुष है, जिसकी ईश्वर-लब्धि में सह-मानवों का अथवा समष्टि का हित अन्तर्निहित है।

---

1. सरनाम सिंह शर्मा, कबीर : व्यक्तित्व, कृतित्व एवं सिद्धान्त, पृ. 303
2. गोविन्द त्रिगुणायत, कबीर की विचारधारा, पृ. 366
3. शंकर राव कण्पकेरी, कबीर और बसवेश्वर तुलनात्मक अध्ययन, पृ. 252
4. हृदयपाल सिंह तोमर, 'व्यक्तिवादी कबीर और आज का समाजवादी', कबीर साहित्य की प्रासंगिकता, पृ. 122
5. प्रेमशंकर, भक्तिकाव्य का समाजशास्त्र, पृ. 64

कबीर का मानव-प्रेम : मनुष्य की ईश्वर-भावना, आचरण, उत्कृष्टता तथा समष्टि-हित के भाव की भित्ति पर कबीर के मानव-प्रेम की दीवार निर्मित है। कबीर-काव्य में कूट-कूटकर भरे हुए प्रेम-तत्त्व को दृष्टिपात करके इस बात का निषेध कदापि नहीं किया जा सकता कि कबीर प्रेम के पुजारी थे। वे प्रेमी को ढूँढ़कर फिरनेवाले थे। "प्रेमी ढूँढ़त मैं फिरौं प्रेमी मिलै न कोइ। प्रेमी को प्रेमी मिलै तब सब विष अमृत होइ।।"[1] कबीर प्रेमी को इसलिए ढूँढ़ते हैं कि वे प्रेमी से मिलकर मानवीय-व्यक्तिगत तथा सामाजिक जीवन में व्याप्त विष को अमृत में परिवर्तित कर सकें। मनुष्य से उनका अगाध प्रेम था।

"कबीर के इस प्रेम के दो पक्ष हैं—पारमार्थिक और ऐहिक। पारमार्थिक अर्थ में प्रेम का अर्थ लगन है, जिनमें मनुष्य अपनी वृत्तियों को संसार की सब वस्तुओं से विमुख करके समेट लेता है और केवल ब्रह्म के चिन्तन में लगा लेता है तथा ऐहिक पक्ष में उसका अभिप्राय संसार के सब जीवों से प्रेम और दया का व्यवहार करना है।"[2] कबीर का पारमार्थिक प्रेम भक्ति में परिणत हुआ तो लौकिक प्रेम लोकमंगल की भावना की ओर प्रवृत्त हुआ। कबीर का लोक-कल्याण प्रेम पर आधारित था और उसकी चरम परिणति ईश्वर प्रेम या भक्ति भी। लौकिक प्रेम ही परम रूप में अलौकिक बन जाता है।

कबीर के प्रेम का मानवीय पक्ष निर्गुण भक्ति-दृष्टि पर अवलम्बित है। इसलिए उनका मानव-प्रेम बहुत व्यापक धरातल पर स्थापित है। निराकार निर्गुण ब्रह्म प्रेम का आलम्बन कैसे हो सकता है, यह एक प्रश्न है। वह केवल चिन्तन का ही विषय हो सकता है। परन्तु, उस निराकार की इस विश्वविस्तृत सृष्टि में उस मूल तत्त्व की सत्ता का आभास मिलता है। इसलिए निर्गुण भक्त संसार के समस्त प्राणियों को अपने प्रेम और दया का पात्र बना सकता है, जबकि सगुण भक्त की भावुकता ठाकुरजी की मूर्ति के बनाव-शृंगार और उसके भोगराग के आडम्बर में ही व्यय हो सकती है। इसी निर्गुण प्रेम ने कबीर को ऊँच-नीच का भेदभाव दूर कर सबकी एकता प्रतिपादित करने की प्रेरणा दी थी।[3] इसलिए कबीर के मानव-प्रेम की नोक न सगुण प्रतिमाओं के पाषाण पर लगकर टूटी और न उसकी कार्य-कुशलता व्यर्थानुष्ठानों में बिखरी। वह अपनी सम्पूर्णता में मानवता के उद्धार में लगाई गई थी।

कबीर ने मानव-प्रेम के इस अभियान के द्वारा खंडित मानव-समाज को एकता के सूत्र में पिरोने हेतु आध्यात्मिक दृष्टि के सहारे रचनात्मक कदम उठाए। सम्पूर्ण मानव-जगत् को स्वयं में समेटने की शक्ति उनकी प्रेम-भावना में थी। उन्होंने प्रेममय भक्ति का प्रतिपादन किया है। उसका भाववादी दृष्टिकोण आध्यात्मिक है। लेकिन उनकी भक्ति और प्रेम का सम्बन्ध इतना विस्तृत है कि वे सम्पूर्ण लौकिक जगत् को स्वयं में समेट सकता है। निर्गुण ईश्वर की भक्ति में तन्मय होकर स्वार्थपूर्ण साम्प्रदायिक मुक्ति के भिक्षु के रूप में कबीर को समझनेवाले अनुयायियों तथा विद्वानों को धक्का लगना दुर्निवार है। "कबीर ने जिस प्रेम की स्थापना की है, वह उदात्त मानवीय जीवन का प्रेम है। इस प्रकार के प्रेम की अनुभूति की जा सकती है। जिस प्रेम में संवेदना न हो, जिसे अनुभव न किया जा सके वह कबीर का आदर्श प्रेम नहीं हो सकता।...कबीर के लिए मनुष्य-विषयक प्रेम ही भक्ति है। भक्ति के साथ ज्ञान होना जरूरी है, क्योंकि संवेदनात्मक ज्ञान ही भक्ति हो सकती है। बिना ज्ञान के प्रेम भावुक और भाववादी

---

1. क. ग्र., साखी 43.12, पृ. 53
2. श्यामसुन्दर दास, कबीर ग्रन्थावली, भूमिका, पृ. 30
3. वही, पृ. 31

हो जाता है।"[1] इसका तात्पर्य यह नहीं है कि कबीर ने ईश्वर-प्रेम का तिरस्कार किया। वह तो उनके मानव-प्रेम का मूल था ही। "कबीर को प्रेम था उस मिट्टी से जिसने उन्हें जन्म दिया था। मक्का-मदीना या देवालय सभी कुछ उनकी दृष्टि में महत्त्वहीन थे। महत्त्वपूर्ण था तो वो परस्पर का प्रेम और चारित्र्य। एक की स्थापना के लिए अन्य को निर्मूल कर देना कबीर की दृष्टि में सर्वथा अनपेक्षित एवं अनर्गल था। स्थापना सत्य की होनी चाहिए, निर्मूलन असत्य का।...जन्मान्ध शासक एवं संकीर्ण मनोवृत्ति के धार्मिक नेता ठीक इससे उलटी दिशा में प्रयत्न करने से बाज नहीं आ रहे थे।"[2]

तात्पर्य यह है कि कबीर की दृष्टि में ईश्वर-प्रेम से विहीन मानव-प्रेम जड़-रहित वृक्ष के सदृश है और मानव-प्रेम से वियुक्त ईश्वर-प्रेम फलहीन वृक्ष के समान भी है। दोनों के आपस में विचार और आचार का सम्बन्ध चिर-स्थापित है। सन्त कबीर सहृदय और सज्जन थे। वे मानवोचित फल उत्पन्न किए बिना किसी सम्प्रदाय के आले में प्रतिष्ठित कोरा सन्त नहीं बन सकते थे। ईश्वर-प्रेम मानसिक साधना है, भावना है, चेतना है और वृक्ष के जड़-समान अदृश्य है जबकि मानव-प्रेम सह-मानवता की भावना है, प्रेम-चेतना है, सेवा है और वृक्ष के तना, पत्ते, फल-फूल के समान दृश्य है। इसलिए, कबीर उस लक्ष्य-रूपी मानव-प्रेम की दुहाई देते हैं।

सह-मानवता में मानवता का अभ्युदय : कबीर की दृष्टि में मनुष्य की ईश्वर-भावना, आचरण की उत्कृष्टता, समष्टिहित का भाव तथा मानव-प्रेम में सह-मानवता का ही अभ्यास अनवरत चलता है और उनमें मानवता का ही अभ्युदय उत्तरोत्तर होता रहता है। मानवता जिस युग में पाशविक पैरों तले रौंदी जाती थी उस समय उसके विमोचन तथा अभिवृद्धि के प्रति संकल्प करने की क्षमता मात्र कबीर, जैसे महापुरुष में हो सकती है। "मानव-मात्र का महत्त्व उनकी दृष्टि में बड़ा है, चाहे उसकी बाह्य वेशभूषा, आचार-विचार जो भी हों।"[3] कबीर की मानव-विषयक दृष्टि गहन कुहासे में तीखी स्वर्ण रेखाओं के समान थी। सम्प्रदायों के विखंडन के कारण मनुष्य-मनुष्य की भेदक-रेखाएँ लम्बी होती जा रही थीं, मानो आदमी आदमी का दुश्मन था। "भारतीय समाज के मूल में लगे विष-कीट को कबीर ने सहज ही देख लिया था। सिर्फ देखा ही नहीं, उन्होंने आदमी को आदमी बनाने का गुरुतर संकल्प भी आपदाओं की चिन्ता किए बिना लिया। 'एके जनी जना संसारा' कहकर कबीर ने मानव-मात्र की एकता का प्रतिपादन किया तथा एक ऐसी समझदारी पैदा करने की चेष्टा की कि लोग अपने उत्स को पहचानकर वैषम्य की पीड़ा से मुक्त हो सकें और मनुष्य को मनुष्य के रूप में प्रेम कर सकें।"[4]

कबीर द्वारा परिकल्पित आध्यात्मिक समाज के मूल्य

व्यक्ति जितना वास्तविक है उतना समाज भी वास्तविक है। अन्तर केवल इतना है कि व्यक्ति का अस्तित्व स्थूल है और समाज का सूक्ष्म। दरअसल समाज के व्यक्तित्व की सूक्ष्मता व्यक्ति में ही अन्तर्निविष्ट है। अर्थात् समाज व्यक्ति में प्रारम्भ होकर व्यक्ति में ही पर्यवसित होता है। महात्मा कबीर जितना व्यक्ति थे ठीक उतना ही समाज भी थे। उनके व्यक्तित्व का निजी पक्ष

1. वीरेन्द्र मोहन, कबीर और जायसी मानव मूल्य, पृ. 50
2. त्रिभुवन सिंह, 'कबीर साहब का समाज-चेता व्यक्तित्व', कबीर साहब, पृ. 343
3. प्रकाशचन्द्र गुप्त, कबीर : एक विश्लेषण, पृ. 27
4. त्रिभुवन सिंह, 'कबीर साहब का समाज-चेता व्यक्तित्व', कबीर साहब, पृ. 344

ही समाज-पक्ष में विस्तारित हुआ था। सर्वाधिक उल्लेखनीय बात यह है कि कबीर का निजी पक्ष ब्रह्म-निरूपण से अनुप्राणित तथा स्वानुभूति से अभिसिंचित था। इसलिए उनका समाज-पक्ष ईश्वर-चिन्तन के आलोक से परिपूर्ण था। उसका सहज परिणाम यह हुआ कि कबीर द्वारा परिकल्पित समाज साधारण लौकिक समाज न होकर एक 'आध्यात्मिक समाज' बन गया। इस 'आध्यात्मिक समाज' में ईश्वर का जीवन तथा व्यावहारिक स्वरूप जितना अभिव्यक्त था ठीक उतना मानव-मात्र की प्रतिष्ठा भी सुरक्षित थी।

आध्यात्मिक संस्कार तथा सामाजिक भावना : ईश्वरोपासना आध्यात्मिकता की मात्र प्रथम सीढ़ी है। आध्यात्मिकता जब भक्ति-भावना पर आश्रित होकर ईश्वर-भावना अथवा ईश्वर-चेतना के सोपानों को पार कर आध्यात्मिक संस्कार में रूपान्तरित हो जाती है तब उसे सामाजिक भावना से युक्त होना अनिवार्य है। कबीर की पंक्ति 'आप बिचारै सो ग्यानी होई' इस बात का साक्षी है।

कबीर का सम्प्रदायनिरपेक्ष ईश्वर और आध्यात्मिक साधना : कबीर द्वारा परिकल्पित तथा साक्षात्कृत ईश्वर किसी प्रतिमाविशेष पर आरोपित सगुण शक्ति नहीं है। वह सगुण-निर्गुण से भी अतीत दिव्य सत्ता है। यह दिव्य सत्ता इतने सूक्ष्म और भावमय गुणों से मंडित है कि उसका अनुमान मानव-मस्तिष्क की कल्पना-क्षमता द्वारा भी असम्भव है। परम सत्ता के प्रति कबीर की दृष्टि सम्प्रदाय-सापेक्ष न होकर सम्प्रदाय-निरपेक्ष थी। सम्प्रदायों की ईश्वर-सम्बन्धी स्थिति 'अन्धे और हाथी' की थी। जिस प्रकार अन्धे हाथी के शरीर के किसी एक अंग को पूरा हाथी समझ बैठे थे, ठीक उसी प्रकार प्रत्येक सम्प्रदाय विराट् ईश्वर के किसी एक अंश के ही पक्षपाती थे। कबीर सम्पूर्ण ईश्वर के साधक थे। इसलिए उन्होंने साम्प्रदायिक ईश्वर-धारणाओं की भर्त्सना की। उनका ईश्वर सम्प्रदायों के बन्धन से पूर्णतः मुक्त है तथा धर्मातीत होकर अध्यात्म-सापेक्ष है। वह अध्यात्म-साधना द्वारा ही प्राप्त हो सकता है। कबीर की साधना भी कर्मकांडपरक न होकर मानसिक है। यहाँ कबीर के ईश्वर तथा उसकी साधना के मूल स्वरूप की उत्तमता दृष्टिगत है। कबीर ने अपने सम्प्रदाय-निरपेक्ष ईश्वर के दिव्य रूप की मानसिक तथा आध्यात्मिक साधना की थी।

आध्यात्मिक संस्कार और सामाजिक भावना का समन्वय : आध्यात्मिक संस्कार और सामाजिक भावना का समन्वय भक्ति के सन्दर्भ में विशेष महत्त्वपूर्ण है। भक्ति-आन्दोलन से प्रायः शुद्ध आध्यात्मिक अभिप्राय ही समझा जाता है। लेकिन कबीर का भक्ति-आन्दोलन जितना आध्यात्मिक था ठीक उतना ही सामाजिक भी था। उनकी मान्यता थी कि साधना और मुक्ति को वैयक्तिक और स्वार्थपरक दृष्टि से नहीं देखा जाना चाहिए, क्योंकि ईश्वर भी व्यष्टि और साम्प्रदायिक नहीं है। ईश्वर के व्यक्तिगत तथा समाजगत स्वरूपों का प्रभाव भक्ति पर भी बराबर पड़ता है। इसलिए भक्ति को सामाजिक भावना से पृथक् करके देखना निरर्थक है। प्रायः सभी भक्त-कवियों का भक्ति-दर्शन स्पष्ट सामाजिक सन्दर्भ से युक्त है। उनकी व्यापक सामाजिक भावना का प्रमाण उनकी निर्गुण ब्रह्म की दृष्टि ही है। "सन्तों ने निराकार ब्रह्म की उपासना की तथा निराकारी उपासना के अनुरूप उन्होंने साधना का जीवन-दर्शन निर्मित किया। इन कवियों ने जिस अध्यात्म-लोक की रचना की उसी के अनुरूप सामाजिक सम्बन्धों की व्याख्या भी की। वे आध्यात्मिक जीवन के साथ लौकिक जीवन के प्रति भी उतने ही सजग दिखाई देते हैं। इस प्रकार सन्त-काव्य का यह धार्मिक आन्दोलन अध्यात्मलोक तथा मनुष्यलोक दोनों को सुखकर बनाना चाहता है। उन्होंने अपने निराकारी ब्रह्म में मानवोचित गुणों को

प्रतिष्ठित किया है।''[1]

'आँखिन देखी' का साक्ष्य : कबीर में आध्यात्मिक संस्कार और सामाजिक भावना का सामंजस्य कबीर के 'आप बिचारै सो ग्यानी होइ'[2] है। 'आँखिन देखी' को ही वे प्रमाण मानते थे। लेकिन, कबीर की 'आँखिन देखी' की शुद्ध आध्यात्मिक व्याख्या करना अक्षम्य भूल है।'' 'आँखिन देखी' से तात्पर्य इस लोक में घटित हो रही स्थितियों से है।...वे शास्त्र-पुराण थे जो वर्गीय हितों को ध्यान में रखकर बनाए गए थे। लेकिन कबीर मनुष्य की पहचान की खोज कर रहे हैं। यही उनके दर्शन का सार-तत्त्व है। इसलिए उनका सारा विद्रोह असमानताओं को लेकर है।''[3] इसका अर्थ यह नहीं है कि उनकी 'आँखिन देखी' आध्यात्मिक अभिप्राय से विहीन है, बल्कि यह आध्यात्मिक अभिप्राय एक संस्कार और दृष्टि बनकर उनके साथ मानवीय समाज से इतना जुड़े कि वे धूमिल मानवता का उद्धार करके ही रहे। इसके अलावा, यह तथ्य भी निषेध से परे है कि उनकी आध्यात्मिक दृष्टि भी लोकगत अनुभवों के अन्तर्द्वन्द्वों से विकसित हुई है। इसलिए कबीर ने आध्यात्मिक चेतना को स्वीकारते हुए उसे उच्चतर मानव-मूल्यों के रूप में स्थापित किया है। ये उच्चतर मूल्य ईश्वर-मिलन से जनित है। ''दिव्य साक्षात्कार से आविर्भूत उल्लास की तीव्रता के साथ वे एक आदेश भी प्राप्त करते हैं जो उन्हें दिव्य सन्देश के प्रसार की प्रेरणा देता है।''[4] यह प्रसार-प्रेरणा ही कबीर में सामाजिक भक्ति के रूप में प्रतिफलित होती है। कबीर की भक्ति एकान्त साधना या तपश्चर्या नहीं है। वह सामाजिक मूल्यों की भक्ति है। कबीर ने भक्ति की पौराणिक मान्यताओं को अस्वीकार किया और शास्त्र-समर्पित शुष्क और नीरस ज्ञान पर आधारित भक्ति के स्थान पर मानवमात्र की प्रतिष्ठा करनेवाले सहज मार्ग की स्थापना की। डॉ. प्रेमशंकर कबीर के व्यक्तित्व को इस मान्यता से जोड़ते हैं, ''कबीर का सामाजिक यथार्थ और उनकी आध्यात्मिक चेतना एक ही व्यक्तित्व की दो आवाजें हैं, जो एक ही लक्ष्य की ओर जाना चाहती हैं—यह है उच्चतर मानव मूल्यों की ईमानदार चिन्ता।''[5]

कबीर की सांस्कृतिक मूल्य-चेतना

आध्यात्मिक संस्कार से सामाजिक भावना के प्रादुर्भाव की प्रक्रिया अपने आप में पूर्ण नहीं है। यह प्रक्रिया सामाजिक सन्दर्भ से अनुप्रेरित होकर लोक-मंगल की साधना, समाज सुधार और परसेवा में परिणत होने पर सांस्कृतिक मूल्यों की चेतना से युक्त हो जाती है। अतः कबीर के इस मन्तव्य का विश्लेषण आवश्यक है।

आध्यात्मिक संस्कार पर आधारित सांस्कृतिक मूल्य-चेतना : धार्मिक भावना सामाजिक मूल्यों को गतिशील बनाती है। धर्म का व्यक्तिगत आयाम सामाजिक जीवन के व्यापक मूल्य-संसार में व्याप्त हो जाते हैं। इस प्रकार, आध्यात्मिक, वैयक्तिक तथा सामाजिक मूल्यों के विभिन्न आयामों की गत्यात्मक प्रक्रिया में सांस्कृतिक परिवेश सृजित हो जाता है। इस सांस्कृतिक मूल्य-परिवेश के हृदय-स्थान में ईश्वर का सामाजिक तात्पर्य अन्तर्भावित होता है।

---

1. वीरेन्द्र मोहन, भक्तिकाव्य और मानवीय मूल्य, पृ. 122
2. क. ग्र., पद 42, पृ. 79
3. वीरेन्द्र मोहन, कबीर और जायसी मानव मूल्य, पृ. 54
4. सरनाम सिंह शर्मा, कबीर : एक विवेचन, पृ. 175
5. प्रेमशंकर, भक्तिकाव्य का समाजशास्त्र, पृ. 67

कबीर के व्यक्तित्व में यह सांस्कृतिक चेतना प्रखर है। मूल्यों की प्रतिष्ठा वे व्यापक धरातल पर करते हैं। डॉ. रघुवंश के शब्दों में, "कबीर की समन्वय-दृष्टि समस्त धर्म-मतों में निहित व्यापक मानवीय मूल्यों के स्वीकार पर प्रतिष्ठित है।...उनके मन में मनुष्य की परिकल्पना व्यापक मूल्यों के आधार पर है और इस अखंड विश्वास के सहारे साहस के साथ उन्होंने समस्त धार्मिक विधि-विधान को अस्वीकार कर मनुष्य को सहज मूल्यों पर प्रतिष्ठित किया है। यह वह मानव-मिलन की भूमिका है जिसकी प्रतिष्ठा के लिए कवि को जाति-कुल, धर्म-मत, संस्कार, सम्प्रदाय, विश्वास तथा शास्त्र आदि के भ्रमजाल को छिन्न-भिन्न करना पड़ा। मूल्यों के सांस्कृतिक समन्वय की स्थिति में ही मानव-समाज के बीच से अशान्ति, हिंसा, भ्रष्टता और आपाधापी दूर हो सकती है।"[1] मानव के पारस्परिक साक्षात्कार और सहभागिता में ही सांस्कृतिक मूल्य-चेतना के बीज उग सकते हैं।

कबीर की सांस्कृतिक मूल्य-चेतना का सामाजिक सन्दर्भ : कबीर की सांस्कृतिक मूल्य-चेतना का सन्दर्भ सामाजिक ही है। उनका काव्य जीवन का काव्य इसलिए बना कि वह सामाजिक परम्पराओं आध्यात्मिक मूल्यों तथा ऐहिक जीवन से जुड़ा है। कबीर का "मूल्यबोध सामाजिक यथार्थ से उपजा है। अतः सामाजिक अन्तर्द्वन्द्वों तथा सामाजिक आचार-विचारों का स्पष्ट प्रतिबिम्ब उनके काव्य में उपलब्ध होता है।"[2] वह सर्वसाधारण के अनुभव-संसार से सम्बन्धित है। कबीर की यह मूल्य-चेतना सामाजिक संस्कृति की उपज है। इसकी कई दिशाएँ हैं और यह अनुभवमूलक तथा वैचारिक आन्दोलन के भीतर से उत्पन्न हुआ है।[3] वे जानते थे कि मनुष्य की मुक्ति से ही सामाजिक प्रगति सम्भव है। मूर्तिपूजा और कर्मकांड द्वारा मनुष्य की मुक्ति नहीं हो सकती है।

कबीर का मूल्य-बोध अध्यात्म पर इतना आधारित और समाज में प्रतिफलित था कि आत्मा-परमात्मा के बीच जो बाधक है उसे मनुष्य-मनुष्य के बीच भी बाधक मानते थे और उलटा भी। कबीर के काव्य में सामूहिक हित-भावना प्रबल है। इसलिए भक्ति भी कर्ममय भक्ति है। "कबीर ने सामन्ती मूल्यों तथा वर्णगत धर्म की कट्टर रूढ़ियों का विरोध कर सहिष्णुता और भाईचारा का मार्ग प्रशस्त किया।"[4] उन्होंने जर्जर तथा रूढ़ अन्धविश्वासों से मानवता को मुक्त कर एक सहज-मार्ग तथा लोकधर्म की स्थापना की। मानवीयता के नए सूत्र में समाज को आबद्ध कर उन्होंने जन-जन में सांस्कृतिक चेतना का संचार किया। कबीर की भक्ति-दृष्टि जीवन की ओर प्रवृत्त है। इस जीवनोन्मुख प्रवृत्ति में उनका सम्पूर्ण जीवन-दर्शन लोकधर्मिता बनकर परिचालित होता है। जीवन-जगत् को केन्द्रीयता देकर उन्होंने मानवीय जीवन का सम्यक् साक्षात्कार किया। परिणामतः एक सांस्कृतिक निर्माण की चेतना का मूल्य लोक-कल्याण, लोकमंगल, समाज-सुधार आदि प्रकारों में जागृत हुआ।

लोक-मंगल की साधना में सांस्कृतिक चेतना : कबीर की सांस्कृतिक मूल्य-चेतना लोक-मंगल की साधना में प्रतिबिम्बित होती है। साधना व्यक्तिगत भी हो सकती है, लोकमंगल की भी। व्यक्तिगत साधना में आत्म-कल्याण सम्पन्न होता है, जबकि लोकमंगल की साधना में लोक-कल्याण। पहली 'स्व'-केन्द्रित साधना है दूसरी 'लोक'-केन्द्रित। लोक-मंगल की साधना के लिए स्वार्थ का

1. रघुवंश, कबीर : एक नई दृष्टि, पृ. 110
2. वीरेन्द्र मोहन, भक्ति और मानव मूल्य, पृ. 114
3. प्रेमशंकर, भक्तिकाव्य का समाजशास्त्र, पृ. 141-42
4. वीरेन्द्र मोहन, भक्तिकाव्य और मानवीय मूल्य, पृ. 103

विसर्जन अपेक्षित है। इसका अभिप्राय यह नहीं हुआ कि मनुष्य 'स्व'-विहीन हो गया। "दूसरों से सम्बन्ध जुड़ने का आशय है सामाजिक सद्गुणों का उदय, जिसका सम्बन्ध व्यक्ति से होता है।...आत्म-प्रेम ही पर-प्रेम का कारण है। 'स्व' अपनी उदार दशा में 'पर' से भिन्न नहीं होता। 'स्व' की साधना का एक पक्ष पर-हित साधना भी है। इसी में लोक-मंगल की साधना पल्लवित होती है।"[1]

लोक-मंगल की साधना के लिए स्वार्थों को सीमित रखना ही नहीं, उन्हें परिष्कृत करने की भी आवश्यकता है। साथ-साथ, पर-स्वार्थ में अवरोध उत्पन्न करनेवाले स्वार्थों का परित्याग भी करना चाहिए, क्योंकि आत्मोत्कर्षक स्वार्थ परापकर्षक हो, यह असम्भव है। वनखंडों तथा गुफाओं में चलनेवाली निर्जीव साधना में कबीर का विश्वास नहीं था। वे जितने साधु थे उतने ही गृहस्थ भी थे। उनके लिए सच्ची साधना लोक-सन्दर्भ में ही सम्भव थी।

कबीर का समतामूलक आध्यात्मिक समाज

कबीर की सांस्कृतिक मूल्य-चेतना कोई 'स्व' केन्द्रित सामाजिक अनुभूति नहीं है। उसमें ऐसी सृजन-शक्ति है, जो तद्‌युगीन विकलांग समाज को दुरुस्त कर एक पूर्णतर वैकल्पिक समाज को निर्मित कर सके। वह वैकल्पिक समाज विषमताओं से रहित होकर पूर्ण समता की कल्पना को चरितार्थ करता है। वही कबीर का आध्यात्मिक समाज है।

कबीर की समाज-सुधारक भावना : कबीरकालीन समाज के विश्लेषण से कबीर के समाज-सुधारक व्यक्तित्व की प्रासंगिकता सिद्ध है। डॉ. पुरुषोत्तम चन्द्र वाजपेयी ने समाज-सुधारकों की तीन श्रेणियों का विवेचन करते हुए कबीर के समाज-सुधारक व्यक्तित्व पर प्रकाश डाला है। उनका कथन है कि "कुछ एक तो दोषदर्शन कराकर अन्य समाज-सेवियों को उनसे दूर करने के लिए प्रोत्साहित करते हैं। कुछेक प्रचलित दोषों का खंडन करके समाज को नया मार्ग दिखला सकने की क्षमता न रखने के कारण शिथिल हो जाते हैं और कुछेक दोषदर्शन कराने के पश्चात् खंडन मार्ग को अपनाकर समाज को समायोजित एवं कल्याणकारी मार्ग की ओर ले चलनेवाले होते हैं। कबीर तीसरे प्रकार के समाज-सुधारक हैं, जो समाज की कमज़ोरियों का ढोल बजा-बजाकर प्रकट करते हैं, उसकी निन्दा करते हैं और साथ ही स्वस्थ मार्ग का निर्देश करते हैं और उस पर चलने के लिए प्रेरित करते हैं।"[2]

कबीर ने अपने समय के अस्वस्थ तथा मृतप्राय समाज को स्वस्थ करके एक नए जीवन से युक्त करने का संकल्प लिया। उन्होंने सामाजिक रूढ़िवादिता तथा उसकी विकृत परम्परा आदि का निवारण करके पवित्रतापूर्ण आचरण, निर्गुण भक्ति तथा तत्त्वान्वेषण का उपदेश दिया।

"उनका 'विचारक' जिस प्रकार 'दार्शनिक' और 'सुधारक' था उसी प्रकार उनका 'प्रेमी' भी 'सुधारक' और 'भक्त' था। कबीर का 'भक्त' किसी सम्प्रदाय या वर्ग का समर्थक नहीं था। वह अपने आराध्य के समान उदार एवं दयालु था और उसी के समान निष्पक्ष एवं तटस्थ था।. ..उनके स्वतन्त्र चिन्तन में निष्पक्षता, प्रखरता, संयम और शालीनता के साथ-साथ तर्क और प्रभाव-शक्ति है।"[3] व्यक्तित्व की इस समग्र समाजोन्मुखता सम्पूर्ण भक्तिकाव्य की एक विशेषता

1. सरनाम सिंह शर्मा, कबीर : एक विवेचन, पृ. 171-72
2. पुरुषोत्तम चन्द्र वाजपेयी, कबीर और जायसी का मूल्यांकन, पृ. 25-26
3. सरनाम सिंह शर्मा, कबीर : एक विवेचन, पृ. 10

थी। कबीर में समाज-निर्माण की भावना सर्वाधिक प्रबल थी। इसी समाज-सापेक्ष भावना पर कबीर का भक्ति-चिन्तन अवलम्बित है। भक्ति के समाज-निर्माणात्मक पक्ष पर बल देते हुए डॉ. प्रेमशंकर का कथन है, ''भक्ति-चिन्तन की यह समाज-सुधार की प्रवृत्ति प्रायः हमारी दृष्टि से ओझल हो जाती है, पर मेरा विनम्र विचार है कि यह उसका प्रमुख आशय है।''[1]

कबीर की समाज-सुधार की भावना आस्था और आस्तिकता से सिंचित् है। यह 'आँखिन देखी' और अनुभव पर आधारित होकर बुद्ध की परम्परा में एक निर्णायक कदम है। वर्ग और सम्प्रदाय के बन्धनों को तोड़कर कबीर ने मानव को स्वतन्त्र वातावरण में श्वास लेने के लिए प्रेरणा दी। इस प्रकार उन्होंने बुद्ध के अधूरे काम को पूरा करने का प्रयत्न किया। कबीर का सुधार भी बुद्ध के सुधार की भाँति अनुभव की गोद में पला था। परन्तु, कबीर की सुधार-भावना में आस्तिक्य-भाव प्रबल था। इस प्रकार कबीर ने अपने समाज को छोटे-बड़े रोगों से मुक्त करके सुधार और निर्माण की भावना से उसे स्वस्थ बनाने का उद्यम किया। आस्थावादी भक्ति-चेतना से उद्भूत यह सामाजिक उद्यम ईश्वर का सामाजिक आशय है।

समन्वयमूलक समाज : समन्वय विरोधाभाव को संकेतित करता है। कार्य-कारण सम्बन्ध का प्रवाह या निर्वाह भी समन्वय है। इसमें मिलन और पृथकता के अभाव का भाव अन्तर्निहित है। समन्वय से तात्पर्य दो या उससे अधिक विभिन्न बातों के बीच एक ऐसी समानता का प्रतिपादन करना होता है जिसके कारण उसमें पारस्परिक विरोध का अभाव सूचित होने लगे और वास्तविक एकता भी सिद्ध की जा सके। कबीर का समन्वयवाद कोई वाद नहीं है। यह भिन्न-भिन्न वादों से चयनित अच्छाइयों का समुच्चय भी नहीं है। इसे कोई समझौता भी नहीं कहा जा सकता है। ''कबीर ने कभी समझौता नहीं किया। अतः उन्होंने न तो सर्वधर्म-समभाव को ही स्वीकार किया, न सर्वधर्म-समन्वय को ही। धर्म की स्वानुभूतिक तार्किक व्याख्या से धर्म का जो स्वरूप स्पष्ट हुआ उसे मानव धर्म भी कहा जा सकता है।''[2]

कबीर की समन्वय-दृष्टि का प्रथम सोपान सभी प्रकार के अतिवादों का त्याग था। अतिवादों के निराकरण के लिए उनको बहुत-कुछ को अस्वीकृत करना पड़ा। ''कबीरदास बहुत-कुछ को अस्वीकार करने का अपार साहस लेकर अवतीर्ण हुए थे। उन्होंने तत्काल प्रचलित नाना साधन-मार्गों पर उग्र आक्रमण किया है।''[3] कारण यह था, ''तत्कालीन भारतीय समाज के विविध अवयवी धर्मों, विश्वासों एवं संस्कृतियों तथा संस्कारों के मध्य सामंजस्य का सर्वथा अभाव था, क्योंकि उनमें से अधिकांश परस्पर-विरोधी एवं विपरीत दिशा में ही अपना प्रवाह बनाए रखने को कृतसंकल्प से थे।''[4] कबीर ने समाज में विद्यमान वैषम्य का उन्मूलन समन्वय-भावना के लिए परम आवश्यक समझा। इसलिए वे पीड़ा का भोग करते हुए संघर्ष करने को दत्तचित्त रहे। इसके लिए उन्हें प्रेरणा और शक्ति अपने 'निर्गुण राम' की मानसिक उपासना से प्राप्त हुई थी। ''वे मुसलमान होकर भी असल में मुसलमान नहीं थे, हिन्दू होकर भी हिन्दू नहीं थे, वे साधु होकर भी साधु (अगृहस्थ) नहीं थे, वे वैष्णव होकर भी वैष्णव नहीं थे, योगी होकर भी योगी

---

1. प्रेमशंकर, भक्तिकाव्य का समाजशास्त्र, पृ. 135
2. युगलकिशोर 'अहीश', 'कबीर साहब : मूल्यों की प्रासंगिकता', कबीर साहित्य की प्रासंगिकता, पृ. 187
3. हजारीप्रसाद द्विवेदी, कबीर, भूमिका, पृ. 7
4. त्रिभुवन सिंह, 'कबीर साहब का समाज-चेता व्यक्तित्व', कबीर साहब, पृ. 343

नहीं थे। वे कुछ भगवान की ओर से ही सबसे न्यारे बनाकर भेजे गए थे।"[1]

यह साम्प्रदायिक निर्लिप्तता उनके समन्वय-भाव का निर्णायक मोड़ था। सभी सम्प्रदायों से परे रहकर विभिन्नताओं के परे एक समन्वयमूलक ईश्वर के दर्शन करना उनकी महानतम उपलब्धि थी, जिसके लिए वे जितने भी प्रशंसित किए जाएँ, कम हैं। "कबीर के 'समन्वयवाद' की आधारशिला परमतत्त्व के केवल नित्य तथा एक रस होने, उस पर आश्रित बहुरूपिणी सृष्टि के अस्थिर होने और उसके विविध अंगों के उनकी मौलिक एकता के कारण समान सिद्ध होने पर स्थित है।"[2]

ऐसा भी कहा जा सकता है कि कबीर अनेक परस्पर-विरोधी कोटियों के मिलन बिन्दु थे। "जहाँ से एक ओर हिन्दुत्व निकल जाता है और दूसरी ओर मुसलमानत्व; जहाँ एक ओर ज्ञान निकल जाता है, दूसरी ओर अशिक्षा; जहाँ पर एक ओर योगमार्ग निकल जाता है, दूसरी ओर भक्तिमार्ग; जहाँ से एक तरफ निर्गुण भावना निकल जाती है, दूसरी ओर सगुण साधना—उसी प्रशस्त चौरास्ते पर वे खड़े थे।"[3] कबीर ने शैव-वैष्णव, हिन्दू-मुसलमान, ब्राह्मण- शूद्र, अद्वैत-द्वैत, सगुण-निर्गुण, वेद-उपनिषद्-पुराण, सर्वेश्वरवाद-एकेश्वरवाद, भक्ति-उपासना-साधना, भक्ति-काव्य, विचार-आचार, ज्ञान-ध्यान-प्रेम आदि के बीच समन्वय स्थापित कर ईश्वर-दृष्टि की जो सप्तरंगीधारा प्रवाहित की है, वह इतना अनुपम बन पड़ा है कि वैसा ईश्वर-द्रष्टा कबीर के सिवा अन्य कोई नहीं कर सकता था। कबीर का समन्वयवाद "एक प्रकार का सुझाव है जिस पर स्वयं कबीर साहब ने अमल किया और जिस पर निरपेक्ष होकर विचार करने को सभी स्वतन्त्र हैं।"[4] सामाजिक धरातल पर स्थापित कबीर की इस समन्वय-दृष्टि की मूल शिला ईश्वरानुभूति थी। इसलिए ईश्वर-चेतना की इस अभिव्यक्ति को ही उनके द्वारा परिकल्पित ईश्वर का सामाजिक अभिप्राय कहना युक्तिसंगत है।

समतामूलक समाज : मनुष्य-मनुष्य में समता स्थापित करने के लिए उन्होंने समाज की वैषम्यमूलक व्यवस्था पर उग्र प्रहार किया। आचार्य राममूर्ति त्रिपाठी के शब्दों में, "सन्त कबीर ने अपने बहिष्कार, फटकार, खंडन के पीछे बड़े ही मर्म की बात कही है और वह मर्म यही है कि लोक-वेद की ऐसी निर्जीव व्यवस्था जो मनुष्य का मनुष्य से भेद सिखावे, प्राणियों में व्यवघातक भाव पैदा करावे, परमात्मा को मूर्ति और अवतारों में बाँध दे, उसे मन्दिर, मस्जिद और गिरिजा में कैद कर दे, उसे सीमाओं में बाँधकर अपनी ही तरह के आकार-प्रकारवाले के लिए निषिद्ध कर दे, स्पृश्यास्पृश्य की भावना पैदा कर दे, मानव को हिन्दू-तुर्क, ब्राह्मण-शूद्र में विभाजित कर दे, जगद्रक्षक की उसकी ही सन्तति की हलाली और बलिदान से उपासना समझें, और इस व्यवस्था से व्यक्ति-व्यक्ति के मन में राग-द्वेष तथा हिंसा भड़कावे, धरा-गगन के बीच रक्त की नदियाँ बहावे, कैसे स्वीकार्य हो सकती है।"[5] कबीर चाहते थे साम्यवाद की प्रतिष्ठा। लेकिन कबीर का साम्यवाद से भिन्न होकर इस्लामी व्यावहारिक साम्यवाद तथा भारतीय ज्ञानात्मक अद्वैतवाद के समन्वय से विशिष्ट और मौलिक बना। उसका स्वरूप सामाजिक, धार्मिक तथा आध्यात्मिक था। मानव-मात्र के इस साम्य-भाव को कबीर जीवन के चल सन्दर्भ

1. हजारीप्रसाद द्विवेदी, कबीर, पृ. 157
2. परशुराम चतुर्वेदी, कबीर साहित्य की परख, पृ. 118
3. हजारीप्रसाद द्विवेदी, कबीर, पृ. 157
4. परशुराम चतुर्वेदी, कबीर साहित्य की परख, पृ. 120
5. राममूर्ति त्रिपाठी, 'कबीर बीजक में अध्यात्म तत्त्व', कबीर साहब, पृ. 65

में पूर्णतः चरितार्थ करने के भगीरथ प्रयत्न के प्रति संकल्प-बद्ध थे।

कबीर का निर्गुण मार्ग समत्व-स्थापना के लिए सम्प्रदायगत सीमाओं से ऊपर उठकर सामान्य धर्म के तत्त्वों को प्रश्रय देता है। उनकी इस समन्वित धारा में मानवता पर आधारित भारतीय संस्कृति का सम्पूर्ण सार-तत्त्व तथा भारत की समस्त आध्यात्मिक प्रणालियों का रस समाहित है।[1] यह तथ्य समता का स्पष्ट प्रमाण है। कबीर की इस समता-दृष्टि की बड़ी विशेषता यह है कि यह भौतिकवादी न होकर बाह्य सुखोपलब्धि से मुँह फेर लेती है और आभ्यन्तर ईश्वरानुभूति पर आश्रित होकर सामाजिक सन्दर्भ में अभिव्यक्त होती है। कबीर ने समत्व सिद्धान्त के आधार पर समतामूलक व्यवस्था को स्थापित करने का प्रयास किया। उनका समतावाद आन्तरिक ऐक्य पर आधारित है। वह सामूहिक आन्दोलन के स्थान पर आन्तरिक एवं वैयक्तिक शुचिता में विश्वास रखता है। इसमें वैयक्तिक आधार पर आत्म-त्याग के साथ सामाजिक दृष्टि में वर्ग-संघर्ष को भी मान्यता मिली है। यह कबीर का समतामूलक मानवीय समाज था।

सम्बन्धमूलक एकता-भावना : कबीर ब्रह्म-जीव की एकता को मनुष्य-मनुष्य की एकता तथा समानता का आधार मानते हैं। उनको मानव-मानव में भेद की दीवारें बुरी तरह से खटकती थीं। कारण यह था कि मानवीय एकता समता पर ही आसनस्थ है। एकत्वस्वरूप ईश्वर से सम्बन्ध भी मानवता की एकता में ही हस्तगत हो सकता है। एकता और अखंडता के पुजारी होकर वे भिन्न-भिन्न इकाइयों में खंडित मानवता की सामाजिक एकता को विशेष प्रकार से प्रतिध्वनित करते हैं। एकता-विरोधी तत्त्वों को प्रताड़ित करने से कबीर का तात्पर्य यही था। व्यक्ति और समाज में जितनी एकता स्थापित करना चाहते थे, ठीक उतना व्यक्ति के मानसिक जगत् तथा व्यवहार-जगत् में भी सन्तुलन के वे पक्षधर थे। इस प्रकार हम देखते हैं कि भारतीय संस्कृति के दो मूल प्रतिमान अर्थात् 'वसुधैवकुटुम्बकम्' तथा 'विविधता में एकता'—कबीर की एकता-भावना में समग्र रूप से प्रतिध्वनित दिखाई देते हैं।

कबीर के काव्य में भाई, साधो, सन्त, अवधू आदि सम्बन्धात्मक सम्बोधन के शब्द भी प्रतीकात्मक तौर पर इसी एकतामूलक सम्बन्ध को पुष्ट करते हैं। प्रेम का आधार प्रेमस्वरूप ईश्वर ही है। लेकिन इसका एक मानवीय धरातल भी है। जिस समय में स्त्री मात्र भोग्या रह गई थी, उस समय माया की पुनर्व्याख्या से कामवासना तथा विलासिता का तिरस्कार तथा आत्मा-परमात्मा का 'पति-पत्नी' के रूपक द्वारा चित्रण कर कबीर ने नारी के उदात्त स्वरूप को पुनः समाज में प्रतिष्ठित किया। ईश्वर को माता-पिता समझकर पुत्र-पुत्री के अनुरूप सम्बन्ध जोड़ना तथा ईश्वर के पितृ-स्वरूप की छतरी की छाया में मनुष्य-मनुष्य की भ्रातृ-भावना को स्थापित करना भी कबीर की विशिष्ट उपलब्धि है। कबीर की एकता-दृष्टि के केन्द्र में ऐसा प्रेम-सम्बन्ध भरा पड़ा है।

कबीर के वैकल्पिक आध्यात्मिक समाज : कोई भी सार्थक कवि या साधक केवल निषेधात्मक मार्ग को नहीं अपनाता। काव्य या साधना की परिपूर्ति विकल्प की उपलब्धि है। कबीर अपने वैषम्यपूर्ण समाज से असन्तुष्ट और विक्षुब्ध थे। जहाँ-जहाँ उन्होंने असंगति देखी, वहाँ-वहाँ उन्होंने खंडनात्मक प्रहार किया। लेकिन, यह विरोध स्वयं में कोई उपलब्धि नहीं है। कबीर ने आगे बढ़कर एक वैकल्पिक समाज के स्वरूप का चित्र बनाया। कबीर के इस चित्रकार या कलाकार-स्वरूप की देन थी कबीर के आध्यात्मिक समाज की परिकल्पना। इसके कई पक्ष उपर्युक्त चर्चा में विवेचित हैं। यहाँ उसकी परिनिष्पत्ति दर्शाना मात्र शेष है।

कबीर का यह वैकल्पिक आध्यात्मिक संसार अध्यात्मवादी विचारधारा से अनुप्राणित है। उनका यह आदर्श समाज विश्वमानवतावाद तथा भाईचारे की भावना के सहारे मानवता की समन्वयात्मक एकता को स्थापित करता है। यह समाज सांस्कृतिक सौमनस्य तथा गहरी मानवीय संवेदनशीलता से परिचालित है। यहाँ न भेदभाव है, न वर्ण-विभेद तथा न छुआछूत, बल्कि भेद-विभेदविहीन समता पर आधारित मानवता की एकता की अनुभूतिमात्र अवशिष्ट है। यहाँ ऐसी क्रान्ति-भावना कार्यशील है जो मानवता को कभी भी स्थिर होकर जड़ता अपनाने नहीं देती है तथा मानवीय असमानताओं का उन्मूलन करते हुए एकतायुक्त तत्त्वों की पुनर्स्थापना करती है। यहाँ ऐसी प्रगतिशीलता भी है जो भविष्य के लिए निरन्तर नवीन स्थापनाओं का निर्माण करते चलने की क्षमता रखती है। कबीर के आध्यात्मिक समाज में वैयक्तिक उदात्तता तथा मानवीय संवेदना से रहित वेद-शास्त्रों के खोखले अध्यात्म-चिन्तन को प्रश्रय नहीं मिलता है। यहाँ वाणी और उपदेश की आचरण से संगतिहीनता असम्भव होकर आचार और विचार में पूर्ण समन्वय है। स्वर्ग के तथाकथित ठेकेदारों का इस समाज में प्रवेश निषिद्ध है। यहाँ ईश्वरोपासना तथा साधना व्यावहारिकता के साथ ही पारस्परिक सहृदयता तथा मनुष्य-सेवा में भी अभिव्यक्त होती है। इस प्रकार मानव-मात्र की कल्याण-साधना का मार्ग अनवरत प्रशस्त होता रहता है।

कबीर के आध्यात्मिक समाज में ईश्वर के प्रति पितृत्व-भावना की छत्र-छाया में मानव-मानव की परस्पर भ्रातृ-भावना का आपसी व्यवहार प्रतिपादित है। यह शैली सहज तथा स्वाभाविक भी है। तब शोषण, पीड़न, पृथक्करण, संकीर्णता, साम्प्रदायिकता आदि कहाँ टिक सकते थे ? आध्यात्मिक भावना सच्ची धर्मपरायणता के रूप में मानसिक विशालता में परिणत होती है। जिस प्रकार सूरज के उदय से उसकी किरणों से संसार दृश्यमान तथा आकर्षक बन जाता है, ठीक उसी प्रकार ईश्वरानुभूति की दिव्य-ज्योति की नई रश्मियों से आलोकित होकर मानवता पर जमा गहन कुहासा स्वयं हट जाता है और मानवता पुनः अपने सहज-सौन्दर्य से निखर जाती है। कबीर के आध्यात्मिक समाज में ईश्वर एक 'आलोक' के रूप में चिर-स्थापित हो जाता है, जिससे आलोकित होकर मनुष्य मनुष्य बनता है।

विकल्प प्रस्तुत करने की क्षमता कबीर की सर्वोत्तम उपलब्धि है। इस विषय में डॉ. प्रेमशंकर का मन्तव्य द्रष्टव्य है, "कबीर जुझारू कवि होने के कारण सामाजिक भ्रष्टाचार पर तीखा आक्रमण तो करते हैं पर उनकी दृष्टि केवल नकारात्मक नहीं है, वे विकल्प प्रस्तुत करने का सामर्थ्य भी रखते हैं। भोग, आडम्बर, जातिवाद, संशय में फँसे हुए मध्यकाल का संकेत वे स्थान-स्थान पर करते हैं और अपना विक्षोभ व्यक्त करते हैं पर वे एक नए आध्यात्मिक समाज की कल्पना कर सकने की रचनात्मक दृष्टि भी रखते हैं और उनका मानव-मूल्यों पर आश्रित अध्यात्म-पन्थ इसी दिशा में एक प्रयत्न है, यद्यपि उसकी कुछ रेखाएँ ही उसमें उपलब्ध हैं—सम्पूर्ण दर्शन नहीं। यहाँ जातियों के बन्धन नहीं होंगे, ऊँच-नीच, गरीब-अमीर का अन्तर नहीं होगा, और ईश्वर-प्राप्ति के लिए कर्मकांड की जरूरत भी नहीं होगी। यह कबीर का ब्रह्ममय अध्यात्मलोक है, पर जिसमें रहस्यवादी संकेतों के बावजूद लोकजीवन की सदाशयता उपस्थित है।"[1]

---

1. प्रेमशंकर, भक्तिकाव्य की सामाजिक-सांस्कृतिक चेतना, पृ. 32

कबीर के अध्यात्मलोक की विशेषता उनकी ईश्वर-दृष्टि पर ही आधारित है। जब वे आँखें खोलते हैं तब एक आँख से ईश्वर को तथा दूसरी आँख से मनुष्य को देखते हैं। इसलिए उनका 'सम्पूर्ण' ईश्वर मानवीय समाज पर उड़ेल दिया गया है। कबीर ने अपनी अलौकिक प्रतिभा का प्रयोग करके अपनी ईश्वरानुभूति से अलौकिक धारा को बहाकर मानवीय समाज को हरियाली से परिपूर्ण कर दिया। इस प्रकार महात्मा कबीर नवयुग का निर्माण करनेवाले भारत की अन्यतम विभूति थे। उन्होंने विवेकाश्रित तथा सामाजिक प्रयोजन से युक्त भक्ति की एक नई राह तलाशी। यह उनका विकल्प था। उन्होंने "निराशा से ग्रस्त मानव-समाज को आशा के प्रकाश से आलोकित एक अभिनव दिशा की ओर अंगुल्यानिर्देशन किया। यह थी समता, एकता, सार्वभौमिकता और सर्वप्रियता की दिशा।"[1]

अतः ऐसा कहा जा सकता है कि "कबीर के सम्पूर्ण दार्शनिक चिन्तन का लक्ष्य व्यावहारिक है। इसलिए वे सामाजिक जीवन के मूल्यों की स्थापना के लिए प्रयासरत दिखाई देते हैं।"[2] मनुष्य की चिन्ता ही कबीर में मूल्यों की तलाश में अभिव्यक्त हुई। ईश्वर-बोध उनके लिए मनुष्य-बोध में परिणत हुआ। सन्त कबीर एक ऐसे समाज की स्थापना के लिए प्रयत्नशील थे जिसमें मानव की प्रधानता हो। धर्म, साहित्य, राजनीति, अर्थ-व्यवस्था आदि समाज के सहायक-रूपक मनुष्य की सेवा में प्रस्तुत हों, मनुष्य के विकास में सहायक हो, बाधक नहीं।

देशकालानुकूल जागरूकता

कबीर द्वारा परिकल्पित 'आध्यात्मिक समाज' स्वर्ग-तुल्य आनन्द-धाम भले ही न हो, लेकिन यदि उसमें देश और काल के अनुसार जागृत रहने की क्षमता नहीं है तो उसका क्या स्वयं कबीर का भी महत्त्व सामान्य ही ठहराया जा सकता है। अन्य शब्दों में, यदि कबीर की दृष्टि मध्यकाल का अतिक्रमण करने की क्षमता न रखती हो तो वह अपनी चिर-प्रासंगिकता से वंचित ही रहेगी। अर्थात् कबीर के 'आध्यात्मिक समाज' में अविच्छिन्न जागरण की शक्ति है।

देश-कालानुकूलता : सृष्ट अस्तित्व दो तत्त्वों से परिसीमित है—स्थान और समय। स्थान का व्यापक स्वरूप देश है और समय का व्यापक स्वरूप काल है। ये दोनों बन्धन सृष्टि की मूल शर्तें हैं। इन्हें इस प्रकार भी कहा जा सकता है कि ये तत्त्व सृष्टि के दो अनिवार्य आयाम हैं। मनुष्य और उसके समाज की गति और दिशा देश-काल के इन बन्धनों से परिचालित है।

कबीर का अद्वितीय व्यक्तित्व मध्यकाल के विलक्षण परिस्थितियों में निर्मित था। कबीर तद्‌युगीन समाज के देशकालीन अपेक्षाओं की उपज थे और उन्होंने उन्हीं अपेक्षाओं से जवाबी कार्यवाही का निर्वाह किया। उनका सन्देश उनके मस्तिष्क से उद्‌भूत नहीं था, बल्कि अपनी समसामयिक परिस्थितियों से प्रमाणित था। साथ-साथ, उसी यतिभंग समाज को व्यवस्थित और सन्तुलित करने के लिए कबीर ने जो उद्‌गार काव्य के रूप में प्रस्तुत किया उसमें देशकालानुकूलता का गुण सर्वत्र द्रष्टव्य है। कबीर का सम्पूर्ण जीवन-दृष्टि अपने परिवेश से अभिन्न रूप से सम्बद्ध है। कबीर के आध्यात्मिक समाज की दृष्टि पर इसी पृष्ठभूमि में दृष्टिपात करना चाहिए। कबीर के आध्यात्मिक समाज में विकृत और उलझे हुए वातावरण को परिष्कृत बनाने की क्षमता है। कबीर की यह दृष्टि उनके देश-काल में आबद्ध समाज द्वारा प्रस्तुत प्रश्न का देशकालानुकूल

1. सावित्री शुक्ल, सन्त कवियों की सामाजिक एवं सांस्कृतिक पृष्ठभूमि, पृ. 315
2. वीरेन्द्र मोहन, कबीर और जायसी मानव मूल्य, पृ. 40

जवाब है। कबीर के आध्यात्मिक समाज की दृष्टि में तद्‌युगीन देशकालानुकूल गुण का निषेध कदापि नहीं किया जा सकता।

परिवर्तन का स्वर : आध्यात्मिक समाज सम्बन्धी उनकी दृष्टि में यदि सम्बन्धित समाज को तुष्ट करने के तत्त्व ही रहे होते तो 'कबीर' उसी समाज की लाशों की ढेर में सदा के लिए मिल गए होते। कबीर 'कबीर' कहलाने योग्य भी नहीं होते। कबीर जिस देश-काल की परिसीमाओं में आविर्भूत हुए, जीवित रहे और तिरोधान को प्राप्त हुए उन परिसीमाओं को उन्होंने इस प्रकार विस्तारित किया कि उनकी प्रतिष्ठा और प्राथमिकता की उत्तरोत्तर वृद्धि होती गई और अब भी हो रही है। साथ ही, उनके आध्यात्मिक समाज के मूल्य भी इतने समृद्ध हैं कि सम्पूर्ण विश्व और संसारान्त तक की मानवता को स्वयं में समाविष्ट करने का सामर्थ्य रखते हैं। इसका मूल कारण है—उसमें अन्तर्भावित 'परिवर्तन का स्वर'। परिवर्तन का तात्पर्य है रूपान्तरित होकर वर्तमान स्थान और समय को अतिजीवित करना। अर्थात् बीते कल के समाज को 'आज' में पहुँचाना और आज के समाज को 'भावी कल' में पहुँचाना। भूत-वर्तमान-भविष्य का यह समन्वय व्यापक धरातल पर स्थापित होना ही 'परिवर्तन' से विवक्षित है।

ईश्वर को भी सक्रिय तथा प्रेमयुक्त पति-पिता आदि के रूप में चित्रित करके कबीर ने मानव-समाज को भी सक्रियता से युक्त होने का आह्वान किया है। रूढ़ तथा परिवर्तन-विरोधी तत्त्वों पर उन्होंने अपनी वाणी और जीवन के विद्युत् से आघात किया। भूतकाल में आँखें गढ़कर प्रासंगिकता तथा प्रयोजनीयता की चिन्ता किए बिना लकीर पीटनेवालों की उन्होंने जमकर खबर ली। चिरन्तन सत्य एकमात्र होने के बावजूद प्रत्येक युग में उसकी व्याख्याएँ बदलती हैं। तब जाकर वह ग्राह्य हो पाता है। जहाँ कहीं भी कबीर में निषेध की भावना है, वहाँ उसमें सार्थक अतिजीविता के लिए परिवर्तन का स्वर ही निहित है।

पुनर्जागरण या प्रगतिशीलता : कबीर के 'आध्यात्मिक समाज' को मध्यकाल से अतिजीवित होकर एकाध कदम आगे रखना पर्याप्त नहीं है। उसमें अनगिनत कदम रखने का दायित्व है। प्रत्येक समय और स्थान में उसे पुनः जागृत होना चाहिए, क्योंकि वह एक दृष्टि है, जिसमें दिशा है। दिशा में गति छिपी हुई है। जब निर्धारित दिशा में मनुष्य गति करता है, तब उसे प्रगति मिलती है। अर्थात् कबीर के आध्यात्मिक समाज की दृष्टि में अविच्छिन्न पुनर्जागरण तथा प्रगतिशीलता का गुण है।

यह संसार सृष्ट किया हुआ है। इसमें सीमाएँ सर्वत्र द्रष्टव्य हैं। पूर्ण सन्तुष्टि कहीं भी प्राप्तव्य नहीं है। इसलिए जहाँ-जहाँ सीमाएँ तथा असन्तुष्टि सहन-शक्ति का अतिक्रमण करती हैं, वहाँ-वहाँ एक वैकल्पिक संसार की सम्भावना का स्वतः जागृत होना अवश्यम्भावी है। कबीर के 'आध्यात्मिक समाज' की दृष्टि मध्यकाल के लिए एक वैकल्पिक संसार नहीं है, बल्कि मानवता जब तक अस्तित्व रखेगी तब तक के लिए है। इसमें मानवता का ऐसा वैचारिक तथा भावनात्मक उन्मेष निहित है कि वह मानवता को चरमोत्कर्ष पर पहुँचा सकनेवाली रचनात्मक शक्ति से परिपूर्ण है। सम्पूर्ण मानवीय समाज के लिए आवश्यक मोड़ तथा दिशा-निर्देश उसमें अन्तर्निविष्ट है।

कबीर द्वारा परिकल्पित आध्यात्मिक समाज के मूल्यगत विश्लेषण का सारांश यह है कि तत्त्वज्ञानी और भक्त दोनों होकर कबीर ने जिस सम्प्रदाय-निरपेक्ष तथा मानवोचित 'आँखिन-देखी' ईश्वर का साक्षात्कार किया था उसी ईश्वर की अनुभूति से प्राप्त आध्यात्मिक संस्कार ने उन्हें सामाजिक भावना से युक्त कर दिया। फलतः उनमें लोकमंगल की साधना तथा समाज-सेवा

की सांस्कृतिक मूल्य-चेतना का उदय हुआ। उनके समाज-सुधारक व्यक्तित्व ने तद्‌युगीन समाज की अनियमितताओं तथा विकृतियों के पैरों तले रौंदी जा रही मानवता को पुनर्जीवित कर समन्वय, समता, एकता, प्रेम-सम्बन्ध आदि मानवीय मूल्यों से युक्त एक 'आध्यात्मिक समाज' को विकल्प के रूप में प्रस्तुत किया। इस दिव्य समाज के केन्द्र में मानवता तथा मानवता के केन्द्र में ईश्वरानुभूति प्रतिष्ठित है। कबीर का यह आदर्श समाज देशकालानुकूल पुनर्जागरण की क्षमता से जागरूक, गतिशील तथा प्रासंगिक है। ईश्वरत्व के आलोक से निर्देशित मानवता कबीर की इस सर्वोत्तम समाज की विशिष्टता है।

3. कबीर-पन्थ

कबीर द्वारा परिकल्पित आध्यात्मिक समाज के विभिन्न आयामों के निदर्शन करने के अनन्तर कबीर-पन्थ का अवलोकन परिशिष्ट-स्वरूप ही तर्कसंगत लगता है। फिर भी, यह बात ध्यातव्य है कि कबीर का 'आध्यात्मिक समाज' एक आदर्श दृष्टि और परिकल्पना है, जबकि कबीर-पन्थ एक व्यवहारपरक और यथार्थ सम्प्रदाय है, जो इतिहास में कतिपय शाखाओं तथा उप-शाखाओं में अस्तित्व रखता है। इस विवेचन का लक्ष्य यह देखना है कि कबीर का आदर्श समाज उनके नाम पर प्रचलित पन्थ में किस रूप में विद्यमान है।

पन्थ और कबीर-पन्थ : 'पन्थ' शब्द का अर्थ पथ, मार्ग, आचार-पद्धति आदि है। यह शब्द 'सम्प्रदाय' और 'धर्म' शब्दों से सम्बन्धित करके प्रायः समझा जाता है। " 'पन्थ', 'धर्म' और 'सम्प्रदाय' तीनों ही शब्द भिन्न-भिन्न भावों के बोधक हैं, फिर भी इनके मूल में एक ही केन्द्रीय विचारधारा काम करती हुई जान पड़ती है। एक धर्म में अनेक सम्प्रदाय और एक सम्प्रदाय में अनेक पन्थ हो सकते हैं।...किसी सम्प्रदाय के यदि किसी विशिष्ट व्यक्ति ने किसी विशेष प्रकार के साधना-मार्ग को ग्रहण कर लिया, तो उसके नाम पर एक अलग पन्थ का निर्माण किया जाता है।"[1] पन्थ स्वयं में एक विशिष्ट विचारधारा और साधना-मार्ग है।

कबीर-पन्थ कबीर के नाम से प्रचलित एक पन्थ है। यह वह सम्प्रदाय है जो सन्त कबीर के मृत्यूपरान्त किसी समय प्रारम्भ हुआ था और अब तक इस नाम से प्रचलित चला आता है। इसे पन्थ के ही अर्थ में एक विशिष्ट विचारधारा या साधना-मार्ग कहा जा सकता है, क्योंकि कबीर-पन्थी अन्य पन्थियों के समान एक विशिष्ट जीवन-पद्धति का अनुसरण करते हैं। कबीर-पन्थ की विभिन्न शाखाओं में प्रचलित नियमों-उपनियमों के अनुसार प्रवेश, दीक्षा आदि आचार-व्यवहार भी उसे एक पन्थ की ही श्रेणी में मानने को हमें विवश करते हैं। लेकिन एक मुख्य अन्तर यह है कि कबीर-पन्थ किसी सम्प्रदाय तथा धर्म द्वारा उद्‌भूत नहीं है और धर्म तथा सम्प्रदाय ही नहीं जाति-भेद से भी निरपेक्ष होकर सभी मनुष्यों के लिए प्रवेश-स्वातन्त्र्य की घोषणा करता है।

कबीर द्वारा पन्थ-प्रवर्तन ? : हालाँकि कबीर-पन्थ कबीर के नाम से प्रचलित है, परन्तु कबीर द्वारा कबीर पन्थ के प्रवर्तन का प्रश्न विवादास्पद है। इस सन्दर्भ में मतैक्य नहीं है। आचार्य रामचन्द्र शुक्ल का मत कबीर द्वारा पन्थ-प्रवर्तन के समर्थन में है। "कबीर ने जिस प्रकार एक निराकार ईश्वर के लिए भारतीय वेदान्त का पल्ला पकड़ा उसी प्रकार उस निराकार ईश्वर की भक्ति के लिए सूफियों का प्रेमतत्त्व लिया और अपना 'निर्गुण-पन्थ' धूमधाम से निकाला।"[1]

---

1. केदारनाथ द्विवेदी, कबीर और कबीर पन्थ, पृ. 159

लेकिन आचार्य शुक्लजी की इस बात के लिए पर्याप्त पुष्टि नहीं मिलती है। पंडित परशुराम चतुर्वेदी का कथन है, "वास्तव में, आज तक उपलब्ध किसी भी प्रामाणिक सामग्री के आधार पर यह बतलाना कठिन है कि सन्त कबीर साहब ने ऐसे किसी भी पन्थ का कभी प्रवर्तन किया था अथवा इसके लिए उन्होंने अपने शिष्यों को कोई स्पष्ट आदेश ही दिया था।"[2]

कबीर द्वारा पन्थ-प्रवर्तन की तर्कहीनता के लिए कबीर की जीवन-दृष्टि स्वयं प्रमाण है। तद्‌युगीन समाज में प्रचलित धार्मिक सम्प्रदायों में जड़ता बनी दूषित विचार-परम्पराओं तथा बाह्याडम्बरों को लेकर कबीर विक्षुब्ध हुए थे। मनुष्य को दासता के चंगुल में फँसाकर मनुष्यता को विकृत करनेवाले उन सम्प्रदायों तथा पन्थों की प्रयोजनहीनता पर उनको खीज हो रही थी। जो युग-पुरुष पन्थ-निर्माण की दूषित मनोवृत्ति पर कटुतर वाक्य-प्रहार करता हो, वह अपने नाम पर स्वतः ही एक अलग पन्थ की स्थापना कैसे कर सकता है अथवा अपने शिष्यों को भी अपने मत के विरुद्ध कार्य करने की कैसे स्वीकृति दे सकता है?"[3] ऐसी स्थिति में कबीर द्वारा पन्थ-रचना की बात पूर्णतः आश्चर्यजनक ही नहीं, विरोधाभास-सी भी लगती है।

कबीर द्वारा पन्थ-प्रवर्तन की अतार्किकता की पुष्टि में यह भी कहा जा सकता है कि कबीर ने अन्य पन्थ-प्रवर्तक गुरुनानक, बुद्ध आदि-जैसे अपने पन्थ के प्रतिष्ठान के लिए न पुस्तकाधार, न सिद्धान्त-संहिता तथा न नियम-उपनियमों की औपचारिक घोषणा की थी। जिस समय में धर्म-ग्रन्थों के नाम पर साम्प्रदायिक कटुता की वृद्धि हो रही थी, जिस समय धर्म बाह्याडम्बरों के अहंकार के गर्त में गिरे हुए थे, जिस समय पोथियों के खोखले शास्त्र-ज्ञान में उलझे हुए कोरे पंडितों की भरमार थी एवं जिस समय मूल रूप से शुद्ध उद्‌देश्य से युक्त होने पर भी विकृततम तथा अत्यन्त हानिकर अवस्था को प्राप्त वर्ण-व्यवस्था का राज था, उस समय किसी एक और पोथी को धर्म-पुस्तक की मान्यता देकर साम्प्रदायिकता की चहारदीवारी से युक्त किसी पन्थ के निर्माण की बात कबीर पर थोपना सहज जीवन-पद्धति की दुहाई देनेवाले तथा शुद्ध ईश्वरानुभूति के आलोक में संस्कारित एवं दिव्य-दृष्टि से युक्त कबीर के महिमा-मंडित व्यक्तित्व के प्रतिकूल है। ऐसा करना उनके साथ भयंकर अन्याय भी है। कबीर द्वारा पन्थ-प्रवर्तन के विरोध में एक बात यह भी है कि "यदि कबीर ने सचमुच किसी पन्थ का निर्माण किया होता तो निःसन्देह कबीर के समसामयिक समझे जानेवाले सन्तों द्वारा उस पन्थ की ओर किसी-न-किसी रूप में संकेत अवश्य कर दिया गया होता। उस स्थिति में कबीर की प्रामाणिक समझी जानेवाली रचनाओं में इस तथ्य की अवश्य मीमांसा की गई भी होती। किन्तु ऐसा कोई संकेत इस प्रकार की रचनाओं में कहीं भी उपलब्ध नहीं होता।"[4] अतः कबीर द्वारा पन्थ-प्रवर्तन की बात निराधार साबित हो जाती है।

कबीर-पन्थ का आरम्भ : प्रायः यह देखा जाता है कि महान् पुरुषों के सिद्धान्तों का प्रचार तथा प्रसारादि करने के हेतु उनके अनुयायी विशिष्ट मत, सम्प्रदाय, संस्था आदि स्थापित करते हैं और श्रद्धावश उन महान् पुरुषों को दिव्य प्रभामंडल से युक्त कर दिया जाता है। कबीर-पन्थ के साथ भी ऐसा ही हुआ होगा। "यह अधिक सम्भव है कि उनके निजी विचारों के पन्थ-निर्माण के प्रतिकूल होते हुए भी, उनके शिष्यों तथा प्रशिष्यों द्वारा ऐसा करना, प्रचार की दृष्टि से, उचित

1. रामचन्द्र शुक्ल, हिन्दी साहित्य का इतिहास, पृ. 36
2. परशुराम चतुर्वेदी, 'कबीर-पन्थ', हिन्दी साहित्य कोश, भाग 1, पृ. 166
3. केदारनाथ द्विवेदी, कबीर और कबीर-पन्थ, पृ. 160
4. वही, पृ. 161

समझ लिया हो।''[1] कबीर पन्थ के आरम्भ के विषय में निश्चितता के साथ केवल इतना ही कहा जा सकता है कि कबीर के निधनोपरान्त ही उनके समर्थकों ने कबीर-पन्थ की स्थापना की होगी।

कबीर-पन्थ का विकास और उसकी शाखाएँ : अपने आरम्भ के उपरान्त कबीर-पन्थ में अनेक शाखाओं तथा प्रशाखाओं का प्रादुर्भाव हो गया। कुछ शाखाएँ मूल रूप से स्वतन्त्र हैं; कुछ शाखाएँ वे हैं जो उन स्वतन्त्र शाखाओं से कालान्तर में स्वतन्त्र हुईं; और कुछ शाखाएँ ऐसी भी हैं जिनका सम्बन्ध कबीर या कबीर-पन्थ से नहीं होने के बावजूद उससे सम्बन्धित मानी जाती हैं। इन शाखाओं तथा उप-शाखाओं के प्रादुर्भाव को कबीर के विभिन्न शिष्यों से जोड़ा जाना ही उचित है। कबीर-पन्थ का प्रचार-प्रसार और विकास उन शिष्यों के कारण ही है।

कबीरदास द्वारा चार प्रमुख शिष्यों के मत-प्रचारार्थ चहुँदिशाओं में भेजे जाने का उल्लेख मिलता है। ये शिष्य चत्रभुज, वंकेजी, सहतेजी तथा धर्मदास हैं। इनमें धर्मदास प्रसिद्ध होकर 'धर्मदासी शाखा' के प्रवर्तक बन गए। कबीर-पन्थ के ग्रन्थों में नारायणदास, भागोदास, सुरतगोपाल, साहेबदास, टकसारी पन्थ के प्रवर्तक, कमाली, भगवानदास, प्राणनाथ, जगजीवनदास, तत्वाजीवा, गरीबदास आदि नामों का उल्लेख भी शिष्यों के रूप में मिलता है। साथ-साथ, बारह पन्थों की चर्चा भी मिलती है।[2] डॉ. दीनदयालु गुप्त के अनुसार कबीर-पन्थ की द्वादश शाखाएँ सुरति गोपाल, भग्गूदास, नारायणदास एवं चूड़ामणिदास, जग्गूदास, जीवनदास, कमाल, टकसाली, ज्ञानी, साहेबदास, नित्यानन्द और कमलानन्द के नामों पर जानी जाती है।[3] इन कबीर-पन्थी मान्यताओं की पूर्ण सत्यता प्रमाणित करना कठिन है। फिर भी, यह तो ऐतिहासिक है कि कबीर-पन्थी का प्रचार-प्रसार और विकास लगभग सम्पूर्ण देश में है, विशेषतः उत्तर प्रदेश, मध्य प्रदेश, बिहार तथा उड़ीसा प्रान्तों में विस्तृत है।

कबीर-पन्थ की अनेक शाखाओं में चार स्वतन्त्र शाखाएँ महत्त्व की हैं। ये शाखाएँ 'काशी शाखा', 'छत्तीसगढ़ी शाखा', 'धनौती शाखा' और 'विद्दपुर शाखा' हैं। काशी (उत्तर प्रदेश) शाखा के संस्थापक के रूप में सुरतगोपाल माने जाते हैं। कबीर के प्रमुख शिष्यों में उनकी मान्यता है। लेकिन उनके बारे में कोई स्पष्ट ऐतिहासिक प्रमाण उपलब्ध नहीं है। उनका नाम 'कबीरचौरा' मठ की शिष्य-परम्परा में सम्मिलित भी नहीं है।[4] इस शाखा के अन्तर्गत कबीरचौरा, लहरतारा, मगहर, मुस्लिम कबीर-पन्थी, हिन्दू कबीर-पन्थी, कबीर-बाग गया आदि स्थानों के मठों का होना स्वीकृत है।[5] 'छत्तीसगढ़ी शाखा' धर्मदास से प्रवर्तित है। यह शाखा अब तक मध्य प्रदेश में केन्द्रित थी और हाल ही में 'छत्तीसगढ़' नाम के स्वतन्त्र प्रान्त में स्थित है। धर्मदास बाँधवगढ़ के निवासी थे। उनकी गिनती कबीर के प्रमुख शिष्यों में है। उनका जीवन-काल कबीर के दो सौ वर्ष बाद का बताया जाता है। उनकी शिष्य-परम्परा उनके वंशवालों द्वारा ही चलाई गई थी। इस शाखा की बारह उप-शाखाएँ बताई जाती हैं।

---

1. परशुराम चतुर्वेदी, 'कबीर-पन्थ', वही, पृ. 166
2. वही।
3. दीनदयालु गुप्त, कबीर-दर्शन, पृ. 452-53
4. परशुराम चतुर्वेदी, 'कबीर-पन्थ', वही, पृ. 166
5. केदारनाथ द्विवेदी, कबीर और कबीर पन्थ, पृ. 164-66

तीसरी स्वतन्त्र शाखा धनौती (बिहार) की है। यह 'भगताही शाखा' भी कहलाती है। इसका प्रवर्तन भगवान गोसाई (जो कि बुन्देलखंड के निवासी माने जाते हैं) द्वारा हुआ कहा गया है। इनके बारे में यह प्रसिद्ध है कि इन्होंने कबीर साहब के साथ भ्रमण करके उनके मुख से सुनकर 'कबीर-बीजक' की रचनाओं का संग्रह किया था। लेकिन इनकी शिष्य-परम्परा द्वारा यह बात प्रामाणित नहीं होती। 'विद्दपुर' (मुजफ्फरपुर) में स्थित चौथी शाखा जग्गूदास के नाम से प्रसिद्ध है।[1] इन चार प्रमुख शाखाओं के अतिरिक्त कतिपय अन्य शाखाएँ और उप-शाखाएँ भी देश के विभिन्न भागों में पाई जाती हैं।[2] इससे कबीर-पन्थ के लगभग चार शताब्दियों में विकसित संस्थागत स्वरूप का अनुमान लगाया जा सकता है।

कबीर-पन्थी साहित्य और कबीर की अलौकिकता : कबीर-पन्थी 'कबीर-बीजक' को धर्म-पुस्तक के समान आधार-ग्रन्थ मानते हैं। इसे और अन्य जनश्रुतियों को आधार बनाकर कबीर-पन्थियों ने विस्तृत साहित्य रच डाला। कबीर-पन्थ का अधिकांश साहित्य छत्तीसगढ़ी शाखा में उपलब्ध होता है। कबीर-पन्थ के साहित्य को इस प्रकार श्रेणीबद्ध किया गया है, "कुछ रचनाएँ पौराणिक हैं, जिनमें कबीर के प्राकट्य एवं सृष्टि-उत्पत्ति की कथा दी गई है। दूसरे प्रकार की रचनाओं में कबीर-पन्थी बाह्योपचारों की चर्चा की गई है। तीसरी कोटि की रचनाएँ हैं जिनमें कबीर-पन्थ के सिद्धान्तों पर प्रकाश डाला गया है। इसी कोटि में कुछ ऐसी भी रचनाएँ हैं जो 'बीजक' के भाष्य-रूप में लिखी गई हैं और जिनमें भाष्यकारों ने अपनी निजी तर्क-पद्धति का सहारा लिया है।"[3] कबीर-पन्थी साहित्य हिन्दी के अलावा उर्दू, संस्कृत, उड़िया, गुजराती, बँगला, मराठी एवं अंग्रेजी भाषाओं में पाए जाते हैं। साथ-साथ, कबीर-पन्थ की रचनाएँ पद्य और गद्य दोनों प्रकार की हैं। लेकिन, पद्य-रचनाएँ अधिक हैं।

पौराणिक कथाओं की रचना-शैली में कबीर-पन्थियों ने कबीर को एक चमत्कारिक दिव्य पुरुष के रूप में प्रस्तुत किया है। उनके अनुसार कबीर-साहब प्रत्येक युग में सृष्टि-रचना के व्यवस्थापक के रूप में अवतार लेते हैं। आचार्य परशुराम चतुर्वेदी के शब्दों में, "कबीर-पन्थी साहित्य की विशेषता यह है कि उनमें सर्वत्र कबीर साहब को ही किसी-न-किसी रूप में महत्त्व दिया गया है तथा उन्हें अलौकिकता भी प्रदान की गई है। कबीर साहब केवल एक विचारधारा के प्रमुख प्रवर्तक और प्रचारक मात्र ही नहीं माने जाते, प्रत्युत वे स्वयं सत्यपुरुष का भी स्थान ग्रहण कर लेते हैं।"[4] कबीर-पन्थी रचनाओं में कबीर के विषय में अनेक कल्पित कथाएँ भी मिलती हैं, जिनसे कबीर का व्यक्तित्व अधिक रहस्यात्मक और गुत्थियों से युक्त हो जाता है। इसके अतिरिक्त, कबीर-पन्थी साहित्य साम्प्रदायिकता की दृष्टि से बहुत कुछ प्रभावित दिखाई देते हैं। इसलिए कबीर-पन्थ में कबीर को ईश्वरावतार घोषित करके पूजने की प्रवृत्ति प्रायः दिखाई देती है। कबीर प्रतिभा-सम्पन्न ही नहीं, दिव्य और सिद्ध पुरुष अवश्य थे; लेकिन, उन पर अवतारिता तथा अलौकिकता का आरोप उनके वास्तविक व्यक्तित्व से असंगत ही दिखाई देता है।

कबीर-पन्थी जीवन-दर्शन और साधना : वर्तमान कबीर-पन्थ में बहुत कुछ व्यवस्थित आध्यात्मिक सिद्धान्त तथा साधना-पद्धति दिखाई देती है। कबीर-पन्थ के मूल सिद्धान्त के कुल

1. परशुराम चतुर्वेदी, 'कबीर-पन्थ', वही, पृ. 166
2. डॉ. केदारनाथ द्विवेदी, कबीर और कबीर-पन्थ, पृ. 163-91
3. वही, पृ. 207
4. परशुराम चतुर्वेदी, 'कबीर-पन्थ', वही, पृ. 167

पचास बिन्दु डॉ. दीनदयालु गुप्त ने गिनाए हैं।[1] उनमें कबीर को एकमात्र सत्यपुरुषत्व प्राप्त है। साथ-साथ, उपासना, आचार-व्यवहार, जीवन-दृष्टि आदि से सम्बन्धित बहुत से विधि-निषेध भी इनमें प्रस्तुत किए गए हैं, जिनका पालन करना कबीर-पन्थी अनुयायियों के लिए अनिवार्य है। कबीर-पन्थ में बहुत से रीति-रिवाज हैं। 'कंठी' नामक संस्कार, 'चौका विधि', 'जोतप्रसाद', 'परघाना' आदि कृत्य, माला का प्रचलन, प्रसाद-वितरण, आटा-चूर्ण, नारियल, फूल-पत्ती, पान, कलश आदि पूजा-वस्तुओं का उपयोग, बन्दगी, दीक्षा-व्रत, पूर्णिमा-व्रत, चौका-आरती, तिनका तोड़ना, अन्त्येष्टि-क्रिया आदि उनमें से कुछ हैं। नियम के अनुसार परम्परागत विधियों का अनुष्ठान महन्त-समेत सभी व्यक्तियों के लिए आवश्यक है। इस प्रकार की साधना-पद्धति के अतिरिक्त, सृष्टि, ब्रह्म, जीव, मोक्ष आदि विषयों पर भी कबीर-पन्थ की मान्यता पौराणिक तथा वैष्णव मत से प्रभावित दिखाई देती है।

कबीर-पन्थ की सांगठनिक व्यवस्था में दो प्रकार के कबीर-पन्थी हैं—गृही और वैरागी। 'गृही कबीर-पन्थी' अपने परिवार में रहते हैं, कबीर-पन्थ के महात्माओं द्वारा दीक्षित होते हैं तथा पन्थ की मान्यताओं के प्रति आस्था भी रखते हैं। 'वैरागी कबीर-पन्थी' एक-दो वर्ष की अवधि में अपने आचरण की परीक्षा देते हैं, परिवार से विच्छेदित होकर मठ में रहते हैं। मठ-जीवन, उसकी आर्थिक तथा कार्यात्मक व्यवस्था, नियम-संहिता, सोपानपरक संचालन आदि संस्थागत स्वरूप भी लगभग किसी भी अन्य साम्प्रदायिक धर्म-संगठन के समान ही दिखाई पड़ते हैं। इस प्रकार स्पष्ट है कि कबीर-पन्थ के जीवन-दर्शन, साधना तथा रीति-रिवाज़ों पर पौराणिकता, साम्प्रदायिकता तथा वैष्णवता का प्रभाव प्रभूत मात्रा में पाया जाता है।

कबीर के परिप्रेक्ष्य में कबीर-पन्थ का अवलोकन : कबीर के ईश्वर-चिन्तन पर, विशेषतः उसके सामाजिक आशय के सन्दर्भ में अध्ययन करने के उपरान्त, उनके आध्यात्मिक समाज की दृष्टि उनके नाम पर प्रचलित पन्थ में कितना प्रतिशत विद्यमान है, इस बात का परीक्षण अपरिहार्य ही होगा। कबीर साहब पन्थ-प्रवर्तन के प्रतिकूल थे। उनके महापुरुषत्व से अति-प्रभावित शिष्यों ने श्रद्धावश उनके नाम पर एक पन्थ चलाया। अपनी प्रारम्भिक अवस्था में कबीर-पन्थ वर्तमान स्वरूप से अपेक्षाकृत कबीर के करीब भले ही रहा हो, शनैः-शनैः साम्प्रदायिकता की प्रवृत्ति के समावेश से यह कबीर की मूल दृष्टि से अलग होता गया। कारण यह है कि अधिकांश शाखाएँ-उपशाखाएँ स्वतन्त्र होकर स्थानीय धार्मिक, सामाजिक तथा साम्प्रदायिक विशेषताओं से प्रभावित हुईं। कबीर साहब पर अवतारिता तथा अलौकिकता एवं एतद्विषयक चमत्कारों के आरोप ने कबीर-पन्थ को पौराणिक-वैष्णवी लक्षणों से विभूषित किया। कबीर-पन्थ की एक-पक्षीय रचनाओं ने इस रंग को अधिक गाढ़ा किया। ये सब बातें कबीर के एकदम प्रतिकूल थीं। कबीर-पन्थ की जीवन-दृष्टि तथा ईश्वर-धारणा कबीर की जीवन-दृष्टि और ईश्वर-चिन्तन से काफी दूर चली गई। "कबीर-पन्थ का वर्तमान रूप उन बहुत से सम्प्रदायों से भिन्न नहीं जान पड़ता, जो आज हिन्दू धर्म के साधारण अंग बने पाए जाते हैं। वर्ग-विशेष की भावना, परम्परा-प्रियता, भेष-धारण का आग्रह, धर्मग्रन्थ के प्रति श्रद्धा, बाह्य कृत्यों की व्यवस्था आदि कुछ ऐसी बातें हैं, जिनके कारण यह पन्थ उस व्यापक विश्वधर्म के स्तर तक पहुँचता नहीं जान पड़ता, जो कभी सन्तमत के प्रवर्तकों का आदर्श रहा होगा।"[2] कबीर के विश्व-धर्म की धारणा

1. दीनदयालु गुप्त, कबीर-दर्शन, पृ. 454-56
2. परशुराम चतुर्वेदी, 'कबीर-पन्थ', वही, पृ. 167

ही नहीं, कतिपय मूल धारणाएँ विपर्यस्त होकर कबीर-पन्थ में देखी जाती हैं, यह विरोधाभास ही है।

"कबीर की मान्यता वास्तव में एक व्यक्ति के रूप में नहीं, अपितु एक परम्परा के रूप में है, जिसे पन्थीय अथवा साम्प्रदायिकता की संकीर्ण सीमा में देखना किसी भी दृष्टि से समीचीन नहीं है। अपनी प्रासंगिकता, युगीनता एवं आधुनिकता के कारण कबीर सर्वकालीन हैं।"[1] लेकिन, कबीर-पन्थ में कबीर की परम्परा का रंग बहुत फीका और उनकी सर्वकालीनता तथा प्रासंगिकता अति क्षीण दिखाई देती है। उनके द्वारा परिकल्पित आध्यात्मिक समाज अनगिनत मानवीय और आध्यात्मिक मूल्यों से परिपूर्ण है। लेकिन, उनके नाम पर प्रचलित पन्थ में इस आध्यात्मिक समाज की दृष्टि का मात्र कुछ अंश प्राप्त होता है। "उनका मानव-मूल्यों पर आश्रित अध्यात्म-पन्थ इसी दिशा में एक प्रयत्न है, यद्यपि उसकी कुछ रेखाएँ ही उनमें उपलब्ध हैं—सम्पूर्ण दर्शन नहीं।"[2] इसलिए कबीर-पन्थ को कबीर के आध्यात्मिक समाज से कोसों दूर ही बताना उचित है।

लेकिन, कबीर अथवा कबीर के आध्यात्मिक समाज और कबीर-पन्थ के तुलनात्मक परिप्रेक्ष्य में कुछ बातें ध्यातव्य हैं। पहली बात है कि कबीर का आध्यात्मिक समाज एक दृष्टि है जबकि कबीर-पन्थ एक व्यवहार या जीवन-शैली है, जोकि विभिन्न ऐतिहासिक परिस्थितियों में अस्तित्व रखती है। दूसरी बात है, कबीर-पन्थ कबीर की दृष्टि के प्रतिकूल ही उनके शिष्यों द्वारा प्रवर्तित है, कबीर द्वारा नहीं। तीसरी बात है कि कबीर महापुरुष, सिद्ध पुरुष, सन्त, उच्चतम स्तर के साधक, भक्त आदि थे। उनके शिष्य साधारण पुरुष थे। उनमें कोई भी महापुरुष नहीं बना है, जो कबीर के 'कबीरत्व' के समीप तक पहुँच सका है। इन कारणों से कबीर-पन्थ का कबीर के परिप्रेक्ष्य में अवलोकन करने पर उसे कबीर से कोसों दूर पाना कुछ सीमा तक अनिवार्य समझा जा सकता है।

अपने वर्तमान स्वरूप में कबीर-पन्थ अनेक शाखाओं-उपशाखाओं में विभाजित होकर देश के विभिन्न भागों में फैला हुआ है। पन्थ की अपनी साधना-पद्धति और जीवन-दृष्टि है, जो कि कबीर से अधिक साम्प्रदायिक तथा पारिस्थितिक तत्त्वों से प्रभावित है। पन्थ का अपना साहित्य है, लेकिन वह साम्प्रदायिकता तथा कबीर के अलौकिक-बोध से अतिरंजित है। कबीर के परिप्रेक्ष्य में कबीर-पन्थ पर दृष्टिपात करने पर वह कबीर की विचारधारा तथा विशेषतः आध्यात्मिक समाज की दृष्टि से बहुत ही भिन्न दिखाई पड़ता है। लेकिन, कबीर की असाधारण प्रतिभा, ईश्वर-सिद्धि तथा मानवीय संवेदना के प्रति एक श्रद्धा-सूचक प्रयत्न के रूप में कबीर-पन्थ सराहनीय ही है।

रचना रचनाकार की अभिव्यक्ति है। अदृश्य रचनाकार की सृजनशीलता के साथ-साथ उसका जीवन्त स्वभाव भी रचना के माध्यम से उद्घाटित हो जाता है। वास्तव में, रचना ही रचनाकार का प्रमाण है, क्योंकि रचना में रचनाकार की सत्ता ही नहीं उसका सामाजिक आशय भी व्यक्त होता है। अतः रचना से वियुक्त रचनाकार नहीं रह जाता है। सृष्टि के अभाव में स्रष्टा की क्या कल्पना होगी। सृष्टि-रचना में सृष्टि-कर्ता ईश्वर सम्पूर्ण जगत् से और विशेषतः मनुष्य से मूलभूत सम्बन्ध स्थापित करता है। यह सम्बन्ध मनुष्य के मुक्तिस्वरूप नित्य-साक्षात्कार में पूर्णतः चरितार्थ हो जाता है। यही है कबीर के ईश्वर के सामाजिक आशय की शिला। यह परमात्मा-ईश्वर जीवात्मा में अभिव्यक्त होता है। मनुष्य देवालय होकर जब ईश्वर का अधिष्ठान

---

1. सुरेन्द्रनाथ श्रीवास्तव, कबीर और गंगादास के काव्य का तुलनात्मक अध्ययन, पृ. 410
2. प्रेमशंकर, भक्तिकाव्य की सामाजिक-सांस्कृतिक चेतना, पृ. 32

घोषित होता है तब ईश्वर का मानवीय आशय अमिट रूप से स्थापित हो जाता है। यही घट-घटवासी ईश्वर मनुष्य में हृदय-निर्मलता तथा उदात्तता का परिष्कार साधित कर सह-मानवों की सेवा में तथा प्रेमपूर्ण सहभागिता में प्रकट होता है। इतने में ईश्वर-भावना ईश्वर-चेतना में रूपान्तरित होकर एक आध्यात्मिक संस्कार में परिणत हो जाता है। ईश्वर मानवीय समाज में एक ऐसी चेतना है, जिसके आलोक में आध्यात्मिक समाज निर्मित होता है। कबीर द्वारा परिकल्पित यह आध्यात्मिक समाज मनुष्य-मनुष्य में एकता, समता, समन्वय, प्रेम, सेवा आदि अपने अलौकिक मूल्यों द्वारा मानवता का शाश्वत उन्नायक सिद्ध हुआ। मानवता की प्रतिष्ठा के चारों ओर स्थापित इस आध्यात्मिक समाज में ईश्वर मनुष्य में तथा मनुष्य-समाज में सदैव अधिष्ठित तथा प्रतिफलित हैं। कबीर का यह 'ईश्वर' अव्यक्त ही नहीं व्यक्त भी है, सिद्धान्त ही नहीं व्यवहार भी है, ज्ञानमूलक ही नहीं, भक्तिमूलक भी है, ईश्वर ही नहीं, मनुष्य भी है। इस प्रकार, महात्मा कबीर ने ईश्वर-चिन्तन में एक नूतन आयाम स्थापित किया है।

सप्तम अध्याय

कबीर के ईश्वर-चिन्तन का ईसाई-चिन्तन से परितुलना–निष्कर्ष

ईश्वर-चिन्तन कोई कोरी परिकल्पना नहीं है। इसकी अपनी वैचारिक तथा पारिस्थितिक पृष्ठभूमि होती है। महापुरुषों में यह ईश्वर-चिन्तन स्वानुभूति की मौलिकता में विकसित होकर समाज में प्रतिफलित होता है और मानवीय जीवन के सामाजिक प्रयोजन को सिद्ध करता है। कबीर और ईसाई दर्शन, दोनों के ईश्वर-चिन्तन के विषय में यही पृष्ठभूमि, परिकल्पना और उनके सामाजिक आशयसम्बन्धी मान्यता स्पष्ट रूप से दृष्टिगोचर होती है। कबीर के ईश्वर-चिन्तन की विशिष्टता एवं परम्परा की ईसाई-परम्परा से परितुलना के विभिन्न निष्कर्षों को प्रस्तुत करना ही इस अध्याय का प्रमुख लक्ष्य है।

1. कबीर के ईश्वर-चिन्तन की पृष्ठभूमि का ईसाई पृष्ठभूमि से साम्य-वैषम्य

दृष्टि का स्रोत चिन्तन है और चिन्तन का स्रोत चिन्तनशील व्यक्ति। व्यक्ति के परम्पराधारित तथा वातावरण-सापेक्ष चिन्तन की उपज है उसकी रचना। जब महापुरुषीय व्यक्तित्व ऐतिहासिक परिस्थितियों के आलोक में समाज की वैचारिक विरासत पर चिन्तन करता है तब भविष्य का दिशा-निर्देश करनेवाले उत्कृष्ट साहित्य की रचना सम्पन्न होती है। कबीर तथा ईसा, दोनों के सन्दर्भ में कुछ इसी प्रकार की घटनाएँ घटित होकर ईश्वर-चिन्तन-विषयक कतिपय शाश्वत तत्त्वों की पृष्ठभूमियाँ सिद्ध हुई हैं।

जैसा कि पहले ही कहा जा चुका है, 'पुराना विधान' ईसा पूर्व के यहूदी ईश्वर-चिन्तन का ऐसा मूलाधार है जो सहज रूप में 'नया विधान' के ईसाई ईश्वर-चिन्तन की पृष्ठभूमि बन सका है। ठीक उसी प्रकार श्रौत-परम्परा से लेकर उपनिषद्, गीता, अद्वैत दर्शन, वैष्णव-भक्ति-दर्शन, बौद्ध, जैन, नाथ आदि तक के चिन्तन ने कबीर के ईश्वर-चिन्तन की पृष्ठभूमि तैयार की है।

कबीर-साहित्य और बाइबिल : आधारभूत साम्यासाम्य

कबीर और ईसाई ईश्वर-चिन्तन की पृष्ठभूमि के साम्य-वैषम्य की विवेचना के सन्दर्भ में 'कबीर-साहित्य' और 'बाइबिल' की प्रासंगिकता मात्र परिप्रेक्ष्यगत है। कबीर-चिन्तन और ईसाई-दर्शन दोनों की ईश्वर-दृष्टियाँ अपने-अपने मूल साहित्य पर अवलम्बित हैं। इसलिए दोनों की साहित्यगत विशेषताओं को एक-दूसरे की दृष्टि से परखना ईश्वर-चिन्तन की पृष्ठभूमि के लिए आवश्यक है।[1]

1. कबीर-साहित्य की विस्तृत चर्चा के लिए द्रष्टव्य : प्रस्तुत ग्रन्थ, अध्याय 2, पृ. 69-79; बाइबिल की विस्तृत चर्चा के लिए द्रष्टव्य : प्रस्तुत ग्रन्थ, अध्याय 1, पृ. 27-36

प्रस्तुत ग्रन्थों का नाम और अर्थ-विस्तार : सर्वप्रथम, 'बाइबिल' और 'कबीर-साहित्य' अथवा 'कबीर-ग्रन्थावली' अथवा 'बीजक' के नाम और उसके अर्थ-विस्तार का विवेचन करना उचित है। बाइबिल के विषय में यह देखा जा चुका है कि 'बाइबिल' नाम मूलतः फिनीशिया के एक शहर का नाम था, जहाँ से कागज़ बनाने का कच्चा माल आयातित किया जाता था, और बाद में यहूदी और ईसाई धर्म-पुस्तकों के लिए 'पुस्तक' के अर्थ में प्रयुक्त होने लगा। व्यापक अर्थ में यह शब्द किसी भी विषय की प्रामाणिक रचना के लिए प्रचलित हुआ। नाममात्र से बाइबिल की अन्तर्वस्तु का अनुमान नहीं लगाया जा सकता है। अतः 'बाइबिल' नाम विशाल होने के साथ-साथ सामान्य भी है।

इस प्रकार, 'कबीर साहित्य' भी कबीर की रचनाओं को इंगित करता है। परन्तु यह मात्र एक साहित्यांश का परिचय देता है। 'बीजक' नाम 'कबीर-साहित्य' की तुलना में अधिक सार्थक है। प्रचलित अर्थ में बीजक वह सूची है, जिसमें किसी माल का ब्यौरा, दर और मूल्य आदि लिखा हो। अपने अन्य अर्थ में, बीजक गुप्तधन बतानेवाली सूची है। बीजक का कबीर की रचनाओं से प्रत्यक्ष सम्बन्ध नहीं होने पर भी कबीर-पन्थियों में कबीर की रचनाएँ 'बीजक' के नाम से ही जानी जाती हैं। साहित्य की दृष्टि से बीजक को कबीर की रचनाओं का एक प्रमुख संग्रह होने की मान्यता प्राप्त है।

तुलनात्मक स्तर पर ईसाई धर्म-पुस्तक बाइबिल के समकक्ष कबीर-पन्थ में स्वीकृत 'बीजक' को ही मानना उचित है, क्योंकि ईसाई मत में बाइबिल की जो मान्यता है वही मान्यता कबीर-पन्थ में 'बीजक' की है। लेकिन अधिकतर विद्वानों के बीच 'कबीर-ग्रन्थावली' को बीजक से कहीं अधिक मान्यता प्राप्त है। इसलिए कबीर-वाणी या कबीर-साहित्य के उपजीव्य के रूप में 'कबीर ग्रन्थावली' सर्वाधिक मान्य है। अतः इस ग्रन्थ में 'कबीर-ग्रन्थावली' को ही कबीर के विचारों के स्रोत के रूप में स्वीकार किया गया है। बाइबिल ईसाई धर्म की धर्मपुस्तक होकर भी उससे अधिक व्यापक मान्यता से युक्त है। वह कई साहित्यों और विचारधाराओं का आधार बनकर विशाल धरातल पर प्रतिष्ठित है। अतः ईसाई दर्शन के आधार के रूप में 'बाइबिल' और कबीर-दर्शन के आधार के रूप में 'कबीर ग्रन्थावली' इस अनुसन्धान के स्रोत-ग्रन्थों के रूप में स्वीकृत हैं।

साहित्यग्रन्थ अथवा धर्मग्रन्थ? : बाइबिल व कबीर-बीजक दोनों साहित्यग्रन्थ एवं धर्मग्रन्थ के रूप में मान्य हैं। बाइबिल केवल ईसाइयों का ही धर्म-ग्रन्थ नहीं है, वरन् विश्व के सर्वोत्तम और सर्वमान्य धर्म-ग्रन्थों में भी परिगणित होती है। इसका शीर्षक भी 'पवित्र बाइबिल' के रूप में स्वीकृत है और यह तथ्य उसकी धार्मिक पवित्रता की ओर संकेत करता है। बाइबिल ईश्वर की वाणी है। यह मनुष्य के लिए ईश्वर का सन्देश है और मानव मात्र के लिए ईश्वर की मुक्ति-योजना की कथा है। इस रूप में बाइबिल धार्मिकता तथा आध्यात्मिकता का अनन्य स्रोत है।

बीजक, जो कि कबीर-साहित्य का एक साम्प्रदायिक संस्करण है, कबीर-पन्थ में पूज्य ग्रन्थ के रूप में प्रतिष्ठित है। कबीर-पन्थी कबीर को भगवान के अवतार के रूप में मानते हैं और उनकी वचन-सुधा को ईश्वर की वाणी समझते हैं। कबीर की रचनाओं की अन्तर्वस्तु मुख्यतः ईश्वर-चिन्तन ही है। उनके काव्य के लौकिक रूपकों में भी अलौकिक तत्त्व अदृश्य रूप से विद्यमान हैं। भक्ति-भाव उनकी रचनाओं का प्राण है। अतः यह निस्सन्देह कहा जा सकता है कि बीजक कबीर-पन्थ का धर्म-ग्रन्थ है। बीजक ही कबीर-पन्थ में दीक्षित साधु-सन्तों तथा उससे

सम्बन्धित गृहस्थ सदस्यों के जीवन-मार्ग को निर्देशित करता है।

तुलनात्मक रूप में देखा जाए तो बाइबिल विश्व-स्तर के धर्म-ग्रन्थों की प्रथम श्रेणी में जब रखी जा सकती है, तब 'बीजक' नामक कबीर-रचना केवल कबीर-पन्थ में ही सीमित है। बाइबिल धर्म-पुस्तक के रूप में ही लिखी गई थी, जबकि बीजक कबीर-पन्थ की साम्प्रदायिक मान्यता के कारण ही धर्म-ग्रन्थ माना जाता है। बाइबिल विश्व-व्यापी मानव-जाति के बीच प्रचार-प्रसार की दो सहस्राब्दियों की यात्रा तय कर चुकी है, जबकि बीजक का मात्र चार-पाँच शताब्दियों का ही सीमित इतिहास है। यह कहना अनुचित नहीं है कि बाइबिल से बीजक की तुलना कदापि युक्तिसंगत नहीं हो सकती है। फिर भी धर्म-ग्रन्थ के रूप में बाइबिल जो महत्तम भूमिका अदा कर रही है उसी दिशा में कबीर-बीजक भी एक महत्त्वपूर्ण धार्मिक प्रयास है। अतः अपने आध्यात्मिक और सामाजिक दृष्टिकोण के धरातल पर दोनों तुलनात्मक दृष्टि से विश्लेष्य और शोध्य हैं।

बाइबिल की मान्यता एक साहित्य-ग्रन्थ के रूप में भी है। बाइबिल की भाषा उच्चकोटि की मानी जाती है। बाइबिल की सभी रचनाएँ साहित्य की दृष्टि से भी अतुलनीय हैं। इसलिए बाइबिल को विश्व के गौरव-ग्रन्थों में प्रतिष्ठा प्राप्त है। बाइबिल में साहित्य की विभिन्न शैलियाँ पाई जाती हैं। 'पुराना विधान' के अन्तर्गत इसकी सात रचनाएँ (जो काव्यात्मक या उपदेशात्मक ग्रन्थ के रूप में अभिहित हैं) विशेष उल्लेखनीय हैं। इन ग्रन्थों में धार्मिक काव्य, प्रेम-काव्य, चिन्तनशील-काव्य आदि सम्मिलित हैं। इनमें से कुछ ग्रन्थ काव्यात्मकता की दृष्टि से विश्व-साहित्य की बहुमूल्य निधि हैं। लेकिन बाइबिल की अधिकांश रचनाएँ ईश्वर की वाणी के रूप में धार्मिक सन्देश से ओत-प्रोत हैं और साधारण काव्य या साहित्य की श्रेणी में गिनी नहीं जा सकती हैं। उन्हें भक्ति-साहित्य या धार्मिक साहित्य कहना अधिक युक्तिसंगत है।

कबीर का साहित्य भी भक्ति-साहित्य है। यह सन्त-काव्य के समस्त गुणों से विभूषित है। कबीर का काव्य भक्तिकाव्य की अमूल्य निधि है। उसमें ईश्वर-चिन्तन की धारा एक विशाल स्रोतस्विनी के रूप में प्रवाहित होती है। वह अध्यात्म-सन्देश से पूर्णतः ओतप्रोत है। फिर भी, कबीर-साहित्य पूर्णतः काव्य है। श्रेष्ठतम काव्य की समस्त विशेषताएँ उनके काव्य में सर्वत्र भले ही न हों, परन्तु अधिकांश भाग में ये अवश्य उपलब्ध हैं। कबीर का काव्य काव्यशास्त्रीय दृष्टि से सृजित नहीं है, बल्कि वह स्वतः ही काव्य बन गया है। कबीर-साहित्य की काव्यात्मकता स्वतः सिद्ध है।

तुलनात्मक परिप्रेक्ष्य में यह कहा जा सकता है कि कबीर-साहित्य मुख्यतः काव्य है। यह गौण रूप से ही भक्ति-ग्रन्थ है और कबीर-पन्थ के साम्प्रदायिक सन्दर्भ में यह एक धर्म-ग्रन्थ भी है। बाइबिल मुख्य रूप से धर्म-ग्रन्थ है और गौण रूप से ही काव्य या साहित्य-ग्रन्थ है। कबीर-साहित्य की औपचारिक मान्यता उसमें अन्तर्निहित अध्यात्म-तत्त्वों के प्रबल स्वर के बावजूद साहित्य या काव्य के क्षेत्र में है जबकि बाइबिल काव्यगत या साहित्यगत विशेषताओं से युक्त होने पर भी औपचारिक तौर पर धर्म के क्षेत्र में स्वीकृत है। फिर भी, दोनों में विद्यमान साहित्य और धर्म का सामंजस्य ईश्वर-चिन्तन के क्षेत्र में एक संयुक्त सरणी को प्रशस्त करता है और ईश्वर-चिन्तन के क्षेत्र में तुलनात्मक अध्ययन के योग्य है।

स्वलिखित रचना नहीं, रचना-संग्रह : यद्यपि कबीर-साहित्य कबीर के नाम पर प्रचलित है, फिर भी यह कबीर द्वारा लिखित नहीं है। कबीर का निरक्षर होना प्रसिद्ध है। 'मसि कागद छुयो नहीं'–से यही बात इंगित होती है। अर्थात् कबीर-साहित्य कबीर की स्वलिखित रचना नहीं है।

'बाइबिल' शब्द मूल रूप से 'पुस्तक' से जुड़ी हुई होकर किसी व्यक्ति से सम्बद्ध नहीं है। ईसाई धर्म-दर्शन का आधार-ग्रन्थ होने के कारण बाइबिल को ईसाई धर्म के मूल पुरुष ईसा पर अवलम्बित होना चाहिए। लेकिन, बाइबिल न तो ईसा पर आधारित है, न उसकी कोई रचना ईसा द्वारा लिखित है। ईसा धर्म-पुरुष थे और उन्होंने अपने हाथों से कुछ नहीं लिखा। अर्थात् बाइबिल ईसा की स्वलिखित रचना नहीं है। अतः कबीर-साहित्य और बाइबिल दोनों अपने-अपने मूल पुरुष द्वारा लिखित रचनाएँ नहीं हैं।

कबीर-साहित्य और बाइबिल दोनों कई रचनाओं के संग्रह-रूप हैं। कबीर-साहित्य में मुख्यतः तीन प्रकार की रचनाएँ हैं—साखी, सबद और रमैनी। इनके अलावा, कहरा, बसन्त आदि अन्य प्रकार की रचनाएँ भी कबीर-साहित्य में सम्मिलित हैं। मुक्तक-शैली में निर्मित कबीर की अनेक रचनाएँ साखी, सबद, रमैनी नामक तीन उप-संग्रहों में उपलब्ध हैं। कबीर के शिष्यों द्वारा, कबीर के मृत्योपरान्त, संकलित होने के कारण कबीर की सभी उक्तियाँ उसमें मूल रूप से सम्मिलित मानी जाती हैं। परन्तु सम्भावना यह है कि कुछ शिष्यों ने अपनी रचनाओं को श्रद्धावश कबीर की रचनाओं के साथ सम्मिलित कर लिया और कबीर की मूल-रचनाएँ अन्य तत्त्वों से मिश्रित हो गईं। जो भी हो, कबीर-साहित्य अन्यों द्वारा संकलित कबीर की रचनाओं का संग्रह है, यह बात निश्चित है। इसी प्रकार, बाइबिल भी एक रचना न होकर अनेक रचनाओं का संग्रह है। वर्तमान बाइबिल में पुराने और नए विधानों के क्रमशः 46 तथा 27 रचनाओं को मिलाकर कुल 73 रचनाएँ सम्मिलित हैं। इनमें सन्त पौलुस की कई रचनाएँ मिलती हैं। कुछ सन्दर्भों में दो या तीन रचनाएँ एक ही लेखक के नाम से सम्बद्ध हैं। कुछ रचनाओं के लेखक असन्दिग्ध होकर भी किसी-न-किसी लेखक के नाम से प्रसिद्ध हैं। अनेक रचनाओं का संग्रह होने के कारण बाइबिल विभिन्न साहित्यिक शैलियों तथा विचार-धाराओं को प्रस्तुत करती हैं। यह भी उल्लेखनीय है कि बाइबिल कबीर-साहित्य की तुलना में अधिक बृहत्काय है।

विभाजन, भाषा, अनुवाद और संस्करण : बाइबिल के नए-पुराने विधान क्रमशः 46 तथा 27 पुस्तकों में समाविष्ट हैं और प्रत्येक पुस्तक कई अध्यायों में तथा प्रत्येक अध्याय कई 'वाक्यों' में विभाजित हैं। कबीर साहित्य मुख्यतः साखी, सबद, रमैनी में विभाजित है। साखियाँ 59 'अंगों' में विभाजित हैं और प्रत्येक अनुभाग में अनेक साखियाँ हैं। उसका सबद-भाग रागों के अनुसार विभाजित है और उसकी रमैनियाँ पद-संख्या के अनुसार दुपदी, चौपदी-जैसे शीर्षकों में विभाजित हैं। बाइबिल और कबीर-साहित्य दोनों अपने वर्तमान स्वरूप में क्रमानुसार विभाजित और व्यवस्थित होकर उपलब्ध हैं।

बाइबिल के दोनों भागों की मूलभाषा क्रमशः इब्रानी और यूनानी है। सम्पूर्ण बाइबिल का अनुवाद अब तक हजारों भाषाओं में उपलब्ध है। कबीर साहित्य की मूल-भाषा एक प्रकार की पंचमेल सधुक्कड़ी बताई जाती है और विभिन्न संग्रहों में कुछ भिन्नता के साथ उसकी वही भाषा सुरक्षित है। अंग्रेज़ी के अलावा कुछ अन्य भाषाओं में भी कबीर-काव्य का अनुवाद आंशिक रूप से उपलब्ध है। काव्य होने के कारण अनुवाद की सम्भावनाएँ उसमें असम्भव न होकर भी सीमित हैं।

बाइबिल के अनेक संस्करण उपलब्ध हैं। लेकिन कैथॅलिक ईसाई समाज द्वारा मान्यता प्राप्त 'पवित्र बाइबिल' के हिन्दी संस्करण को इस अनुशीलन का आधार बनाया गया है। ठीक उसी प्रकार कबीर-साहित्य के भी कई संस्करण उपलब्ध हैं, जिनमें तीन मुख्य हैं। इनमें डॉ. श्यामसुन्दर

दास द्वारा सम्पादित 'कबीर-ग्रन्थावली' का संस्करण ही यहाँ कबीर-सम्बन्धी अध्ययन का आधार माना गया है।

प्रामाणिकता का प्रश्न : बाइबिल के सन्दर्भ में प्रामाणिकता अत्यन्त महत्त्वपूर्ण बात है। बाइबिल उन रचनाओं का नाम है जिन पर कलीसिया अर्थात् ईसाई समाज ने प्रामाणिकता की मुहर लगाई है। इस दृष्टि से बाइबिल का वर्तमान पूर्वभाग अपनी मूल यहूदी बाइबिल में कुछ रचनाओं को घटा-बढ़ाकर अंगीकृत है। इसके अलावा, बाइबिल की कुछ रचनाओं का सन्दिग्ध प्रमाण होने के कारण उन्हें अप्रामाणिक कृतियों की सूची में रखा गया है। इसमें खूबी यह है कि बाइबिल मात्र एक प्राचीन निर्जीव पुस्तक न होकर कलीसिया के जीवन से अभिन्न रूप से जुड़ी रहती है। ईसाई धर्मावलम्बियों के अध्ययन-अनुशीलन के परिणामस्वरूप बाइबिलीय सत्यों की जो नई दृष्टियाँ तथा व्याख्याएँ उभरकर सामने आती हैं। उनका एक स्थूल सामाजिक एकरूपता के लिए धर्मसमाज की प्रशासनिक सत्ता द्वारा अंगीकार होता है। इसलिए सिद्धान्त और व्यवहार में सन्तुलन बना रहता है। इस प्रकार पुस्तक का जीवन से और आचार का विचार से सेतु-बन्धन का कार्य प्रामाणिकता के माध्यम से व्यावहारिक तौर पर सम्पन्न हो जाता है। अतः बाइबिल की रचनाएँ अपने आन्तरिक सन्देश के निरन्तर नवीनीकरण द्वारा सदैव युगानुकूल तथा समाजोपयोगी बनी रहती हैं।

कबीर-साहित्य के विषय में प्रामाणिकता कुछ विकट प्रश्न है। कबीर-पन्थ के सीमित सन्दर्भ में बीजक की साम्प्रदायिक मान्यता है। उसकी टीकाएँ कबीर-पन्थ के परम्परानुकूल ही चलती हैं। वे कबीर-पन्थ की लगभग सभी शाखाओं में स्वीकृत हैं। लेकिन कबीर-साहित्य के दो अन्य प्रमुख संग्रहों को कबीर-पन्थ में स्वीकृति प्राप्त नहीं है। जब यह बात निश्चित है कि स्वयं कबीर-पन्थ कबीर की जीवन-दृष्टि के प्रतिकूल है तो उस पन्थ की स्वीकृति कबीर-साहित्य के लिए एकदम गौण ठहरती है। साथ ही, हम यह भी देख चुके हैं कि कबीर-साहित्य की प्रथम मान्यता साहित्य के क्षेत्र में है और उसकी प्रामाणिकता का निर्धारण खासतौर पर कबीर-साहित्य के अनुसन्धित्सु विद्वानों के समाज द्वारा होना ही उचित है। इस सन्दर्भ में कबीर साहित्य बाइबिल से सर्वथा भिन्न है। क्योंकि इसकी प्रामाणिकता धर्म-समाज और उसके विश्वासी विद्वानों द्वारा निर्धारित है। कबीर-साहित्य का आविर्भाव जब से हुआ था तब से लेकर अध्यवसायी शोधकर्ताओं के भिन्न-भिन्न निष्कर्षों तथा भाष्यों के द्वारा कबीर की जीवन-दृष्टि की जो नई-नई परतें खुलती जा रही हैं, वे स्वयं में कबीर-साहित्य की प्रामाणिकता का माध्यम हैं। यह नहीं कहा जा सकता है कि कबीर-साहित्य की प्रामाणिकता-निर्धारण में एकरूपता का पूर्ण अभाव है।

प्रेरणा : ईसाई मान्यता है कि बाइबिल ईश्वर की प्रेरणा से रची गई थी। तभी बाइबिल 'ईश्वर की वाणी' कहलाती है। मानवीय उपकरण द्वारा ईश्वरीय सन्देश की अभिव्यक्ति ही बाइबिल है। ईसाई धार्मिक विश्वास की इस व्यापक मान्यता पर किसी भी प्रकार का विवाद अनावश्यक है। अब प्रश्न यह है कि कबीर के काव्य को भी ईश्वर-प्रेरित कहना तर्कसंगत है या नहीं। सम्पूर्ण सृष्टि को और विशेषतौर पर मनुष्य को ईश्वर-प्रणीत मानते समय इस तथ्य को अंगीकार करना ही होता है कि प्राण या जीवन का मूल स्रोत ईश्वर है। ईश्वर-प्रेरणा सम्पूर्ण जीवन में व्याप्त है। कला या काव्य भी इसी ईश्वर-प्रेरणा का सूक्ष्म रूप है। कलात्मक रचना या काव्य-सृजन ईश्वर की विशेष प्रेरणा से ही सम्भव है। इस दृष्टि से कबीर के काव्य को ईश्वर-प्रेरणा से पृथक् करना अतार्किक है। साथ ही, कबीर की उक्तियाँ अपनी ईश्वरानुभूति के

गहन सागर के मन्थन से निकली अनुपम मोतियाँ हैं। निष्कर्ष यह है कि कबीर का काव्य या कबीर-साहित्य ईश्वर-प्रेरित है।

ईश्वर-प्रेरणा की बात बाइबिल और कबीर-काव्य दोनों पर स्वीकृत करने पर भी उनके पारस्परिक अन्तर को भी मानना अनिवार्य है। बाइबिल पर ईश्वर-प्रेरणा की बात धर्म-समाज द्वारा मान्यता प्राप्त है, जबकि कबीर के काव्य पर ईश्वर-प्रेरणा एक बुनियादी कलामूलक निरूपण और अनुभूति है। फिर भी, कबीर का साहित्य भक्ति-काव्य होने के कारण ईश्वर-दृष्टि और ईश्वरानुभूति से ओत-प्रोत है। रहस्यदर्शी कबीर के काव्य में ईश्वर-प्रेरणा से प्रसूत अध्यात्म-तत्त्व ही प्रमुख है। इसलिए प्रकारान्तर से कबीर के काव्य को काव्यात्मक तथा आध्यात्मिक प्रेरणा से युक्त कहना पूर्णतः युक्ति-संगत है।

केन्द्रीय सन्देश और जीवन-दृष्टि : बाइबिल ईश्वर की वाणी है। वह मनुष्य के लिए ईश्वर की मुक्ति-योजना है। वह मानवमात्र के लिए ईश्वर की प्रेम-कथा है। वह ईश्वर के विशालतम पितृत्व की रूपरेखा है जिसके छायान्तर्गत मानव-मानव में पारस्परिक भ्रातृ-प्रेम का दिव्य समाज बन जाता है। ईश्वर का स्नेहपूर्ण और समर्पित पितृत्व बाइबिल का केन्द्रीय सन्देश है। मनुष्य-मनुष्य में भ्रातृप्रेम और सेवा से परिपूर्ण मानव-समाज बाइबिल की जीवन-दृष्टि है।

कबीर-साहित्य भी पूर्णतः अध्यात्म-तत्त्व से भरपूर है। कबीर के ईश्वर-चिन्तन के अन्तर्गत ईश्वर-दृष्टि से आलोकित एक आध्यात्मिक समाज का निरूपण भी है। ईश्वरानुभूति ने कबीर को समाजोन्मुख बनाया है। निर्मल जीवन, प्रेम और नर-सेवा के माध्यम से समभाव से सुलभ सार्वजनिक ईश्वर-कल्पना में कबीर साहित्य का केन्द्रीय सन्देश एक उत्तम जीवन-दृष्टि को प्रदान करता है। इस प्रकार कबीर-साहित्य भी बाइबिल के समान अध्यात्म-चिन्तन-प्रधान साहित्य कहा जा सकता है। बाइबिल गद्य या गद्य-काव्य है, जबकि कबीर-साहित्य पूर्णतः काव्य है। लेकिन, अध्यात्म-चिन्तन का केन्द्रीय सन्देश और तज्जनित आध्यात्मिक समाज की जीवन-दृष्टि के निरूपण के सन्दर्भ में बाइबिल और कबीर-साहित्य केवल नगण्य अन्तर रखते हुए प्रतीत होते हैं।

निष्कर्ष के रूप में यहाँ यह उल्लेखनीय है कि बाइबिल ने इन बीस शताब्दियों के अन्तर्गत हजारों भाषाओं में लाखों अनुसन्धित्सुओं द्वारा अनुशीलित होकर विश्वव्यापी यात्रा की है, जबकि कबीर-साहित्य लगभग चार शताब्दियों से मात्र भारत में (मुख्यतः उत्तरी भारत के कुछ स्थानों में) कुछेक शोधकर्ताओं तथा कबीर-पन्थियों में ही प्रचलित है। बाइबिल प्रधानतः धर्म-ग्रन्थ है जबकि कबीर-साहित्य मुख्यतः काव्य-ग्रन्थ है। फिर भी दोनों में क्रमशः काव्यात्मकता तथा धार्मिकता के तत्त्व भरपूर विद्यमान हैं। दोनों ईसा या कबीर द्वारा लिखित नहीं हैं, बल्कि अनेक शिष्यों द्वारा प्रणीत रचनाएँ हैं। बाइबिल को ईसाई समाज द्वारा औपचारिक प्रामाणिकता प्राप्त है जबकि कबीर-साहित्य को मुख्यतः विद्वान् शोधकर्ताओं द्वारा तथा बीजक को कबीर-पन्थियों द्वारा मान्यता प्राप्त है। बाइबिल ईश्वर-वाणी के रूप में ईश्वर-प्रेरणा से विशेषतः मुद्रांकित मानी जाती है जबकि कबीर-साहित्य काव्यात्मक तथा ईश्वरानुभूतिजन्य प्रेरणा से ओतप्रोत है। केन्द्रीय सन्देश तथा जीवन-दृष्टि के सन्दर्भ में भी बाइबिल के समान कबीर-साहित्य भी शुद्ध ईश्वर-धारणा तथा कोरी ईश्वर-साधना के आकाश से नीचे उतरकर मानवमात्र की प्रतिष्ठा को प्रतिपादित करता है। तदनुकूल आध्यात्मिक समाज की रचना के लिए वह भ्रातृप्रेम तथा मनुष्य-सेवा का उपाय प्रस्तुत करता भी है। इस प्रकार, बाइबिल और कबीर-साहित्य के बाह्य वैषम्यों से ध्यान हटाकर उनके आन्तरिक भाव पर दृष्टिपात् किया जाए तो स्पष्ट

होता है कि दोनों के भूमिकागत अस्तित्व में प्रभूत मात्रा में साम्य है। अतः सिद्ध होता है कि ईसाई ईश्वर-चिन्तन तथा कबीर के ईश्वर-चिन्तन के आधार के रूप में बाइबिल और कबीर-साहित्य समान धरातल पर स्थित हैं।

कबीर और ईसा मसीह : व्यक्तित्व-तारतम्य

कबीर-साहित्य और ईसाई बाइबिल में प्रतिफलित केन्द्रीय व्यक्तित्व क्रमशः कबीर[1] और ईसा मसीह[2] का है। उन महान् व्यक्तित्वों के अभाव में तत्सम्बन्धी साहित्य भी आविर्भूत नहीं हुआ होता। अर्थात् कबीर-चिन्तन में हो या ईसाई दर्शन में, ईश्वर-दृष्टि का यथार्थ आधार तत्सम्बन्धी साहित्य न होकर स्वयं कबीर या ईसा के व्यक्तित्व हैं। दोनों व्यक्तित्व विभिन्न संस्कृतियों, युगों तथा मान्यताओं से सम्बद्ध होकर अपनी-अपनी विशिष्टताएँ लिये हुए हैं। इन दोनों दिव्य पुरुषों के माध्यम से ही प्रस्तुत अनुसन्धान की मूल शिला का न्यास मजबूत होगा। ईसा का व्यक्तित्व-विश्लेषण प्रस्तुत शोध-प्रबन्ध में तीसरे अध्याय में किया गया है, क्योंकि ईसाई दर्शन के सन्दर्भ में ईसा का व्यक्तित्व ईसाई ईश्वर-परिकल्पना से अधिक सम्बद्ध है।

नाम-वैशिष्ट्य : दोनों के नाम साधारण न होकर कुछ विशिष्ट अर्थ लिए हुये हैं। 'कबीर' नाम 'श्रेष्ठ', 'महान्' आदि अर्थों में 'जो कुछ किया सु हरि किया ताथै भया कबीर' वाली उक्ति में अभिव्यक्त होता है और कबीर की महानता को द्योतित करता है। 'ब्रह्म' के अर्थ में 'कबीर' नाम कबीर के ईश्वर-तादात्म्य की ओर संकेत करता है। 'हल्के ढंग के काव्य' के रूप में 'कबीर' नाम आम जनता की भाषा में लोकप्रिय काव्य के प्रणेता के रूप में व्यक्त होता है। इस प्रकार 'कबीर' नाम अपने विशिष्ट अर्थों में व्यक्तित्व की महानता को स्थापित करता है।

इसी प्रकार ईसा का नाम भी विशिष्ट है। 'ईसा' नाम मूल रूप से इब्रानी 'यहोशूआ' से निष्पन्न है और इस शब्द का अर्थ 'यहोवा' अर्थात् 'प्रभु मुक्ति या उद्धार करता है'। ईसा पर आरोपित होकर वे शब्द ईश्वरीय व्यक्तित्व को अभिव्यंजित करते हैं। ईसा अर्थात् 'एम्मानुएल' शब्द का अर्थ ('ईश्वर हमारे साथ है') भी ईसा के व्यक्तित्व को ऐश्वरिक गुणों से विभूषित कर देता है। 'मसीहा' शब्द भी 'अभिषिक्त' के अर्थ में ईसा के औपचारिक दिव्य पुरुषत्व का समर्थन करता है।

तुलनात्मक तौर पर देखा जाय तो ईसा का नाम यहूदी परम्परा में, 'पुराना-विधान', में उल्लिखित है और यह नाम यहूदी-ईसाई मान्यता के अनुसार समूची मानव जाति के उद्धारकर्ता का प्रतीकात्मक नाम था। लेकिन कबीर के नाम के साथ ऐसी कोई बात नहीं है। 'ईसा' नाम में 'ईश्वरीय पुरुषत्व' प्रतिफलित होता है जबकि 'कबीर' नाम के साथ ऐसा नहीं है। 'ईसा' शब्द लगभग पूर्णतः पारलौकिक अर्थ-वैशिष्ट्य से अलंकृत है जबकि 'कबीर' शब्द लौकिक स्तर पर विशिष्टतम अर्थों में परिपुष्ट है। इतना तो कहा जा सकता है कि दोनों महापुरुषों के नाम-विश्लेषण में कुछ दिव्य विशिष्टता का साम्य अवश्य है।

जीवन-वृत्त की विलक्षणता : ईसा और कबीर दोनों के जीवन-वृत्त के विषय में कई विलक्षण तत्त्व द्रष्टव्य हैं। ईसा का आविर्भाव-काल अब जो प्रचलित है वह न होकर उससे चार वर्ष पीछे और तिथि वर्तमान तिथि से कुछ दिन पश्चात् होना लगभग निश्चित है। कबीर का आविर्भाव-काल भी ई. सन् 1398 अधिक सम्भावित होते हुए भी सन्दिग्ध है। ईसा और कबीर दोनों का

1. कबीर के व्यक्तित्व-विश्लेषण के लिए द्रष्टव्य : प्रस्तुत ग्रन्थ, अध्याय 2, पृ. 80-96
2. ईसा मसीह के व्यक्तित्व-विश्लेषण के लिए द्रष्टव्य : प्रस्तुत ग्रन्थ, अध्याय 3, पृ. 112-130

आविर्भाव रहस्यमय रहा है। ईसा का जन्म मानव-जन्म की सामान्य प्रक्रिया से हटकर ईश्वरीय शक्ति से होना सुसमाचारों में उल्लिखित तथा ईसाई समाज द्वारा मान्य है। दन्तकथाओं के अनुसार विधवा ब्राह्मणी का पुत्र होकर लहरतारा तालाब में प्रकाशित बताया जाना कबीर के विषय में भी विलक्षण बात है। यूसुफ का ईसा का पालक-पिता होना तथा नीरू-नीमा नामक मुसलमान दम्पति का कबीर का माता-पिता होना भी प्रायः सर्वस्वीकृत तथ्य है। मानव-पिता का न होना ईसा के तथा असली माता-पिता का अज्ञात रहना कबीर के भी विलक्षण आविर्भावों के साम्य के बिन्दु हैं। ईसा और कबीर दोनों का प्रौढ़ावस्था तक का जीवन अज्ञात है। दोनों का पारिवारिक जीवन भी ध्यान देने योग्य बिन्दु है। ईसा अविवाहित और पूर्ण सन्त थे। असामान्य बुद्धि, ज्ञान और विवेक से सम्पन्न होकर बारह वर्ष की आयु में ही वे पंडितों से तर्क-वितर्क करते थे। 'सुसमाचार' के प्रचार के लिए वे अन्तिम तीन वर्ष पूर्णतः भ्रमण में ही रहे। ईसा की बातों को सुनकर उनकी माँ मरियम भी आश्चर्यचकित हो जाती थीं। कबीर का साधु-सत्संग के लिए देश-भ्रमण, अपने घर पर साधुओं का आतिथ्य-सत्कार, भक्ति-प्रवणता के कारण गृहस्थी में ध्यान का कम होना आदि बातें भी प्रसिद्ध हैं।

ईसा का परम पिता ईश्वर के अवतार-स्वरूप होना पूर्णतः स्वीकृत बात है। कबीर-पन्थियों ने कबीर को अवतार घोषित किया है। ईसा पर यह बात उनकी अपनी बातों से ही सिद्ध होती है, जबकि कबीर के सम्बन्ध में यह बात उनकी दृष्टि के विपरीत प्रतीत होती है। दोनों का जीवनवृत्त अन्तर्साक्ष्य तथा बहिर्साक्ष्य पर खरा उतरता है। लेकिन ईसा की जीवनी मुख्यतः अन्तर्साक्ष्य पर विश्लेषित है जबकि कबीर की जीवनी मुख्यतः बहिर्साक्ष्य पर आधारित है। दोनों का निधन भी कुछ विलक्षण था। ईसा ने क्रूसारोपित होकर लज्जाजनक मृत्यु का वरण किया तथा अपने पुनरुत्थान से मृत्यु को पराजित किया जबकि कबीर ने मृत्यु-समय पर अधमों का स्थान माने जानेवाले मगहर जाकर तिरोधान प्राप्त किया और मगहर की अधमता को दूर किया। इस प्रकार ईसा और कबीर आविर्भाव से लेकर तिरोधान तक अपने-अपने जीवन-वृत्तों में सन्दिग्धता, रहस्यमयता, महामानवत्व आदि विलक्षणताओं में साम्य रखते हैं।

प्रतिभा और स्वतन्त्र चिन्तन : ईसा और कबीर दोनों प्रतिभा-सम्पन्न व्यक्ति थे। बारह वर्ष की आयु में पंडितों से तर्क-वितर्क करना, अपने शत्रुओं के गलत उद्देश्यों को भाँपकर चतुराई से उत्तर देना आदि ईसा के प्रतिभावान व्यक्तित्व के प्रमाण हैं। कबीर की प्रतिभा तत्त्व के ग्रहण तथा धारण, उद्भावना तथा स्मरण की शक्तियों में प्रतिफलित है। 'नया विधान' स्वयं ईसा के स्वतन्त्र चिन्तन का अटल प्रमाण है। 'पुराना विधान' की भाव-धाराओं को स्वीकार करते हुए भी अपने स्वतन्त्र चिन्तन तथा ईश्वर-साक्षात्कार द्वारा प्राचीन की नई व्याख्याएँ तथा मौलिक दृष्टियाँ ईसा ने प्रस्तुत कीं। ईसा द्वारा आविष्कृत नवीन विधान तथा ईसाई धर्म भी ईसा के प्रतिभा-मंडित स्वतन्त्र-चिन्तन की उपज है। ईसा की अध्यात्म तथा मानव-दृष्टि की कुछ बातें सम्पूर्ण मानवजाति के लिए सदैव मौलिक तथा अनुपम रहेंगी, इसमें कोई सन्देह नहीं है। कबीर ने भी गहन आत्म-चिन्तन किया तथा स्वानुभूति की विशिष्ट कसौटी पर परखकर अपनी मौलिक ईश्वर-दृष्टि और जीवन-दृष्टि को प्रस्तुत किया है। इस प्रकार ईसा और कबीर की प्रतिभा तथा स्वतन्त्र-चिन्तन ने दोनों को अपनी-अपनी भूमि पर गहराई में स्थापित किया है। लेकिन इस साम्य के साथ भी ईसा की प्रतिभा तथा ईश्वराधारित स्वतन्त्र-चिन्तन की विश्व-व्याप्ति को भुलाया नहीं जा सकता है।

मसीहापन, ईश्वर-पुत्रत्व और प्रतिरूपता : ईसा की मूल उपाधि है मसीहा, जिसका अर्थ

'अभिषिक्त' है। यह उपाधि उनकी वैयक्तिक नाम के साथ लगकर उनके व्यक्तित्व को सम्पूर्णता प्रदान करती है। ईसा अन्धों को दृष्टिदान देने, बन्दियों को मुक्त करने, दरिद्रों को सुसमाचार सुनाने, दलितों को स्वतन्त्र करने के लिए ईश्वरीय आत्मा से अभिषिक्त होकर आए थे। निम्न कोटि के लोगों के साथ तादात्म्य मसीहा की विशेषता थी। वे पापियों, निर्धनों, दलितों, तिरस्कृतों, रोगियों आदि से घुल-मिल जाते थे। निम्न वर्ग के लोगों की बस्ती गलीली में वे आविर्भूत भी हुए थे।

कबीर भी निम्न वर्ग के समाज के सदस्य होकर जन्मे थे। चातुर्वण्य की व्यवस्था से उद्भूत छुआछूत के कारण ईश्वरोपासना से वंचित अन्त्यजों के लिए भक्ति को सर्वजनसुलभ घोषित कर उन्होंने मानवमात्र का उद्धार किया तथा सबमें समत्व स्थापित करने का प्रयास किया। इस प्रकार औपचारिक तौर पर ईसा के समान आध्यात्मिक मसीहा न होकर भी कबीर ने तद्‌युगीन समाज में काफी हद तक मसीहा की भूमिका अदा की। ईसा का मसीहापन बुनियादी स्वभावगत, आध्यात्मिक तथा सामाजिक था, जबकि कबीर का मसीहापन सामाजिक भूमिकागत तथा अर्जित था।

ईसा ईश्वर के पुत्र माने जाते हैं। पिता परमेश्वर की स्वीकृति ईसा को इस सन्दर्भ में प्राप्त थी। ईश्वर-पुत्र होकर ईसा ईश्वरीय प्रतिरूपता से युक्त थे। लेकिन कबीर के सन्दर्भ में ऐसी कोई बात नहीं थी। ईश्वर-पुत्रत्व, प्रतिरूपता तथा मसीहापन ईसा मसीह की अपनी विशिष्टताएँ मानना ही उचित है।

क्रान्तिभावना और प्रगतिशीलता : ईसा ने संहिता-केन्द्रित प्राचीन विधान के स्थान पर प्रेम-केन्द्रित नवीन विधान का आविष्कार करके समाज में एक क्रान्ति उत्पन्न कर दी। नियम-केन्द्रित समाज-व्यवस्था तथा अनुष्ठान-केन्द्रित उपासना-विधान को तोड़ना ही उनकी असली क्रान्ति थी। प्रेम-मार्ग की स्थापना करके मानवता के मार्ग को प्रशस्त करना ईसा की प्रगतिशीलता थी। ईसा की यह क्रान्तिकारी प्रवृत्ति तथा प्रगतिशीलता आध्यात्मिक के साथ सामाजिक भी रही। कोढ़ी का स्पर्श करके उन्होंने उसे समाज में पुनर्स्थापित किया। सामाजिकता की भाषा में आध्यात्मिकता का अनुवाद करना ही ईसा की क्रान्तिकारी प्रगतिशीलता थी।

अन्त्यजों के लिए भक्ति सुगम बनाना कबीर की एक अनन्य क्रान्ति थी। विभिन्न धर्मों तथा सम्प्रदायों में प्रचलित संकीर्णता तथा पारस्परिक भेद-भाव मिटाने हेतु कबीर ने जो साहसपूर्ण कदम उठाया वह भी उनकी क्रान्तिकारिता का परिचायक है। मानवता की प्रतिष्ठा हेतु समाज-सुधार की योजना बनाकर उन्होंने मानव-समाज को प्रगति-पथ पर नए सिरे से प्रवृत्त किया। इस प्रकार कबीर ने भी क्रान्तिकारी प्रगतिशीलता का नेतृत्व करके तद्‌युगीन सामाजिक जीवन को अधिक सरल और सार्थक बनाने का उद्यम किया।

आध्यात्मिक व्यक्तित्व : ईसा का व्यक्तित्व पूर्णतः आध्यात्मिक है। राजनीतिक, आर्थिक, सामाजिक आदि क्षेत्रों में उनकी रुचि इतनी नहीं थी जितनी आध्यात्मिक जगत् में थी। ईश्वर के पुत्र, प्रतिरूप तथा मसीह होकर वे पृथ्वी पर ईश्वर का राज्य स्थापित करने के लिए अवतरित हुए थे। पापियों को पश्चात्ताप की ओर आमन्त्रित करना तथा पाप-क्षमा द्वारा उन्हें शुद्ध करके उनके हृदयों को ईश्वर-निवास के लिए तैयार करना ही उनका कार्य था। सामाजिक जगत् में इस आध्यात्मिकता का प्रभाव अवश्य था। मनुष्य और उसके समाज को देवालय बनाना इस आध्यात्मिकता तथा सामाजिकता के आपसी सम्बन्ध का प्रमाण था। इस प्रकार ईसा के आध्यात्मिक व्यक्तित्व ने मृत्यु द्वारा पुनरुत्थान में चरम सीमा को प्राप्त किया।

कबीर का व्यक्तित्व भी आध्यात्मिक रहा। अध्यात्म-चिन्तन ही उनकी मुख्य विचारधारा रही। ईश्वर-चिन्तन उनकी जीवन-दर्शन का प्राण था। उनका दर्शन वास्तव में धर्म-दर्शन है। उनका काव्य धार्मिक काव्य है। उनका आध्यात्मिक व्यक्तित्व ही काव्य में प्रस्फुटित हुआ। यह आध्यात्मिक व्यक्तित्व केवल सैद्धान्तिक न रहकर सामाजिक जीवन के व्यवहार में अभिव्यक्त भी हुआ। उनका मानववादी चिन्तन तथा समाज सुधार का उद्यम उनके आध्यात्मिक व्यक्तित्व का व्यक्त प्रमाण ही है।

तुलनात्मक दृष्टि से पता चलता है कि ईसा का आध्यात्मिक व्यक्तित्व उनका मूल स्वभाव है और वह विस्तृत धरातल पर प्रतिष्ठित है, जबकि कबीर का आध्यात्मिक व्यक्तित्व सीमित दायरे में स्थापित है। ईसा का आध्यात्मिक व्यक्तित्व ईश्वर-चिन्तन से मानव-चिन्तन में बड़े पैमाने पर निखरता है जबकि कबीर का आध्यात्मिक व्यक्तित्व छोटे पैमाने पर ही समाज-चिन्तन में प्रतिफलित है। ईसा का आध्यात्मिक व्यक्तित्व शुद्ध आध्यात्मिक है जबकि कबीर का आध्यात्मिक व्यक्तित्व अपने कवि-स्वरूप में काफी सीमा तक बँट गया है। इसलिए ईसा के दिव्य तथा ऐश्वरिक व्यक्तित्व में एक अतुलनीय विशिष्टता दिखाई देती है। फिर भी, कबीर का आध्यात्मिक व्यक्तित्व अपने कवि-व्यक्तित्व से जुड़कर समन्वयात्मक तथा गुणात्मक बन पड़ा है।

विशिष्ट ईश्वरानुभूति : ईसा धर्मपुरुष थे। बपतिस्मा तथा रूपान्तरण के अवसरों पर उनके स्वर्गिक पिता से ईश्वर-पुत्र होने की स्वीकृति मिली थी। ईश्वर का पुत्र होना ईसा की केन्द्रीय अनुभूति थी। योहन का सुसमाचार ईसा के ईश्वर-पुत्रत्व की अनुभूति से परिपूर्ण है। उनको लगा कि वे और पिता ईश्वर एक हैं और दोनों एक-दूसरे को इतना जानते हैं कि वह ज्ञान अन्य किसी के भी वश की बात नहीं है। इस विशिष्ट ईश्वरानुभूति में ईसा और पिता ईश्वर के बीच परस्पर प्रेम इतना तीव्र था कि मानो प्रेम की गहनतम गहराई तथा उच्चतम ऊँचाई दोनों एक हों। ईश्वरानुभूति इससे अधिक परिपक्व क्या हो सकती जब किसी को अनुभव हो कि ईश्वर अपने निजी पिता हैं और वह ईश्वर के निजी पुत्र हैं? ईसा की यह ईश्वरानुभूति, जो कि ईश्वर-पुत्रानुभूति से संवलित थी, ईश्वर-साक्षात्कार की पराकाष्ठा ही है।

कबीर ने भी ईश्वर को विशिष्ट तौर पर अनुभव किया। कबीर जटिल साधनाओं के विरोधाभासपूर्ण बन्धनों से मुक्त होकर एक सहज और सुगम ईश्वर की तलाश कर रहे थे। उनका ईश्वरान्वेषण व्यर्थ नहीं हुआ। विभिन्न धर्मों तथा सम्प्रदायों की भेदभाव तथा वैमनस्यपूर्ण सामाजिक परिस्थितियों में पलनेवाली संकुचित ईश्वर-धारणा को तिलांजलि देकर आत्म-चिन्तन और स्वानुभूति पर अवलम्बित होकर सच्चे अनुभव के ईश्वर को उन्होंने प्राप्त किया।

ईसा और कबीर की ईश्वरानुभूतियाँ अपने-अपने स्थान पर विशिष्ट होकर तुलना के परे प्रतिष्ठित हैं। ईसाई मान्यता के अनुसार ईसा की ईश्वरानुभूति शाश्वत तौर पर अद्वितीय है। कबीर की ईश्वरानुभूति पर दृष्टि डालने पर भी ऐसा लगता है कि उनकी भी ईश्वरानुभूति अद्वितीय है।

पन्थ-प्रवर्तक या परम्परा-प्रवर्तक? : ईसा और कबीर दोनों के नाम पर पन्थ प्रचलित है। ईसा के नाम पर ईसाई धर्म संस्थापित है तो कबीर के नाम पर कबीर-पन्थ भी प्रचलित है। विरोधाभास की बात यह है कि न ईसा पन्थ-प्रवर्तन के पक्ष में थे, न कबीर। दोनों की दृष्टि एक नई जीवन-शैली को आन्दोलन के रूप में प्रवर्तित करना मात्र थी। दोनों की विशाल दृष्टि

से लगभग विपरीत धर्म और पन्थ उनके नामों पर आधारित होकर प्रचलित हैं। दोनों के अनुयायियों ने अपने-अपने दिव्य पुरुष के क्रान्तिकारी और अलौकिक व्यक्तित्व से प्रभावित होकर ईसाई धर्म और कबीर-पन्थ को क्रमशः प्रारम्भ किया था। मूल पुरुषों के पन्थ-प्रवर्तन के प्रतिकूल होने पर भी उनके नाम पर हुए, पन्थ-प्रचलन के अन्तर्विरोध के विषय में ईसा और कबीर साम्य रखते हैं। अन्तर यह है कि सुसमाचारों में ईसा के शिष्यों पर कलीसिया की स्थापना की बात अंकित है। जबकि कबीर-साहित्य में ऐसा नहीं है। इसके साथ ही ईसा की कलीसिया ईसा के मूल आध्यात्मिक व्यक्तित्व तथा ईश्वर-राज्य की दृष्टि से आलोकित जीवन-पद्धति के रूप में अधिक तर्कसंगत है। जबकि कबीर मूलतः भक्त-कवि मात्र थे।

ईसा और कबीर में अधिक समानता परम्परा-प्रवर्तन में दर्शाई जा सकती है। दोनों की अपनी क्रान्ति-भावना, प्रगतिशीलता तथा अद्वितीय ईश्वरानुभूति में एक नए युग का प्रवर्तन निहित था। ईसा एक व्यक्ति नहीं थे, बल्कि एक विश्व-परम्परा की मूल कड़ी हैं। कबीर भी मात्र एक व्यक्ति न होकर एक परम्परा हैं। जिस प्रकार ईसा-परम्परा में एक सार्थक जीवन-पद्धति अभिव्यक्त है, ठीक उसी प्रकार कबीर-परम्परा में भी एक जीवन-पद्धति विद्यमान है। अन्तर यह है कि ईसा-परम्परा विश्व-स्तर पर लम्बे इतिहास के अन्तर्गत उत्तरोत्तर चरितार्थ होती आ रही है, जबकि कबीर-परम्परा सीमित दायरे में भी सामाजिक जीवन को चरितार्थ बनाने के अभियान में क्षीण है। इतना तो अवश्य कहा जा सकता है कि ईसा की विशाल परम्परा में कबीर-परम्परा भी एक प्रयास है।

कबीर-चिन्तन और ईसाई दर्शन के अवलम्बन-पुरुष (कबीर और ईसा) के व्यक्तियों के तारतम्य का सारांश यह है कि दोनों के नामों के अर्थ-वैशिष्ट्य में ही उनके व्यक्तित्वों की विशिष्टता द्योतित है। दोनों के जीवन-वृत्तों में कुछ विलक्षण तत्त्व भी समानता के बिन्दु हैं। दोनों प्रतिभामंडित व्यक्ति थे, स्वतन्त्र चिन्तक थे, और क्रान्तिकारी तथा प्रगतिशील पुरुष थे। दोनों के व्यक्तित्व आध्यात्मिक रहे। दोनों समाज के मसीह बने रहे। दोनों के नाम पर अपनी-अपनी विशिष्ट जीवन-दृष्टियों के लगभग प्रतिकूल ही पन्थ प्रचलित हुए। दोनों परम्परा-प्रवर्तक थे। दोनों की ईश्वरानुभूति विशिष्ट थी। ईसा के साथ ईश्वरानुभूति ईश्वर-पुत्रता, प्रतिरूपता तथा औपचारिक मसीहापन के लिए हुई थी। ईसा का व्यक्तित्व ईश्वरत्व से विशेष प्रकार से आलोकित था और उनका दिव्य और पारमात्मिक प्रभा-मंडल अनोखा था। उनका आध्यात्मिक पक्ष अति-प्रबल था, जबकि कबीर के व्यक्तित्व में चिन्तक, भक्त, कवि तथा समाज-सुधारक के पहलू अधिक प्रबल थे। दोनों सद्‌गुरु थे। लेकिन ईसा ईश्वर-गुरुरूप थे। दोनों विशिष्ट व्यक्तित्व से विभूषित थे। इस व्यक्तित्व-वैशिष्ट्य में दोनों सादृश्य रखते हुए भी अतुलनीय तौर पर 'विशिष्ट' है, ऐसा कहना उचित होगा। यह कहना युक्ति-संगत ही होगा कि ईसा की व्यक्तित्व-परम्परा की अनेक विशिष्टताएँ कबीर में विद्यमान हैं। अस्तु, इस व्यक्तित्व-तारतम्यता का मूल उद्‌देश्य यह सिद्ध करना है कि दोनों के व्यक्तित्व-वैशिष्ट्य ही कबीर-साहित्य तथा ईसाई बाइबिल का वास्तविक आधार हैं।

कबीर और ईसाई ईश्वर-चिन्तन : वैचारिक पृष्ठभूमि का समतोलन

व्यक्ति की विचारधारा स्वतः प्रसूत नहीं होती है, बल्कि तद्‌युगीन समाज की पूर्व-परम्पराओं की उपज हुआ करती है। इन पूर्व-परम्पराओं से विरासत के रूप में जो चिन्तन-प्रवाह चलता आ रहा है वही किसी भी समय और समाज के व्यक्ति विशेष को प्रभावित करता है। साधारण

पुरुष तो उस धारा में स्वाभाविक ढंग से प्रवाहित होते हैं, लेकिन महापुरुष उस विरासत को अपनी पारखी दृष्टि से आत्मसात् करते हैं। कबीर और ईसाई ईश्वर-चिन्तन अपनी-अपनी परम्पराओं की ही उपज हैं। कबीर-चिन्तन के लिए वेद से लेकर नाथ-सम्प्रदाय और सूफी-दर्शन तक अपनी वैचारिक पृष्ठभूमि है तो ईसाई-चिन्तन के लिए 'पुराना विधान' में अंकित सम्पूर्ण यहूदी इतिहास है। दोनों की ईश्वर-चिन्तनों की वास्तविक पृष्ठभूमियाँ अपनी-अपनी वैचारिक विरासत हैं।[1]

ब्रह्म-दर्शन : कबीर में विद्यमान ईश्वर-दर्शन के मूल में श्रौत-दर्शन में निरूपित ब्रह्म-धारणा देखी जा सकती है। ईश्वर का एक अंश अदृश्य और दूसरा अंश दृश्य है, जिन्हें क्रमशः निर्गुण तथा सगुण कहते हैं। यह निर्गुण ईश्वर अनिर्वचनीय है। इसलिए बौद्ध-दर्शन ने उसे शून्य और मौन-साधित बताया है। आचार्य शंकर ने उसे अद्वैत घोषित किया है और अन्य वैष्णव आचार्यों ने उसे सगुणता से युक्त विशिष्टाद्वैत, द्वैत, द्वैताद्वैत आदि सिद्ध करने का उपक्रम किया है। गीता के अनुसार वह ब्रह्म सच्चिदानन्द है। कबीर ब्रह्म की इन्हीं विभिन्न व्याख्याओं से प्रभावित हुए थे।

ईसाई चिन्तन की पूर्व-परम्परा, जो कि यहूदी धर्म अथवा 'पुराना विधान' में उपलब्ध है, ईश्वर के सम्बन्ध में सगुण-निर्गुण का विभेदीकरण करके नहीं विचारती है। शून्यता, मौन-धारणा, अनिर्वचनीयता, सच्चिदानन्दता तथा द्वैताद्वैतादि का निरूपण वहाँ एकदम उपलब्ध नहीं है। परन्तु इन बातों का मूल भाव कुछ भिन्नता के साथ प्राप्त होता है। यहूदी धर्म ईश्वर को दो रूपों में निरूपित करता है। ईश्वर एक ओर अदृश्य है और दूसरी ओर दृश्य। वह एक ओर दूरवर्ती है और दूसरी ओर समीपवर्ती। ईश्वर यदि पवित्रता के ऐश्वर्य से युक्त होकर विश्वातीत है तो अपनी सृष्टि के प्रति अपनत्व के सान्निध्य-भाव से युक्त होकर अन्तर्यामी भी है। उसके अलौकिक भाव की दूसरी तरफ मानवेतिहास के नियामक के रूप में एक लौकिक भाव भी है। लेकिन, यह लौकिकता भावात्मक लौकिक सान्निध्य है। उसका कोई प्रतिबिम्बन नहीं हो सकता। अतः कहा जा सकता है कि कबीर की पूर्व-परम्पराओं द्वारा प्रयुक्त सगुण-निर्गुण की शब्दावली ईसाई चिन्तन-निरूपण में भले ही न हो, ईश्वर-निरूपण का यह द्विविध भाव मूल रूप से 'पुराना विधान' में अवश्य विद्यमान है। संस्कृति-भिन्नता के कारण शब्दावली की भिन्नता होना स्वाभाविक ही है।

एकेश्वरवाद : ईसाई दर्शन की पूर्व-परम्परा के अन्तर्गत यहूदी धर्म अपनी विकसितावस्था में एकेश्वरवाद का प्रतिपादन करता है। यहूदी इतिहास के पूर्व की प्राकृतावस्था में बहुदेववाद का ही बोलबाला था। मिस्र की दासता के अनन्तर निर्गमन की घटना यहूदी प्रजा के लिए एकेश्वरवाद की बुनियाद बनी। मानवेतिहास को नियमित करनेवाले ईश्वर के इस मुक्ति-कार्य ने एकेश्वरवाद को यहोवावाद अर्थात् प्रभुवाद में एक लम्बी विकासयात्रा के अन्तर्गत परिवर्तित किया। इसराएली प्रजा की दुर्बलता यहूदी एकेश्वरवाद को निरन्तर आघात पहुँचाती रही। फिर भी, एकेश्वरवाद 'पुराना विधान' में उत्तरोत्तर प्रबल होता रहा। इस एकेश्वरवाद ने ईसाई ईश्वर-चिन्तन की दिशा निर्देशित की।

कबीर के एकेश्वरवाद की पूर्व-परम्परा में उपनिषद् की मूल मान्यता है कि ईश्वर एक है। अद्वैत-दर्शन ने एकेश्वरवाद को अतिशय पूर्णता प्रदान की। इस्लाम तो कट्टर एकेश्वरवादी

---

1. कबीर की वैचारिक विरासत की विवेचना के लिए द्रष्टव्य : प्रस्तुत ग्रन्थ, अध्याय 2, पृ. 96-111; ईसाई दर्शन की वैचारिक पृष्ठभूमि की विवेचना के लिए द्रष्टव्य : प्रस्तुत ग्रन्थ, अध्याय 1, पृ. 41-64

था ही। सूफियों की उदार-भावना ने अद्वैतवाद और इस्लामी एकेश्वरवाद का समन्वय कर कबीर को प्रभावित किया। इस लम्बी विकास-यात्रा और समन्वय ने कबीर के मार्ग को सुगम बनाया।

तुलनात्मक तौर पर यह कहा जा सकता है कि एकेश्वरवाद अपने मूल अर्थ में भारतीय नहीं है। भारतीय परम्परा में मूल स्थापना ब्रह्मवाद है, जो कि एकेश्वरवाद से मिलती-जुलती है। यहूदी परम्परा अथवा 'पुराना विधान' से विकसित एकेश्वरवाद ईसाई धर्म में त्रित्वात्मक एकेश्वरवाद बन गया। सातवीं शती ईस्वी में प्रारम्भिक इस्लाम धर्म में एकेश्वरवाद ईसाई धर्म के प्रति प्रतिक्रियास्वरूप कट्टरता के साथ स्वीकृत हुआ। बाद में सम्भवतः ईसाई प्रेम-तत्त्व से पुनः मिलकर अपनी कट्टरता से विमुक्त होकर सूफी एकेश्वरवाद विकसित हुआ। सूफियों के इस उदार एकेश्वरवाद ने भारतीय अद्वैतवाद के सम्पर्क में आकर कबीर के एकेश्वरवाद की एक धारा को निर्मित किया। कबीर पर प्रभाव की दूसरी धारा भारतीय वैष्णव-परम्परा थी, जिसमें एक ईश्वर की मान्यता है। अतः यह कहा जा सकता है कि इस्लाम के माध्यम से, अर्थात् परोक्ष रूप से, ईसाई और यहूदी एकेश्वरवाद का प्रभाव कबीर पर पड़ा हो, यह असम्भव नहीं है। लेकिन स्पष्ट प्रमाणों के अभाव में इस सम्भावना पर निश्चितता की मुहर नहीं लगाई जा सकती है। कबीर पर ईसाई या यहूदी एकेश्वरवाद के प्रभाव की बात कुछ भी हो, यहाँ महत्त्वपूर्ण बात यह है कि एकेश्वरवाद की ठोस परम्परा 'नया विधान' पर 'पुराना विधान' के प्रभाव का आधारभूत बिन्दु है और कबीर की पूर्व-परम्परा में भी एकेश्वरवाद की कई धाराएँ मिलती हैं। प्रखरता की दृष्टि से 'पुराना विधान' के एकेश्वरवाद की परम्परा अधिक गहन प्रतीत होती है।

प्रेम और भक्ति : 'पुराना विधान' के ईश्वर के अभिलक्षणों के अन्तर्गत ईश्वर का शासक-स्वरूप मुख्य है। तदनुसार ईश्वर राजा है, पति है, पिता भी है। अपनी इसराएली प्रजा के प्रति, अपनी इसराएली पत्नी के प्रति और अपनी इसराएली सन्तान के प्रति प्रेमपूर्ण व्यवहार यहोवा या प्रभु का गुण है। कुम्हार के समान अपनी सृष्टि को स्नेहिल स्पर्श से रचनेवाला प्रभु वैसा प्रेमपूर्ण समर्पण अपनी प्रजा से भी अपेक्षित करता है। इसराएल का प्रेमभरा जवाब ही भक्ति है। ईसाई दर्शन के अनोखे प्रेम-तत्त्व तथा भक्ति को यहूदी इतिहास की इन धाराओं ने प्रभावित किया।

कबीर के प्रेम और भक्ति-तत्त्व की पूर्व-परम्परा में कई धाराएँ सम्मिलित थीं। नारदी भक्ति और उसमें निहित प्रेम-तत्त्व भारतीय परम्परा के मूल में है। वैष्णव-भक्ति-परम्परा दक्षिण से एक विशाल आन्दोलन बनकर स्वामी रामानन्द तथा नाथ-सम्प्रदाय के माध्यम से कबीर तक पहुँची थी। डॉ. ग्रियर्सन का मानना है कि दक्षिण में भक्ति की जागृति ईसाई प्रभाव की देन है। ईसाई प्रेममूलक भक्ति दक्षिण में ईसवी वर्ष के प्रारम्भ से लेकर ईसाई मिशनरियों की गतिविधियों तक में विद्यमान थी। यह असम्भव नहीं है कि भारतीय परम्परा में पहले से विद्यमान प्रेम और भक्ति चलते-चलते कुछ क्षीण हो गई हो और ईसाई गतिविधियों से पुनः जागृत हो गई हो। डॉ. ग्रियर्सन की मान्यता की सत्यता कई विद्वानों से समर्थित होते हुए भी विवादास्पद है। ठोस प्रमाणों के अभाव में इस सन्दर्भ में कोई भी निश्चित कथन तर्कसंगत नहीं होगा। प्रेम और भक्ति-तत्त्व की मूल देन की बात छोड़कर दक्षिण की समसामयिक भक्ति-जागृति की ओर ध्यान दिया जाए तो उसमें ईसाई योगदान को अस्वीकारा नहीं जा सकता है।

कबीर के प्रेम-तत्त्व पर प्रभाव की एक प्रसिद्ध धारा सूफी दर्शन है। भारत में प्रेम-तत्त्व प्रारम्भ से ही विद्यमान था। भारत को किसी विदेशी प्रभाव की आवश्यकता नहीं थी। फिर भी, विशेष परिस्थितियों में एक ही स्थान पर रहनेवाली संस्कृतियों का एक-दूसरे पर प्रभाव पड़ना स्वाभाविक ही है। कबीर की कई शताब्दियों के पूर्व भी सूफी सन्तों का भारत में आगमन हुआ था। सत्संग-प्रिय कबीर सूफी सन्तों से मिलते-जुलते भी थे। अतः सूफी प्रेम-तत्त्व का प्रभाव कबीर पर सहज रूप से हुआ होगा।

सूफीमत के प्रेम-तत्त्व के उद्भव का अन्वेषण ऐतिहासिक शोध का विषय है और इस शोध-प्रबन्ध की परिधि के बाहर है। लेकिन कबीर से उसके सम्बन्ध को स्थापित करने के लिए उसकी ओर संकेत करना अनिवार्य है। सूफियों की प्रेम-भावना इस्लाम के कट्टर ईश्वरवाद से जनित नहीं है। उसका सम्बन्ध 'प्रेम-धर्म' के नाम से अभिहित ईसाई धर्म से जोड़ना उचित होगा। इस तर्क का ऐतिहासिक आधार यह है कि ईसा की सातवीं शती में जब इस्लाम का आविर्भाव हुआ था अरब और समीपस्थ देशों में ईसाई धर्म के अनुयायी और साधक चतुर्दिक फैले हुए थे। इस्लामी धर्म की तीक्ष्ण प्रकृति से विक्षुब्ध कुछ लोग शान्त जीवन की ओर प्रवृत्त हुए। ईसाई धर्म के प्रेम, उदारता, दया, रहस्यवाद, संन्यस्त जीवन आदि तत्त्वों से पुनः प्रेरणा प्राप्त कर लगभग आठवीं शती में कुछ फकीरों ने सूफीमत खड़ा किया। आठवीं-नौवीं शती में भारत-प्रवेश के पूर्व ही सूफीमत प्रेम-तत्त्व की आर्द्रता में परिपक्व हो गया था। भारत के अद्वैतवाद से संयुक्त होकर उनकी प्रेम-भावना अधिक तरल हुई। मूलतः ईसाई दर्शन और साधना-पद्धति से अनुप्रेरित सूफी प्रेम-तत्त्व जब कबीर के सम्पर्क में आया तो उन पर ईसाई प्रेम-तत्त्व का कुछ प्रभाव पड़ना स्वाभाविक है। अतः सिद्ध होता है कि कबीर के प्रेम-तत्त्व पर सूफीमत के माध्यम से ईसाई दर्शन का परोक्ष प्रभाव कुछ मात्रा तक अस्वीकार नहीं किया जा सकता है।[1]

प्रेम और भक्ति-तत्त्व के स्रोत और प्रभाव की सम्भावनाओं से ध्यान हटाकर कबीर-चिन्तन और ईसाई-चिन्तन पर दृष्टि केन्द्रित करते हुए यह कहना समीचीन होगा कि पूर्व-परम्पराओं में प्रेम और भक्ति के तत्त्व विद्यमान थे। 'पुराना विधान' में ये तत्त्व ईसाई प्रेम-धर्म की पीठिका के लिए पर्याप्त थे। कबीर की पूर्व-परम्परा में भारतीय नारदी-वैष्णव धाराओं के अतिरिक्त ईसाई-सूफी धाराएँ भी रहीं, जिन्होंने कबीर की विरासत को अधिक विशाल और दृढ़ बनाया है।

सहज साधना : कबीर द्वारा प्रतिपादित सहज भावना और जीवन-पद्धति के पीछे सहजयानी बौद्ध और नाथसिद्धों की दृष्टि कार्यरत है। बौद्धों तथा नाथों ने कर्मकांड-साधित जटिल मुक्ति के स्थान पर मध्यम मार्ग के अनुसरण द्वारा सम्पादित सरल मुक्ति की कल्पना प्रस्तुत की। नाथों ने पतंजलि-योग-साधना को सरलीकृत रूप में अजपा-जाप से संयुक्त करके प्रतिपादित किया। इस प्रकार समन्वय-भावना पर आश्रित मानसिक तथा सहज ईश्वर-साधना और जीवन-पद्धति की ओर प्रवृत्त एक परम्परा कबीर के पूर्व विद्यमान थी। लेकिन यह इन सैद्धान्तिक परम्पराओं का समन्वय तथा क्रियान्वयन के समक्ष चुनौती बनकर खड़ी हुई।

'पुराना विधान' में यहूदी धर्म कट्टरवादी फरीसी तथा सदूकी लोगों के हाथ में बहुत जटिल हो गया। कर्मकांड-भावना में लिप्त यह वर्ग अपने आपको धार्मिकता के शिखर पर पहुँचा हुआ मानता था। अन्य लोगों को ये धार्मिक तथा सामाजिक दृष्टि से पतित तथा अछूत

---

1. रामपूजन तिवारी, सूफीमत साधना और साहित्य, पृ. 19-23, 402-03

भी मानते थे। इन परिस्थितियों ने ईसा के समक्ष एक बड़ी चुनौती खड़ी की थी। कबीर की पूर्व-परम्परा के समान सहज जीवन-पद्धति तथा साधना की परम्परा ईसा के पूर्व नहीं थी। यह बात कबीर ईसाई दर्शन की पूर्व-परम्पराओं में पूर्णतः असमान है।

मानवतारोप और व्यक्तित्व-सम्पन्नता : यहूदी संस्कृति में ईश्वर मानवीय रूपकों को आरोपित करके कल्पित किया जाता था। जैसे मनुष्य व्यक्तित्व से सम्पन्न है तथा सम्बन्धों से युक्त है वैसे ही ईश्वर भी है, यह मान्यता यहूदियों में प्रचलित थी। मनुष्य की ऐतिहासिकता से जोड़कर ईश्वर को इतिहास-नियामक समझना यहूदी आदत थी। मानवीय क्रियाओं के अनुरूप ईश्वरीय क्रियाओं की कल्पना की जाती थी। ईश्वर से सम्बन्ध जोड़ते समय पति, पिता, माता, स्वामी, राजा आदि सामाजिक सम्बन्धों के रूपकों का प्रयोग होता था। यह धारणा ईसाई ईश्वर-चिन्तन की विरासत बनी।

कबीर की वैचारिक विरासत में ईश्वर पर मानवतारोप और व्यक्तित्व-सम्पन्नता प्रेम और भक्ति-तत्त्व से जुड़े हुए मिलते हैं। प्रेम के स्थायी भाव के रूप में लौकिक दाम्पत्य-भाव अलौकिक स्तर पर आरोपित होकर सूफी-वैष्णव सन्दर्भों में चलता रहा। सूफियों में ईश्वर पर पत्नी-भाव आरोपित था जबकि वैष्णवों में पति-भाव। भक्ति के अन्य स्वरूपों में आलवारों ने ईश्वर को स्वामी, पिता, सखा आदि रूपों में भी कल्पित किया। इन मानवीय व्यक्तित्व से युक्त कल्पनाओं ने कबीर को प्रभावित किया। इस प्रकार स्पष्ट होता है कि कबीर और ईसाई दोनों ईश्वर-चिन्तनों की वैचारिक विरासत में व्यक्तित्व-सम्पन्न मानवतारोप विद्यमान था। संस्कृति-भेद के अनुसार उसके स्वरूप में अन्तर होते हुए भी अदृश्य की कल्पनाओं में साम्य रहा और उसने तत्सम्बन्धी ईश्वर-चिन्तनों को प्रभावित किया।

इतिहास-सापेक्ष ईश्वर-चिन्तन : यहूदी सन्दर्भ में इतिहास-नियामकता प्रभु का एक प्रबल गुण है। प्रभु इतिहास में स्वयं को प्रकट करता है। यहूदी इतिहास के निर्माण, संचालन तथा दिशा-निर्देशन में प्रभु का ही हाथ था। इतिहास के केन्द्र में प्रविष्ट होकर प्रभु ने ही यहूदी प्रजा को दूध और मधु की नदियाँ बहनेवाले कनान देश में बसाया। वही प्रभु मसीह के शाश्वत उद्धार की ओर उसकी यात्रा को अग्रसर कराता है। इसलिए प्रभु 'इसराएल का ईश्वर' कहलाता है। इसराएलियों का इस प्रकार का इतिहास-सापेक्ष ईश्वर-चिन्तन ईसाई चिन्तन के सामाजिक पक्ष के निर्माण में बहुत सहायक रहा।

कबीर की पूर्व-परम्परा में इस प्रकार का इतिहास-केन्द्रित चिन्तन क्षीण है। वेद से लेकर विभिन्न दर्शनों तथा असंख्य धार्मिक सम्प्रदायों का उदय तत्कालीन इतिहास के उतार-चढ़ाव के कारण हुआ, ऐसा कहना तर्कसंगत प्रतीत होता है। समसामयिक इतिहास की परिस्थितियों तथा अपेक्षाओं के अनुसार ही ईश्वर-चिन्तन की दिशा स्थिर रही या परिवर्तित हुआ करती रही होगी। 'पुराना विधान' में वर्णित इतिहास-केन्द्रित ईश्वर-चिन्तन कबीर की पूर्व-परम्परा में स्पष्ट रूप से नहीं मिलने पर भी यह अनुमान लगाया जा सकता है कि कबीर में विद्यमान इतिहास-सापेक्ष ईश्वर-चिन्तन की तीक्ष्णता का बीज उनकी पूर्व-परम्पराओं में ही विद्यमान था। कबीर-पूर्व की परम्पराओं में व्यक्तिवादी ईश्वर-चिन्तन अधिक प्रखर रहा।

बुद्धिवादिता तथा विरोध-भावना : कबीर के पूर्व-समय में बुद्धिवादिता की पुरानी परम्परा रही थी। बुद्धिवादिता स्वतन्त्र चिन्तन में परिणत हो जाती है। स्वतन्त्र चिन्तन आत्म-निर्भर होकर अतिवादों का विरोध करता है। वैदिक धर्म-व्यवस्था से प्रतिक्रियास्वरूप उपनिषद्-दर्शन आविर्भूत हुआ। विरोध-भावना औपनिषदिक दर्शन में प्रबल रूप से मिलती है। बाद में गौतम

बुद्ध ने सशक्त विरोध प्रकट किया। बुद्धिवाद और स्वतन्त्र चिन्तन उनके विरोध-भाव की भी बुनियाद रहीं। बुद्धिवादिता तथा विरोध-भावना की इस परम्परा ने कबीर को भरपूर प्रभावित किया।

'नया विधान' में ईसा में जो स्वतन्त्र चिन्तन तथा विरोधी-भावना दिखाई देती है, उसकी कोई विधेयात्मक पूर्व-परम्परा 'पुराना विधान' में नहीं मिलती है। वह ईसा की अपनी थी। परन्तु यह तो निश्चित रूप से कहा जा सकता है कि यहूदी धर्म के तथाकथित नेताओं के अतिवादों से एक निषेधात्मक प्रभाव ईसाई दर्शन की पूर्व-परम्परा में विद्यमान था। साम्य यह है कि दोनों कबीर-चिन्तन तथा ईसाई दर्शन के पीछे स्वतन्त्र चिन्तन तथा निषेध-भावना को उत्तेजित करनेवाले कुछ तत्त्व विद्यमान थे।

अतः कहा जा सकता है कि कबीर-चिन्तन और ईसाई दर्शन की ईश्वर-दृष्टियाँ हवाई कल्पनाएँ न होकर तत्सम्बन्धी सनातन रूप से चली आ रही पूर्व-परम्पराओं का सहज फल है। वैविध्यपूर्ण तथा छोटी-बड़ी विचारधाराओं के सम्मिलन से ही इन दोनों चिन्तनों की विशिष्टताएँ बनी हैं। ब्रह्म-दर्शन की परम्परा कबीर की विरासत होकर भी ईश्वर के अदृश्य तथा दृश्य पक्षों की पहचान तथा पूजा के रूप में उसका भाव ईसा-पूर्व परम्परा में विद्यमान है। एकेश्वरवाद की कष्टसाध्य विकास-यात्रा और उसका प्रखर पालन ईसाई तत्त्व-चिन्तन को प्रभावित करनेवाले बिन्दुओं में मुख्य हैं। कबीर के एकेश्वरवाद पर भी औपनिषदिक, वैष्णव तथा सूफी धाराओं का प्रभाव स्पष्ट रूप से परिलक्षित है। प्रेम और भक्ति की परम्परा कबीर और ईसाई दोनों की विरासत ज्ञात होती है। 'पुराना विधान' में इसराएली प्रजा के प्रति यहोवा का प्रेम तथा यहोवा के प्रति इसराएली प्रजा की अनन्य आस्था और भक्ति 'नया विधान' की पृष्ठभूमि में वर्तमान थीं जबकि कबीर की तत्सम्बन्धी पृष्ठभूमि में नारदी, वैष्णवी तथा (सम्भवतः ईसाई प्रेम-तत्त्व से अनुप्रेरित होकर) सूफी भक्ति-प्रवण प्रेम-धारा का होना तर्कसंगत प्रतीत होता है। कबीर-पूर्व सहज साधना और जीवन-पद्धति का बीज बौद्ध-नाथों में उपलब्ध है, जबकि 'पुराना विधान' में यह बात नहीं मिलती है। जहाँ तक ईश्वर पर व्यक्तित्व-सम्पन्न मानवतारोप का प्रश्न है, यहूदी परम्परा में यह तत्त्व अतिप्रबल है तो कबीर-पूर्व की वैष्णव-सूफी सन्दर्भों में भी पर्याप्त आवेगपूर्ण धाराएँ देखने को मिलती हैं। इतिहास-सापेक्ष ईश्वर-चिन्तन यहूदी धर्म के प्राण हैं, जबकि कबीर-पूर्व की विचार-प्रणालियों में यह बात क्षीण रही और व्यक्तिवादी चिन्तन अधिक प्रखर था। बुद्धिवादिता, स्वतन्त्र चिन्तन तथा विरोध-भावना की प्रबल परम्परा उपनिषद् तथा बौद्ध-जैन विचारधाराओं में भरपूर है। कबीर पर इस बात का प्रभाव स्वीकारात्मक है, जबकि ईसा पर नकारात्मक। संस्कृति, समय तथा परिस्थितियों की भिन्नता के कारण कबीर-चिन्तन तथा ईसाई दर्शन की पूर्व-परम्पराओं में द्रष्टव्य कतिपय वैषम्य अवश्यम्भावी है। फिर भी, दोनों की वैचारिक विरासत में, मुख्यतः प्रेम, भक्ति, एकेश्वरवाद, ईश्वर-स्वरूप, मानवतारोप आदि में, साम्य दिखाई देता है। सूफी दर्शन के माध्यम से कबीर पर प्रेम और एकेश्वरवाद का ईसाई प्रभाव होना भी एक प्रबल सम्भावना ज्ञात होती है।

कबीर और ईसाई-चिन्तन : पारिस्थितिक तुलना

कोई भी चिन्तन अपने निकटस्थ वातावरण से प्रेरणा पाए बिना नहीं रहता है। ईश्वर-चिन्तन विशेष तौर पर अपनी परिस्थितियों के प्रेरणा-स्रोतों से प्रभूत मात्रा में प्रभावित होकर ही रहता है। कबीर-चिन्तन और ईसाई दर्शन की ईश्वर-दृष्टियों को समसामयिक सांस्कृतिक परिस्थितियों से ही गति और शक्ति मिली थी। कबीर और ईसा-कालीन समाज की सांस्कृतिक परिस्थितियों की तुलना उनके ईश्वर-चिन्तनों के साम्यासाम्य की समीपस्थ पीठिका साबित होगी।[1]

राजनीतिक पराधीनता और अराजकता : ईसा-कालीन राजनीतिक परिस्थितियाँ बहुत अस्त-व्यस्त थीं। इसराएल कई पड़ोसी देशों की दासता में रहा। ईसा के समय फिलिस्तीन रोमी अधीनता में था। तत्सम्बन्धी प्रतिकूल-अनुकूल परिस्थितियों के कारण राजनीतिक ध्रुवता और अराजकतापूर्ण वातावरण कायम था। कबीर के समय आक्रमणशील तथा कट्टरवादी मुसलमान शासकों का बलपूर्वक शासन था। वे न्यायपूर्ण शासन में रुचि नहीं रखते थे और हिन्दुओं पर घोर अत्याचार करते थे। अन्तःकलह, अराजकता तथा अशान्ति से कलुषित वातावरण में राजनीति निष्प्रयोजन साबित हो रही थी। स्पष्ट है, ईसा-कालीन और कबीर-कालीन राजनीतिक परिस्थितियों में अराजकता, पराधीनता तथा अशान्ति के वातावरण में साम्य होते हुए भी कबीर के वातावरण में उथल-पुथल की प्रखरता अधिक थी।

आर्थिक दुर्व्यवस्था, शोषण और निर्धनता : ईसा के समसामयिक आर्थिक विकटता राजनीतिक पराधीनता का सीधा परिणाम थी। शासक देश की तरफ से नागरिक कर, बहुव्ययसापेक्ष पूजनपद्धति तथा भीमकाय अनुत्पादक पुरोहित वर्ग के सम्भार के लिए धार्मिक कर आदि के कारण सामान्य जनता ऋण-ग्रस्त, भूमिहीन तथा बेकार हो गई थी। इस शोषण-ग्रस्त दुर्व्यवस्था में निर्धनता तथा दीनता की स्थिति देखते ही बनती थी। कबीर के इर्द-गिर्द का समाज भी आर्थिक संकटों की चंगुल में था। महाजन तथा आम जनता, मुसलमान तथा हिन्दू आदि में असमान वितरण तथा निर्मम एवं कठोर कर प्रणाली के कारण आम जनता कर्ज, शोषण तथा दारिद्र्य से दीन और परेशान होकर घृणित कामों में लगी हुई थी।

धार्मिक कट्टरवाद, बाह्याडम्बर तथा तानाशाही : ईसा के समय धार्मिक समाज भेदभाव से युक्त था। भारत के ब्राह्मण-वर्ग के समान शुद्धता-विधान को आधार मानकर श्रेष्ठता ग्रन्थि से युक्त एक अभिजात वर्ग अपने को अतिविशिष्ट वर्ग मानता था। वे अन्यों को धार्मिक कृत्यों के लिए अशुद्ध और निकृष्ट मानकर तानाशाही करते थे। धार्मिक समाज सम्प्रदायों में विभक्त होकर मूल-सिद्धान्तवाद, पलायनवाद और प्रचंडता आदि को अपनाए हुए थे। कबीर का धार्मिक समाज भी अत्यन्त जीर्ण-शीर्ण दशा में था। हिन्दू धर्म अनेक मतवाद, सम्प्रदाय तथा साधनाओं का जाल था। जाति-व्यवस्था, अन्ध-विश्वास, मूर्ति-पूजा, बाह्याडम्बर आदि का एक दुश्चक्र भी बना हुआ था। ब्राह्मण-केन्द्रित चातुर्वण्य-व्यवस्था ने समाज को शोषण, भेद-भाव तथा छुआछूत की विकराल स्थिति में पहुँचा रखा था। मुल्लाओं से परिचालित मुस्लिम समाज की बाह्योपचारों के कट्टरपन से मुक्त नहीं था। दोनों धर्मों का परस्पर सम्बन्ध भी शासक-शासित की धार्मिक मान्यताओं की टकराहट के अपनाए जाने के कारण अमानवीय यातनाएँ तथा दयनीय दासता की स्थिति से युक्त था।

---

1. कबीर के सांस्कृतिक परिवेश के विवेचन के लिए द्रष्टव्य : प्रस्तुत ग्रन्थ, अध्याय 2, पृ. 112-120; ईसाई दर्शन की सांस्कृतिक पीठिका के विवेचन के लिए द्रष्टव्य : प्रस्तुत ग्रन्थ, अध्याय 1, पृ. 64-68

निष्कर्षतः कहा जा सकता है कि कलुषित परिस्थिति तथा उससे मुकाबले की प्रतिक्रिया में दोनों के वातावरण में साम्य दिखाई देता है। फिर भी, पूर्णतः धार्मिक पुरुष होने के कारण ईसा की प्रतिक्रिया आध्यात्मिक रही। साथ ही, संस्कृति-भेद से जनित वैषम्य भी इन दोनों में द्रष्टव्य है। कबीर के सन्दर्भ में हिन्दू, मुसलमान तथा हिन्दू-मुसलमान के त्रिपक्षीय झमेले में समस्या की जटिलता तथा प्रचंडता अधिक होने की प्रतीति होती है।

सामाजिक ध्रुवीकरण तथा विशृंखलताएँ : ईसा-कालीन समाज अभिजात-वर्ग एवं निम्न-वर्ग में बुरी तरह से ध्रुवीकृत था। निम्नवर्ग पतित और सर्वहारा होकर दीनतापूर्ण जीवन बिताने को बाध्य था। सामाजिक जीवन विशृंखलित होकर दूषित एवं अमानवीय हो चला था। इसी प्रकार कबीर का समाज भी चार उप-समाजों में विभाजित था–हिन्दू, मुस्लिम, वर्ण-संकर तथा सामन्ती। हिन्दू धर्म एक तरफ चातुर्वण्य-व्यवस्था, दास-प्रथा, सती-प्रथा आदि के रूप में अन्याय, शोषण, कुप्रथाएँ तथा अस्पृश्यता को पाल रहा था तो दूसरी ओर मुस्लिम पराधीनता का जहर भी पी रहा था। मुस्लिम समाज विजेता होने के अहंकार में अत्याचार तथा अन्याय करने के साथ स्वयं आचरण-भ्रष्टता तथा कुप्रथाओं में लिप्त था। जाति-च्युतों का वर्ण-संकर समाज और सामन्ती शोषण से हाँफता हुआ ग्राम-समाज अपने अस्तित्व के लिए संघर्ष कर रहा था।

कबीर और ईसा दोनों की समसामयिक सामाजिक व्यवस्था कुरीतियों, भेदभाव, शोषण और अशान्ति आदि से कलुषित होने की स्थिति के कारण आपसी समानता रखते हैं। विभिन्न धर्मों पर आधारित सामाजिक उथल-पुथल की जटिलता दोनों समाजों की विशेषता थी। दोनों की प्रतिक्रिया आवेगपूर्ण तथा महापुरुषीय रही। प्रतिक्रिया तथा समाज-सुधार की शैली में ईसा पूर्णतः आध्यात्मिक दृष्टि लेकर चले जबकि कबीर आध्यात्मिक होकर भी सामाजिक आक्रोश तथा सुधार की दिशा में अधिक प्रबल रहे।

साहित्यिक परम्परा : कबीर-कालीन साहित्यिक परिस्थितियों में विभिन्न धाराएँ थीं। कूप-जल-समान संस्कृत भाषा पंडितों द्वारा शास्त्रीय रचनाओं के लिए प्रयुक्त हो रही थी, जबकि आम जनता बहता पानी–जैसे प्राकृत और अपभ्रंश से विकसित जन-भाषा का प्रयोग करती थी। कबीर सन्तों की-सी सधुक्कड़ी या खिचड़ी भाषा का प्रयोग करके आम जनता की भाषा को एक नया स्तर प्रदान किया। साहित्य की परम्परा शास्त्रीय, प्रयोजनमूलक तथा साम्प्रदायिक श्रेणियों में चलती थी। कबीर ने प्रयोजनमूलक साहित्य को सर्वाधिक उपयुक्त माना। कबीर भक्ति-तत्त्व से अनुप्रेरित होकर अपने साहित्यिक-आध्यात्मिक अग्रज सन्तों के साथ हो लिये और उन्होंने 'सन्त-काव्य' को भाषा, साहित्य तथा काव्य-परम्परा की सामयिक आवश्यकता समझकर उसे आत्मसात् किया। ईसा पूर्णतः आध्यात्मिक पुरुष थे। वे कवि नहीं थे। इसलिए उनकी साहित्यिक परिस्थितियों की चर्चा यहाँ प्रासंगिक नहीं है।

तात्पर्य यह कि कबीर और ईसा के सन्दर्भों में अराजकता तथा असमान वितरण-प्रणाली के कारण आर्थिक साधनहीनता तथा अपंगता आम जनता की नियति बनी हुई थी। दोनों के समाजों में राजनीतिक पराधीनता के कारण स्वार्थ, शोषण, अन्याय तथा अत्याचार का बोलबाला रहा। बाह्याडम्बर, पाखंड, स्वार्थ आदि के कारण धर्म को अधर्म होते देखना दोनों की विवशता थी। दोनों के सामने भेदभाव, अस्पृश्यता, सामाजिक च्युति, स्वेच्छाचारिता आदि ने समाज को अमानवीय बना दिया था। विशृंखलता की स्थिति में 'सर्वहारा-भाव' कबीर और ईसा दोनों की परिस्थितियों का सहज परिणाम था। दोनों ने अपने-अपने भीषण वातावरण-जनित

असन्तुष्टि से पलायन न कर उसका चुनौतीपूर्ण मुकाबला किया। समसामयिक परिस्थितियों की भीषणता के क्षेत्र में उन दोनों में बहुत साम्य है। फिर भी, कबीर की परिस्थितियों में विभिन्न धर्मों तथा समाज-खंडों के कारण परिस्थितियाँ अधिक जटिल दिखाई देती हैं। साहित्यिक वातावरण कबीर के सन्दर्भ में ही देखने को मिलता है। संस्कृति तथा देश-काल के अन्तर को भिन्नता का कारण समझना चाहिए। साम्य का सर्वाधिक महत्त्वपूर्ण बिन्दु यह है कि कबीर और ईसा की विषम परिस्थितियाँ अपनी-अपनी ईश्वर-दृष्टि में एक नई दिशा प्रदान करने में सक्षम रहीं, जिसका श्रेय दोनों के महापुरुषीय व्यक्तित्व को ही है।

2. कबीर की ईश्वर-परिकल्पना की तत्सम्बन्धी ईसाई धारणा से संगति

जिस प्रकार पृथ्वी के अन्दर मिट्टी से परिवेष्टित बीज फूटकर अंकुर बन जाता है और जड़ें गहराई की ओर तथा पल्लव ऊँचाई की ओर क्रमशः विस्तारित होकर बृहत् वृक्ष में परिवर्तित होता है ठीक उसी प्रकार कबीर और ईसाई दर्शन की ईश्वर-परिकल्पनाएँ अपनी-अपनी पृष्ठभूमियों से विकसित होकर वट-वृक्ष-सी बन गईं। कबीर और ईसा के वैविध्यपूर्ण तथा प्रतिभाशाली व्यक्तियों से अभिसिंचित तत्सम्बन्धी ईश्वर-परिकल्पनाएँ अनेक शाखाओं-उपशाखाओं में फैलकर परिपक्व तथा छायादार हो गईं। दोनों ने अपनी-अपनी ईश्वर-परिकल्पना-रूपी वृक्ष की विकास-दिशा से अनावश्यक छायाओं को हटाकर उसके सम्यक् विकास को सजाया-सँवारा। इसलिए उनकी ईश्वर-परिकल्पनाएँ मौलिक बनकर रहीं। कबीर की ईश्वर-परिकल्पना की ईसाई ईश्वर-परिकल्पना से संगति किन-किन बिन्दुओं पर तथा कितनी मात्रा में है—इसका परीक्षण यहाँ इन दो शीर्षकों के माध्यम से किया जा रहा है। ये बिन्दु हैं—1. कबीर और ईसा की ईश्वर-दृष्टि में निषेध का स्वर तथा 2. कबीर और ईसाई दर्शन की ईश्वर-परिकल्पना के तत्त्व।

कबीर और ईसा की ईश्वर-दृष्टि में निषेध का स्वर : तुलनात्मक परिदृश्य

वैचारिक विरासत की धारा का चरम पारिस्थितिक विसंगतियों से घर्षण होने पर ही महापुरुषीय व्यक्तित्व का निर्माण होता है और भविष्योन्मुख परिमार्जन के लिए क्रान्तिकारी कदम उनका प्रथम चरण बन जाता है। प्राचीनता के अतिवाद, असामंजस्य तथा न्यूनताओं के विरोध में नवीनता को स्थापित करना उनकी दृष्टि रहती है। कबीर और ईसा दोनों ने सर्वप्रथम अपनी-अपनी परिवर्तित ईश्वर-दृष्टि के मार्ग से पृष्ठभूमि के अनावश्यक मलबे को हटाने का उद्यम किया। तब जाकर ईश्वर-दृष्टि का एक नया विधान प्रतिष्ठापित हुआ। कबीर और ईसा की ईश्वर-दृष्टि-विषयक निषेध-भावना में 'अनीश्वरत्व' का तिरस्कार तथा 'अनभै-साँचा' ईश्वर की तलाश मुख्य भाव है।[1]

विरोध-परम्परा और परम्परा-विरोध : अतिवादों तथा अहितकर तत्त्वों के प्रति निषेध-भावना तथा विरोध मानवीय समाज में सदैव रहा है। कबीर के पूर्व व्रात्य, उपनिषद्, बौद्ध, जैन, सिद्ध, नाथादि द्वारा ब्राह्मण-व्यवस्था के विरोध की परम्परा रही थी। कबीर उसी परम्परा के एक सशक्त कड़ी थे। तद्‌युगीन समाज के मानवद्रोही तत्त्वों के प्रति विद्रोह तथा व्यवस्था में मूल

1. कबीर की ईश्वर-दृष्टि में निषेध-भावना के विश्लेषण के लिए द्रष्टव्य : प्रस्तुत ग्रन्थ, अध्याय 4, पृ. 167-175; ईसाई दर्शन में ईश्वर-दृष्टि विषयक नए-पुराने विधानों के साम्य-वैषम्य के विवेचन के लिए द्रष्टव्य : प्रस्तुत ग्रन्थ, अध्याय 3, पृ. 130-137

परिवर्तन लानेवाली क्रान्ति-भावना को लेकर कबीर पूर्णतः आलोचनात्मक दृष्टि पर स्थापित थे। बाह्याडम्बर, अस्पृश्यता, भेदभाव, शोषण, अत्याचार आदि पर आधारित ईश्वर-दृष्टि को दृढ़ता के साथ अस्वीकार करते हुए कबीर सुधारक दृष्टि से आगे बढ़े। विरोध की परम्परा में स्थापित होकर ही कबीर ने परम्परा के अतिवादों का नए सिरे से विरोध किया और प्राचीन और नवीन में सामंजस्य स्थापित किया।

ईसा के सन्दर्भ में विरोध की कोई परम्परा नहीं रही। इस दृष्टि से ईसा पूर्णतः कबीर से भिन्न थे। प्राचीन परम्परा को लेकर ईसा ने जहाँ कहीं भी विरोधात्मक चुनौती दी वह उनकी अपनी थी क्योंकि वे नवीन के एकमात्र आविष्कर्ता थे। प्राचीन की सकारात्मक परम्परा पर आधारित होते हुए भी उसकी नकारात्मक परम्परा का जो विरोध ईसा ने शब्दों तथा आचरण से किया, वह सम्पूर्ण संसार में बेजोड़ है। उनकी नवीन परम्परा पर ईश्वर-पुत्रता तथा मानव जाति की मुक्ति की योजना छाई हुई थी। एक ही ईश्वर नए-पुराने विधानों में समान रूप से रहते हुए भी नए विधान में ईसा ने उसकी एक स्वाभाविक व्याख्या प्रस्तुत की। नई परम्परा की स्थापना से पुराने विधान की परम्परा सहज रूप से समाप्त हो गई। इस प्रकार ईसा में परम्परा का विरोध नई परम्परा या विधान के व्यावहारिक प्रतिष्ठान में अभिव्यक्त हुआ।

इस दृष्टि से कबीर का विरोध भी मात्र शाब्दिक न होकर जीवन में स्थापित अपने व्यक्तित्व की विशेषता सिद्ध होती है। द्रष्टव्य है कि यह परम्परा-विरोध ईसा और कबीर दोनों में सम्पूर्ण न होकर आंशिक है, अर्थात् केवल ईश्वर-दृष्टि के नकारात्मक पक्ष से ही सम्बन्धित है। ईसा का परम्परा-विरोध मुख्यतः धार्मिक था, जबकि कबीर का विरोध मिश्रित था। ईसा द्वारा प्रतिष्ठापित नवीन परम्परा (विधान) पूर्णतः आध्यात्मिक, अलौकिक तथा सम्पूर्ण थी, जबकि कबीर की परम्परा आध्यात्मिक होते हुए भी अधिक सामाजिक तथा साहित्यिक रही। इस प्रकार कबीर ईसा से विरोध-परम्परा में असाम्य रखते हुए भी परम्परा-विरोध तथा नई परम्परा के प्रतिष्ठापन में बहुत साम्य रखते हुए दिखाई देते हैं।

प्रतिफलित ईश्वर की अपूर्णता तथा अनीश्वरत्व का विरोध : कबीर ने अपने चारों ओर के धार्मिक सम्प्रदायों में गौर करके देखा कि पूजित ईश्वर का स्वरूप क्या है। धर्म के ठेकेदारों द्वारा रचित शुद्धता-विधान, पाखंडपूर्ण बाह्याडम्बर तथा कट्टर नियम-उपनियम ईश्वरहीनता का ही आभास दे रहा था। समाज में प्रचलित अन्ध-विश्वास, अराजकता, ईर्ष्या, पाखंड, उच्च-नीचता, संकीर्णता आदि से प्रतिफलित ईश्वर-स्वरूप भी 'अनीश्वर' के बराबर ही था। स्वभाव से ईमानदार, स्पष्टवादी तथा साहसी कबीर उस 'तथाकथित' ईश्वर को अस्वीकार करके ही रहे। ईश्वर के अपूर्ण चित्र को पूर्ण करने तथा उसके अनीश्वर-स्वरूप को स्थानापन्न करने में उनके निषेध-भाव ने रचनात्मक दिशा पकड़ी।

ईसा ने भी अपनी धार्मिक परम्परा से प्राप्त तथा समसामयिक समाज में प्रतिफलित ईश्वर-धारणा की न्यूनताओं एवं विरोधाभासों के स्थान पर पूर्ण ईश्वर-दृष्टि को स्थापित करने का उद्यम किया। प्राचीन विधान की परम्परा में पूजित और प्रतिफलित ईश्वर की दृष्टि अस्थायी, अपूर्ण, सीमित, लौकिक, संहिता-संचालित, शरीर-केन्द्रित, अस्पष्ट, अनुवांशिक तथा टूटनेवाली थी। ईश्वर के सान्निध्य, उसके राज्य, उसके द्वारा सम्पन्न मुक्ति आदि भी संकुचित दायरे में बद्ध थी। ईश्वर-धारणा पर यह परिसीमन तथा कुछ सीमा तक विपर्यय ईश्वर की अपूर्णता तथा अनीश्वरत्व के ही द्योतक साबित हो रहे थे। सामाजिक जीवन में भी यही ईश्वर

प्रतिबिम्बित हुआ। ईसा ने इस कलुषित ईश्वर-दृष्टि का निषेध कर ईश्वर की समग्र धारणा का मार्ग प्रशस्त किया।

इस प्रकार हम देखते हैं कि दोनों के महापुरुषीय व्यक्तित्व में प्राचीनता की न्यूनता और असंगति को पहचानने की प्रतिभा तथा उन्हें सुलझाने की क्षमता थी। लेकिन, दोनों का अध्यात्म-चिन्तन प्रधान होने के बावजूद ईसा की निषेध-दृष्टि अधिक आध्यात्मिक ज्ञात होती है।

ईश्वर-दृष्टि का वैकल्पिक विधान : विकल्प प्रस्तुत करने की क्षमता कबीर की सच्ची प्रतिभा की कसौटी थी। कबीर का विकल्प था 'अनभै साँचा' ईश्वर। अपनी स्वानुभूति और आत्म-चिन्तन में परखा हुआ ईश्वर ही कबीर के लिए सच्चा ईश्वर है। इसकी प्रतिकूल धारणा को निषेध का झटका देकर आत्म-साक्षात्कार से प्राप्त सहज और सरल ईश्वर को प्रस्तुत करने में कबीर सफल हुए। उस अनुभूतिमूलक ईश्वर के ईश्वरत्व के साक्षी स्वयं कबीर हैं। अनुभव-ज्ञान से उद्भूत यह ईश्वर दैनिक जीवन के समाज में कृतकार्य भी है। नकली ईश्वर-धारणा का निषेध कर कबीर द्वारा प्रस्तुत ईश्वर-दृष्टि का वैकल्पिक विधान यही है।

ईसा ने भी अपने सन्दर्भ में यही किया है। जहाँ-जहाँ प्राचीन ईश्वर-धारणा में उन्होंने शून्यता तथा न्यूनता देखी थी, वहाँ-वहाँ स्वानुभूतिमूलक नवीनता के भराव से सम्पन्न किया। प्राचीन विधान के भावात्मक व्यक्तित्व से युक्त ईश्वर-सान्निध्य के स्थान पर नवीन विधान में वास्तविक व्यक्तित्व से युक्त ईश्वर-सान्निध्य को ईसा ने अपने व्यक्तित्व में प्रस्तुत किया। आदम की दूषित तथा अपूर्ण मानवता के स्थान पर उन्होंने स्वयं में अदूषित तथा पूर्ण मानवता को स्थापित कर अदृश्य ईश्वर को मानवता में दृश्य बना दिया। इब्राहीम के सीमित विश्वास और आज्ञापालन के स्थान पर ईसा ने ईश्वर-पुत्र की असीम आज्ञाकारिता को दर्शाया। प्राचीन के ऐतिहासिक, लौकिक तथा अस्थायी विधान के स्थान पर उन्होंने नवीन के आध्यात्मिक, अलौकिक तथा स्थायी विधान को स्थापित किया। साथ ही, उन्होंने पाप की दासता को मानवीय मुक्ति से मिस्र की दासता को राष्ट्रीय मुक्ति से स्थानापन्न किया। फलक पर अंकित टूटनेवाली मूसा-संहिता को तोड़कर ईसा ने हृदय पर अंकित प्रेम-संहिता को प्रतिष्ठित किया।

प्राचीन विधान के अनुसार योशुआ के नेतृत्व में यर्दन नदी पार कर कनान के प्रतिज्ञात देश में प्रवेश साधित हुआ तो नवीन विधान के अनुसार बपतिस्मा के जल से शैतान की गुलामी को पारकर ईश्वर-राज्य में प्रवेश सम्पन्न हो जाता है। पापी पुरोहितों द्वारा अनुवांशिक तौर पर तम्बू-सेवा के स्थान पर ईसा ने ईश्वर-बुलाहट पर आधारित निष्पाप बलिदान सम्पन्न किया। प्राचीन विधान के आदर्श राजा दाऊद के राष्ट्रीय तथा लौकिक राज्य के स्थान पर ईसा ने अन्तर्राष्ट्रीय तथा आध्यात्मिक ईश्वर-राज्य को उद्घाटित किया। प्रज्ञा तथा शब्द के द्वारा प्राचीन सृष्टि और शारीरिक जन्म को शाश्वत नहीं माना गया। बल्कि ईश्वर-पुत्र की प्रज्ञा तथा शब्द द्वारा आध्यात्मिक जन्म का विधान स्थापित हो गया। राष्ट्र-स्तर के दाम्पत्य-भाव से आलोकित ईश्वर-मनुष्य-सम्बन्ध के स्थान पर ईसा ने कलीसिया के राष्ट्रातीत आध्यात्मिक दाम्पत्य-भाव से अनुप्रेरित ईश्वर-मनुष्य-सम्बन्ध की परिकल्पना प्रस्तुत की। प्राचीन विधान में ईश्वर-सेवक दुःख को दुःख के रूप में भोगनेवाले थे। ईसा दुःख को मानव जाति के लिए सुख के रूप में भोगने वाले ईश्वर-पुत्र बने। प्राचीन विधान में नबी भविष्योन्मुख प्रतीक थे। ईसा शाश्वत मुक्ति प्रदान करनेवाले अन्तिम नबी बने। इस प्रकार प्राचीन विधान में पूर्व-संकेतों के रूप में विद्यमान इन रूपकों को वास्तविकता प्रदान कर ईसा ने उनके द्वारा ईश्वर-दृष्टि के नवीन विधान की स्थापना की।

ईश्वर-दृष्टि के नवीन विधान का यह उद्घाटन ईसा के मानवता-धारण, जीवनगत गतिविधियों, दुःखभोग, मृत्यु और पुनरुत्थान द्वारा परिनिष्पन्न हुआ। यही ईसाई दर्शन की केन्द्रीय मान्यता है। प्राचीन विधान में प्रारम्भ ईश्वर-प्रकाशन ईसा-रहस्य में चरम उत्कर्ष पर पहुँचा। ईसा के मानवता-धारण में ईश्वर-स्वरूप का यह पहलू द्योतित हुआ कि ईश्वर ईश्वर ही नहीं, मनुष्य भी है। उनकी मृत्यु में यह रहस्य उद्घाटित हुआ कि ईश्वर मनुष्य को जीवन प्रदान करने हेतु दुःख भोगता है, आत्म-समर्पण करता है और मरता है। उनके पुनरुत्थान में यह सत्य अभिज्ञात होता है कि मृत्यु में शाश्वत जीवन को दर्शानेवाला ही ईश्वर है। इस प्रकार ईसा द्वारा प्रतिष्ठापित ईश्वर-दृष्टि का मर्म इस 'ईसा-रहस्य' में ही उद्घाटित है।

तुलनात्मक परिप्रेक्ष्य में कहना चाहिए कि ईसा में स्थापित ईश्वर-दृष्टि का व्यापक तथा पूर्ण धरातल कबीर में विद्यमान नहीं है। ईसा का ईश्वर-पुत्र का पद तथा आध्यात्मिक मसीहा का पूर्ण स्वरूप स्वयं में अतुलनीय है। उनके द्वारा स्थापित ईश्वर-दृष्टि का नया विधान प्राचीन विधान में पूर्व-संकेतित था। उनके मनुष्यता-धारण की मूल भूमिका भी वही थी। लेकिन कबीर के सन्दर्भ में यह बात पूर्णतः अप्रासंगिक है। कबीर-पन्थियों द्वारा कबीर पर आरोपित सद्गुरु का अवतार-स्वरूप साम्प्रदायिक अतिशयोक्ति कहना ही संगत है।

ईसा का व्यक्तित्व स्वयं ईश्वर-दृष्टि के नवीन विधान के रूप में बाइबिल में स्वीकृत है, जबकि कबीर के विषय में ऐसा नहीं है। ईसा और कबीर के व्यक्तित्व-वैषम्य से ध्यान हटाकर समसामयिक सन्दर्भों में उनकी अपनी-अपनी भूमिका का परीक्षण किया जाए तो यह मानना सरल होगा कि दोनों द्वारा प्रस्तुत ईश्वर-दृष्टि के नवीन विधानों में बहुत समानता है। ईसा का विधान समूचे मानव-जाति को अपने में समाविष्ट करता है, जबकि कबीर द्वारा प्रस्तुत तत्सम्बन्धी विधान उस दिशा में एक श्लाघ्य प्रयास ही कहा जा सकता है। कबीर के 'अनभै साँचा' ईश्वर के सामने ईसा के ईश्वर-पुत्रानुभूति भी मात्रात्मक तथा गुणात्मक भेद दर्शाता है। अधिक सार्थक ईश्वर की विकल्प-प्रस्तुति के रूप में दोनों को एक ही पंक्ति में श्रेणीबद्ध किया जा सकता है।

कबीर और ईसा की ईश्वर-दृष्टि में निषेध के स्वर पर तुलनात्मक परिदृष्टि का सारांश यह है कि दोनों ने पूर्व-परम्परा से प्रेरणा ग्रहण करते हुए भी उसकी ईश्वर-दृष्टि की न्यूनताओं तथा विसंगतियों को झटके के साथ अस्वीकार किया। दोनों अपने-अपने धार्मिक सम्प्रदायों में पूजित तथा अपने चारों ओर के समाज में प्रतिफलित ईश्वर की अपूर्णता तथा ईश्वरहीनता पर न केवल स्तम्भित हुए बल्कि उन्हें स्थानच्युत कर अपने वैयक्तिक स्वानुभूति की कसौटी पर परखी हुई ईश्वर-दृष्टि के वैकल्पिक विधान प्रस्तुत किए। इन बातों में कबीर ईसा से साम्य रखते हैं।

कबीर और ईसाई दर्शन की ईश्वर-परिकल्पना के तत्त्व : तुलनात्मक परिदर्शन

ईश्वर का नाम : कबीर के लिए नाम (विशेषतः ईश्वर के सन्दर्भ में) एक प्रतीक है। यह द्योतित तथ्य के सार-तत्त्व की अभिव्यक्ति है। परन्तु परम तत्त्व की विराटता तथा उसके लिए प्रयुक्त नामों की सीमित अभिव्यक्ति-क्षमता के तुलनात्मक विचार से कबीर ने प्रचलित लगभग सभी ईश्वर-सम्बन्धी नामों का प्रयोग अपनी परिकल्पना के ईश्वर पर आरोपित किया, जिससे उस असीम तत्त्व के वर्णन में सर्वाधिक न्याय हो सके। यह वस्तुतः समझौते का ढंग न होकर

विभिन्न श्रोताओं में समन्वय तथा एकता की भावना उत्पन्न करने की दृष्टि से अनुप्राणित चिन्तन का परिणाम था। व्यवहार-सम्पादन के लिए 'राम' नाम को स्वीकार करते हुए भी कबीर ने अवतारी व्यक्तित्व से विमुक्त कर परमात्मावाचक सूक्ष्म अभिधान तथा तिरस्कृत मनुष्यों के लिए भी सुगम तत्त्व घोषित किया।[1]

लेकिन ईसाई सन्दर्भ में ऐसी स्थिति नहीं है। ईसाई दर्शन में ईश्वर के लिए कोई विशिष्ट नाम नहीं है। 'पुराना विधान' में प्रयुक्त 'यहोवा' नाम 'नया विधान' में उसका अर्थ 'प्रभु' के रूप में ही दिखाई देता है। 'ईसा मसीह', मानव-पुत्र, गलीली आदि अन्य ऐतिहासिक उप-नामों से युक्त होकर 'ईश्वर का पुत्र' के लिए प्रयुक्त है, ईश्वर के लिए नहीं। ईसा द्वारा प्रयुक्त ईश्वर-द्योतक शब्द 'अब्बा-पिता', अर्थात् प्रेमी पिता, ईश्वरद्योतक होकर भी सम्बोधनात्मक, सम्बन्धात्मक तथा सामान्य नाम है। ईश्वर नामातीत है। ईश्वर से मनुष्य का प्रयोजन सम्बन्धपरक है और उस सम्बन्ध-सम्पादन के लिए विशालार्थक 'पिता' शब्द का प्रयोग किया जाता है। यह ईश्वर का अपना नाम नहीं होकर मानवीय जीवन से प्रतिफलित कदाचित् सर्वाधिक सार्थक रूपक है। विभिन्न सम्प्रदायों के ईश्वरवाची नामों का संकलन भी ईसाई मान्यता के अनुकूल नहीं है।[2]

तुलनात्मक तौर पर कहा जा सकता है कि कबीर में विद्यमान ईश्वर के नाम-सम्बन्धी धारणा ईसाई दर्शन की मान्यता से पूर्णतः वैषम्यमूलक है। लेकिन ध्यातव्य है कि दोनों के मूल भाव में साम्य है। ईसाई ईश्वर-परिकल्पना ईश्वर को समस्त नामों से परे सम्बन्धमूलक तथा सर्वग्राह्य मानती है। कबीर ने भी हालाँकि 'राम' नाम अथवा विभिन्न सम्प्रदायों में प्रयुक्त नामों को सुविधा के लिए स्वीकृत किया है, तथापि अपनी परिकल्पना के ईश्वर को काफी हद तक सम्बन्धमूलक तथा सर्वसुगम व्यक्तित्व से विभूषित किया है। इस दृष्टि से कबीर का ईश्वर-नाम 'राम' भी कोई राम न होकर ईसाई मान्यता की विशालता के समीप आता हुआ प्रतीत होता है।

पितृत्व-मातृत्व : ईश्वर के विषय में ईसाई दर्शन का सर्वाधिक निश्चायक कथन 'ईश्वर का पितृत्व' ज्ञात होता है। नया विधान ईश्वर को ईसा के विशिष्ट पिता तथा मनुष्य के सार्वभौम पिता के रूप में चित्रित करता है। दत्तक-स्वीकरण के माध्यम से मनुष्य का ईश्वर की सन्तति होना ईश्वर-पुत्र के रूप में ईसा द्वारा ईश्वर-पितृत्व की विशेष अनुभूति का विस्तारण माना जाता है। इस अनुभूतिपरक कल्पना में क्षमाशीलता, दयालुता, समभाव, पालन, दीन-हीनों के प्रति अधिमानात्मक प्रेम आदि गुण स्वीकृत हैं। ईश्वर के विषय में यह धारणा एक आशावादी आयाम का प्रतीक माना जाता है। मातृत्व के गुण भी स्वयं में समाहित करते हुए ईश्वर-पितृत्व एक लिंगातीत परिकल्पना है।

कबीर ने ईश्वर के विषय में पितृत्व तथा मातृत्व का छिट-पुट उल्लेख किया है। यह सम्भवतः उपनिषदों तथा अपनी माता से प्रेरित होकर किया है। कबीर दर्शन के ईश्वर-पितृत्व नगण्य ही हैं। ईसाई दर्शन में यह बात सम्पूर्ण ईश्वर-धारणा को समाविष्ट करती है, जबकि कबीर की ईश्वर-धारणा में यह बात यादृच्छिक ही प्रतीत होती है। यह बिन्दु दोनों की तुलना के योग्य न होने पर भी कबीर की सगुण-धारणा में ईश्वर के व्यापक तथा प्रेम-ममता-युक्त पालकस्वरूप को ईसाई पितृत्व का विशाल परिकल्पना में एक साम्यमूलक बिन्दु मानना उचित है।

---

1. कबीर की ईश्वर-धारणा के स्वरूप-चित्रण के लिए द्रष्टव्य : प्रस्तुत ग्रन्थ, अध्याय 4, पृ. 175-206
2. ईसाई दर्शन के ईश्वर-स्वरूप-चित्रण के लिए द्रष्टव्य : प्रस्तुत ग्रन्थ, अध्याय 3, पृ. 137-165

प्रेमरूपता : ईश्वर दर्शन प्रेम को ईश्वर की सबसे उपयुक्त परिभाषा के रूप में प्रस्तुत करता है। 'नया विधान' में मसीह के प्रति विशिष्ट रूप से तथा मनुष्य के प्रति सामान्य रूप से ईश्वर का प्रेम अभिव्यक्त होता है। मसीह के क्रूस पर ईश्वर-पिता और ईश्वर-पुत्र के बीच सम्पूर्ण प्रेम-समर्पण की कथा चित्रित होने के साथ मानव-जाति के प्रति ईश्वर का प्रेम भी प्रकट हो जाता है। प्रेम के मनोवैज्ञानिक प्रक्रिया में आत्म-समर्पण, मृत्यु, नया अस्तित्व तथा पुनर्जीवन की जो घटनाएँ दुर्बलता में परिवेष्टित होकर घटित होती हैं, ठीक वे ही घटनाएँ ईश्वर की त्रयात्मक स्वरूप में मनुष्य की मुक्ति के लिए घटित होती हैं। मानवीय समाज में पापी, शोषित, रोगी, दुःखी, दीन, तुच्छ आदि के प्रति अधिमानात्मक प्रेम में ईश्वर का प्रेम-स्वरूप विशिष्ट तौर पर प्रकट होता है। ईसा मसीह में अभिव्यक्त ईश्वर-धारणा का मर्म ईश्वर का प्रेमस्वरूप है।

कबीर ने भी अपनी ईश्वर-कल्पना में प्रेम-तत्त्व का भरपूर प्रयोग किया है। कबीर का ईश्वर भी प्रेम-स्वरूप है। कबीर ने उस प्रेमी को भक्ति-भावना के आलम्बन-स्वरूप भज्य मानकर वात्सल्य, दाम्पत्य आदि भावों से अलंकृत किया है। इन भावों में कबीर के ईश्वर का प्रेम-स्वरूप खूब निखर आया है। कबीर की भक्ति मानसी भक्ति है और मानसी भक्ति में प्रेम की तीक्ष्णता भी सर्वाधिक है। कबीर का प्रेमी ईश्वर ईसाई प्रेम-ईश्वर से बहुत समानता रखता है। लेकिन, कबीर के ईश्वर में प्रेम का स्वरूप दायरे में सीमित है, जबकि 'प्रेम-धर्म' के रूप में अभिज्ञात होनेवाली ईसाइयत की मान्यता के समकक्ष नहीं माना जा सकता, क्योंकि वह विशाल धरातल पर प्रतिष्ठित है। कबीर का प्रेम-रूपी ईश्वर मुख्यतः भक्ति के अन्तर्गत स्थापित है, जबकि ईसाई प्रेम-ईश्वर स्वतन्त्र अस्तित्व रखता है। कबीर के लिए प्रेम ईश्वर के अनेक उपलक्षणों में से मात्र एक है, जबकि ईसाई दर्शन के अनुसार 'प्रेम' ईश्वर की सबसे उपयुक्त परिभाषा है। इन वैषम्यों के बावजूद प्रेम को ईश्वर के विषय में एक मुख्य आधार बनाकर कबीर ने ईसाई दर्शन से अपनी तुलनीयता की अर्हता का परिचय दिया है।

पतिरूपता : कबीर के लिए ईश्वर को पति के रूप में देखना बहुत स्वाभाविक लगता है। उन्होंने ईश्वर को प्रिय, पति, प्रेमास्पद आदि के रूप में देखा है। उन्होंने स्वयं को पत्नी के रूप में मानकर परम तत्त्व के पुरुषत्व से भावनात्मक सम्बन्ध जोड़कर दाम्पत्य-भाव का भरपूर चित्रण किया है। कबीर के चिन्तन में ईश्वर का यह पति-स्वरूप प्रबलता के साथ उभरकर आया है।

ईसाई दर्शन में ईश्वर पर पतित्व का आरोप मूल चिन्तन में नहीं मिलता है। लेकिन ईश्वर-पुत्र ईसा के लिए यह रूपक प्रयुक्त अवश्य हुआ है। ईसा को वर के रूप में चित्रित करके ईसाई कलीसिया तथा उसके प्रत्येक सदस्य को वधू के रूप में मानने की प्रणाली सन्त पौलुस ने प्रारम्भ की थी। ईसा के पतित्व में कलीसिया और मानव-जाति-रूपी वधू की मुक्ति के लिए क्रूस पर स्वयं को प्रेम-समर्पण करने का रूप झलकता है। ईश्वर के प्रतिनिधि के रूप में ईश्वर-पुत्र मसीह के इस कार्य में ईश्वर की पतिरूपता ही प्रकारान्तर से व्यक्त हुई है।

स्पष्ट है कि कबीर के ईश्वर-निरूपण में पतित्व का आरोप तत्सम्बन्धी ईसाई धारणा से बहुत भिन्न है। कबीर के सन्दर्भ में ईसा के समान कोई दृश्य या व्यक्तित्व-सम्पन्न पुरुष माध्यम के रूप में नहीं है। सीधे निर्गुण परम तत्त्व पर कबीर अपनी उक्त भावना को ढालते हैं। ईसाई दर्शन में ईसा के प्रतीकात्मक प्रतिनिधित्व के बाहर ईश्वर की यह

कल्पना नहीं मिलती है। कबीर में उक्त धारणा भक्ति-भावना के अन्तर्गत आई है जबकि ईसाई सन्दर्भ में यह चिन्तन ईसा की मूल मुक्तिविषयक भूमिका पर आधारित है। फिर भी, कबीर और ईसाई दर्शन दोनों में मानवीय जीवन के बुनियादी और सर्वाधिक व्यावहारिक रूपक पर अवलम्बित ईश्वर की पतिरूपता के चिन्तन में ईश्वर के साथ स्वाभाविक, गहन तथा शाश्वत सम्बन्ध की मानवीय वांछा के साथ-साथ ईश्वर-चिन्तन की सार्थकता भी अभिव्यक्त हो जाती है।

गुरुरूपता : कबीर ने गुरु का महिमा-गान बहुत विस्तार से किया है। कबीर की गुरु-धारणा कई व्यक्तियों से प्रभावित होकर भी किसी एक व्यक्ति पर आश्रित नहीं है। उन्होंने प्रेरणा-स्वरूप गुरु को ईश्वर-तुल्य माना है। उनका गुरु मुक्तिदायक शब्द-ब्रह्म ही है। कबीर ने गुरु को आध्यात्मिक मानकर उन्हें स्वयं परमात्मा ही घोषित किया है। अतः कबीर के ईश्वर की यह गुरुरूपता आन्तरिक और अदृश्य होने के फलस्वरूप विशिष्ट हो गई है। ईसाई दर्शन में ईश्वर की गुरुरूपता कोई मुख्य मान्यता नहीं प्रतीत होती है। फिर भी, ईसा के लिए गुरु का अभिधान भी प्रयुक्त है। स्वयं ईसा ने यह स्वीकारा भी है। ईश्वर द्वारा उच्चरित शब्द के रूप में सृष्टि, पुनर्सृष्टि आदि का हेतु भी ईसा ही माने जाते हैं। गुरु और शब्द में भी आन्तरिक ऐक्य है। अपने दिव्य सुसमाचार के माध्यम से मनुष्य को मार्ग-दर्शन तथा शाश्वत मुक्ति दिलानेवाले प्रभु-स्वरूप में उनकी गुरुरूपता अभिव्यक्त हो जाती है। भव-सागर से पार होने का मार्ग क्रूस का आत्म-समर्पण और तज्जन्य पुनरुत्थान से निर्णायक तौर पर प्रस्तुत कर ईसा ने अपने शिष्यों के लिए ईश्वरीय गुरुरूपता का स्वरूप ही स्थापित किया है। प्रक्रिया और आयामों में अन्तर रखने के साथ-साथ मूल भाव तथा भूमिका में कबीर और ईसाई दर्शन के ईश्वर की गुरुरूपता बहुत साम्य रखती प्रतीत होती है।

ज्योतिरूपता : ईसाई दर्शन ईसा को संसार की ज्योति के रूप में चित्रित करते हैं। परमेश्वर के प्रतिनिधि-स्वरूप अवतरित ईसा अन्धकार को दूर करके मानवीय जीवन को आलोकित करनेवाले हैं। ईसाई मान्यता के अनुसार ईसा परमेश्वर की ज्योतिरूपता का प्रतिफलन ही है। कबीर ने भी उपनिषद् से प्रभावित होकर ईश्वर को ज्योति-स्वरूप चित्रित किया है। उनके ज्योति-चित्रण में ईसाई दर्शन के अनुसार किसी अवतार पुरुष की मध्यस्थता नहीं है। कबीर की यह कल्पना निर्गुण ईश्वर पर आधारित होकर अधिक सूक्ष्म है। दोनों ही ईश्वर-धारणा में ज्योति का रूपक विभिन्न संस्कृतियों में भी ईश्वर-चिन्तन की मूल समानता की ओर इंगित करता है।

सत्य और ज्ञानरूपता : ईसाई मान्यता के अनुसार ईश्वर सत्य और ज्ञानरूप भी है। ईश्वर स्थायी तत्त्व है और मनुष्य के लिए सदैव वांछनीय है, क्योंकि वही सत्य है जो मनुष्य को स्वतन्त्र करेगा। ईसा ने ईश्वर-पुत्र के रूप में सत्य होने का दावा भी किया था। ज्ञान और ईश्वर-प्रज्ञा के रूप में वे ही समस्त सृष्टि के हेतु हैं। क्रूस पर घटित उनकी मृत्यु मानवीय दृष्टि में पराजय तथा व्यावहारिक ज्ञानशून्यता प्रतीत होने पर भी ईश्वरीय दृष्टि में विजय और ज्ञान है।

कबीर ने भी ईश्वर को ज्ञान के रूप में समझा है। ईश्वर ज्ञान-साध्य है। वह आत्म-विचार द्वारा साध्य शाश्वत सत्य का तत्त्व है। ईश्वर के सत्य-ज्ञान का स्वरूप कबीर की दृष्टि और साधना की सम्पूर्ण प्रक्रिया में प्रतिफलित है। कबीर के ईश्वर की सत्य और ज्ञानरूपता उपर्युक्त ईसाई मान्यता से मूल रूप से मिलती है। लेकिन ईसा की मध्यस्थता इस सन्दर्भ

में भी वैषम्य का मुख्य बिन्दु प्रतीत होती है। ज्ञानाश्रयी कबीर का ईश्वर प्रेम-स्वरूप से अधिक ज्ञान-स्वरूप है, जबकि ईसाई दर्शन में ईश्वर का ज्ञान-स्वरूप प्रेम-पक्ष की तुलना में कम महत्त्वपूर्ण माना जाता है। फिर भी, दोनों की ईश्वर-धारणा का यह पक्ष मानवीय व्यक्तित्व से पूर्णतः तर्कसंगत होना भी साम्य का बिन्दु है।

अन्तर्यामी एवं लोकातीत-विलक्षणता : कबीर ईश्वर को अन्तर्यामी और लोकातीत दोनों मानते हैं। उनका अन्तर्यामी ईश्वर घटवासी होकर हृदय में वास करता है। वह अखंड होकर सबघटवासी है। इसलिए वह सर्वव्यापी और सार्वभौम कहलाता है। अन्तर्यामिता उसकी गहराई को व्यक्त करती है। कबीर का ईश्वर असीम और अपरिच्छिन्न होकर लोकातीत भी है। वह तिहुँलोक-विवर्जित होकर विराट् है। अन्तर्यामिता कबीर-कल्पित ईश्वर का हृदय-साध्य रूप है तो लोकातीतत्व उसकी बुद्धि-विनिर्मित अव्यक्त रूप है। ये दोनों विशेषताएँ परस्पर विपरीत होकर भी कबीर में एक विलक्षण सामंजस्य से युक्त हैं। अणु-अणु में ही नहीं उनसे परे भी एक साथ विद्यमान होनेवाला अन्तर्यामी एवं लोकातीत-विलक्षण ईश्वर कबीर की ईश्वर-परिकल्पना की सर्वसमावेशकता का परिचायक है।

ईसाई दर्शन में, अर्थात् 'नया विधान' में, अन्तर्यामित्व तथा लोकातीतत्व-जैसे दार्शनिक प्रत्ययों का निरूपण नहीं मिलता है। 'पुराना विधान' के विश्लेषण में ईश्वर के ऐश्वर्य तथा सान्निध्य इन प्रत्ययों के अन्तर्गत चर्चित हो चुका है। 'नया विधान' में ऐसे दार्शनिक निरूपण के लिए अवकाश नहीं है। 'नया विधान' में ईसा के ऐतिहासिक आविर्भाव और जीवन में ईश्वर की अन्तर्यामिता प्रमाणित हो जाती है तो पिता ईश्वर के अदृश्य पितृत्व, उसके द्वारा ईसा का भेजा जाना, ईसा का पूर्वास्तित्व तथा पुनरुत्थान एवं ईसा और पिता-ईश्वर का अनन्य पारस्परिक ज्ञान आदि बातें ईश्वर की विश्वातीतता की ओर संकेत करती हैं। इस प्रकार ईश्वर की दूरवर्तिता तथा समीपता अथवा पवित्रता तथा साहचर्य द्वारा उपर्युक्त दोनों गुण अभिव्यक्त हो जाते हैं। इन दोनों गुणों के सन्तुलित समन्वय में अन्तर्यामी एवं लोकातीत-विलक्षण ईश्वर का स्वरूप ही दिखाई देता है।

स्पष्ट है, अन्तर्यामित्व तथा विश्वातीतत्व ईश्वर के दो मूल गुण होकर उसके सर्वसमावेशक व्यक्तित्व को ही द्योतित करते हैं। कबीर-चिन्तन और ईसाई दर्शन में यह समानता के बिन्दु हैं। इसमें असमानता मात्र इतनी ही है कि दोनों की शब्दावली भिन्न-भिन्न है। 'नया विधान' की शब्दावली शुद्ध धार्मिक होकर ईश्वर का निरूपण नहीं करता है, जबकि कबीर-चिन्तन में दार्शनिक शब्दावली में यह विश्लेषण अधिक मिलता है। हालाँकि दोनों में लोकातीतता की तुलना में अन्तर्यामिता पर अधिक बल दिया हुआ है, फिर भी 'नया विधान' में कबीर-साहित्य की अपेक्षा अधिक स्पष्टता मिलती है।

द्वैताद्वैत-विलक्षणता : कबीर एक दार्शनिक के रूप में अद्वैतवाद को न मानते हुए एक भक्त के रूप में ईश्वर के साथ अद्वैत-भावना की सिद्धि में विश्वास करते थे। साथ ही, भक्त होकर भी वे ईश्वर में अपने अस्तित्व का विलय नहीं चाहते थे, बल्कि केवल मिलन के आकांक्षी थे। मिलनावस्था में भी द्वैत बना रहता है। भक्ति-भावना के अन्तर्गत ऐक्य-भावना का अद्वैत तथा मिलन का द्वैत दोनों के सम्मिलन से कबीर का ईश्वर द्वैताद्वैतविलक्षण हो गया है। यह विलक्षण सहभागिता कबीर की ईश्वर-परिकल्पना की सूक्ष्मता को दर्शाती है।

ईसाई दर्शन में भारतीय दर्शन के प्रत्यय द्वैत-अद्वैतादि प्रयुक्त नहीं हैं, फिर भी, द्वैत तथा अद्वैत का भाव ईसाई ईश्वर-धारणा में देखना कठिन नहीं है। ईसाई दर्शन के अनुसार प्रत्येक

व्यक्ति अद्वितीय है। उसकी आत्मा सदैव उसकी ही रहती है। मृत्यूपरान्त भी ईश्वर में प्रत्येक मनुष्य की आत्मा अपने सूक्ष्म व्यक्तित्व में सुरक्षित है। अर्थात् द्वैत की स्थिति या सत्ता की पृथकता अनिवार्य है। परन्तु, इसका तात्पर्य यह नहीं है कि ईश्वर और मनुष्य दोनों स्वतन्त्र सत्ता हैं। ईश्वर-सत्ता पूर्ण रूप से स्वतन्त्र है और सृष्ट तत्त्व आंशिक रूप से ही स्वतन्त्र है। सृष्ट तत्त्व की स्वतन्त्रता ईश्वर पर आधारित स्वतन्त्रता है। अर्थात् मूल स्वतन्त्र सत्ता एक प्रकार से अद्वैत है। ये दोनों निरपेक्ष न होकर परस्पर सापेक्ष हैं। इस प्रकार ईसाई-धारणा में भी एक प्रकार की द्वैताद्वैतविलक्षणता का भाव देखा जा सकता है। इसलिए कहा जा सकता है कि कबीर और ईसाई दर्शन की द्वैताद्वैतविलक्षणता में किंचित् स्वरूपान्तर होने पर भी मूल भाव में समानता द्रष्टव्य है।

एकेश्वर-विलक्षणता तथा त्रयात्मकता : ईश्वर की एकता कबीर का मूल मन्तव्य है। अनेक नामों से उस दिव्य सत्ता को अभिहित करने का उनका तात्पर्य यह था कि विभिन्न धर्मों तथा सम्प्रदायों द्वारा पोषित ईश्वर भिन्न-भिन्न न होकर एक ही मूल शक्ति के पर्याय हैं। उनकी समन्वय-दृष्टि ईश्वर के एकत्व पर आधृत थी। लेकिन कबीर के एकेश्वरवाद में इस्लाम की कट्टरता नहीं है, बल्कि सूफियों की प्रेम-भावना और भारतीय अद्वैत-भावना के समन्व य की मार्मिकता है। इस समन्वय ने कबीर की एकेश्वर-भावना को विलक्षण बना दिया है।

ईसाई ईश्वर-दर्शन का मूल मन्त्र है–ईश्वर की त्रयात्मकता। इस मान्यता के अनुसार पिता, पुत्र और पवित्र आत्मा ये तीनों मिलकर ईश्वर हैं। ईश्वर में तीन भिन्न व्यक्तित्व हैं, लेकिन एक ही स्वभाव में सहभागी होकर वे तीनों एक हैं। भूमिका-भेद होने पर भी वे समस्तर पर हैं। संख्यात्मक अनेकता में भी वे अपनी पारस्परिकता में एक हैं। तीनों परस्पर प्रेम-सम्बन्ध में बँधे होकर मानव-जाति के लिए एक मुक्तिविषयक घटना को घटित करते हैं। यह प्रेमकथा ईसा मसीह के क्रूस पर प्रतिफलित होती है और ईश्वर का आत्मोद्घाटन सम्पन्न होता है। इस प्रकार तीन व्यक्तियों के पूर्ण सह-अस्तित्व पर गठित एकेश्वरवाद में अनेकेश्वरवाद की न्यूनता नहीं है।

तुलनात्मक विश्लेषण द्वारा यह स्पष्ट है कि कबीर की एकेश्वर-धारणा तथा ईसाई एकेश्वर-धारणा में मूलभूत वैषम्य है। ईसाई ईश्वर की त्रिकरूपता अन्यत्र कहीं नहीं मिलती है। सम्पूर्ण दर्शनों में ईश्वर की ऐसी त्रिरूपता ईसाई दर्शन की मौलिक परिकल्पना है। कबीर की समन्वयमूलक एकेश्वर-भावना में अस्तित्व की संयुक्तता का कोई भाव नहीं है। ईश्वर का यह सामाजिक चिन्तन ईश्वर-धारणा का एक नूतन आयाम ही नहीं, मनुष्य के सामाजिक जीवन से पूर्णतः संगत होकर व्यवहार्य सिद्ध हो गया है। भारतीय संस्कृति के तत्त्व 'विविधता में एकता' से सम्बन्ध जोड़कर इसे समझा जा सकता है। ईसाई दर्शन की इस ईश्वर-धारणा को न एकेश्वरवाद कहा जा सकता है, न अनेकेश्वरवाद। इसे 'एकेश्वर-विलक्षणता' कहना अधिक संगत होगा। अतः आन्तरिक स्वरूप में प्रचंड अन्तर होने के बावजूद बाह्य रूप से कबीर तथा ईसाई दर्शन दोनों की एकेश्वर-भावना को 'एकेश्वर-विलक्षण' कहना संगत लगता है। ईसाई एकेश्वर-विलक्षण ईश्वर सम्बन्धमूलक होकर मानव जीवन के लिए अधिक सम्पूर्ण प्रतीत होता है।

अवतार-निषेध : कबीर अपने द्वारा निरूपित ईश्वर को 'राम' नाम से पुकारते हैं। लेकिन यह 'राम' दशरथ-सुत (अवतारी) राम न होकर 'निर्गुण राम' है। अर्थात् कबीर का राम अनवतारी राम है। अवतार की अतिशयोक्तिपूर्ण धारणाओं में ईश्वरत्व का अभाव देखकर उन्होंने अवतार की धारणा से ही मुँह मोड़ लिया। उनके अनुसार वास्तविक ईश्वर अवतार

नहीं ले सकता है। इसके अतिरिक्त, विभिन्न अवतारों के कारण ही समाज में भेदभाव बढ़ा हुआ था। यह देखकर कबीर ने अवतारों का विरोध करके एकतामूलक समाज का मार्ग प्रशस्त किया और समाज को खंडित करनेवाले तत्त्वों को तिलांजलि दी। उनके अनवतारी ईश्वर के पीछे तर्क यह भी है कि अवतार समाज की माँग है। इसलिए बदलते मूल्य और माँग के अनुसार अधिकांश अवतार समसामयिक समाज के लिए प्रयोजनहीन होकर अप्रासंगिक सिद्ध हो जाते हैं। इसलिए कबीर ने अपने ईश्वर को अनवतारी घोषित किया।

ईसाई दर्शन की तत्सम्बन्धी धारणा कबीर के अनुकूल भी नहीं, प्रतिकूल भी नहीं, ऐसा लगता है। ईसाई दर्शन की केन्द्रीय मान्यता है–ईसा मसीह में ईश्वर का मनुष्यावतार। परन्तु, अवतार की ईसाई अवधारणा भारतीय अवतार-धारणाओं से बहुत भिन्न होकर विशिष्ट है, जिसके अनुसार ईसा मसीह में स्वयं ईश्वर-पुत्र का मनुष्यता-धारण हुआ है, अर्थात् ईश्वर वास्तव में मनुष्य बन गया है। मृत्यूपरान्त ईसा का पुनरुत्थान हुआ है, इसलिए उनका एक स्थायी रूप ईश्वर-धारणा में स्थापित है। मनुष्य-रूप में ईश्वर का प्रकाशन अवतरण ही है। इसलिए ईसा अवतार हैं। लेकिन, विशिष्ट अर्थ में उन्हें अवतार कहना उचित प्रतीत नहीं होता, क्योंकि उनका स्वरूप अवतार से परे है।

तुलनात्मक दृष्टि से यह कहना समीचीन होगा कि ईसाई दर्शन की ईसा-विषयक अवतार की अवधारणा कबीर की अवतार-धारणा से बहुत भिन्न है। तत्कालीन समाज में प्रचलित विभिन्न परस्पर-विरोधी, अस्थायी तथा अतिवादपूर्ण अवतार-धारणाओं का विरोध करनेवाले कबीर को यह ईसाई धारणा मान्य हो, यह असम्भव नहीं, क्योंकि ईसाई अवतार-धारणा पूर्ण आध्यात्मिक तथा अवतारातीत है। निर्गुण दृष्टि से ओतप्रोत कबीर-चिन्तन के अनुकूल एक शुद्ध आध्यात्मिक तथा शाश्वत दृष्टि ईसाई मान्यता में विद्यमान है। समाज-चिन्तन में चरितार्थ होनेवाले अध्यात्म-चिन्तन द्वारा कबीर जिस जीवन-दृष्टि की तलाश करते हैं वही जीवन-दृष्टि ईसाई दर्शन में भरपूर विद्यमान प्रतीत होता है। समाज में निरन्तर समायोचित प्रयोजन सिद्ध करनेवाला, मनुष्य-मनुष्य में एकता उत्पन्न करनेवाला एवं शान्ति, आनन्द तथा मुक्ति सम्पन्न करनेवाली आन्तरिक शक्ति कबीर के लिए अवतार है, जिसे वे अनवतारी राम के व्यक्तित्व में घटित करते हैं। ईसाई मान्यता में कबीर की ये अपेक्षाएँ प्रभूत मात्राओं में प्रतिफलित होती हैं।

निर्गुणत्व तथा आत्मारूपता : उपनिषद् में निरूपित ब्रह्म के दो स्वरूपों में कबीर ने मुख्यतः निर्गुण परब्रह्म को स्वीकारा है। इस निर्गुण परब्रह्म का व्यावहारिक स्वरूप उनके लिए एक निर्गुण दृष्टि है। अपने उपास्य के लिए 'राम' का नाम ग्रहण करते हुए भी उन्होंने सगुणातीत तथा अनवतारी निर्गुण राम की कल्पना की है। सत्व, रज, तमस की त्रिगुणात्मकता का निषेध इस निर्गुणत्व का मूल था। इस निर्गुण राम को शून्यरूप समझते हुए भी कबीर आस्तिक भावना में दृढ़ रहे। कबीर के ईश्वर का यह निर्गुणत्व उनकी ईश्वर-धारणा की सूक्ष्मता का परिचायक है।

ईसाई धारणा में ईश्वर की आत्मारूपता मान्य है। 'नया विधान' ईश्वर की त्रिरूपता के अन्तर्गत व्यक्तित्व-सम्पन्न आत्मा को तृतीय व्यक्ति के रूप में मानता है। ईसाई दर्शन इस तृतीय तत्त्व को मानवीय जीवन के संयोजक तत्त्व के रूप में पहचानकर उसे चित्-शक्ति, संवाद, सहभागिता आदि के रूप में स्वीकारता है। लेकिन यह आत्मा, चाहे अपने सामान्य अर्थ में हो या विशिष्ट अर्थ में, पूर्णतः जीवन की अदृश्य परिचालन-शक्ति है।

कबीर की निर्गुण ईश्वर-धारणा का ईसाई मान्यता से संगति का जहाँ तक प्रश्न है,

कहना पड़ेगा कि दोनों एकदम भिन्न-भिन्न दृष्टियाँ होकर भी समानता के कतिपय बिन्दु प्रस्तुत करते हैं। कबीर का निर्गुण ईश्वर भी आत्मा-स्वरूप अदृश्य है, अनवतारी है। ईसाई आत्मा-ईश्वर भी सूक्ष्म होकर एक प्रकार का निर्गुण ईश्वर है। अन्तर यह है कि कबीर का निर्गुण ईश्वर मूल ईश्वर है जबकि ईसाई आत्मा-ईश्वर ईश्वर के त्रिरूपों में केवल एक है। दोनों का अदृश्य चित्-शक्ति के रूप में कार्यशील होना साम्य का बिन्दु है। स्थूल मानवीय धारणाओं के परे प्रतिष्ठित इस ऐश्वर्यवान प्रेरणा तथा दृष्टि-स्वरूप 'निर्गुण-आत्मा' ईश्वर की कल्पना में कबीर-ईसाई ईश्वर का स्वरूप मूलतः परस्पर संगत प्रतीत होता है।

सगुणत्व, व्यक्तित्व-सम्पन्नता तथा अनुभवगम्यता : निर्गुण-धारा की ईश्वर-धारणा को मूल रूप से अपनाने के बावजूद कबीर का ईश्वर अभावस्वरूप नहीं है और वह सगुण भी है। उसमें वाक्मनसगोचर अनगिनत सूक्ष्म तथा दिव्य गुणों का समावेश होता है। ये गुण स्वानुभूतिमूलक हैं। कबीर का ईश्वर व्यक्तित्व-सम्पन्न है। गुणारोप के साथ भक्ति-भावना के अन्तर्गत कबीर ने उस पर विविध प्रकार के सम्बन्धों की कल्पना की है। पति, माता, पिता, गुरु, सखा आदि के व्यक्तित्वों से उसे विभूषित करके कबीर ने उससे सम्बन्ध जोड़ा था। क्योंकि वह अनुभवगम्य है।

ईसाई दर्शन में कबीर-चिन्तन के समान सगुण की अभिधागत धारणा नहीं है, किन्तु भावगत धारणा अवश्य है। ईसाई मान्यता में ईश्वर ईसा के मानवता-धारण के साथ प्रत्यक्ष सगुण बन गया है। ईसा के माध्यम से आविर्भूत ईश्वर पितृवत् है, और प्रेमपूर्ण हृदय का अधिकारी है। दीन-हीनों के प्रति उसका अधिमानात्मक प्रेम है। बुरे और शत्रु पर भी उसकी समभावपूर्ण दया बनी रहती है। इस प्रकार ईसा के व्यक्तित्व में प्रतिफलित ईसाई ईश्वर व्यक्तित्व से सम्पन्न होकर अनगिनत दिव्य गुणों से अलंकृत है। वह ईश्वर अवधारणा का विषय नहीं होकर प्रेम, अनुभूति, विश्वास, भक्ति आदि का विषय है।

कबीर-परिकल्पित सगुण ईश्वर ईसाई ईश्वर-धारणा से बहुत समानता रखता है। मूलतः कबीर का ईश्वर दिव्य-गुण-सम्पन्न, व्यक्तित्व-सम्पन्न तथा अनुभवगम्य है। यही ईसाई धारणा से साम्यमूलक तत्त्व है। व्यक्तित्व-सम्पन्नता ईसाई दर्शन में मात्रात्मक प्रचंडता में बहुत आगे है। निर्गुण ज्ञानमूलक दृष्टि पर आधारित सगुण प्रेममूलक तथा सार्थक ईश्वर-चिन्तन में कबीर ईसाई कसौटी पर पूर्णतः खरे उतरते हैं।

सगुण-निर्गुणोभय तथा सगुण-निर्गुणातीत की स्थितियाँ : औपनिषदिक दर्शन पर आधारित होकर कबीर ईश्वर को सगुण-निर्गुण की शब्दावली में वर्णित करते हैं, जबकि ईसाई दर्शन में यह शब्दावली नहीं है। लेकिन कबीर ने दोनों शब्दों के स्थूल आवरणों को हटाकर तथा पक्षवाद से बचे रहकर दोनों के आन्तरिक भावों को समन्वित करके सगुण-निर्गुण की नई संयुक्त परिभाषा दी है। ईसाई धारणा में ईश्वर का अदृश्य-दृश्य, सूक्ष्म-स्थूल, अव्यक्त-व्यक्त, निराकार-साकार, ईश्वर-मनुष्य आदि रूपों का समन्वित स्वरूप मिलता है, जो कि कबीर के निर्गुण-सगुण के आन्तरिक भाव से पूर्णतः संगत है। अतः कबीर के सगुण-निर्गुणोभय ईश्वर ईसाई 'सगुण- निर्गुणोभय-भाव' से साम्य रखता है।

इसके अतिरिक्त, दोनों में यह ईश्वर इन प्रत्ययों से परे भी होकर सगुण-निर्गुणातीत है। कबीर हद-बेहद दोनों तजकर भावाभाव-विनिर्मुक्तता की सूक्ष्मतम दशा की ओर इंगित करते हैं। ईसाई दर्शन में भी ईसा मसीह में ईश्वर के आत्मोद्घाटन की सम्पूर्णता की मान्यता के बावजूद ईश्वर की सूक्ष्मतम प्रत्ययातीत दशा पूर्णतः संगत है। जहाँ कबीर सगुण-निर्गुण की

शब्दावली की तर्कहीनता को समझते हुए भी अनुभवातीत ईश्वर की ओर अग्रसर हो जाते हैं, वहाँ उनकी मान्यता ईसाई स्थापना से अधिक समीप ज्ञात होती है।

रहस्यरूपता तथा अवर्णनीयता : कबीर अपने द्वारा परिकल्पित ईश्वर का वर्णन करने का भरसक प्रयास करने के अनन्तर भी उसके वास्तविक स्वरूप के निरूपण को 'रहस्य' ही पाते हैं। क्योंकि उसका सूक्ष्मतम स्वरूप पूर्णतः अलौकिक है। वह अनिर्वचनीय तथा अवर्णनीय भी है। उसकी अनुभूति 'गूँगे के गुड़' के समान रहस्यपूर्ण है। वह कल्पनातीत है, आत्म-साक्षात्कार का ही विषय है। फिर भी, उसका उच्चतम आध्यात्मिक स्वरूप भाव-समाधि के महासागर की अद्वितीय वाङ्मनसातीतता में ही सुरक्षित है।

यद्यपि ईसाई अवधारणा में कबीर की शब्दावली नहीं मिलती, लेकिन उसके भाव में भी ईश्वर 'रहस्य' है। उस 'रहस्य' का पूर्ण अनुभवमूलक ज्ञान ईश्वर-पुत्र ईसा मसीह को ही प्राप्त है। लेकिन उनके द्वारा उस रहस्य की निर्णायक अभिव्यक्ति होने के बावजूद वह रहस्य बहुत कुछ अनभिव्यक्त है। 'पिता-ईश्वर कौन है' इस रहस्य को भेदना ईश्वर-पुत्र को छोड़ अन्य किसी के सामर्थ्य में नहीं है। वह कल्पनातीत तथा वर्णनातीत है। वह भी अपने भाव में 'गूँगे के गुड़' समान है। ईसाई मान्यता का ईश्वर भी अन्ततः वाङ्मनसातीत ईश्वर-साक्षात्कार में सुरक्षित है। इस प्रकार, कबीर और ईसाई धारणाओं में ईश्वर की रहस्यरूप अकथनीयता के भाव में लगभग पूर्ण साम्य दृष्टिगोचर होता है।

कबीर और ईसाई दर्शन की ईश्वर-परिकल्पना के विभिन्न तत्त्वों के सम्यक् तुलनात्मक परीक्षण से निष्कर्ष यह निकलता है कि दोनों की ईश्वर-परिकल्पना देशकाल के अन्तराल में वैषम्य के बिन्दुओं के साथ-साथ कपितय तत्त्वों पर अतिशय साम्य भी रखते हैं। ईश्वर का पितृत्व, त्रिक्‌मूलक एकत्व, प्रेमरूपता, ज्योति, मानवता-धारण-रूपी अवतरण आदि तत्त्वों में ईसाई ईश्वर-परिकल्पना एकदम विशिष्ट और मौलिक होकर कबीर से बहुत कुछ वैषम्यमूलक सिद्ध हो जाती हैं। फिर भी, ये तत्त्व कुछ मामलों में कबीर की परिकल्पना से साम्य दर्शाते हैं। सगुण, निर्गुण, सगुण-निर्गुणोभयता, सगुण-निर्गुणातीतता, अवर्णनीयता, अन्तर्यामी-लोकातीत-विलक्षणता, द्वैताद्वैत-विलक्षणता, समन्वयमूलक एकेश्वर-भावना, पतिरूपता, सत्य-ज्ञानरूपता, नाम की प्रतीकात्मकता आदि तत्त्वों में कबीर की ईश्वर-धारणा में अपेक्षाकृत अधिक प्राबल्य भी द्रष्टव्य है। लेकिन कुछेक बिन्दुओं को छोड़कर लगभग सभी उप-तत्त्वों में न्यूनाधिक समानता दिखाई देती है। असाम्य को संस्कृति-भेद का प्रतिफल और साम्य को मानव-चिन्तन की मूल भावात्मक ऐक्य तथा दिव्य पुरुषों की सिद्धावस्था का प्रदेय मानना उचित होगा।

अतः निष्कर्षतः कहा जा सकता है कि अपनी-अपनी ईश्वर-दृष्टि की दिशा को प्रशस्त करने हेतु कबीर और ईसा ने प्राचीनता के अवशेषस्वरूप और समसामयिक समाज के लिए अनुपयुक्त अनेकानेक विसंगतियों तथा अतिवादों का विरोध किया। अपनी स्वानुभूति के साक्ष्य पर दोनों ने ईश्वर-परिकल्पना का विश्वसनीय विकल्प भी प्रस्तुत किया। दोनों में अपने-अपने देश-काल की परिस्थितियों तथा संस्कृति-सापेक्ष तत्त्वों के कारण कई भिन्नताएँ दिखाई देती हैं। दोनों में कुछ तत्त्व अपनी-अपनी मौलिक दृष्टि या पूर्व-परम्परा की उपज बनकर अनुपम सिद्ध हुए हैं। कई बिन्दुओं में दोनों में अतिशय साम्य भी द्रष्टव्य है, जिसे मानवता की मूल चिन्तन-प्रणाली या सिद्धावस्था की देन मानना उचित प्रतीत होता है। प्रेम-तत्त्व ईसाई दर्शन का मेरुदंड है। उसने सूफी दर्शन के माध्यम से भारतीय चिन्तन

परम्परा के साथ ही कबीर को भी प्रभावित किया हो, इसकी प्रबल सम्भावना है। कबीर की ईश्वर-परिकल्पना में भी कई तत्त्व मौलिक और विशिष्ट हैं। विशेषतः समन्वयमूलक एकता, सार्वभौमता, सम्बन्धमूलकता, सर्वसमावेशकता, गत्यात्मकता, मौलिकता आदि विशिष्टताओं के सन्दर्भ में ईसाई ईश्वर-परिकल्पना के परिप्रेक्ष्य में कबीर की ईश्वर-परिकल्पना एक उत्कृष्ट उद्यम सिद्ध हुआ है।

3. कबीर के ईश्वर-चिन्तन के सामाजिक आशय की तत्सम्बन्धी ईसाई आशय से अनुरूपता

ईश्वर-चिन्तन जब समाज की विशेषताओं, आवश्यकताओं तथा अपेक्षाओं के अनुकूल उसकी दिशा को निर्देशित करने की क्षमता रखता हो तभी कृतकार्य सिद्ध होता है। ईश्वर-चिन्तन के इस सामाजिक आशय में ईश्वर का सर्वाधिक उपयुक्त और आकर्षक स्वरूप सुरक्षित है। कबीर-चिन्तन तथा ईसाई दर्शन में ईश्वर का स्वरूप सामाजिक आशय से युक्त है।[1]

कबीर और ईसाई दर्शन में ईश्वर का मनुष्य से सम्बन्ध : समरूपता के बिन्दु

ईश्वर की स्वरूप-विषयक परिकल्पना अपने सामाजिक अभिप्राय से हटकर प्रासंगिक नहीं होती। ईश्वर की जीवन्तता का प्रमाण यह विशाल सृष्टि है, जिसके शिखर पर मनुष्य प्रतिष्ठित है। मनुष्य और सृष्टि-जगत् से ईश्वर के सम्बन्ध में ईश्वर का सामाजिक आशय उद्घाटित होता है। कबीर और ईसाई दर्शन दोनों के सन्दर्भ में ईश्वर का विश्व से, विशेषतः मनुष्य से सम्बन्ध निरूपित एवं समर्थित है।

ईश्वर और सृष्टि-कार्य या रचना : कबीर आस्थावादी थे। प्रकृति से मन्त्रमुग्ध होकर सृष्टि-प्रक्रिया के प्रति जिज्ञासा-भाव से वे जागृत हुए। अध्यात्मवादी कबीर को लगा कि सब कुछ ईश्वरमय है। सृष्टि की साम्प्रदायिक धारणाओं में न उलझकर कबीर ने मूल सत्ता की रचनाशीलता को प्रतिष्ठा दी। सृष्टि-रचना को अव्यक्त का व्यक्त रूप मानकर उन्होंने कुम्भजल, घड़ा-मिट्टी आदि के मूलभूत सम्बन्ध से उसे विश्लेषित किया। सृष्टि-रचना में रचनाकर की अभिव्यक्ति और प्रतिफलन देखकर उन्होंने उसे 'घटि-घटि रह्यो समाई' बताया। वास्तविक सृष्टि-प्रक्रिया कैसी भी रहे, स्रष्टा की शक्ति से सूक्ष्म बीजावस्था से स्थूल वृक्षावस्था को प्राप्त विश्व को देखकर सृष्टिकर्ता ईश्वर में उनकी आस्था दृढ़ हुई थी।

ईसाई सृष्टि-दर्शन के अनुसार ईश्वर स्रष्टा है। सम्पूर्ण सृष्टि अपने अस्तित्व के लिए उस पर निर्भर है। सृष्टि ईश्वर के आत्म-प्रकाशन का माध्यम है। सृष्टि-क्रिया ईश्वर की प्रज्ञा तथा उसके शब्द द्वारा सम्पन्न होता है। 'पुराना विधान' की अदृश्य प्रज्ञा तथा शब्द 'नया विधान' में ईश्वर-पुत्र ईसा मसीह में व्यक्त होते हैं। अर्थात् ईसाई दर्शन में सृष्टि भी विधान-केन्द्रित है। ईश्वर का बुलावा तथा मनुष्य की आज्ञाकारिता पर आधारित सृष्टि ही बाइबिल के अनुसार वास्तविक सृष्टि है। इस प्रकार सृष्टि एक मुक्तिविषयक कथा है। भूत, वर्तमान तथा भविष्य को एक गतिशील घटना में समन्वित करनेवाली क्रिया है, सृष्टि। ईसाई दर्शन के अनुसार सृष्टि-कार्य से अभिप्राय जगत् की उत्पत्ति नहीं है, बल्कि सृष्टि के उद्भव,

---

1. कबीर के ईश्वर का मनुष्य से सम्बन्ध-विश्लेषण के लिए द्रष्टव्य : प्रस्तुत ग्रन्थ, अध्याय 6, पृ. 242-257; ईसाई ईश्वर का मनुष्य से सम्बन्ध-विश्लेषण के लिए द्रष्टव्य : प्रस्तुत ग्रन्थ, अध्याय 5, पृ. 207-219

आधार और लक्ष्य को ईश्वर पर आधारित घोषित करना है।

कबीर और ईसाई दर्शन दोनों का सृष्टिवाद आस्थावादी है। अध्यात्म-दृष्टि दोनों में परिलक्षित होती है। दोनों सृष्टि के विकास-क्रम के अनुकूल ही नहीं, सृष्टि में ईश्वर की अन्तर्यामिता तथा अभिव्यक्ति को भी मानते हैं। दोनों में ईश्वर की रचनाशीलता मूल स्थापना है और ईश्वर मनुष्य तथा सम्पूर्ण विश्व के अस्तित्व का आधार भी है। समानता के इन बिन्दुओं में स्वरूप और मात्रा का अन्तर भी दर्शाया जा सकता है। वैषम्य के मुख्य बिन्दुओं में सृष्टि की विधान-केन्द्रितता, ईसा-केन्द्रितता, मुक्ति-विषयकता आदि हैं जो कि ईसाई सृष्टि-दर्शन की नींव हैं और कबीर-चिन्तन में उसका पूर्ण, अभाव है। कुम्भ-जल, घड़ा-मिट्टी आदि के विषय में कबीर का सृष्टिवाद ईसाई दर्शन में पूर्णतः अनुपलब्ध भी है। ईसाई सृष्टि-दर्शन में धर्मशास्त्र की गहराई अपेक्षया अधिक दिखाई पड़ती है। फिर भी, ईश्वर को स्रष्टा के रूप में जीवन का आधार स्थापित करके मनुष्य से उसका मूलभूत सम्बन्ध दर्शाने में दोनों का मूल साम्य विद्यमान है।

ईश्वर और प्रकृति या जगत् : कबीर के लिए जगत् पूर्ण सृष्ट तत्त्व है। उसके तीन रूप हैं—स्वप्न-जैसी प्रातिभासिक सत्ता, व्यवहार के लिए व्यावहारिक सत्ता तथा सर्वत्र व्याप्त पारमार्थिक सत्ता। माया या अविद्या के कारण यह झूठी बाज़ी सही प्रतीत होती है। माया के अनाच्छादन से ऐश्वरिक वास्तविकता दृष्टिगत होती है। अन्ततम दृष्टि से असत्य होकर भी यह व्यावहारिक दृष्टि से सत्य है। जगत् अरूप ईश्वर की रूपाभिव्यक्ति है। जिस प्रकार चित्रकार की अभिव्यक्ति चित्र में होती है ठीक उसी प्रकार जगत् में स्रष्टा की सृष्टि-कामना व्यक्त हुई है।

ईसाई दर्शन जगत् या प्रकृति को आंशिक सत्य मानते हैं। पश्चिम की अति वैज्ञानिक दृष्टि ने भूतकाल में प्रकृति के महत्त्व का अवमूल्यन किया था, जिसका सुधार अब हो रहा है। ईश्वर प्रकृति के भी प्रभु है और प्रकृति स्वयं ईश्वरोन्मुख है। प्रकृति ईश्वर की सृष्टि है और ईश्वर उसमें प्रतिफलित होता है। ईश्वर का विधान सृष्टि-केन्द्रित है, क्योंकि प्रकृति और मनुष्य मिलकर ईश्वर की सृष्टि बनते हैं। इसलिए मनुष्य को अपने अतिरंजित कार्याधीशत्व से विरत होकर प्रकृति के साथ सामंजस्य बनाए रखना आवश्यक है। तभी ईश्वर के साथ सन्तुलित सम्बन्ध स्थापित हो सकता है, क्योंकि प्रकृति मनुष्य से ईश्वर के सम्बन्ध की अभिव्यक्ति है।

कबीर का जगत्-दर्शन तत्सम्बन्धी ईसाई दर्शन से बहुत भिन्न है। कबीर जगत् की सत्यता-असत्यता की विस्तृत चर्चा करते हैं, जबकि ईसाई दर्शन जगत् की आंशिक सत्यता को मानकर चलते हैं। माया या अविद्या का सीधा उल्लेख ईसाई दर्शन में नहीं है। ईसाई दर्शन जगत् के प्रकृति-पक्ष पर बल देते हैं और प्रकृति की ईश्वरोन्मुखता, विधानमूलकता, मनुष्य का उसके प्रति उत्तरदायित्व आदि का विश्लेषण करते हैं, जबकि कबीर में ये बातें नहीं हैं। परन्तु जगत् या प्रकृति में पारमार्थिक सत्ता की विद्यमानता तथा अरूप की रूपाभिव्यक्ति के साथ-साथ प्रकृति या जगत् की ईश्वराधारितता तथा ईश्वर से सम्बन्धमूलकता में कबीर-चिन्तन ईसाई दर्शन के अनुरूप है।

ईश्वर और मुक्तिविधान या मोक्ष : कबीर मुक्ति या मोक्ष को निषेधात्मक शब्दावली में भव-बन्धन या आवागमन के दुःख से छुटकारा मानते हैं। यही मुक्ति स्वीकारात्मक शब्दों में आत्म-स्वरूप का ज्ञान है। अद्वैत-भावना की अवस्था में ब्रह्मानुभूति की मुक्ति प्राप्त होती है।

उनकी मुक्ति जीवन्मृतक की मुक्ति भी है, जिसके अनुसार सांसारिक घर जलाकर आध्यात्मिक घर में रहने का विधान इंगित है। स्वयं को खोकर शाश्वत जीवन पाने की बलिदान-शैली भी यही है। कबीर विदेह-मुक्ति का भी उल्लेख करते हैं। गुरु-कृपा ही मुक्ति का स्रोत है। उनका शब्द-बाण शिष्य में ज्ञान-मुक्ति का बीज बोता है। कबीर की मुक्ति अद्वैत की विलीनावस्था न होकर द्वैत की मिलनावस्था है। कबीर ने मुक्ति को जीवनपर्यन्त की वस्तु नहीं माना है। मानवीय जीवन में अर्जित होनेवाली मनुष्य-ईश्वर तथा मनुष्य-मनुष्य की समन्वितावस्था उनकी मुक्ति का सामाजिक आशय है। अर्थात् ईश्वर का सान्निध्य जीवन में अनुभूत होना मुक्ति की प्राथमिक अवस्था है।

ईसाई दर्शन मनुष्य की मुक्ति को ईश्वर के अस्तित्व की चरितार्थता का प्रमाण मानते हैं। बाइबिल मनुष्य के अस्तित्व की इस गहनतम आवश्यकता की सिद्धि का उपाय है। विमोचन बाइबिल का मूल स्वर है। मुक्ति ऐतिहासिक परिस्थितियों में प्राप्त होती है। ईसाई दर्शन का मुक्ति-दर्शन मुक्तिदाता ईसा मसीह का मनुष्यता-धारण, दुःखभोग, क्रूस पर मृत्यु तथा पुनरुत्थान के रहस्य में केन्द्रित है। मुक्ति में सृष्टि नवीनीकृत होती है; अर्थात् मुक्ति नई सृष्टि है। ईसा में सम्पन्न मुक्ति सम्पूर्ण मानव जाति के लिए होकर सार्वलौकिक है। यह एक नित्य-वर्तमान प्रक्रिया तथा युगान्तविषयक वास्तविकता है। मुक्ति की प्राप्ति के लिए दुःखभोग अनिवार्य है और यह मनुष्य की अवस्था के अनुसार ईश्वर के अधिमानात्मक प्रेम पर आधारित है।

कबीर और ईसाई दर्शन की मुक्ति-धारणाओं में अतिशय समानताओं के साथ-साथ मौलिक तत्त्व भी विद्यमान हैं। कबीर की सामाजिक मुक्ति का ईसाई मुक्ति-धारणा से साम्य है। यह साम्य दोनों की व्यावहारिक सार्थकता सिद्ध करता है। ईसाई सन्दर्भ में जीवन की मुक्तिविषयक इतिहास-रूपता में यह पक्ष अधिक प्रबल मालूम पड़ती है। कबीर की मुक्तिधारणा में ब्रह्मानुभूति तथा अद्वैत-भावना से समन्वित द्वैत-भावना ईसाई धारणा के अनुकूल हैं। लेकिन ईसाई दर्शन में इस बात की स्पष्ट चर्चा नहीं मिलती है। ईसा की ईश्वर-पुत्रानुभूति तथा मनुष्य का परम पिता से दत्तक पुत्र के रूप में मिलन इस सन्दर्भ में प्रमाणस्वरूप उल्लिखित किए जा सकते हैं। कबीर द्वारा स्वीकृत भव-बन्धन से मुक्ति की धारणा सम्पूर्ण बाइबिल में विद्यमान विमोचन की कथा से मिलती है। कबीर की विदेह-मुक्ति सन्दर्भ-भेद के बावजूद पुनरुत्थान के माध्यम से सम्पन्न ईसाई मुक्ति से संगत है। फिर भी, ईसाई पुनरुत्थान-धारणा में निहित मुक्तिभाव विशेष उल्लेखनीय है। कबीर के जीवन्मृतक तथा तत्सम्बन्धी बलिदान-शैली की धारणा ईसाई मुक्ति के लिए अपेक्षित दुःखभोग, मृत्यु तथा पुनरुत्थान से कुछ समानता रखती है। इस बिन्दु पर भी ईसाई मुक्ति-धारणा मुक्तिदाता ईसा में केन्द्रित होकर गुणात्मक ही नहीं, मात्रात्मक गहराई में भी विशिष्ट ज्ञात होती है।

गुरु-कृपा तथा उनके शब्द-बाण से प्राप्त मुक्ति की कबीर-धारणा ईसा की गुरु तथा शब्दरूपता से सम्पन्न ईसाई मुक्ति से मिलती है। इस सन्दर्भ में भी ईसाई दर्शन की ईसा-केन्द्रितता विशेष द्रष्टव्य है। ईसाई दर्शन मानते हैं कि मुक्ति-योजना समूची मानव-जाति के लिए ईश्वर-पुत्र ईसा में सम्पन्न है और इसलिए ईसाई मुक्ति-धारणा में सार्वलौकिकता का पक्ष सर्वाधिक प्रबल है। इस दृष्टि से कबीर की मुक्ति-धारणा में भी सार्वभौमता के कई महत्त्वपूर्ण तत्त्व विद्यमान हैं। मुक्ति-योजना में ईश्वर का प्रेम-पक्ष तथा मनुष्य के अवस्था-भेद के अनुसार उसकी अधिमानात्मकता ईसाई दर्शन की विशिष्टता ज्ञात होती है। इसके

अतिरिक्त, ईसाई दर्शन में मुक्ति की योजना सम्पूर्ण धर्म तथा मानव-जाति के सन्दर्भ में प्रतिष्ठित होकर अधिक व्यापक है, जबकि कबीर की धारणा सीमित धरातल पर स्थापित है। कबीर-चिन्तन और ईसाई दर्शन दोनों में मुक्ति को मनुष्य के जीवन का लक्ष्य तथा ईश्वर-प्रदत्त वरदान मानकर ईश्वर को मनुष्य से सम्बन्धित बताया है। मूलभूत साम्य इस बात में निहित है।

कबीर और ईसाई दर्शन में ईश्वर का मनुष्य में प्रतिफलन : तुल्यता-परीक्षण

ईश्वर की परिकल्पना मनुष्य में प्रतिफलित ईश्वर का निरूपण है। अन्यथा उसके अस्तित्व की सम्भावना तक अनिश्चित बनी रहती है। ईश्वर अपनी सृष्टि तथा विशेषतः मनुष्य में अभिव्यक्त है। ईश्वर का यह अभिव्यक्ति-पक्ष उसके अस्तित्व का प्रमाण ही नहीं, बल्कि उसके सामाजिक आशय की अलिखित दस्तावेज भी है।[1]

ईश्वर की प्रतिरूपता एवं अन्तर्भाव : ईसाई दर्शन के मूल प्रतिपादनों में है मनुष्य की ईश्वर-प्रतिरूपता। यह प्रत्यय मनुष्य और ईश्वर को स्वतन्त्र रूप से परिभाषित करता ही नहीं, उनके पारस्परिक सम्बन्ध को स्थिर भी करता है। 'पुराना विधान' की प्रारम्भिक स्थापना है ईश्वर के सादृश्य में मनुष्य की सृष्टि। 'नया विधान' ईश्वर-पुत्र ईसा मसीह को मूल प्रतिरूप घोषित करता है। स्त्री और पुरुष के द्विलिंगी अस्तित्व में अपना-अपना स्वतन्त्र अस्तित्व, एक-दूसरे के बीच आत्म-दान तथा आत्म-ग्रहण एवं उनकी पारस्परिकता में ईश्वरीय प्रतिरूप ही प्रतिफलित है। ईश्वर के प्रति, सह-मनुष्य के प्रति तथा प्रकृति के प्रति मनुष्य के त्रिमुखी सम्बन्धात्मकता में भी ईश्वर का रूप ही झलकता है। मनुष्य का यह संरचनात्मक स्वरूप जीवन के व्यवहार की वस्तु है। ईसाई दर्शन ने इस सम्बन्ध में मनुष्य की चार अवस्थाओं का निरूपण किया है—मूल, शुद्ध प्रतिरूप, पाप से विपर्यस्त प्रतिरूप, ईसा मसीह में नवीनीकृत प्रतिरूप तथा परिपूर्ण प्रतिरूप। इसलिए यह प्रतिरूप विधानमूलक है। मनुष्य के मूल स्वरूप तथा सम्पूर्ण जीवन-शैली को निर्धारित करनेवाला यह प्रत्यय मानव-जीवन की कुंजी है। ईश्वर के आत्म-प्रकाशन का भी प्रतिष्ठित स्थान होकर मनुष्य में ईश्वर के प्रतिफलन का अन्तर्भाव ही प्रतिरूप के प्रत्यय से असन्दिग्ध रूप से स्थापित हो जाता है।

कबीर ने मनुष्य में ईश्वर के अन्तर्भाव का निरूपण अपने जीवात्मा-दर्शन द्वारा किया है। कबीर आत्मा के अव्यक्त पारमार्थिक तथा व्यक्त व्यावहारिक स्वरूपों को मानते हैं। उन्होंने आत्मा के एकत्व तथा अद्वैतत्व को अंशांशि-भाव, प्रतिबिम्बवाद, जल-कुम्भ-न्याय आदि से विश्लेषित किया है। कबीर चार प्रकार के जीवों को मानते हैं—अज्ञानी जीव, जिज्ञासु जीव, साधक जीव तथा जीवन्मुक्त। ये चार प्रकार कबीर के अनुसार जीव की चार आरोही अवस्थाएँ हैं। इस अन्तिम अवस्था में जीवात्मा ईश्वर के अन्तर्भाव से सर्वाधिक युक्त हो जाती है और उसे प्रतिबिम्बित करती है।

जीव में आत्मा का सान्निध्य अथवा व्यक्त या व्यावहारिक आत्मा में अव्यक्त या पारमार्थिक सत्ता की विद्यमानता एवं प्रतिबिम्बवाद कबीर की मूल मान्यता है और ये बातें ईसाई दर्शन द्वारा प्रतिपादित 'मनुष्य की ईश्वर-प्रतिरूपता' में मिलती हैं। लेकिन ईसाई दर्शन

1. कबीर के ईश्वर का मनुष्य में प्रतिफलन की चर्चा के लिए द्रष्टव्य : प्रस्तुत ग्रन्थ, अध्याय 6, पृ. 258-267; ईसाई ईश्वर का मनुष्य में प्रतिफलन की चर्चा के लिए द्रष्टव्य : प्रस्तुत ग्रन्थ, अध्याय 5, पृ. 219-227

में यह तत्त्व अपेक्षाकृत अधिक आधारभूत है, जिससे मनुष्य की संरचनात्मक परिभाषा निर्मित हो जाती है। मूल प्रतिरूप के तौर पर ईसा मसीह का स्थान वैषम्य का ठोस बिन्दु है। ईसाई दर्शन में प्रतिरूप की व्याख्या में द्विलिंगमूलकता, त्रिविध सम्बन्ध तथा विधान का उल्लेख ईसाई दर्शन की मौलिक मान्यता है और यह कबीर चिन्तन में पूर्णतः अनुपलब्ध है। कबीर द्वारा प्रस्तुत आत्मा-परमात्मा के सम्बन्ध-विश्लेषण में अंशांशि-भाव तथा जल-कुम्भ-न्याय ईसाई दर्शन में नहीं मिलते हैं। कबीर और ईसाई दर्शन दोनों में जीव या मनुष्य की चारों अवस्थाओं में समानता है। लेकिन दोनों में क्रम तथा दृष्टि में भेद है। ईसाई धारणा में ईश्वर के आत्म-प्रकाशन तथा कबीर की उक्त धारणा में ईश्वर के अन्तर्भाव में अनुरूपता है। मनुष्य की सम्पूर्ण जीवन-शैलियों को प्रभावित करनेवाली ये धारणाएँ दोनों में मानव-विज्ञान की ही नहीं, ईश्वर-विज्ञान की भी कुंजी होकर ईश्वर को मनुष्य में प्रतिफलित घोषित करती हैं। भिन्न-भिन्न अवान्तर धारणाओं के बावजूद यह तथ्य दोनों में तुल्यता का मूल बिन्दु है।

मनुष्य की देवालयरूपता : ईसाई दर्शन मनुष्य को ईश्वर का मन्दिर मानते हैं। प्रतिरूप का प्रत्यय मनुष्य द्वारा ईश्वर-स्वरूप की धारणा को अनुमोदित करता है। स्रष्टा, पालक तथा मुक्तिदाता के रूप में ईश्वर मनुष्य में निवास करता है। 'पुराना विधान' ने मानवेतिहास में ईश्वर का सान्निध्य घोषित किया, जबकि 'नया विधान' ने इस सान्निध्य को सूक्ष्म कर मनुष्य के हृदय में होना बताया। 'नया विधान' की स्थापना के अनुसार ईसा मसीह ही ईश्वर का वास्तविक मन्दिर है, क्योंकि पिता ईश्वर पुत्र ईश्वर में विद्यमान है। 'ईसा' नाम का अर्थ भी 'ईश्वर हमारे साथ है' है। इसलिए मानसिक निर्मलता मनुष्य को ईश्वर-साक्षात्कार के लिए नितान्त आवश्यक बताया गया है। मनुष्य की यह ईश्वर-मन्दिर-रूपता व्यापित होकर सम्पूर्ण समाज को अन्तर्निहित करती है। ईसाई दर्शन की यह विशिष्ट परिकल्पना ईसा के मानवीय व्यक्तित्व में ईश्वरत्व की मूल उपस्थिति पर आधारित है।

कबीर भी मनुष्य को देवालय मानते हैं। उन्होंने ईश्वर को 'घटि-घटि रह्यो समाई' कहकर मानव-देवालय का अन्तर्यामी घोषित किया। आँख तथा पुतली, मृग तथा कस्तूरी आदि का सम्बन्ध मनुष्य की देवालयरूपता को स्थापित करने की सशक्त उपमाएँ हैं। यह घटवासी सबघटवासी भी है। अर्थात् ईश्वर की अन्तर्यामिता सर्वव्यापिता में विशाल धरातल पर प्रतिष्ठित है। हृदय की निर्मलता पर कबीर बल इसलिए देते हैं कि हृदय-दर्पण की स्वच्छता ईश्वरत्व के प्रतिफलन के लिए अनिवार्य है। मन की एकाग्रता तथा स्थिरता एवं करनी-कथनी का समन्वय भी इसके लिए सहायक है। ईश्वर की साक्षाकारानुभूति सूक्ष्म आध्यात्मिक भाव-दशा है और उस उदात्त-भावना में मनुष्य पूर्णतः ईश्वर का मन्दिर बनकर ईश्वर-प्रतिफलन की क्षमता को प्राप्त करता है।

कबीर की उपर्युक्त धारणा पर ईसाई दर्शन से तुलनात्मक दृष्टि डालने पर अतिशय अनुरूपता दिखाई देती है। ईश्वर के देवालय के रूप में कबीर द्वारा मनुष्य की धारणा ईश्वर के मन्दिर के रूप में मनुष्य की ईसाई धारणा से पूर्णतया मिलती है। कबीर द्वारा प्रस्तुत ईश्वर की अन्तर्यामिता तथा सर्वव्यापिता ईसाई दर्शन को भी स्वीकार हैं। पुतली, कस्तूरी, घटवासी, दर्पण आदि सटीक रूपक कबीर के अपने हैं और ईसाई दर्शन में अनुपलब्ध हैं। कबीर और ईसाई दर्शन की ये धारणाएँ क्रमशः जीवात्मा-दर्शन तथा प्रतिरूप-दर्शन पर आधारित हैं। अपने अन्दर विद्यमान ईश्वर के दर्शन के लिए मन की निर्मलता पर दोनों बल देते हैं। ईश्वर-साक्षात्कार की अनुभूति में उदात्त-भावना के निर्माण का व्यक्त निरूपण कबीर का है, जबकि ईश्वर-पुत्र

के रूप में ईसा को ईश्वर के मूल निवास-स्थान बताना ईसाई दर्शन की विशिष्टता ज्ञात होती है। जो भी हो, मनुष्य को ईश्वर का आयतन घोषित करने में कबीर-चिन्तन का ईसाई दर्शन से बहुत अनुरूप होना सहज ही सिद्ध होता है।

मनुष्य में ईश्वर-विज्ञान की अभिव्यक्ति : ईसाई मानव-विज्ञान की प्राथमिक अवस्था 'पुराना विधान' के सृष्टि-दर्शन में अभिव्यक्त मानव-विज्ञान है। 'नया विधान' मानव विज्ञान को ईसा-केन्द्रित बताता है। ईसाई दर्शन की मूलभूत मान्यता है कि ईसा के मानवता-धारण में ईश्वर-विज्ञान मानव-विज्ञान बन गया। जिस प्रकार सह-मनुष्यों की सहभागिता में व्यक्ति और समाज का सामंजस्य स्थापित हो जाता है, ठीक उसी प्रकार ईश्वरता और मानवता की सहभागिता में ईश्वर-विज्ञान और मानव-विज्ञान भी परस्पर समन्वित हो जाते हैं। ईसा मसीह का व्यक्तित्व इस बात का साक्षी है। इस प्रकार ईश्वर-विज्ञान मनुष्य-विज्ञान में अभिव्यक्त हो जाता है।

कबीर ने मनुष्य में ईश्वर की अभिव्यक्ति को सिद्ध करने के लिए स्रष्टा-सृष्टि, कलाकार-कला, बीज-वृक्ष आदि उदाहरण लिये हैं। उन्होंने प्राण, ज्योति, शब्द तथा वाणी, आनन्द, वायु, मन आदि मानवीय अस्तित्व के मूल अंगों को परम सत्ता की अभिव्यक्ति बताया है। इस प्रकार अभेद-दृष्टि पर अवलम्बित होकर कबीर ने मानव-विज्ञान को ईश्वर-विज्ञान का पूरक ही नहीं, उस पर आधारित भी घोषित किया है।

कबीर और ईसाई दर्शन में ईश्वर-चेतना से आलोकित आध्यात्मिक समाज : दृष्टि-सादृश्य की समालोचना

ईश्वर-चिन्तन का सहज परिणाम है ईश्वर-चेतना। यह ईश्वर-चेतना मनुष्य को आध्यात्मिक मूल्यों से युक्त समाज के निर्माण की ओर प्रवृत्त करती है। कबीर और ईसाई दर्शन दोनों में ईश्वर-परिकल्पना ऐसे सामाजिक अभिप्राय से परिपूर्ण है, जिसकी तुलनात्मक समालोचना अत्यन्त सार्थक ही नहीं, इस शोध की सर्वाधिक महत्त्वपूर्ण उपलब्धि भी है।[1]

भ्रातृप्रेम तथा सह-मानवता : भ्रातृप्रेम मानव-जाति के लिए ईसाई दर्शन द्वारा प्रस्तुत सर्वाधिक उपयोगी सन्देश है। इसका मूल अनुप्रेरक कारण नैतिकता-बोध न होकर ईश्वर की प्रतिरूपता पर आधारित सह-मानवता है। भ्रातृप्रेम एक ईश्वरीय उपक्रम है। आध्यात्मिक दृष्टि से यह मनुष्य के प्रति ईश्वर की मूल प्रेम-प्रक्रिया का सामाजिक विस्तारण है। ईश्वर-साक्षात्कार का वास्तविक अधिष्ठान मनुष्य ही है। ईश्वर का प्रेम भ्रातृप्रेम में पूर्णता प्राप्त करता है। भ्रातृप्रेम ईश्वर-प्रेम की सच्ची कसौटी भी है। यह सर्वोत्तम मानव-भावना के रूप में मनुष्य-सेवा में अभिव्यक्ति पाता है। यह जीवन का स्वर्णिम नियम है। यह अश्रेष्ठों की विशेष सेवा में अधिमानात्मकता के गुण से भी युक्त है। भ्रातृप्रेम ईश्वर का एक असाम्प्रदायिक, धर्मनिरपेक्ष तथा सामाजिक स्वरूप को चरितार्थ करता है।

कबीर के चिन्तन में भी सह-मानवता के अनेक तत्त्व विद्यमान हैं। समन्वय तथा एकतामूलक निर्गुण भक्ति पर आश्रित होकर कबीर ने सम्प्रदाय-निरपेक्ष तथा मानवता के योग्य ईश्वर की कल्पना की। ईश्वर-भावना उनके लिए मानव-भावना को जागृत करनेवाला

---

1. कबीर के आध्यात्मिक समाज के स्वरूप-विश्लेषण के लिए द्रष्टव्य : प्रस्तुत ग्रन्थ, अध्याय 6, पृ. 268-281; ईसाई आध्यात्मिक समाज के स्वरूपविश्लेषण के लिए द्रष्टव्य : प्रस्तुत ग्रन्थ, अध्याय 5, पृ. 227-241

तत्त्व है। मानसिक परिष्कार तथा आचरण की उदात्तता इस ईश्वर-चेतना का परिणाम ही है। व्यक्ति में निहित समष्टि-हित के भाव में सह-मानवता की ऐक्यानुभूति निहित है। उनकी दृष्टि में ईश्वर-प्रेम को मानव-प्रेम से समन्वित होना चाहिए अन्यथा वह धड़रहित जड़ या जड़रहित धड़ के समान साबित होंगे। ईश्वर-प्रेम की गहराई मानव-प्रेम की ऊँचाई में सहज रूप से परिणत हो जाती है। सह-मानवता में ही मानवता का अभ्युदय हो जाता है और ईश्वर का यथार्थ स्वरूप निखरता है।

तुलनात्मक दृष्टि से कहा जा सकता है कि दोनों की भ्रातृप्रेम-सम्बन्धी धारणाओं में बहुत साम्य है। ईश्वर-प्रेम तथा मानव-प्रेम का सन्तुलन, असाम्प्रदायिक तथा मानवोचित ईश्वर की धारणा, भ्रातृप्रेम की स्वाभाविकता, मनुष्य की स्वानुभूति में ईश्वर-साक्षात्कार तथा मानवीय ऐक्यानुभूति का समन्वय, मानवीय एकतामूलक आदि बातों में कबीर का चिन्तन ईसाई दर्शन से बहुत निकट है। भ्रातृप्रेम का ईश्वरीय उपक्रम तथा ईश्वर-प्रेम की कसौटी होना, मनुष्य-सेवा में अभिव्यक्ति, उसकी अधिमानात्मकता आदि ईसाई दर्शन की मौलिक धारणाएँ हैं, जबकि आचरण की उदात्तता, ईश्वर-भावना की मानव-भावना में अभिव्यक्ति आदि कबीर-चिन्तन में प्रबल तत्त्व हैं। कबीर-चिन्तन भ्रातृप्रेम तथा सह-मानवता में ईश्वर के स्वाभाविक स्वरूप को उभारने में ईसाई दर्शन से बहुत सादृश्य रखता है।

ईश्वर का राज्य तथा आध्यात्मिक समाज : ईसाई दर्शन द्वारा प्रस्तुत 'ईश्वर का राज्य' एक मुक्तिविषयक राज्य है। ईश्वरानुभव से प्रसूत मानवीय मूल्य इस समाज को एक स्वर्णिम समाज बना देते हैं। मनुष्य-सेवा में प्रतिफलित होनेवाली स्वतन्त्रता, पारस्परिक औत्सुक्य में परिणत होनेवाली सहभागिता तथा व्यवस्था को कायम रखनेवाला न्याय इस आध्यात्मिक समाज के प्रतिमान हैं। यह बीज-सदृश छोटा होकर भी बढ़ने की आभ्यन्तर शक्ति से युक्त है। इसमें खमीर-समान रूपान्तर-क्षमता भी विद्यमान है। आध्यात्मिक रूपान्तरण की अविच्छिन्न प्रक्रिया से युक्त होकर यह समाज एक युगान्तविषयक चेतना है। ईश्वर-राज्य का यह आध्यात्मिक समाज मानव जाति के लिए ईश्वरीय रहस्य का एक उद्घाटन है। प्रेम और सेवा इस आध्यात्मिक समाज के शाश्वत मूल्य हैं और ईश्वर का सामाजिक स्वरूप इस धारणा में परिलक्षित है।

कबीर के आध्यात्मिक समाज की दृष्टि में ईश्वरोपासना क्रमशः ईश्वर-भावना और आध्यात्मिक संस्कार बनकर सामाजिक भावना में परिवर्तित हो जाती है। कबीर की 'आँखिन देखी' इस ईश्वर-चेतना का साक्षी है। यह मानव-मूल्यों की आध्यात्मिकता है। आध्यात्मिक संस्कार पर आधारित इस संस्कृति का मर्म सांस्कृतिक मूल्य-चेतना है। सहृदयता, निस्वार्थता आदि मानव-मूल्यों पर अवलम्बित होकर लोकमंगल की साधना में अग्रसर होना इस समाज की आचरण-संहिता है। इस समतामूलक समाज की रचना के लिए कबीर ने आस्था और अभेद-दृष्टि का सहारा लिया एवं समन्वय तथा समाज-सुधार का मार्ग प्रशस्त किया। विविधता में एकता तथा विश्व-बन्धुत्व की भावना को आधार मानकर कबीर ने समाज में सम्बन्धमूलक एकता की स्थापना के लिए प्रयास किया। ईश्वर-भावना की छत्र-छाया में मानव-भावना की प्रतिष्ठा उन्होंने सच्चरित्रता तथा नर-सेवा की भित्ति पर की। कबीर में इस वैकल्पिक समाज में देशकाल के अनुकूल परिवर्तन की शक्ति विद्यमान है। पुनर्जागरण की क्षमता में उनका यह आध्यात्मिक समाज सदैव प्रासंगिक सिद्ध होता है।

इस सन्दर्भ में कबीर-चिन्तन और ईसाई दर्शन के तुलनात्मक अनुशीलन से ज्ञात होता

है कि दोनों में परिकल्पित समाज आदर्शस्वरूप है। ईसाई मान्यता के अनुसार यह समाज बीज और खमीर के सदृश है और ईसा के मसीहापन में निर्णायक तौर पर औपचारिक ईश्वर-स्वीकृति के साथ उद्घाटित है, जबकि कबीर में यह बात गौण है। ईसा के 'ईश्वर का राज्य' आध्यात्मिकता के विशिष्ट आलोक से ओतप्रोत है, जबकि कबीर में आध्यात्मिकता की गहराई के बावजूद सामाजिक पक्ष अधिक प्रबल है। ईसाई ईश्वर का राज्य ईसा की ईश्वर-पुत्रानुभूति से प्रसूत है, जबकि कबीर की ईश्वरानुभूति और चेतना मनुष्य के स्तर पर ही है। ईसाई प्रेम और सेवा के स्थान पर कबीर लोकमंगल की साधना प्रस्तुत करते हैं। समता, एकता, समन्वय, समाज-सुधार आदि का मूल्य-बोध दोनों में भिन्न-भिन्न प्रकार से विद्यमान है। रूपान्तरण तथा देशकालानुकूल पुनर्जागरण की आभ्यन्तर-शक्ति दोनों में उपस्थित है। ईसाई धारणा मुक्ति-विषयक तथा युगान्तविषयक है। कबीर में ऐसी धारणा व्यक्त नहीं है। ईसाई 'ईश्वर का राज्य' में प्रवेश के लिए मानसिक परिवर्तन तथा ईसा के सुसमाचारों में विश्वास है, जबकि कबीर हृदय की निर्मलता तथा आचरण की उदात्तता पर बल देते हैं। मानवता की प्रतिष्ठा तथा सार्वभौमिकता दोनों में विशेष महत्त्व की है। लेकिन ईसाई सन्दर्भ में ये बातें विश्वव्यापी धरातल पर प्रतिष्ठित हैं।

कलीसिया और कबीर-पन्थ : कलीसिया (इसका वर्तमान रूप नहीं) ईसा मसीह द्वारा संस्थापित मानी जाती है। कलीसिया-शास्त्र के अनुसार यह मसीह का मन्दिर, वधू तथा पूर्णता है। यह मसीह-केन्द्रित समुदाय एक, पवित्र, सार्वजनीन तथा प्रेरितिक माना जाता है। कलीसिया को मुक्ति-रहस्य का संस्कार, मसीह और सहभागिता की पूर्णता, ईश्वर की जनता, ईश्वरादिष्ट अलौकिक समाज आदि होने की प्रतिष्ठा ईसाई दर्शन में प्राप्त है। ईसा द्वारा परिकल्पित 'ईश्वर का राज्य' वर्तमान कलीसिया में आंशिक रूप से चरितार्थ प्रतीत होता है। यह कई शाखाओं में विभक्त है। सांसारिक परिस्थितियों में उसका यात्री-स्वभाव इसका कारण बताया जाता है। कलीसिया एक विशिष्ट जीवन-पद्धति की जीवन्त प्रक्रिया है।

कबीर-पन्थ कबीर के नाम पर प्रचलित होकर भी कबीर के शिष्यों द्वारा प्रवर्तित ज्ञात होता है। फिर भी, एक विशिष्ट आचार-पद्धति या विचारधारा इसमें विद्यमान है। इसकी कई शाखाएँ-उपशाखाएँ प्रचलित हैं। कबीर-पन्थ कबीर पर अलौकिकता का आरोप करता दिखाई देता है। उसकी अपनी साधना तथा जीवन-दर्शन है। कबीर द्वारा प्रतिपादित आध्यात्मिक समाज की दृष्टि में कबीर-पन्थ कबीर से बहुत दूर ज्ञात होता है।

कबीर-पन्थ का सामाजिक आशय बहुत क्षीण है, जबकि कलीसिया का सामाजिक आशय दुनिया में सर्वाधिक प्रबल कहा जाता है। कबीर-पन्थ सीमित क्षेत्र में लगभग चार शताब्दियों से प्रचलित है, जबकि कलीसिया बीस शताब्दियों से विश्वव्यापी आध्यात्मिक-सामाजिक संस्था के रूप में निरन्तर प्रगति पर है। कबीर-पन्थ का विकास कुंठित-सा दिखाई देता है। कलीसिया का दर्शन और साधना-पद्धति विश्व-व्यापी तौर पर विकसित है, जबकि कबीर-पन्थ में यह बात क्षीण है। कलीसिया तथा कबीर-पन्थ दोनों अपने मूल पुरुषों की आध्यात्मिक दृष्टि से पिछड़ रहे हैं। लेकिन कलीसिया इस सन्दर्भ में कबीर-पन्थ की तुलना में काफी खरी उतरती है। 'कलीसिया' शब्द 'ईश्वर की जनता' के अर्थ में प्रयुक्त है जबकि कबीर-पन्थ कबीर के नाम पर प्रचलित सम्प्रदाय के रूप में जाना जाता है। कलीसिया की जीवन-दृष्टि और शैली ईसा की परम्परा में सम्पूर्ण मानव जाति के आध्यात्मिक तथा सामाजिक प्रयोजन में बहुत कुछ श्लाघ्य है, जबकि कबीर-पन्थ कलीसिया तथा कबीर दोनों की परम्पराओं में बहुत कुछ नगण्य

प्रतीत होता है। कबीर-पन्थ की कलीसिया से तुलना में साम्य से अधिक असाम्य दृष्टिगत होता है। फिर भी, कलीसिया की विश्वव्यापी परम्परा में कबीर-पन्थ भी एक सराहनीय प्रयास कहना उचित होगा।

निष्कर्ष

ईसाई ईश्वर-चिन्तन से कबीर के ईश्वर-चिन्तन की समग्र परितुलना से अवगत होता है कि दोनों में देशकाल तथा संस्कृति के भेद के कारण स्वरूप और मात्रागत असाम्य होने के बावजूद अनेक बिन्दुओं में स्पष्ट साम्य भी है। दोनों में ईश्वर-चिन्तन अपनी-अपनी पृष्ठभूमि से उभरी हुई ईश्वर-परिकल्पना है। पृष्ठभूमि, परिकल्पना तथा सामाजिक आशय के तीनों स्तरों पर दोनों आपस में भी बहुत समरूपता रखते हैं। प्रेम, सेवा, त्रिकूमूलकता, ईश्वर का राज्य, पतिरूपता, सम्बन्धमूलकता, आध्यात्मिकता, सार्वभौमता, मानवरूपता, कलीसिया-दर्शन आदि विषयों में ईसाई ईश्वर-चिन्तन विशिष्टता लिये हुए हैं। आत्म-स्वरूपता, सगुण-निर्गुण की कल्पना, सच्चरित्रता आदि पर कबीर भी बल देते हैं। प्रेम, एकेश्वरवाद आदि में सूफी दर्शन के माध्यम से कबीर पर ईसाई दर्शन के प्रभाव की सम्भावना भी विचारणीय है। ईसाई ईश्वर-चिन्तन के परिप्रेक्ष्य में कबीर के ईश्वर-चिन्तन में आध्यात्मिकता, प्रेम, एकता, एकेश्वरविलक्षणता, सम्बन्धमूलकता, सामाजिकता, सार्वभौमता, गत्यात्मकता, समग्रता, मौलिकता आदि विशेषताएँ कबीर की विशेष उल्लेखनीय उपलब्धियाँ हैं।

उपसंहार

ईश्वर-विषयक विचार मानव-जाति का शाश्वत उपलक्षण है। 'ईश्वर' शब्द कदाचित् मानव-भाषा का सर्वाधिक सम्मान्य तथा जटिल अभिधान है। यह मनुष्य की आशाओं तथा आकांक्षाओं का आधार बनकर मानवता का जितना मार्गदर्शक तथा पोषक रहा, लगभग उतना ही साम्प्रदायिकता, स्वार्थ, वैमनस्य, भेदभाव, अपराध आदि के संकुचित दायरे में कलंकित भी हुआ। इस शब्द से द्योतित सत्ता यथार्थतः रहस्यमय तथा इन्द्रियातीत है। फिर भी, वह एक चुनौतीपूर्ण प्रश्न के रूप में मनुष्य के सतत् अन्वेषण का विषय बनी रहती है। साथ ही, यह भी ध्यान में रखने योग्य सत्य है कि महापुरुषीय साधना एवं साक्षात्कार ने उसे एक उत्तर के रूप में पाया है, जिसमें मानव-मस्तिष्क के समस्त प्रश्न समाहित हैं। वह एक अनुभूत वास्तविकता है, जो वैयक्तिक तथा सहमानवता के समन्वित स्तर पर प्रतिफलित होती है। ईश्वर जितना रहस्यमय है, ठीक उतना ही मनुष्य भी रहस्यमय है। मानव-रहस्य में ईश्वर-रहस्य ही अभिव्यक्त हुआ है। अतः ईश्वर-चिन्तन करने का तात्पर्य हुआ, मनुष्य-चिन्तन करना। ईसाई दर्शन और कबीर दोनों के अध्यात्म तथा व्यवहार-चिन्तन में कुछ इसी प्रकार के प्रश्न और उसके समाधान मिलते हैं।

ईसाई दर्शन और कबीर-चिन्तन दोनों में ईश्वर कोई कोरी परिकल्पना न होकर अपने-अपने समाज से उद्भूत तथा उस पर क्रियान्वित ईश्वर-चिन्तन की विकास-यात्रा है। दोनों का ईश्वर-चिन्तन तत्सम्बन्धी साहित्य में प्रतिफलित है। ईसाई ईश्वर-चिन्तन बाइबिल की रचनाओं पर तथा कबीर का ईश्वर-चिन्तन कबीर की रचनाओं पर अवलम्बित है। बाइबिल ईश्वर के आत्मोद्घाटन का ऐतिहासिक उपन्यास है, जबकि कबीर-वाणी कबीर की अध्यात्म-दृष्टि की काव्यात्मक कथा है। ईसाई दर्शन और कबीर दोनों में ईश्वर-चिन्तन के तीन भाग हैं—पृष्ठभूमि, परिकल्पना तथा सामाजिक आशय।

ईसाई दर्शन के ईश्वर-चिन्तन की पृष्ठभूमि यहूदी धर्म-संस्कृति है, जो 'पुराना विधान' के पृष्ठों में अंकित है, जबकि कबीर की तत्सम्बन्धी पृष्ठभूमि उपनिषद् से लेकर नाथ-सम्प्रदायादि तक के दर्शनों, सम्प्रदायों तथा साधना-पद्धतियों की समेकित संस्कृति है। ईसाई ईश्वर-परिकल्पना ईसा मसीह के व्यक्तित्व, ईश्वरानुभव और कार्य-कलाप पर आधारित नया विधान है। कबीर की ईश्वर-परिकल्पना अपनी स्वानुभूति की खराद पर परखी हुई मौलिक उद्भावना है। ईसाई दर्शन और कबीर-दृष्टि दोनों में ईश्वर-चिन्तन का आशय सामाजिक है। ईश्वर के कार्यों में, मनुष्यत्व में तथा मानव-समाज में अभिव्यक्त ईश्वर का व्यावहारिक स्वरूप मनुष्य के लिए है। ईश्वर-चिन्तन एक वास्तु-विद्या के सदृश है। भवन की नींव ईश्वर-चिन्तन की पृष्ठभूमि है। भवन ईश्वर-परिकल्पना है और आन्तरिक-बाह्य सजावट ईश्वर चिन्तन का सामाजिक आशय। तीनों पक्षों का सन्तुलित समन्वय तथा शिखर का प्रयोजनमूलक प्रामुख्य अवश्यम्भावी है। ईसाई दर्शन

तथा कबीर के ईश्वर-चिन्तन में यह समन्वय पूर्णतः चरितार्थ हुआ भी है।

ईसाई दर्शन के ईश्वर-चिन्तन की पृष्ठभूमि, बाइबिल के 'पुराना विधान' की रचनाओं में अभिव्यक्त यहूदी धर्म-संस्कृति है। सृष्टि-क्रिया में ईश्वर का मूलभूत आत्मोद्घाटन स्वतः सिद्ध है। यहूदी संस्कृति में इसका विकास भी हुआ है। निर्गमन की घटना तथा तत्सम्बन्धी विधान की स्थापना में प्रभु यहोवा यहूदियों के इतिहास का नियामक सिद्ध हुआ। फलतः प्रभु 'इसराएल का ईश्वर' माना जाने लगा। शनैः-शनैः यहूदी प्रजा, जो बहुदेववादी तथा प्रतिमा-पूजक थी, 'प्रभु' को पहचानकर एकेश्वर-चिन्तन की ओर प्रवृत्त हुई। इसराएली इतिहास में प्रभु का व्यक्तित्व-सम्पन्न तथा मानवोन्मुखी स्वरूप दृष्टिगोचर हुआ। प्रभु उसके लिए बहुत कुछ अदृश्य था। इसलिए संहिता-केन्द्रित विधान (ओल्ड टेस्टामेंट) का वर्चस्व बना रहा। इसने इसराएली समाज को बहुत उलझन में रखा। परिणामस्वरूप एक नवीन विधान की आवश्यकता की प्रतीति प्रबल होती गई। नबी और नेता नियम-प्रसूत उलझनों की लपेट से मुक्ति हेतु मुक्तिदाता मसीह की ओर बराबर इंगित करते भी रहे। यहूदी समाज प्रभु के अन्तर्यामी सान्निध्य का अनुभव करता था; फिर भी, इसराएली प्रजा द्वारा उसके प्रति अपेक्षित निष्ठा के निर्वाह में न्यूनता आई। लेकिन, ईश्वर-प्रकाशन तथा तदनुकूल वातावरण की भविष्यत् पूर्णता के पूर्व-संकेत कहीं-कहीं दृष्टिगोचर होते थे। समाज की विभिन्न परिस्थितियों में आगत विसंगतियों ने नवीन विधान के आविर्भाव को अपरिहार्य बनाया। यह समीपस्थ तथा निर्णायक भी प्रतीत हुआ। इस प्रकार यहूदी संस्कृति या 'पुराना विधान' में प्रतिफलित तथा पूर्व-संकेतित ईश्वर परवर्ती ईसाई ईश्वर-धारणा के उदय की पृष्ठभूमि बना।

कबीर के ईश्वर-चिन्तन की पृष्ठभूमि में अनेक दर्शन और सम्प्रदाय दृष्टिगत होते हैं। एक ओर श्रौत, गीता, वैष्णव, वेदान्त, बौद्ध, नाथ तथा सूफी दृष्टियाँ एवं साधना-पद्धतियाँ ईश्वर के वैविध्यपूर्ण स्वरूप की वैचारिक तथा जीवन-शैलीगत विरासत को हस्तान्तरित करती आ रही थीं और ईश्वर के द्वैत, अद्वैत, प्रेमास्पद, एकत्वमूलक, भजनीय, सहज, व्यक्तित्व-सम्पन्न आदि स्वरूप उन विचार-सरणियों की देन थे तो दूसरी ओर वितंडावादी मानसिकता से ग्रस्त दर्शनों की अनगिनत धाराएँ विभिन्न दिशाओं में प्रवहमान होकर परस्पर समन्वयहीनता का स्पष्ट परिचय दे रही थीं। ईश्वर के किसी एक पक्ष पर अतिशय बल देने के कारण स्थापित असंख्य सम्प्रदाय ईश्वर की सम्पूर्णता की कल्पना तक नहीं कर पाते थे। वे खंडित ईश्वर-धारणा की प्रतिमाओं की पूजा में मदोन्मत्त होकर जीवन की व्यावहारिक बुद्धि खो बैठे थे। सामाजिक प्रयोजन के आशय से मार्गभ्रष्ट होकर वे मानव-समाज के लिए लाभदायक होना तो दूर, बहुत कुछ अभिशाप सिद्ध हुए थे। समसामयिक समाज का कलुषित तथा अमानवीय वातावरण इस धार्मिक दिशाहीनता तथा संवेदनहीनता को प्रतिबिम्बित करनेवाला सहज दर्पण था। बस, एक ऐसे 'कबीर' की आवश्यकता थी, जो समाज-सागर में मनुष्यता के डगमगाते जहाज को सन्तुलित कर उसे ईश्वरीय प्रकाश-स्तम्भ के मार्ग पर पुनर्स्थापित कर सके। उपर्युक्त अंगीकारयोग्य तथा तिरस्कारयोग्य तत्त्व और वातावरण कबीर के ईश्वर-चिन्तन की पीठिका सिद्ध हुए।

ईसाई दर्शन की ईश्वर-परिकल्पना का आधार ईसा मसीह द्वारा प्रतिष्ठापित नया विधान है। ईश्वर की नवीन धारणा का निदर्शन ईसा के व्यक्तित्व तथा उनके कार्यों में सम्पन्न हुआ है। यह प्राचीन विधान के अदृश्य प्रभु का दृश्य रूप है। ईसा के व्यक्तित्व में ईश्वर का पूर्ण रहस्योद्घाटन सम्पादित हुआ भी है। ईसा के जीवन की सम्पूर्ण घटना ने नियम-बहुल तथा जीर्ण-शीर्ण प्राचीन विधान के स्थान पर प्रेमाश्रित नवीन विधान को स्थापित किया। मनुष्य के हृदय पर अंकित यह स्वाभाविक विधान ईसाई दर्शन की मूल आधारशिला है। ईसा मसीह के

मनुष्यता-धारण के द्वारा प्राचीन विधान का रहस्यमूलक तथा विश्वातीत ईश्वर मनुष्यता के हृदय-स्थान में अन्तर्यामी बनकर पूर्णतः प्रविष्ट हुआ है। ईश्वराभिव्यक्ति की इस निर्णायक शैली में ईसाई ईश्वर के तीन प्रबल स्वरूप प्रकट होते हैं। मानव जाति-रूपी प्रजा के लिए इहलोक में 'ईश्वर का राज्य' स्थापित करनेवाला ईश्वर राजारूप है। ईसा मसीह इस राज्य का आविष्कर्ता तथा सेवक है। पत्नी-रूपी मनुष्य के हित में अपने जीवन का उत्सर्ग करनेवाले पति का स्वरूप भी ईश्वर में विद्यमान है। प्रत्येक मनुष्य को अपनी सन्ततिस्वरूप अपनानेवाला पितृत्व ईसाई ईश्वर का सर्वाधिक प्रखर पक्ष है। ईसा मसीह ईश्वर के प्रतिरूप तथा अवतरित ईश्वर-पुत्र हैं। प्रेम की आर्द्रता में संवलित उपर्युक्त तीनों रूप यह सिद्ध करते हैं कि ईसा मसीह में उद्घाटित ईश्वर सदैव मनुष्यता में अन्तर्निहित है। ईसा शब्द का अर्थ भी 'ईश्वर हमारे साथ हैं'—है। ईसा के 'मैं...हूँ' कथनों से प्रमाणित होता है कि ईश्वर ज्योति, सत्य, ज्ञान, जीवन, पुनर्जीवन, गुरु आदि भी है।

इसके अतिरिक्त, गुरु होकर भी अपने शिष्यों के पाद-प्रक्षालन के उदाहरण द्वारा ईसा मनुष्यता की सेवा में अपनी गुरुता सिद्ध करनेवाले ईश्वर के अनन्य स्वरूप को ही स्थापित करते हैं। मानवता की प्रतिष्ठा भंग होने पर दुःख भोगनेवाले तथा उसकी पुनर्स्थापना हेतु स्वयं तिरोधान तक करनेवाले ईश्वर का स्वरूप मसीह के दुःखभोग तथा क्रूसारोपित मृत्यु में झलकता है। मानवीय मूर्खता, दुर्बलता तथा पराजय में ईश्वरीय बुद्धिमानी, सामर्थ्य तथा विजय का ज्वलन्त प्रमाण ईसा के पुनरुत्थान में दृष्टिगत होता है। यह मृत्यु और पुनरुत्थान मानवता के दृश्य दुःख तथा नश्वरता में ईश्वरता के अदृश्य सुख तथा अनश्वरता के भी शाश्वत प्रतीक हैं। इस प्रकार ईश्वर की त्रिकूमूलकता (पिता-पुत्र-आत्मा) में मनुष्यों की अनेकता में निहित एकता का संरचनात्मक रेखाचित्र प्रकाशित है। ईसा मसीह में अभिव्यक्त ईश्वर भले-बुरे, अगले-पिछले, बड़े-छोटे आदि का विचार किए बिना समभाव का व्यवहार करनेवाला दयालु पिता है। वह तथाकथित अश्रेष्ठों पर भेंट के वैशिष्ट्य का विचार किए बिना अपने अधिमानात्मक कृपा-प्रसाद की प्रचुर वृष्टि भी करता है। सर्वाधिक अन्यायपूर्ण तथा अपमानजनक मृत्यु का वरण करते हुए भी ईसा ने अपने प्रति किए गए अपराध की गुरुता की परवाह किए बिना 'पिता इन्हें क्षमा कर, क्योंकि ये नहीं जानते कि क्या कर रहे हैं'—कहकर क्षमादान किया। इस महान् क्रिया में वे मानव जाति पर ईश्वर की क्षमा-शक्ति के अथाह सागर का दिग्दर्शन करा रहे थे। इस 'नया विधान' के माध्यम से ईसाई दर्शन ने ईसा मसीह को ईश्वर घोषित करने की अपेक्षा अधिक महत्त्वपूर्ण कार्य ईश्वर-पुत्र के रूप में उन्हें घोषित करके किया।

कबीर की ईश्वर-दृष्टि उनकी वाणियों में सर्वत्र झलकती है। वही उनके जीवन-दर्शन का प्राण है। तद्‌युगीन समाज की जर्जरता तथा जड़ता का निदान दिव्य दृष्टि से मंडित कबीर के लिए कठिन नहीं था। उनको प्रतीत हुआ कि सम्प्रदायों में पूजित तथा समाज में प्रतिफलित ईश्वर के 'अनीश्वरत्व' का मूल कारण ईश्वर-दृष्टि में प्रचलित कालुष्य था। उन्होंने उन निर्जीव ईश्वर-प्रतिमाओं की कलई खोलकर मृतप्राय दर्शनों, सम्प्रदायों तथा जीवन-पद्धतियों को पुनरुज्जीवित करने का संकल्प लिया। बौद्ध तथा नाथ-परम्परा से प्राप्त औपनिषदिक विरोध-भावना इस उद्यम के लिए उनका प्राथमिक उपाय था। 'अनभै-साँचा' ईश्वर का विकल्प औषधि के रूप में प्रस्तुत कर कबीर ने ईश्वर-दृष्टि की विसंगतियों तथा अतिवादों का निराकरण किया। कबीर का आत्म-विचार तथा स्वानुभूति साक्षी है कि ईश्वर एकपक्षीय नहीं है, बल्कि असीम है। एक ओर, वह निर्गुण होकर भी अभाव स्वरूप नहीं है और दूसरी ओर वह सगुण होकर भी त्रिगुणात्मक

भी नहीं है। वह दोनों तत्त्वों के समन्वय से सगुण-निर्गुणोभय भी है और दोनों से परे होकर सगुण-निर्गुणातीत भी है। उसमें प्रतिमा-प्रतीकों के लिए अवकाश नहीं है। वह अतिशय गुणाढ्य है। मानव-मस्तिष्क की कल्पना-शक्ति जितनी विशाल है तथा हृदय की अनुभूति-क्षमता जितनी गहन है, ठीक उतनी और उससे भी अधिक दिव्य गुण उसमें समाविष्ट हैं। वह साम्प्रदायिक तथा स्थूल अवतारों में समाहित नहीं हो सकता है। वह विराट् और सूक्ष्म दोनों है। वह विश्वातीत होने के साथ-साथ सबघटवासी सहचर भी है। वह एक ओर पति, माता-पिता, गुरु आदि व्यक्तित्व-सम्पन्न रूपों में प्रेमवन्त है और दूसरी ओर ज्योति, ज्ञान, शब्द, सत्य आदि सूक्ष्म रूपों से विभूषित भी है। वह एकता, द्वैताद्वैतता, भावाभावविनिर्मुक्तता आदि तत्त्वों में विलक्षण होकर रहस्यमूलक है। वह अनुभवगम्य ही नहीं, 'गुड़ खाए गूँगे' की अनुभूति के सदृश वाङ्मनसातीत भी है। उसके अनगिनत नाम केवल प्रतीक हैं। उसका मानसिक तथा मौखिक चिन्तन मात्र सुखानुभूति के लिए है। कबीर की इस अनन्य ईश्वर-परिकल्पना में ईश्वर का सूक्ष्मातिसूक्ष्म अंश भी नहीं छूट पाया है। सिद्ध पुरुष 'कबीर' ही उस ईश्वर के पारखी हैं।

ईसाई ईश्वर-चिन्तन का सामाजिक आशय ईश्वर-परिकल्पना का व्यवहार-पक्ष है। यह 'पुराना विधान' में अंशतः तथा 'नया विधान' में पूर्णतः प्रतिफलित हुआ है। ईश्वर-विचार ईश्वर-आचार के बिना बोधगम्य नहीं होता। विश्व से अविच्छिन्न रूप से सम्बद्ध सत्ता ही ईश्वर हो सकता है। यह सम्बन्ध उस सत्ता के सामाजिक अभिप्राय का आधार है। ईश्वर विश्व के अस्तित्व में निमित्त-कारण है तथा वह समस्त विश्व का लक्ष्य भी है। प्रकृति और विशेषतः मनुष्य की सृष्टि में उसकी मुक्ति की प्रक्रिया भी प्रारम्भ हुई है। आध्यात्मिक पुनर्सृष्टि के रूप में मुक्ति सृष्टि-रूपी सिक्के का दूसरा पहलू है। वैश्व या मानव-अस्तित्व के आधार के रूप में स्रष्टा-ईश्वर मनुष्य के साथ एक जीवन्त तथा गतिशील घटना है। दोनों विधानों में सृष्टि तथा मुक्ति ईसा-केन्द्रित हैं। यह मानवेतिहास में घटित होने से सामाजिक है। ईश्वर का प्रतिरूप बनाया गया मनुष्य ईश्वर-पुत्र के सादृश्य में नवीनीकृत होता है और पूर्णावस्था को प्राप्त वह प्रतिरूप पूर्णतः ईश्वरत्व को प्रतिफलित करता है। मनुष्य ईश्वर का मन्दिर है। मानसिक निर्मलता की स्थिति में ईश्वरत्व उसमें भली-भाँति अभिव्यक्त होता है। तब ईश्वर-विज्ञान मनुष्य-विज्ञान में रूपान्तरित भी होता है। ईश्वर का यह मानवीय आशय भ्रातृप्रेम में ईश्वर-विज्ञान तथा मनुष्य-विज्ञान में साक्षात्कार तथा सर्वोत्तम मानव-भावना का मापदंड सिद्ध होता है। ईसा मसीह द्वारा आविष्कृत 'ईश्वर का राज्य' के आध्यात्मिक समाज में ईश्वरत्व से आलोकित सहभागी मानवता प्रत्यक्ष होती है। इसमें ईश्वर का सामाजिक आशय चरम उत्कर्ष पर पहुँचता है। यह आंशिक रूप से यात्री कलीसिया (ईसाई समाज) में प्रतिफलित होता है। तात्पर्य यह है कि व्यक्ति और समाज के द्विरूपों में ईश्वर मनुष्यत्व से युक्त भी है।

कबीर के ईश्वर-चिन्तन के सामाजिक आशय में भी मानवता का प्रयोजन अन्तर्निहित है। सृष्टि-प्रक्रिया द्वारा स्वयं को विस्तारित कर ईश्वर जगत् और मनुष्य में अभिव्यक्त होता है। जीवात्मा रूपी मनुष्य में वह विशेषतः प्रतिफलित होता है। कार्य में कारण के समान निरन्तर विद्यमान वह स्रष्टा-ईश्वर जगत् और मनुष्य की सोद्देश्यता को मोक्ष या मुक्ति में साधित करता है। गुरु-कृपा से प्राप्त जीवन्मृतक की नित्य मिलनावस्था में मनुष्य को साक्षात्कार की ईश्वरानुभूति प्राप्त होती है। इस प्रकार ईश्वर का मानवीय अभिप्राय प्रकट हो जाता है। देवालय-रूपी मनुष्य में हृदय-निर्मलता के द्वारा मनुष्यता की उदात्तता प्राप्त होती है। उसमें ईश्वर का स्थायी निवास मानवता का उन्नायक तत्त्व साबित होता है। जब ईश्वर-साक्षात्कार आध्यात्मिक संस्कार का हेतु

बन जाता है तब ईश्वर-भावना सामाजिक चेतना में रूपान्तरित हो जाता है। व्यक्ति में आविर्भूत समष्टि-भाव परिष्कृत होकर सह-मानवता में प्रतिफलित होता है। इसमें लोकमंगल की साधना का मार्ग भी प्रशस्त हो जाता है। जब सामाजिक चेतना के फलस्वरूप मानव-प्रेम, समता, एकता आदि सांस्कृतिक मूल्यों से युक्त आध्यात्मिक समाज की रचना साधित हो जाती है, तब ईश्वर-दृष्टि, ईश्वर और उसकी अनुभूति आदि सामाजिक आशय से युक्त होकर पूर्णतः कृतकार्य होते हैं। ऐसी ईश्वर-धारणा में देशकालानुकूल पुनर्जागरण एवं प्रयोजनमूलक प्रत्युत्पन्न ईश्वर-चिन्तन की शक्ति पूर्ण रूप में निहित है।

ईसाई दर्शन और कबीर के ईश्वर-चिन्तनों के विषय में कई वैषम्यमूलक विशिष्टताएँ दृष्टिगोचर होती हैं। वैषम्य के बिन्दु एकपक्षीय न होकर दोनों में विद्यमान हैं।

ईसाई ईश्वर-चिन्तन में वैषम्य की मुख्य विशिष्टताएँ निम्नलिखित हैं :

1. **ईसाई ईश्वर-चिन्तन व्यापक और गहन है।** यह बीस शताब्दियों के लम्बे और विश्वव्यापी इतिहास में करोड़ों धर्मावलम्बियों के जीवनानुभूति तथा जीवन-शैली का आधार बनकर परिपक्व हुआ है। यह लाखों विद्वान अनुसन्धानकर्ताओं के ऐतिहासिक तथा तात्त्विक अन्वेषण का विषय रहा और अनेक शाखाओं तथा उपशाखाओं में विकसित होकर एक बहुआयामी जीवन-दृष्टि के रूप में पल्लवित हुआ है। सम्भवतः विश्व में सबसे अधिक चिन्तन, अनुशीलन और अनुसरण बाइबिल और उसकी ईश्वर-दृष्टि का ही हुआ है। अतः इसकी व्यापकता और गहराई की अधिकता कबीर के सन्दर्भ में वैषम्य का मूल बिन्दु है।
2. **ईसाई ईश-दर्शन में ईश्वर की परिकल्पना त्रिकूमूलक है।** उसमें पिता, पुत्र और आत्मा के त्रय को सम्मिलित रूप से ईश्वर माना गया है। एक स्वभाव तथा तीन व्यक्ति के रूप में ईश्वर संयुक्त अस्तित्व रखता है। कबीर की परिकल्पना में ईश्वर का ऐसा सहभागी स्वरूप नहीं है।
3. **ईसाई ईश्वर-चिन्तन में ईश्वर का मूल स्वरूप पितृत्व है।** पिता-ईश्वर को उद्‌घाटित करना ईसा का आधारभूत कार्य था। यद्यपि त्रित्व-दर्शन में तीनों व्यक्ति समस्तर के हैं, फिर भी पिता की भूमिका-विषयक प्राथमिकता स्वतः सिद्ध है। ईसा-मसीह के विशिष्ट पिता होने पर भी ईश्वर अपनी दयालुता में सम्पूर्ण मानव जाति को अपनी सन्तति मानता है। उसका मुक्ति-सम्बन्धी समभाव यहाँ तक व्यापक है कि वह अश्रेष्ठ मनुष्यों पर भी अधिमानात्मक प्रेम की वर्षा करता है और मुक्त भाव से पापियों को क्षमा करता है। कबीर की ईश्वर-धारणा में ईश्वर के पितृत्व तथा मातृत्व का स्वरूप विवेचित होने पर भी अत्यन्त क्षीण है।
4. **ईसाई दर्शन का ईश्वर-चिन्तन ईसा मसीह के व्यक्तित्व पर आधारित है।** वे ईश्वर के पुत्र और प्रतिरूप हैं। मानवता-धारण, शिक्षा, कार्य-कलाप, दुःखभोग, मृत्यु और पुनरुत्थान की सम्पूर्ण घटना में वे ईश्वर द्वारा संसार के मुक्तिदाता मसीह के रूप में औपचारिक तौर पर अभिषिक्त हैं। ईश्वर के आत्मोद्‌घाटन का सम्पूर्ण स्वरूप होकर उनका व्यक्तित्व पूर्णतः आध्यात्मिकता से ओतप्रोत है। विश्व की सृष्टि से लेकर मुक्ति तक के सम्पूर्ण घटना-क्रम में ईसा मसीह की मध्यस्थता कबीर की ईश्वर-दृष्टि से पूर्णतः वैषम्य रखती है।
5. **ईसाई ईश्वर-चिन्तन प्रेमावलम्बित है।** मानव-हृदय पर अंकित प्रेम का आधारभूत

नियम ही ईसा मसीह के नवीन विधान की आचार-संहिता है। इस प्रेम-धारणा के तीन आयाम हैं—मनुष्य के प्रति ईश्वर का मूल प्रेम, ईश्वर के प्रति मनुष्य का उत्तरमूलक प्रेम तथा मनुष्य का सह-मनुष्य के प्रति प्रेम। समग्र जीवन-दृष्टि और पद्धति को एक साथ समाहित करनेवाले इस प्रेम-सूत्र के कारण ईसाई धर्म को 'प्रेम-धर्म' का अभिधान भी प्राप्त है। यद्यपि कबीर की ईश्वर-धारणा में प्रेम-तत्त्व बहुत प्रबल है, तथापि ईसाई दर्शन के प्रेम का यह सर्वसमावेशक स्वरूप कबीर के तत्सम्बन्धी चिन्तन से विषमता रखता है।

6. **ईसाई ईश्वर-चिन्तन का सन्दर्भ-स्थल कलीसिया है।** कलीसिया-शास्त्र ईसाई दर्शन के सर्वाधिक विकसित शास्त्रों में है। 'नया विधान' के अनुसार उसका अस्तित्व ईसा पर प्रत्यक्षतः आधारित है। इस ईश्वरादृष्ट स्वभाव पर आश्रित होकर वह संसार में मनुष्य-सेवापरक कार्यों के माध्यम से मानवता को अधिक जीने योग्य बनाने के प्रति संकल्पबद्ध है। यह सन्दर्भ भी कबीर-पन्थ से असमान है।
7. **ईसाई ईश्वर-चिन्तन पूर्णतः आध्यात्मिक सन्दर्भ में प्रतिष्ठित है।** उसके आधार-ग्रन्थ 'बाइबिल' की मान्यता मूलतः धर्म-ग्रन्थ होने की है। मूल पुरुष ईसा द्वारा प्रतिपादित आध्यात्मिक समाज की दृष्टि 'ईश्वर का राज्य' के रूप में अभिज्ञात है। यह राज्य ईश्वर-चेतना से आलोकित ऐहिक समाज का ही नाम है। इसका राजत्व भी ईसा मसीह के अलौकिक व्यक्तित्व पर आश्रित है। आध्यात्मिकता का यह समग्र परिवेश ईश्वर-धारणा के इन्द्रधनुषी प्रभा-मंडल-जैसा सिद्ध होता है। कबीर का ईश्वर-चिन्तन भी अध्यात्मप्रधान है। फिर भी, वह ईसाई ईश्वर-चिन्तन के इस बिन्दु से भिन्न है।
8. **ईसाई ईश्वर-चिन्तन की पूर्व-परम्परा में मुख्यतः यहूदी धर्म-संस्कृति ही है।** कबीर की पृष्ठभूमि में विद्यमान अनेक आचार-विचार की परम्पराओं से ईसाई पृष्ठभूमि वैषम्यमूलक है।

कबीर के ईश्वर-चिन्तन की भी कई विशिष्टताएँ हैं, जो तत्सम्बन्धी ईसाई चिन्तन से विशिष्ट हैं :

1. **कबीर का ईश्वर-चिन्तन एक विलक्षण समन्वयमूलकता पर अवलम्बित है।** कबीर ने विभिन्न धर्मों तथा सम्प्रदायों में प्रचलित अनेक ईश्वर-विषयक नामों का समायोजन करके अपने स्वानुभूत ईश्वर का वर्णन किया है। उनके हाथ में वे नाम अर्थ-विस्तार तथा अर्थ-परिवर्तन पाकर सर्वजनसुलभ हो गए। विभिन्न साम्प्रदायिक नामों के समन्वय से एक सम्प्रदायातीत ईश्वर-धारणा को गठित करना पूर्णतः असाधारण कार्य है। ऐसी विलक्षणता ईसाई ईश्वर-चिन्तन में नहीं है।
2. **कबीर का ईश्वर-चिन्तन उपनिषद् पर आधारित सगुण-निर्गुण की शब्दावली पर आश्रित है।** निर्गुण धारा में प्रवाहित होकर भी उनके ईश्वर का स्वरूप तत्सम्बन्धी चार स्थितियों में अभिव्यक्त हुआ है—निर्गुण, सगुण, सगुण-निर्गुणोभय तथा सगुण-निर्गुणातीत। यह शब्दावली ईसाई ईश्वर-चिन्तन में उपलब्ध नहीं है।
3. **कबीर के ईश्वर-चिन्तन का सामाजिक आशय मुख्यतः जीवात्मा-दर्शन और भक्ति-दर्शन पर अवलम्बित है।** यह उनके द्वारा परिकल्पित ईश्वर के अद्वैत-स्वरूप की ओर संकेत करता है। यह ईश्वर के अन्तर्यामित्व का भी आधार है। माया-स्वरूप कलंक के हटने से हृदय की निर्मलता उपलब्ध होती है और जीवात्मा में ईश्वर का स्पष्ट प्रतिफलन

सम्पादित होता है। ऐसी ईश्वर-धारणा ईसाई दर्शन में नहीं है।

4. **कबीर का ईश्वर-चिन्तन दाम्पत्य-भाव तथा रहस्यवादी मनोवृत्ति पर आश्रित होकर अभिव्यक्त हुआ है।** उसमें दाम्पत्य-भाव सर्वाधिक प्रखर है। स्वयं को पत्नी मानकर पति-स्वरूप ईश्वर का अन्वेषण और उससे आत्म-निवेदन उनके ईश्वर-चिन्तन की सहज प्रवृत्ति है। दाम्पत्य तथा काव्य-प्रतीक की ऐसी शैली ईसाई ईश्वर-चिन्तन का मुख्य स्वर नहीं है।

5. **कबीर का ईश्वर-चिन्तन मुख्यतः भारतीय रहस्यवादी साहित्य की उपलब्धि है।** उनकी रचनाएँ भी ऐसे साहित्य के क्षेत्र में मूलतः प्रतिष्ठित हैं। आम जनता में भी उनकी वाणियों की लोकप्रियता उल्लेखनीय है। यद्यपि कबीर-पन्थ में कबीर की वाणियाँ भेद-स्वरूप स्वीकृत हैं और उसमें कबीर की दृष्टि ने विस्तार पाया है। फिर भी, कबीर के ईश्वर-चिन्तनविषयक आयामों के वैविध्यपूर्ण उद्‌घाटन का श्रेय साहित्य के उन विद्वानों और शोधकर्ताओं को है, जो अधिकांशतः कबीर-पन्थी नहीं हैं। कबीर के ईश्वर-चिन्तन के वर्तमान स्वरूप-विषयक चिन्तन की यह विशेषता ईसाई दर्शन से अलग है, क्योंकि बाइबिल मूलतः धर्मग्रन्थ है और ईश्वर-चिन्तन का विस्तार ईसाई विद्वानों की ही देन है।

6. **कबीर द्वारा परिकल्पित ईश्वर अनवतारी है।** वह निर्गुण होकर किसी भी स्थूल सगुण स्वरूप में उद्‌घाटित नहीं है। उसका कोई मध्यस्थ नहीं है। ईसाई ईश्वर-स्वरूप में अवतार-धारणा कुछ विशिष्ट है और कबीर की धारणा में गुरु-जैसे सूक्ष्म मध्यस्थ-स्वरूप दृष्टिगोचर होता भी है। फिर भी, कबीर द्वारा प्रतिपादित ईश्वर की अनवतारिता तत्सम्बन्धी ईसाई धारणा से मेल नहीं खाती।

7. **कबीर के ईश्वर-चिन्तन में एक तत्त्व गुरु भी है।** उन्होंने गुरु की कल्पना विस्तारपूर्वक की है। उन्होंने उसके स्वरूप को परम तत्त्व तक फैलाया है। उनकी दृढ़ मान्यता है कि गुरु-कृपा से ही जीवन-साफल्य तथा परम पद प्राप्तव्य है। हालाँकि ईसाई दर्शन में ईसा का एक स्वरूप गुरु का भी है, परन्तु कबीर की यह धारणा बहुआयामी और परम्परा-समर्थित होकर अपेक्षाकृत विशाल है।

ईसाई ईश्वर-चिन्तन के परिप्रेक्ष्य में कबीर के ईश्वर-चिन्तन की अनेक साम्यमूलक विशिष्टताएँ दृष्टिगत होती हैं :

1. **सार्वभौमता तथा देशकालानुकूलता :** ईसाई ईश्वर-चिन्तन की सार्वभौमता सम्पूर्ण विश्व में व्याप्त होने में नहीं है। यह उसका बाह्य पक्ष मात्र है। उसका आन्तरिक पक्ष ईश्वर-चिन्तन की विशालता में निहित है। देशकालानुकूल परिवर्तन तथा सांस्कृतिक अनुकूलन की आभ्यन्तर क्षमता उसके प्राण हैं। मुख्यतः ईश्वर के पितृत्व की परिकल्पना समूची मानव जाति को एक सूत्र में पिरोकर मानवता की एकता सुरक्षित करती है। इस धारणा में प्रासंगिकता का शाश्वत गुण अन्तर्निहित है। कबीर के ईश्वर-चिन्तन का विस्तार स्थान और समय दोनों में बहुत सीमित है। उनके आन्तरिक तत्त्व-दर्शन में आधारभूत दृष्टि-भेद भी है। फिर भी, कबीर के दिव्य गुणों से अभिषिक्त निर्गुण ईश्वर की धारणा सर्वजनसुलभ होकर सार्वभौम है। यह सदैव सर्वत्र स्वीकारयोग्य और प्रासंगिक भी है। प्रकारान्तर से कबीर के ईश्वर-चिन्तन में उपर्युक्त देशकालानुकूल सार्वभौमता की विशिष्टता विद्यमान है।

2. **आत्मप्रकाशनत्व :** ईसाई ईश्वर-चिन्तन की मूल मान्यता है कि ईश्वर का स्वरूप स्वयं ईश्वर के आत्मप्रकाशन का विषय है। यह एक ईश्वरीय उपक्रम है। ईश्वर अपनी कृपा से स्वयं को उद्घाटित करता है और मनुष्य की मुक्ति सम्भव बनाता है। अन्यथा ईश्वर को जानना मनुष्य के लिए असम्भव है। अपने पुत्र ईसा मसीह की मध्यस्थता में ईश्वर का पूर्ण रहस्योद्घाटन सम्पादित हुआ है। कबीर ईसा-जैसे किसी इतिहास-पुरुष की मध्यस्थता नहीं मानते हैं। लेकिन वे गुरु-स्वरूप भाव-पुरुष की भूमिका ईश्वर के आत्मोद्घाटन तथा मानव-मुक्ति के लिए अवश्यम्भावी मानते हैं। यह ईसा के गुरु-स्वरूप के अनुरूप भी है। कबीर के गुरु-तत्त्व में ईश्वरत्व का आभास ईश्वर के आत्मप्रकाश को विश्वसनीय बनाता है। पुनरुत्थान के उपरान्त ईसा को प्राप्त सूक्ष्म और दिव्य पुरुषत्व कबीर के गुरु-तत्त्व की उच्चावस्था के समीप भी है। कबीर द्वारा प्रस्तुत ईश्वर-धारणा भी ईश्वरोद्घाटित है। ईसाई ईश-दर्शन ईश्वर के आत्मप्रकाश को ईसा के ईश्वर-पुत्रत्व के विशिष्ट सन्दर्भ में ही प्रतिपादित करता है। फिर भी, कुछ स्वरूपान्तर के साथ, ईश्वर का यह आत्मप्रकाशनत्व कबीर की ईश्वर-धारणा में प्रतिफलित है।
3. **स्वानुभूतिमूलकता :** ईसाई ईश्वर-चिन्तन का उद्गम-स्रोत ईसा मसीह की ईश्वरानुभूति है। इस ईश्वरानुभव में विशिष्टता यह थी कि यह उनके 'ईश्वर के पुत्र' तथा 'प्रतिरूप' के व्यक्तित्व पर अवलम्बित था। उन्होंने ईश्वर-पितृत्व के रहस्य की गहराइयों का स्पर्श कर अनन्य उपलब्धि की। ईश्वर का त्रित्वात्मक दर्शन इसी का सीधा परिणाम था। मनुष्य की ईश्वरानुभूति ईसा की ईश्वर-पुत्रानुभूति का विस्तार ही है। ईसा का यह विशिष्ट स्वानुभूतिमूलक ईश्वरानुभव ईसाई ईश्वर-धारणा का मर्म है। कबीर का भी ईश्वरानुभव स्वानुभूतिमूलक था। ईश्वर के स्वरूप-ज्ञान के लिए निरन्तर आत्म-विचार कर उन्होंने ईश्वर-दृष्टि की सूक्ष्मताओं को प्रस्तुत किया। सगुण, निर्गुण, सगुण-निर्गुणोभय तथा सगुण-निर्गुणातीत की चार स्थितियों में उन्होंने अपने 'अनभै-साँचा' ईश्वर के अकथनीय रहस्य-तत्त्वों को प्रकाशित किया।
4. **मानवीय आशय :** ईसाई ईश्वर-चिन्तन मूलतः मानवता की प्रतिष्ठा का प्रतिपादक है। ईसा मसीह के व्यक्तित्व में ईश्वर-पुत्र का मनुष्यता-ग्रहण ईश्वर द्वारा मानवता के उन्नयन का अकाट्य प्रमाण है। इससे मनुष्य ईश्वर के सम्मान के योग्य बना ही नहीं, ईश्वरत्व में सहभागी भी हो गया। ईश्वर के सादृश्य में रचित होने के कारण वह ईश्वर का मन्दिर है और वह उसे प्रतिफलित करता है। कबीर के ईश्वर-चिन्तन का भी मूल तात्पर्य जर्जर मानवता का उत्कर्ष है। अन्तर्यामिता के माध्यम से उन्होंने जीवात्मा-रूपी मनुष्य में परमात्मा की आधारभूत विद्यमानता को स्वानुभूति के बल पर स्थापित किया। निर्गुण ईश्वर में दिव्य गुणों से विभूषित एक सूक्ष्म और विशिष्ट मनुष्यावतार का स्वरूप अन्तर्भूत भी है। ईश्वरत्व को प्रतिबिम्बित करनेवाला मनुष्य ईश्वर का आयतन भी है। परिणामस्वरूप ऐक्य और समत्व के धरातल पर श्रेष्ठ मानवता की स्थापना उनकी दृष्टि रही। कबीर के ईश्वर-चिन्तन में विद्यमान मानवता का प्रतिष्ठा-रूपी अभिप्राय तत्सम्बन्धी ईसाई आशय से प्रकारान्तर से अनुरूप है।
5. **व्यक्तित्व-सम्पन्नता :** ईसाई दर्शन में ईश्वर पूर्णतः व्यक्तित्व-सम्पन्न है। ईश्वर के व्यक्तित्व-सम्बन्धी विचार ईश्वर के स्वरूप-विश्लेषण के प्रयास में सम्पन्न हुए थे।

मानव-व्यक्तित्व के अनेक गुण दिव्यता के लपेट में ईश्वर पर आरोपित हुए। इससे ईश्वर मनुष्य से सम्बन्ध के योग्य बन गया। 'पितृत्व' की धारणा ईसाई ईश्वर को मूलभूत तथा विशालतम व्यक्तित्व से सम्पन्न करती है। पुत्र, प्रतिरूप, पति, गुरु, माता, राजा प्रभु आदि रूपक भी ईश्वर के व्यक्तित्व के विभिन्न आयाम हैं। ईसा मसीह के व्यक्तित्व में ये सभी तत्त्व प्रतीकात्मक तौर पर स्थापित हुए हैं। कबीर ने भी अपने ईश्वर को बहुआयामी व्यक्तित्व से अलंकृत किया है। उनका ईश्वर मूलतः निर्गुण होकर भी दिव्य गुणों से सम्पन्न है। प्रेमास्पद के रूप में उनके ईश्वर का प्रिय या पति-स्वरूप सबसे प्रबल है। इसके अतिरिक्त उन्होंने ईश्वर के लिए माता, पिता, गुरु आदि व्यक्तित्वयुक्त रूपों का भी प्रयोग किया है। इस प्रकार कबीर का ईश्वर सम्बन्धमूलक बन गया। स्वरूप तथा मात्रा-भेद के बावजूद ईसाई ईश्वर की व्यक्तित्व-सम्पन्नता का भाव कबीर द्वारा परिकल्पित ईश्वर में समान रूप से निहित दृष्टिगत होता है।

6. **सामाजिक आशय :** ईसाई ईश्वर का मूल स्वरूप सामाजिक है। त्रिरूपता के सिद्धान्त के अनुसार ईश्वर 'एक में तीन' और 'तीन में एक' के रूप में संयुक्त अस्तित्व रखता है। सह-अस्तित्व की यह सम्पूर्ण शैली मानवीय समाज में प्रतिफलित होती है। ईश्वर की अवधारणा इतिहास-सापेक्ष है और वह अपने प्रबल सान्निध्य तथा अभिव्यक्ति के द्वारा मनुष्य के लिए एक आध्यात्मिक समाज की सृष्टि करता है। भ्रातृप्रेम की सम्मिलित जीवन-पद्धति के रूप में समाज ईश्वर-मिलन का सन्दर्भ-स्थल सिद्ध होता है। यह ईश्वर का सांस्कृतिक प्रयोजन है। इसमें ईश्वर-धारणा की व्यवहारपरकता की भी परीक्षा होती है। सामाजिक मूल्य-चेतना के रूप में ईश्वर मानवीय समाज में एक नित्य सहचर है। ईसा द्वारा आविष्कृत 'ईश्वर का राज्य' इसका बीज-स्वरूप था। कलीसिया के विश्वव्यापी सेवा-कार्य में इसका कुछ विकसित रूप दृष्टिगत होता है। कबीर ने भी अपनी ईश्वर-धारणा को सामाजिक परिवेश से आकार दिया है। प्रचलित ईश्वर-धारणाओं की न्यूनता उनकी सामाजिक प्रयोजनहीनता ही थी। प्रेम, एकता, समत्व आदि मानवीय मूल्यों पर आधारित आध्यात्मिक समाज में ही कबीर ईश्वर का साक्षात्कार कर सकते थे। तब ईश्वर प्रायोगिक रूप में समाज में एक सुचारु व्यवस्था बन जाता है। ईश्वर-भावना का संस्कार सामाजिक चेतना में परिणत हो जाता है। इस प्रकार प्रकारान्तर से कबीर का ईश्वर-चिन्तन मानवीय समाज से सहभागिता के रूप में सामाजिक आशय से युक्त होकर कृतकार्य होता है और तद्विषयक ईसाई आशय से सादृश्य रखता है।

7. **गत्यात्मकता :** ईसाई ईश्वर एक जीवन्त वास्तविकता है। ईश्वर मनुष्य के लिए सदैव क्रियाशील है। त्रिरूपता के आन्तरिक स्वरूप में ईश्वर प्रेम की एक जीवन्त प्रक्रिया होकर अस्तित्व रखता है। अपने मूलभूत स्वरूप में विद्यमान यह पारस्परिक सम्बन्ध ही मनुष्य के प्रति भी प्रकाशित है। ईसा के क्रूस पर सम्पन्न मृत्यु एवं पुनरुत्थान की नित्य घटना में ईश्वर-शक्ति की अमरता ही उद्घाटित है। मनुष्य की सृष्टि तथा पुनर्सृष्टि या मुक्ति को सम्पादित करते हुए वह सतत् क्रियाशील है। कबीर भी किसी निर्जीव ब्रह्म-तत्त्व को ईश्वर नहीं मानते हैं। इसलिए उन्होंने अद्वैत-तत्त्व को अद्वैत-भावना में परिवर्तित कर उसे मनुष्य के अनुकूल बनाया। कबीर का ईश्वर प्रेमास्पद है। प्रिय

होकर वह अपनी मनुष्य-रूपी प्रिया से मिलनाभिलाषा में सदैव क्रियारत है। प्रेममय मिलन से संसिक्त मुक्ति को प्रदान करने हेतु वह निरन्तर गतिशील है। कबीर का ईश्वर 'बहता पानी' के सदृश है। इसलिए ईश्वर प्रयोजनीय है। ईसाई ईश्वर के स्वरूप में विद्यमान गत्यात्मकता का भाव कबीर के ईश्वर में भी द्रष्टव्य है।

8. **असाम्प्रदायिकता तथा समन्वयमूलकता :** ईसाई ईश्वर-चिन्तन यहूदी समुदाय की सीमाओं से विमुक्त है। ईसा ने फरीसी (यहूदी धर्म-नेता)-केन्द्रित बाह्योपचारमूलक स्वरूप का स्पष्ट निषेध किया है। एक में तीन के सामंजस्य के रूप में त्रित्व-दर्शन अनेकता में निहित एकता को ही व्यक्त करता है। ईश्वर-पितृत्व की छत्र-छाया में निर्मित पुत्र-सुलभ भ्रातृभाव और उससे संवलित ईश्वर-दृष्टि में साम्प्रदायिकता की संकीर्णता या पूर्वाग्रह रंचमात्र भी नहीं है। ईश्वर के इस सामाजिक दर्शन को ईसाइयों की साम्प्रदायिक धारणा मानना असंगत है। ऐसा करना ईसा की विशाल दृष्टि के साथ घोर अन्याय भी है। ईश्वर असीम और सम्प्रदायातीत है। वह विचार और आचार का संयुक्त रूप भी है। ईसा का मौखिक सन्देश उनके कार्यों से प्रमाणित होकर ईश्वर के इस गुण को पुष्ट करता है। ईश्वर-स्वरूप की सम्पूर्णता असाम्प्रदायिक है और वह मानव जाति के समुच्चय से उपलब्ध होती है। यही है ईश्वर का सहज और सरल रूप भी। कबीर का ईश्वर भी विविधता में एकता-स्वरूप है। कबीर ने विभिन्न धर्म और सम्प्रदायों में प्रचलित ईश्वर-सम्बन्धी नामों तथा धारणाओं का समन्वय करके असाम्प्रदायिक चिन्तन का परिचय दिया है। उन्होंने ईश्वर को ज्ञान, भक्ति, कर्म आदि की स्वतन्त्र धाराओं का समन्वय ईश्वर की सम्पूर्ण साधना के लिए आवश्यक बताया। साथ ही, उन्होंने सम्प्रदायों के बाह्याडम्बरों का निषेध भी किया। उनकी सारग्राही दृष्टि उस सम्प्रदायातीत तथा एकतापरक चिन्तन की साक्षी है। अजपा-जाप, मानसी भक्ति आदि के समर्थन द्वारा उन्होंने ईश्वर के सरल और सहज स्वरूप को प्रकाशित भी किया। कबीर के ईश्वर-स्वरूप की असाम्प्रदायिकता तथा समन्वयात्मकता का ईसाई चिन्तन से भावमूलक साम्य स्पष्ट है।

9. **समभाव तथा अधिमानात्मकता :** ईसा मसीह ने ईश्वर के पितृत्व को दयालुता से परिपूर्ण चित्रित किया है। ईश्वर मूलतः मनुष्योन्मुखी है। यह बात ईसा के व्यक्तित्व से प्रमाणित है। ईसा पूर्णतः अकिंचन होकर गोशाला में जन्मे थे और निर्धनों तथा छोटों के लिए सुगम्य ईश्वर को प्रस्तुत किया। ईश्वर मनुष्य के पुत्रवत् हित में आत्म-समर्पण करता है। यह स्वरूप ईसा की क्रूसारोपित मृत्यु में दृष्टिगत है। बड़ों द्वारा छोटों की सेवा उसका आदर्श-वाक्य है। इसका प्रमाण ईसा द्वारा अपने शिष्यों के पाद-प्रक्षालन में दिया गया है। अश्रेष्ठों के प्रति अधिमान्य प्रेम ईश्वर-सुलभ समभाव की पराकाष्ठा है। ईसा द्वारा पापियों को क्षमा, निम्न कोटि के लोगों के साथ मित्रता आदि इस बात को अनुमोदित करते हैं। मनुष्य को मनुष्य बनाने के लिए उसके लिए मरने और उसे पुनर्जीवन देने तक ईश्वर मनुष्य की सेवा करता है। कबीर का ईश्वर ब्राह्मणों, पंडितों तथा मुल्लाओं के स्वार्थ से कलुषित नहीं है। कबीर स्वयं निम्न कोटि के समाज के सदस्य थे। उन्होंने ब्राह्मणादि द्वारा निजी माने जानेवाले ईश्वर को समाज के निम्नतम कोटि तक उतारा और सबसे उपेक्षित मनुष्य को भी ईश्वर के उच्चतम स्तर तक पहुँचाया। भक्ति पर आश्रित होकर शूद्र, नारी, जातिच्युत

आदि अश्रेष्ठों से ईश्वर का संवाद कराकर उन्होंने सर्वहारा वर्ग में सर्वसक्षम ईश्वर की विद्यमानता की घोषणा की। इस प्रकार ईश्वर को अधिमानात्मक समभाव से युक्त बताकर उन्होंने ईश्वर-चिन्तन में क्रान्ति मचा दी। कबीर के ईश्वर-चिन्तन का यह भाव तद्विषयक ईसाई धारणा से संगत है।

10. **सम्पूर्णता :** ईसाई ईश्वर-चिन्तन ईश्वर के अदृश्य तथा दृश्य दोनों रूपों को समन्वित करता है। पितृत्व अदृश्य मूल कारण होकर भी सम्बन्धमूलक है। पुत्र दृश्य मध्यस्थ होने के साथ-साथ पुनरुत्थान द्वारा भाव-स्तर पर प्रतिष्ठित है। आत्मा चित्-शक्ति के रूप में अदृश्य और दृश्य स्वरूपों को समायोजित करता है। ईश्वर के अदृश्य स्वरूप का प्रामुख्य भी सुरक्षित है। ईसाई ईश्वर-स्वरूप मानव जीवन के समस्त आयामों को स्वयं में समावेशित भी करता है। इसमें समाज की सम्पूर्ण जीवन-पद्धति प्रतिफलित होती है। कबीर के ईश्वर-चिन्तन में ईश्वर के दृश्य-अदृश्य स्वरूपों को सगुण-निर्गुण की शब्दावली में व्यक्त किया गया है। निर्गुण की भावात्मकता, प्रमुखता एवं सगुण की उदात्तता कबीर के ईश्वर की विशिष्टता है। ईश्वर का वह स्वरूप, जो दोनों से समन्वित तथा बढ़कर है, दोनों में समायोजन भी स्थापित करता है। इस प्रकार, कबीर के ईश्वर-चिन्तन में भी त्रय-भाव दृष्टिगोचर होता है। कबीर की ईश्वर-धारणा सम्पूर्ण मानव-जीवन को स्वयं में अन्तर्धारित करती है। कबीर के ईश्वर में इस त्रयभाव का एक दूसरा स्वरूप भी है—ईश्वर, गुरु और जीवात्मा। कबीर का 'ईश्वर' ईसाई 'परम पिता' के समान अदृश्य है। कबीर का 'गुरु' ईसा मसीह के समान मध्यस्थ है, जो कि 'ईश्वर' और 'ईश्वर-पुत्र' दोनों है। कबीर की 'जीवात्मा' अपने उच्चतम स्वरूप में ईश्वर की दिव्य शक्ति ही है, जो कि ईसाई 'आत्मा' के सदृश है। इस प्रकार ईसाई ईश्वर-चिन्तन की सम्पूर्णता तथा समावेशकता का यह गुण कबीर के ईश्वर-चिन्तन में भी कथन-शैली के किंचित् अन्तर के साथ प्राप्त होता है।

11. **आशावादिता और मौलिकता :** ईसाई ईश्वर का स्वरूप आशावादी है। ईश्वर मूलतः मनुष्य के लिए है; और इसलिए वह मनुष्य बना भी। मानव-समाज में मनुष्य के साथ सह-जीवन में वह अधिक प्रतिष्ठा का अनुभव करता है। वह मनुष्य को अपनी दुर्बलता तथा पाप में मरने नहीं देता है। वह उसके उद्धार के लिए उसके साथ मरता है और उसको लेकर नए जीवन के साथ जी उठता है। इस प्रकार, ईश्वरत्व की अमरता में सहभागी होना मानव-जीवन के लिए पूर्णतः आशा का स्रोत है। ईश्वर का यह स्वरूप ईसा मसीह की सम्पूर्ण जीवन-घटना में उद्घाटित ईश्वर-पितृत्व का आनन्दप्रद रहस्य है। ईसा मसीह में संस्थापित नवीन विधान इसी आशा का प्रतीक है। ईश्वर का यह प्रेममूलक विधान मानव-जाति के लिए, विशेषतः अश्रेष्ठों के लिए एक शाश्वत 'सुसमाचार' है। यही ईसाई ईश्वर-चिन्तन की मौलिकता भी है।

कबीर का ईश्वर-चिन्तन भी मनुष्य के लिए आशा की किरणें विकीर्ण करता है। कबीर का ईश्वर प्रेमास्पद है। वह अश्रेष्ठों के अधिक समीप है। वह सर्वजनों के लिए भक्ति-भावना में सुलभ है। वह गुरु-प्रसाद के रूप में अपनी कृपा की वर्षा करके मनुष्य को भव-बन्धन से मुक्ति देता है। जीवन्मृतक बनकर स्वयं को ईश्वर के योग्य बनाने वालों के लिए कबीर के ईश्वर से शाश्वत मिलनावस्था का सुख सुरक्षित है। ईश्वर-चेतना से आलोकित आध्यात्मिक समाज मानवीय जीवन की सहज

पद्धति बन गया है। इस प्रकार कबीर का ईश्वर मानवता को उत्कर्ष प्रदान करता है। कबीर की यह आस्थावादी दृष्टि आशावाद से परिपूर्ण है। इतना ही नहीं, यह महापुरुषीय दिव्य दृष्टि मानवता के लिए कबीर की स्वानुभूति में स्थापित एक 'नूतन विधान' या व्यवस्था है। आशा का यह 'शुभ सन्देश' ही कबीर की मौलिकता है। विभिन्न आयामों में स्वरूपान्तर होने पर भी कबीर के ईश्वर-चिन्तन की यह आशावादिता तथा मौलिकता ईसाई ईश्वर-चिन्तन की आशावादी मौलिक दृष्टि से सादृश्यात्मक तत्त्व सिद्ध होती है।

कबीर और ईसाई चिन्तन में ईश्वर-परिकल्पना और उसके सामाजिक सन्दर्भ के अनुशीलन के अनन्तर निम्नलिखित स्थापनाएँ प्रस्तुत की जा सकती हैं :

1. **'कबीर का ईश्वर ईश्वर ही नहीं, मनुष्य भी है।'** सृष्टि-क्रिया के द्वारा ईश्वरत्व का प्रतिरूप मनुष्य में प्रविष्ट हुआ है। अन्तर्यामी के रूप में परमात्मा मनुष्यात्मा में अवस्थित है। मनुष्य ईश्वर का आयतन है। मनुष्य ही उसकी अभिव्यक्ति भी है। मनुष्य के विचार, अनुभव तथा सामाजिक गतिविधियों में ईश्वर का स्वरूप प्रतिफलित होता है। ईश्वर की कल्पना भी मनुष्य अपने व्यक्तित्व के गुणों पर आश्रित होकर करता है। अन्यथा ईश्वर अज्ञात ही रह जाता। मनुष्य और ईश्वर के पारस्परिक सम्बन्ध में दोनों का अस्तित्व चरितार्थ हो जाता है। मनुष्य ईश्वर का पूरक पक्ष है। जिस प्रकार मनुष्य में देव-पक्ष मूलतः प्रतिफलित है, ठीक उसी प्रकार ईश्वर में मानव-पक्ष भी अनिवार्य है। ईसाई दर्शन के समान ही कबीर-चिन्तन का ईश्वर 'ईश्वर-मनुष्य' की द्वयात्मकता से युक्त है।
2. **'कबीर के ईश्वर का स्वरूप सम्प्रदाय-निरपेक्ष तथा वाद-निरपेक्ष है।'** धर्म सम्प्रदायों में विभाजित हो जाते हैं। साम्प्रदायिक दृष्टि ही प्रायः धर्म में प्रबल रहती है। सम्प्रदायों की चहारदीवारी में ईश्वर का स्वरूप सीमित हो जाता है। संकीर्णता, स्वार्थ तथा पूर्वाग्रह से युक्त दृष्टि में साम्प्रदायिक ईश्वर का स्वरूप विकृत भी हो जाता है। वास्तविकता यह है कि मानवता के उन्मुक्त धरातल पर ही ईश्वरत्व की वास्तविक कल्पना की जा सकती है। महापुरुषों की विशाल ईश्वर-दृष्टि अनुयायियों के स्वार्थ के कारण संकुचित हो जाती है। धर्मों को ही मुक्ति की आवश्यकता है, जिससे वे ईश्वर की धारणा की सम्पूर्णता पर अधिकार रखने का दावा त्याग दें। सम्प्रदायों ने ईश्वर के स्वरूप को विवादपूर्ण कर दिया है। लेकिन ईश्वर बन्धनों के परे प्रतिष्ठित है। त्रित्व-दर्शन तथा सगुण-निर्गुण की ईश्वर-धारणाओं का यही आशय है। ईश्वर का वास्तविक स्वरूप सम्प्रदायातीत तथा धर्म-निरपेक्ष है—यही कबीर की प्रबल मान्यता है।
3. **'कबीर का ईश्वर-चिन्तन विचार ही नहीं, आचार भी है और अपने इस स्वरूप में वह एक समग्र जीवन-चिन्तन है।'** परिकल्पना मुख्यतः बुद्धि का विलास है। ईश्वर मात्र परिकल्पना नहीं है, बल्कि एक जीवन-पद्धति भी है। उसका अनुभूति-पक्ष इन विचारगत तथा आचारगत आयामों में समन्वित सन्तुलन स्थापित करता है। ईश्वर एक दृष्टि है। एक आलोक के रूप में वह मनुष्य की जीवन-शैली का पथ-प्रदर्शन करता है।
4. **'कबीर का ईश्वर-चिन्तन पूर्णतः समाज-सापेक्ष प्रक्रिया है।'** वह स्वयं में सीमित न होकर अपने सामाजिक विरासत पर आधारित है। वह चिन्तन अपने वातावरण की

स्वीकारात्मक तथा निषेधात्मक विशेषताओं से प्रेरणा या चुनौती-स्वरूप दिशा पाता है। इस दृष्टि से दोनों दिव्यात्मा सारग्राही तथा मौलिक दृष्टि से युक्त हैं। प्रचलित साम्प्रदायिक न्यूनताओं को परिष्कृत करके वे ईश्वर-दृष्टि को स्वस्थ मार्ग पर अग्रसारित करते हैं। वे उसे तद्‌युगीन समाज की कसौटी पर परीक्षित करके भविष्य के लिए गतिशील करते हैं। ईश्वर का चिन्तन समाज से उत्पन्न होकर समाज में ही प्रतिफलित होनेवाली प्रक्रिया है। अतः कहा जा सकता है कि ईसाई दर्शन के सदृश ही कबीर का ईश्वर-चिन्तन भी पृष्ठभूमि, परिकल्पना तथा सामाजिक आशय की समन्वित प्रक्रिया होकर समाज-सापेक्ष है।

5. **'कबीर के ईश्वर-मिलन का सहज और अनिवार्य परिणाम है—मानव-भावना।'** ईश्वर-चिन्तन का चरम उत्कर्ष ईश्वर का साक्षात्कार है। ईश्वर-मिलन में मनुष्य का रूप प्रतिबिम्बित होता है। तब स्वभावतः सह-मानवता की भावना जागृत हो जाती है। यह ईश्वर-साक्षात्कार का प्रमाण है। यह एक द्विपक्षीय घटना है। ईश्वर-पुत्रानुभूति से भ्रातृ-भाव अवश्यम्भावी है। ईश्वर-चेतना में मानवता की प्रतिष्ठा सुरक्षित भी है। ईश्वर-मिलन मानव और ईश्वर के मध्य एक शाश्वत संवाद है। यह ईश्वरीय संवाद मानव-धरातल पर समान रूप से घटित होता है। कबीर और ईसाई ईश्वर-चिन्तन का यही स्वरूप है।

6. **'कबीर के ईश्वर-स्वरूप की कसौटी सामाजिक चेतना है।'** मनुष्य द्वारा निरूपित ईश्वर-स्वरूप की परख मानव-समाज में होती है। व्यक्ति और समाज के सामंजस्य में मनुष्य और ईश्वर का सामंजस्य अभिव्यक्त होता है। मनुष्य व्यक्ति-स्वरूप है और ईश्वर समाज-स्वरूप। मानव-मानव की सम्बन्धमूलकता में समाज एक अलौकिक व्यवस्था बन जाता है तथा ईश्वर-भावना से आलोकित सामाजिक चेतना में ईश्वर एक प्रेरणादायक माध्यम हो जाता है। समाज की मानवतासुलभ जीवन-पद्धति में ईश्वर मानवीय मूल्यों का चेतना-स्रोत तथा उसका सार्थक व्यवहार सिद्ध होता है। इस प्रकार ईश्वर का स्वरूप प्रासंगिक और प्रयोजनमूलक सिद्ध होता है। ईसाई दर्शन के 'ईश्वर का राज्य' के सदृश कबीर के आध्यात्मिक समाज का यही तात्पर्य है।

सन्दर्भ-ग्रन्थ

हिन्दी

ईश-दर्शन : डॉ. योहन फाइस, कैथॅलिक प्रेस, राँची, 1988

ईसाई दर्शन : इतिहास और सिद्धान्त : डॉ. योहन फाइस, राजस्थान हिन्दी ग्रन्थ अकादमी, जयपुर, 1982

उत्तरी भारत की सन्त-परम्परा : आचार्य परशुराम चतुर्वेदी, लीडर प्रेस, प्रयाग, सं. 2008

कबीर : आचार्य हज़ारीप्रसाद द्विवेदी, संस्करण 4, राजकमल प्रकाशन, नई दिल्ली, 1987

कबीर : एक नई दृष्टि : डॉ. रघुवंश, लोकभारती, प्रकाशन, इलाहाबाद, 1991

कबीर : एक विवेचन : डॉ. सरनाम सिंह शर्मा, हिन्दी साहित्य संसार, दिल्ली, 1960

कबीर : एक विश्लेषण : श्री शिवदान सिंह चौहान, पब्लिकेशंस डिविज़न, दिल्ली, 1956

कबीर और उनका काव्य : डॉ. भोलानाथ तिवारी, राजकमल प्रकाशन, दिल्ली, 1962

कबीर और कबीर-पन्थ : डॉ. केदारनाथ द्विवेदी, हिन्दी साहित्य सम्मेलन, प्रयाग, 1965

कबीर और गंगादास के काव्य का तुलनात्मक अध्ययन : डॉ. सुरेन्द्रनाथ श्रीवास्तव, पांडुलिपि प्रकाशन, दिल्ली, 1989

कबीर और जायसी का मूल्यांकन : डॉ. पुरुषोत्तमलाल वाजपेयी, हिन्दी प्रचारक पुस्तकालय, वाराणसी, 1957

कबीर और जायसी का रहस्यवाद : डॉ. गोविन्द त्रिगुणायत, साहित्य सदन, देहरादून, 1960

कबीर और जायसी का मानव-मूल्य : डॉ. वीरेन्द्र मोहन, कोणार्क प्रकाशन, दिल्ली, 1984

कबीर और निराला के काव्य में विद्रोह-चेतना : डॉ. रजनीकान्त पांडेय, पब्लिकेशन ब्यूरो, पंजाब यूनिवर्सिटी, चंडीगढ़, 1988

कबीर और बसवेश्वर : तुलनात्मक अध्ययन : डॉ. शंकरराव कप्पीकेरी, वाणी प्रकाशन, दिल्ली, 1991

कबीर और रैदास का तुलनात्मक अध्ययन : डॉ. चन्द्रदेव राय, सौहार्द प्रकाशन, मुंशीपूरा, आजमगढ़, 1978

कबीर और सन्त कवि अवतार सिंह : तुलनात्मक अध्ययन : डॉ. विजय शर्मा, कनिष्क प्रकाशन, दिल्ली, 1986

कबीर का धर्म-दर्शन : डॉ. याकूब मसीह, काशीप्रसाद जायसवाल शोध-संस्थान, पटना, 1990

कबीर का रहस्यवाद : डॉ. रामकुमार वर्मा, साहित्य भवन, इलाहाबाद, 1931

कबीर काव्य के स्रोत : डॉ. भगीरथ प्रसाद यादव, अनुपम प्रकाशन, पटना, 1979

कबीर काव्य कोश : डॉ. वासुदेवसिंह, विश्वविद्यालय प्रकाशन, वाराणसी, 1987

कबीर की प्रासंगिकता : श्री विवेकदास (सम्पा.), कबीर वाणी प्रकाशन केन्द्र, वाराणसी, 1978

कबीर की भक्ति-भावना : डॉ. विलियम ड्वायर, दि मैकमिलन कम्पनी ऑफ इंडिया लिमिटेड, नई दिल्ली, 1976

कबीर की विचारधारा : डॉ. गोविन्द त्रिगुणायत, साहित्य निकेतन, कानपुर, सं. 2009

कबीर ग्रन्थावली : डॉ. श्यामसुन्दर दास, संस्करण 16, नागरी प्रचारिणी सभा, वाराणसी, सं. 2045

कबीर ग्रन्थावली : डॉ. पारसनाथ तिवारी, हिन्दी परिषद्, इलाहाबाद, 1961

कबीर ग्रन्थावली : डॉ. माताप्रसाद गुप्त, साहित्य भवन, इलाहाबाद, 1992

कबीर चिन्तन : डॉ. ब्रजेश्वर शर्मा, वाणी प्रकाशन, नई दिल्ली, 1992

कबीर : जीवन और दर्शन : डॉ. उर्वशी सूरती, लोकभारती प्रकाशन, इलाहाबाद, 1980

कबीर : जीवन और दर्शन : डॉ. रामविलास चंडक, नागरी प्रचारिणी सभा, काशी, सं. 2035

कबीर-दर्शन : डॉ. दीनदयालु गुप्त, लखनऊ विश्वविद्यालय, 1991

कबीर-बीजक : डॉ. शुकदेवसिंह, नीलाभ प्रकाशन, इलाहाबाद, 1972

कबीर-मीमांसा : डॉ. रामचन्द तिवारी, लोकभारती प्रकाशन, इलाहाबाद, 1976

कबीर मूल्यांकन पुनर्मूल्यांकन : डॉ. कामेश्वरसिंह (सम्पा.), विजय प्रकाशन मन्दिर, कमच्छा, वाराणसी, 1992

कबीर वचनामृत (साखी भाग) : डॉ. मुंशीराम शर्मा, आचार्य शुक्ल साधना सदन, कानपुर, सं. 2012

कबीर : व्यक्तित्व, कृतित्व एवं सिद्धान्त : डॉ. सरनाम सिंह शर्मा, भारतीय शोध-संस्थान, गुलाबपुरा, 1969

कबीर : साधना और साहित्य : डॉ. प्रतापसिंह चौहान, ग्रन्थम्, कानपुर, 1976

कबीर साहब : श्री विवेकदास (सम्पा.), कबीर वाणी प्रकाशन केन्द्र, वाराणसी, 1978

कबीर साहित्य और सिद्धान्त : डॉ. यज्ञदत्त शर्मा, अक्षरम्, सोनीपत, 1984

कबीर साहित्य का अध्ययन : डॉ. पुरुषोत्तमलाल श्रीवास्तव, साहित्य रत्नमाला कार्यालय, बनारस, सं. 2008

कबीर साहित्य का सांस्कृतिक अध्ययन : डॉ. आर्याप्रसाद त्रिपाठी, किताब घर, गांधी नगर, दिल्ली, 1982

कबीर साहित्य की परख : आचार्य परशुराम चतुर्वेदी, भारती भंडार, प्रयाग, सं. 2011

कबीर साहित्य चिन्तन : आचार्य परशुराम चतुर्वेदी, स्मृति प्रकाशन, इलाहाबाद, 1970

कबीर साहित्य की भूमिका : डॉ. रामरतन भटनागर, रामनारायण लाल, इलाहाबाद, 1950

नया विधान : डॉ. कामिल बुल्के (अनु.), हिन्दी साहित्य समिति, राँची, 1980

तुकाराम एवं कबीर : एक तुलनात्मक अध्ययन : डॉ. श्रीमती रमेश सेठ, साहित्य शोध-संस्थान, नई दिल्ली, 1979

तुलनात्मक धर्म-दर्शन : डॉ. याकूब मसीह, मोतीलाल बनारसीदास, दिल्ली, 1985

नाथ और सन्त साहित्य : डॉ. नागेन्द्रनाथ उपाध्याय, हिन्दी विभाग, काशी हिन्दू विश्वविद्यालय, वाराणसी, 1965

निर्गुण साहित्य : सांस्कृतिक पृष्ठभूमि : डॉ. मोतीसिंह, नागरी प्रचारिणी सभा, काशी, सं. 2019

पवित्र बाइबिल : वाल्द-बुल्के (अनु.), सत्प्रकाशन, इन्दौर, 1990

पूजा तत्त्व : आचार्य गोपीनाथ कविराज, (प्रथम संस्करण)

भक्ति का विकास : डॉ. मुंशीराम शर्मा, चौखम्बा विद्या भवन, वाराणसी, 1958

भक्तिकाव्य और मानवीय मूल्य : डॉ. वीरेन्द्र मोहन, प्रकाशन संस्थान, नई दिल्ली, 1986

भक्तिकाव्य का समाजशास्त्र : डॉ. प्रेमशंकर, राधाकृष्ण प्रकाशन, नई दिल्ली, 1990

भक्तिकाव्य की सामाजिक सांस्कृतिक चेतना : डॉ. प्रेमशंकर, (प्रथम संस्करण)।

भक्तिकाव्य : स्वरूप और संवेदना	: डॉ. रामनारायण शुक्ल, संजय बुक सेंटर, वाराणसी, 1986
भक्ति-चिन्तन की भूमिका	: डॉ. प्रेमशंकर, साहित्य भवन, इलाहाबाद, 1977
भक्ति-दर्शन	: डॉ. सरनामसिंह शर्मा 'अरुण', कृष्णा ब्रदर्स, अजमेर, 1957
भक्ति रसामृत सिन्धु	: श्री रूपगोस्वामी, डॉ. नगेन्द्र (प्र. सम्पा., हि. अनु.), हिन्दी विभाग, दिल्ली विश्वविद्यालय, दिल्ली, 1963
मध्यकालीन धर्म-साधना	: डॉ. हज़ारीप्रसाद द्विवेदी, साहित्य भवन, इलाहाबाद, 1970
मानव-पुत्र ईसा : जीवन और दर्शन	: डॉ. रघुवंश, लोकभारती प्रकाशन, इलाहाबाद, 1985
संक्षिप्त हिन्दी शब्द सागर	: डॉ. रामचन्द्र वर्मा (मूल सम्पा.), संस्करण 9, नागरी प्रचारिणी सभा, काशी, सं. 2044
सन्त कबीर	: डॉ. रामकुमार वर्मा, साहित्य भवन, इलाहाबाद, 1966
सन्त कवियों की सामाजिक एवं सांस्कृतिक पृष्ठभूमि	: डॉ. सावित्री शुक्ल, विश्वविद्यालय हिन्दी प्रकाशन, लखनऊ विश्वविद्यालय, 1963
सन्त साहित्य के प्रेरणा-स्रोत	: आचार्य परशुराम चतुर्वेदी, राज्यपाल एंड संस, दिल्ली।
सूफ़ीमत साधना और साहित्य	: डॉ. रामपूजन तिवारी, ज्ञानमंडल लिमिटेड, बनारस, 1956
हिन्दी काव्य की निर्गुण धारा में भक्ति	: डॉ. श्यामसुन्दर शुक्ल, हिन्दी विभाग, काशी हिन्दू विश्वविद्यालय, वाराणसी, 1964
हिन्दी काव्य में निर्गुण सम्प्रदाय	: डॉ. पीताम्बरदत्त, बड़थ्वाल, अवध पब्लिशिंग हाउस, लखनऊ
हिन्दी साहित्य का आलोचनात्मक इतिहास	: डॉ. रामकुमार वर्मा, रामनारायण लाल पब्लिशर, इलाहाबाद, 1948
हिन्दी साहित्य का इतिहास	: आचार्य रामचन्द्र शुक्ल, नागरी प्रचारिणी सभा, काशी, सं. 2019
हिन्दी साहित्य कोश, 2 भाग	: डॉ. धीरेन्द्र वर्मा (प्र. सम्पा.), ज्ञान मंडल लिमिटेड, वाराणसी, 1985 (भाग 1), 1986 (भाग 2)।

शोध-प्रबन्ध

ईसाई आध्यात्मिक साधना के परिप्रेक्ष्य में हिन्दी भक्ति-काव्य का अनुशीलन	: फिलोमीन क्लेमेंट सालवे (डॉ.), सागर विश्वविद्यालय, सागर, 1982
मध्यकालीन भक्ति-साहित्य पर ईसाइयत का प्रभाव	: वास्तविकता का आकलन : एम. पी. राजू (डॉ.), विक्रम विश्वविद्यालय, उज्जैन, 1987

ENGISH

Catholicism	:	Richard P. Mc Brien, Geoffery Chapman, London, 1981
Christian knowledge of God	:	James Harry Cotton, The Macmillian Company, New york, 1951
Cost of Discipleship, The	:	Deitrich Bonhoeffer SCM Press, London,1959
Created in God's Image	:	Anthony A. Hoekema W.B. Eerdman's Publishing Company, Grand Rapids, 1986
Crucified God, The	:	Jurgen Moltman, SCM Press Ltd.,: London, 1974
Dictionary of Biblical Theology	:	Xavier Leon Dufour (Ed.), Edition 3,Theological Publications in India, Bangalore, 1973
Dictionary of The Bible	:	John L. Mc Kenzie, Geoffrey Chapman, London, 1965.
Doctrine of The trinity,The	:	Eberhard Jungel, William B. Eerdmans Publishing Company, Grand Rapids, Michigan, 1976
Documents of Vatican II, The	:	St Paul Publications, New Delhi, 1966.
Emtying God, The	:	John B. Cobb.Jr, and Christopher Ives (Ed.), Orbis Books Maryknoll, New york, 1990
Encyclopedia of Biblical Dictionary	:	Johannes P.Baur (Ed.), Cross Road, New york, 1970
Encyclopedia of Philosophy, The, 8 Vols	:	Paul Edwards (Ed.), Macmillian Publishing Co., New york,1967
Encyclopedia of Reliogn 20 Vols	:	Mircea Eliade (Ed.), Macmillian publishing Company, New York, 1987
Foundations fo Christian Faith	:	Karl Rahner, Darton Longman and Todd, London, 1978
God as the Mystery fo the world	:	Eberhard Jungel, william B. Eerdmans Publishing Company, Michigan,1983
God is new each moment	:	Edward Schillebeeckx, SCM Press Ltd, London, 1983
Indian Church in the Struggle for a New Society, The	:	D. S. Amalorpavadass (Ed.), NBCLC, Bangalore, 1981
International Standard Bible Encyclopedia, the 4 Vols	:	G. W. Bromiley (Ed.), Willian B. Eerdmans Pubisting Company, Grand Rapids, Michigan, 1979
Interpreter's Bible, The 12 Vols	:	George Arthur Buttrick (Ed.) Abingdon Press, New York, 1955
Interpreter's Dictionary of the Bible. The. 4 Vols	:	George Arthur Buttick (Ed.), Abingdon Press, New York, 1962

Jerusalem in time of Jesus : Joachim Jeremias, SCM Press, London, 1969

Jesus Risen : Gerald O'Collins, Paulist Press, New York, 1986

Kingdom of God Jesus' vision of a New Society, the : George Soares Prabhu SJ, NBCLC, Bangalore, 1981

Kingdom within, the : John A. Sanford, Paulist Press, New York, 1991

Liberative Struggles in a Violent Society : George M. Soares-Prabhu, Forum John Vattamattam, Varghese Theckanath, S. Arokiasamy and T. K. John (ED.), Form Publications, Hyderabad, 1991

New Bible Dictionary : J. D. Douglas (Ed.), Edition 2, Intervarsity Press, England, 1984

New Catholic Encyclopedia, The, 18 Vols : C. Joseph P. Gwinn (Chief Ed.) The University of Chikago, 1989

New Testament Theology : Joachim Jeremias, SCM Press Ltd, London, 1971

New Westminster Dictionary of the Bible, The : Henry Snyder Gehman (Ed.), Westminster Press, Philadelphia

On being a Christian : Hans Kung, Edward Quinn (Tr.) Collins Fount Paperbacks, Great Britain, 1978

On being human : Ray S. Anderson, William B. Eerdmans Publishing Company, Grand Repids, Michigan, 1982

Our idea of God : J. Segundo, John Drury (Tr.), Orbis Books, Maryknoll, 1974

Poverty in India Challenges and Responses : J. Murickan (Ed.), Xavier Board, Bangalore, 1988

Poverty of Spirit : Johannes Baptist Metz, John Drury (Tr.), Newman Press, New York, 1968

Sacramentum Mundi, 6 Vols : Adolf Darlap (Gen. Ed.), Theological Publications in India, Bangalore, 1975

Sants, The : Karine Schomer and W. H. Mc Leod (Ed.), Motilal Banarasidass, Delhi, 1987

Self-giving and Sharing : John Navone, The Liturgical Press, Collegeville, Minnesota, 1989

Theological Investigations 20 Vols : Karl Rahner, Darton Longman and Todd, London, 1961

Three Faces of God : David L. Miller, Fortress Press, Philadelphia, 1986

Three Persons in one God, The : Gerard S. Sloyon, Prentice-Hall, Inc., Englewood Cliffs, New Jersy, 1964

Trinity and the Kingdom of God, the : Jurgen Moltman, SCM Press Ltd., London, 1981

Trinity and Society : Leonardo Boff, Orbis Books, Maryknoll, New York, 1988

Trinity as History : Bruno Forte, Alba House, New York, 1989

Trinity of Love : Anthony Kelly, Michael Glazier, Wilmington, 1989

True God : kenneth Leech, Sheldon Press, London, 1985

True Image, The : Philip Edgeumbe Hughes, William B. Eerdmans Publishing Company, Grand Repids, Michigan, 1986

PERIODICALS

Bible Bhashyam : Mathew Vellaniekal (Chief Ed.) Bible Bhashyam Trust, Vadavathoor, Kottayam, No. 4, 1978

Jeevadhara : Joseph Constantine Manuel (Ed.), Vadavathoor, Kottayam, No. 17/98, 1987

Sevartham : St Albert's College, Ranchi, Vol. 6. 1981.

Vidyajyoti Journal of The logical Reflection : S. Arokiasamy (Ed.), Vidyajyoti, Delhi, No. 55, 1991

संकेत-सूची

अय्यूब	: अय्यूब (योब) का ग्रन्थ
आमोस	: आमोस का ग्रन्थ
1 इतिहास	: पहला इतिहास ग्रन्थ
2 इतिहास	: दूसरा इतिहास ग्रन्थ
इब्रानी	: इब्रानियों के नाम सन्त पौलुस का पत्र
इसायाह	: इसायाह का ग्रन्थ
ई.	: ईस्वी
ई.पू.	: ईसा पूर्व
उत्पत्ति	: उत्पत्ति ग्रन्थ
उपदेशक	: उपदेशक का ग्रन्थ
एजेकिएल	: एजेकिएल का ग्रन्थ
एज्रा	: एज्रा का ग्रन्थ
एफेसी	: एफेसियों के नाम सन्त पौलुस का पत्र
एस्तेर	: एस्तेर का ग्रन्थ
ओबद्याह	: ओबद्याह का ग्रन्थ
क.ग्र.	: कबीर ग्रन्थावली
कलोसी	: कलोसियों के नाम सन्त पौलुस का पत्र
1 कुरिन्थी	: कुरिन्थियों के नाम सन्त पौलुस का दूसरा पत्र
2 कुरिन्थी	: कुरिन्थियों के नाम सन्त पौलुस का दूसरा पत्र
गणना	: गणना का ग्रन्थ
गलाती	: गलातियों के नाम सन्त पौलुस का पत्र
जकर्या	: जकर्या का ग्रन्थ
टोबीत	: टोबीत का ग्रन्थ
1 तिमथी	: तिमथी के नाम सन्त पौलुस का पहला पत्र
2 तिमथी	: तिमथी के नाम सन्त पौलुस का दूसरा पत्र
तीतुस	: तीतुस के नाम सन्त पौलुस का पत्र
1 थेसलनीकी	: थेसलनीकियों के नाम सन्त पौलुस का पहला पत्र
2 थेसलनीकी	: थेसलनीकियों के नाम सन्त पौलुस का दूसरा पत्र
दानिएल	: दानिएल का ग्रन्थ
न.वि.	: नया विधान

नहूम	:	नहूम का ग्रन्थ
नहेम्या	:	नहेम्या का ग्रन्थ
निर्गमन	:	निर्गमन ग्रन्थ
न्यायकर्ता	:	न्यायकर्ताओं का ग्रन्थ
प.बा.	:	पवित्र बाइबिल
पु.वि.	:	पुराना विधान
1 पेत्रुस	:	सन्त पेत्रुस का पहला पत्र
2 पेत्रुस	:	सन्त पेत्रुस का दूसरा पत्र
प्रकाशना	:	सन्त योहन का प्रकाशना-ग्रन्थ
प्रज्ञा	:	प्रज्ञा-ग्रन्थ
प्रवक्ता	:	प्रवक्ता-ग्रन्थ
फिलिप्पी	:	फिलिप्पियों के नाम सन्त पौलुस का पत्र
फिलेमोन	:	फिलेमोन के नाम सन्त पौलुस का पत्र
1 मक्काबी	:	मक्काबियों का पहला ग्रन्थ
2 मक्काबी	:	मक्काबियों का दूसरा ग्रन्थ
मत्ती	:	सन्त मत्ती के अनुसार सुसमाचार
मलआकी	:	मलआकी का ग्रन्थ
मारकुस	:	सन्त मारकुस के अनुसार सुसमाचार
याकूब	:	सन्त याकूब का ग्रन्थ
यिरमियाह	:	यिरमियाह का ग्रन्थ
यूदस	:	सन्त यूदस का पत्र
यूदीत	:	यूदीत का ग्रन्थ
योएल	:	योएल का ग्रन्थ
योना	:	योना का ग्रन्थ
योशुआ	:	योशुआ का ग्रन्थ
योहन	:	सन्त योहन के अनुसार सुसमाचार
1 योहन	:	सन्त योहन का पहला पत्र
2 योहन	:	सन्त योहन का दूसरा पत्र
3 योहन	:	सन्त योहन का तीसरा पत्र
1 राजा	:	राजाओं का पहला ग्रन्थ
2 राजा	:	राजाओं का दूसरा ग्रन्थ
रूत	:	रूत का ग्रन्थ
रोमी	:	रोमियों के नाम सन्त पौलुस का पत्र
लेवी	:	लेवी ग्रन्थ
विधि-विवरण	:	विधि-विवरण का ग्रन्थ
सफन्याह	:	सफन्याह का ग्रन्थ
1 समूएल	:	समूएल का पहला ग्रन्थ
2 समूएल	:	समूएल का दूसरा ग्रन्थ

सुलेमान	: सुलेमान का सर्वश्रेष्ठ गीत
सूक्ति	: सूक्ति का ग्रन्थ
हग्गय	: हग्गय का ग्रन्थ
हबक्कूक	: हबक्कूक का ग्रन्थ
होशेआ	: होशेआ का ग्रन्थ

●●●